民法典物权编
条文理解与司法适用

MINFADIAN WUQUANBIAN
TIAOWEN LIJIE YU SIFA SHIYONG

中国审判理论研究会民事审判理论专业委员会 编著

法律出版社
LAW PRESS·CHINA

中国审判理论研究会
民事审判理论专业委员会

“民法典条文理解与司法适用”系列
编 委 会

体现中国时代特色的民事百科全书

编纂民法典是我国社会主义法治建设的一座里程碑，是我国国家治理体系和治理能力现代化进程中的一件大事。这部具有中国特色、中国风格、中国气派的民法典，将为人类法治文明进步贡献中国智慧、提供中国方案。

科学立法、民主立法、依法立法的生动实践

以习近平同志为核心的党中央高度重视民法典编纂工作，作出了一系列重要指示、提出了一系列重要要求，为民法典编纂指明了方向。2014 年 10 月，党的十八届四中全会决定提出了编纂民法典的任务。在民法典编纂过程中，习近平总书记多次主持召开会议、听取汇报，就做好民法典编纂、审议和修改工作作出重要指示。民法典编纂工作在以习近平同志为核心的党中央坚强领导下和习近平新时代中国特色社会主义思想的科学指引下扎实推进。比如，习近平总书记在党的十九大报告中强调"保护人民人身权、财产权、人格权"，把人格权与人身权、财产权并列，强调了人格权的重要地位，这为民法典草案确立人格权单独成编的体例结构等提供了基本遵循。

遵循立法规律，充分体现科学立法。民法典编纂采取"提取公因式"的立法技术，从同类规范和制度中提出一般规则，形成民法典总则编；将相关民事法律按其内容的同一性编纂成六个分编，然后整合为民法典草案。编纂工作注重规则的逻辑性、体系性和法律本身的规律，既协调好总则与分则的关系，又协调好民法典与其他法律的关系，从而形成逻辑缜密的有机整体。尊重立法的历史延续性，以民法通则和现行民事单行法为基础，设计民法典草案的结构和具体法律制度。既立足本国国情，又吸收世界各国民法

典编纂的成功经验,同时将社会主义核心价值观融入其中。

人民广泛参与,充分体现民主立法。在民法典编纂过程中,广大专家学者、人民群众广泛参与、建言献策。参与面之广,举办的各类座谈会、研讨会、论坛之多,收到的修改建议内容之丰富,为我国立法史上所罕见。在审议过程中,立法机关通过召开不同形式的座谈会、论证会,在互联网上公开征询意见等多种方式,多次听取收集方方面面的意见和建议,反复斟酌和修改草案,充分反映广大人民群众的要求,努力使民法典成为中国智慧的集中体现。

依法推进编纂,充分体现依法立法。宪法和立法法都规定,全国人民代表大会制定和修改刑事、民事、国家机构的和其他的基本法律。在编纂过程中,先行制定的民法总则提交十二届全国人大五次会议审议表决通过。2018 年 8 月,十三届全国人大常委会第五次会议对民法典各分编草案进行初次审议。之后,全国人大常委会对各分编草案进行拆分审议,各编历次草案都依法进行论证、向社会公开征求意见。民法典编纂体现了党的领导、人民当家作主、依法治国的有机统一,是科学立法、民主立法、依法立法的生动实践。

立足中国实际、回应时代需求

民法典对经济社会生活影响广泛,彰显一个民族的精神特质。民法典是时代精神的体现,具有鲜明时代特征。我国民法典的编纂,体现了我国对实际问题和时代需求的有效回应。

体现以人民为中心的发展思想。注重保障民生是民法典编纂的一个鲜明特点。比如,民法典编纂注重有效调整平等民事主体之间的法律关系,促进社会公平正义。又如,民法典草案中人格权独立成编,落实“公民的人格尊严不受侵犯”的宪法要求,体现了我国对公民人格权的庄严确认与严格保护。人格权编不仅规定并保护公民的生命权、健康权、名誉权、肖像权、姓名权、名称权等人格权,还重点规定了隐私权和个人信息保护等,要求机关、企业、学校等单位采取合理措施,防止和制止利用职权、从属关系等侵犯人格权。

反映网络时代特点。人类社会已经进入互联网时代，互联网的普及应用催生出多项前所未有的权利类型，如网络虚拟财产权、信息财产权等。在网络环境下，信息传播、权利保护具有特殊性。对此，民法典总则编作出积极回应，明确自然人的个人信息受法律保护，规定任何组织和个人应当依法取得他人信息并确保信息安全，不得非法收集、使用、加工、传输个人信息，不得非法买卖、提供或者公开个人信息。

回应技术发展需求。生物技术、人工器官制造技术、干细胞研究、克隆技术和组织工程学等的发展，在给人类造福的同时，也对生命权、健康权等人格权提出新的挑战。基于此，民法典人格权编规定，为研制新药、医疗器械或者发展新的预防和治疗方法，需要进行临床试验的，应当依法经相关主管部门批准并经伦理委员会审查同意，向受试者或者受试者的监护人告知试验目的、用途和可能产生的风险等详细情况，并经其书面同意；从事与人体基因、人体胚胎等有关的医学和科研活动，应当遵守法律、行政法规和国家有关规定，不得危害人体健康，不得违背伦理道德，不得损害公共利益。

融入生态文明理念。民法典围绕统筹推进"五位一体"总体布局，顺应人民在生态方面日益增长的需要，确立了绿色原则。比如，物权编对物权的客体、权能、属性、用益物权、相邻关系以及征收征用等制度进行完善，在保护民事主体财产权利的同时，对不动产的权利人设置必要的维护环境、保护生态的义务。合同编规定，当事人在合同履行中根据交易习惯负有节约资源、减少污染的义务，在合同终止后负有旧物回收义务。在侵权责任编规定违法损害生态环境的惩罚性赔偿。

健全风险治理机制。现代社会是风险社会。民法典针对如何应对各种可能的自然风险和人为风险，在原有制度基础上作出新安排。比如，为防控风险，规定"物业服务企业或者其他管理人应当执行政府依法实施的应急处置措施和其他管理措施，积极配合开展相关工作"，并要求业主依法予以配合。对于自然风险，民法典延续不可抗力规则，规定因不可抗力不能履行民事义务的，不承担民事责任，法律另有规定的，依照其规定。对于人为风险，民法典强调安全保障义务，强化合同附随义务，通过停止侵害、排除妨害等制度发挥事前预防功能，通过侵权责任与社会保险、社会救济相衔接形成对受害人的综合补偿机制。

编纂民法典意义重大而深远

编纂一部我们自己的民法典，是几代中国人的夙愿。如今，体现中国特色、时代特色的民法典终于迎来问世时刻。我国民法典的编纂，具有重大而深远的历史意义。

充分体现我们党全心全意为人民服务的根本宗旨。保障人民根本权益，是社会主义法治建设的出发点和落脚点，也是我们党坚守初心使命、坚持执政为民的内在要求。民法典保证人民依法享有广泛的权利和自由、承担应尽的义务。比如，总则编以专章形式，尽可能对民事主体享有的各种权利进行详细列举，并留有发展空间；物权编加强对建筑物业主权利的保护，增加规定居住权；合同编强化对债权实现的保护力度；人格权独立成编；等等，这些制度安排充分体现了以人民为中心的发展思想，有助于满足人民日益增长的美好生活需要。

为坚持和完善中国特色社会主义制度提供法治保障。民法典被称为"社会生活的百科全书"，是市场经济的基本法、人民生活的基本行为准则，是民事司法的基本依据，因此被视为法治现代化的重要标志，是国家治理现代化的重要保障。一方面，民法典全面规范民事关系，涉及经济和社会生活的方方面面，是民事领域的基础性、综合性法律，在国家治理体系中居于重要位置。另一方面，民法典实现了民事法律关系领域国家治理的制度化、规范化、程序化。民法典的颁行是国家治理现代化的重要步骤，为坚持和完善中国特色社会主义制度奠定更加坚实的法治基础。

促进社会主义市场经济健康发展。完善市场经济法律制度，是保障社会主义市场经济持续健康发展的现实需要。民法典的颁布，将进一步完善我国民商事活动的基本规则，为民商事活动提供基本遵循，有效健全经济秩序、维护交易安全。民法典的编纂坚持立足我国国情，适应中国特色社会主义进入新时代和我国社会主要矛盾发生转化的实际，必将发挥促进社会主义市场经济健康发展的积极作用。

推进法治国家、法治政府、法治社会一体建设。民法典调整作为民事主体的自然人、法人和非法人组织之间的人身关系和财产关系，有利于增强全民法治观念，加快建设法治社会。民法典规定："民事主体按照自己的意愿依法行使民事权利，不受干涉。"民法典各分编通过具体规范来确认和保障民事主体的各项具体民事权利，要求公权力依法行使，尊重和保护民事主体的合法权益。这就能够间接发挥规范权力行使的重要功能，有效推进法治国家、法治政府、法治社会一体建设。

促进德治与法治相得益彰。民法典把社会主义核心价值观融入法律条文中，弘扬中华民族传统美德，强化法律规则的道德约束和道德规范的法律支撑。比如，总则编确立的平等、自愿、公平、诚实信用、公序良俗和绿色原则，就是社会主义核心价值观在民法基本原则层面的转化和表达。又如，婚姻家庭编和继承编适当扩大扶养人范围，将"树立优良家风"作为处理夫妻关系和家庭关系的基本原则等，都为我国民事法律制度注入强大的道德力量。

中国法学会党组成员、专职副会长兼秘书长
中国法学会民法典编纂项目领导小组组长　**张鸣起**

2020 年 5 月 20 日

学好民法典　用好民法典

2020年5月28日，在庄严的人民大会堂，十三届全国人大三次会议审议通过了《中华人民共和国民法典》，习近平主席当日签发第四十五号令，公布自2021年1月1日起施行。这是继19世纪《法国民法典》和20世纪《德国民法典》之后能够引领21世纪新潮流的中国人民自己的民法典！

编纂民法典，是以习近平同志为核心的党中央顺应实践发展要求和人民群众期待，在十八届四中全会作出的重大决策部署，是坚持和完善中国特色社会主义法治体系、实现国家治理体系和治理能力现代化的重大举措，是为统筹推进"五位一体"总体布局和协调推进"四个全面"战略布局，实现中华民族伟大复兴提供坚强法治保障的重要法治基础工程。民法的发达程度是一个国家文明进步的重要标志。民法典在广泛借鉴境外民法典立法例的基础上，凝聚全党全国各族人民的智慧和心血，体现人民意志，尊重人民意愿，坚持人民立场，融会人民感情；把握时代脉搏，顺应时代大势，紧扣时代主题，引领时代潮流。民法典凝聚了几代法学家和法律实务界的集体智慧，进一步完善了中国特色社会主义法律体系，在中国法治建设进程中具有里程碑的意义。

中国审判理论研究会民事审判理论专业委员会以全国法院10多万民事审判法官为依托，深入挖掘占全国法院一审审结案件总数90%的一审民事案件所蕴含的立法需求，充分发挥最先感知民事审判反映出来的民生民情民意的独特优势，全面总结2015年以来全国民事法律实施情况并提出民法典编纂的书面报告。中国审判理论研究会民事审判理论专业委员会自2015年以来每年年会主题确定为民法典编纂与民事审判，深入研究民事法律制度理论，积极参与民法典编纂工作，牵头论证人格权独立成编的可行性、必要性并拟出人格权编条文建议，为科学编纂民法典作出了一定贡献。

民法典在中国特色社会主义法律体系中具有重要地位,是一部固根本、稳预期、利长远的基础性法律。习近平总书记在主持中共中央政治局5月29日就“切实实施民法典”举行第二十次集体学习时强调,民法典系统整合了中华人民共和国成立70多年来长期实践形成的民事法律规范,汲取了中华民族5000多年来的优秀法律文化,借鉴了人类法治文明建设有益成果,是一部体现我国社会主义性质、符合人民利益和愿望、顺应时代发展要求的民法典,是一部体现对生命健康、财产安全、交易便利、生活幸福、人格尊严等各方面权利平等保护的民法典,是一部具有鲜明中国特色、实践特色、时代特色的民法典。各级党和国家机关要带头宣传、推进、保障民法典实施,加强检查和监督,确保民法典得到全面有效执行。各级领导干部要做学习、遵守、维护民法典的表率,提高运用民法典维护人民权益、化解矛盾纠纷、促进社会和谐稳定能力和水平。

编纂出民法典是中华人民共和国成立70余年来几代人的梦想。然而,立法本身并不是我们的目的,立法的目的在于应用,在于实施。切实实施好民法典是坚持以人民为中心、保障人民权益实现和发展的必然要求,是发展社会主义市场经济、巩固社会主义基本经济制度的必然要求,是提高我们党治国理政水平的必然要求。民法典要实施好,就必须让民法典走到群众身边、走进群众心里,走到法官、检察官、公务员、律师、仲裁员、公证员手里。民法典要实施好,就要广泛开展民法典普法工作,把民法典纳入国民教育体系,加强对青少年的民法典教育。民法典要实施好,必须认真学习民法典,准确理解民法典,准确理解民法典的精神实质和微言大义,准确理解民法典的每一个条文,融会贯通,学以致用,正确适用具体制度和每一个条款。民法典要实施好,各级司法机关要秉持公正司法,提高民事审判水平和效率。

最高人民法院院长周强指出:“贯彻实施好民法典,必须吃透民法典精神,正确理解民法典的核心要义和重要制度,正确适用民法典的规定,保障人民权益。民法典立足中国国情,在实现好、维护好、发展好人民权益方面有许多创新。其中,人格权独立成编,全面加强对包括自然人隐私权和个人信息在内的人格权保护,彰显了民法典的人民立场和人文关怀;物权编创设了居住权制度;合同编新增了保理合同、物业服务合同、合伙合同等典型合同;婚姻家庭编确立了夫妻共债共签原则,限缩了无效婚姻范围,对协议离婚规定了一个月的冷静期;继承编增加了打印遗嘱、录像遗嘱等新形式遗嘱类型,并取消了公证遗嘱的优先效力,等等。这些新的内容反映着新时代人民权益的特点,体现着新时代社会生活的实践和发展。要引导广大法官深入学习领会民法典的创新之处,将民法典新理念、新原则、新概念、新条款贯彻到审判执行工作的各个环节,提高运用民法典维护人民权益、化解矛盾纠纷、促进社会和谐稳定的能力和水平。"

天下之事不难于立法,而难于法之必行。民法典颁布施行,开启了法治中国建设的新里程。民法典共 7 编 1260 条、10 万多字,是我国法律体系中条文最多、体量最大、编章结构最复杂、法律适用难度最大的一部法律。中国法学会及其所属各个研究会肩负着民法典宣传普及职责,全国各级人民法院肩负着民法典贯彻实施的历史使命和法定职责,应当成为民法实施体系的中流砥柱。为此,必须吃透立法精神、领会规则实质、把握条文主旨,正确理解民法典立法宗旨、条文含义,释疑解惑,明确司法适用,认真做好贯彻实施民法典、解释民法典、适用民法典的知识储备和理论准备。

工欲善其事,必先利其器。遵照习近平总书记"要加强解读""要发挥法律解释的作用,及时明确法律规定含义和适用法律依据,保持民法典稳定性和适应性相统一"的要求,中国法学会审判理论研究会民事审判理论专业委员会精心编写的"民法典条文理解与司法适用"丛书(总则编、物权编、合同编、人格权编、婚姻家庭编、继承编、侵权责任编七个分册),就是贯彻落实最高人民法院和中国法学会关于认真学习宣传贯彻实施民法典要求的理论利器和应用工具。这个利器和工具,是由我牵头,有申惠文、何建、孙莹、丁慧、杨帆、周杲等一批民法理论基础扎实、民事实践经验丰富的专家参加,认真把脉民法典的关节点、创新点,精心打造的。毋庸置疑,其中凝聚着民法研究的理论成果和全国法院法官的经验智慧。

"民法典条文理解与司法适用"丛书认真贯彻习近平总书记关于切实实施民法典的重要讲话精神,始终坚持以习近平新时代中国特色社会主义思想为指导,全面贯彻党的十九大和十九届二中、三中、四中全会精神,增强"四个意识"、坚定"四个自信"、做到"两个维护",坚持以人民为中心的政治立场,大力弘扬社会主义核心价值观,坚持新发展理念。该书聚焦民法典的核心要义和重点问题,重点阐释民法典关于民事活动平等、自愿、公平、诚信等基本原则,重点阐释民法典关于坚持主体平等、保护财产权利、便利交易流转、维护人格尊严、促进家庭和谐、追究侵权责任等基本要求,从条文主旨、条文理解、司法适用、司法案例等方面进行逐条解读,全方位阐释民法典新规定、新概念、新精神,重点关注民事审判实践中的问题,具有较强的现实指导意义。

民法典的基本精神在于平等自愿、自由自治、公平诚信、绿色文明,核心要义在于维护基本制度、保护民事权益、限制国家公权、弘扬核心价值。当前,各级立法机关、行政机关和司法机关,都在按照中央安排部署认真学习民法典、宣传民法典,提高适用民法典的能力和水平。唯有学好民法典、用好民法典,才能够充分发挥民法典在完善中国特色社会主义法律体系、推进国家治理体系和治理能力现代化中的重要作用。让我们同心协力,将民法典学习好、理解好、适用好、落实好,确保民法典落地有声,全面施行,让民法的阳光普照神州大地。

期望本丛书的出版发行,为民法典的正确理解和准确适用提供指引。

中国法学会审判理论研究会常务理事
民事审判理论专业委员会常务副主任　曹守晔

2020 年 6 月 19 日

法律、司法解释缩略语表

全　称	简　称
《中华人民共和国宪法》	《宪法》
《中华人民共和国民法通则》	《民法通则》
《中华人民共和国民法总则》	《民法总则》
《中华人民共和国物权法》	《物权法》
《中华人民共和国合同法》	《合同法》
《中华人民共和国侵权责任法》	《侵权责任法》
《中华人民共和国婚姻法》	《婚姻法》
《中华人民共和国继承法》	《继承法》
《中华人民共和国担保法》	《担保法》
《中华人民共和国民法典》	《民法典》
《中华人民共和国民法典》第一编“总则”	《民法典》“总则编”
《中华人民共和国民法典》第二编“物权”	《民法典》“物权编”
《中华人民共和国民法典》第三编“合同”	《民法典》“合同编”
《中华人民共和国民法典》第四编“人格权”	《民法典》“人格权编”
《中华人民共和国民法典》第五编“婚姻家庭”	《民法典》“婚姻家庭编”
《中华人民共和国民法典》第六编“继承”	《民法典》“继承编”
《中华人民共和国民法典》第七编“侵权责任”	《民法典》“侵权责任编”
《中华人民共和国土地管理法》	《土地管理法》
《中华人民共和国土地管理法实施条例》	《土地管理法实施条例》
《中华人民共和国农村土地承包法》	《农村土地承包法》
《中华人民共和国农民专业合作社法》	《农民专业合作社法》

续表

全　称	简　称
《中华人民共和国城市房地产管理法》	《城市房地产管理法》
《中华人民共和国海岛保护法》	《海岛保护法》
《中华人民共和国森林法》	《森林法》
《中华人民共和国草原法》	《草原法》
《中华人民共和国矿产资源法》	《矿产资源法》
《中华人民共和国煤炭法》	《煤炭法》
《中华人民共和国水法》	《水法》
《中华人民共和国水污染防治法》	《水污染防治法》
《中华人民共和国建筑法》	《建筑法》
《中华人民共和国渔业法》	《渔业法》
《中华人民共和国海域使用管理法》	《海域使用管理法》
《中华人民共和国电力法》	《电力法》
《中华人民共和国民用航空法》	《民用航空法》
《中华人民共和国海商法》	《海商法》
《中华人民共和国道路交通安全法》	《道路交通安全法》
《中华人民共和国道路交通安全法实施条例》	《道路交通安全法实施条例》
《中华人民共和国文物保护法》	《文物保护法》
《中华人民共和国海关法》	《海关法》
《中华人民共和国野生动物保护法》	《野生动物保护法》
《中华人民共和国野生植物保护条例》	《野生植物保护条例》
《中华人民共和国无线电管理条例》	《无线电管理条例》
《中华人民共和国电信条例》	《电信条例》
《中华人民共和国国防法》	《国防法》
《中华人民共和国公司法》	《公司法》
《中华人民共和国个人独资企业法》	《个人独资企业法》

续表

全　称	简　称
《中华人民共和国村民委员会组织法》	《村民委员会组织法》
《中华人民共和国合伙企业法》	《合伙企业法》
《中华人民共和国信托法》	《信托法》
《中华人民共和国企业破产法》	《企业破产法》
《中华人民共和国政府信息公开条例》	《政府信息公开条例》
《中华人民共和国城镇集体所有制企业条例》	《城镇集体所有制企业条例》
《中华人民共和国河道管理条例》	《河道管理条例》
《中华人民共和国票据法》	《票据法》
《中华人民共和国保险法》	《保险法》
《中华人民共和国民事诉讼法》	《民事诉讼法》
最高人民法院《关于贯彻执行〈中华人民共和国民法通则〉若干问题的意见(试行)》	《民通意见》
最高人民法院《关于适用〈中华人民共和国物权法〉若干问题的解释(一)》	《物权法司法解释(一)》
最高人民法院《关于审理房屋登记案件若干问题的规定》	《房屋登记案件司法解释》
最高人民法院《关于审理涉及农村土地承包纠纷案件适用法律问题的解释》	《农村土地承包纠纷司法解释》
最高人民法院《关于审理涉及国有土地使用权合同纠纷案件适用法律问题的解释》	《国有土地使用权合同纠纷司法解释》
最高人民法院《关于审理建筑物区分所有权纠纷案件具体应用法律若干问题的解释》	《建筑物区分所有权司法解释》
最高人民法院《关于审理物业服务纠纷案件具体应用法律若干问题的解释》	《物业服务纠纷司法解释》
最高人民法院《关于适用〈中华人民共和国担保法〉若干问题的解释》	《担保法司法解释》
最高人民法院《关于适用〈中华人民共和国合同法〉若干问题的解释(一)》	《合同法司法解释(一)》

续表

全　称	简　称
最高人民法院《关于适用〈中华人民共和国合同法〉若干问题的解释(二)》	《合同法司法解释(二)》
最高人民法院《关于审理买卖合同纠纷案件适用法律问题的解释》	《买卖合同司法解释》
最高人民法院《关于审理城镇房屋租赁合同纠纷案件具体应用法律若干问题的解释》	《城镇房屋租赁司法解释》
最高人民法院《关于审理民间借贷案件适用法律若干问题的规定》	《民间借贷司法解释》
最高人民法院《关于审理融资租赁合同纠纷案件适用法律问题的解释》	《融资租赁司法解释》
《全国法院民商事审判工作会议纪要》	《九民会议纪要》

目录

第二编 物 权

第二编　物　权

绪　论

物权编的核心要义在于明确归属、鼓励创造、规范利用，坚持主体平等，保护财产权利，坚持和完善社会主义基本经济制度，推动经济高质量发展。

物权作为最基础的财产权，是民事主体从事各种经济或社会活动的前提。《民法典》“物权编”是规范财产关系的基本规则，是物权归属和物权变动的基本规则。从《物权法》到《民法典》“物权编”，从物权制度到物权体系，从物权制度体系到物权制度能力，凸显了国家在财产领域的治理体系和治理能力。“物权编”不仅规范私权利主体，还规范公权力主体。“物权编”是全国人大颁布的基本法律，对全国人大常委会制定民事特别法，产生重大的影响和制约。国家行政权的行使，要遵守“物权编”的基本规则，这也是依法行政的基本要求。最高人民法院和地方各级人民法院行使司法权，要严格遵守“物权编”的最新精神和立法规范。

1.《民法通则》颁布前后的物权立法

中国古代诸法合体，刑民不分，没有现在的“物权法”，也没有物权的概念。在传统法律向现代法律转型中，物权作为舶来品，被引进到中国。1911 年完成的大清民律草案，仿照德国民法草拟，分总则、债权、物权、亲属、继承 5 编。1929 年，沿袭五编制的“中华民国民法”物权编经审议后，予以颁布实施。1949 年，中华人民共和国中央人民政府成立，废除民国“六法全书”，包括物权编在内的“中华民国民法”在大陆不再有效。1950 年，中央人民政府委员会通过了《中华人民共和国土地改革法》(已失效)。1953 年，政务院通过了中央人民政府政务院《关于国家建设征用土地办法》(已失效)。1954 年，《宪法》颁布，确立了我国的生产资料所有制包括国家所有制即全民所有制、合作社所有制即劳动群众集体所有制，以及个体劳动者所有制和资本家所有制，规定国家依照法律保护农民的土地所有权和其他生产资料所有权、手工业者和其他非农业的个体劳动者的生产资料所有权、资本家的生产资料所有权和其他资本所有权。1956 年以后，随着社会主义改造完成,法律虚无主义盛行,"一大二公",物权制度无从谈起。1978 年改革开放以后,物权法律制度逐步恢复建立。1986 年 4 月,全国人大根据 1982 年《宪法》制定颁布《民法通则》,物权的概念采用"财产所有权和与财产所有权有关的财产权"的表达方式,规定了国家所有权、集体所有权、国有企业的经营权、个人的财产所有权、农户的土地承包经营权、自然资源使用权等内容。

《民法通则》颁布后,一些民事特别法对物权制度作出了具体的规定。1986 年 6 月,全国人大常委会通过了《土地管理法》,对土地所有权和土地使用权等作出了详细的规定。1994 年,全国人大常委会通过了《城市房地产管理法》,对房屋所有权等作出了规定。1995 年,全国人大常委会通过了《担保法》,对保证、定金、抵押、质押和留置等担保方式作出了规定。2002 年,全国人大常委会通过了《农村土地承包法》,规定了家庭承包和其他方式承包的权利和义务。随着社会的发展,这些立法逐渐无法满足实践的需要,制定一部统一、完善的物权法律的呼声越来越高。

2.《物权法》的立法过程

《物权法》的起草工作始于 1993 年,第八届全国人大常委会首次将《物权法》列入立法规划。1998 年,第八届全国人大常委会副委员长王汉斌委托一些专家学者成立民法起草工作小组,任务是为《民法典》的制定和《物权法》的制定准备草案。① 2001 年,全国人大常委会法工委在学者建议稿基础上形成物权法草案征求意见稿。

在《物权法》审议过程中,学者对应当制定"物权法"还是"财产法"产生了激烈的争论。以郑成思教授为代表的学者认为,"物权法"的概念不够通俗,而且"见物并不见人",主张用"财产法"替代"物权法"。② 在《民法典》起草过程中,还有学者主张应当制定"财产法总则编"。③ 基于我国长期继受德国法的体例,采纳了民事法律行为的概念,采纳了物权与债权二分的体系,区分了合同的效力与物权的变动,因此立法者选择了"物权法"和"物权编"的表达方式。

2002 年 12 月,物权法草案征求意见稿被编入民法典草案第 2 编,提请第九届全国人大常委会进行初审。2004 年 10 月,第十届全国人大常委会对物权法草案

---

① 1999 年 10 月,由中国社会科学院法学研究所梁慧星研究员负责的物权法课题组,完成了中国物权法草案的建议稿;2000 年,由中国人民大学王利明教授领导的课题组,完成了人民大学物权法草案的建议稿。

② 参见郑成思:《关于制定"财产法"而不是"物权法"的建议》,载《私法》2004 年第 2 期。

③ 参见王涌:《财产权谱系、财产权法定主义与〈民法典财产法总则〉》,载《政法论坛》2016 年第 1 期。

进行第二次审议。2005 年 6 月,物权法草案进行第三次审议。2005 年 7 月,全国人大常委会办公厅全文发布了物权法草案,面向社会征求意见。2005 年 10 月,物权法草案进行第四次审议。2006 年 8 月 22 日,物权法草案进行第五次审议。2006 年 10 月 27 日,物权法草案进行第六次审议。2006 年 12 月,物权法草案进行第七次审议。2007 年 3 月,十届全国人民代表大会第五次会议审议通过了《物权法》。

《物权法》自 2007 年 10 月 1 日起施行以来,对于维护国家基本经济制度、维护市场经济秩序、明确物的归属、发挥物的效用、保护权利人的物权,都发挥着举足轻重的作用。《物权法》是规范民事财产关系的基本法律,在法律体系中起着基础性作用,是中国特色社会主义法律体系中的重要支柱性法律。

3.《民法典》“物权编”的立法过程

(1)物权编草案一审稿的基本情况

2017 年 11 月,全国人大常委会法工委民法室拟定了中华人民共和国民法典物权编草案民法室室内稿。2018 年 2 月,全国人大常委会拟定了中华人民共和国民法典物权编草案征求意见稿。2018 年 8 月,中华人民共和国民法典各分编草案首次审议,其中物权编是第 1 分编。与《物权法》相比,物权编一审稿主要修改内容有:

第一,加强对建筑物业主权利的保护。其一,强化业主对共有部分共同管理的权利。实践中,一些物业服务企业未征求业主意见擅自改变共有部分的用途或者利用外墙、电梯张贴广告等营利。对此,草案增加规定,改变共有部分的用途或者利用共有部分从事经营活动应当由业主共同决定。其二,为了解决物业管理活动中业主作出决议难的问题,适当降低业主作出决议的门槛。其三,明确共有部分产生的收益属于业主共有。

第二,增加规定居住权。党的十九大报告提出,要加快建立多主体供给、多渠道保障、租购并举的住房制度,让全体人民住有所居。为落实党中央的要求,认可和保护民事主体对住房保障的灵活安排,满足特定人群的居住需求,草案在用益物权部分增加一章,专门规定居住权,居住权人有权按照合同约定并经登记占有、使用他人的住宅,以满足其稳定生活居住需要。这一制度安排有助于为公租房和老年人以房养老提供法律保障。

第三,完善动产抵押和权利质押的规则。其一,补充了有关清偿顺序的规定。其二,对于抵押物价款的债权担保赋予优先效力。针对交易实践中普遍存在的借款人借款购买货物,同时将该货物抵押给贷款人作为价款的担保的情形,草案赋予了该抵押权优先效力,以保护融资人的权利,促进融资。其三,删除具体登记机构的规定。目前动产抵押和权利质押的登记机构较为分散,不能完全适应现代市场经济发展的需要。建立统一的动产抵押和权利质押登记制度有助于进一步发挥其融资担保功能。考虑到统一登记的具体规则宜由国务院规定,草案删除了有关动产抵押和权利质押具体登记机构的内容,为建立统一的动产抵押和权利质押登记制度留下空间。

(2)物权编草案二审稿的基本情况

2019 年 4 月,全国人大常委会对民法典物权编草案进行二审。对比此前的初审草案,二审稿在耕地抵押、海岛保护、业主维权、居住权等多个关键领域进行了修改。与一审稿相比,物权编草案二审稿主要修改内容有:

第一,设置分编。有的常委会委员、地方和法学教学研究机构提出"草案的条文较多,建议设置分编",宪法和法律委员会经研究,建议予以采纳,将物权编草案进一步分为 5 个分编,即通则、所有权、用益物权、担保物权、占有。

第二,土地征地补偿、土地承包经营权等相关制度的修改完善。草案二审稿增加了相关规定,新的条款明确:征收集体所有的土地,应当依法及时足额支付土地补偿费用、安置补助费、农村村民住宅和其他地上附着物以及青苗等的补偿费用,并安排被征地农民的社会保障费用,保障被征地农民的生活,维护被征地农民的合法权益。同时,物权编草案二审稿对第 11 章"土地承包经营权"的相关内容作了完善,明确承包期届满,由土地承包经营权人依照农村土地承包的法律规定继续承包;土地承包经营权人可以自主决定依法采取出租、入股或者其他方式向他人流转土地经营权;流转期限为 5 年以上的土地经营权,自流转合同生效时设立。当事人可以向登记机构申请土地经营权登记,未经登记,不得对抗善意第三人。同时,删去草案第 17 章"抵押权"中关于耕地不得抵押的规定。

第三,增加无居民海岛的国家所有和开发利用等相关规定。有的常委会委员、部门提出,《海岛保护法》明确规定无居民海岛属于国家所有,建议草案增加规定相关内容。草案二审稿第 5 章第 43 条规定,矿藏、水流、海域属于国家所有。同时,第 43 条之一明确,无居民海岛属于国家所有,国务院代表国家行使无居民海岛所有权。

第四,业主大会、业主委员会成立,公共维修资金使用,业主维权等相关条款的修改完善。物权编草案二审稿第 72 条第 2 款中增加规定:居民委员会应当对设立业主大会和选举业主委员会给予指导和协助。同时,物权编草案二审稿进一步降低了通过公共维修资金使用表决程序的表决要求。将物权编草案第 73 条规定的应当经参与表决的业主专有部分面积和人数占比"双过四分之三"同意,修改为"双过半数"同意。物权编草案二审稿在第 76 条中增加了一款规定:紧急情况下需要维修建筑物及其附属设施的，业主大会或者业主委员会可以依法申请使用维修资金。此外，物权编草案二审稿中也进一步加强对业主维权的保障，在草案第 81 条中增加一款规定：在建筑区划内违反规定饲养动物、违章搭建、侵占通道等的行为人拒不履行相关义务的，有关当事人可以向有关行政主管部门投诉，有关行政主管部门应当依法处理。

第五，居住权制度的修改完善。有的地方、法学教学研究机构和社会公众建议进一步完善居住权制度的相关规定，明确居住权是无偿设立的用益物权，并对居住权合同的内容进行规范。为此，草案二审稿将草案第 159 条修改为：居住权人有权按照合同约定，对他人的住宅享有占有、使用的用益物权，以满足生活居住的需要。同时，草案第 159 条第 2 款单设一条，并增加一款规定：居住权合同的一般条款包括当事人的姓名和住所、住宅的位置、居住的条件和要求、解决争议的办法。值得注意的是，草案二审稿在第 160 条中增加规定：居住权无偿设立。

(3)物权编草案三审稿的基本情况

2019 年 12 月，中华人民共和国民法典草案首次亮相，全国人大常委会进行了审议。该草案第 2 编是物权编，实际是物权编草案的三审稿。与二审稿相比，物权编草案三审稿主要修改内容有：

第一，完善居住权制度。草案二审稿第 14 章规定了居住权制度。有的常委会委员、社会公众建议对居住权合同的内容、居住权的设立和期间等规定予以进一步完善，以使这一制度在实践中发挥更大的作用。草案三审稿采纳这一意见，对草案作如下修改：一是完善居住权合同的内容，增加规定“居住权期间”。二是完善居住权设立制度，将“居住权无偿设立”修改为“居住权无偿设立，但是当事人另有约定的除外”。三是进一步明确居住权期间的规定，规定居住权期间届满或者居住权人死亡的，居住权消灭。居住权消灭的，应当及时办理注销登记。

第二，完善抵押、质押制度。草案二审稿规定，抵押权人或者质权人在债务履行期限届满前，不得事先与抵押人或者出质人约定不履行到期债务时抵押财产、质押财产归债权人所有。有的专家学者、单位提出，为进一步优化营商环境，建议完善上述规定，明确当事人事先作出此类约定的，仍享有担保权益，但只能依法就抵押财产或者质押财产优先受偿。草案三审稿采纳这一意见。

(4)物权编草案四审稿的基本情况

2020 年 5 月，十三届全国人大三次会议审议了中华人民共和国民法典草案。就物权编草案而言，这是第四次审议。2020 年 5 月 28 日审议通过的《民法典》，又从以下几个方面进行了修改。

第一，完善了社会主义基本经济制度的表述。《民法典》第 206 条第 1 款规定："国家坚持和完善公有制为主体、多种所有制经济共同发展，按劳分配为主体、多种分配方式并存，社会主义市场经济体制等社会主义基本经济制度。"党的十九届四中全会决定对坚持和完善社会主义基本经济制度的表述为："公有制为主体、多种所有制经济共同发展，按劳分配为主体、多种分配方式并存，社会主义市场经济体制等社会主义基本经济制度，既体现了社会主义制度优越性，又同我国社会主义初级阶段社会生产力发展水平相适应，是党和人民的伟大创造。"《民法典》的上述规定，落实了中央改革的重大决策部署。

第二，强化了生态文明建设的规定。根据《民法典》第 286 条的规定，业主行为应当符合节约资源、保护生态环境的要求。根据第 294 条的规定，不动产权利人不得违反国家规定排放土壤污染物。根据第 326 条的规定，用益物权人行使权利，应当遵守法律有关保护生态环境的规定。这些新增条款有利于促进生态文明建设。

第三，回应了疫情防控法治化的需求。根据《民法典》第 245 条的规定，因疫情防控等紧急需要，依照法律规定的权限和程序可以征用组织、个人的不动产或者动产。第 285 条中规定，物业服务企业或者其他管理人应当执行政府依法实施的应急处置措施和其他管理措施，积极配合开展相关工作。第 286 条中规定，对于物业服务企业或者其他管理人执行政府依法实施的应急处置措施和其他管理措施，业主应当依法予以配合。这些新增条款有利于促进紧急状态法治化，合理限制私人的财产权，为政府的应急处置措施提供法律保障，进而有利于实现社会公共利益。

4.《民法典》"物权编"的主要制度创新

《民法典》"物权编"对《物权法》采取了基本稳定的立场。尽管如此，仍然是有删有增，实现了一些制度创新。主要表现在以下三个方面：

一是坚持和发展了社会主义土地公有制，突出了农民土地权益的保护。"物权编"增加了无居民海岛国家所有的规定，强调支付土地征收补偿费用的及时性，突出了农村村民住宅征收问题，分析了农村集体经营性土地和宅基地与《土地管理法》衔接的问题，回应了农村承包地"三权分置"改革政策，增加了土地经营权的设立、登记和流转等相关规定。"物权编"具有鲜明的政治属性，既保护公有财产，又保护私有财产，落实了"毫不动摇巩固和发展公有制经济，毫不动摇鼓励、支持、引导非公有制经济发展"的立法政策，构筑了社会主义土地公有制的利益共享机制。

二是聚焦民生发展问题，回应广大人民群众的普遍关切。"物权编"增设了居住权，加强了建筑物业主共有权利的保护，适当降低了业主大会决议的门槛，降低了公共维修资金的使用难度,明确了业主共有部分的收益归属,强化了业主不动产登记资料的保护,对违反规定饲养动物、违章搭建、侵占通道等违法行为明确了行政主体的责任。“物权编”坚持民生立法的基本导向,回应民生热点问题,是财产归属和利用问题的行为指南,让普通民众切切实实感受到法律的力量。

三是助推营商环境的改善,贯彻市场在资源配置中起决定作用的基本理念。“物权编”完善了抵押和质押的相关规则,删除了耕地不得抵押的规定,补充了有关抵押权和质权冲突等清偿顺序的规定,对于抵押物价款的债权担保赋予优先效力,有限承认了流质契约,删除了有关动产抵押和权利质押具体登记机构的内容,为建立统一的动产抵押和权利质押登记制度留下空间。“物权编”坚持民商合一的立法体例,对商事领域的一些特殊规定予以进一步明确或修改,回应了商事主体特殊的物权制度需求,为优化营商环境提供了有力的法治保障。

第一分编　通　则

第一章　一般规定

《民法典》"物权编"采取了提取公因式的立法技术，采取了总分结构。具体包括第1分编"通则"、第2分编"所有权"、第3分编"用益物权"、第4分编"担保物权"和第5分编"占有"。第1分编"通则"，是通用于整个《民法典》"物权编"的基本规则，同样采取了提取公因式的立法技术，共包括3章。其中，第1章"一般规定"是第1分编"通则"的总则，第2章"物权的设立、变更、转让和消灭"和第3章"物权的保护"是第1分编"通则"的分则。

本章的标题是"一般规定"，在《物权法》中的相应表述是"基本原则"。主要内容包括"物权编"的调整对象、维护基本经济制度原则、物权平等保护原则、物权公示原则。物权法定原则和物权行使的公序良俗原则在《民法典》"总则编"有规定，本章没有重复规定。维护基本经济制度原则，是指坚持社会主义基本经济制度和社会主义市场经济。这是中国特色社会主义物权制度的政治基础，具有宏观的价值指引作用。对于学界公认的一物一权原则、物权客体特定原则和物权公信原则等基本原则，本章并没有规定。这些基本原则是学术界根据物权现象总结出来的，有很多例外的情形。司法实践应当准确适用相关立法条款，进行科学解释。

第二百零五条　本编调整因物的归属和利用产生的民事关系。

【条文主旨】

本条是关于物权编调整范围的规定。

【条文理解】

本条与《物权法》第 2 条第 1 款基本相同,主要是将“本法”修改为“本编”,同时去掉一个转折词“而”。从立法史看,物权编草案一审稿和二审稿没有规定调整对象。物权编草案三审稿规定:“本法调整平等主体之间因物的归属和利用而产生的财产关系。”物权编草案四审稿、五审稿、六审稿对此没有变动。最后通过的法律条文将“平等主体之间”删掉,同时将“财产关系”修改为“民事关系”。之所以将“财产关系”修改为“民事关系”,一是为与其他编表述一致,二是考虑宅基地使用权、土地承包经营权和居住权等虽然列为用益物权,但也很难被定性为纯粹的财产权。另外,不动产相邻关系中的“通风、采光、日照”等相关权益,以及野生动植物等一些特殊的资源,也很难被界定为纯粹的财产权。需要指出的是,“物权编”还调整部分非平等主体间因物的归属与利用而产生的关系。例如,因人民政府的征收决定等发生的物权变动,不动产登记机构的职权与职责等。

物权是一种财产权,是权利人在法律规定的范围内对一定的物享有的直接支配并排除他人干涉的权利。物权是直接支配物的权利,因而物权又称为“绝对权”。“物权编”的物,可以分为有体物和无体物。有体物可以分为不动产和动产。不动产包括土地、建筑物、构筑物等。土地包括建设用地和农业用地等,前者包括城市建设用地和农村建设用地,后者包括耕地、草原、林地等。建筑物包括居住建筑、公共建筑、工业建筑、农业建筑等。构筑物包括烟囱、水塔、桥梁、水坝等。动产包括机动车、船舶、航空器、机器设备、原材料、产品等。不动产是指土地以及房屋、林木等地上定着物。本法所称动产是指不动产以外的物。无体物主要包括著作、商标、专利等。能够为人力控制并具有价值的特定空间视为物。人力控制下的电气等,也视为物。“物权编”所调整的物,主要是有体物。著作、商标、专利等无体物,不是“物权编”规范的对象,主要由专门法律如《著作权法》《商标法》《专利法》调整。法律有特别规定的,无体物也是“物权编”调整的客体,如著作、商标、专利、公司股权、基金份额、保险单、存款单、应收账款、汇票、支票、本票等,可以成为权利质押的客体。物理上的物,包括固体、液体、气体、电等。大千世界万事万物,并非所有的有体物或者有形物都是物权法律规范的对象,能够作为“物权编”规范对象的还必须是人力所能控制并有利用价值的物。随着科学技术的发展,一些原来无法控制且无法利用的物也可以控制和利用了,因此被纳入“物权编”的调整范围,“物权编”规范的物的范围由此不断扩大,包括了无线电频谱资源和网络流量等。

根据本条的规定,“物权编”的调整对象是“物的归属和利用”。其中,“物的归属”就是确定物的所有权人,赋予其排他的权利。商鞅在《商君书》中指出:“一兔走,百人逐之,非以兔为可分以为百,由名之未定也。夫卖兔者满市,而盗不敢取,由名分已定也。故名分未定,尧、舜、禹、汤且皆如鹜焉而逐之;名分已定,贪盗不取。""物的利用"既包括所有权人的利用,也包括非所有权人的利用。非所有权人对他人之物的利用,必须有合同的约定或者法律的规定。明确物的归属,有利于发挥法律定分止争的功能,减少不必要的财产纠纷。发挥物的效用,有利于提高物的利用效益,达到物尽其用的目的。物的利用应当符合科学利用、合理利用、适度利用、绿色环保,应当节约资源、平衡持续、生态文明,不得竭尽物力,不得榨干地力,不得穷奢极欲,不得竭泽而渔,不得寅吃卯粮。

综上,明确物的归属,发挥物的效用,是"物权编"要实现的直接目的,也是"物权编"法律规范要解决的中心问题。古人云:"仓廪实而知礼节,衣食足而知荣辱。""物权编"赋予人对物的支配权,保障个人的独立自主与决定自由,有利于个人独立人格的形成与发展,有利于推进社会主义精神文明建设。

【司法适用】

本条为司法裁判提供大致的法律适用索引,其本身不是裁判规范,也不是行为规范。物权规范既包括静态的物权归属规范,也包括动态的物权变更规范。准确而言,《民法典》"物权编"调整的是物权的归属与变动。"物的利用"外延宽泛,不仅包括物权的利用方式,如建设用地使用权和土地承包经营权的取得等,也包括债权的利用方式,如房屋的出租等。所有权人将物出租,是典型的合同关系,是典型的债权关系。《民法典》"物权编"中的"物的利用",往往针对不动产,往往是长期的利用。动产的利用,或者短期的利用,则属于"合同编"调整的范围。因物的不正当利用而产生的损害赔偿问题,属于"侵权责任编"的调整范围。从《民法典》"物权编"的规范内容看,其不仅包括物权规范,也包括债权规范,如对建设用地使用权出让合同等的规定,以及对担保合同条款的内容和效力等的规定。因此,该条只是对《民法典》"物权编"法律规范的大致概括,具有抽象性,要结合具体条款进行法律适用。

《民法典》"物权编"是"物的归属和利用"的基本规定,是财产的基本法。《土地管理法》《农村土地承包法》《森林法》《草原法》《矿产资源法》《煤炭法》《水法》《渔业法》《文物保护法》《海域使用管理法》《城市房地产管理法》《电力法》《民用航空法》《海商法》《道路交通安全法》《野生动物保护法》等,是"物的归属和利用"的特别规定。这些特别法的规定,以及《物权法司法解释(一)》等司法解释,要根据《民法典》"物权编"的新规定及时进行修改完善,在不冲突的前提下,可以作为裁判依据。

【司法案例】

甲市人民政府等与乙出租车有限公司注销行政许可纠纷上诉案①

诉讼结论:本案出租车的经营权并非市政府依职责应处置的权利,即出租车公司的车辆经营权不能被市政府行政注销。

法院认为:出租车经营权应是出租车公司和出租车司机对其经营财产的一种占有、使用和收益的权利,即出租车经营权应归出租车司机和公司共同所有,也就是说,出租车经营权当属于物权范畴。而物权是指权利人依法对特定的物享有直接支配和排他的权利,包括所有权、用益物权和担保物权。《物权法》第2条第3款规定:"本法所称物权,是指权利人依法对特定的物享有直接支配和排他的权利,包括所有权、用益物权和担保物权。"《物权法》第2条第1款规定:"因物的归属和利用而产生的民事关系,适用本法。"行政许可是行政主体根据行政相对方的申请,经依法审查,通过颁发许可证、执照等形式,赋予或确认行政相对方从事某种活动的法律资格或法律权利的一种具体行政行为。注销行政许可也必须在行政许可所界定的范畴内进行,出租车公司的车辆经营权不能被市政府行政注销。

第二百零六条　国家坚持和完善公有制为主体、多种所有制经济共同发展,按劳分配为主体、多种分配方式并存,社会主义市场经济体制等社会主义基本经济制度。

国家巩固和发展公有制经济,鼓励、支持和引导非公有制经济的发展。

国家实行社会主义市场经济,保障一切市场主体的平等法律地位和发展权利。

【条文主旨】

本条是关于我国社会主义基本经济制度和社会主义市场经济的规定。

【条文理解】

本条第2款、第3款与《物权法》第3条第2款、第3款相同,本条第1款与《物权法》第1款不同。本条第1款是对社会主义基本经济制度的新表达。在《物权法》立法过程中,有人认为,我国是社会主义国家,国有经济是国民经济中的主

① 参见程振华、杨慧文:《政府对出租车的经营权能否注销和划转》,载《人民司法(案例)》2011年第14期。

导力量,我国《物权法》要突出保护公有制。有人认为,《物权法》属于私法,要突出对私有财产的保护。客观分析可知,中国特色社会主义物权制度是由社会主义基本经济制度决定的,与资本主义物权制度有本质区别。作为反映我国社会主义生产关系的《物权法》,必须全面、准确地体现现阶段我国社会主义基本经济制度。2005 年 8 月,物权法草案向社会公开后,北京大学法学院巩献田教授发表《一部违背宪法和背离社会主义基本原则的〈物权法(草案)〉》的公开信,引发了物权法草案是否违宪的学术争议。① 2005 年 9 月全国人大常委会委员长吴邦国,对进一步修改物权法草案提出三点要求:“一是坚持正确的政治方向……二是坚持从我国的国情和实际出发……三是要处理好物权法和其他有关法律的关系。”2006 年审议的物权法草案六审稿对此首次规定,具体分为两条。其中第 3 条规定:“国家在社会主义初级阶段,坚持公有制为主体、多种所有制经济共同发展的基本经济制度。国家巩固和发展公有制经济,鼓励、支持和引导非公有制经济的发展。”第 4 条规定:“国家实行社会主义市场经济。国家的、集体的和私人的物权受法律保护,任何单位和个人不得侵犯。”最后通过的《物权法》,将第 3 条和第 4 条的部分内容合并,增加了“保障一切市场主体的平等法律地位和发展权利”的表达。《民法典》“物权编”审议中,未采纳此种表达。

坚持社会主义基本经济制度和社会主义市场经济,是“物权编”立法秉持的重要的政治经济原则,是中国特色社会主义物权制度的根本保障。《宪法》第 6 条第 2 款规定:“国家在社会主义初级阶段,坚持公有制为主体、多种所有制经济共同发展的基本经济制度,坚持按劳分配为主体、多种分配方式并存的分配制度。”第 7 条规定:“国有经济,即社会主义全民所有制经济,是国民经济中的主导力量。国家保障国有经济的巩固和发展。”第 8 条第 3 款规定:“国家保护城乡集体经济组织的合法的权利和利益,鼓励、指导和帮助集体经济的发展。”第 11 条第 2 款规定:“国家保护个体经济、私营经济等非公有制经济的合法的权利和利益。国家鼓励、支持和引导非公有制经济的发展,并对非公有制经济依法实行监督和管理。”第 15 条第 1 款规定:“国家实行社会主义市场经济。”本条重申了《宪法》的重要规定,只是表述适当调整,是落实依宪治国、贯彻宪法精神的重要表现。

中国特色社会主义物权制度,要充分反映和尊重中国特色社会主义的经济基础。坚持和完善公有制为主体、多种所有制经济共同发展,坚持社会主义市场经济,是中央全面深化改革的重要举措,是巩固中国特色社会主义制度的重要举措。2016 年 11 月 4 日发布的中共中央、国务院《关于完善产权保护制度依法保护产权

---

① 参见曹守晔:《物权效力研究》,法律出版社 2010 年版,第 163 ~ 172 页。

的意见》指出，要健全以公平为核心原则的产权保护制度，毫不动摇巩固和发展公有制经济，毫不动摇鼓励、支持、引导非公有制经济发展，公有制经济财产权不可侵犯，非公有制经济财产权同样不可侵犯。2019 年党的十九届四中全会通过的中共中央《关于坚持和完善中国特色社会主义制度　推进国家治理体系和治理能力现代化若干重大问题的决定》指出，要探索公有制多种实现形式，推进国有经济布局优化和结构调整，发展混合所有制经济，增强国有经济竞争力、创新力、控制力、影响力、抗风险能力，做强做优做大国有资本；要深化农村集体产权制度改革，发展农村集体经济，完善农村基本经营制度；要健全支持民营经济、外商投资企业发展的法治环境，完善构建亲清政商关系的政策体系，健全支持中小企业发展制度，促进非公有制经济健康发展和非公有制经济人士健康成长。总之，坚持社会主义基本经济制度与坚持市场经济，是有机统一的整体，共同成为社会主义市场经济法治建设的基础。

党的十九届四中全会决定对坚持和完善社会主义基本经济制度的表述为："公有制为主体、多种所有制经济共同发展，按劳分配为主体、多种分配方式并存，社会主义市场经济体制等社会主义基本经济制度，既体现了社会主义制度优越性，又同我国社会主义初级阶段社会生产力发展水平相适应，是党和人民的伟大创造。"[①]市场经济是人类发展经济的文明成果，能够最大限度地发挥生产者的积极性，合理配置资源，创造高效率的经济效益，促进经济繁荣。上述表述把社会主义市场经济体制上升到社会主义基本经济制度层面，这在中央改革文件中是首次提出。这是社会主义基本经济制度的重大突破，强调社会主义基本经济制度与社会主义市场经济的一致性，强化了社会主义市场经济的地位和作用，具有重大的历史和现实意义。2020 年 3 月 30 日，中共中央、国务院发布的《关于构建更加完善的要素市场化配置体制机制的意见》明确指出，完善要素市场化配置是建设统一开放、竞争有序市场体系的内在要素，深化要素市场化配置改革，促进要素自主有序流动，提高市场要素配置效率，激发全社会创造力和市场活力。2020 年 5 月 11 日，中共中央、国务院发布的《关于新时代加快完善社会主义市场经济体制的意见》再次明确，社会主义市场经济体制是社会主义基本经济制度的重要组成部分。坚持和完善公有制为主体、多种所有制经济共同发展，按劳分配为主体、多种分配方式并存，社会主义市场经济体制等社会主义基本经济制度，把中国特色社会主义制度与市场经济有机结合起来，为推动高质量发展、建设现代化经济体系提供

---

① 《中国共产党第十九届中央委员会第四次全体会议文件汇编》，人民出版社 2019 年版，第 37 ~ 38 页。

重要制度保障。《民法典》将这些文件的核心思想融入本法条之中，回应了我国社会主义市场经济体制等社会主义基本经济制度，为《民法典》“物权编”的具体制度作出宏观指引。

还需要指出的是，本条第3款强调“保障一切市场主体的平等法律地位和发展权利”，因为这是实行市场经济的前提。没有平等关系就没有《民法典》，没有平等的财产关系就没有《民法典》“物权编”。

【司法适用】

司法机关在审判实践中，应当坚持各种所有制经济的权利平等、机会平等、规则平等，对各类产权主体的诉讼地位和法律适用一视同仁，确保公有制经济和非公有制经济财产权不可侵犯。[①] 2018年1月、2018年12月，最高人民法院两次公布保护产权和企业家合法权益的典型案例，充分发挥了司法裁判的指引作用。

【司法案例】

案例一

李某、甲公司执行申诉案[②]

诉讼结论：对建筑物等财产超标的查封，不允许民营企业处分该超标的部分财产的行为，既不利于产权人充分发挥其财产价值，也侵害民营企业的合法权益。

法院认为：案涉328套房屋被查封、评估后，案涉民营企业进行了复工，使查封的房屋实现了升值。申诉人据此事由向执行法院提起异议，请求中止拍卖，重新评估并解除超标的部分的查封。本案中人民法院根据当事人申请，依法变更保全措施，保障了债务企业的正常生产经营，兼顾了双方当事人的权益。

案例二

甲公司、陈某雷房屋买卖合同纠纷案[③]

诉讼结论：国有企业参与市场交易与其他市场主体地位平等，其资产利益不能等同于国家利益或社会公共利益。

法院认为：甲公司辩称协议约定价款明显低于市场价，损害国家及社会公共利益，应认定为无效合同。对此要界定甲公司的利益是否为国家利益或社会公共

---

① 参见《最高人民法院关于充分发挥审判职能作用切实加强产权司法保护的意见》，载《人民法院报》2016年11月30日，第3版。

② 参见最高人民法院（2017）最高法执监401号执行裁定书。

③ 参见浙江省温州市中级人民法院（2019）浙03民终3289号民事判决书。

利益。根据《物权法》第3条第3款的规定，国家实行社会主义市场经济，保障一切市场主体的平等法律地位和发展权利。因此，在市场经济条件下，国有企业参与市场交易与其他市场主体地位平等，其资产利益不能等同于国家利益或社会公共利益。国有资产转让是国有企业经营权的体现。作为资产的管理者，有责任对资产保值增值，但亦应承担市场经营的风险。因此，本案合同有效。

第二百零七条　国家、集体、私人的物权和其他权利人的物权受法律平等保护，任何组织或者个人不得侵犯。

【条文主旨】

本条是关于物权平等保护原则的规定。

【条文理解】

本条对《物权法》第4条进行了修改，将"受法律保护"修改为"受法律平等保护"，将"任何单位"修改为"任何组织"。在《物权法》立法过程中，该条款多次变动。物权法草案一审稿和二审稿规定："权利人享有的物权，受法律保护。任何人不得侵害物权。"物权法草案三审稿第7条规定："权利人享有的物权受法律保护，任何单位和个人不得侵害。"物权法草案四审稿第7条规定："权利人享有的物权受法律保护，任何单位和个人不得妨碍权利人行使物权，不得侵害物权。"物权法草案五审稿第6条规定："权利人享有的物权受法律保护，任何单位和个人不得妨碍权利人行使物权，不得侵害物权。"物权法草案六审稿第4条第2款规定："国家的、集体的和私人的物权受法律保护，任何单位和个人不得侵犯。"最后通过的《物权法》第4条，增加了"其他权利人的物权"的表述。

"物权编"该条规定再次强调"平等保护"，具有重大的政策宣示意义，旨在营造各种所有制主体依法平等使用资源要素、公开公平公正参与竞争的市场环境。国家作为物权主体，往往通过国家机关、国家举办的事业单位和国家出资的企业等方式行使民事权利。集体作为物权主体，主要是农村集体和城镇集体。私人作为物权主体，主要表现为自然人。其他权利人具有较大包容性，可以涵盖国家、集体、私人共同作为权利主体的情形，适应混合所有制的情形。2013年党的十八届三中全会通过的中共中央《关于全面深化改革若干重大问题的决定》指出，要积极发展混合所有制经济。国有资本、集体资本、非公有资本等交叉持股、相互融合的混合所有制经济，是基本经济制度的重要实现形式，有利于国有资本放大功能、保值增值、提高竞争力，有利于各种所有制资本取长补短、相互促进、共同发展。允许更多国有经济和其他所有制经济发展成为混合所有制经济。国有资本投资项目允许非国有资本参股。允许混合所有制经济实行企业员工持股,形成资本所有者和劳动者利益共同体。总之,国家、集体、私人的物权和其他权利人的物权受法律平等保护,是市场经济的基本要求,要适时废除对非公有制经济各种形式的不合理规定,消除各种隐性壁垒,支持非公有制经济健康发展。

【司法适用】

人民法院要充分发挥司法审判的职能作用,平等保护公有制经济和非公有制经济。要充分发挥民商事审判职能,理顺产权关系,既要依法保护公有制经济,有效防止国有资产流失,也要防止超越法律规定和合同约定,不当损害非公有制经济主体的正当权利。[①] 要全面贯彻平等保护不同所有制主体、不同地区市场主体、不同行业利益主体的工作要求,坚持各类市场主体法律地位平等、权利保护平等和发展机会平等的原则,依法化解各类矛盾纠纷,推动形成平等有序、充满活力的法治化营商环境。[②] 根据最高人民法院的裁判观点,[③]个别国有企业利益不属于认定合同无效事由中的国家利益,法院要坚持市场主体的平等保护,不应当对国有企业利益进行有别于其他市场主体的特别保护。

【司法案例】

某移动运营商与赵某钢等排除妨害纠纷上诉案[④]

诉讼结论:“住改商”应当采取禁止主义,某移动运营商架设天线不属合理利用,构成对其他业主共有物权的侵害。

法院认为:《物权法》第 4 条确立了物权平等保护原则,即国家、集体、私人的物权和其他权利人的物权受法律保护,任何单位和个人不得侵犯。虽然为了公共利益,依照法律规定的权限和程序可以对私人产权进行必要限制,但此种限制应属《立法法》第 8 条第 8 项规定的民事基本制度,应由全国人大及其常委会通过立法予以规定。在未制定法律前,行政法规等对私人产权所作的限制规定,应当符合《物权法》的解释,即尊重和保护私人产权,不得随意限制、侵害私人产权。

---

① 参见最高人民法院《关于依法平等保护非公有制经济促进非公有制经济健康发展的意见》(法发〔2014〕27 号)。

② 参见最高人民法院《关于为改善营商环境提供司法保障的若干意见》(法发〔2017〕23 号)。

③ 参见最高人民法院(2017)最高法民申 4336 号民事裁定书。

④ 参见肖芃:《“住改商”司法审查中应采绝对禁止主义》,载《人民司法(案例)》2014 年第 4 期。

第二百零八条 不动产物权的设立、变更、转让和消灭,应当依照法律规定登记。动产物权的设立和转让,应当依照法律规定交付。

【条文主旨】

本条是关于物权公示原则的规定。

【条文理解】

本条与《物权法》第6条相同。在物权法起草过程中,审议稿多次变动。物权法草案一审稿第6条规定:"物权的设立、变更、转让和消灭,除法律另有规定外,不动产应当登记,动产应当交付。记载于不动产登记簿的权利人是该不动产的权利人,动产的占有人是该动产的权利人,但有相反证据的除外。"物权法草案二审稿第4条规定:"物权应当公示。除有相反证据证明外,记载于不动产登记簿的人是该不动产的权利人,动产的占有人是该动产的权利人。"物权法草案三审稿第4条规定:"物权应当公示。记载于不动产登记簿的人是该不动产的权利人,动产的占有人是该动产的权利人,但有相反证据证明的除外。法律规定不经登记即可取得物权的,依照其规定。"物权法草案四审稿第4条规定:"物权应当公示。法律规定不经公示即享有物权的,依照其规定。"物权法草案四审稿第5条规定:"记载于不动产登记簿的人是该不动产的权利人,动产的占有人是该动产的权利人,但有相反证据证明的除外。"物权法草案五审稿第4条规定:"记载于不动产登记簿的人是该不动产的权利人,动产的占有人是该动产的权利人,但有相反证据证明的除外。"物权法草案六审稿第6条规定:"不动产物权的设立、变更、转让和消灭,应当依照法律规定登记。动产物权的设立和转让,应当依照法律规定交付。"从物权法草案的演变过程看,立法表述并不一样。最后形成的立法文本,只是表达物权的变动因动产与不动产不同而不同,前者以交付为准,后者以登记为准,并没有明确不动产登记和占有的推定效力。对于物权公示的效果,也没有作出统一的规定。

根据生活常理,要获得不动产的所有权,就要进行登记;要获得动产的所有权,要通过交付。比如买卖一台电脑,通过交付,买主才获得所有权。因此,物权变动的关键点,不动产就是登记,动产就是交付。从理论上讲,物权是支配权、绝对权,义务人是不特定的多数人,因此要以特定的方式公示权利的存在。物权公示原则是指物权变动应当以法定公示方式进行才能发生效力。登记是不动产物权变动的公示方式,交付是动产物权变动的公示方式。物权公示有利于明确物的归属,维护交易安全,便于国家对财产进行管理。根据不同的情形,物权公示具有设权效力、对抗效力、宣示效力和推定效力。从立法例看，存在公示生效主义和公示对抗主义两种不同的模式。我国采取的是以公示生效主义为主、以公示对抗主义为辅的模式。物权公示具有权利推定效力，具体表现为登记的推定效力与占有的推定效力。如有证据证明公示的权利人，并不是真实的权利人，可以推翻公示的效力。需要指出的是，《物权法》和《民法典》"物权编"没有明确规定物权变动的公信原则。不动产登记的公示性比较强，国家设有专门的登记规则，因此登记具有相当的公信力。而动产变动较为频繁，交付的原因多种多样，可能是转让，也可能是保管，因此占有的公信力比较弱。需要指出的是，本条在大多数司法案例中不是单独适用的，而是结合其他法条适用。

【司法适用】

有法院认为，抵押登记产生效力，必须符合《物权法》第6条关于公示的要求，必须具体、特定、明确。对不动产登记簿上记载内容的理解有歧义时，应当以社会上通常的第三人如何理解为标准，而不能以抵押权人如何理解为标准。如果登记得不具体、特定、明确，就应当要求登记的工作人员修改，使登记的抵押财产具体、特定、明确。如果没有提出这个要求，登记得不特定，即使在登记簿上已经登记为抵押权人，对讼争不动产也不享有抵押权。①

【司法案例】

案例一

张某良、冯某华诉顾某强房屋共有确认案②

诉讼结论：房屋所有权的归属应当以产权部门登记为准。但是有反证证明除登记人外，其他人在购房时共同出资，并且存在共同买房的合意，则相应人员均应当享有房屋所有权。

法院认为：原告关于出资购房经过、合伙经营冷饮批发部及出租房屋等事宜的陈述，有账目、票据及有关证人证言等相互印证，具有高度的盖然性，足以证明本案原告、被告三人合伙经营冷饮批发，共同出资购买了该门面房。

---

① 参见最高人民法院(2017)最高法民申2274号民事裁定书。

② 参见国家法官学院案例开发研究中心编：《中国法院2013年度案例：物权纠纷》，中国法制出版社2013年版，第180页。

案例二

甲公司与乙公司、丙钢管制造所、丁街道办事处物权确认纠纷案①

诉讼结论：在物权确权纠纷案件中，根据物权变动的基本原则，对于当事人依据受让合同提出的确权请求应当视动产与不动产予以区别对待。

法院认为：对于权利人提出登记于他人名下的不动产物权归其所有的确权请求，人民法院不宜直接判决确认其权属，而应当判决他人向权利人办理登记过户。

案例三

甲公司诉乙公司取回权确认纠纷案②

诉讼结论：涉案设备的交付完成，涉案动产设备的所有权即发生转移。

法院认为：涉案的七台设备属于动产，而动产的公示方法原则上是占有与交付。根据《物权法》第6条的规定，动产物权的设立和转让，应当依照法律规定交付。所谓交付是指转移占有，即将自己占有的物或所有权凭证转移其他人占有的行为。出于维护交易安全考虑，交付作为动产物权变动的法定方式，具有强制性。该法共规定了现实交付、简易交付、指示交付和占有改定四种交付方式。当事人只能够在法律规定的四种交付方式中通过约定选择一种具体的交付方式，除此之外，不存在其他基于法律行为而发生的动产物权变动的方式。

---

① 参见《最高人民法院公报》2012年第6期。

② 参见《最高人民法院公报》2012年第4期。

第二章　物权的设立、变更、转让和消灭

本章共分3节，结构和内容基本沿用《物权法》第2章。本章第1节“不动产登记”和第2节“动产交付”，主要规范基于民事法律行为而发生的物权变动；第3节“其他规定”，主要规范因事实行为产生的物权变动和基于公权力产生的物权变动等。与《物权法》相比，本章增加了“利害关系人不得非法公开、非法使用权利人的不动产登记资料”的规定，删除了不动产登记收费标准确定机构之规定等，修改了拟制交付和指示交付等一些表述不准确的条款。

本章为物权的设立、变更、转让和消灭的基本规范，重点突出了不动产登记的基本规范和动产交付的基本规范。2014年国务院颁布的《不动产登记暂行条例》，以及2016年原国土资源部颁布的《不动产登记暂行条例实施细则》和2018年原国土资源部颁布的《不动产登记资料查询暂行办法》等，对不动产登记作出了更为具体的规定。2010年8月公布的《房屋登记案件司法解释》，对房屋登记纠纷案件的裁判规则作出了具体规定。2011年5月通过的最高人民法院《关于审理涉及农村集体土地行政案件若干问题的规定》，对集体土地物权登记裁判的相关问题，作出了具体的规定。2011年7月通过的最高人民法院《关于适用〈中华人民共和国婚姻法〉若干问题的解释(三)》，对夫妻婚前和婚后房产的登记与归属，作出了具体的解释。2012年3月通过的《买卖合同司法解释》，对普通动产的交付，以及船舶、航空器、机动车等特殊动产的交付与登记，作出了更为具体的解释。2015年12月通过的《物权法司法解释(一)》，对不动产登记和动产的交付等，也作出了更为具体的解释。2018年修正的《农村土地承包法》和2019年修正的《土地管理法》，进一步完善了土地物权的变动规则。2019年颁布的《九民会议纪要》，对不动产担保物权的登记和动产担保物权的占有，提出了进一步的司法倾向性意见。在司法实践中，一方面要保护公示的权利人，即保护登记的权利人和占有

的权利人；另一方面要保护真实的权利人，具体案件具体分析，查清真实权利人，维护交易安全。

第一节　不动产登记

第二百零九条　不动产物权的设立、变更、转让和消灭，经依法登记，发生效力；未经登记，不发生效力，但是法律另有规定的除外。

依法属于国家所有的自然资源，所有权可以不登记。

【条文主旨】

本条是关于不动产物权登记效力的规定。

【条文理解】

本条与《物权法》第9条基本相同，是对不动产物权公示效力的规定。在《物权法》起草过程中，立法文本多次变动。物权法草案一审稿第9条规定："依照法律规定，土地、矿藏等自然资源属于国家所有的，可以不经登记，自法律施行之日起享有物权。除法律另有规定外，国家、集体、私人的不动产物权的设立、变更、转让和消灭，应当登记；不经登记，不发生物权效力。"物权法草案二审稿、三审稿、四审稿和五审稿对此均规定："不动产物权的设立、变更、转让和消灭，应当登记；不经登记，不发生物权效力，但法律另有规定的除外。属于国家所有的土地、矿藏等自然资源，可以不经登记。"物权法草案六审稿对此的表述，与目前"物权编"的表述已经完全一致。从立法过程看，强调两点：一是不动产物权变动，要依法登记；二是属于国家所有的自然资源可以登记豁免。

物权的设立、变更、转让和消灭，统称为物权的变动。不动产物权登记效力，有两种立法模式：一是登记生效主义，二是登记对抗主义。我国立法原则采用不动产登记生效主义，例外采用登记对抗主义。房屋所有权、建设用地使用权等的物权变动，采用的是登记生效主义。土地承包经营权、地役权等的物权变动，采用的是登记对抗主义。登记生效主义与登记对抗主义的区分，是针对因买卖等民事法律行为产生的物权变动。对于非因民事法律行为产生的不动产物权变动，如因继承、合法建造、拆除房屋等事实行为产生的不动产物权变动，均不适用登记生效主义，也不适用登记对抗主义。事实行为完成时，即取得或丧失相应的不动产物权，随后进行的登记只是起到宣示的作用。

依法属于国家所有的自然资源，所有权免于登记，这有利于保护国家所有权，在立法政策上具有重大意义。《宪法》第 9 条第 1 款规定："矿藏、水流、森林、山岭、草原、荒地、滩涂等自然资源，都属于国家所有，即全民所有；由法律规定属于集体所有的森林和山岭、草原、荒地、滩涂除外。"第 10 条第 1 款规定："城市的土地属于国家所有。"《不动产登记暂行条例》第 5 条规定："下列不动产权利，依照本条例的规定办理登记：(一)集体土地所有权；(二)房屋等建筑物、构筑物所有权；(三)森林、林木所有权；(四)耕地、林地、草地等土地承包经营权；(五)建设用地使用权；(六)宅基地使用权；(七)海域使用权；(八)地役权；(九)抵押权；(十)法律规定需要登记的其他不动产权利。"依法归国家所有的建筑物、构筑物等，需要依法进行登记。

【司法适用】

当诉讼请求直指物权登记本身时，不得以现行登记为由随意驳回。有观点认为，除非法律另有规定，未经不动产登记机构登记就不能取得及享有不动产物权，不动产物权争议涉及登记就应通过行政诉讼解决。这种观点受众颇广，在很大程度上导致实践中出现了民事、行政审判部门互相推诿以及民事裁判与行政裁判冲突的现象，这不仅徒增当事人讼累，也有损司法的权威和公信。针对这一情况，《房屋登记案件司法解释》从两个方面作出规定：一是在案件的受理上，规定因不动产物权的归属，以及作为不动产物权登记基础的买卖、赠与、抵押等产生争议而提起诉讼的，属于人民法院民事诉讼受案范围，人民法院应依法予以受理，民事审判部门应依法予以审理。二是从诉讼中不动产登记簿证明力的角度，规定对发生争议的不动产物权归属的最终判断，应当依赖于对原因行为或基础关系的审查，故在当事人有证据证明不动产登记簿的记载与真实权利状态不符、其为该不动产物权的真实权利人的情况下，应当支持其诉讼请求。

根据审判实践需要，最高人民法院对房屋登记生效主义规定了诸多的例外。2014 年 12 月通过的最高人民法院《关于人民法院办理执行异议和复议案件若干问题的规定》第 28 条规定："金钱债权执行中，买受人对登记在被执行人名下的不动产提出异议，符合下列情形且其权利能够排除执行的，人民法院应予支持：(一)在人民法院查封之前已签订合法有效的书面买卖合同；(二)在人民法院查封之前已合法占有该不动产；(三)已支付全部价款，或者已按照合同约定支付部分价款且将剩余价款按照人民法院的要求交付执行；(四)非因买受人自身原因未办理过户登记。"第 29 条规定："金钱债权执行中，买受人对登记在被执行的房地产开发企业名下的商品房提出异议，符合下列情形且其权利能够排除执行的，人民法院应予支持：(一)在人民法院查封之前已签订合法有效的书面买卖合同；

(二)所购商品房系用于居住且买受人名下无其他用于居住的房屋;(三)已支付的价款超过合同约定总价款的百分之五十。"这些条款肯定了合法占有房屋的当事人权益,是司法实践经验的总结,符合社会公平原则。

【司法案例】

案例一

付某华诉吕某白、刘某锋案外人执行异议纠纷案①

诉讼结论:离婚协议中有不动产归属的约定,但没有依法办理登记的,对外不发生物权对抗效力。

法院认为:根据《物权法》第6条的规定,不动产物权变动原则上以登记完成为生效要件。夫妻双方签订的离婚协议中对不动产归属的约定对双方具有效力,一方可基于债权请求权向对方主张履行房屋产权变更登记的契约义务,对外并不直接发生物权变动的效果。在不动产物权未依法登记变更的情况下,离婚协议中关于不动产归属的约定不具有对抗第三人债权的法律效力。

案例二

邹某勇诉甲公司案外人执行异议之诉纠纷案②

诉讼结论:买卖的房屋属不动产,因尚未依法办理登记,不能发生物权变动效力,即房屋所有权并未发生变动。

法院认为:最高人民法院《关于人民法院办理执行异议和复议案件若干问题的规定》第28条、第29条分别规定了不动产买受人和商品房消费者的物权期待权能够排除执行的充分条件。第28条系对登记在任何被执行人名下的所有不动产适用,属于对不动产物权期待权排除执行的一般性认定标准规定;第29条系针对房屋消费者对登记在被执行的房地产开发企业名下的商品房提出排除执行的特殊性认定标准规定。这两条规定并非基于对不动产或商品房所有权的保护,在符合这两条规定的条件可排除执行情形下,并未认定买受人享有所有权。

---

① 参见《最高人民法院公报》2017年第3期。

② 参见云南省高级人民法院(2018)云民终390号民事判决书。

第二百一十条　不动产登记，由不动产所在地的登记机构办理。

国家对不动产实行统一登记制度。统一登记的范围、登记机构和登记办法，由法律、行政法规规定。

【条文主旨】

本条是关于不动产登记机构和不动产统一登记的规定。

【条文理解】

本条与《物权法》第10条相同。对不动产实行统一登记制度，是推进国家登记制度和不动产管理体系和管理能力现代化的重要举措，是国务院机构改革和职能转变方案的重要内容，是推进简政放权、减少多头管理、逐步实现一个窗口管理的有效举措。在2015年《不动产登记暂行条例》实施之前，不动产登记机构是不统一的。在建设部门办理《房屋所有权证》，在国土资源部门办理《集体土地使用权证》或《国有土地使用权证》，在农业部门办理《农村土地承包经营权证》，在林业部门办理《林权证》，在草原部门办理《草原使用权证》，在海洋部门办理《海域使用权证》《无居民海岛使用权证》等。根据《不动产登记暂行条例》，统一登记制度具体包括：第一，统一登记机构。国务院国土资源主管部门负责指导、监督全国不动产登记工作。第二，统一登记簿册。对不动产登记单元及不动产登记簿应当记载的事项、不动产登记簿的介质、不动产登记簿记载要求、不动产登记工作人员要求、不动产登记簿保管要求、不动产登记簿永久保存及移交等作了统一规定。第三，统一登记依据。废除了《房屋登记办法》《土地登记办法》等。第四，统一不动产信息平台。对不动产统一登记信息的共享与保护作出了规定。

不动产登记由不动产所在地的县级人民政府不动产登记机构办理；直辖市、设区的市人民政府可以确定本级不动产登记机构统一办理所属各区的不动产登记。跨县级行政区域的不动产登记，由所跨县级行政区域的不动产登记机构分别办理。不能分别办理的，由所跨县级行政区域的不动产登记机构协商办理；协商不成的，由共同的上一级人民政府不动产登记主管部门指定办理。国务院确定的重点国有林区的森林、林木和林地，国务院批准项目用海、用岛，中央国家机关使用的国有土地等不动产登记，由国务院国土资源主管部门会同有关部门规定。

不动产登记机构统一，已经形成共识并完成改革。动产登记机构是否要统一，财产权登记机构是否要统一，整个民商事登记机构是否要统一，是下一步改革应当考虑的重大问题。根据目前法律，机动车登记由公安部门负责，船舶登记和航空器登记由交通运输部门负责，动产抵押登记和动产浮动抵押登记由工商部门负责,农作物和其他农业收获物抵押由农业部门负责,其他财产抵押登记由公证部门负责。根据现行法律,著作权登记由国家版权局负责,商标登记和专利登记由国家知识产权局负责,非上市公司股权质押由国家市场监管总局负责,应收账款质押由中国人民银行负责。"物权编"已经删除了动产抵押由工商部门负责、应收账款质押由信贷征信机构负责等相关规定,为动产担保登记机构的统一埋下了伏笔。在不动产和动产登记机构统一的基础上,设置统一的财产权登记机构为宜。建立良好的财产登记秩序,离不开健全的身份登记制度。随着改革的推进,公司登记机构与财产权登记机构要统一,营利法人与非营利法人登记机构要统一。财产登记局只能解决财产统一登记问题,不能解决身份统一登记问题,不能解决社团统一登记问题,不能解决民商事登记信息不集中的问题。因此,基于国家治理体系化和治理能力现代化的考虑,设立不动产登记局是目前改革的成果,设立财产登记局是下一步改革的目标,设立民商事登记局是远期改革的目标。

【司法案例】

陈某华诉某地住房和城乡建设局不履行房屋登记法定职责案①

诉讼结论:行政机关以政府性规范文件为依据,要求遗嘱受益人必须出示遗嘱公证书才能办理房屋转移登记的行为与法律法规相抵触,以此为由拒绝为遗嘱受益人办理产权登记的,该具体行政行为违法。

法院认为:司法部、建设部《关于房产登记管理中加强公证的联合通知》不属于法律、行政法规、地方性法规、规章的范畴,而是政府性规范文件,其内容同样不得与国家法律法规相冲突。依据《继承法》第16条第3款之规定:"公民可以立遗嘱将个人财产赠给国家、集体或者法定继承人以外的人。"《房屋登记办法》并无规定,遗嘱受益人必须持遗嘱公证书才能办理房屋转移登记。

第二百一十一条　当事人申请登记,应当根据不同登记事项提供权属证明和不动产界址、面积等必要材料。

【条文主旨】

本条是关于不动产登记申请材料的规定。

---

① 参见《最高人民法院公报》2014年第8期。

【条文理解】

本条与《物权法》第 11 条相同。在物权法起草过程中,立法文本多次修改。物权法草案二审稿第 12 条规定:“当事人因设立、变更、转让和消灭不动产物权申请登记,提供法院判决、征收决定、权属证书、合同书等必要文书以及标明不动产的位置、面积、四至的图纸等证明材料的,登记机构应当进行登记。”物权法草案三审稿第 11 条规定:“当事人申请登记,应当提供权属证书、合同书、法院判决或者征收决定以及标明不动产位置、面积等的其他必要材料。”物权法草案四审稿第 12 条规定:“当事人申请登记,应当根据不同登记事项提供权属证书、合同书、裁判文书或者征收决定等证明文件以及标明不动产位置、面积等必要材料。”物权法草案五审稿、六审稿对此的表述,与目前“物权编”已经一致。

从提交的材料看,包括不动产物权权属的证明材料和表明不动产物权标的实际情况的材料。从登记申请人看,可以分为双方共同申请和单方申请。《不动产登记暂行条例》第 14 条规定:“因买卖、设定抵押权等申请不动产登记的,应当由当事人双方共同申请。属于下列情形之一的,可以由当事人单方申请:(一)尚未登记的不动产首次申请登记的;(二)继承、接受遗赠取得不动产权利的;(三)人民法院、仲裁委员会生效的法律文书或者人民政府生效的决定等设立、变更、转让、消灭不动产权利的;(四)权利人姓名、名称或者自然状况发生变化,申请变更登记的;(五)不动产灭失或者权利人放弃不动产权利,申请注销登记的;(六)申请更正登记或者异议登记的;(七)法律、行政法规规定可以由当事人单方申请的其他情形。”第 16 条第 1 款规定:“申请人应当提交下列材料,并对申请材料的真实性负责:(一)登记申请书;(二)申请人、代理人身份证明材料、授权委托书;(三)相关的不动产权属来源证明材料、登记原因证明文件、不动产权属证书;(四)不动产界址、空间界限、面积等材料;(五)与他人利害关系的说明材料;(六)法律、行政法规以及本条例实施细则规定的其他材料。”《不动产登记暂行条例实施细则》第 19 条规定:“当事人可以持人民法院、仲裁委员会的生效法律文书或者人民政府的生效决定单方申请不动产登记。有下列情形之一的,不动产登记机构直接办理不动产登记:(一)人民法院持生效法律文书和协助执行通知书要求不动产登记机构办理登记的;(二)人民检察院、公安机关依据法律规定持协助查封通知书要求办理查封登记的;(三)人民政府依法做出征收或者收回不动产权利决定生效后,要求不动产登记机构办理注销登记的;(四)法律、行政法规规定的其他情形。不动产登记机构认为登记事项存在异议的,应当依法向有关机关提出审查建议。”

【司法适用】

司法实践中，法律要求提供申请人身份证明资料的，对于有户籍的人而言，提供户口簿或居民身份证即可；但是对于因犯罪被注销户籍的人而言，其既无法提供户口簿又无法提供居民身份证时，应当允许其提供其他身份证明资料，只要其提供的资料能够证明其申请人身份，就应当为其办理房屋所有权转移登记。[①]《民法典》颁布前房产登记机构以于法无据为由对于法院判决的居住权不予登记，直接影响民事权利保护。目前《民法典》已经明确规定了居住权制度，不动产登记项目急需相应增加，《不动产登记暂行条例》急需修改完善，登记规章、表格急需完善，否则居住权保护仍然会只停留在法条中。

第二百一十二条　登记机构应当履行下列职责：

（一）查验申请人提供的权属证明和其他必要材料；

（二）就有关登记事项询问申请人；

（三）如实、及时登记有关事项；

（四）法律、行政法规规定的其他职责。

申请登记的不动产的有关情况需要进一步证明的，登记机构可以要求申请人补充材料，必要时可以实地查看。

【条文主旨】

本条是关于登记机构职责的规定。

【条文理解】

本条与《物权法》第 12 条相同。登记机构在受理登记申请后，进入了登记审查程序。理论上，不动产登记审查的模式有形式审查和实质审查。所谓形式审查是指登记机构仅就当事人提交的书面材料进行审查，而不考虑材料是否存在虚假的问题。所谓实质审查是指登记机构必须就申请人所提供材料的真实性承担实质调查和验收的义务，不仅要查验当事人提交的权属证书、合同书、法院判决以及不动产位置、面积等材料，必要时还要进行实地勘察。为兼顾不动产登记的效率和不动产登记的公信力，本条采用了以形式审查为主、实质审查为辅的模式。登记机构要尽到合理的谨慎义务，否则应当承担相应的法律责任。

登记机构要查验申请人提供的权属证明和其他必要材料，必要时可以实地查

---

① 参见北京市朝阳区人民法院（2013）朝行初字第 465 号行政判决书。

看。《不动产登记暂行条例》第18条规定:“不动产登记机构受理不动产登记申请的,应当按照下列要求进行查验:(一)不动产界址、空间界限、面积等材料与申请登记的不动产状况是否一致;(二)有关证明材料、文件与申请登记的内容是否一致;(三)登记申请是否违反法律、行政法规规定。”《不动产登记暂行条例实施细则》第15条规定:“不动产登记机构受理不动产登记申请后,还应当对下列内容进行查验:(一)申请人、委托代理人身份证明材料以及授权委托书与申请主体是否一致;(二)权属来源材料或者登记原因文件与申请登记的内容是否一致;(三)不动产界址、空间界限、面积等权籍调查成果是否完备,权属是否清楚、界址是否清晰、面积是否准确;(四)法律、行政法规规定的完税或者缴费凭证是否齐全。”《不动产登记暂行条例》第19条规定:“属于下列情形之一的,不动产登记机构可以对申请登记的不动产进行实地查看:(一)房屋等建筑物、构筑物所有权首次登记;(二)在建建筑物抵押权登记;(三)因不动产灭失导致的注销登记;(四)不动产登记机构认为需要实地查看的其他情形。对可能存在权属争议,或者可能涉及他人利害关系的登记申请,不动产登记机构可以向申请人、利害关系人或者有关单位进行调查。不动产登记机构进行实地查看或者调查时,申请人、被调查人应当予以配合。”

【司法适用】

登记机构具有进行合法性审查的权利,并负有如实告知的义务。不动产登记工作中,不动产登记机构应当查验申请人提供的权属证明和其他必要材料,并就有关登记事项询问申请人。若申请人所提交的材料不齐全,房屋登记部门即为申请人办理房屋所有权转移登记手续,属于未尽到审慎审查义务。[①]《不动产登记暂行条例》第17条规定:“不动产登记机构收到不动产登记申请材料,应当分别按照下列情况办理:(一)属于登记职责范围,申请材料齐全、符合法定形式,或者申请人按照要求提交全部补正申请材料的,应当受理并书面告知申请人;(二)申请材料存在可以当场更正的错误的,应当告知申请人当场更正,申请人当场更正后,应当受理并书面告知申请人;(三)申请材料不齐全或者不符合法定形式的,应当当场书面告知申请人不予受理并一次性告知需要补正的全部内容;(四)申请登记的不动产不属于本机构登记范围的,应当当场书面告知申请人不予受理并告知申请人向有登记权的机构申请。不动产登记机构未当场书面告知申请人不予受理的,视为受理。”第20条规定:“不动产登记机构应当自受理登记申请之日起30个工作日内办结不动产登记手续,法律另有规定的除外。”第22条规定:“登记申请有

① 参见北京市平谷区人民法院(2016)京0117行初90号行政裁定书。

下列情形之一的,不动产登记机构应当不予登记,并书面告知申请人:(一)违反法律、行政法规规定的;(二)存在尚未解决的权属争议的;(三)申请登记的不动产权利超过规定期限的;(四)法律、行政法规规定不予登记的其他情形。"

【司法案例】

周某民与某县人民政府房屋登记纠纷上诉案①

诉讼结论:逾期提起行政诉讼不属于起诉人自身原因。

法院认为:某县人民政府没有认真审查魏某宏所提交的申请材料,没有见到原始权属来源凭证原件,没有调查原所有人真实情况就给魏某宏颁发房产证、土地证,显属事实不清、证据不足,依法应予撤销。这种侧重于实质审查的做法也是符合《物权法》的规定的。《物权法》第12条对登记机构应当履行的职责作出了明确的规定,对申请不动产登记时,除要求查验申请人提供的权属证明和其他必要材料,就有关登记事项询问当事人,如实、及时登记有关事项和履行法律、行政法规规定的其他职责外,还规定了申请登记不动产的有关情况需要进一步证明的,登记机构可以要求申请人补充材料,必要时可以实地查看。这些职责的要求,实际上是赋予了登记机构一定的调查权,调查权的享有,是实质审查模式的重要体现。

第二百一十三条　登记机构不得有下列行为:

(一)要求对不动产进行评估;

(二)以年检等名义进行重复登记;

(三)超出登记职责范围的其他行为。

【条文主旨】

本条是关于禁止登记机构从事行为的规定。

【条文理解】

本条与《物权法》第13条相同。在《物权法》颁布之前,一些地方性的法规和规章,要求申请人在进行不动产登记前,要对不动产进行评估或对登记的抵押权设置了期限,要求到期后再次进行登记。2000年9月通过的《担保法司法解释》

---

① 参见焦玉珍、李建军、马小莉:《逾期提起行政诉讼不属于起诉人自身原因之分析》,载《人民司法(案例)》2008年第6期。

第 12 条第 1 款规定:"当事人约定的或者登记部门要求登记的担保期间,对担保物权的存续不具有法律约束力。"在《物权法》立法过程中,一些登记机构履行职责态度不端正,不仅没有依法行使职权,反而利用职权,给当事人登记不动产设置了重重的障碍,增加了当事人不必要的负担。为了防止登记机构钻法律空子,以其他任何形式,超越相应的职责,本条特增加了兜底规定,即登记机构不得从事"超出登记职责范围的其他行为"。《不动产登记暂行条例实施细则》第 103 条规定:"不动产登记机构工作人员违反本实施细则规定,有下列行为之一,依法给予处分;构成犯罪的,依法追究刑事责任:(一)对符合登记条件的登记申请不予登记,对不符合登记条件的登记申请予以登记;(二)擅自复制、篡改、毁损、伪造不动产登记簿;(三)泄露不动产登记资料、登记信息;(四)无正当理由拒绝申请人查询、复制登记资料;(五)强制要求权利人更换新的权属证书。"总之,本条并不是针对平等主体的民事法律规定,而是针对登记机构的行政法律规定,是整体主义法治观的体现。当登记机构没有依法履行职责时,当事人可以通过行政复议或行政诉讼予以救济。

第二百一十四条　不动产物权的设立、变更、转让和消灭,依照法律规定应当登记的,自记载于不动产登记簿时发生效力。

【条文主旨】

本条是关于不动产物权变动的生效时间的规定。

【条文理解】

本条与《物权法》第 14 条相同。不动产登记簿是法律规定的不动产登记机构管理的不动产物权登记档案,具有统一性、权威性、持久性和公开性。《不动产登记暂行条例》第 8 条第 3 款规定:"不动产登记簿应当记载以下事项:(一)不动产的坐落、界址、空间界限、面积、用途等自然状况;(二)不动产权利的主体、类型、内容、来源、期限、权利变化等权属状况;(三)涉及不动产权利限制、提示的事项;(四)其他相关事项。"第 9 条规定:"不动产登记簿应当采用电子介质,暂不具备条件的,可以采用纸质介质。不动产登记机构应当明确不动产登记簿唯一、合法的介质形式。不动产登记簿采用电子介质的,应当定期进行异地备份,并具有唯一、确定的纸质转化形式。"第 10 条规定:"不动产登记机构应当依法将各类登记事项准确、完整、清晰地记载于不动产登记簿。任何人不得损毁不动产登记簿,除依法予以更正外不得修改登记事项。"第 21 条规定:"登记事项自记载于不动产登记簿时完成登记。不动产登记机构完成登记,应当依法向申请人核发不动产权属证书或者登记证明。”

【司法案例】

某房地产开发有限责任公司与某广播电视大学合资、合作开发房地产合同纠纷案①

诉讼结论:国有土地使用权转让法律关系中的转让人以国有土地使用证被注销、其不再享有土地使用权为由主张解除合同的,人民法院不应支持。

法院认为:根据《物权法》的规定,不动产物权应当依不动产登记簿的内容确定,不动产权属证书只是权利人享有该不动产物权的证明。行政机关注销国有土地使用证但并未注销土地登记的,国有土地的使用权人仍然是土地登记档案中记载的权利人。

第二百一十五条　当事人之间订立有关设立、变更、转让和消灭不动产物权的合同,除法律另有规定或者当事人另有约定外,自合同成立时生效;未办理物权登记的,不影响合同效力。

【条文主旨】

本条是关于合同效力与物权变动区分的规定。

【条文理解】

本条与《物权法》第15条相比,进行微调,仅将“合同另有约定”改为“当事人另有约定”,被称为合同效力不受物权变动影响的区分原则。只要行为人具有相应的民事行为能力,意思表示真实,不违反法律、行政法规的强制性规定,不违背公序良俗,其民事法律行为就是有效的。只有违反法律、行政法规的强制性规定的民事法律行为,才是无效的。登记是物权变动的要件,而不是合同生效的要件,这已经成为学术界的通说,并已经被立法者所接受。然而,曾经在很长时间内,有的立法将登记作为设立、变更、转让和消灭不动产物权的合同有效的要件。1986年颁布的《土地管理法》第10条规定:“依法改变土地的所有权或者使用权的,必须办理土地权属变更登记手续,更换证书。”1994年颁布的《城市房地产管理法》第60条规定:“……房地产转让或者变更时,应当向县级以上地方人民政府房产

---

① 参见《最高人民法院公报》2014年第10期。

管理部门申请房产变更登记，并凭变更后的房屋所有权证书向同级人民政府土地管理部门申请土地使用权变更登记……”土地权属变更和房地产转让“应当”或者“必须”办理过户手续，当事人没有办理过户手续，法院往往以其违反了法律、行政法规的强制性规定为由而认定该行为无效。1995 年颁布的《担保法》第 41 条规定：“当事人以本法第四十二条规定的财产抵押的，应当办理抵押物登记，抵押合同自登记之日起生效。”该条更是将抵押登记作为抵押合同的生效要件，没有办理抵押登记的，抵押合同无效。这种立法模式不利于保护守约一方的当事人，不利于惩罚恶意的违约者。随后的《合同法》和《合同法司法解释（一）》意识到该问题，进行了完善。1999 年通过的《合同法司法解释（一）》第 9 条第 1 款规定：“……法律、行政法规规定合同应当办理登记手续，但未规定登记后生效的，当事人未办理登记手续不影响合同的效力，合同标的物所有权及其他物权不能转移。”2000 年通过的《担保法司法解释》第 56 条第 2 款规定：“法律规定登记生效的抵押合同签订后，抵押人违背诚实信用原则拒绝办理抵押登记致使债权人受到损失的，抵押人应当承担赔偿责任。”2004 年通过的《国有土地使用权合同纠纷司法解释》第 8 条规定：“土地使用权人作为转让方与受让方订立土地使用权转让合同后，当事人一方以双方之间未办理土地使用权变更登记手续为由，请求确认合同无效的，不予支持。”2007 年通过的《物权法》第 15 条，明确规定了合同效力与物权变动的区分。本条内容是对立法经验和司法经验的总结，突出了合同效力与物权变动的区分。

【司法案例】

丁某如与石某房屋买卖合同纠纷案[①]

诉讼结论：房屋因附有违法建筑而无法过户属合同履行范畴，不应影响合同效力。

法院认为：房屋行政主管部门对未经审批而改建、重建的房屋，可因现实状况与不动产登记簿记载的权利状况不一致，将其认定为附有违法建筑并结构相连的房屋并限制交易。如何认定这类房屋买卖合同的效力，实践中存在分歧。善意买受人根据不动产登记的公示公信原则，确信登记的权利状态与现实状态相一致，此信赖利益应予保护；根据区分原则，房屋因附有违法建筑而无法过户属合同履行范畴，不应影响合同效力。因此，这类合同如不具备《合同法》第 52 条的无效情形，应当认定有效。出卖人负有将房屋恢复至原登记的权利状态并消除行政限制

---

① 参见《最高人民法院公报》2012 年第 11 期。

的义务。在买受人同意按现状交付并自愿承担恢复原状义务的情况下,出卖人应按诚实信用原则将房屋交付买受人,并于买受人将房屋恢复原状、消除行政限制后协助完成过户手续。

第二百一十六条　不动产登记簿是物权归属和内容的根据。
不动产登记簿由登记机构管理。

【条文主旨】

本条是关于不动产登记簿的效力和管理的规定。

【条文理解】

本条与《物权法》第16条相同。因不动产物权的归属,以及作为不动产物权登记基础的买卖、赠与、抵押等产生争议,当事人提起民事诉讼的,应当依法受理。当事人有证据证明不动产登记簿的记载与真实权利状态不符、其为该不动产物权的真实权利人,请求确认其享有物权的,应予支持。

关于不动产登记簿的管理,《不动产登记暂行条例》第10条规定:"不动产登记机构应当依法将各类登记事项准确、完整、清晰地记载于不动产登记簿。任何人不得损毁不动产登记簿,除依法予以更正外不得修改登记事项。"第11条规定:"不动产登记工作人员应当具备与不动产登记工作相适应的专业知识和业务能力。不动产登记机构应当加强对不动产登记工作人员的管理和专业技术培训。"第12条规定:"不动产登记机构应当指定专人负责不动产登记簿的保管,并建立健全相应的安全责任制度。采用纸质介质不动产登记簿的,应当配备必要的防盗、防火、防渍、防有害生物等安全保护设施。采用电子介质不动产登记簿的,应当配备专门的存储设施,并采取信息网络安全防护措施。"第13条规定:"不动产登记簿由不动产登记机构永久保存。不动产登记簿损毁、灭失的,不动产登记机构应当依据原有登记资料予以重建。行政区域变更或者不动产登记机构职能调整的,应当及时将不动产登记簿移交相应的不动产登记机构。"

【司法案例】

黄某涛与顾某英等所有权确认纠纷上诉案[①]

诉讼结论:未尽谨慎审查义务不构成善意取得。

---

① 参见刘碧波、莫晴晴:《未尽谨慎审查义务不构成善意取得》,载《人民司法(案例)》2017年第17期。

法院认为：不动产登记的推定只是一种权利推定，我国《物权法》第16条的规定只是变相地对证明责任加以分配，所以这种推定不是终局的、确定的、不可推翻的。如果出现不动产登记簿记载的权利与真实权利不一致的情形，真实权利人可以提出证据证明登记错误进而更正。因此，本案中，房产证对于确定房屋所有权人只具有证据推定性效力，这种推定并非终局的，也并非认定房屋所有权的唯一证据，在有证据证明房屋属于真实权利人的情况下，人民法院可以根据查明的事实予以确权。

第二百一十七条　不动产权属证书是权利人享有该不动产物权的证明。不动产权属证书记载的事项，应当与不动产登记簿一致；记载不一致的，除有证据证明不动产登记簿确有错误外，以不动产登记簿为准。

【条文主旨】

本条是关于不动产登记簿与不动产权属证书关系的规定。

【条文理解】

本条与《物权法》第17条相同。不动产权属证书表现为不动产的所有权证、使用权证等，由登记机构颁发给权利人作为其享有权利的证明。实践中，很多当事人不重视不动产登记簿，普遍重视不动产权属证书。明确不动产登记簿与权属证书关系，有利于改变民众不合理的看法。当然不动产权属证书与不动产登记簿往往是一致的。一些临时的权利救济性质的登记，如预告登记、异议登记等，只在不动产登记簿上有登记，而在不动产权属证书上没有登记。另外，还有不动产的查封登记等，也会导致不动产权属证书与不动产登记簿的信息不一致。因此，记载不一致的，除有证据证明不动产登记簿确有错误外，以不动产登记簿为准。

《不动产登记暂行条例实施细则》第20条第1款规定："不动产登记机构应当根据不动产登记簿，填写并核发不动产权属证书或者不动产登记证明。除办理抵押权登记、地役权登记和预告登记、异议登记，向申请人核发不动产登记证明外，不动产登记机构应当依法向权利人核发不动产权属证书。"第22条第1款、第2款规定："不动产权属证书或者不动产登记证明污损、破损的，当事人可以向不动产登记机构申请换发。符合换发条件的，不动产登记机构应当予以换发，并收回原不动产权属证书或者不动产登记证明。不动产权属证书或者不动产登记证明遗失、灭失，不动产权利人申请补发的，由不动产登记机构在其门户网站上刊发不动产权利人的遗失、灭失声明15个工作日后，予以补发。"第23条规定："因不动产权利灭失等情形，不动产登记机构需要收回不动产权属证书或者不动产登记证明的，应当在不动产登记簿上将收回不动产权属证书或者不动产登记证明的事项予以注明；确实无法收回的，应当在不动产登记机构门户网站或者当地公开发行的报刊上公告作废。”

【司法适用】

《物权法司法解释（一）》第1条规定：“因不动产物权的归属，以及作为不动产物权登记基础的买卖、赠与、抵押等产生争议，当事人提起民事诉讼的，应当依法受理。当事人已经在行政诉讼中申请一并解决上述民事争议，且人民法院一并审理的除外。”该条是关于审查基础关系或确认权属属于民事诉讼受案范围的规定。《物权法司法解释（一）》第2条规定：“当事人有证据证明不动产登记簿的记载与真实权利状态不符、其为该不动产物权的真实权利人，请求确认其享有物权的，应予支持。”该条是对不动产登记簿证明力的进一步规定。

司法实践中应当把握两点：一是在审理物权确认纠纷、物权归属纠纷案件时，一般应当以物权证书为准，以物权登记簿记载为准，因为不动产登记簿是物权归属和内容的根据。二是有相反证据足以推翻记载内容的，不得以本条为依据驳回其物权请求权。换言之，不动产登记簿是物权归属和内容的根据，但诉讼中对登记簿记载内容本身有争议时，其物权效力并不是绝对的。《天津市高级人民法院公报》（2012年第2辑）刊载的林某燕与余某林所有权确认纠纷案中的裁判要旨认为：不动产登记簿和不动产权属证书不具有“绝对”的证据力。在不动产权属登记的所有权人与实际所有权人不一致的情形下，一方当事人提供充分证据证明其为该不动产实际所有权人的，人民法院应当予以支持。

【司法案例】

案例一

某房地产开发有限责任公司与某广播电视大学合资、合作开发房地产合同纠纷案①

诉讼结论：行政机关注销国有土地使用证但并未注销土地登记的，国有土地的使用权人仍然是土地登记档案中记载的权利人。

法院认为：国有土地使用权转让法律关系中的转让人以国有土地使用证被注销、其不再享有土地使用权为由主张解除合同的，人民法院不应支持。

---

① 参见《最高人民法院公报》2014年第10期。

案例二

励某盛等与励某杰房屋权属纠纷上诉案①

诉讼结论：在双方当事人对房屋权属证书的证明效力均存在争议的情况下，该房屋权属证书自然不能作为认定讼争房屋权利归属的证据。

法院认为：不仅应查明房产的出资问题，还应理顺法律关系，对财产性质进行综合分析认定。如果房产的出资既具有家庭共同财产性质，也具有夫妻共同财产性质，应认定该房产系相关权利人的共有财产。

案例三

甲公司与乙公司、丙公司、马某生、楼某珍、丁公司金融借款合同纠纷再审案②

诉讼结论：登记机关颁发的《在建工程抵押登记证明》的法律效果是使权利人取得了证明其权利状况的权属证书，在其与登记簿的记载不一致的情况下，应当以登记机关的不动产登记为依据判断在建工程抵押物的范围。

法院认为：在建工程抵押权的登记方法，包括在抵押合同上作记载或者在房屋登记簿上作记载两种方式。在登记机关未设立房屋登记簿、亦未明确在抵押合同上记载在建工程抵押登记方法的情况下，因当事人的抵押合同及相关登记申请材料和登记机关出具的收件单等文件均已载明登记类型为在建工程抵押登记，且该等文件均在登记机关存档以备利害关系人查询，故应当认定登记机关在收件、审核时将此项业务作为在建工程抵押登记业务加以办理的行为，即完成了“记载”在建工程抵押登记的工作，在建工程抵押权即已依法设立。

第二百一十八条　权利人、利害关系人可以申请查询、复制不动产登记资料，登记机构应当提供。

【条文主旨】

本条是关于不动产登记资料查询、复制的规定。

---

① 参见彭箭：《父母将自住房登记在成年子女名下不宜认定为赠与》，载《人民司法（案例）》2009年第8期。

② 参见最高人民法院（2018）最高法民再19号民事判决书。

【条文理解】

本条与《物权法》第18条相比，进行微调，将“登记资料”改为“不动产登记资料”。不动产登记资料包括：(1)不动产登记簿等不动产登记结果；(2)不动产登记原始资料，包括不动产登记申请书、申请人身份材料、不动产权属来源、登记原因、不动产权籍调查成果等材料以及不动产登记机构审核材料。因不动产交易、继承、诉讼等涉及的利害关系人可以查询、复制不动产自然状况、权利人及其不动产查封、抵押、预告登记、异议登记等状况。人民法院、人民检察院、国家安全机关、监察机关等可以依法查询、复制与调查和处理事项有关的不动产登记资料。权利人、利害关系人申请查询、复制不动产登记资料应当提交下列材料：(1)查询申请书；(2)查询目的的说明；(3)申请人的身份材料；(4)利害关系人查询的，提交证实存在利害关系的材料。权利人、利害关系人委托他人代为查询的，还应当提交代理人的身份证明材料、授权委托书。权利人查询其不动产登记资料无须提供查询目的的说明。有下列情形之一的，不动产登记机构不予查询，并书面告知理由：(1)申请查询的不动产不属于不动产登记机构管辖范围的；(2)查询人提交的申请材料不符合规定的；(3)申请查询的主体或者查询事项不符合规定的；(4)申请查询的目的不合法的；(5)法律、行政法规规定的其他情形。公民、法人或者其他组织对房屋登记机构与查询、复制登记资料等事项相关的行政行为或者相应的不作为不服，提起行政诉讼的，人民法院应当依法受理。

【司法案例】

朱某坤与甲市人民政府、乙省人民政府行政纠纷案①

诉讼结论：不动产登记信息涉及特定的权利人或利害关系人，为平衡个人隐私与公众知情权，国家从法律、法规、规章等层面对不动产登记信息查询作出了专门规定。在此情况下，当事人如需获取相应的不动产登记资料，应当根据上述法律、法规、规章的规定进行查询，而不应求诸于申请政府信息公开的方式。

法院认为：申请公开的杭江国用(2015)第100028号国有土地使用证的申报资料以及行政机关审核信息，因其申请的事项属于不动产登记资料查询，系特定行政管理领域的业务查询事项，不属于《政府信息公开条例》规定的处理范围。

---

① 参见浙江省杭州市中级人民法院(2017)浙01行初266号行政判决书。

第二百一十九条　利害关系人不得公开、非法使用权利人的不动产登记资料。

【条文主旨】

本条是关于不动产登记资料合理使用的规定。

【条文理解】

本条是《民法典》“物权编”新增的内容。《不动产登记暂行条例》第27条规定：“权利人、利害关系人可以依法查询、复制不动产登记资料，不动产登记机构应当提供。有关国家机关可以依照法律、行政法规的规定查询、复制与调查处理事项有关的不动产登记资料。”第28条规定：“查询不动产登记资料的单位、个人应当向不动产登记机构说明查询目的，不得将查询获得的不动产登记资料用于其他目的；未经权利人同意，不得泄露查询获得的不动产登记资料。”

【司法案例】

某市住房保障和房产局与陈某豪不履行房屋登记信息查询法定职责行政纠纷上诉案①

诉讼结论：权利人、利害关系人可以申请查询、复制登记资料，登记机构应当提供。

法院认为：在具体查询程序上，只要申请人可以提交公证书、死亡证明书、常住人口登记卡、婚姻登记记录证明、医学出生证明等材料，能够证明其与房屋权利人或者房屋权属状况具有利害关系，申请人就依法具有查询他人名下房产信息的权利。如果申请人在申请查询他人名下的房产信息时无法提供房屋的坐落或权属证书编号，但是只要其提供正当理由且符合客观情况的，则房屋登记机构不能仅以利害关系人不能提供房屋坐落或权属证书编号而拒绝提供查询。

第二百二十条　权利人、利害关系人认为不动产登记簿记载的事项错误的，可以申请更正登记。不动产登记簿记载的权利人书面同意更正或者有证据证明登记确有错误的，登记机构应当予以更正。

不动产登记簿记载的权利人不同意更正的，利害关系人可以申请异议登

---

① 参见江苏省南京市中级人民法院(2015)宁行终字第403号行政判决书。

记。登记机构予以异议登记，申请人自异议登记之日起十五日内不提起诉讼的，异议登记失效。异议登记不当，造成权利人损害的，权利人可以向申请人请求损害赔偿。

【条文主旨】

本条是关于更正登记与异议登记的规定。

【条文理解】

本条与《物权法》第19条相比，进行微调，将“起诉”改为“提起诉讼”，将“申请人在异议登记之日起”改为“申请人自异议登记之日起”，即将“在”改为“自”。更正登记是对不正确物权登记进行纠正的一种救济方式。基于私权自治的精神，更正登记要尊重当事人的意思，原则上要有当事人的申请。然而，登记制度还肩负着国家治理的重任，依职权更正登记也有存在的价值。立法需要明确依职权更正登记的事由和程序，一方面防止登记机构滥用职权干预私生活，另一方面防止当事人怠于申请更正登记，而给国家、社会或他人利益带来的损害。异议登记是指在不能及时采取更正救济的情况下，为利害关系人提供的一种临时救济。

《不动产登记暂行条例实施细则》第79条规定：“权利人、利害关系人认为不动产登记簿记载的事项有错误，可以申请更正登记。权利人申请更正登记的，应当提交下列材料：（一）不动产权属证书；（二）证实登记确有错误的材料；（三）其他必要材料。利害关系人申请更正登记的，应当提交利害关系材料、证实不动产登记簿记载错误的材料以及其他必要材料。”第80条规定：“不动产权利人或者利害关系人申请更正登记，不动产登记机构认为不动产登记簿记载确有错误的，应当予以更正；但在错误登记之后已经办理了涉及不动产权利处分的登记、预告登记和查封登记的除外。不动产权属证书或者不动产登记证明填制错误以及不动产登记机构在办理更正登记中，需要更正不动产权属证书或者不动产登记证明内容的，应当书面通知权利人换发，并把换发不动产权属证书或者不动产登记证明的事项记载于登记簿。不动产登记簿记载无误的，不动产登记机构不予更正，并书面通知申请人。”第81条规定：“不动产登记机构发现不动产登记簿记载的事项错误，应当通知当事人在30个工作日内办理更正登记。当事人逾期不办理的，不动产登记机构应当在公告15个工作日后，依法予以更正；但在错误登记之后已经办理了涉及不动产权利处分的登记、预告登记和查封登记的除外。”

《不动产登记暂行条例实施细则》第82条规定：“利害关系人认为不动产登记簿记载的事项错误，权利人不同意更正的，利害关系人可以申请异议登记。利害关系人申请异议登记的,应当提交下列材料:(一)证实对登记的不动产权利有利害关系的材料;(二)证实不动产登记簿记载的事项错误的材料;(三)其他必要材料。"第83条规定:"不动产登记机构受理异议登记申请的,应当将异议事项记载于不动产登记簿,并向申请人出具异议登记证明。异议登记申请人应当在异议登记之日起15日内,提交人民法院受理通知书、仲裁委员会受理通知书等提起诉讼、申请仲裁的材料;逾期不提交的,异议登记失效。异议登记失效后,申请人就同一事项以同一理由再次申请异议登记的,不动产登记机构不予受理。"第84条规定:"异议登记期间,不动产登记簿上记载的权利人以及第三人因处分权利申请登记的,不动产登记机构应当书面告知申请人该权利已经存在异议登记的有关事项。申请人申请继续办理的,应当予以办理,但申请人应当提供知悉异议登记存在并自担风险的书面承诺。"

【司法适用】

异议登记与查封登记不同,后者是财产保全的手段。两者可以并存,功能具有相似性。当事人可以选择异议登记,也可以选择查封登记。《物权法司法解释(一)》第3条规定:"异议登记因物权法第十九条第二款规定的事由失效后,当事人提起民事诉讼,请求确认物权归属的,应当依法受理。异议登记失效不影响人民法院对案件的实体审理。"申请人自异议登记之日起,超过15日再起诉的,只是异议登记失效,并不影响当事人对物权归属的起诉权和胜诉权。

【司法案例】

案例一

案外人王某对具有强制执行力的公证债权文书申请执行异议案①

诉讼结论:《物权法》仅赋予不动产登记权利推定的效力,在有相反证据足以推翻登记的情形下,仍应以实际权利人为准。

法院认为:鉴于本案中案外人王某提供的证据能够证明其在法院查封涉案房屋前,已全部支付房款并已实际占用房产,且对未办理房屋产权过户手续无过错,符合最高人民法院《关于人民法院民事执行中查封、扣押、冻结财产的规定》第17条规定的不得查封的情形,故其停止执行涉案房屋的请求成立,应予支持。

---

① 参见最高人民法院(2015)参阅案例第43号。

案例二

某市不动产登记和交易中心诉张某芬等登记案①

诉讼结论：法律设立异议登记制度是为民事争议的解决提供便利，但提供便利并非无条件，登记机构必须要对异议申请按照法定要件进行审查。利害关系人认为登记簿记载事项错误而权利人不同意进行更正是异议登记的必要前提。

法院认为：本案中，张某奕在讼争房屋买卖尚未完成的情况下即向上诉人申请异议登记，其目的是实现房屋所有权的转移登记，而非基于原登记簿记载事项错误需进行更正登记。异议登记削弱了原房屋登记的公信力，限制了物权行使，其效果与强制措施相当，登记机构应当在受理申请时对异议登记是否符合条件进行评断，其仅依据张某奕提供的买卖合同及法院受理买卖纠纷的通知即作出被诉异议登记，行为明显不当。

第二百二十一条　当事人签订买卖房屋的协议或者签订其他不动产物权的协议，为保障将来实现物权，按照约定可以向登记机构申请预告登记。预告登记后，未经预告登记的权利人同意，处分该不动产的，不发生物权效力。

预告登记后，债权消灭或者自能够进行不动产登记之日起九十日内未申请登记的，预告登记失效。

【条文主旨】

本条是关于预告登记的规定。

【条文理解】

本条与《物权法》第20条相比，进行微调，将“三个月”改为“九十日”，将“签订买卖房屋或者其他不动产物权的协议”改为“签订买卖房屋的协议或者签订其他不动产物权的协议”。该处修改扩大了原预告登记的范围，原预告登记仅适用于房屋或其他不动产物权的买卖协议，现在不仅适用于买卖协议，还适用于其他不动产物权的协议。预告登记是指以确保发生不动产物权变动为目的的预先登记。根据立法资料的解释，我国预告登记的功能是为了避免开发商“一房二卖”或

① 参见福建省福州市中级人民法院（2017）闽01行终320号民事判决书。

在出售的房屋上设定抵押权。① 比如，老百姓购买预售的住房，涉及最基本的生存权益，因此法律上要对这种住房期待权予以特别保护。《不动产登记暂行条例实施细则》第85条规定："有下列情形之一的，当事人可以按照约定申请不动产预告登记：(一)商品房等不动产预售的；(二)不动产买卖、抵押的；(三)以预购商品房设定抵押权的；(四)法律、行政法规规定的其他情形。预告登记生效期间，未经预告登记的权利人书面同意，处分该不动产权利申请登记的，不动产登记机构应当不予办理。预告登记后，债权未消灭且自能够进行相应的不动产登记之日起3个月内，当事人申请不动产登记的，不动产登记机构应当按照预告登记事项办理相应的登记。"第86条规定："申请预购商品房的预告登记，应当提交下列材料：(一)已备案的商品房预售合同；(二)当事人关于预告登记的约定；(三)其他必要材料。预售人和预购人订立商品房买卖合同后，预售人未按照约定与预购人申请预告登记，预购人可以单方申请预告登记。预购人单方申请预购商品房预告登记，预售人与预购人在商品房预售合同中对预告登记附有条件和期限的，预购人应当提交相应材料。申请预告登记的商品房已经办理在建建筑物抵押权首次登记的，当事人应当一并申请在建建筑物抵押权注销登记，并提交不动产权属转移材料、不动产登记证明。不动产登记机构应当先办理在建建筑物抵押权注销登记，再办理预告登记。"

【司法适用】

在司法实践中，要注意预告登记与商品房预售合同备案登记的区别。前者是民事权利制度，后者是行政管理制度。前者是以当事人的约定为要件，后者是对开发商单方的公法义务。预告登记的本质在于使被登记的请求权具有物权效力，预告登记后产生权利保全的效力、排除破产或强制执行的效力等。《物权法司法解释(一)》第5条规定："买卖不动产物权的协议被认定无效、被撤销、被解除，或者预告登记的权利人放弃债权的，应当认定为物权法第二十条第二款所称的'债权消灭'。"这是预告登记从属性的要求，也为预告登记的注销提供了依据。

【司法案例】

案例一

某银行诉甲公司、陈某绮保证合同纠纷案②

诉讼结论：抵押预告登记，是为抵押权的实现而设立的一种预先的排他性保

---

① 王胜明主编、全国人大常委会法制工作委员会民法室编著：《中华人民共和国物权法解读》，中国法制出版社2007年版，第47~48页。

② 参见《最高人民法院公报》2014年第9期。

全,其所登记的是将来发生抵押权变动的请求权,并非现实的抵押权。

法院认为:以预售商品房作为抵押物,只有在房屋建成并办理抵押权设立登记之后,抵押权人才能享有现实的抵押权。开发商与购房人虚假签订商品房预售合同,目的在于套取银行贷款,属于恶意串通、损害第三人利益的行为,该商品房预售合同应属于无效合同,购房人不能因此取得预售商品房的产权,也就无法为该房屋办理抵押权设立登记,因此,银行不能就该房屋行使抵押权。

案例二

甲公司诉某银行预告登记抵押权确权纠纷案①

诉讼结论:若预告登记权利人已在能够进行不动产登记之日起三个月内申请正式登记,且非因登记权利人自身原因导致未能进行正式登记的,不能视为预告登记失效,登记权利人仍应享有优先受偿权。

法院认为:在本案中,当事人申请正式抵押登记未超过法律规定的期限,因法院查封而未能办理的,属于申请人之外的原因,不应由申请人承担不利的法律后果,预告抵押登记仍然有效。

第二百二十二条　当事人提供虚假材料申请登记,造成他人损害的,应当承担赔偿责任。

因登记错误,造成他人损害的,登记机构应当承担赔偿责任。登记机构赔偿后,可以向造成登记错误的人追偿。

【条文主旨】

本条是关于不动产登记错误赔偿的规定。

【条文理解】

本条与《物权法》第21条基本相同。其中,第1款规定的是虚假材料提供人的赔偿责任,第2款规定的是登记机构的赔偿责任。虚假材料提供人的赔偿责任,属于过错侵权责任的范畴,实践中的问题比较容易解决。对于登记机构的赔偿责任,立法只作出了原则性规定,其责任性质和构成要件都不明确。本条采用的是“登记机构”,而不是“登记机关”,为未来的改革保留了足够的空间。《德国土地登记法》第1条第1款规定:“不动产登记簿由地方法院统一掌管。法院对本

① 参见江苏省镇江市中级人民法院(2011)镇商终字第183号民事判决书。

区域内的土地有管辖权。”《日本不动产登记法》第 8 条第 1 项规定:“登记事务,以管辖不动产所在地的法务局,地方法务局或其支局,派出所为登记所,而予以管辖。”《韩国法院组织法》第 2 条第 3 项规定:“承担不动产登记事务的国家机关为法院。”在我国目前的国情下,由行政机关负责不动产登记是一种现实的选择。因此,我国不动产登记错误,登记机构承担的赔偿责任是行政赔偿。

【司法适用】

实践中出现的登记错误,更多是物权登记机构和登记申请人混合过错造成的。具体表现为,申请人故意提交虚假材料,登记机构因过失没有审查出来,或申请人与登记机构工作人员恶意串通造成的登记错误。《房屋登记案件司法解释》第 12 条规定:“申请人提供虚假材料办理房屋登记,给原告造成损害,房屋登记机构未尽合理审慎职责的,应当根据其过错程度及其在损害发生中所起作用承担相应的赔偿责任。”第 13 条规定:“房屋登记机构工作人员与第三人恶意串通违法登记,侵犯原告合法权益的,房屋登记机构与第三人承担连带赔偿责任。”这两个条款明确了登记机构的赔偿责任,前者是过错责任,后者是连带责任。过错责任是指登记机构和虚假材料提供人按照其过错程度及其在损害发生中所起作用承担相应的责任,受害人只能请求物权登记机构承担相应的份额。登记机构承担的按份责任,是独立责任。所谓独立责任,是指由登记机构直接对因登记错误而遭受损害的当事人负责,受害人索赔没有先后顺序。《行政诉讼法》第 61 条第 1 款规定:“在涉及行政许可、登记、征收、征用和行政机关对民事争议所作的裁决的行政诉讼中,当事人申请一并解决相关民事争议的,人民法院可以一并审理。”据此,当事人在行政诉讼中请求一并解决涉及的民事赔偿问题的,人民法院可以合并审理。

有学者主张,登记是私法行为,登记机构错误登记的赔偿责任因此应定性为民事责任,唯此方能妥善解决在登记机构与登记申请人承担共同责任时的责任形态及诉讼程序问题。① 这种观点虽然在理论上具有一定的合理性,但不具有现实可行性。其在《物权法司法解释(一)》起草中,也被讨论过,但最终没有被采纳。囿于我国目前的登记现实情况,登记机构承担的是国家赔偿责任,承担的是过错赔偿责任,而不是无过错赔偿责任。登记机构的过错,不仅包括登记错误的类型,包括不作为侵权的类型,也包括恶意串通的故意。登记机构已经审慎履行了法定的审查职责,就不需要承担赔偿责任。根据行政诉讼的基本规则,登记机构要举

---

① 参见刘保玉:《不动产登记机构错误登记赔偿责任的性质与形态》,载《中国法学》2012 年第 2 期。

证证明登记行为的合法性，证明自己没有过错。“登记机构赔偿后，可以向造成登记错误的人追偿”中“造成登记错误的人”，是指登记机构的工作人员。《国家赔偿法》第16条规定：“赔偿义务机关赔偿损失后，应当责令有故意或者重大过失的工作人员或者受委托的组织或者个人承担部分或者全部赔偿费用。对有故意或者重大过失的责任人员，有关机关应当依法给予处分；构成犯罪的，应当依法追究刑事责任。”

【司法案例】

案例一

刘某与甲县国土房管局等行政诉讼案①

诉讼结论：行政机关在履行行政登记职责时因过错导致行政相对人财产遭受损失的，行政相对人可依据信赖保护原则请求行政机关承担赔偿责任。

法院认为：万某宇提交虚假材料，甲县国土房管局未尽审慎审查的义务，将已有合法所有人的同一房产补办产权登记给万某宇，导致刘某基于对甲县国土房管局颁证行为的信赖，与万某宇签订房屋买卖合同，并办理产权过户登记。后甲县国土房管局撤销双方过户登记，致使刘某的财产权益遭受损失，甲县国土房管局应因错误补办房产证这一违法行为承担赔偿责任。考虑到万某宇与甲县国土房管局对刘芳损失的过错程度，两者承担赔偿责任的比例为8:2。

案例二

胡某华、刘甲诉区不动产登记局行政诉讼纠纷案②

诉讼结论：申请人提供虚假材料办理房屋登记，给原告造成损害，房屋登记机构未尽合理审慎职责的，应当根据其过错程度及其在损害发生中所起作用承担相应的赔偿责任。

法院认为：经某县民政局婚姻登记处工作人员确认，刘乙申请涉案房屋变更登记时提交的“离婚证”“离婚协议书”均不属实。该房屋申请变更登记时，应当由共有人即胡某与刘乙共同申请，被告区不动产登记局在刘乙单方申请对涉案房屋进行变更登记的情况下，未严格依照上述规定，即为其办理了房屋变更登记事项，违反了法律规定。本案离婚析产登记和房屋买卖转移登记的根源均系案外人刘乙提供虚假材料，加之作为登记机关的区不动产登记局没有尽到慎重审查之义

---

① 参见重庆市第二中级人民法院(2016)渝02行赔终7号行政赔偿判决书。

② 参见湖北省武汉市中级人民法院(2019)鄂01行终590号行政判决书。

务。故双方均具有过错,法院确定双方各承担50%的赔偿责任。

案例三

刘某霞、李某民、王某敏、甲公司诉乙镇人民政府确认房屋行政登记违法并要求行政赔偿案①

诉讼结论:登记机构工作人员与第三人恶意串通,违法进行登记,损害他人合法权益,应当承担连带侵权责任。

法院认为:被告乙镇人民政府工作人员明知拟办理抵押登记的房屋已经办理了抵押登记,却与第三人甲公司、李某民、王某敏共同向刘某霞等人隐瞒事实,为第三人向刘某霞等人非法吸收公众存款违法办理抵押登记,已以滥用职权罪被判处刑罚。被告行政机关工作人员张某胜与第三人甲公司、李某民、王某敏主观上具有共同的过错且属故意;客观上共同实施了侵害他人合法权益的严重违法行为;生效刑事判决亦认定该违法行为已给包括本案刘某霞等多人造成了重大损失;共同侵权行为与损害后果之间具有直接的因果关系。因此,乙镇人民政府应当与甲公司对刘某霞的借款和利息损失承担连带赔偿责任。乙镇人民政府承担赔偿责任后,可向第三人和责任人追偿。

案例四

赔偿请求人黄某申请赔偿义务机关甲市房产管理局国家赔偿案②

诉讼结论:登记机构在受理转移登记时收取的资料在形式上符合法律法规的规定,且无明显瑕疵的,不承担赔偿责任。

法院认为:虽然户籍证明和离婚协议后被证明系伪造,但对此类资料真伪的判别已超出赔偿义务机关职权和能力范围。因登记机构如何审慎,都无法避免因这类虚假材料而导致的登记错误,故让登记机构因此而承担赔偿责任,不符合权责一致的原则。另外,也无任何证据表明登记机构的工作人员与申请人有串通的行为,故登记机构不应因此而承担赔偿责任。《物权法》第21条第1款规定:"当事人提供虚假材料申请登记,给他人造成损害的,应当承担赔偿责任。"在本案中,虚假材料是第三人彭某新所提供,应由彭某新承担赔偿责任。

---

① 参见吉林省延边朝鲜族自治州中级人民法院(2017)吉24行终85号行政赔偿判决书。

② 参见湖南省株洲市芦淞区人民法院(2016)湘0203行赔初1号行政赔偿判决书。

第二百二十三条 不动产登记费按件收取，不得按照不动产的面积、体积或者价款的比例收取。

【条文主旨】

本条是关于不动产登记费用的规定。

【条文理解】

本条与《物权法》第22条第一句相同。在物权法草案征求意见过程中，一些地方存在不动产登记收费过高的问题，群众反映强烈。多数意见认为，登记机构不是营利组织，收取的登记费用，不得与不动产的面积、体积或者价款挂钩。虽然该问题属于具体的程序性规范，属于行政法问题，并不属于民法的调整对象，但其与广大人民群众的生活密切相关，《物权法》对此作出了明确的规定。国家发展改革委会同财政部印发的《关于不动产登记收费标准等有关问题的通知》（发改价格规〔2016〕2559号）规定，规划用途为住宅的房屋及其建设用地使用权登记，收费标准原则为每件80元；非住宅类不动产权利登记，收费标准原则为每件550元。该通知对16种不动产登记实行收费减免优惠。一是减半收取登记费。包括不动产更正登记、异议登记；不动产权利人姓名、名称、身份证明类型等发生变更申请变更登记等4种情形。二是免收登记费。包括小微企业（含个体工商户）申请不动产登记；申请与房屋配套的车库、车位、储藏室等登记，不单独核发不动产权属证书的；因行政区划调整导致不动产坐落的街道、门牌号或房屋名称变更而申请变更登记的；农村集体经济组织成员以家庭承包或其他方式承包取得农用地的土地承包经营权申请登记的等8种情形。三是只收取证书工本费，每本10元。包括申请宅基地使用权及地上房屋所有权登记；单独申请宅基地使用权登记；夫妻间不动产权利人变更，申请登记；因不动产权属证书丢失、损坏等原因申请补发、换发证书的等4种情形。"物权编"对不动产登记费用继续规定，有利于约束登记机构，有利于减轻人民群众的负担，有利于优化营商环境。

【司法案例】

李某珂诉甲市城乡房产管理局房屋行政登记案①

诉讼结论：房屋登记机关在将相关不动产登记事项记载于登记簿前，要对申请人是否履行了缴费义务进行审核。

---

① 参见四川省成都市中级人民法院（2015）成行终字第89号行政判决书。

法院认为：根据《物权法》第22条规定，并参照《房屋登记办法》第16条的规定，不动产登记需按照国家有关规定缴纳登记费。因此，缴纳登记费是房屋登记申请人依法应当履行的义务，缴纳登记费并提交收据的行为亦是申请人的登记申请行为的延续。

第二节 动产交付

第二百二十四条 动产物权的设立和转让，自交付时发生效力，但是法律另有规定的除外。

【条文主旨】

本条是关于动产交付效力的规定。

【条文理解】

本条所指的动产，是土地及其定着物以外的有体物，包括一般动产和特殊动产。动产物权的设立和转让，主要是指质权的设立以及所有权的转让。交付包括现实交付和观念交付。现实交付是指一方民事主体将物的直接占有转移给另一方的法律事实，即物的实际控制的移转，包括以下要素：出让人放弃对物的直接占有；取得人一方获得对物的直接占有；转移占有是在出让人的策动下进行的。通过现实交付，出让人切断了与该物的全部联系，不再成为任何意义上的占有人。现实交付中，必要的单证（如发票、产品合格证、质量保证书、保险单等）应附随交付，但单证交付与否不影响物权变动的生效。实际交付是明确的、一次性的、全部的占有移转。观念交付是指法律允许当事人依照约定以变通的、非实际交付的方式实现动产物权变动的交付形式，具体包括简易交付、指示交付和占有改定。

在比较法上，意思主义模式下的交付和形式主义模式下的交付意义不同：在意思主义模式下，物权变动自合同生效时发生，交付仅意味着合同义务的履行；在形式主义模式下，合同无法直接产生物权变动的效力，物权变动自交付完成时发生。自《民法通则》开始，我国民事立法一直以形式主义的物权变动模式为原则。在采取债权形式主义还是物权形式主义这一问题上，学界存在不同的认识，但二者的区别主要在于是否承认独立的物权行为。无论选择哪一种解释，都不影响法律将交付作为动产物权变动的生效要件和公示方式。

本条文对动产物权公示效力的规定，主要适用于基于民事法律行为产生的动产物权变动,即有处分权的动产物权人设立、转让动产物权的情形。非基于民事法律行为的动产物权变动,不适用本条的规定。依据法律文书、征收决定、继承及事实行为等原因产生的动产物权变动,也不适用本条的规定,而是适用本章第3节的有关规定。基于善意取得和添附等原因产生的物权变动,也不适用本条的规定,而是适用本编第九章的有关规定。

本条所说的"法律另有规定的除外",譬如动产抵押权的设立。以动产设定抵押不需要转移物的占有,抵押权自合同生效时设立,故不适用本条的规定。

【司法适用】

《买卖合同司法解释》第9条规定:"出卖人就同一普通动产订立多重买卖合同,在买卖合同均有效的情况下,买受人均要求实际履行合同的,应当按照以下情形分别处理:(一)先行受领交付的买受人请求确认所有权已经转移的,人民法院应予支持……"该条款不仅重申了交付作为动产物权变动生效要件的规则,也坚持了合同效力与物权变动的区分原则:在买卖合同关系中,有效的合同只产生履行请求权而不发生物权变动之效力,所有权的转移产生于交付这一法律事实。在司法实践中需要注意,当事人可以通过转移有效凭证占有的方式完成动产交付,但该凭证必须具有直接证明权属的效力,如仓单、提单等。

【司法案例】

甲公司与乙公司所有权确认纠纷[①]

诉讼结论:粮食作为普通动产,自交付时发生效力,且案涉玉米由丙公司保管,甲公司并未实际接收、控制案涉玉米。

法院认为:本案的核心争议问题,首先是甲公司能否基于粮食收购凭证而取得案涉玉米的所有权,其次是甲公司是否已实际接收、控制案涉玉米,最后是甲公司能否基于《协议书》约定取得案涉玉米所有权。

首先,根据《物权法》第23条的规定,玉米作为普通动产,当事人应履行交付手续才能发生物权变动之效力,故丙公司应将对玉米的占有转移给甲公司。丙公司虽与甲公司签订《货权转移证明》并交付了粮食收购凭证,但该凭证仅能证明购买玉米的数量和价款,并不能提取案涉玉米。故此,该粮食收购凭证不能作为持有人占有案涉玉米的凭证,丙公司向甲公司交付粮食收购凭证的行为不构成案涉玉米的交付,甲公司并未取得案涉玉米的所有权。

其次,甲公司并未实际接收、控制案涉玉米。案涉玉米仍由丙公司保管,玉米

---

① 参见最高人民法院(2019)最高法民申1305号再审民事裁定书。

是否出库以及出库多少均由丙公司控制并决定,并未发生由甲公司实际接收、控制的事实。案涉《协议书》中明确约定监管人员工资由丙公司支付,可印证丙公司关于案涉玉米实际仍由其控制的主张。本案二审庭审时,甲公司也明确表示,存放案涉玉米的仓库钥匙和案涉玉米均由丙公司派人管理。

最后,甲公司不能基于《协议书》约定取得案涉玉米所有权。根据该约定,丙公司将案涉玉米的所有权转让给甲公司的真实意思,是为了甲公司办理银行贷款,而非转让案涉玉米的所有权。在案涉玉米并未交付的情况下,甲公司即使基于该《协议书》的约定,亦未取得案涉玉米的所有权。

第二百二十五条　船舶、航空器和机动车等的物权的设立、变更、转让和消灭,未经登记,不得对抗善意第三人。

【条文主旨】

本条是关于特殊动产登记对抗效力的规定。

【条文理解】

船舶、航空器和机动车属于特殊的动产,其价值大于一般动产,且转手频繁,市场交易量较大。该类动产在发生物权变动之时,仍以交付为生效要件,但出于保护第三人信赖利益的需要,未经登记的特殊动产物权不得对抗善意第三人。本条与《物权法》第24条基本一致,只是对具体的文字表述进行调整,将"船舶、航空器和机动车等物权"改为"船舶、航空器和机动车等的物权"。这一表述在逻辑上更为严谨,因为船舶、航空器、机动车是物权的客体,而非物权本身。"船舶、航空器和机动车等的物权"中的"等"这一表述,为将来可能出现的其他特殊动产保留了空间。但当前实践中的特殊动产仍主要是船舶、航空器和机动车三种类型,原则上不得对特殊动产范围作扩张解释。

《海商法》、《民用航空法》和《道路交通安全法》分别规定了船舶、航空器和机动车物权变动的登记对抗主义。其中,《海商法》第9条规定:"船舶所有权的取得、转让和消灭,应当向船舶登记机关登记;未经登记的,不得对抗第三人。船舶所有权的转让,应当签订书面合同。"第10条规定:"船舶由两个以上的法人或者个人共有的,应当向船舶登记机关登记;未经登记的,不得对抗第三人。"第13条第1款规定:"设定船舶抵押权,由抵押权人和抵押人共同向船舶登记机关办理抵押权登记;未经登记的,不得对抗第三人。"《民用航空法》第14条规定:"民用航空器所有权的取得、转让和消灭,应当向国务院民用航空主管部门登记;未经登记的,不得对抗第三人。民用航空器所有权的转让,应当签订书面合同。"第16条规定:"设定民用航空器抵押权,由抵押权人和抵押人共同向国务院民用航空主管部门办理抵押权登记;未经登记的,不得对抗第三人。"《道路交通安全法》第8条规定:"国家对机动车实行登记制度。机动车经公安机关交通管理部门登记后,方可上道路行驶。尚未登记的机动车,需要临时上道路行驶的,应当取得临时通行牌证。"第12条规定:"有下列情形之一的,应当办理相应的登记:(一)机动车所有权发生转移的;(二)机动车登记内容变更的;(三)机动车用作抵押的;(四)机动车报废的。"

本条所指的物权是特殊动产之上的所有权和他物权,"变更、转让、消灭"是指特殊动产所有权的变动,"设立"是指特殊动产他物权的设立。特殊动产抵押权的设立适用本条款所确立的登记对抗规则。留置权属于法定担保物权,不存在交付和登记问题。关于特殊动产质权的问题较为复杂,且在司法实践上存在较大分歧,需要在司法适用部分进行详细分析。

需要指出的是,《海商法》和《民用航空法》采用的是"不得对抗第三人",不同于本条规定的"不得对抗善意第三人"。从解释论看,这些特别法应当按照《民法典》的规定进行解读,将"第三人"解读为"善意第三人"。关于善意第三人的范围,根据《物权法司法解释(一)》第6条的规定,转让人的债权人不属于登记对抗之"善意第三人"。因为特殊动产的所有权变动自交付时已经产生,此时受让人已然取得该特殊动产的物权,交付既是物权变动的生效要件,也是物权变动的公示手段。根据"物权优先于债权"的效力原则,转让人的债权人不属于可以对抗物权受让人的"善意第三人"。属于可对抗"已交付而未登记"之特殊动产受让人的"善意第三人",应指的是该特殊动产的抵押权人、质权人等物权人。

【司法适用】

首先需要注意特殊动产的善意取得问题。《物权法司法解释(一)》第20条规定:"转让人将物权法第二十四条规定的船舶、航空器和机动车等交付给受让人的,应当认定符合物权法第一百零六条第一款第三项规定的善意取得的条件。"在善意取得制度中,特殊动产与一般动产并无区别,都以交付而非登记作为善意取得的必要条件。如果无权处分人向第三人转让特殊动产,双方仅办理了变更登记而未进行交付,第三人不能基于善意取得获得该动产物权。

关于特殊动产多重买卖所产生的物权变动问题,应继续坚持最高人民法院《买卖合同司法解释》第10条所确立的规则:(1)先行受领交付的买受人权利优先;(2)均未受领交付时,先行办理所有权转移登记手续的买受人权利优先;(3)均未受领交付,也均未办理所有权转移登记手续时,依法成立在先合同的买受人权利优先;(4)出卖人将标的物交付给买受人之一,又为其他买受人办理所有权转移登记,已受领交付的买受人权利优先。故此,交付作为生效要件,对特殊动产物权变动起着确定性作用。“已交付未登记”的权利要优先于“已登记未交付”之权利,只有在买受人都未受领交付时,登记的特殊动产物权才具有优先效力。

关于特殊动产质权的问题,具体包括以下几方面。

首先,在特殊动产之上可否设立质权?反对者认为,在船舶、航空器、机动车等特殊动产上设定质权,影响该类财产使用价值的实现,徒增债权人管理维护成本,不符合效率价值,并且会与抵押权产生混淆和冲突,故不应当允许特殊动产质押。笔者认为,在不影响第三人利益的前提下,效率和成本问题应由市场交易主体自行判断并作出选择,法律应当尊重民事主体的意思自治。当前法律并没有明文禁止船舶、航空器、机动车等特殊动产质押,现实生活中也确实存在许多特殊动产质押的情形,应当允许在特殊动产之上设立质权。

其次,特殊动产质押是否适用登记对抗规则?本编第 18 章第 1 节动产质权部分并没有特殊动产质权登记的特别规则,有观点认为,根据法律适用的逻辑,设定质权属于特殊动产物权变动,理应适用登记对抗的一般规则。此外,根据立法“举重以明轻”的一般原则,特殊动产所有权转让尚需登记才可对抗善意第三人,特殊动产质押也理应受此限制。例如,浙江省高级人民法院(2016)浙民再 45 号民事判决书指出,虽然质权已经设立,但根据《物权法》第 24 条的规定,特殊动产物权变动未经登记不得对抗善意第三人,动产质权的设立理应适用该规定。然而,特殊动产质权适用登记对抗规则存在明显的不合理之处。《民法典》“物权编”并未规定特殊动产质权登记,《道路交通安全法》《道路交通安全法实施条例》等法律法规所确立的机动车登记类型包括所有权和抵押权,却不包括质权。特殊动产质权登记既没有法律依据,也没有现实途径。作为一种不能登记的物权,却需要通过登记才能取得对抗效力,既不符合逻辑,也不利于保护质权人。在进一步完善动产担保制度和登记规则前,不宜认定质权必须登记才能具有对抗效力。

最后,关于特殊动产质权和抵押权的受偿顺位问题。根据《民法典》第 415 条的规定,同一财产既设立抵押权又设立质权的,按照登记、交付的时间先后确定清偿顺序,即以担保物权公示的时间先后确定清偿顺序。特殊动产质权的成立要件和公示方式都是交付,抵押权的成立要件是合同生效,公示方式是登记。故此,如果特殊动产抵押权通过合同设立在先,质权设立在后,但抵押权未经登记,此时应由质权人优先受偿;如果特殊动产抵押权登记在先,质权设立在后,应由抵押权人优先受偿;如果质权先于抵押权成立,即使抵押权人办理了抵押登记,也应由质权人优先受偿。

【司法案例】

案例一

甲与乙、丙返还原物纠纷案①

诉讼结论:甲只能依据合同向丁主张权利,而不能以此为由扣留归乙所有的车辆。

法院认为:本案中甲与丁于2013年4月21日达成车辆买卖协议,并由甲将涉案车辆交付给丁。经多次转让后,乙于2014年7月20日在喀什市二手车市场从丙处购买该车辆。根据《合同法》第133条和《物权法》第24条的规定,该车所有权于甲交付时即转移给丁,经过多次转让,乙根据买卖合同实际占有涉案车辆,并取得该车的所有权。在丁未支付全部价款的情况下,甲只能依据合同向丁主张权利,而不能以此为由扣留归乙所有的车辆,侵犯乙的合法权益。

案例二

侯某明与李某国、甲运输中心运输合同纠纷案②

诉讼结论:机动车以交付为生效要件,未办理车辆转移登记手续并不影响案涉车辆所有权的转移。

法院认为:根据《物权法》第23条、第24条的规定,交付为机动车物权变动的生效要件,登记仅为对抗善意第三人的要件,未办理所有权变更登记,并不影响所有权的转移。案涉车辆原所有权人为关某某,关某某将车辆所有权挂靠登记在甲运输中心。后关某某将案涉车辆出售并交付给侯某明,由侯某明占有、使用、运营至今。虽然关某某与侯某明并未办理车辆转移登记手续,但并不影响案涉车辆所有权的转移。

案例三

吴某等诉甲公司所有权确认纠纷案③

诉讼结论:机动车虽为特殊动产,但法律采取"交付转移,登记对抗"的原则,即机动车所有权的转移仍适用动产物权转移"自交付时生效"的一般原则。

法院认为:吴某、冯某作为争议车辆的购买者,在支付价款后自出卖人将车辆

---

① 参见新疆维吾尔自治区高级人民法院(2016)新民申1176号再审民事裁定书。

② 参见最高人民法院(2016)最高法民申2585号再审民事判决书。

③ 参见湖北省咸丰县人民法院(2017)鄂2826民初280号民事判决书。

交付时即取得该车的所有权。虽然该车辆现登记户名为甲公司,但依据《道路交通安全法》第 8 条"国家对机动车实行登记制度。机动车经公安机关交通管理部门登记后,方可上道路行驶。尚未登记的机动车,需要临时上道路行驶的,应当取得临时通行牌证"的规定,公安机关办理机动车登记,是准予或者不准予上道路行驶的登记,与民法上物权公示的登记,不属于同一法律概念。机动车行驶证不是确认机动车物权的唯一依据,当实际车主与登记车主不一致时应当根据实际情况作出认定。甲公司仅以机动车行驶证为证据,抗辩其享有争议车辆的所有权,但根据吴某、冯某提交的协议书的内容"如公司再次取得公交车及公司的经营权,原 20 台车入股到本公司,20 台车车主在工商局更名登记,每台车作为一股,公司作为 6 股,合计股份为 26 股。如不愿入股的参营者,每辆车按 70 万元的价格由公司在一个月内进行收购",可以证实双方在车辆上户时未就该车物权是否转让进行约定。甲公司未能提供证据证实双方发生过物权变动的原因,亦未对争议车辆支付对价,不符合公平、等价有偿的原则。因此,本院对其抗辩理由不予采纳。

第二百二十六条　动产物权设立和转让前,权利人已经占有该动产的,物权自民事法律行为生效时发生效力。

【条文主旨】

本条是关于简易交付的规定。

【条文理解】

简易交付又称先行占有,即动产物权的受让人已经基于其他关系占有动产,而后双方又做出了移转所有权或者设定质权的民事法律行为,动产物权变动自该民事法律行为生效时发生。动产物权的设立和转让,是指动产质权的设立和动产所有权的转让,实践中简易交付主要发生于"先借后质"和"先租后买"等情形。例如,借用人依据借用合同已经取得了动产的占有,后又与动产所有权人达成在该动产上为借用人设定质权的协议;承租人依据租赁合同已经取得了对动产的占有,后又与动产所有权人达成了购买该动产并转移所有权的协议。

根据债权形式主义的物权变动模式,本条文所指的"民事法律行为"指的是当事人之间关于动产物权变动的合同,包括动产买卖合同或者动产质权设立合同。根据物权形式主义的物权变动模式,本条文中所指的"民事法律行为"指的是当事人之间关于转移动产所有权或设立动产质权的物权合意。两种解释在实践效果上并无本质区别。

本条文规定物权变动自法律行为生效时发生效力，当民事法律行为未生效时，如附条件、附期限之法律的条件未达成、期限未届满时，物权变动并不发生；当民事法律行为虽然成立但存在无效、效力待定的情形时，物权变动也不发生。当民事法律行为存在可撤销之效力瑕疵时，由于该民事法律行为被撤销前已经生效，故可以发生物权变动之效果；待该民事法律行为被撤销后，物权变动之效果由于丧失民事法律行为基础而恢复。

【司法适用】

相较于《物权法》第 25 条，本条文删去了“依法”二字。因为占有是一种客观事实，并不存在所谓的“依法占有”。在司法实践中，无须考虑占有人先行占有动产的具体原因，也无须判断该原因是否具有合法性。权利人先行占有动产的原因既可以是租赁、保管、设立质权等民事法律行为，也可以是拾得遗失物甚至非法侵占等原因。只要嗣后双方当事人达成了关于动产物权变动的合意，当该合意生效时动产物权的设立和转让即可发生效力。

根据《物权法司法解释(一)》第 18 条所确立的规则，受让人受让该不动产或者动产时，是指依法完成不动产物权转移登记或者动产交付之时，当事人以简易交付方式交付动产的，转让动产民事法律行为生效时为动产交付之时。故此，在简易交付的情形中，取得人是否善意的判断时间并非其取得对该物占有之时，而是民事法律行为生效之时。

【司法案例】

岑某远与被申请人梁某咏、梁某国、一审第三人韦某案外人执行异议之诉再审一案①

诉讼结论：支持岑某远对涉案房屋及汽车享有所有权、请求排除法院强制执行的主张，撤销河池市中级人民法院(2016)桂 12 民终 1547 号民事判决，维持河池市金城江区人民法院(2016)桂 1202 民初 985 号民事判决。

法院认为：本案争议焦点之一是岑某远对涉案汽车是否享有足以排除强制执行的民事权益。该车辆系岑某远与韦某夫妻关系存续期间所取得的财产，在夫妻关系存续期间为双方共同共有。2014 年 7 月 1 日，岑某远与韦某协议离婚，双方约定该车辆所有权归岑某远所有。该车辆虽然登记在韦某名下，但自购买后一直由岑某远使用和占有，根据《物权法》第 25 条的规定，车辆的所有权自 2014 年 7 月 1 日归岑某远一人所有。故岑某远请求确认涉案汽车的所有权归其一人所有，

① 参见广西壮族自治区高级人民法院(2018)桂民再 10 号民事判决书。

有事实和法律依据，本院亦予支持。因岑某远在法院查封前对涉案汽车享有所有权，岑某远也不是执行依据确定的债务人，涉案房屋和汽车也不是本案的抵押物，故岑某远对涉案房屋和汽车所享有的所有权可以排除法院的强制执行。

第二百二十七条　动产物权设立和转让前，第三人占有该动产的，负有交付义务的人可以通过转让请求第三人返还原物的权利代替交付。

【条文主旨】

本条是关于以让与返还请求权代替交付的规定。

【条文理解】

在动产物权设立和转让前，该动产为所有权人以外的第三人占有的，所有权人可以通过移转返还原物请求权的方式替代对动产的实际交付，以实现动产物权变动。该交付方式又被称为指示交付。当所有权人丧失对动产实际占有时，其并不丧失对动产的处分权。例如，所有权人在保管和租赁期限内将其动产出卖或者出质，虽然无法进行实际交付，但出让人可以将针对保管人、借用人、承租人的返还请求权转让给受让人，以产生如实际交付一样的效果。物权变动自转让返还所有权的民事法律行为生效时发生。

相较于《物权法》第26条，本条文删去了"第三人依法占有该动产"中的"依法"二字，对原条款的错误进行了纠正。占有本身作为一种事实，并不存在所谓的"依法占有"问题。除了基于合同关系、物权关系、亲属关系或公法原因外，占有人取得占有还可能基于拾得遗失物、发现埋藏物等事实行为，甚至侵占、盗窃等侵权行为。无论基于何种原因，都使得第三人成为事实上的占有人，同时产生动产所有权人的返还原物请求权。在这些情况下，当事人都可以用移转物权请求权的方式实现物权变动，而不需要考虑第三人是否"依法"占有动产。

代替交付在实践中能够满足让与人、受让人和实际占有动产的第三人之利益，有利于提高交易的效率和便捷性。转移返还请求权之代替交付与简易交付都属于"观念交付"，二者的区别在于：在简易交付中受让人先行占有动产，嗣后取得物权，此时占有的权利外观与动产物权的真实权属状态是一致的；在代替交付中动产被他人所占有，而由受让人取得物权，此时占有的外观和动产物权的真实权利状态是不一致的，只是此种状态下的不一致可以通过返还请求权的行使得到弥合。同为"观念交付"，代替交付在物权公示效果上显然要弱于简易交付，但在物权善意取得制度的保障下，交易秩序和第三人利益并不会因此受到损害。

本条文并未规定返还请求权的让与是否应通知占有动产的第三人。根据物权变动的基本原理,物权变动基于当事人之间的民事法律行为和一定的公示手段发生;对第三人的通知既不属于当事人之间的民事法律行为,也不属于物权变动的公示手段,故其并不应成为动产物权变动的生效要件。从实践层面来看,通常情况下物权让与人都会通知第三人,避免出现第三人将动产返还让与人或转移给其他人的问题;即便物权让与人未进行通知,当物权受让人请求第三人交付时,也必然会使第三人知晓相关事实。故此,在法律没有明文规定的情况下,不应将通知第三人作为让与返还请求权的必要条件。

【司法适用】

在司法实践中需要注意代替交付情形下的善意取得相关问题。最高人民法院《物权法司法解释(一)》第 18 条规定:"物权法第一百零六条第一款第一项所称的'受让人受让该不动产或者动产时',是指依法完成不动产物权转移登记或者动产交付之时……当事人以物权法第二十六条规定的方式交付动产的,转让人与受让人之间有关转让返还原物请求权的协议生效时为动产交付之时……"在代替交付情形下,取得人是否善意的判断时间并非其取得对该物占有之时,而是转让返还原物请求权之协议生效之时。

当动产被未知的、不特定的"第三人"占有时,例如动产被人盗窃且未能找到窃贼时,物权人能否通过转让返还请求权的方式设定、变更物权?这一问题在司法实践上存在争议。从理论角度,当动产被不特定第三人占有时,动产物权人并未丧失处分权,允许其转让所有权并无不妥。从现实角度,当动产和其实际占有人都"下落不明"时,确实很难有人愿意接受该动产之上的物权,但如果有当事人愿意就此达成合意,也理应尊重其意思自治。故此,没有必要对代替交付中的"第三人"是否特定进行限制。

【司法案例】

甲公司、乙公司仓储合同纠纷案①

诉讼结论:乙公司依据丙公司、丁公司的指示交付依法取得案涉钢材的所有权。

法院认为:乙公司分别与丙公司、丁公司签订《供销合同》,向两公司购买带钢。上述合同签订后,乙公司支付了相应货款,履行了付款义务。丙公司、丁公司则在合同签订当日依约向乙公司出具了《提货通知单》,该通知单上注明货权转移

① 参见最高人民法院(2017)最高法民终 712 号民事判决书。

给乙公司,具有物权凭证的效力,乙公司据此可请求保管人甲公司交付货物。丙公司、丁公司交付钢材的方式属于《物权法》第26条规定的指示交付方式,乙公司依法取得案涉钢材的所有权。

第二百二十八条　动产物权转让时,当事人又约定由出让人继续占有该动产的,物权自该约定生效时发生效力。

【条文主旨】

本条是关于占有改定的规定。

【条文理解】

在动产物权变动时,依据双方约定可以由出让人继续占有该动产,由受让人取得动产物权并成为该动产的间接占有人,该交付形式被称为占有改定。本条源于《物权法》第27条,内容基本未变,文字上以“当事人”取代“双方”,没有实质影响。

占有是动产物权的权利外观,交付是动产物权变动的公示手段。在占有改定的情形下,并不存在实际的交付和占有的移转,却能够发生物权变动之效果。其主要意义在于简化交易程序,解决混合交易中存在的内容相同、方向相反的多重交付义务问题,如动产出卖人继续租用动产的情形。占有改定并非对动产物权变动一般规则的突破,而是基于现实需要对交付过程的简化,是解决混合交易中物权公示与权利的实际享有不相符合问题的特殊法律手段。《融资租赁司法解释》第2条规定:“承租人将其自有物出卖给出租人,再通过融资租赁合同将租赁物从出租人处租回的,人民法院不应仅以承租人和出卖人系同一人为由认定不构成融资租赁法律关系。”该规定就是对占有改定规则的实践运用。

占有改定发生物权变动的前提是对间接占有这一概念的承认,受让人不需要取得对动产实际、直接的占有,依据间接占有也可以取得物权。间接占有是以他人为媒介为自己直接控制物的占有,如保管、租赁、借用等。当在动产上既有直接占有又有间接占有时,间接占有人为真正的权利人,其占有被称为上层占有;直接占有人为接受他人指示而占有动产的人,其占有被称为下层占有。这一关系当中的直接占有人是一种典型的他主占有,即以物不属于自己所有的心态进行的占有。

虽然货币属于动产,但货币的转让不能适用占有改定。首先,货币作为一般等价物的本质,使得其在流通过程中完全湮灭了特定性,除了被现实占有之外不可能被其他形式所支配。其次,基于交易便捷性和信赖保护的需要,不可能要求货币的受让人逐一核实货币的真实权利状态。故此,货币的所有权与实际占有状态必须是一致的,即所谓的"占有即所有",这排除了在货币所有权转让中适用占有改定的可能性。

【司法适用】

在一般情况下,以占有改定形式进行的动产交付,将产生与其他交付形式同样的动产物权变动之效果。受让人通过占有改定取得的动产物权应受到法律保护。例如,甲公司将一辆货车以占有改定的方式转让给乙公司,甲公司继续占有和使用该货车,乙公司取得车辆所有权。当甲公司嗣后将该货车出售给丙时,构成无权处分,丙只有在善意取得的情形下才可获得货车所有权。当甲公司破产时,该货车不能作为破产财产,而是由乙依据原物返还请求权取回。

在司法实践中应注意,占有改定作为一种出让人继续实际占有动产的观念交付,其对物权变动的公示效果毕竟要弱于其他动产交付形式。故此,法律在一些方面对占有改定进行了限制。

首先,在占有改定的情形下不能适用善意取得制度。以占有改定方式所进行的观念交付,不构成善意取得的成立要件,即"不需要登记的已经交付给受让人"当中的"交付"。《物权法司法解释(一)》第 18 条明确规定简易交付和替代交付可以构成善意取得构成要件中的交付,但未规定占有改定。此外,比较法上一般都否认占有改定情形下的善意取得。例如,《德国民法典》第 933 条规定:"根据第 930 条(占有改定)的规定出让的物不属于出让人的,在出让人将物交付于受让人时,受让人成为所有权人,但其在当时非出于善意的除外。"明确以占有改定方式进行的所有权让与并不会导致所有权的善意取得,只有当出让人将物实际交付给取得人时才可能成立善意取得。虽然替代交付与占有改定同为受让人间接占有动产之观念交付,但前者适用善意取得而后者不适用善意取得,其理由在于:替代交付彻底排除了出让人的占有,占有改定则继续让出让人即原物权人保留占有,取得人的占有状态是不纯粹的。①

其次,以占有改定的方式不能设立质权。从最高人民法院的司法解释及比较法来看,不应允许以占有改定的方式设定质权。根据《担保法司法解释》第 87 条的规定,出质人代质权人占有质物的,质押合同不生效。我国台湾地区"民法"第 885 条规定,质权的设定,因移转占有而生效力,质权人不得使出质人代自己占有质物。《日本民法典》第 345 条规定,质权人,不得使出质人代自己占有质物。从

---

① 参见[德]鲍尔、施蒂尔纳:《德国物权法》(下册),申卫星、王宏亮译,法律出版社 2006 年版,第 395、404 页。

实践角度,质权作为一种独立担保制度的价值,在于权利人能够直接控制担保动产,防止动产被任意移转,从而保障其债权的实现。如果允许以占有改定的方式设定质权,无异于抹杀动产质权和动产抵押权的本质区别,从而使质权制度失去其独立存在的价值。

【司法案例】

甲公司、乙公司融资租赁合同纠纷案[①]

诉讼结论:乙公司与丙公司签订《回租买卖合同》约定,租赁物由乙公司移交租赁物的权属证明即为交付。

法院认为:2014 年 3 月,乙公司与丙公司签订《回租买卖合同》约定,鉴于租赁物在签订合同前为丙公司所有且实际占有,本合同签订并生效后乙公司移交租赁物的权属证明即为交付。当日,丙公司向乙公司出具了《租赁物接收确认书》,载明:"我公司现已收到贵公司依据编号为长金租回租字(2014)第 0029 号的《融资租赁合同》向我公司交付使用的租赁物(具体交付的租赁物见该合同附件《租赁物清单》)。"丙公司及其法定代表人余某明在该确认书上盖章予以确认。乙公司向本院提交了盖有丙公司印章的案涉租赁物发票复印件,用以证明当事人双方已按合同约定完成案涉租赁物的交付。经法庭质证,甲公司及其他当事人对其真实性均无异议,本院予以确认。该交付方式符合《物权法》第 27 条的规定。

第三节　其 他 规 定

第二百二十九条　因人民法院、仲裁机构的法律文书或者人民政府的征收决定等,导致物权设立、变更、转让或者消灭的,自法律文书或者征收决定等生效时发生效力。

【条文主旨】

本条是关于法律文书和征收决定导致物权变动的规定。

【条文理解】

本条与《物权法》第 28 条相比,部分表述进行微调:一是将"仲裁委员会"修改

① 参见最高人民法院(2018)最高法民终 118 号民事判决书。

为“仲裁机构”;二是将“自法律文书或者人民政府的征收决定等生效时发生效力”改为“自法律文书或者征收决定等生效时发生效力”。物权变动的原因包括两大类:一类是基于民事法律行为发生的物权变动,另一类是基于民事法律行为以外的原因发生的物权变动,包括依据法院的判决、仲裁机构的裁决、政府的征收决定发生的物权变动等。根据本条的规定,后一类物权变动发生在法律文书或征收决定生效之时,而非不动产登记和动产交付之时。本条与物权公示原则并不冲突,因为法律文书、征收决定在事实上能够产生与登记、交付类似的公示效果。法院判决和征收决定由国家公权力机关作出,具有确定性、强制拘束力和公信力,能够满足物权排他性的要求。因此,法律规定物权变动在法律文书、征收决定生效时发生具有合理性,是对物权公示原则的有益补充。

物权变动自法律文书、征收决定生效时发生效力,由此取得的物权应受到与已经登记、交付之物权同等的保护。权利主体不仅可以基于物权的内容对物占有、使用或收益;当其物权受到侵害时,还可以依法请求保护,但未经登记之不动产物权的处分权能要受到限制。

【司法适用】

在司法实践中需要注意,并非所有的法律文书都可以直接引起物权变动。《物权法司法解释(一)》第7条规定:“人民法院、仲裁委员会在分割共有不动产或者动产等案件中作出并依法生效的改变原有物权关系的判决书、裁决书、调解书,以及人民法院在执行程序中作出的拍卖成交裁定书、以物抵债裁定书,应当认定为物权法第二十八条所称导致物权设立、变更、转让或者消灭的人民法院、仲裁委员会的法律文书。”法院的判决包括给付判决、确认判决和形成判决。其中,能够直接引起物权变动的主要是形成判决,即变更或消灭当事人之间原来存在的没有争议的民事法律关系的判决,例如分割共有财产的判决、在离婚诉讼中确定离婚当事人一方享有某项不动产所有权的判决。给付判决只是赋予或确认了当事人的请求权,并不改变物权归属,相关的物权变动需要通过具体的履行行为或强制执行程序才可实现。确认判决只是对法律关系是否存在作出的事实判断,并不改变具体的权利义务,不会产生物权变动的效果。判决以外的调解书、命令、通知也不能直接产生物权变动之效果。能够引发物权变动的裁定极为有限,仅限于人民法院在执行程序中作出的拍卖成交裁定书、以物抵债裁定书。

在法律文书生效后、不动产登记和动产交付前,由于物权的真实权利状态和公示外观不一致,可能导致善意取得的发生。由于物权变动已经发生,原权利人在法律文书生效后转让、设定他物权的,属于无权处分。在此情形下,第三人可以基于对公示外观的信赖构成善意取得。在法律文书、征收决定生效后,真实物权人虽然已取得物权，但其并未及时变更登记或催促原权利人交付，在一定程度上放任了真实权利状态和公示外观的不一致。在此情形下，适用善意取得制度以保护善意第三人利益和交易安全，具有正当性和必要性。

【司法案例】

甲公司、乙公司租赁合同纠纷案[①]

诉讼结论：案涉房屋的所有权主体由丙公司变更为乙公司，同时甲公司支付房屋租金的对象也由丙公司变更为乙公司。

法院认为：2010年5月20日，山东省潍坊市坊子区人民法院作出（2007）坊法执指字第122号执行裁定书，裁定将丙公司所有的某商场四层作价交付乙公司抵偿相应债务。2010年7月10日，山东省潍坊市坊子区人民法院向丙公司送达该裁定。根据《物权法》第28条有关规定，案涉房屋的所有权主体自裁定生效时已由丙公司变更为乙公司，同时甲公司支付房屋租金的对象也由丙公司变更为乙公司。此后，乙公司向甲公司邮寄了《告知函》，相关邮寄信息显示《告知函》分别于2012年2月2日、2012年2月6日被签收。在此情况下，甲公司支付房屋租金的对象由丙公司变更为乙公司，而非继续向丙公司支付房屋租金，甲公司申请再审主张二审判决判令其向乙公司支付双重租金错误的事由，不能成立。

第二百三十条　因继承取得物权的，自继承开始时发生效力。

【条文主旨】

本条是关于因继承取得物权的规定。

【条文理解】

本条文规定以继承方式取得的物权自继承开始时发生效力，根据“继承编”的规定，继承从被继承人死亡时开始。死亡属于法律事实中的事件而非民事法律行为，继承人取得物权的时间是被继承人死亡之时，属于由民事法律行为以外的原因引起的物权变动。被继承人作为权利主体死亡时，其权利能力因死亡而消灭，与被继承人相关的权利、义务和法律关系也随之消灭。如果在此情形下仍坚持物权变动要通过公示才能生效的规则，那么遗产必然在一定时期内处于无主状态，不利于社会经济秩序的稳定。故此，规定物权变动自继承开始即被继承人死亡时

---

① 参见最高人民法院（2018）最高法民申4630号民事裁定书。

发生,可以实现物权在权利主体间的“无缝衔接”,防止权利主体真空状态的出现。当只有一名继承人时,遗产在被继承人死亡后归该继承人所有;当继承人为两人以上时,在被继承人死亡后、遗产分割前这段时间内,遗产归多位继承人共同共有。

相较于《物权法》第 29 条,本条删去了关于受遗赠取得物权的自受遗赠开始时发生效力的规定,因为遗赠与继承是不同性质的法律事实。因继承取得物权是由被继承人死亡这一事件产生的物权变动,属于非基于民事法律行为发生的物权变动,适用特别规则。受遗赠取得物权则是因民事法律行为引起的物权变动,在民事法律行为有效的前提下,经过不动产登记和动产交付后始得发生物权变动的效力。当存在遗嘱和遗赠的情况下,遗产自被继承人死亡时首先概括转移给被继承人,此后再根据遗嘱和遗赠对遗产进行分割。因此,规定遗赠产生物权变动适用法律行为物权变动一般规则,不会产生权利主体真空的问题,符合物权变动的逻辑。

【司法适用】

在司法实践中应当注意的是,由继承引发的物权变动自继承开始时生效,意味着当继承人为多人时,将形成多个继承人对遗产的共同共有关系。此后的遗产分割在实质上是共有财产的分割问题,属于物权法律关系。因此,继承人基于遗产分割纠纷向法院提起诉讼的,不受 3 年诉讼时效的限制。

【司法案例】

陈某等继承纠纷案①

诉讼结论:根据我国《继承法》的规定,继承人放弃继承的,应当在遗产处理前作出放弃继承的表示,没有表示的视为接受继承,遗产分割后表示放弃的不再是继承权而是所有权。《物权法》第 29 条的规定并不排斥继承人依据《继承法》享有放弃继承的权利。

法院认为:陈某作为继承人之一,在被继承人去世后并未对遗产进行分割。陈某在遗产实际分割前作出放弃继承的意思表示,系陈某依法对自己权利的处分,是法律所赋予继承人独有的权利,无须征得配偶的同意。继承人的配偶关于遗产自被继承人死亡后属于夫妻共同财产、继承人无权单方放弃的主张,于法无据。

---

① 参见北京市高级人民法院(2015)高民申字第 02979 号民事裁定书。

第二百三十一条　因合法建造、拆除房屋等事实行为设立或者消灭物权的，自事实行为成就时发生效力。

【条文主旨】

本条是关于因事实行为发生物权变动的规定。

【条文理解】

关于事实行为导致的物权变动，各国民法均有所规定，但各国立法采取的态度有所不同。概括地说，主要有两种立法例：一是分散型立法例，即民法分别对因事实行为导致的物权变动加以规定，而不对事实行为导致的物权变动作概括性规定。这是多数国家的立法例，如法国、德国、日本、意大利等。二是概括与分散结合型立法例，即概括规定因事实行为导致的不动产物权变动，分散规定因事实行为导致的动产物权变动。例如，《瑞士民法典》第656条规定："取得人在先占、继承、征收、强制执行或法院判决等情形下，得在登记前，先取得所有权。但是，非在不动产登记簿上登记，不得处分土地。"该立法例还规定了因先占、附合、混合、加工、拾得遗失物、发现埋藏物等事实行为导致的动产物权变动。

根据本条的规定，对于事实行为引起的物权变动，我国采取了概括与分散结合型立法例。《民法典》"物权编"其他条款还规定了拾得遗失物、发现埋藏物导致的动产物权变动。我国物权立法最大的特征是，明确采用了事实行为的概念。建造、拆除房屋属于事实行为，该类行为不以意思表示为要素，法律后果由法律直接规定，与行为人的意思无关。法律规定事实行为产生的物权变动自事实行为成就时发生效力，具有其合理性。首先，人通过建造房屋等劳动改变客观存在、创造经济价值，法律应当尊重和保护他们的劳动成果，赋予其相应的财产权利。其次，建造、拆除房屋的行为一般情况下都能为外界所查知，本身能够起到一定的对外界公示的效果。最后，物权建立在客观存在的物之上，建造、拆除等事实行为本身就是对客观存在之物的改造，必然导致物权的变化：当房屋被拆除时，无论是否进行变更登记，原有的房屋及其所有权都不可逆转地消灭了，法律需要及时对这一客观变化所导致的法律关系变更进行确认。

本条规定"自事实行为成就时发生效力"，事实行为成就的具体时间应根据客观情况进行判断。对于建造房屋而言，房屋建筑整体完工但未进行装修的，可以认定为"事实行为成就"。对于拆除房屋而言，如果已拆除的只是不重要的部分，通过修复仍可维持房屋的整体性和同一性，不应认定为"事实行为成就"，不导致房屋所有权消灭。应当指出，如果法律对某种事实行为导致物权变动的时间有特殊规定的，应当按照其规定，而不以“事实行为成就”时作为认定标准。如国家取得遗失物所有权的时间并不是“事实行为成就”时，而是以自发布遗失物招领公告之日起一年内无人认领作为国家取得所有权的时间。

【司法适用】

本条规定合法建造、拆除房屋等事实行为可以设立和消灭物权，但非法建造、拆除是否能够导致物权的设立和消灭？在非法拆除房屋的情况下，由于房屋已经不复存在，也不可能存在房屋之上的物权，物权同样会因为原物的灭失而消灭，但原物权人可以请求损害赔偿。关于非法建造房屋是否导致物权的设立，理论上存在不同观点。笔者认为，非法建造行为也能取得房屋所有权，这是一个事实判断问题。但承认非法建造人基于事实行为取得物权的主要目的并不在于保护非法建造者，而在于明确责任主体。非法建造者取得所有权的同时，也应承担补全相关手续的义务，如果不进行补全或无法补全，应由其承担拆除房屋的责任。最高人民法院发布的《第八次全国法院民事商事审判工作会议（民事部分）纪要》第21条规定：“对于未取得建设工程规划许可证或者未按照建设工程规划许可证规定内容建设的违法建筑的认定和处理，属于国家有关行政机关的职权范围，应避免通过民事审判变相为违法建筑确权。当事人请求确认违法建筑权利归属及内容的，人民法院不予受理；已经受理的，裁定驳回起诉。”第22条规定：“因违法建筑倒塌或其搁置物、悬挂物脱落、坠落造成的损害赔偿纠纷，属于民事案件受案范围，应按照侵权责任法有关物件损害责任的相关规定处理。”

根据“因合法建造、拆除房屋等事实行为”这一表述，除了被明确列举的建造、拆除房屋之外，还存在其他类似的事实行为可以适用本条规则。制造、毁坏动产的事实行为与建造、拆除房屋具有较大的相似性，应当适用本条规则。因加工、附和、混合等事实行为产生的物权变动，适用“物权编”第九章的相关规则。在比较法上，无主物先占也属于直接产生物权变动的事实行为。对此，我国《民法典》并没有采纳。司法实践中不宜将其认定为可以直接产生物权变动的事实行为。

【司法案例】

桑某钦等与甲公司物权确认纠纷案①

诉讼结论：本案是物权确认纠纷，定性适当，再审申请人的再审理由不能成立。

法院认为：再审申请人提出本案应是房屋买卖合同纠纷，原判决认定是物权

---

① 参见最高人民法院（2015）民申字第737号民事裁定书。

纠纷、不适用诉讼时效的规定错误。经查明，甲公司在通过拍卖取得华龙路2号办公楼在建工程后出资完成了工程建设。根据《物权法》第30条的规定，甲公司在完成上述工程建设后即取得诉争房屋的所有权，甲公司亦实际占有、使用了诉争房屋。因该房屋第一层登记在桑某钦名下，甲公司要求桑某钦办理房产过户和土地使用权变更登记，桑某钦拒绝，遂发生纠纷，甲公司为此提起确权之诉。该纠纷系双方对房屋权属存在争议引起，据此，原判决认定本案是物权确认纠纷，定性适当，再审申请人的再审理由不能成立。

第二百三十二条　处分依照本节规定享有的不动产物权，依照法律规定需要办理登记的，未经登记，不发生物权效力。

【条文主旨】

本条是关于处分非因民事法律行为享有的不动产物权的规定。

【条文理解】

基于法律文书、征收决定、继承、建造和拆除等原因引发的物权变动，无须登记或交付即可发生效力，有时可能产生真实权利状态和登记状态不一致之情形。法律允许这种不一致的目的，在于保护因特殊原因取得物权的权利人，使他们不需要办理较为繁琐的登记手续，就可以直接对物进行占有、使用或收益。这也是民法对人民群众自然生活状态的尊重和认可。

然而，不动产具有巨大的交易价值，在真实权利人与登记权利人不一致的情形下，如果允许未登记的权利人处分其不动产，使法律关系进一步复杂化，将会扰乱市场交易秩序，危害第三人利益。为了保护交易秩序和信赖利益，维护不动产登记簿的公信力，法律对未经登记的不动产物权人的处分权进行限制。这一做法可以督促那些已取得物权但未办理登记的物权人尽快办理登记，从而贯彻物权公示原则，保护交易安全和第三人利益。

本条文中的“处分”，是指转让和设立不动产物权的民事法律行为。所谓“依照法律规定需要办理登记的”，是指法律将登记作为物权变动生效要件的情形。例如，本编规定建设用地使用权自登记时设立，就属于“需要办理登记”的不动产物权。建设用地使用权人欲转让其权利时必须办理登记，否则不发生物权变动之效力。根据“物权编”相关规定，土地承包经营权自合同生效时设立，但登记机构应当向土地承包经营权人发放证书并登记造册，确认土地承包经营权。由于登记并非土地承包经营权的生效要件，故其不属于“需要办理登记”的物权。土地承包经营权人对其权利进行互换、转让,不需要登记也可产生物权变动之效力,但不得对抗善意第三人。

【司法适用】

《物权法司法解释(一)》第8条规定:"依照物权法第二十八条至第三十条规定享有物权,但尚未完成动产交付或者不动产登记的物权人,根据物权法第三十四条至第三十七条的规定,请求保护其物权的,应予支持。"该条进一步明确非因民事法律行为享有的不动产物权,不以登记和占有为权利享有的要件。

在司法实践中需要注意的是,在未经登记之物权人处分其不动产时,只是不发生物权效力,并非不发生任何法律效力。根据物权变动与合同效力区分原则,物权人与他人所签订的处分不动产的合同效力不受物权变动结果的影响。如果双方基于真实意思签订合同,且合同本身不存在无效、可撤销的情形,即便出卖人的处分权受限,该买卖合同仍是有效的。基于有效的合同,相对人可以要求出卖人尽快履行合同义务,办理相关登记以实现物权变动。在出卖人不履行合同义务时,相对人还可以请求其承担违约责任。

【司法案例】

甲银行与乙公司合同纠纷案①

诉讼结论:法院生效法律文书可以导致不动产物权变动的法律效果,处分该物权时,依照法律规定需要办理登记的,未经登记,不发生物权效力。

法院认为:在土地使用权处于静态时,甲银行可以以生效法律文书作为权利归属的依据,即使不办理不动产物权登记,也依法享有占有、使用该土地的权利。但是,如果甲银行要通过转让方式处分该土地使用权,则必须依照法律规定办理不动产物权登记。

---

① 参见最高人民法院(2015)民申字第2949号民事裁定书。

第三章 物权的保护

物权保护不同于债权保护,虽然民事权益的保护均是基于请求权,但是它们彼此之间差异明显。物权保护的内容,是民事主体就物的归属或者内容请求行政机关、司法机关、仲裁机构等相关部门予以确认或实现,侧重点是民事主体对可控之物的一种占有、使用、收益、转让、继承等支配性、排他性、效益性的权利。安定民心、保护人权也需物权法建立起来的财产保护制度为其提供物质基础。物权法是最为有效的人民财产安全体系的制度供给,物权保护的基础性、一般性原则条款均在本章,故而本章具有一定程度的引领价值。

本章共七条内容,规定了物权受到侵害的争议解决方式,确权请求权、返还请求权、排除妨害请求权、恢复请求权、赔偿请求权,单独或混合适用物权请求权等内容。通常而言,在物权受到侵害的情况下,依照法定的方式恢复对物的完整权利,可以通过两种性质的保护来实现:一是公法保护途径,直接依据行政法、刑法来追究侵权者责任,用公法的直接性、威慑性来实现权利的恢复。二是私法保护途径,依据民事法律,追究侵权者的民事责任,以达到恢复物权的完美状态之目的。该私法途径又可分为自力救济和程序救济两种类型。自力救济,是指物权人或者占有人遭受他人非法或不当侵占,且请求国家机关立即救助困难或不立即采取措施物权有灭失风险的,可以自己使用适当强力来维护自己被侵占财产的自助方式,比如自行取回权。程序救济,是指物权权利人可以通过和解、调解、仲裁、诉讼等程序方式就被侵害的物权寻求救济,这是物权保护的基本途径。基本保护路径的多元化,也符合当今多元化的纠纷处理潮流和中国治理模式的现代化。

第二百三十三条　物权受到侵害的，权利人可以通过和解、调解、仲裁、诉讼等途径解决。

【条文主旨】

本条是关于物权纠纷解决方式的规定。

【条文理解】

本条源于《物权法》第32条，内容没有任何改动。本条就物权保护的方式列举了四类程序性救济方式。"物权编"对这四类救济途径的列举是完全列举式，还是部分列举式？笔者认为，本条并没有排除其他物权救济途径，比如行政处理、行政确权、私力救济等。行政处理譬如《土地管理法》第14条规定："土地所有权和使用权争议，由当事人协商解决；协商不成的，由人民政府处理。单位之间的争议，由县级以上人民政府处理；个人之间、个人与单位之间的争议，由乡级人民政府或者县级以上人民政府处理。当事人对有关人民政府的处理决定不服的，可以自接到处理决定通知之日起三十日内，向人民法院起诉。在土地所有权和使用权争议解决前，任何一方不得改变土地利用现状。"典型的是私力救济或自力救济。自力救济方式在"侵权责任编"中有明确规定，其在本编中虽然没有规定但也并非法律禁止的物权保护途径，在一些生活用品、金额不大的动产领域，权利人通过自行取回且及时告知等方式寻求救济也并无不可。程序性救济方式虽好，但耗时耗力、并不经济，所以"物权编"将四类救济途径仅仅是作为主要纠纷解决的模式通过立法方式确定下来。另外，物权受到侵害，权利人寻求救济途径并没有先后顺序之分，当事人可以意志自由地选择适合的、经济的纠纷处理模式，法律不干预当事人的选择权。

【司法适用】

物权受到侵害，民事司法保护的主要形式就是民事诉讼，包含人民调解的司法确认、诉讼中的调解、诉讼裁判等方式保护物权。物权保护的司法适用的范围非常广泛，渗透到社会生活的方方面面，物权权能甚至可以突破国境，延伸到其他国家或国际公海等区域。国际货物贸易、国际无主物、跨境资源的保护等，不仅涉及国内法效力，还涉及国际法效力。在国内民商事审判领域，物权的司法保护仍然是重中之重，其中当事人自行和解、人民调解等对于物权纠纷处理结果不具有强制执行力，还需要人民法院通过程序予以确认和保护。另外，物权权属、内容、方式等用物权保护之和解、调解可能还不能完全确认权利，仍然需要通过诉讼的方式予以确认，因而物权的司法保护是主要的和关键的。

【司法案例】

李某与陈某生物权保护纠纷案①

诉讼结论：拍卖财产上原有的担保物权因拍卖而消灭，应当视为抵押权人实现了抵押权。据此可以得出结论，甲银行因优先受偿涉案房产的拍卖款而实现了抵押权，原告李某因竞拍而取得了涉案房产的所有权，导致涉案房产所有权发生变动。

法院认为：在本案中，上诉人陈某生提交了厦门仲裁委员会厦仲裁字(2012)第0137号《裁决书》及《执行裁定书》，证明：被上诉人李某并非为厦门市中级人民法院拍卖所涉案件的当事人，不是涉案房产的抵押权人，无权以抵押权人的身份抗辩阻却上诉人的租赁权。法院认为，乙公司将涉案房产抵押后，再向陈某生出租，生效的青仲裁字(2015)第436号仲裁裁决确认《房屋租赁合同》有效，一审判决并未否认该合同的效力，是由于抵押权实现致使陈某生的租赁合同无法继续履行，陈某生因此造成的损失可向乙公司另行主张。陈某生关于涉案房产拍卖执行过程中，具体拍卖行为违反法律的上诉主张，不属于本案审理范围。

第二百三十四条　因物权的归属、内容发生争议的，利害关系人可以请求确认权利。

【条文主旨】

本条是关于物权确认请求权的规定。

【条文理解】

物权确认请求权是物权保护请求权的一种。物权归属或者内容发生争议，物权人可以请求有关行政机关、人民法院等机构确认该物权的归属或者内容。不动产交易领域，商品房买卖中买房者支付购房款，开发商交付房屋，并协助购房者办理产权登记，对于登记不服的可以请求房屋登记部门予以登记，登记错误可以请求房屋登记部门予以纠正。比如，涉及国家建设用地土地使用权交易的，双方产生争议，可以请求人民法院予以确权，以生效判决的内容到土地行政管理部门进行确权初始登记或变更登记。值得注意的是，物权归属就是该物权的权利享有者的权利类型的归属，包括所有权、抵押权、质权、农村承包经营权等法定物权类型

---

① 参见山东省高级人民法院(2016)鲁民终1240号民事判决书。

的归属问题。对于物权内容,即物权登记内容或权利享有的情况,比如房产证载明的房屋面积,当事人或利害关系人可以提出异议,请求登记机关或人民法院予以更正。

【司法适用】

根据《物权法司法解释(一)》第1条规定:"因不动产物权的归属,以及作为不动产物权登记基础的买卖、赠与、抵押等产生争议,当事人提起民事诉讼的,应当依法受理。当事人已经在行政诉讼中申请一并解决上述民事争议,且人民法院一并审理的除外。"第2条规定:"当事人有证据证明不动产登记簿的记载与真实权利状态不符、其为该不动产物权的真实权利人、请求确认其享有物权的,应予支持。"第3条规定:"异议登记因物权法第十九条第二款规定的事由失效后,当事人提起民事诉讼,请求确认物权归属的,应当依法受理。异议登记失效不影响人民法院对案件的实体审理。"对于物权确权的请求权,国外也有许多此类规定,如《意大利民法典》第950条规定了确定地界之诉:在相邻土地的地界未确定的情况下,每块土地的所有人都可以请求通过法律途径划定地界。允许通过任何方式进行举证。在没有其他证据的情况下,法官将根据地籍册标明的地界进行划定。第1079条规定了确认役权之诉:对否认役权之人,役权人可以提起确认役权之诉,通过判决确认自己享有的役权并且请求停止妨碍或干扰役权行使的行为。此外,除损害赔偿以外,役权人还可以请求恢复原状。

【司法案例】

薛某生、王某伶诉薛某太所有权确认案①

诉讼结论:宅基地是农村的农户或个人用作住宅基地而占有、利用本集体所有的土地。村民在自家的宅基地范围内私自建造房屋,因未经过有关部门批准,该房屋属于自建房的性质,因此,村民对上述自建房不具有所有权,但村民对上述自建房有使用权。而村民在宅基地外私自建房,因违反法律的相关规定,私自建造的房屋不受法律保护。

法院认为:财产所有权是指所有人依法对自己的财产享有占有、使用、收益和处分的权利。财产所有权的取得不得违反法律规定。本案中,坐落在昌平区沙河镇南一村安济东街56号院内的北数第一排北房的东数第一间,从北数第二排北房的全部3间及其东边的1间锅炉房和西房最北的1间,虽系薛某生、王某伶在宅基地范围内所建,但均未经过有关部门审批,其性质属于自建房,不具有所有权,

---

① 参见北京市第一中级人民法院(2012)民终字第13157号民事判决书。

薛某生、王某伶享有使用权。从南数第一排(从北数第四排)的3间房屋和煤棚是薛某生、王某伶私自建造,在宅基地范围外,法律不予保护。

第二百三十五条　无权占有不动产或者动产的,权利人可以请求返还原物。

【条文主旨】

本条是关于返还原物请求权的规定。

【条文理解】

物权人的物被他人侵占,物权人有权请求返还原物,使物复归于物权人事实上的支配。《民法通则》第117条第1款规定,侵占国家的、集体的财产或者他人财产的,应当返还财产,不能返还财产的,应当折价赔偿。《民法通则》第134条第1款承担民事责任的方式中也规定了返还财产。对此项权利,外国有许多立法例,如《德国民法典》第985条规定了返还请求权,所有权人可以要求占有人返还其物。《瑞士民法典》第641条规定,物的所有人,在法律规范的限制范围内,对该物得自由处分。其有权请求物的扣留人返还该物并有权排除一切不当影响。我国台湾地区“民法”第767条规定了所有权人之物上请求权:所有人对于原权占有或侵夺其所有物者,得请求返还之。第821条规定了共有人请求权之行使:各共有人对于第三人,得就共有物之全部,为本于所有权之请求。但恢复共有物之请求,仅得为共有人全体之利益为之。

【司法适用】

《物权法司法解释(一)》第8条规定,依照物权法第28条至第30条规定享有物权,但尚未完成动产交付或者不动产登记的物权人,根据物权法第34条至第37条的规定,请求保护其物权的,应予支持。《物权法》第28条至第30条规定的情况就是因法律文书而导致的物权变动、因继承与受遗赠而导致的物权变动、因建造或拆除而导致的物权变动,在上述三种情况下权利人有权请求无权占有人交还占有物权,使得权利人真正对物具有实际支配力,从而获得物所带来的权利意义。对于无权占有不动产或者动产的,权利人可以请求返还原物的方式是由《物权法》第34条至第37条规定的。权利人可以通过诉讼或仲裁的方式确认物权;权利人可以请求法院判令无权占有人排除妨害;对于造成不动产或动产毁损的,权利人可以请求修理、重作或者恢复原状;侵害物权,造成权利人损害的,权利人可以请求损害赔偿,也可以请求承担其他民事责任。

司法实践中比较常见的是,房屋租赁合同纠纷中,租赁合同到期或承租人违反合同约定,出租人请求承租人搬离房屋、返还租赁物。例如,该租赁合同约定争议处理方式为仲裁,权利人或出租人获得支撑其主张的仲裁裁决后,请求无权占有人或承租人搬离,若承租人不搬离则出租人向人民法院申请强制执行;如果双方约定争议处理方式为诉讼,那么出租人获得胜诉生效判决后,请求无权占有人或承租人搬离,若承租人不搬离则承租人向人民法院申请强制执行。

【司法案例】

汪某诚等六人诉甲市博物馆返还祖宅的埋藏文物纠纷案①

诉讼结论:关于涉案古钱币归属问题。私人可以成为文物的所有权人。被上诉人汪某诚等六人能够证明涉案古钱币属其祖父所有,且被上诉人对其祖父的财产依法亦享有继承的权利,故涉案文物为祖传文物,属有主物。

法院认为:关于涉案钱币是否为原告祖辈所遗留。对此,根据现有证据可以认为该批古钱币为原告方祖辈所遗留。其理由为:第一,从位置上判断。该批古钱币系从原告方宅基附近挖出,而原告祖辈即居住在该处,排除了其他人居住在此予以埋藏的可能。第二,从原告拆迁之前的行为来分析。在房屋拆迁之前,原告曾多次向居委会及有关部门反映其宅基内有古钱币。如果之前原告的祖辈没有向其告知地下埋有古钱币,原告不可能会知道宅基内埋有古钱币,而现场出土的古钱币亦印证了原告的说法。第三,该批出土的古钱币,现只有原告方出面主张权利,附近居民或其他人没有出面主张权利。综上,原告方所举证据处于优势且可以形成证据锁链,故法院认定该古钱币系原告祖上所埋。

关于涉案古钱币是否应当予以返还。虽然文物属于限制流通物,但我国法律并不禁止公民个人合法拥有。最高人民法院《民通意见》第93条规定,公民、法人对于挖掘、发现的埋藏物、隐藏物如果能够证明属其所有,而且根据现行的法律、政策又可以归其所有的,应当予以保护。根据《文物保护法》第6条的规定,属于集体所有和私人所有的纪念建筑物、古建筑和祖传文物,其所有权受法律保护。可见法律允许私人拥有文物。本案中所涉的古钱币属原告祖父所埋,属有主文物,原告方依法可以继承并合法占用,故应判决被告博物馆返还涉案古钱币。

---

① 参见江苏省淮安市中级人民法院(2011)淮中民终字第1287号判决书。

某村民委员会诉郑某某等12人返还原物纠纷案[①]

诉讼结论：无权占有不动产或者动产的，权利人可以请求返还原物。

法院认为：本案诉争的位于北京市房山区某村村内小区的房屋属某村整建制搬迁工程中未分配住房，其应属村集体所有，郑某某等12名被告未经法定程序私自占有，实属不当，某村村民委员会要求返还该房屋的诉讼请求，于法有据，应予以支持。

第二百三十六条　妨害物权或者可能妨害物权的，权利人可以请求排除妨害或者消除危险。

【条文主旨】

本条是关于排除妨害、消除危险的物权请求权的规定。

【条文理解】

物权遭受妨害的，物权人有权请求排除妨害。物权的排除妨害与侵权法上的排除妨害不同，物权行使的方式主要是动产或不动产权能的实现途径的自由，非权利人对该权利实现途径不能造成阻碍。比如动产中，某人有一张书桌，旁边另有人使用书柜并将其放在书桌旁边，使得书桌权利人难以使用书桌，此时书桌权利人有权要求书柜使用人将书柜搬离、排除妨害。在不动产领域，相邻方不得设置路障妨碍通行，否则不动产权利人可以要求请求排除妨害。被排除的妨害需要具有不法性，倘若物权人负有容忍义务，则无排除妨害请求权。在相邻关系中，如果一方农地是另一方农地必经之路，那么一方农地承包权人不得不允许另一方农地承包权人的必要通行。

请求消除危险，又称请求防止侵害。侵害虽未发生，但物权面临遭受侵害的危险，存在被侵害的可能。对于这种可能发生的侵害，物权人有权请求相对人为一定行为或不为一定行为，防止侵害，消除既存的危险，以避免侵害的发生。

【司法适用】

人民法院根据物权受妨碍者的请求，依据案件的具体情况，可以在审理案件之前发布停止侵害令，或者在审理过程中发布停止侵害令，也可以在判决中责令行为人停止侵害。人民法院在此类案件中，既可以作行为判决，也可以作金钱替

---

① 该案系2016年8月22日最高人民法院发布的十起弘扬社会主义核心价值观典型案例之一。

代判决。比如侵权人设置路障或在他人门口倾倒垃圾，人民法院作出排除妨害的禁止令，但侵权人无动于衷，考虑到直接下判的效果，法院还可以判令，由受害人自行排除妨害，所花费用或折算成费用由侵权人承担。

【司法案例】

甲公司诉乙公司、丙公司及第三人王某文等物权保护纠纷案①

诉讼结论：不动产权属证书是权利人享有不动产物权的证明，无权占有不动产或者动产的，权利人可以请求返还原物。侵害物权，造成权利人损害的，权利人可以请求损害赔偿，也可以请求承担其他民事责任。人民法院生效判决、裁定，对当事人和人民法院均具有约束力，非经法定程序不得更改。

法院认为：涉案168号地块的土地使用权登记在丁集团名下，甲公司基于丁集团的授权对168号地块的土地享有合法的使用权。作为168号地块的合法使用权人，甲公司以物权保护纠纷为由，对乙公司、丙公司等提起诉讼，符合《民事诉讼法》规定的起诉条件，故甲公司作为原告主体适格。甲公司与乙公司之间的土地租赁合同已经法院生效判决解除，乙公司占有涉案土地再无合法依据。同理，168号地块已由乙公司租赁给丙公司，而丙公司将168号地块部分土地转租给第三人李某等人，甲公司与乙公司之间的土地租赁合同已经法院生效判决解除，丙公司与乙公司之间的土地租赁合同、丙公司与第三人李某等人之间的土地租赁合同亦必然缺乏继续履行的基础和条件，现丙公司、第三人李某等人继续占有、使用租赁土地缺乏法律依据。甲公司作为168地块的合法使用权人行使物权请求权，要求乙公司、丙公司、第三人李某等人共同返还168号地块，理由正当，法院应予支持。

第二百三十七条　造成不动产或者动产毁损的，权利人可以依法请求修理、重作、更换或者恢复原状。

【条文主旨】

本条是关于物权复原请求权的规定。

【条文理解】

本条承接于《物权法》第36条："造成不动产或者动产毁损的，权利人可以请

① 参见北京市第二中级人民法院（2019）京02民终12986号民事判决书。

求修理、重作、更换或者恢复原状”。条文基本没有修改，只是增加了“依法”。这说明立法者认为该条经受住了法律实施的考验，也经受住了司法实践的考验，没有修正的必要。本条与上一法条具有法律内在的逻辑关系，上一条规定的排除妨害物权请求权，是一种预防性权利，一种排除威胁、危险的权利，而本条规定了在权利人的动产权利或不动产权利已经受损时，权利人有权请求修理、重作、更换或者恢复原状。《瑞士民法典》第 707 条规定：(1)为土地的耕作或居住及饮用水供给所必要的泉、井的水被污染或被引走，受害人可请求恢复原状；(2)除上述情形外，非因正当的特殊原因，不得请求恢复原状。我国台湾地区“民法”第 782 条规定，水源地或井之所有人，对于他人因工事杜绝、减少或污秽其水者，得请求损害赔偿。如其水为饮用，或利用土地所必要者，并得请求恢复原状。但不能恢复原状者，不在此限。看来域外相关规定强调了特殊情况恢复原状，更多是将修理与重作作为物权损害恢复请求权的重点。《民法典》对此没有特别指向，能恢复原状则恢复原状，不能恢复原状可请求修理、重作、更换等。

【司法适用】

人民法院受理与本条有关的动产或不动产受损的案件时，有些情况需要注意：其一，权利人因其财产权受损而提起诉讼，一般要以修理、重作、更换或恢复原状中的一个诉请为案由，不可并列提出。其二，人民法院裁判时可以本条作为裁判依据，同时应以“侵权责任编”相关侵权责任承担方式作为裁判依据，两方面相结合来阐述保护权利的理由，以及维护恢复物权的状态。其三，权利人在特殊情况下可以请求修理，修理还存在物权权能实现障碍时可以请求更换的情况，最为典型的是购买的新车被他人损坏，权利人当然可以要求他人予以修理，如果修理后还是常常出现故障，那么权利人可以请求要求更新汽车或原价赔偿。

【司法案例】

李某芝与张某悦恢复原状纠纷上诉案①

诉讼结论：不动产的相邻权利人应当按照有利生产、方便生活、团结互助、公平合理的原则，正确处理相邻关系。在土地所有权和使用权争议解决前，任何一方不得改变土地利用现状。造成不动产或者动产毁损的，权利人可以请求修理、重作、更换或者恢复原状。

法院认为：本案中，张某悦所提交的宅基地使用证标注的边界范围不明确，而李某芝所提交的《售房合同》仅系其与出售人之间就标的物房屋达成的一致，该个

---

① 参见北京市第二中级人民法院(2019)京 02 民终 15025 号民事判决书。

人之间签订的合同并不能作为确定与相邻第三方宅基地边界的根据，即双方均无充分证据证实各自确切的宅基地边界范围。在双方宅基地使用权争议解决之前，双方均负有维持现有土地利用现状的义务，而李某芝在此情况下私自将涉案两堵院墙拆除的行为，显属不合理，故对张某悦要求李某芝将此恢复原状的请求，应予支持。

第二百三十八条　侵害物权，造成权利人损害的，权利人可以依法请求损害赔偿，也可以依法请求承担其他民事责任。

【条文主旨】

本条是关于物权损害赔偿请求权的规定。

【条文理解】

本条源于《物权法》第37条："侵害物权，造成权利人损害的，权利人可以请求损害赔偿，也可以请求承担其他民事责任。"其实《民法典》"物权编"第235条至第238条是一个整体，具有逻辑承接关系。物权保护的方式类型始于返还原物、再是排除妨害、复是恢复原状，最后无法恢复原状的则是赔偿损失，也可以看出《民法典》物权保护方式的多样性和全面性，同时各方式之间具有内在逻辑性，体现了法律内在的规律性，也便于司法实践的操作。

物权受到侵害，给物权人造成损害，物权人有权请求损害赔偿。赔偿损害包括金钱赔偿、代物赔偿。例如，将他人椅子坐坏，赔偿的方式有多种，如修理好椅子，或者赔把新椅子，或者赔些其他东西折抵椅子的钱，简单地说，椅子的所有权人可以自主选择赔偿的方式。

本条中的"也可以依法请求承担其他民事责任"可以有多种方式。对于物权归属问题，物权人可以请求确认物权。侵害物权的，物权人可以请求防止侵害、排除妨害、返还原物、赔偿损失、赔礼道歉。其中请求防止侵害、排除妨害、返还原物、恢复原状有物上请求权之称。物上请求权又称作物的请求权，包括物权请求权和占有请求权。物权请求权指物权受到侵害时，物权人享有恢复其物权圆满支配状态的权利。占有请求权是指占有受到侵害时，物权人以外的其他占有人享有请求恢复其占有状态的权利。物上请求权与金钱赔偿损失的请求权不同，前者旨在恢复对物的支配力，后者旨在赔偿物的损害。物权被侵害的，物权人可以行使一种或数种请求权。赔礼道歉也是承担民事责任的一种方式。物权受到侵犯，物权人有权请求赔礼道歉，赔礼道歉是将道德规范法律化，它不仅可以用于侵犯人身权利的责任承担,也可以用于侵犯财产权利的责任承担。损坏了他人心爱的东西,侵权人赔礼道歉,往往有利于化干戈为玉帛。物权保护请求权中的某些种类可适用于物权人以外的其他占有人的保护。

【司法适用】

根据《物权法司法解释(一)》第 8 条的规定,依照物权法第 28 条至第 30 条规定享有物权,但尚未完成动产交付或者不动产登记的物权人,根据物权法第 34 条至第 37 条的规定,请求保护其物权的,应予支持。人民法院保护物权具有很大灵活性和公信力,有真实合法的物权效力的前因行为,法院予以确认与保护;对于侵害物权的各种类型,物权保护的方式具有多样性,主要还是依靠司法机关的强制执行力,当然也不排除自力救济的渠道,如动产的取回权。

第二百三十九条　本章规定的物权保护方式,可以单独适用,也可以根据权利被侵害的情形合并适用。

【条文主旨】

本条是关于物权保护方式的单用与并用的规定。

【条文理解】

本条源于《物权法》第 38 条第 1 款的规定。《物权法》第 38 条规定:“本章规定的物权保护方式,可以单独适用,也可以根据权利被侵害的情形合并适用。侵害物权,除承担民事责任外,违反行政管理规定的,依法承担行政责任;构成犯罪的,依法追究刑事责任。”《民法典》“物权编”删除了《物权法》第 38 条第 2 款“侵害物权,除承担民事责任外,违反行政管理规定的,依法承担行政责任;构成犯罪的,依法追究刑事责任”的规定,因为各编都存在需要承担行政责任、刑事责任的情况,《民法典》“总则编”第 187 条已经对其作了规定,这里就不必重复规定。

物权受到侵害的,当事人可以通过请求确认权利、返还原物、消除危险、排除妨害、修理、重作、更换、损害赔偿等方式保护自己的权利。上述权利保护方式,可以单独适用,也可以根据权利被侵害的情形合并适用。对于物权人而言,属于物权请求权的聚合。需要注意的是,物权受损仍然是一个主要的请求权基础,一种主要的诉讼请求,只不过该独立诉讼请求行使的方式可以有多种选择,或合并提出。

【司法适用】

本章规定的物权请求权保护方式,可以单独适用,也可以合并适用;可以一次提出,也可以根据损害产生和发现的具体情形多次提出。例如,购车人在4S店购买了一辆全新汽车并且支付了全款,且登记上牌,购车人的所有权权属完整。但购车人没开几天该车就被他人车辆撞坏,交警出具事故认定书认定对方承担全责,协商结果是侵权人承担修理责任。该车回到4S店修理完毕后交回购车人手里,但几天后发生漏油事故,再次交涉无果,购车人可以诉诸法院请求侵权人购置新车或原价赔偿。可以看出,物权人有权请求侵权人修理,如果不修理,可以请求人民法院判令其修理,在诉讼请求中还可以提出如果修理后仍然不能安全正常行驶,由侵权人购置新车或原价赔偿,人民法院应当支持。

【司法案例】

某业主委员会诉甲公司、乙公司物权确认纠纷、财产损害赔偿纠纷案①

诉讼结论:开发商在没有明确取得业主同意的情况下,自行占有使用该房屋,认定开发商构成侵权,应自该房屋应当移交时起承担赔偿责任。

法院认为:开发商与小区业主对开发商在小区内建造的房屋发生权属争议时,如果开发商无充分证据证明该房屋系其所有,且其已将该房屋建设成本分摊到出售给业主的商品房中,则该房屋应当属于小区全体业主所有。开发商在没有明确取得业主同意的情况下,自行占有使用该房屋,不能视为业主默示同意由开发商无偿使用,应认定开发商构成侵权。业主参照自该房屋应当移交时起的使用费向开发商主张赔偿责任的,应予支持。

① 参见江苏省无锡市中级人民法院(2017)苏02民终5565号民事判决书。

第二分编　所有权

第四章　一 般 规 定

本章对所有权基本内容、国家专有、征收、征用等作了基本规定。

所有权为最典型的物权，是财产权利的核心内容。所有权是权利人全面支配标的物，并排除他人干涉的权利。国家专有是指只能为国家所有而不能为任何其他人所拥有，国家专有的财产范围较宽，各项具体的专有财产由各个相关单行法律、行政法规规定。在物权法上，征收是物权变动的一种极为特殊的情形。征收属于政府行使行政权，属于行政关系，不属于民事关系，但由于征收是所有权取得和丧失的一种方式，是对原所有权的限制，同时又是国家取得所有权的一种方式，因此《民法典》"物权编"从这一民事角度对征收作了原则性规定。国家历来重视对耕地的保护，实行最严格的耕地保护制度，严格控制农用地转为建设用地，这是保障我国长远发展、经济平稳、社会安定的必然要求。征用如征收一样也是较为复杂的问题，同时征用是政府行使行政权，不是民事关系，征用的具体问题应当由相关的行政法规定。因此，本章第 245 条仅从民事角度对其作了原则性规定。

物权法是调整财产关系的基本法，在规定所有权制度时，必然要反映社会经济状况的现实，反映国家、集体所有制和私人所有权的现实。着力保护私人所有权，维护私人财产的不可侵犯性，是保护改革开放的胜利果实、保护公民基本人权的需要。《民法典》"物权编"根据《宪法》相关规定，在确认了我国以公有制为主体、多种经济形式并存的基本经济制度之后，特别强调要保护私人所有权，完善对私人所有权进行保护的各项法律制度。本章强调对私有财产的合法保护，明确规定了对私人所有权的保护规则，为人民群众行使自己的财产权利、创造财富、建设家园、共同发展提供了行为准则，有力地保障了广大人民群众安居乐业和社会的和谐稳定。

第二百四十条　所有权人对自己的不动产或者动产，依法享有占有、使用、收益和处分的权利。

【条文主旨】

本条是关于所有权基本内容的规定。

【条文理解】

所有权是物权的核心内容。如果说物权是指权利人直接支配标的物，并排除他人干涉的权利，那么所有权就是权利人全面支配标的物，并排除他人干涉的权利。所谓“全面支配”，即表现为对标的物的占有、使用、收益和处分。其不仅包括对标的物使用价值的支配，还包括对标的物交换价值的支配。相对于仅对标的物使用价值进行支配的用益物权和仅对标的物交换价值进行支配的担保物权而言，所有权对标的物的支配具有全面性。因此，所有权又被称为完全物权，而用益物权和担保物权则为定限物权，属于“一面的支配权”。所有权的内容可以分为积极权能和消极权能两个方面：

一是所有权的积极权能，即权利人对标的物所享有的占有、使用、收益和处分权能。占有权能，是指权利人对标的物为事实上管领的权能，它是权利人对标的物进行现实支配的前提和基础。使用权能，是指权利人依标的物的性质或用途，对其加以利用，以满足生活需要的权能，其是权利人对标的物为事实上的支配，本质上是对标的物使用权能的利用。收益权能，是指收取标的物天然孳息和法定孳息的权能，如收取树木结出的果实、收取出租物产生的租金等。处分权能，是指对标的物进行处置，从而决定标的物命运的权能。处分权能为所有权的核心内容，包括事实上的处分和法律上的处分。事实上的处分，指对标的物进行物理上处置的事实行为，如消费某种产品、拆除房屋等；法律上的处分，是指使标的物的所有权发生变动的法律行为，如通过买卖合同移转标的物所有权、通过抵押合同设定抵押权等。

二是所有权的消极权能，法律虽然没有明确规定所有权的消极权能，但依民法通说，应解释为有此消极权能。所有权的消极权能，是指所有权人有权排除他人对其所有物违背其意志的干涉。其权利表现，就是物权请求权。由于这种权能并不是所有权人对物可以施加的积极行为，在没有他人干涉时，此种权能无须体现出来，故其被称为消极权能。例如，国家、集体、私人的物权和其他权利人的物权受法律平等保护，任何组织或者个人不得侵犯，这种不得侵犯的义务，就是所有权的消极权能。所有权人对其所有物进行占有、使用、收益及处分时，如遇到他人的非法干涉与妨害，所有权人可以根据具体情况，请求排除妨害、返还原物、恢复原状。所有权人行使此项权能时，必须受法律、习惯及社会道德的限制，对于法律、习惯和社会公德认为正当的干涉不得予以排除。

所有权是物权制度的基本形态，是其他各种物权的基础，所有权以外的物权都是由所有权派生出来的。因此，所有权是其他物权的源泉。它除具备物权的共性外，还具有以下特征：(1)完全性。所有权是典型的支配权，所有权人对所有物的支配，不仅包括对物的占有、使用、收益，还包括对物最终予以处分。因此可以看出，所有权是所有权人对其所有物进行一般、全面支配的最完全、最充分的物权。所有权的完全性，使其成为他物权的基础，他物权仅是就占有、使用、收益某一特定方面对物直接支配的权利，它们只以所有权的部分权能为其基本内容。(2)弹力性。所有权的内容可以自由伸缩，因为所有权人可以在某所有物上为他人设定他物权，可以将占有、使用、收益等权能单独或者一并转移给他人行使，由此发生了所有权部分权能与所有权分离的情况。但只要没有发生使所有权消灭的法律事实(如转让、赠与、所有物灭失)，所有权人仍然保持着对所有物的支配权，所有权并不消灭。一旦在所有物上设定的其他权利消失，分离出来的各项权能复归所有权，所有权仍然恢复全面支配的圆满状态。所有权的这种独特的弹力性，对于所有权人充分发挥财产的社会效益有非常重要的作用。(3)永久存续性。所有权不能预定其存续期间，也不因时效而消灭。除发生标的物灭失、转让、抛弃等法律事实外，所有权是无期限地存在的。而他物权以及知识产权都具有一定的存续期间，期限届满，这些权利即失去其效力。

【司法适用】

物权是权利人依法对特定的物享有直接支配和排他的权利，包括所有权、用益物权和担保物权。所有权作为完全物权、永久性物权，占有、使用、收益、处分这四项权能一起构成所有权的积极权能。这四项权能中的每一项都有相对独立性，因此又具有可分性。当这四项权能中的某一项或某几项权能暂时脱离财产所有权人时，财产所有权人并不丧失对该项财产的所有权。如在财产的保管、租赁等关系中，这四项权能的分离与恢复，是民事活动的客观需要，也是财产所有权人行使所有权的具体表现。所有权不单使所有权人对其财产享有所有权，重要的是通过这四项权能的行使来发挥其财产的经济效益。从某种意义上来说，这四项权能的分离与恢复，正是所有权人行使所有权，发挥物的效益，以满足自己生产、生活需要或实现财产利益的体现。

在司法实践中要注意，所有权之占有权能与占有、占有权是不同的概念。占有是人对物的实际掌握和控制，除占有制度另有规定外，在一般情况下，占有之事实并不是产生占有权能的根据，相反，有无占有权能是区分合法占有与非法占有的标志。另外，所有权之占有权能与占有制度中的占有也不能混淆，占有制度中的占有是一项独立的物权法律制度，其内涵要比所有权之占有权能丰富得多。所有权之使用权能与使用是两个概念，使用和使用权能都着眼于从物的性能和用途出发对物加以利用，但使用权能源于所有权，而使用仅仅是一种事实。

【司法案例】

甲公司与韦某华租赁合同纠纷案[①]

诉讼结论：房地产的代持人，无权要求实际所有人迁出所涉房屋、土地。

法院认为：韦某华在人民法院执行过程中通过竞拍的方式取得案涉房屋所有权及土地使用权后，以所有人的身份主张对案涉房屋和土地享有法律规定的占有、收益等权益。但经法院再审认定，韦某华系受甲公司委托参与竞拍及代持资产，即韦某华仅系案涉房屋与土地的持有人，甲公司才是实际所有人，现韦某华作为案涉房地产的代持人，要求实际所有人甲公司迁出所涉房屋、土地，并支付占用费，其主张缺乏事实及法律依据。

第二百四十一条　所有权人有权在自己的不动产或者动产上设立用益物权和担保物权。用益物权人、担保物权人行使权利，不得损害所有权人的权益。

【条文主旨】

本条是关于所有权人设立他物权的规定。

【条文理解】

他物权是指基于所有权而发生的物权，其与作为自物权的所有权相对应，二者共同构成整个物权体系。一般认为，他物权具有如下特征：

第一，他物权是在他人所有之物上设定的物权，这是他物权与自物权最本质的区别。原则上，所有人不能在自己的物上为自己设定他物权，除非发生了他物权与所有权的混同而消灭他物权将不利于所有人，此时所有人才对自己的物享有他物权。

第二，他物权是派生于所有权的物权。他物权是所有权权能与所有权相分离

---

① 参见江苏省高级人民法院（2019）苏民再199号民事判决书。

的产物,只有先存在所有权,才能派生出他物权,因而可以将所有权称为母权,而将他物权称为子权。他物权发生的途径有两种:一是依照法律规定,如留置权等他物权;二是由合同约定,如抵押权、典权等他物权。

第三,他物权是所有权之外仅在某一方面对标的物进行支配的物权,因此,又称为定限物权。而所有权是对标的物进行全面支配的物权,因此,又称为完全物权。以定限物权所支配的内容为标准,可将定限物权区分为用益物权和担保物权。所谓用益物权,是指当事人依照法律规定,对他人所有的不动产或者动产,享有占有、使用和收益的权利,它是以支配标的物使用价值为内容的物权,如土地承包经营权、建设用地使用权、宅基地使用权、地役权等。所谓担保物权,是指债权人对债务人或者第三人提供的担保财产或者债权人合法占有的财产,当债务人不履行债务时,享有优先受偿的权利,它是以支配标的物交换价值为内容的物权,如抵押权、质权和留置权等。

所有权为完全物权,除通过法律规定予以限制外,本无其他限制,权利人可自由行使占有、使用、收益和处分的权能,但所有权人既然享有处分标的物的权能,自然有权设定物上负担,以限制自己权利的行使。所谓物上负担,既可以表现为他人设定债权,如租赁权;也可表现为他人设定物权,即用益物权和担保物权。一旦所有权人设定用益物权和担保物权,其所有权的行使就须受到限制,所有权人负有容忍他人行使他物权就标的物进行支配的义务。因此,《民法典》第 321 条规定,天然孳息,由所有权人取得;既有所有权人又有用益物权人的,由用益物权人取得。当事人另有约定的,按照其约定。法定孳息,当事人有约定的,按照约定取得;没有约定或者约定不明确的,按照交易习惯取得。

虽然他物权可以优先于所有权行使,但是他物权人行使他物权亦不得损害所有权人的利益。其含义有三:其一,根据物权法定原则,他物权人只能在法律规定的范围内行使物权,不得超越权利范围支配标的物损害所有权人的利益,如担保物权人不得就标的物进行使用和收益。其二,他物权人应当按照标的物的性质和用途合理利用标的物,不得违反法律规定或者当事人的约定擅自改变标的物的用途、损害所有权人的权益。其三,用益物权在期限届满或者担保物权在债权实现后,他物权人应当将标的物返还所有权人,以恢复所有权人对标的物的全面支配状态(此所谓所有权的弹力性或者归一性),不得设定无期限的用益物权或者以其他方式损害所有权人的权益。

【司法适用】

就所有权和他物权的关系而言,实践中常常发生两个方面的问题:其一,所有权人设定他物权后,无故撕毁合同,强行收回标的物,损害他物权人的利益。如农村集体经济组织与村民订立农村“四荒”土地承包经营合同后，于承包期限届满前无故撕毁合同，收回集体所有的土地。其二，他物权人违反法律规定或者当事人的约定行使权利，或者不按照标的物的用途或性质利用标的物，损害所有权人的权益。

对于第一个问题，由于当事人设立他物权的目的就在于限制所有权人权利的行使，因此，在已经设立他物权的情况下，他物权人的权利应优先于所有权人的权利受到法律保护。所有权人无故撕毁合同收回标的物的行为不仅仅是一个违约行为，而且是一个侵权行为，他物权人因所有权人滥用所有权所造成的损失自然可以请求所有权人进行赔偿。此时，根据法律规定，他物权人可以选择侵权之诉或违约之诉作为请求权的基础。不仅如此，《民法典》“物权编”还采取专门制度对物权进行保护，即物权请求权制度。此制度不仅适用于对所有权的保护，也应适用于对他物权的保护，即他物权人在行使他物权受到他人（包括所有权人）干涉时，有排除他人干涉的请求权。具体而言，当他物权人对标的物的支配受到妨害时，为恢复权利人对标的物的支配圆满状态，法律赋予其返还标的物请求权、妨害排除请求权以及危险消除请求权。此外，在标的物由他物权人占有的情况下，他物权人还受到占有制度的保护。因此，人民法院在处理他物权人与所有权人权利冲突问题时，应充分考虑他物权的特征和性质，优先对他物权人进行保护，除非当事人之间订立他物权的合同因法定事由而无效、被撤销或者被解除，否则所有权人不能无故撕毁合同，强行行使所有权，损害他物权人的利益。

对于第二个问题，由于他物权的设定都是基于一定的目的或者需要，因此他物权人只有在此目的范围内行使他物权，才能受到法律的保护。例如，《土地管理法》第 57 条第 2 款规定：“临时使用土地的使用者应当按照临时使用土地合同约定的用途使用土地，并不得修建永久性建筑物。”尤其应该看到，他物权系在他人之物上设立的权利，所有权系他物权之母权，因此，他物权人在行使他物权时，必须尊重所有权人的权益，此为自明之理。因此，他物权人的行为可能导致财产毁损、灭失时，所有权人可以进行财产保全等行为。例如，《民法典》第 432 条中规定，质权人的行为可能使质押财产毁损、灭失的，出质人可以请求质权人将质押财产提存，或者请求提前清偿债务并返还质押财产。在他物权人的行为导致所有权人的合法权益受到损害时，所有权人有权请求他物权人承担赔偿责任。如质权人在质权存续期间，未经出质人同意，擅自使用、处分质押财产，造成出质人损害的，应当承担赔偿责任；未经出质人同意转质，造成质押财产毁损、灭失的，应当承担赔偿责任。

【司法案例】

上诉人甲公司与被上诉人李某存合同纠纷案[①]

诉讼结论：根据法律规定，为行使其所有权，所有权人可以依据法律或合同在其拥有的财产上设立用益物权和担保物权。同时，用益物权人和担保物权人在行使权利时，必须依据法律或合同进行，不得损害所有权人的权益。

法院认为：本案中，原告出资购买了出租车的所有权和在经营期限内的经营权使用权，出租车只是挂靠在被告处进行运营。此外，被告仅是代原审原告办理出租车行驶证、营运证、服务资格证、工商证、税务证等。因此，原合同约定的不得转让、抵押出租车等条款内容侵犯了原告作为出租车车辆的所有权人、经营权的合法使用权人的权利。

第二百四十二条　法律规定专属于国家所有的不动产和动产，任何组织或者个人不能取得所有权。

【条文主旨】

本条是关于国家专属所有权的规定。

【条文理解】

本条源于《物权法》第41条，内容未变，文字上将“单位”改成“组织”，将“组织”之后的“和”修改为“或者”。“单位”一词不是法律概念，将“单位”改成“组织”，是为了在形式上与其他民事法律保持一致。

我国实行以公有制为主体、多种所有制经济共同发展的基本经济制度，其中公有制的实现方式是全民所有（国家所有）和劳动群众集体所有。所谓“专属于国家”，是指只能归属于国家而不能为其他任何主体所有。国家专属财产不能通过交换或者赠与等任何手段进行流通。

根据《宪法》的规定，“矿藏、水流、森林、山岭、草原、荒地、滩涂等自然资源，都属于国家所有，即全民所有；由法律规定属于集体所有的森林和山岭、草原、荒地、滩涂除外”；“城市的土地属于国家所有。农村和城市郊区的土地，除由法律规定属于国家所有的以外，属于集体所有；宅基地和自留地、自留山，也属于集体所有。……任何组织或者个人不得侵占、买卖或者以其他形式非法转让土地”；“社

① 参见河南省郑州市中级人民法院（2013）郑民三终字第928号民事判决书。

会主义的公共财产神圣不可侵犯。国家保护社会主义的公共财产。禁止任何组织或者个人用任何手段侵占或者破坏国家的和集体的财产”。据此,《土地管理法》《森林法》《草原法》等对主要自然资源的权属进行了明确的规定。在此基础上,《民法典》“物权编”进一步对专属于国家所有的财产进行了明确的规定。根据本条,凡法律规定专属国家所有的财产,任何组织或者个人不能取得所有权。

在《宪法》及相关法律已经明确自然资源的权属关系后,《民法典》“物权编”之所以进一步规定专属国家所有的财产内容,并规定专属国家所有的财产任何组织或者个人不得取得所有权,除通过私法宣示我国的基本经济制度,并为国有财产参与到民事交易中创造条件外,其主要目的在于对国家所有权进行更加全面的保护,防止出现土地等自然资源和其他资源私有化的问题。

【司法适用】

在我国,土地等自然资源、野生动物资源、无线电频谱资源以及文物等财产的所有权只能归国家,任何组织或者个人不能取得所有权。另外,既然不允许组织或者个人取得所有权,就更不允许所有权的转让。因此,就民法上看,土地等在我国属于禁止流通物,当事人就土地所有权订立的转让合同,必然无效。然而,任何组织或者个人不能对专属国家所有的财产取得所有权,并不意味着组织和个人不能利用这些财产,更不意味着这些财产不能参与到民事交易中来。国家通过设定用益物权或者准物权的途径使组织或者个人取得国有财产的使用权,而这些基于所有权而发生的使用权可以依据法律的规定进行交易。例如,根据《宪法》和《土地管理法》的规定,土地的使用权可以依照法律的规定转让。因此在不影响所有权归属的前提下,专属于国家所有的财产可以为组织或者个人所利用,由此发生的用益物权或者准物权也可以进行交易,这是我国《民法典》“物权编”最重要的特色。

第二百四十三条　为了公共利益的需要,依照法律规定的权限和程序可以征收集体所有的土地和组织、个人的房屋以及其他不动产。

征收集体所有的土地,应当依法及时足额支付土地补偿费、安置补助费以及农村村民住宅、其他地上附着物和青苗等的补偿费用,并安排被征地农民的社会保障费用,保障被征地农民的生活,维护被征地农民的合法权益。

征收组织、个人的房屋以及其他不动产,应当依法给予征收补偿,维护被征收人的合法权益;征收个人住宅的,还应当保障被征收人的居住条件。

任何组织或者个人不得贪污、挪用、私分、截留、拖欠征收补偿费等费用。

【条文主旨】

本条是关于不动产征收的规定。

【条文理解】

与《物权法》第 42 条相比，本条新增了关于补偿范围和补偿款支付要求的内容。第一，新增了“及时”支付补偿款的要求，增强对集体经济组织权益的保护力度。第二，新增了“农村村民住宅”，将其纳入征收集体所有土地需要进行的补偿范围内，同时改变了第 2 款语句结构。其余为文字性变化，不影响法条含义，具体变化表现在将“单位”改成“组织”，将“拆迁”改为“征收”，“和”改为“或者”，将“及”改为“以及”，增加“其他”“并”等。

征收是政府为了公共利益的需要，依照法律规定的权限和程序将集体所有或者个人所有的财产变为国家所有，再加以利用的行为。《民法典》“物权编”将征收的对象限于不动产，主要是考虑到动产一般都有很多替代物品，政府无须通过征收的方式取得。由于我国实行土地的社会主义公有制，即土地归国家所有或者集体所有，因此，征收的对象限于集体的土地，以及组织或者个人的房屋或其他不动产。

为使政府顺利完成其社会公共管理的职能，各国法律均赋予政府征收私有财产的权力，但由于政府征收会导致私有财产权的消灭，本质上是一种“国有化”的措施，为防止政府滥用征收措施损害个人的利益，各国法律都对政府的征收行为进行严格控制。控制的途径主要包括以下几个方面：(1)政府征收必须是基于“公共利益”的需要；(2)政府征收必须依照法律规定的权限进行；(3)政府征收必须依照法律规定的程序进行；(4)政府征收必须给予被征收人以合理补偿。

为规范政府对集体土地、组织或者个人房屋或其他不动产的征收行为，《宪法》第 13 条第 3 款明确规定，“国家为了公共利益的需要，可以依照法律规定对公民的私有财产实行征收或者征用并给予补偿”；《土地管理法》则进一步就土地征收的权限、程序以及补偿进行了规定。即便如此，实践中还是存在很多问题，具体来说，主要包括以下几个方面：其一，“公共利益”界定不清，征收的范围过大，甚至出现为商业目的通过政府进行征收的情形。其二，征收补偿标准不合理，被征地农民的社会保障成为问题。其三，房屋被拆迁后，没有解决居民的居住问题，导致被征收人居无定所，或者居住条件非常恶劣。其四，补偿款不能落实到位，不仅存在征收单位拖欠征收款的情况，而且部分补偿款被个别地方政府或者单位、个人截留，甚至被贪污、挪用、私分。为解决实践中存在的上述问题，法律必须进一步完善征收制度。就本条规定而言，争议最大、最难以解决的有以下几个问题：

首先，“物权编”是否有必要对公共利益作出明确界定或概括性规定。一种意见认为,为防止商业开发以公共利益的名义进行征收,损害广大群众的利益,法律应当对公共利益作出具体界定或概括性规定。另一种意见是专家学者的主流意见,认为由于公共利益的多样性和复杂性,难以对公共利益作出概括性规定。大陆法系和英美法系的主要国家的立法都没有对公共利益作出概括性规定,极少数国家对公共利益作出的规定也很不科学。由此可见,既然世界大多数国家特别是大陆法系多数国家没有对公共利益作出概括性规定,就说明没有必要对公共利益作出概括性规定,而且从立法技术上讲,也很难对公共利益作出概括性规定。立法机关经反复研究认为,在不同领域内,在不同情况下,公共利益是不同的,情况相当复杂,"物权编"难以对公共利益作出统一的具体界定。考虑到民法的私法性质,"物权编"的重点是对征收以及由此发生的拆迁中的补偿问题进行规范,对公共利益的具体界定还是由其他相关法律规定较为切合实际,如 2019 年修正的《土地管理法》。根据《土地管理法》第 45 条的规定,下列情形,可以认定为公共利益:(1)军事和外交需要用地的;(2)由政府组织实施的能源、交通、水利、通信、邮政等基础设施建设需要用地的;(3)由政府组织实施的科技、教育、文化、卫生、体育、生态环境和资源保护、防灾减灾、文物保护、社区综合服务、社会福利、市政公用、优抚安置、英烈保护等公共事业需要用地的;(4)由政府组织实施的扶贫搬迁、保障性安居工程建设需要用地的;(5)在土地利用总体规划确定的城镇建设用地范围内,经省级以上人民政府批准由县级以上地方人民政府组织实施的成片开发建设需要用地的;(6)法律规定的其他情形。这里的建设活动,应当符合国民经济和社会发展规划、土地利用总体规划、城乡规划和专项规划;第 4 项、第 5 项规定的建设活动,还应当纳入国民经济和社会发展年度计划;第 5 项规定的成片开发并应当符合国务院自然资源主管部门规定的标准。有上列情形之一,确需征收农民集体所有的土地的,可以依法定程序和法定权限实施征收。

其次,关于集体土地征收补偿的问题。我国《宪法》虽然没有规定征收补偿的标准,但《土地管理法》就征收集体土地的补偿标准进行了明确的规定。考虑到实践中存在的问题,"物权编"一方面重申征收集体土地的补偿内容,具体包括土地补偿费、安置补助费以及农村村民住宅、其他地上附着物和青苗等的补偿费用;另一方面从实质上规定,"应当依法及时足额支付",并要求征收单位必须"安排被征地农民的社会保障费用,保障被征地农民的生活,维护被征地农民的合法权益"。

再次,关于房屋的征收补偿问题。我国《宪法》虽然规定征收个人私有财产应当进行补偿,但我国现行法律并没有就组织或者个人房屋的征收问题进行具体规定。为解决实践中存在的征收补偿不到位,被征收居民的居住条件不能得到有效保障的问题,"物权编"就房屋征收补偿问题规定如下:"征收组织、个人的房屋以及其他不动产,应当依法给予征收补偿,维护被征收人的合法权益;征收个人住宅的,还应当保障被征收人的居住条件。”

最后,关于征收补偿款的落实问题。尽管《土地管理法》第49条规定,“被征地的农村集体经济组织应当将征收土地的补偿费用的收支状况向本集体经济组织的成员公布,接受监督。禁止侵占、挪用被征收土地单位的征地补偿费用和其他有关费用”,但考虑到实践中存在的问题,“物权编”重申“任何组织或者个人不得贪污、挪用、私分、截留、拖欠征收补偿费等费用”。

【司法适用】

法律对物权的保护可以区分为公法的保护和私法的保护,其中公法的保护包括通过宪法的保护、通过刑法的保护及通过行政法或经济法的保护。私有财产不可侵犯是现代法治国家的基本要求,也是实行市场经济的前提和基础。征收是政府对私有财产的剥夺,必须受到严格控制,为此多数国家专门制定征收法律对政府征收行为进行规范,此征收方面的法律为行政法或者经济法的内容,体现了公法对物权的保护,被征收人对政府的征收决定不服的,可以提起行政诉讼。由于我国正处于社会转型时期,一些政府的征收行为不规范,存在损害被征收人利益的行为,加上没有制定专门的征收法律,因此,在“物权编”中专门规定征收问题是可以理解的。但值得注意的是,被征收人不服政府的征收决定,应当提起行政复议或者行政诉讼,不能通过民事诉讼对政府的具体行政行为进行审查。

尤其值得注意的是,征收是一个非常重要的问题,各国法律对征收都有较为详细的规定,我国也不例外。我国虽然没有专门的征收法律,但《土地管理法》已经就土地征收问题进行了规定,经过2019年的修正又进一步严格限制征收范围,并调整提高了补偿标准,即按照区片综合地价补偿,国务院也就城市房屋拆迁问题颁布了相应的行政法规。相对而言,“物权编”的规定较为简单,因此,人民法院在适用“物权编”时,应当结合相应的法律、行政法规一起适用。

从现实生活情况看,征收中出现的部分损害群众利益行为的根源在于征收补偿的标准不同。因基于公共利益征收的补偿标准较低,商业征收的补偿标准较高,导致部分商业征收假借公共利益的幌子,谋求高额商业利润,损害群众利益。为防止滥用公共利益名义进行征收、损害广大群众利益,人民法院在审理涉及公共利益征收的案件时,要综合各种因素、严格审查判断征收是否基于公共利益的目的。

【司法案例】

金某植与甲村五组承包地征收补偿费用分配纠纷案①

诉讼结论：由甲村五组向其支付5800平方米×450元/平方米=261万元的安置补助费，符合法律规定，法院予以支持。

法院认为：根据法律及相关法规，土地征收补偿费用包含三部分：土地补偿费、安置补助费以及地上附着物和青苗的补偿费。其中，土地补偿费可由农村集体经济组织或者村民委员会、村民小组依法定程序决定在本集体经济组织内部平均分配；安置补助费以及地上附着物和青苗的补偿费则由家庭承包方直接请求发包方给付。本案中，延吉市人民政府《征地补偿安置意见表》证明，甲村需征地安置补偿的土地类型有菜地、大棚、温室，三种土地分别计量，但安置补助费、土地补偿费标准是一致的。可见，金某植的土地即使是没有大棚、温室的菜地，也应按同一标准予以补偿。甲村五组认可金某植只领过全体村民平均分配的土地补偿费，没有得到安置补助费。金某植是依法有承包地的土地承包经营户，其出具书面材料同意放弃甲村五组的统一安置，除参与全体村民平均分配的土地补偿费分配外，要求按照征收补偿分配方案由甲村五组向其支付5800平方米×450元/平方米=261万元的安置补助费，符合法律规定，应予支持。

第二百四十四条　国家对耕地实行特殊保护，严格限制农用地转为建设用地，控制建设用地总量。不得违反法律规定的权限和程序征收集体所有的土地。

【条文主旨】

本条是关于耕地保护的规定。

【条文理解】

我国地少人多，耕地是宝贵的资源，且后备资源贫乏。如何保护并合理利用我国宝贵的耕地资源，关系中华民族的生存，历来受到国家的重视。实行最严格的耕地保护制度，严格控制农用地转为建设用地，这是保障我国长远发展、经济平稳、社会安定的必然要求。为了切实加强土地调控，制止违法违规用地行为，针对现实生活中滥用征收权力、违法征地的行为，本条作了原则规定。

---

① 参见吉林省高级人民法院（2018）吉民再27号民事判决书。

保护耕地是我国的基本政策,《土地管理法》规定,“十分珍惜、合理利用土地和切实保护耕地是我国的基本国策。各级人民政府应当采取措施,全面规划,严格管理,保护、开发土地资源,制止非法占用土地的行为”,“国家实行土地用途管制制度。国家编制土地利用总体规划,规定土地用途,将土地分为农用地、建设用地和未利用地。严格限制农用地转为建设用地,控制建设用地总量,对耕地实行特殊保护”。为此,《土地管理法》第四章专门规定“耕地保护”制度,其主要内容包括:(1)国家实行占用耕地补偿制度。非农业建设批准占用耕地的,按照“占多少、垦多少”的原则,由占用耕地的单位负责开垦与所占用耕地的数量和质量相当的耕地;没有条件开垦或者开垦的耕地不符合要求的,应当按照省、自治区、直辖市的规定缴纳开垦费,专款用于开垦新的耕地。(2)国家实行耕地总量控制。省、自治区、直辖市人民政府应当严格执行土地利用总体规划和土地利用年度规划,采取措施,确保本行政区域内耕地总量不减少;耕地总量减少的,由国务院责令在规定期限内组织开垦与所减少耕地的数量与质量相当的耕地,并由国务院土地行政主管部门会同农业行政主管部门验收。(3)国家实行基本农田保护制度。各省、自治区、直辖市划定的基本农田应当占本行政区域内耕地的80%以上。基本农田保护区以乡(镇)为单位进行划区定界,由县级人民政府土地行政主管部门会同同级农业行政主管部门组织实施。(4)禁止任何单位和个人闲置、荒芜耕地。对于已经办理审批手续的非农业建设占用耕地的,规定了严格的限制措施,如恢复耕地、缴纳闲置费直至收回。国家对耕地进行保护不仅有上述《土地管理法》的规定,我国《刑法》第342条还规定了非法占用农用地罪。

政府征收集体土地必须严格按照法定权限和程序进行。就征收权限而言,根据《土地管理法》第46条的规定,征收下列土地,应当由国务院批准:(1)永久基本农田;(2)永久基本农田以外的耕地超过35公顷的;(3)其他土地超过70公顷的。征收上述土地以外的土地的,应当由省、自治区、直辖市人民政府批准。征收农用地,还应按照法律规定先行办理农用地转用审批。就征收程序而言,根据《土地管理法》第47条的规定,国家征收土地的,依照法定程序批准后,由县级以上地方人民政府予以公告并组织实施。拟征收土地的所有权人、使用权人应当在公告规定期限内,持不动产权属证明材料办理补偿登记。

【司法适用】

根据上述条文以及《土地管理法》第63条的规定,国家对耕地实行特殊保护,严格限制农用地转为建设用地,控制建设用地总量;不得违反法律规定的权限和程序征收集体所有的土地;除符合土地利用总体规划并依法取得建设用地的企业,因破产、兼并等情形致使土地使用权依法发生转移外,农民集体所有的土地的使用权不得出让、转让或者出租用于非农业建设。无论是从上述法律条款的行文、规制对象还是从其立法目的进行分析，均可得出上述《土地管理法》第63条的规定应属效力性的强制性规定而非管理性的强制性规定，即只要当事人的行为违反上述法律的强制性规定，即应对其行为作否定性评价，其签订的相关合同即属于无效合同。

【司法案例】

王某正与甲村村民委员会林业承包合同纠纷案[①]

诉讼结论：甲村村民委员会向王某正支付各项补偿款25,550元。

法院认为：本案中甲村村民委员会与王某正均认可涉案3.111亩土地中有2亩是王某正承包经营的耕地，且该地块在2017年土地确权登记中仍为耕地，故依法认定乙公司与甲村村民委员会签订的《甲村永久性占用林地补偿协议》中，该公司井场及进井道路永久性占用林地0.2074公顷（3.111亩）中有2亩为耕地。《物权法》第43条规定："国家对耕地实行特殊保护，严格限制农用地转为建设用地，控制建设用地总量。不得违反法律规定的权限和程序征收集体所有的土地。"《土地管理法》第44条规定："建设占用土地，涉及农用地转为建设用地的，应当办理农用地专用审批。"因此，耕地如转化为乙公司井场及进井道路建设用地，须办理农用地专用审批手续，而不能以永久性占用林地这一形式转化为建设用地。因此，乙公司与甲村村民委员会签订的"永久性占用林地补偿协议"中涉及2亩耕地的部分因违反法律法规强制性规定而无效。

第二百四十五条　因抢险救灾、疫情防控等紧急需要，依照法律规定的权限和程序可以征用组织、个人的不动产或者动产。被征用的不动产或者动产使用后，应当返还被征用人。组织、个人的不动产或者动产被征用或者征用后毁损、灭失的，应当给予补偿。

【条文主旨】

本条是关于征用的规定。

【条文理解】

本条源于《物权法》第44条，文字上将"单位"改为"组织"，以与其他编章条

① 参见山西省晋城市中级人民法院（2017）晋05民终891号民事判决书。

文一致,受新冠肺炎疫情影响,条文在征用的适用情形中,增加了疫情防控。

征用是指政府因抢险救灾、疫情防控等紧急需要,依照法律规定的权限和程序不经权利人同意暂时使用组织或个人财产的行为。虽然征收和征用都是政府通过法定权限和程序对组织和个人财产所有权的一种限制,但二者还是存在很大的差异,主要表现在以下几个方面:

第一,适用情况不同。征收是基于公共利益的需要,所谓"公共利益",是指公共道路交通、公共卫生、灾害防治、科学及文化教育事业、环境保护、文物古迹及风景名胜区的保护、公共水源及引水排水用地区域的保护、森林保护事业,以及国家法律规定的其他公共利益。征用则是基于抢险救灾、疫情防控等紧急需要。

第二,法律效果不同。征收的结果是国家取得财产的所有权。根据《民法典》规定,所有权自人民政府的征收决定生效时发生转移。征用的目的是取得使用权,而非所有权,发生移转的是所有权中的占有权。因此,在紧急情况消失后,政府应当将财产返还组织或者个人,并补偿被征用人所受到的损失,不能返还原物的,应当补偿。

第三,适用对象不同。征收的对象仅限于不动产,动产不适用征收是因为动产一般有很多替代物。征用的对象不仅包括不动产,也包括动产。

第四,补偿标准不同。征收应按照标的物的价值进行合理补偿。征用补偿则主要考虑到被征用人所受到的损失,只有在标的物灭失或者毁损时,才基于标的物的价值进行合理补偿。

征用如征收一样也是较为复杂的问题。同时,征用是政府行使行政权,不属于民事关系,征用的具体问题应由相关的行政法规定。因此,本条对征用从民事角度作了原则规定。

【司法适用】

虽然征用不同于征收,它不以取得所有权为目的,对权利人的影响不如征收那么严重,但由于征用也是对组织或者个人所有权的一种限制,因此,为防止政府滥用征用的权力损害所有权人的利益,现代各国立法对政府的征用行为进行了严格控制。各国立法对征用的控制主要表现在:(1)必须基于"抢险、救灾等紧急需要";(2)必须严格按照法定权限进行;(3)必须严格按照法定程序进行;(4)对被征用人给予合理的补偿。我国法律虽然规定政府有征用的权力,但未严格区分征收和征用。例如,《宪法》第13条第3款规定:"国家为了公共利益的需要,可以依照法律规定对公民的私有财产实行征收或者征用并给予补偿。"《土地管理法》第2条第4款规定:"国家为了公共利益的需要,可以依法对土地实行征收或者征用并给予补偿。""物权编"区分征收和征用,并分别立法,具有合理性。但也应该看到，与征收一样，征用是政府代表国家实施的一种具体行政行为，因此，应通过专门法律对政府的征用行为进行规范，以切实维护组织或者个人的利益。当事人不服政府的征用决定，或者对补偿的标准有异议，可以通过提起行政复议或者行政诉讼加以解决。

在公共卫生、疫情防控等紧急状态下，在因国家征用集体所有和组织、个人的房屋以及其他不动产而发生的补偿纠纷中，对于本条未尽事宜，本章关于征收的规定具有参照适用意义。

【司法案例】

邢某祯、刘某妹与甲村村民委员会土地使用权租赁合同纠纷案①

诉讼结论：给予邢某祯、刘某妹被征用土地临时租地补偿。

法院认为：在本案中，邢某祯因家庭经营的需要与甲村村委会签订《承包荒山合同书》及《补充协议书》，邢某祯、刘某妹夫妻二人取得了包括被征用的35.64亩土地在内的甲村村委会坝头岭50亩土地的承包经营权，根据《农村土地承包法》第16条第2项的规定，邢某祯、刘某妹有权因其承包地被依法征用、占用而获得相应的补偿。对于涉案土地被政府征用的事实，双方当事人均无异议，政府相关文件也明确了征用期限为两年半，涉案土地承包经营权并未发生流转，原判决认定政府征用邢某祯、刘某妹承包地系单方转租土地行为，属适用法律错误。对三亚市财政局〔2013〕1149号文件所确定的被征用土地临时租地补偿费标准以及按此标准拨付补偿费的金额，双方当事人并无异议，均明确镇政府拨付至甲村村委会银行账户的374,220元即是被征用的35.64亩土地的临时地租补偿费。甲村村委会主张该补偿费是因铁路建设取土而给予的土地复垦费，但政府相关文件已明确其为临时地租补偿费，镇政府也作出《通知》要求甲村村委会向土地承包农户发放该补偿款，甲村村委会主张享有该补偿款没有合法根据。如涉案土地被破坏需要复垦，甲村村委会应依法主张权利。原判决认定西环铁路建设施工过程中挖取涉案土地的红土为附着物并将该临时地租补偿费按共有份额约定不明的不动产向双方当事人平均分配，属适用法律错误。

① 参见海南省三亚市中级人民法院（2014）三亚民二终字第221号民事判决书。

第五章　国家所有权和集体所有权、私人所有权

本章规定了国家所有权和集体所有权、私人所有权，具体包括国有财产的范围、国家所有权的行使、对国有财产的保护、集体所有权的范围、集体所有权的行使、对集体成员合法权益的保护、私人所有权的范围、企业法人的财产权等内容。与《物权法》相比，本章既有新增的条文，也有删除的条文，还有修改的条文。关于无居民海岛的所有权和管辖主体的规定，是新增条款。针对实践中出现的无居民海岛非法开发利用的情况，法律明确了无居民海岛的归属和管辖主体，解决了一些地方曾出现的对于无居民海岛进行非法开发、甚至将其占为己有等乱象，由国家依法对海岛享有使用、收益、处分等权利，在海岛生态保护、环境生态保护、国防等方面具有重要意义。本章将《物权法》第65条修改为“私人的合法财产受法律保护，禁止任何组织或者个人侵占、哄抢、破坏”。还有一些文字修改，将“但”改为“但是”、“单位”改为“组织”、将“集体经济组织”改为“农村集体经济组织”、将“企业法人”改为“营利法人”，增添了“捐助法人”这一新概念。

第二百四十六条　法律规定属于国家所有的财产，属于国家所有即全民所有。

国有财产由国务院代表国家行使所有权。法律另有规定的，依照其规定。

【条文主旨】

本条是关于国有财产范围、国家所有的性质和国家所有权行使的规定。

【条文理解】

本条与《物权法》第45条相比，修改了标点符号，将“国有财产由国务院代表

国家行使所有权"之后的分号,修改为句号。本条第 1 款对国有财产的范围作了概括性的规定。国家所有权,是国家对国有财产的占有、使用、收益和处分的权利,本质是全民所有制在法律上的表现。国家所有权具有特殊性,不同于一般意义上的所有权。首先,国家所有即是全体国民所有,由国家出面代表全民行使所有权。其次,国家所有权与国家的公权力有关联,又应当与后者相区分。再次,国家所有权的内容是法定的。国家所有权在性质上主要是民事权利,是法定的。国家所有权的产生、内容、运作程序、一般适用规则都是法定的,国家不能在法律之外依照自己的意志为其创设所有权,行使权利的过程也必须符合现行法规定,不得与法律规定相抵触。国家不能凭借其享有的公权力任意规定国家所有权客体的范围。最后,国家所有权客体具有广泛性、多样性的特点。国家财产既包括经营性、资源性财产,也包括行政性、公益性的财产。有些财产是其他所有权形态不能涉及的,像矿藏、野生动物、无线电频谱等只能由国家专有,其他主体不能享有,这体现了国家所有权的特殊性。

本条第 2 款是对代表国家行使国家财产所有权的主体的规定。"国家""全民"是空泛的概念,更多地体现了象征意义,兼有政治概念的含义,不像是一个纯粹的民事权利主体的概念。本款规定明确了国家所有权的行使主体是国务院,法律另有规定的,依照规定。本款坚持了国家所有权行使主体的统一性,又有一定的灵活性,为特别法的制定提供了依据。国务院相关部委、地方各级人民政府及相关部门,根据国务院的委托或授权,具体管理国家所有的财产。

【司法适用】

在司法实践中,要划清国家所有权与集体所有权、个人所有权、法人财产权等其他所有权形式的界限。实现国家所有权权能时,应当严格依法办事。国家所有权是法定的,国家所有权的设立、运行、主体、客体等全方位都是法定的。人民法院在审理涉及界定国家所有权界限的案件时,应当严格依照法律规定进行审查,对有权机关出具的争议财产属于国有资产的相关证据,应当进行审查。

【司法案例】

张某诉某村村委会农村土地承包合同纠纷案①

诉讼结论:砂坑属于矿产资源,依法属于国家所有,村委会无权对外发包。

法院认为:原告、被告签订的承包砂坑协议虽然是双方真实的意思表示,但本

---

① 参见《矿产资源属国家所有村委会无权发包处分——张某诉某村村委会农村土地承包合同纠纷案》,载法信网:http://www.faxin.cn/lib,2020 年 4 月 28 日最后访问。

案所涉及的砂坑属于矿产资源，矿产资源依法属于国家所有，由国务院行使国家对矿产资源的所有权。地表或者地下的矿产资源的国家所有权，不因其所依附的土地的所有权或者使用权的不同而改变，因而村委会对本案所涉砂坑不享有所有权，也未取得使用权，其不具有发包资格，该协议应属无效。原告、被告在签订该协议时应当知道矿产资源属于国家所有，但仍然违法签订该协议，其主观上均有过错，各自损失应各自承担。被告因该协议取得的承包费应当返还给原告。原告提出的因经营而遭受的损失，被告提出的恢复土地原貌的损失分别由各自承担。

第二百四十七条　矿藏、水流、海域属于国家所有。

【条文主旨】

本条是关于矿藏、水流、海域专属于国家所有的规定。

【条文理解】

本条涉及三个概念的理解，分别是：矿藏、水流、海域。

第一，矿藏。矿藏是有开采价值的矿产资源。相较而言，矿产资源的概念大于矿藏的概念，二者在逻辑关系上属于种属关系。本条使用的概念是矿藏，而《矿产资源法》使用的概念是矿产资源。从两者关系上看，《矿产资源法》颁布在先，《民法典》“物权编”颁布在后，按照特别法优于普通法的原理，应当优先适用《矿产资源法》的规定。按照本条规定，矿藏只能成为国家所有权的客体，不能成为集体所有权和个人所有权的客体。《矿产资源法》第 3 条第 1 款规定，矿产资源属于国家所有，由国务院行使国家对矿产资源的所有权。地表或者地下的矿产资源的国家所有权，不因其所依附的土地的所有权或者使用权的不同而改变。将《矿产资源法》的相关规定与本条规定相比较可以看出，两条规定在本质上是一致的，本条是对《矿产资源法》等部门法中有关重要自然资源属于国家所有的规定的一个概括性的表述，是对部门法有关国家所有权的各种表述的抽象和升华。两条均明确规定，矿藏或者说矿产资源是专属于国家的财产。任何个人和组织都不能拥有矿藏。除国家以外的组织和个人不能成为矿藏所有权的主体，但可以成为开采矿产资源的主体，即成为矿藏使用权的主体。根据《矿产资源法》等法律的规定，国有企业是开采矿产资源的主导力量，国家也准许集体组织和个人在一定条件下从事矿产资源的开采活动。

第二，水流。《民法典》“物权编”使用了水流的概念，《水法》使用了水资源的概念。相较而言，水资源的概念大，水流的概念小，二者在逻辑关系上属于种属关系。《水法》第 3 条规定:“水资源属于国家所有,水资源的所有权由国务院代表国家行使。农村集体经济组织的水塘和农村集体经济组织修建管理的水库中的水,归各该农村集体经济组织使用。”水资源的所有权属于国家,由国务院代表国家行使所有人的权利,除国家外,其他任何组织或者个人都不能成为水资源的所有人。

第三,海域。海域是指领海内水、领海的水面、水体、海床和底土。海域属于国家所有,国务院代表国家行使海域所有权,任何单位或者个人不得侵占、买卖或者以其他形式非法转让海域,单位或者个人使用海域,必须依法取得海域使用权。海域为国家专有,除国家以外的任何单位或者个人都不能对海域拥有所有权,但可以在法定使用范围内对海域拥有使用权。

综上,《民法典》“物权编”和《矿产资源法》、《水法》、《海域使用管理法》均规定,矿藏、海域、水流的所有权属于国家,国务院代表国家行使所有权,其他集体组织或者个人在一定条件下享有使用权。

第二百四十八条 无居民海岛属于国家所有,国务院代表国家行使无居民海岛所有权。

【条文主旨】

本条是关于无居民海岛所有权的规定。

【条文理解】

这是《民法典》“物权编”新增的一条。该条明确了无居民海岛的法律地位及其权属,对于维护国家的主权和领土完整、维护国家的国防安全、强化无居民海岛的管理都是十分必要的。

本条旨在说明无居民海岛的归属权及无居民海岛管辖的主体两个问题。

第一,在弄清楚无居民海岛的归属权问题之前,要知道无居民海岛的概念。无居民海岛,是指不属于居民户籍管理的住址登记地的海岛。《海岛保护法》第 2 条第 2 款规定:“本法所称海岛,是指四面环海水并在高潮时高于水面的自然形成的陆地区域,包括有居民海岛和无居民海岛。”第 4 条规定:“无居民海岛属于国家所有,国务院代表国家行使无居民海岛所有权。”第 28 条规定:“未经批准利用的无居民海岛,应当维持现状;禁止采石、挖海砂、采伐林木以及进行生产、建设、旅游等活动。”第 29 条规定:“严格限制在无居民海岛采集生物和非生物样本;因教学、科学研究确需采集的,应当报经海岛所在县级以上地方人民政府海洋主管部门批准。”《联合国海洋法公约》对无居民海岛的定义并不十分明确,但根据公约第

121 条第 3 款的规定,“不能维持人类居住或其本身的经济生活的岩礁,不应有专属经济区域或大陆架”。国际上认为,无居民海岛是指不适宜人类居住从而没有土著民或常驻民的岛屿。鉴于无居民海岛具有很高的国家主权、安全、交通、能源等综合资源价值,并且陆域狭小、土壤稀缺、没有淡水、灾害频繁、海洋属性显著,基本不具备可开发的土地,不能作为耕作、养殖、畜牧等农地使用,以及其生态的高度脆弱性和基本不可恢复性等特征,无居民海岛不宜纳入农民集体所有范畴。《宪法》第 9 条第 1 款规定:“矿藏、水流、森林、山岭、草原、荒地、滩涂等自然资源,都属于国家所有,即全民所有;由法律规定属于集体所有的森林和山岭、草原、荒地、滩涂除外。”将无居民海岛视为独立的一种资源种类,像山岭、滩涂、草原、荒地等资源一样,在法律规范及法律制度管理中,作为一个专门、独立的资源类型,具有重大意义。需要注意的是,无居民海岛的所有权具有单一性,其必须归国家所有。

第二,明确无居民海岛管辖的主体。正如《海域使用管理法》第 7 条规定:“国务院海洋行政主管部门负责全国海域使用的监督管理。沿海县级以上地方人民政府海洋行政主管部门根据授权,负责本行政区毗邻海域使用的监督管理。渔业行政主管部门依照《中华人民共和国渔业法》,对海洋渔业实施监督管理。海事管理机构依照《中华人民共和国海上交通安全法》,对海上交通安全实施监督管理。”第 10 条规定:“国务院海洋行政主管部门会同国务院有关部门和沿海省、自治区、直辖市人民政府,编制全国海洋功能区划。沿海县级以上地方人民政府海洋行政主管部门会同本级人民政府有关部门,依据上一级海洋功能区划,编制地方海洋功能区划。”对无居民海岛的管理参照《海域使用管理法》的基本精神,在国务院统一领导下中央与地方分级管理海岛事务。

第二百四十九条　城市的土地,属于国家所有。法律规定属于国家所有的农村和城市郊区的土地,属于国家所有。

【条文主旨】

本条是关于国家所有土地范围的规定。

【条文理解】

城市的土地属于国家所有。《宪法》第 10 条第 1 款规定:“城市的土地属于国家所有。”《土地管理法》第 9 条第 1 款中规定:“城市市区的土地属于国家所有。”“城市的土地属于国家所有”即指国家对于城市的土地享有所有权,且城市的土地所有权只属于国家。

法律规定属于国家所有的农村和城市郊区的土地属于国家所有。《宪法》第10条规定："城市的土地属于国家所有。农村和城市郊区的土地，除由法律规定属于国家所有的以外，属于集体所有……"《土地管理法》第9条第2款规定："农村和城市郊区的土地，除由法律规定属于国家所有的以外，属于农民集体所有……"农村和城市郊区的土地，除法律规定属于国家所有的以外，是属于农民集体所有的。但是法律规定属于国家所有的农村和城市郊区的土地属于国家所有。这里所讲的法律是全国人大及其常委会通过的具有法律约束力的规范性文件，包括《宪法》和其他法律。《宪法》第9条第1款规定："矿藏、水流、森林、山岭、草原、荒地、滩涂等自然资源，都属于国家所有，即全民所有；由法律规定属于集体所有的森林和山岭、草原、荒地、滩涂除外。"也就是说，国家法律未确定为集体所有的森林和山岭、草原、荒地、滩涂等，均属于国家所有。根据《土地管理法实施条例》第2条的规定，属于国家所有的土地，一是城市市区的土地；二是农村和城市郊区中已经依法没收、征收、征购为国有的土地；三是国家依法征用的土地；四是依法不属于集体所有的林地、草地、荒地、滩涂及其他土地；五是农村集体经济组织全部成员转为城镇居民的，原属于其成员集体所有的土地；六是因国家组织移民、自然灾害等原因，农民成建制地集体迁移后不再使用的原属于迁移农民集体所有的土地。

【司法适用】

人民法院在审理涉及土地所有权的案件时应当注意：第一，分清讼争土地的所有权属于国家，还是农村集体经济组织，不同性质的土地按照不同的法律规定处理。第二，国家所有土地的使用人使用土地的性质是划拨，还是出让。划拨土地原则上不得进入土地二级市场从事开发经营行为。第三，在国家所有的土地上设定担保物权的，应当按照《城市房地产管理法》等办理不动产权利登记。

第二百五十条　森林、山岭、草原、荒地、滩涂等自然资源，属于国家所有，但是法律规定属于集体所有的除外。

【条文主旨】

本条是关于属于国家所有的森林、草原等自然资源的规定。

【条文理解】

本条源于《物权法》第48条，只是将"但"改为"但是"。《宪法》第9条第1款规定："矿藏、水流、森林、山岭、草原、荒地、滩涂等自然资源，都属于国家所有，即全民所有；由法律规定属于集体所有的森林和山岭、草原、荒地、滩涂除外。"本法对自然资源的归属作出规定，有利于保护国有自然资源，有利于合理开发国有自然资源。

在《物权法》征求意见过程中，有的建议删除“等自然资源”的表述。有的认为，“土地”包括“山岭”“荒地”“滩涂”，建议删除本条中的“山岭”“荒地”“滩涂”。有的认为，本条中“等”表述易生歧义，建议删除。《宪法》是我国的根本大法，制定法律要以《宪法》为据，因此，本条在文字的表述上依据《宪法》作出了规定。根据《宪法》，我国其他法律对自然资源的国家所有权作出了相应的规定。《森林法》第14条第1款规定：“森林资源属于国家所有，由法律规定属于集体所有的除外。”《草原法》第9条规定：“草原属于国家所有，由法律规定属于集体所有的除外。国家所有的草原，由国务院代表国家行使所有权。任何单位或者个人不得侵占、买卖或者以其他形式非法转让草原。”森林、山岭、草原、荒地、滩涂作为自然资源，一般属于国家所有。依照我国的法律，森林、山岭、草原、荒地、滩涂等自然资源除了国家所有外，还存在另一种所有权形式，即集体所有。根据《民法通则》的规定，法律规定为集体所有的土地和森林、山岭、草原、荒地、滩涂等属于劳动群众集体所有。

【司法适用】

司法适用中，应当将森林、山岭、草原、荒地、滩涂等几种自然资源的国家所有权与集体所有权之间的关系界定清楚，还应当区分所有权与承包经营权、经营使用权。

【司法案例】

甲公司诉姚某刚等确认合同无效案①

诉讼结论：江河湖泊的滩涂具有重要的通航生态功能和水域岸线生态功能，任何单位和个人不得侵占和破坏。

法院认为：作为本案租赁物的土地位于长江主要支流岷江河道侧，系国有性质的滩涂，附近村民在河道枯水期对滩涂的“习惯使用”，只要对自然资源保护与生态环境不构成危害，有关部门往往并不严加禁止，但如果将滩涂用于破坏生态和污染环境的生产经营活动，威胁防洪、供水和生态安全，则为法律所不容许。甲公司通过转租形式“租赁”本案滩涂后，进行砂石粉碎加工活动，产生大量噪声、粉尘污染，对水域环境和安全造成危害。根据相关法律规定：“森林、山岭、草原、荒地、滩涂等自然资源，属于国家所有，但法律规定属于集体所有的除外。”结合宜宾

① 参见最高人民法院于2017年发布的长江流域环境资源审判十大典型案例。

县水务局出具的说明及宜宾县国土资源局出具的复函，该区域属于滩涂性质，系国家所有的自然资源，因此某村征服组将该地块出租给姚某刚、姚某刚又转租给甲公司的行为应属无效。人民法院确认争议土地的性质为国有滩涂，属国家所有的自然资源，任何单位和个人不得侵占和破坏，判决双方当事人以国有滩涂为标的的合同无效，制止了在国有滩涂上进行的生产经营活动，保护了国有自然资源，维护了岷江河道水域岸线生态功能和河道通航功能。

第二百五十一条　法律规定属于国家所有的野生动植物资源，属于国家所有。

【条文主旨】

本条是关于属于国家所有的野生动植物资源的规定。

【条文理解】

依据我国《野生动物保护法》的规定，其保护的野生动物，指珍贵、濒危的陆生、水生野生动物和有重要生态、科学、社会价值的陆生野生动物。依据《野生植物保护条例》的规定，其保护的野生植物，是指原生地天然生长的珍贵植物和原生地天然生长并具有重要经济、科学研究、文化价值的濒危、稀有植物。野生动物是我国的一项巨大自然财富。我国野生动物资源十分丰富，不仅野生动物种类繁多，还有不少闻名世界的珍贵稀有鸟兽。野生动物作为自然生态系统的重要组成部分，是人类宝贵的自然资源，为人类的生产和生活提供了丰富的资源，对人类发展有重要的促进作用。我国也是世界上野生植物资源种类最为丰富的国家之一。但目前法律对野生动物的保护范围过窄、保护不够严格，对违法捕猎、非法交易的处罚力度不够，亟须修改完善。野生植物是自然生态系统的重要组成部分，是人类生存和社会发展的重要物质基础，是国家重要的资源。野生植物资源作为社会经济发展中一种极为重要的资源，具有生态性、多样性、遗传性和可再生性等特点。

野生动植物是国家宝贵的种质资源，人类生产生活的重要物质基础，人类的衣食住行都与其密切相关。同时，它还是重要的战略资源，保存着丰富的遗传基因，为人类的生存与发展提供了广阔的空间。野生植物资源在国民经济和社会发展中具有非常重要的地位。因此，本条规定，法律规定属于国家所有的野生动植物资源，属于国家所有。这样规定，有利于保护我国的野生动植物资源，有利于更加合理地利用野生动植物资源。

【司法适用】

野生动植物的保护，事关生态平衡、生物安全和生态文明。野生动植物资源利用要合理，限制要严格。在利用与保护的关系上，应当坚持保护第一的理念。司法实践中，对“野生动植物”种类的解释，可适当从宽。

【司法案例】

李某明非法猎捕、杀害珍贵、濒危野生动物罪案①

诉讼结论：被告人非法猎捕、杀害珍贵、濒危野生动物，除应负相应刑事责任外，还应依法承担赔偿损失、赔礼道歉等民事责任。

法院认为：根据《物权法》第49条“法律规定属于国家所有的野生动植物资源，属于国家所有”及《野生动物保护法》第3条第1款“野生动物资源属于国家所有”的规定，野生动物资源属于国家所有。被告人李某明非法猎捕、杀害珍贵、濒危野生动物红腹角雉6只的行为，不仅破坏了国家野生动物资源，造成野生动物种群数量减少，还会破坏生态链条，对生态系统造成难以恢复的破坏。被告人李某明除应负相应刑事责任外，对其行为造成的野生动物资源损失依法应承担民事赔偿责任，对公益诉讼起诉人要求被告人按照单只红腹角雉价值5000元、共计30,000元进行赔偿的诉讼请求，本院予以支持。另，被告人李某明的环境侵权行为造成的环境损害还包括社会公众关于享有美好生态环境利益的精神损失。《侵权责任法》第15条规定：“承担侵权责任的方式主要有：……（六）赔偿损失；（七）赔礼道歉……”最高人民法院《关于审理环境民事公益诉讼案件适用法律若干问题的解释》第18条规定：“对污染环境、破坏生态，已经损害社会公共利益或者具有损害社会公共利益重大风险的行为，原告可以请求被告承担停止侵害、排除妨碍、消除危险、恢复原状、赔偿损失、赔礼道歉等民事责任。”故李某明应通过公开赔礼道歉取得社会公众谅解，对公益诉讼起诉人要求判决被告人李某明在《雅安日报》公开赔礼道歉的诉讼请求，本院亦予以支持。

第二百五十二条　无线电频谱资源属于国家所有。

【条文主旨】

本条是关于无线电频谱资源的国家所有权的规定。

① 参见四川省雅安市中级人民法院(2018)川18刑初24号刑事附带民事判决书。

【条文理解】

国家所有权的客体主要包括重要的自然资源、关系国民经济命脉和国家安全的基础设施、国家依法行使公权力取得的财产。无线电频谱也是国家重要的自然资源,当然属于国家所有权的客体。无线电频谱资源属于国家所有,是指国家对无线电频谱资源享有占有、使用、收益和处分的权利。

《无线电管理条例》第1条规定:"为了加强无线电管理,维护空中电波秩序,有效开发、利用无线电频谱资源,保证各种无线电业务的正常进行,制定本条例。"第3条规定:"无线电频谱资源属于国家所有。国家对无线电频谱实行统一规划、合理开发、有偿使用的方针。"按照本法和《无线电管理条例》的规定,无线电频谱只能成为国家所有权的客体,不能成为集体所有权和个人所有权的客体。《民法典》第246条规定:"法律规定属于国家所有的财产,属于国家所有即全民所有。国有财产由国务院代表国家行使所有权。法律另有规定的,依照其规定。"《无线电管理条例》的规定与本条规定在本质上是一致的。

【司法适用】

人民法院在审理涉及无线电频谱资源的案件时,应当遵循利用无线电频谱资源实行统一规划、合理开发、科学管理、有偿使用的法定原则。

【司法案例】

卢某思、李某香案外人执行异议案①

诉讼结论:手机用户对手机号码享有的权利属于租赁权意义上的使用权。

法院认为:本案焦点问题之一是手机用户对手机号码享有的是所有权还是使用权的问题。首先,《物权法》第50条规定,无线电频谱资源属于国家所有。《电信条例》第26条第1款规定,国家对电信资源统一规划、集中管理、合理分配,实行有偿使用制度。《电信网码号资源管理办法》第3条规定,码号资源属于国家所有。国家对码号资源实行有偿使用制度,具体收费标准和收费办法另行制定。第7条规定,电信主管部门管理的码号资源范围包括:……(二)移动通信网码号……依照上述规定,手机号码的所有权属于国家。其次,《电信条例》第7条规定,国家对电信业务经营按照电信业务分类,实行许可制度。经营电信业务,必须依照本条例的规定取得国务院信息产业主管部门或者省、自治区、直辖市电信管理机构颁发的电信业务经营许可证。未取得电信业务经营许可证,任何组织或者个人不得从事电信业务经营活动。可见,国家将所有的电信号码资源分配给电信

---

① 参见山东省泰安市中级人民法院(2019)鲁09民终520号民事判决书。

经营者,电信经营者享有手机号码的特许经营权。最后,手机用户与电信经营者签订电信服务合同,该合同是电信经营者利用自身的设施和国家分配的手机号码资源,将手机号码出租给用户使用,并为用户提供通信服务,手机用户支付租金或服务报酬的合同。手机号码一经登记,即代表由电信公司向客户提供了手机号码的专有使用权,手机用户对手机号码享有的该使用权属于租赁权意义上的使用权。

第二百五十三条　法律规定属于国家所有的文物,属于国家所有。

【条文主旨】

本条是关于文物的国家所有权的规定。

【条文理解】

需要明确的是,并不是所有的文物都归国家所有,而是法律规定属于国家所有的文物,属于国家所有。文物的所有者可以是各类民事主体,民事主体可以按照法律规定享有对文物的所有权。依照《文物保护法》第5条的规定,以下文物属于国家所有:第一,中华人民共和国境内地下、内水和领海中遗存的一切文物,属于国家所有。第二,古文化遗址、古墓葬、石窟寺属于国家所有。国家指定保护的纪念建筑物、古建筑、石刻、壁画、近代现代代表性建筑等不可移动文物,除国家另有规定的以外,属于国家所有。第三,下列可移动文物,属于国家所有:(1)中国境内出土的文物,国家另有规定的除外;(2)国有文物收藏单位以及其他国家机关、部队和国有企业、事业组织等收藏、保管的文物;(3)国家征集、购买的文物;(4)公民、法人和其他组织捐赠给国家的文物;(5)法律规定属于国家所有的其他文物。

《文物保护法》第5条第5款、第6款规定:"属于国家所有的可移动文物的所有权不因其保管、收藏单位的终止或者变更而改变。国有文物所有权受法律保护,不容侵犯。"第5条第3款规定:"国有不可移动文物的所有权不因其所依附的土地所有权或者使用权的改变而改变。"国家依法享有对法律规定属于国家所有的文物的所有权,也就是国家依法享有对其所有文物的占有、使用、收益和处分的权利。

【司法适用】

司法实践中,适用本条法律应注意以下问题:第一,人民法院在审理继承、析产、确权等类型的民事案件时,如讼争标的是文物,首先应当界定标的物是否属于国家所有。如依照《文物保护法》等法律、法规规定，讼争文物确属国家所有，则人民法院应当驳回当事人的诉讼请求，将案件移送国家有关行政主管部门按照行政程序处理。如讼争标的物属于个人财产，则按照民法相关规定，作为民事案件继续审理。第二，讼争标的物尽管在集体所有权的土地之下埋藏，但按照《文物保护法》规定应当属于国家所有的，不能因为其所依附的土地所有权的性质而改变文物的权属关系。第三，文物作为商品进入市场流转时，人民法院应当界定清晰流转文物是否属于禁止流通物或者限制流通物。如属于，则应当严格按照《文物保护法》和有关文物保护的法律、法规规定，确认流转合同效力。

【司法案例】

谢某中、谢某同买卖合同纠纷案[①]

诉讼结论：玉器在未鉴定为文物之前，应当属于谢氏家族后人所有，即属于原告、被告所有。

法院认为：当事人的争议焦点之一是涉案玉器的所有权问题。《物权法》第51条规定："法律规定属于国家所有的文物，属于国家所有。"《文物保护法》第5条第1款规定："中华人民共和国境内地下、内水和领海中遗存的一切文物，属于国家所有。"界定涉案玉器的所有权，应当由有关部门对涉案玉器进行鉴定，如果属于文物，应按照法律规定收归国有；如果不属于文物，应当作为私有财产归其所属家族后人所有。故玉器在未鉴定为文物之前，应当属于谢氏家族后人所有，即属于原告、被告所有。

第二百五十四条　国防资产属于国家所有。

铁路、公路、电力设施、电信设施和油气管道等基础设施，依照法律规定为国家所有的，属于国家所有。

【条文主旨】

本条是关于国防资产的国家所有权以及属于国家所有的基础设施的规定。

【条文理解】

国防资产属于国家所有。国防是国家生存与发展的安全保障，是维护国家安全统一，确保实现全面建设小康社会目标的重要保障。建立强大巩固的国防是中

---

① 参见广东省河源市中级人民法院(2017)粤16民终1039号民事判决书。

国现代化建设的战略任务。《国防法》第 37 条第 2 款规定:“国防资产归国家所有。”根据《国防法》规定,国家为武装力量建设、国防科研生产和其他国防建设直接投入的资金、划拨使用的土地等资源,以及由此形成的用于国防目的的武器装备和设备设施、物资器材、技术成果等属于国防资产。《国防法》第 39 条第 1 款规定:“国家保护国防资产不受侵害,保障国防资产的安全、完整和有效。”

根据本条第 2 款的规定,并不是所有的铁路、公路、电力设施、电信设施和油气管道等基础设施,都属于国家所有。此处的基础设施也不仅包括铁路、公路、电力设施、电信设施和油气管道这几种,只要是依照法律规定为国家所有的基础设施都被包括在本条之内。铁路、公路、电力设施、电信设施和油气管道等基础设施都是国家重要的基础设施,建设铁路、公路、电力设施、电信设施和油气管道等基础设施对方便人民生活、提高人民生活水平有重要意义,确保铁路、公路、电力设施、电信设施和油气管道等基础设施的安全对于国民经济发展和保障人民群众生命财产安全意义重大。因此,规定铁路、公路、电力设施、电信设施和油气管道等基础设施,依照法律规定为国家所有的,属于国家所有,对于提高基础设施的建设速度、使用效率和保障基础设施的安全等都有重要意义。

【司法适用】

审判实践中,人民法院应当按照法律规定,正确界定国家所有权与其他所有权的关系。国防资产属于国家所有;对应当属于国家所有的铁路、公路、电力设施、电信设施和油气管道等基础设施,按照国家所有权原则处理;除此之外,对应当属于其他投资主体的,按照“谁投资,谁受益”的原则处理。

【司法案例】

许某生、甲镇人民政府财产损害赔偿纠纷案①

诉讼结论:许某生无权使用已被征用地块闲置的八分地用于养鸭。

法院认为:依照《物权法》第 52 条第 2 款“铁路、公路、电力设施、电信设施和油气管道等基础设施,依照法律规定为国家所有的,属于国家所有”的规定,本案中,许某生与甲镇政府签订《征地协议》后,其土地使用权已被国家征收,土地性质已由农用地变为建设用地,许某生如需使用已被征用的闲置土地,应向有权审批的人民政府提出申请,经批准后方可重新取得土地使用权。本案许某生请求法院判决将已被征的土地归其用于农村养殖业,于法无据。

---

① 参见广东省韶关市中级人民法院(2018)粤 02 民终 252 号民事判决书。

第二百五十五条　国家机关对其直接支配的不动产和动产，享有占有、使用以及依照法律和国务院的有关规定处分的权利。

【条文主旨】

本条是关于国家机关的物权的规定。

【条文理解】

本条规定了国家机关对其直接支配的财产享有的物权。国家机关的财产也是国有资产的重要组成部分。明确国家机关对其直接支配的财产享有的权利，以及哪些权利必须依照法律和国务院的有关规定行使，这对保护国家机关财产具有重要意义。

从国有资产管理的意义上讲，国有资产一般应该分为三个部分：经营性资产、非经营性资产和资源性资产。由国家机关直接支配的这部分国有资产，主要是用于维持国家机器的正常运转而非用于经营，属于非经营性资产。这类非经营性资产严格来讲只能成为财产。非经营性国有资产的特定用途和非增值性，决定了其主要通过财政划拨和行政划拨的方式进行配置，由国家机关来占有和使用。《民法典》"物权编"专辟条文规定国家机关对其直接支配的国有财产如何行使权利，是因为国家机关作为这类国有财产的支配主体，在其运转过程中，也要与市场中其他经济主体进行交易，其行使财产支配权时不仅要遵循市场经济规律，以维护交易安全，还要因其支配的这部分国有财产的特殊属性而对其支配权加以必要的限制，以保护国有财产不因具体支配者的不当行为或者他人的侵犯而遭受损失。

本条中的国家机关是指国家立法机关、行政机关和司法机关，既指中央国家机关，也指地方各级国家机关。关于地方政府对其从地方财政中划拨给地方各级国家机关的财产是否具有独立的处分权是有争议的。一种观点认为，按照谁投资，谁所有的观点，由地方财政支持的地方政府，有权处分中央财政划拨形成的财产以外的其他财产，而不必以国务院有关规定作为依据。另一种观点则认为，应当维护国家所有权的统一性，地方各级政府部门，无论属于哪一个行政层次，都是代表国家行使所有权的机关，而不是所有权主体，即其本身不是所有权人。本条法律规定表明，中央和地方各级国家机关对由其直接支配的国家财产行使处分权时必须有法律或者国务院的相关规定作为依据。

对于本条内容的理解还需注意的是：第一，国家机关不是由其直接支配的不动产或者动产的所有权人。国家机关直接支配这一部分动产和不动产的权利源于国家的授权，国家才是这些财产的所有权人。现代各国都会将一部分国家财产以财政划拨或者行政划拨的方式交由国家机关占有和使用,以维持国家机器的正常运转。因为客观上,国家机器的运转需要相当的财产作为保障。所以,作为所有权人的国家并不要求国家机关在占有、使用这部分国家财产的过程中使其增值,甚至不要求自行保值,而仅仅将国家机关对这部分财产的占有、使用视为一个非生产性的消费过程。因此,依据授权占有、使用财产的国家机关的法律地位和财产所有权人——国家的法律地位是有区别的。第二,传统民法理论认为,物权的权利人享有对物直接支配、并排除他人干涉的权利。占有、使用、收益、处分四种方式正是所有权人行使其直接支配权的体现。所有权是绝对权,所有权人有权以自己独立的意志支配其物,在行使占有、使用、收益、处分的权利时无须征得他人的同意。从所有权的这一特征可以看出,国家机关虽然对其直接支配的动产、不动产享有占有、使用的权利,但其对这部分财产的处分权却明显受到限制,其处分行为必须有法律和国务院的有关规定作为依据。

【司法适用】

在司法实践中,适用本条法律应注意以下问题:第一,当合同中一方当事人为国家机关时,对于国家机关违反本条规定擅自处分国家财产的行为,应当认定为无效的民事行为。第二,国家机关对其直接支配的不动产和动产的处分行为,既包括直接以上述财产作为标的物与其他民事主体进行交易的行为,也包括在诉讼中作出让步,放弃对上述财产的占有、使用权的行为。第三,人民法院在审理民事案件主持调解时,要特别注意不得要求国家机关以放弃其直接支配的不动产和动产作为达成调解协议的条件。在审查双方当事人自行达成的调解协议时也要特别注意作为一方当事人的国家机关让步,是否处分了国有财产。

【司法案例】

孙某、甲县水务局排除妨害纠纷案①

诉讼结论:国家机关对其直接支配的不动产和动产,享有占有、使用以及依照法律和国务院的有关规定处分的权利。

法院认为:本案中原告甲县水务局对涉案土地依法享有使用权,被告未经原告同意占用涉案土地的行为,系妨害原告占有、使用涉案土地的行为,被告应当承担民事责任,故对原告要求被告立即拆除地上物,并返还占用98.5平方米土地的诉讼请求应予以支持。

---

① 参见河北省廊坊市中级人民法院(2019)冀10民终6027号民事判决书。

第二百五十六条　国家举办的事业单位对其直接支配的不动产和动产，享有占有、使用以及依照法律和国务院的有关规定收益、处分的权利。

【条文主旨】

本条是关于国家举办的事业单位的物权的规定。

【条文理解】

本条规定了国家举办的事业单位对其直接支配的财产享有的物权。国有事业单位的财产也是国有资产的重要组成部分。明确国有事业单位对其直接支配的财产享有的权利，以及哪些权利必须依照法律和国务院的有关规定行使，这对保护国有事业单位的财产具有重要意义。

所谓国家举办的事业单位，是指国家通过财政划拨或者行政划拨的方式动用国有财产开办的事业单位。目前我国的国有事业单位主要有：国有文化出版集团公司，国有文化演出公司，国有体育发展公司，国有公办高等院校、幼儿园、小学、中学（中专），卫健委所属医院，等等。其中，一部分国有事业单位是改革开放以来，国家投入国有财产设立的事业单位；另一部分则是旧的经济体制下，由于种种原因，客观上已经通过划拨等方式占有了土地、建筑物等大量国有财产的事业单位，经过清产核资被定性为国有事业单位。

本条内容包含两层意思：第一，国家举办的事业单位不是其所直接支配的不动产或者动产的所有权人，而是根据作为所有权人的国家的授权而取得占有、使用这些财产的权利。第二，与所有权人不同，国家举办的事业单位对其直接支配的不动产或者动产进行收益和处分的权利受到限制，即行使收益权或者处分权时必须有法律或者国务院的有关规定作为依据。

国家举办的事业单位直接支配的财产的性质是比较复杂的。一方面，行政事业性国有资产在性质上仍属于非经营性国有资产。之所以这样说，是因为这部分国有财产不投入商品生产经营，而投入公共产品生产，也就是用于国家管理事务、国防事业以及社会性的教育、文化、医疗卫生、福利等公益事业。公共产品一般具有以下三个特点。第一，效用的不可分割性。公共产品是向整个社会提供的；其由全体社会成员共同享有，不由个别消费者单独占有。第二，消费的排他性。在公共产品的效用覆盖范围内，任何个人、家庭或企业对其效用的享用，并不影响和妨碍其他个人、家庭或者企业享用的数量或质量。第三，受益的不可阻止性。任何人包括公共产品的提供者都不可能阻止他人享用公共产品。公共产品的上述特征，使得其提供者很难向个别消费者收取合理费用，从而使公共产品的提供者与个别消费者不可能按照市场经济的原则用商品交换的方式解决成本与收益问题。因此,不能完全依靠市场对这些公共产品进行配置,而只能由政府进行调控。另一方面,由于国家举办事业单位与国家机关的性质不同,国家举办的事业单位在一定条件下可以通过特定的创收活动而获得经营性财产,在一定意义上又具有市场配置的性质。国家举办的相当一部分事业单位要从事经营活动。例如,出版集团公司要组织图书的出版、发行,演出公司要组织演出,等等。改革开放以来,不少事业单位已经实行企业化经营、管理,这些经营活动必然会带来一定的收益。因此,国家举办的事业单位的财产有非经营性国有资产的性质,又在一定程度上带有经营性国有资产的特征。

虽然国家举办的事业单位的一部分财产被用于从事经营活动并产生一定的收益,但这类事业单位本身对其直接支配的财产进行收益和处分,必须有国家法律或者国务院的有关规定作为依据。有一种观点认为,国家举办的事业单位既然要从事经营活动,那么享有一定的经营自主权就是必要的。改革开放以来,不少国家举办的事业单位已经实行了企业化经营、管理。这些事业单位的收益,也多来自经营。因此,对如何经营以及如何分配经营收益,国家举办的事业单位应当有一定的自主支配权,否则不利于调动国有事业单位工作人员的创收积极性。这种观点是不正确的。从理论上说,经营权与收益权是有严格区别的:收益权是所有权的一项内容;经营权作为与所有权有关的财产权是可以从所有权中分离的,享有经营权不等于享有所有权,也不等于享有作为所有权内容的收益权。因此,国家举办的事业单位,即使实行企业化管理,对从事经营活动所得的收益,仍然要以法律和国务院的有关规定作为依据进行处理,而不得将其作为自己的财产随意处分。实践中存在的国家举办的事业单位擅自分配经营收益、私建小金库、瞒报收益、私分奖金等行为都是违反法律规定的。

【司法适用】

在司法实践中,适用本条法律应注意以下问题:

第一,人民法院在审理民事案件时,对于国家举办的事业单位作为一方当事人与他人签订合同,处分其直接支配的动产或者不动产,且以其直接支配的动产、不动产从事经营、牟取收益的,不能只审查合同是否为双方当事人真实的意思表示,还应当要求国家举办的事业单位一方提供其行为所依据的法律或者国务院的有关规定。没有法律或者国务院的有关规定作为依据,擅自处分其直接支配的财产或者以上述财产牟取收益的合同,应认定为无效合同。

第二,人民法院在审理民事案件、为当事人主持调解时,不得要求作为国家举办的事业单位的一方当事人以放弃其直接支配的不动产和动产为条件,达成调解协议。

第三，对于当事人自行达成的和解协议，人民法院进行审查时应充分注意，作为国家举办的事业单位的一方当事人是否擅自处分了其直接支配的不动产和动产。如果发现和解协议中存在上述情况，应不予认可。

【司法案例】

甲公司、李某萍船舶触碰损害责任纠纷案①

诉讼结论：国家举办的事业单位对其直接支配的不动产和动产，享有占有、使用以及依照法律和国务院的有关规定收益、处分的权利。

法院认为：本案中，“惠丰年298”船触碰的洪奇沥大桥系位于广东省广州市南沙区、在省道S111线番中公路段架设的桥梁。乙养护所作为广州市道路养护中心举办的事业单位法人，承担着广东省广州市番禺区、南沙区内市管公路和有关交通设施的具体养护工作。2014年6月22日，丙公司按照《广东省交通运输厅关于做好收费公路专项清理取消收费的经营性公路项目移交接管有关工作的函》等文件要求，将洪奇沥大桥移交给乙养护所。洪奇沥大桥移交之后，乙养护所作为直接支配该桥的事业单位，依法对该桥享有占有、使用及依照法律和国务院的有关规定进行收益、处分的权利。现因“惠丰年298”船触碰该桥而造成损失，乙养护所有权提起本案索赔诉讼、主张加害人承担侵权责任。甲公司、李某萍以乙养护所未能提供物权登记文件、并非该桥拆除重建合同当事人及未实际支付工程款为由主张其不具有索赔主体资格的依据不足，本院不予支持。

第二百五十七条　国家出资的企业，由国务院、地方人民政府依照法律、行政法规规定分别代表国家履行出资人职责，享有出资人权益。

【条文主旨】

本条是关于国家出资的企业出资人制度的规定。

【条文理解】

本条源于《物权法》第55条规定，有以下四个问题需要解释：

第一，什么是国家出资的企业。国家出资的企业，不仅包括国家出资兴办的企业，如国有独资公司，也包括国家控股、参股的有限责任公司和股份有限公司

---

① 参见广东省高级人民法院(2019)粤民终850号民事判决书。

等。当然,国家出资的企业不仅包括以公司为形式的企业,也包括未进行公司制改造的其他企业。

第二,谁来代表国家履行出资人职权。本条根据党的十六大有关国有资产管理体制改革的政策,规定了由国务院和地方人民政府分别代表国家履行出资人职责,享有出资人权益。我国是一个大国,地域辽阔,国有企业众多,即使经过调整、改制,目前还有十几万家国有企业分布在各地。为了实现有效管理,都由中央政府直接管理这么多企业是困难的。因此,适宜的做法就是通过资产的划分和权利的划分,由中央政府和地方政府分别代表国家履行出资人的职责。党的十六大明确了,关系国家经济命脉和国家安全的大型国有企业、基础设施和重要自然资源等,由中央政府代表国家履行出资人职责,其他国有资产则由地方政府代表国家履行出资人职责。根据《企业国有资产监督管理暂行条例》的规定,国务院和地方人民政府的具体分工是:国务院代表国家对关系国民经济命脉和国家安全的大型国有及国有控股、国有参股企业,重要基础设施和重要自然资源等领域的国有及国有控股、国有参股企业,履行出资人职责。国务院履行出资人职责的企业,由国务院确定、公布。省、自治区、直辖市人民政府和设区的市、自治州级人民政府分别代表国家对由国务院履行出资人职责以外的国有及国有控股、国有参股企业,履行出资人职责。其中,省、自治区、直辖市人民政府履行出资人职责的国有及国有控股、国有参股企业,由省、自治区、直辖市人民政府确定、公布,并报国务院国有资产监督管理机构备案;其他由设区的市、自治州级人民政府履行出资人职责的国有及国有控股、国有参股企业,由设区的市、自治州级人民政府确定、公布,并报省、自治区、直辖市人民政府国有资产监督管理机构备案。本条规定是党的有关政策的法律化,目的是充分调动中央和地方两个积极性,使社会生产力得到进一步解放。同时中央政府和地方政府合理分工分别代表国家履行出资人职责,这就界定了各级政府管理国有资产的权利和责任,改变了过去中央统一管理,地方责、权、利不明确的弊端。这有助于强化管理上的激励和约束机制,克服"出资人主体虚位"的现象。

需要明确的是,国家实行国有企业出资人制度的前提是国家统一所有,国家是国有企业的出资人。中央政府与地方政府都只是分别代表国家履行出资人职责,享有出资人权益。不能把国家所有与政府所有等同起来,更不能把国家所有与地方政府所有等同起来。

第三,履行出资人职责的法律依据。虽然中央政府和地方政府分别代表国家履行出资人职责,享有所有者权益,但它们都必须依据国家统一制定的法律法规行事。有关的法律主要有《宪法》《公司法》等;行政法规主要有 2003 年 5 月 27 日公布施行《企业国有资产监督管理暂行条例》。

第四,出资人职责和权益内容是什么。简单地说,出资人职责就是股东的职能,中央政府和地方政府通过各自设立的国有资产管理委员会,代表国家享有《公司法》规定的资产收益、重大决策和选择管理者等出资人权益,对国有资产保值、防止国有资产流失负监管责任。需要注意的是,中央政府和地方政府代表国家履行出资人职责时,要尊重、维护国有及国有控股企业的经营自主权。《宪法》第16条第1款规定:“国有企业在法律规定的范围内有权自主经营。”根据《宪法》的规定和国有资产管理改革所遵循的政企分开的原则,中央政府和地方政府以及其设立的国有资产管理机构不能干预国家出资的企业依法行使自主经营权。

【司法适用】

在作为案件当事人的企业有国家出资的情况下,该企业以放弃企业财产为条件与对方当事人达成和解协议时,人民法院审查该协议,除了注意当事人意思表示是否真实外,还应当注意该企业法定代表人的让步行为是否损害国家利益。

【司法案例】

李某良、甲公司所有权纠纷案[①]

诉讼结论:国家出资的企业,由国务院、地方人民政府依照法律、行政法规规定分别代表国家履行出资人职责,享有出资人权益。

法院认为:被告乙公司、丙集团为国有独资公司,乙公司委托甲公司拍卖丙集团2号矿947平硐、970平硐的废石堆,被告丙集团无异议,拍卖行为合法有效。被告丙集团、甲公司、乙公司对原告提供的《二号矿业分公司工会关于利用废渣捡矿作为赔偿李某良土地的协议》及收据真实性无异议,予以认定。国家鼓励最大限度地回收、节约、合理和综合利用矿产资源,充分发挥资源效益,防止污染,保护环境。因此,对于从废石中回收矿产品的,有关部门予以鼓励。该协议虽允许原告在相应区域捡矿作为占地补偿,但并没有改变废石国有资产的属性。原告以该协议已将废渣所有权转归李某良所有,并要求确认被告拍卖行为无效的主张,没有事实和法律依据,对其诉讼请求不予支持。

第二百五十八条　国家所有的财产受法律保护,禁止任何组织或者个人侵占、哄抢、私分、截留、破坏。

① 参见河北省邯郸市中级人民法院(2019)冀04民终2830号民事判决书。

【条文主旨】

本条是关于国有财产保护的规定。

【条文理解】

国有财产属全民所有,是国家经济、政治、文化、社会发展的物质基础。加大对国有财产的保护力度,切实防止国有财产流失,是巩固和发展公有制经济的重要内容。《宪法》第12条规定:"社会主义的公共财产神圣不可侵犯。国家保护社会主义的公共财产。禁止任何组织或者个人用任何手段侵占或者破坏国家的和集体的财产。"从实际情况看,目前经济领域中遭受侵害最严重的恰恰是国有财产,民法就加强对国有财产的保护、切实防止国有财产流失作出有针对性的规定,是必要的。因此,本条根据《宪法》,针对国有财产的特点,从物权的角度作出了保护国有财产的一般原则性规定,即"国家所有的财产受法律保护,禁止任何组织或者个人侵占、哄抢、私分、截留、破坏"。

这里的"国家所有的财产"是指依法属于全民所有的财产,不仅包括国家拥有所有权的财产,如矿藏、水流、海域,国有的土地以及森林、山岭、草原、荒地、滩涂等自然资源,野生动植物资源,无线电频谱资源,依法属于国家所有的文物,国有的铁路、公路、电力设施、电信设施和油气管道等基础设施,国家机关和国家举办的事业单位依法直接支配的国有财产,而且包括国家依法投入到企业的动产和不动产。此外,国家的财政收入、外汇储备和其他国有资金也属于国家所有的财产。

这里的"侵占"是指以非法占有为目的,将其经营、管理的国有财产非法占为己有。侵占的客体是国有财产。侵占的主体一般是经营、管理国有财产的组织或者个人,如国有企业、国家举办的事业单位等。构成侵占,还有一个要件是侵占主体要有主观故意,即以非法占有国有财产为目的。

这里的"哄抢"是指以非法占有为目的,组织、参与多人一起强行抢夺国有财产的行为。哄抢的客体是国有财产。哄抢的主体可以是任何的组织或者个人,并且还需具备非法占有国有财产的主观故意。

这里的"私分"是指违反国家关于国有财产分配管理规定,以组织名义将国有财产按人头分配给组织内全部或者部分职工的行为。如违反国家关于国有资金与企业资金的分账比例管理制度,由组织领导班子集体决算或者由组织负责人决定并由直接责任人员经手实施,擅自将国有资金转为企业资金,进而以组织分红、组织发奖金、组织下发的节日慰问费等名义私分国有财产。私分的主体只是组织,一般指负有经营、管理国有财产的国家机关、国有公司、企业、事业单位、人民团体等组织。

这里的"截留"是指违反国家关于国有资金等国有财产拨付、流转的决定,擅自将经手的有关国有财产据为己有或者作他用的行为。如有的政府部门将其经手的,应当向农村集体支付的土地征收补偿费不及时支付或者留下作他用。截留的主体一般是指经手国有财产的组织或者相关责任人员。

这里的"破坏"是指故意毁坏国有财产,影响其发挥正常功效的行为,如采取爆破的方式毁坏国有铁路,影响国家正常交通运输的行为。破坏的主体可以是任何的组织或者个人,而且还需要具备非法破坏国有财产的主观故意。

侵占、哄抢、私分、截留、破坏国有财产的,应当承担返还原物、恢复原状、赔偿损失等民事责任;触犯《治安管理处罚法》和《刑法》的,还应当承担相应的法律责任。有关单位的责任人也要依法追究行政责任甚至是刑事责任。

本条将"单位"改为"组织"。"单位"一词带有政治色彩,"组织"则是法律概念,此种表述更为严谨,同时与民法其他条款在形式上保持一致。在语言表达上,将"任何单位和个人"改为"任何组织或者个人"。

【司法适用】

司法实践中,适用本条应注意以下问题:

第一,当国家所有的财产受到侵害时,有权直接支配该财产的机关、事业单位、企业、国有资产监督管理机构代表国家提起民事诉讼,维护国有财产所有权的,人民法院应当依法受理并运用返还财产、恢复原状、赔偿损失等民事责任方式,保护国有财产。

第二,人民法院在审理民事案件中,发现以侵占、私分、破坏国家所有的财产为内容的合同,应当认定为无效合同。

【司法案例】

甲村村民委员会、甲村第一村民小组、甲村第十村民小组与被告廖某松、陆某华合同纠纷案①

诉讼结论:合同违反法律、行政法规的强制性规定的,认定合同无效。

法院认为:水流等自然资源属于国家所有。国家所有的财产受法律保护,禁止任何组织或者个人侵占、哄抢、私分、截留、破坏。被告未征得河道主管机关的批准,与原告协议在河坝边建设水电站,原告、被告签订的合同违反了法律、行政法规的强制性规定,且损害了国家利益,该合同无效。因此,三原告请求本院判令:依约终止合同,二被告连带承担违约责任人民币10万元的诉讼请求,不符合法律规定,本院不予支持。

---

① 参见湖南省新田县人民法院(2014)新法民二初字第170号民事判决书。

第二百五十九条　履行国有财产管理、监督职责的机构及其工作人员，应当依法加强对国有财产的管理、监督，促进国有财产保值增值，防止国有财产损失；滥用职权，玩忽职守，造成国有财产损失的，应当依法承担法律责任。

违反国有财产管理规定，在企业改制、合并分立、关联交易等过程中，低价转让、合谋私分、擅自担保或者以其他方式造成国有财产损失的，应当依法承担法律责任。

【条文主旨】

本条是关于国有财产管理法律责任的规定。

【条文理解】

加大对国有财产的保护力度，切实防止国有财产流失，是巩固和发展公有制经济的重要内容。从国有财产流失的主要情形看，加大对国有财产的保护力度，切实防止国有财产流失，一方面要加强对国有财产的管理、监督；另一方面要明确规定造成国有财产流失应承担的法律责任。关于国有财产的管理、监督，以及造成国有财产流失的法律责任，《公司法》《刑法》等法律以及关于国有财产监管的行政法规和部门规章已经有规定。“物权编”的相关规定加大了对国有财产的保护力度，切实防止国有财产流失，并与有关国有财产监管的法律进行衔接。因此，本条第 1 款对履行国有财产管理、监督职责的机构及其工作人员切实履行职责作了规定，同时第 2 款针对现实中存在的国有财产流失的突出问题作了规定。

1. 国有财产管理、监督机构及其工作人员的职责

根据党的十六大和十六届二中全会关于深化国有资产管理体制改革和设立专门国有资产管理监督机构的精神，经十届人大一次会议批准，设立了国务院国有资产监督管理委员会。地方政府也组建了相应的国有资产监督管理机构。十六届三中全会决定提出：“国有资产管理机构对授权监管的国有资本依法履行出资人职责，维护所有者权益，维护企业作为市场主体依法享有的各项权利，督促企业实现国有资本保值增值，防止国有资产流失。”根据上述要求，国务院国有资产监督管理委员会除了根据国务院授权，依照《公司法》等法律和行政法规履行出资人职责外，还负有以下主要职责：(1)指导推进国有企业改革和重组；对所监管企业国有资产的保值增值进行监督，加强国有资产的管理工作；推进国有企业的现代企业制度建设，完善公司治理结构；推动国有经济结构和布局的战略性调整。(2)代表国家向部分大型企业派出监事会；负责监事会的日常管理工作。(3)通过法定程序对企业负责人进行任免、考核并根据其经营业绩进行奖惩；建立符合

社会主义市场经济体制和现代企业制度要求的选人、用人机制，完善经营者激励和约束制度。(4)通过统计、核对所监管国有资产的保值增值情况进行监管；建立和完善国有资产保值增值指标体系，拟订考核标准；维护国有资产出资人的权益。(5)起草国有资产管理的法律、行政法规，制定有关规章制度；依法对地方国有资产管理进行指导和监督。还有三点需要注意：其一，履行国有资产管理、监督职责的机构不仅仅是中央政府和地方政府设立的国有财产监督管理委员会(局)，而且包括其他机构，比如财政部门、审计部门、水利部门、外汇管理部门、银行业监督委员会等，再如国家机关和国家举办事业单位内部设立的国有财产管理部门等，都负有一定的国有财产管理、监督职责。其二，国有财产监督管理机构应当支持企业依法自主经营，除履行出资人职责以外，不得干预企业的生产经营活动。其三，本条强调了履行国有财产管理、监督职责的机构的工作人员的责任。如果滥用职权，玩忽职守，造成国有财产损失的，还要依法承担行政责任、刑事责任等。如根据《刑法》第397条的规定，国家机关工作人员滥用职权或者玩忽职守，致使公共财产、国家和人民利益遭受重大损失的，处3年以下有期徒刑或者拘役；情节特别严重的，处3年以上7年以下有期徒刑。

2. 违反国有财产管理规定造成国有财产损失的法律责任

国有财产流失，主要发生在国有企业改制、合并分立、关联交易的过程中。

国有企业改制，是指国有企业通过重组、联合、兼并、租赁、承包经营、合资、转让国有产权和股份制、股份合作制等多种形式，建立符合市场经济规律的以产权为核心的现代企业制度。而今，国有企业的公司化改革已经基本完成，除了部分带有政府职能性质或者占据垄断资源的机构还保留全资国有的产权结构外，绝大部分国有企业均已实现投资主体的多元化，并建立起以股东会、董事会、监事会为主要标志的现代企业管理体系。国有企业改制过程中，必须依法进行清产核资、财务审计、资产评估、公开信息。涉及国有产权转让的，应当采取拍卖、招投标等竞价转让方式以及国家法律法规规定的其他方式。

国有企业的分立，是指一个国有企业法人分成两个或者两个以上企业法人。因分立而保留的企业应申请变更登记；因分立而新开办的企业应申请开业登记。国有企业的合并是指两个或两个以上的国有企业法人，合并为一个企业法人或合并为一个新的企业法人。因合并而保留的企业，应申请变更登记，因合并而终止的企业，应申请注销登记；因合并而新开办的企业，应申请开业登记。企业法人分立、合并后，它的权利和义务，由分立、合并后的法人享有和承担。

关联交易，就是指企业关联方之间的交易。在企业财务和经营决策中，如果一方有能力直接或间接控制、共同控制另一方或对另一方施加重大影响，则视其为关联方;如果两方或多方受同一方控制,也将其视为关联方。这里的控制,是指有权决定一个企业的财务和经营政策,并能据以从该企业的经营活动中获取利益。所谓重大影响,是指对一个企业的财务和经营政策有参与决策的权力,但并不决定这些政策。参与决策的途径主要包括:在董事会或类似的权力机构中派有代表,参与决策的制定过程,互相交换管理人员等。凡以上关联方之间发生转移资源或义务的事项,无论是否收取价款,均被视为关联交易。由于关联交易方可以运用行政力量撮合交易的进行,从而有可能使交易的价格、方式等在非竞争的条件下出现不公正情况,形成对股东或部分股东权益的侵犯。

在上述的国有企业改制、合并分立、关联交易中,造成国有资产损失的情形中较为常见的有:(1)低价转让。有的不按规定进行国有资产评估或者压低评估价格;有的不把国家划拨的土地计入国有股;有的对专利、商标等无形资产不作评估;有的将国有资产无偿转让或者低价折股、低价出售给非国有单位或者个人;有的在经营活动中高价进、低价出。(2)违反财务制度,合谋私分侵占国有资产。有的将应收账款做成呆账、坏账,有的私设"小金库"或者设立"寄生公司",以后再提取侵占私分。(3)擅自担保。有的根本不认真调查被担保人的资信情况,未经法定程序和公司章程规定,擅自为非国有单位或者个人提供担保,造成国有财产损失。此外,还存在以下造成国有资产损失的情形:(1)通过管理层持股非法牟利。(2)低估企业财产,虚构企业债务,以降低持股所需资金;有的实际未出资,以拟收购的企业财产作为其融资担保。(3)贪污、挪用国有财产;虚假破产,逃避债务。(4)利用分立重组方式,把债务留在原企业,使原企业变成空壳企业,侵害银行的国有财产。(5)直接负责的主管人员玩忽职守,造成企业破产或者严重亏损等。

本条第2款针对上述现实中造成国有财产流失的主要情形,规定上述违反国有财产管理规定的行为人,应当依法承担相应的法律责任,包括赔偿损失等民事责任,纪律处分等行政责任,构成犯罪的,依法追究刑事责任。根据《企业国有资产监督管理暂行条例》第39条的规定,对企业国有资产损失负有责任受到撤职以上纪律处分的国有及国有控股企业的企业负责人,5年内不得担任任何国有及国有控股企业的企业负责人;造成企业国有资产重大损失或者被判处刑罚的,终身不得担任任何国有及国有控股企业的企业负责人。

【司法适用】

司法实践中,适用本条时应注意:人民法院在民商事案件的审理过程中,应当充分注意因企业改制、企业合并分立、关联交易等引起的产权争议案件,当事人是否存在以低价转让、擅自担保等方式损害国有财产的行为。一旦发现当事人之间的合同有违反本条法律规定的情形，应认定合同无效，而且应当运用法律规定的民事责任承担方式，通过判决努力避免国有财产遭受损失。

【司法案例】

张某于、甲公司物权保护纠纷案[①]

诉讼结论：甲公司是经政府职能部门批复的安排，代表国家持有本案摊位产权并负责经营管理，符合法律规定，其主体适格。

法院认为：本案争议焦点之一是甲公司主体是否适格，是否具有本案摊位物权。根据南充市顺庆区财政局的批复以及西管办的信访答复，包括本案诉争摊位在内的西门市场6号楼第2层、第3层一直是国有资产，最初产权人为南充市工商行政管理局顺庆分局，2001年11月原南充市人民政府（现顺庆区人民政府）与南充市工商行政管理局顺庆分局进行产权置换，置换后西门市场6号楼第2层、第3层产权归顺庆区人民政府，之后国有资产主管部门顺庆财政局国有资产管理中心将该资产产权划归移交甲公司，并批复由甲公司对该国有资产进行统一经营管理，确保国有资产的保值增值。故甲公司经政府职能部门批复的安排，代表国家持有本案摊位产权并负责经营管理，符合《物权法》第57条“履行国有财产管理、监督职责的机构及其工作人员，应当依法加强对国有财产的管理、监督，促进国有财产保值增值，防止国有财产损失；滥用职权，玩忽职守，造成国有财产损失的，应当依法承担法律责任”的规定，合法有效，故甲公司主体适格。

第二百六十条　集体所有的不动产和动产包括：

（一）法律规定属于集体所有的土地和森林、山岭、草原、荒地、滩涂；

（二）集体所有的建筑物、生产设施、农田水利设施；

（三）集体所有的教育、科学、文化、卫生、体育等设施；

（四）集体所有的其他不动产和动产。

【条文主旨】

本条是关于集体财产范围的规定。

【条文理解】

《宪法》第6条中规定，中华人民共和国的社会主义经济制度的基础是生产资

① 参见四川省南充市中级人民法院（2019）川13民终612号民事判决书。

料的社会主义公有制，即全民所有制和劳动群众集体所有制。集体所有根据所有人身份不同，可以分为农村集体所有和城镇集体所有。集体财产是广大人民群众多年来辛勤劳动积累的成果，是发展集体经济和实现共同富裕的重要物质基础。确认集体财产的范围，对保护集体的财产权益、维护广大集体成员的合法财产权益具有重要意义。《宪法》已经对集体财产的范围作了规定。如《宪法》第 9 条第 1 款规定："矿藏、水流、森林、山岭、草原、荒地、滩涂等自然资源，都属于国家所有，即全民所有；由法律规定属于集体所有的森林和山岭、草原、荒地、滩涂除外。"第 10 条第 2 款规定："农村和城市郊区的土地，除由法律规定属于国家所有的以外，属于集体所有；宅基地和自留地、自留山，也属于集体所有。""物权编"保护集体所有权，首先要确定集体所有权的客体，即集体财产的范围，这是维护我国基本经济制度的重要内容，也是"物权编"的重要内容。因此，本条依据《宪法》的规定，以列举加概括的方式，对集体所有的不动产和动产的范围作出了规定。

首先，要明确集体财产所有权的主体是集体。曾有意见认为，集体所有的财产可以适用本法关于共有的规定。笔者研究认为，集体所有和共有是不同的。共有是两个以上自然、法人对一项财产享有权利，如两人出资购买一辆汽车，子女共同继承一栋房子等。共有人对共有的财产都享有占有、使用、收益和处分的权利，都有权要求分割共有财产。集体所有是公有制的一部分，集体的成员不能独自对集体财产行使权利，离开集体时不能要求分割集体财产。

其次，集体所有财产主要包括：(1)法律规定属于集体所有的土地和森林、山岭、草原、荒地、滩涂。土地是人类社会生产和生活的物质基础。对广大农民来说，土地是其可以利用的一切自然资源中最基本、最宝贵的资源，是其安身立命的根本。土地公有制是我国土地制度的基础和核心，我国土地公有制的法律表现形式是国有土地所有权和集体土地所有权。《宪法》第 10 条第 2 款规定："农村和城市郊区的土地，除由法律规定属于国家所有的以外，属于集体所有；宅基地和自留地、自留山，也属于集体所有。"《土地管理法》也作了相同的规定。关于集体所有的土地，有两点需要说明：一是集体所有的土地的所有者只有农民集体，城镇集体不享有土地的所有权。二是集体所有的土地主要包括耕地，也包括宅基地和自留地、自留山。除了土地外，根据《宪法》第 9 条第 1 款的规定，森林、山岭、草原、荒地、滩涂等自然资源，根据法律规定，也可以属于集体所有。如《森林法》第 14 条规定，森林资源属于国家所有，由法律规定属于集体所有的除外。《草原法》第 9 条中规定，草原属于国家所有，由法律规定属于集体所有的除外。(2)集体所有的集体企业的厂房、仓库等建筑物；机器设备、交通运输工具等生产设施；水库、农田灌溉渠道等农田水利设施；以及集体所有的教育科学、文化、卫生、体育等公益设施。需要说明的是,这里集体所有的财产主要有两个来源:一是集体自己出资兴建、购置的财产;二是国家拨给或者捐赠给集体的财产。(3)除上述几种常见的集体财产外,集体财产还包括集体企业所有的生产原材料、半成品和成品,村建公路、农村敬老院等,本条不可能一一列举,因此还规定了一个兜底条款,即集体所有的其他不动产和动产,作为对上述规定的补充。

【司法适用】

人民法院在民商事案件的审理过程中,应当充分注意该案件所涉及的财产是否属于本条规定的"集体所有的不动产和动产",若符合本条规定,则应判决该财产属于集体所有,通过判决避免集体财产遭受损失。

【司法案例】

何某明、甲村村民委员会物权保护纠纷案①

诉讼结论:何某明自修公路所占用的土地属于甲村农民集体所有,何某明只享有使用权,并不享有所有权。

法院认为:本案争议焦点是何某明是否对自修公路享有所有权。根据《物权法》第58条"集体所有的不动产和动产包括:(一)法律规定属于集体所有的土地和森林、山岭、草原、荒地、滩涂;(二)集体所有的建筑物、生产设施、农田水利设施;(三)集体所有的教育、科学、文化、卫生、体育等设施;(四)集体所有的其他不动产和动产"的规定,本案何某明自修公路所占用的土地在甲村,属于甲村农民集体所有,何某明只享有使用权,并不享有所有权。

第二百六十一条　农民集体所有的不动产和动产,属于本集体成员集体所有。

下列事项应当依照法定程序经本集体成员决定:

(一)土地承包方案以及将土地发包给本集体以外的组织或者个人承包;

(二)个别土地承包经营权人之间承包地的调整;

(三)土地补偿费等费用的使用、分配办法;

(四)集体出资的企业的所有权变动等事项;

(五)法律规定的其他事项。

① 参见湖北省高级人民法院(2017)鄂民再111号民事判决书。

【条文主旨】

本条是关于农民集体所有财产归属以及重大事项集体决定的规定。

【条文理解】

与《物权法》第59条相比,本条将“单位”改为“组织”。为了维护集体成员的合法权益,促进社会的和谐与稳定,本条明确规定了农民集体财产的归属以及须经集体成员决定的重大事项。

1.集体财产归本集体成员集体所有

农民集体所有的特征就是集体财产集体所有、集体事务集体管理、集体利益集体分享。只有本集体的成员才能享有这些权利。农村集体成员有两个特征:一是平等性,即不分加入集体时间长短,不分出生先后,不分贡献大小,不分有无财产投入等,其成员资格都一律平等。二是地域性和身份性。一般来说农村集体成员往往就是当地的村民,他们所生子女,自出生后自动取得该集体成员资格。此外,也有的成员是通过婚姻或收养关系迁入本集体而取得成员资格。也有的成员是因移民迁入本集体而取得成员资格。

丧失农村集体成员资格的情形有:第一,死亡,包括自然死亡和宣告死亡。第二,因婚姻、收养关系以及因法律或政策的规定迁出本农村集体。如出嫁到城里,取得城市户籍而丧失原集体经济组织成员资格。又如因被录用为国家公务员、全家户口迁入设区的市而丧失原集体成员资格。第三,因国家整体征收农民集体土地或者整体移民搬迁等原因,原集体失去继续存在的条件而终止,其成员资格亦当然丧失。需要说明的是,农民只能在一个农民集体内享有成员权利,不能同时享有两个或者多个集体成员权利。

2.农民集体所有的不动产和动产的范围

本条规定的农民集体所有的财产应当在上一条规定的集体财产范围内,最主要的就是本集体所有的土地,以及法律规定属于集体所有的森林、山岭、草原、荒地、滩涂,集体所有的建筑物、生产设施、农田水利设施以及教育、科学、文化、卫生、体育设施等不动产和动产。

3.重大事项须依法定程序经本集体成员决定

集体所有的特征要求民主管理集体事务,涉及集体成员重大利益的事项必须依照法定程序经本集体成员决定。现实中,存在少数村干部擅自决定涉及全体村民利益的大事的情况,群众对此反映十分强烈。为了维护集体成员的合法权益,促进社会的和谐和稳定,本条明确规定了须经集体成员决定的事项:

第一,土地承包方案以及将土地发包给本集体以外的单位或者个人承包。土地承包方案以及将土地发包给本集体以外的单位或者个人承包,直接关系到本集体成员的切身利益,直接关系到以家庭承包经营为基础的双层经营体制的长期稳定。根据《农村土地承包法》的规定,土地承包应当按照下列程序进行:首先,由本集体经济组织成员的村民会议选举产生承包工作小组;再由该承包工作小组依照法律、法规的规定拟订并公布承包方案;然后依法召开本集体经济组织成员的村民会议,讨论承包方案。承包方案必须经本集体经济组织成员的村民会议 2/3 以上成员或者 2/3 以上村民代表同意。按照《土地管理法》的规定,农民集体所有的土地由本集体经济组织以外的单位或者个人承包经营的,必须经村民会议 2/3 以上成员或者 2/3 以上村民代表的同意,并报乡(镇)人民政府批准。

第二,个别土地承包经营权人之间承包地的调整。原则上,在承包期内,发包方不得调整承包地。如果因自然灾害严重毁损承包地等特殊情形要适当调整的,按照《土地管理法》《农村土地承包法》的规定,必须经本集体经济组织成员的村民会议 2/3 以上成员或者 2/3 以上村民代表的同意,并报乡(镇)人民政府和县级人民政府农业等行政主管部门批准。

第三,土地补偿费等费用的使用、分配办法。根据本法规定,为了公共利益的需要,依照法律规定的权限和程序,可以征收农村集体所有的土地。征收集体所有的土地,应当依法及时足额支付土地补偿费、安置补助费以及农村村民住宅、其他土地附着物和青苗等的补偿费用。现实中,这部分费用一般支付给被征地的农村集体经济组织,其中大部分费用分配给本集体成员、补偿受影响的土地承包经营权人。因为征收集体土地直接影响征地农民的生产生活,这部分费用的使用和分配办法必须经集体成员通过村民会议等方式决定。

第四,集体出资的企业的所有权变动等事项。实践中,很多农村集体经济组织都投资兴办企业,一方面有利于实现共同致富,另一方面也解决了大量农业人口的就业问题。集体出资的企业收益属集体成员集体所有。如果将该企业出让或者抵押,则要经过本集体成员讨论决定,不能由该企业负责人或者本集体管理人擅自作主。

第五,法律规定的其他事项。根据《村民委员会组织法》第 24 条的规定,本村公益事业的兴办和筹集筹劳方案及建设承包方,村集体经济项目的立项、承包方案,宅基地的使用方案,以借贷、租赁或者其他方式处分村集体财产等涉及村民利益的事项,必须提请村民会议讨论决定,方可办理。

【司法适用】

人民法院在民商事案件的审理过程中,应当充分注意该案所涉及的财产是否属于农民集体所有的不动产和动产。同时,对于未依照法定程序经集体成员决定的事项,应认定无效,通过判决避免农民集体的利益遭受损失。

【司法案例】

支某宪与甲村第11村民小组侵害集体经济组织成员权益纠纷案①

诉讼结论：分配方案按照当时划地人口（份额）分配到户，并未损害相关人员利益，亦相对公平易行。因征地公告发布前赵某福已死亡，所以赵某福的继承人不享有赵某福的分配利益。

法院认为：本案的争议焦点是分配方案及补充分配方案是否侵犯支某宪合法权益。《物权法》第59条规定："农民集体所有的不动产和动产，属于本集体成员集体所有。下列事项应当依照法定程序经本集体成员决定：……（三）土地补偿费等费用的使用、分配办法……"《村民委员会组织法》第24条规定："涉及村民利益的下列事项，经村民会议讨论决定方可办理：……（七）征地补偿费的使用、分配方案……"本案中，征地方按原甲村38组土地面积（未区分耕地、林地）统一计发了征地补偿费，原甲村38组以户代表表决形式形成分配方案，符合上述法律规定。至于分配方案中是否应以1998年各承包户的划地份数来确定分配基数、林地等是否应单独核算、未划地人口如何分配、此前高速路占地如何在本次征地补偿费中扣减等问题，均属村民自治范畴，任何组织和个人无权干预。在分配方案中，对未划地人口与其所在的家庭承包户存在对应联系，亦进行了相应的考虑。故分配方案按照当时划地人口（份额）分配到户，并未损害相关人员利益，亦相对公平易行。一审中，因查明征地公告发布前赵某福已死亡，故一审法院直接判决赵某福的继承人不享有赵某福的分配利益，并未撤销分配方案，二审法院维持一审处理结果，并无不当。

第二百六十二条　对于集体所有的土地和森林、山岭、草原、荒地、滩涂等，依照下列规定行使所有权：

（一）属于村农民集体所有的，由村集体经济组织或者村民委员会依法代表集体行使所有权；

（二）分别属于村内两个以上农民集体所有的，由村内各该集体经济组织或者村民小组依法代表集体行使所有权；

（三）属于乡镇农民集体所有的，由乡镇集体经济组织代表集体行使所有权。

① 参见重庆市高级人民法院（2019）渝民申64号民事裁定书。

【条文主旨】

本条是关于集体所有的不动产所有权行使的规定。

【条文理解】

本条先从总体上规定了集体不动产所有权的范围,包括集体所有的土地、森林、山岭、草原、荒地、滩涂等。第1项规定了村农民集体所有的不动产的行使主体,是村集体经济组织或者村民委员会;第2项规定了村内两个以上农民集体所有的不动产的行使主体,是村内各该集体经济组织或者村民小组,与第1项规定的主体相同,只是第1项是村内只有一个农民集体,而第2项是村内的农民集体不止一个,有两个以上;第3项规定了乡镇农民集体所有的不动产行使主体,是乡镇集体经济组织。

行使集体所有权的范围不仅包括集体所有的土地和森林、山岭、草原、荒地、滩涂,也包括集体所有的建筑物、生产设施、农田水利设施;集体所有的教育、科学、文化、卫生、体育等设施;以及集体所有的其他不动产和动产。

行使所有权的内容就是对集体所有的财产享有占有、使用、收益和处分的权利,如对集体所有的土地进行发包、分配宅基地等。农村集体经济组织、村委会和村民小组不是集体财产的所有人,只是依法代表集体行使所有权,并且向所属集体负责,接受其监督。

属于村农民集体所有的,由村集体经济组织或者村民委员会代表集体行使所有权。这里的“村”是指行政村,即设村民委员会的村,而非自然村。该行政村农民集体所有的土地等集体财产,就由该行政村集体经济组织来代表集体行使所有权。在农村没有村集体经济组织或者该集体经济组织已不健全,难以履行集体所有土地的经营、管理等职权的情况下,需要由行使自治权的村民委员会来代表集体行使所有权。

分别属于村内两个以上农民集体所有的,由村内各该集体经济组织或者村民小组代表集体行使所有权。这里“村内两个以上农民集体所有”主要是指该农民集体所有的土地和其他财产在改革开放以前就分别属于两个以上的生产队,现在其土地和其他集体财产仍然分别属于原生产队的各该农村集体经济组织或者村民小组的农民集体所有。这里的“村民小组”是指行政村内的由村民组成的自治组织。根据《村民委员会组织法》的规定,村民委员会根据居住地区划分若干个村民小组。如果村内有集体经济组织的,就由村内的集体经济组织行使所有权;如果村内没有集体经济组织,则由村民小组来行使。

属于乡镇农民集体所有的,由乡镇集体经济组织代表集体行使所有权。这种情况包括:一是指改革开放以前,原来以人民公社为核算单位的土地,在公社改为乡镇以后仍然属于乡镇农民集体所有；二是在人民公社时期，公社一级掌握的集体所有的土地和其他财产仍然属于乡镇农民集体所有。上述两种情况下，由乡镇集体经济组织来行使所有权。

《民法典》"物权编"中关于该条规定沿用了《物权法》第60条的相关规定，但是强调相关主体要"依法"代表集体行使所有权，这一词语的增加与我国建设社会主义法治国家的目标相符合。在物权法草案建议稿中，有相关学者建议对集体所有权的行使主体作笼统处理，将其规定为"其所有权由所有人选定的机关依法行使，但其所有权的行使不得违反法律和妨碍公共利益"。理由是中国实行土地的公有制，包括土地的国家所有和土地的集体所有两种所有制形式。《宪法》规定农村和城市郊区的土地，除由法律规定属于国家所有的以外，属于集体所有。物权法当然应规定集体所有土地的所有权形式和集体土地所有权如何行使。土地的集体所有与土地的国家所有，虽然均属于土地公有制的形式，但在具体规定土地所有权形式时，二者却有很大的不同。因为，国家是一个单一的组织体，按照民法的国家法人学说，国家是一个特殊法人。因此，国有土地的所有权主体就是作为特殊法人的国家，国有土地所有权的行使主体为国务院。而在规定集体所有土地的所有权主体和行使权利的主体时面临的难题是，并不存在一个叫"农民集体"的组织体，原有的"三级所有、队为基础"的人民公社已被废除，现存的乡、镇人民政府属于基层政权，不是"农民集体"组织体，村民委员会属于政治性的自治组织。如果将乡、镇人民政府或村民委员会规定为集体土地的所有权主体，显然与《宪法》和《土地管理法》的规定相违背。因此，本条规定集体所有的土地"属当地全体居民共同所有"，系参考民法上的"总有"理论。依此规定，凡当地居民均属于该地集体土地所有权的共有人。至于集体土地所有权的行使主体，因各地情形不同，难以具体规定，故规定为"由所有人选定的机关依法行使"，既能涵盖各种不同情形，亦不悖法理。该提议后来未被采用，可能更多的理由是基于法应该有明确性和可行性的考虑。

【司法案例】

甲村村民委员会与韩某龙侵权责任纠纷案[①]

诉讼结论：被告应停止侵权，将其在该土地使用权范围内建筑的两栋塑料大棚拆除。

法院认为：本案诉争地块为墙影地，未承包到户，属于甲村村民集体所有，由

---

① 参见黑龙江省肇州县人民法院（2016）黑0621民再1号民事判决书。

原告甲村村民委员会行使所有权，对该地块享有管理、使用等权利，被告在该地块南北两侧建起两个塑料大棚构成侵权。被告称该地块是合法流转而来，但其提供的证据不能证实该事实，所以被告的抗辩本院不予采纳。故原告要求被告停止侵权，将其在该土地使用权范围内建筑的两栋塑料大棚拆除的诉讼请求，本院予以支持。

第二百六十三条　城镇集体所有的不动产和动产，依照法律、行政法规的规定由本集体享有占有、使用、收益和处分的权利。

【条文主旨】

本条是关于城镇集体所有的财产权利行使主体和权利行使内容的规定。

【条文理解】

集体所有经济是公有制的重要组成部分，而城镇集体经济是集体所有制经济的重要形式之一。根据《宪法》第 8 条第 2 款的规定，城镇中的手工业、工业、建筑业、运输业、商业、服务业等行业的各种形式的合作经济，都是社会主义劳动群众集体所有制经济。根据《城镇集体所有制企业条例》第 4 条第 1 款的规定，城镇集体所有制企业是财产属于劳动群众集体所有、实行共同劳动、在分配方式上以按劳分配为主体的社会主义经济组织。劳动群众集体所有，依照《城镇集体所有制企业条例》第 4 条第 2 款的规定，是指本集体企业的劳动群众集体所有，并且劳动群众集体所有的财产应当占主导地位；或者是集体企业的联合经济组织范围内的劳动群众集体所有，并且劳动群众集体所有的财产应当占主导地位；或者是投资主体为两个或者两个以上的集体企业。

为了更好地理解本条的含义，有几点需要说明：

第一，本条规定的集体财产权行使的主体是本集体。集体所有、集体管理、集体经营是集体所有制的应有之义，因此，行使城镇集体财产权的只能是该集体，而不能由个别集体成员独断专行。

第二，集体财产权的客体只能是属于该城镇集体所有的不动产和动产。如果城镇集体企业已经改制了，如成为有限责任公司、股份有限公司、个人独资企业或者合伙企业的，就不适用本条。

第三，城镇集体财产权的内容，包括对本集体所有财产所享有的占有、使用、收益和处分的权利。作为本集体所有财产的所有人，当然享有所有权的"占有、使用、收益和处分"四项权能，全面支配本集体所有的财产。

第四,行使财产权应当依照法律、行政法规的规定。现行法律方面主要是《宪法》《民法通则》和本法等有关规定,行政法规目前主要是《城镇集体所有制企业条例》。今后,随着城镇集体企业改革的不断深入,在实践经验比较成熟时,还会制定或者修改相关的法律、行政法规。

【司法适用】

集体财产权的客体是属于该城镇集体所有的不动产和动产。如果城镇集体企业已经改制了,如成为有限责任公司、股份有限公司、个人独资企业或者合伙企业的,就不适用本条,而分别适用《公司法》、《个人独资企业法》或者《合伙企业法》的有关规定。

【司法案例】

陈某与徐某东、邵某生建设用地使用权转让合同纠纷案[①]

诉讼结论:双方签订的合同内容并未违反法律的强制性规定,属合法有效。

法院认为:被告徐某东、邵某生认为,根据永康市国土资源局所制的《拆迁安置建设用地呈报表》,2015 年 5 月 18 日之前该土地为集体所有土地,集体所有土地成员无权单独处分土地使用权。依据我国《物权法》第 61 条的规定,集体所有不动产和动产,依照法律、行政法规的规定由本集体占有、使用、收益和处分的权利。根据最高人民法院《关于印发〈全国民事审判工作会议纪要〉的通知》第 15 条的规定,将集体所有土地出卖给非本集体经济组织成员以外的人的合同,不具有法律效力。法院经审理认为,原、被告双方之间所签订的《拆迁安置屋基买卖契约》中的交易标的为国有划拨土地,该划拨土地已经人民政府批准办理土地出让手续并且已经由原告交纳了土地出让金,因此本案双方签订的合同内容并未违反法律法规的强制性规定,属合法有效。由被告徐某东、邵某生于本判决生效后十日内协助原告陈某办理坐落于永康市江南街道东虹花苑南区 15 幢 2 号的不动产权属登记手续。

第二百六十四条　农村集体经济组织或者村民委员会、村民小组应当依照法律、行政法规以及章程、村规民约向本集体成员公布集体财产的状况。集体成员有权查阅、复制相关资料。

---

① 参见浙江省永康市人民法院(2017)浙 0784 民初 3609 号民事判决书。

【条文主旨】

本条是关于农村集体经济组织或者村民委员会、村民小组公布集体财产以及集体成员查阅、复制权利的规定。

【条文理解】

本条规定了集体成员对集体财产的知情权,其主要实现形式是财务公开。集体经济组织或者村民委员会、村民小组的财产属于全体集体成员所有,每个集体成员都应当有权知道和了解集体财产的存在和使用情况。对集体财产所享有的知情、参与、监督、管理和自主决策的权利,是集体成员权利的重要内容,也是集体成员依法律规定或约定对集体财产行使所有权权能的体现和保障。

本条将“集体经济组织”改为“农村集体经济组织”,增加“农村”这一限定词,表述更加严谨。本条还增加了“集体成员查阅、复制相关资料的权利”,这主要是针对实践中部分集体成员的查阅权得不到保障这一情况而制定的。此前集体成员只是被动地接收农村集体经济组织或者村民委员会、村民小组公布的信息,如今,法律已明文规定了集体成员享有查阅、复制相关资料的权利。这一方面体现了集体成员参与管理集体财产和事务的积极性高涨,另一方面也表明了集体成员行使查阅、复制相关资料的权利是法律赋予的,农村集体经济组织或者村民委员会、村民小组有配合集体成员行使该权利的义务。

实践中向本集体成员实行财务公开的基本要求至少应当包括以下三方面的内容:

第一,财务公开的具体范围。财务公开的事项要全面、准确。国家有关法律法规和政策明确要求公开的事项必须公开。比如,《村民委员会组织法》第24条规定:“涉及村民利益的下列事项,经村民会议讨论决定方可办理:(一)本村享受误工补贴的人员及补贴标准;(二)从村集体经济所得收益的使用;(三)本村公益事业的兴办和筹资筹劳方案及建设承包方案;(四)土地承包经营方案;(五)村集体经济项目的立项、承包方案;(六)宅基地的使用方案;(七)征地补偿费的使用、分配方案;(八)以借贷、租赁或者其他方式处分村集体财产;(九)村民会议认为应当由村民会议讨论决定的涉及村民利益的其他事项。村民会议可以授权村民代表会议讨论决定前款规定的事项。法律对讨论决定村集体经济组织财产和成员权益的事项另有规定的,依照其规定。”凡是涉及集体财产处分的重大事项、涉及本集体成员切身利益的实际问题和本集体成员普遍关心的问题,都应向本集体成员公开。一般来讲,向本集体成员财务公开的内容,应当反映集体财产的财务收支状况。集体经济组织的财务计划及其执行情况、各项收入和支出、各项财产、债权债务、收益分配等方面的内容,包括其来源、去向、依据以及表现形式等明细账目都应逐项逐笔公布，让集体成员能够全面准确地了解集体资产和财务收支情况。

第二，财务公开的形式。财务公开的形式和方法应立足于实际、实用、实效，可以因地制宜、灵活多样。例如，在便于本集体成员了解、观看的地方设立固定的财务公开栏，通过广播、电视、网络、民主听证、代表大会审议等各种有效形式和手段公开。

第三，财务公开的保障机制。实行有效的监督，应当规定涉及一般财务事项、重要财务事项的民主审议和决定程序，还要明确违反规定的责任以及监督不力的责任。公布财务收支账目，应随时接受本集体经济组织成员的查询，还要做好专项审计、定期审计工作。设置财务公开的监督机构或人员，向全体集体经济组织成员负责。财务公开的时间要按时、及时。一般事项可以采取定期公开的形式；时限较长或重大的事项，还应及时公布进展过程与结果。对本集体成员提出的疑问要及时作出解释、答复或纠正。

【司法适用】

在实践中，部分村委会对村集体财产的管理较为混乱，长期不向村民公布集体财产状况，村民要求村委会公布集体财产状况，村委会却找各种理由拒不公布，引起村民强烈不满。该条明确赋予了集体成员查阅、复制相关资料的权利，当公民的该项权利得不到保障时，可以通过司法途径寻求帮助。

【司法案例】

刘某某诉村委会未依法公布审计结果案①

诉讼结论：根据法律规定，村委会不公开集体财务属于人民法院行政诉讼受案范围，应当予以立案。

法院认为：《行政诉讼法》第12条第1款第6项规定："人民法院受理公民、法人或者其他组织提起的下列诉讼：……（六）申请行政机关履行保护人身权、财产权等合法权益的法定职责，行政机关拒绝履行或者不予答复的……"根据该项规定，公民、法人或者其他组织请求行政机关履行法定职责所保护的权利范围，并不仅限于人身权、财产权，也包括法律、法规规定的人身权、财产权以外的其他合法权益。《村民委员会组织法》第31条规定："村民委员会不及时公布应当公布的事项或者公布的事项不真实的，村民有权向乡、民族乡、镇的人民政府或者县级人民政府及其有关主管部门反映，有关人民政府或者主管部门应当负责调查核实，责

① 参见河南省洛阳市中级人民法院（2019）豫03行终187号行政裁定书。

令依法公布……”据此，村委会不公开集体财务等情况的，政府有权调查核实，责令改正。根据《行政诉讼法》第12条第1款第6项之规定，其属于人民法院行政诉讼受案范围。

第二百六十五条　集体所有的财产受法律保护，禁止任何组织或者个人侵占、哄抢、私分、破坏。

农村集体经济组织、村民委员会或者其负责人作出的决定侵害集体成员合法权益的，受侵害的集体成员可以请求人民法院予以撤销。

【条文主旨】

本条是关于集体所有财产保护及农村集体成员合法权益保护的规定。

【条文理解】

与《物权法》第63条相比，本条将“单位”改为“组织”，另外第2款在“集体经济组织”之前，增加了“农村”两字。“单位”一词不是法律概念，将“单位”改成“组织”，在形式上与其他民事法律保持了一致。本条规定的集体所有的财产，从内容上，主要是本法所规定的集体所有的不动产和动产，包括法律规定属于集体所有的土地和森林、山岭、草原、荒地、滩涂；集体所有的建筑物、生产设施、农田水利设施；集体所有的教育、科学、文化、卫生、体育等设施；以及集体所有的其他不动产和动产。从所有者来讲，既包括农民集体所有的财产，也包括城镇集体所有的财产。

针对损害集体财产的主要行为，本条强调了禁止任何组织或者个人侵占、哄抢、私分、破坏集体财产。所谓的“侵占”是指以非法占有为目的，将其经营、管理的集体财产非法占为已有。侵占的客体是集体所有的资产。侵占的主体一般是经营、管理集体资产的组织或者个人。构成侵占，还必须有非法占有集体资产的主观故意。“哄抢”是指以非法占有为目的，组织、参与多人一起强行抢夺集体财产的行为。哄抢的客体是集体财产。哄抢的主体可以是任何的组织或者个人，并且还需具备非法占有集体财产的主观故意。“私分”是指违反集体财产分配管理规定，擅自将集体财产按人头分配给部分集体成员的行为，如有少数村委会干部将应分配给全体村民的征收补偿款擅自分掉、据为已有。“破坏”是指故意毁坏集体财产，致使其不能发挥正常功效的行为。如故意毁坏集体企业的机器设备或者农村集体所有的水利设施，影响集体经济组织生产经营的行为。破坏的主体可以是任何的组织或者个人，而且需有毁坏集体财产的主观故意。

本条第2款规定了集体成员的诉权。因为集体成员往往数量众多，集体所有的财产一般由集体经济组织经营管理，在村农民集体所有的情况下，村民委员会也可以代表集体经营管理村集体所有的财产。因为“集体所有”的性质，集体所有的财产应当采取民主管理的模式，涉及集体成员重大利益的事项，应当依照法定程序或者章程规定，由本集体成员（或者其代表）共同决定。本集体成员有权参与集体经济组织的民主管理，监督集体经济组织的各项活动和管理人员的工作。现实中，某些集体的负责人违反法定程序或者章程规定，擅自决定或者以集体名义作出决定低价处分、私分、侵占集体所有的财产，严重侵害集体成员的财产权益。针对这种情况，本条第2款赋予了集体成员请求人民法院撤销集体经济组织、村民委员会或者其负责人作出的不当决定的权利。

【司法适用】

本条在司法适用中应注意以下几个方面。第一，每个集体经济组织成员都可以针对集体经济组织（或者村民委员会）及其负责人作出的损害其权益决定，向人民法院请求撤销该决定。本条规定的集体经济组织不仅包括农村集体经济组织，也包括城镇集体经济组织。第二，提起诉讼的事由，是集体经济组织、村民委员会及其负责人作出的决定，侵害了该集体成员的合法财产权益。第三，提起诉讼的时间，本条没有明确限制。根据《民法典》“总则编”的规定，除法律另有规定外，向人民法院请求保护民事权利的诉讼时效期间为3年。诉讼时效期间从知道或者应当知道权利被侵害时起计算。但是，从权利被侵害之日起超过20年的，人民法院不予保护。有特殊情况的，人民法院可以延长诉讼时效期间。因此，集体成员可以从知道或者应当知道其权利被侵害时起3年内向人民法院提起诉讼，请求撤销集体经济组织、村民委员会及其负责人作出的不当决定。

【司法案例】

李某诉集体经济组织侵害集体经济组织成员权益纠纷案①

诉讼结论：再审申请人在其集体经济组织成员资格问题确定前提起诉讼，不属于人民法院受理民事诉讼的范围，不符合民事诉讼受理条件。

法院认为：李某起诉时，应就其具有村集体经济组织的成员资格，提交相应的初步证据予以证明，但李某起诉时以及申请再审时提交的证据均不足以证明这一点。据此，李某应先就其是否具有甲村的集体经济组织成员资格，按照该集体经济组织章程申请处理或向当地相关政府部门申请确认和处理。李某在其集体经济组织成员资格问题确定前提起本案诉讼，不属于人民法院受理民事诉讼的范

---

① 参见广东省高级人民法院（2018）粤民申11822号民事裁定书。

围，不符合民事诉讼受理条件。故一审裁定不予受理、二审裁定维持具有事实和法律依据。

第二百六十六条　私人对其合法的收入、房屋、生活用品、生产工具、原材料等不动产和动产享有所有权。

【条文主旨】

本条是关于私有财产范围的具体规定。

【条文理解】

本条源于《物权法》第64条。依法保护私有合法财产，既是《宪法》的规定和党的主张，也是人民群众的普遍愿望和迫切要求。完善保护私有财产的法律制度，首先要明确私有财产的范围。本条依据《宪法》的精神，参照《民法典》"总则编"等，规定了"私人对其合法的收入、房屋、生活用品、生产工具、原材料等不动产和动产享有所有权"。本条主要可从以下几个方面理解：

第一，所有权的主体：私人。这里的"私人"不仅包括我国的公民，也包括在我国合法取得财产的外国人和无国籍人；不仅包括自然人，还包括个人独资企业、个人合伙企业等非公有制企业。

第二，合法收入是公民取得财产的来源，指公民在法律许可的范围内，用自己的劳动或其他方法所取得的收入。合法收入包括公民在国家或集体单位从事体力或脑力劳动所取得的工资、奖金，依版权、发明权和发现权取得的报酬或奖励，以及农村家庭联产承包责任制的收入及副业收入等，也包括公民通过法律行为取得的收入。例如，通过买卖、赠与、继承取得的收入以及合法的租金、银行储蓄的利息等。

公民自有的房屋是公民个人所有权的客体，应当受到国家法律的保护，任何单位或个人都不得强行占用和毁坏。如果国家建设必须占用或拆除公民的房屋，国家有权征用，但应严格遵守有关规定，给房屋所有人以妥善安置和适当的补偿。个人所有的房屋可以出卖，暂时不用时也可以出租，收取合理的租金。房屋土地使用权的期限届满，不应影响公民房屋所有权的继续存在，应当推定公民仍享有该土地的使用权，但需支出延长期限的土地使用费。

生产工具亦称"劳动工具"，是人们用以改变劳动对象的手段，用来将劳动者的劳动传导到劳动对象上去，是劳动资料中最重要的因素。生产工具的创造和使用是人类劳动过程的特征，它的发展水平不仅是衡量人类改造自然程度的尺度，而且可以成为社会生产关系的指示器。故从法律上规定私人可以享有生产工具的所有权意义重大。而私人享有的生活用品和原材料，也应依法予以保护。

第三，所有权，是指所有人依法对所有物占有、使用、收益和处分，并排除他人干涉的权利。它反映并确认一定社会中人们之间的物质资料占有关系，赋予这种占有关系以法律关系的性质，从而使之得到国家强制力的保护。所有权是最主要的基本的物权，具有物权的一切法律特征。中国公民私人财产所有权的主体，是中华人民共和国公民。凡一切公民，无论是否成年、是否具有行为能力，一律具有公民私人财产所有权的主体资格。公民对于自己所有的财产，依法享有占有、使用、收益和处分的权利，任何人都不得非法干涉。我国有着国家所有权、集体所有权"一统天下"的历史背景，故强调对私人所有权的平等法律保护、给予私人所有权应有的法律地位和强有力的保护就显得尤为迫切。私人财产权将永远伴随着我们，它是人类最根本性的制度之一，它的作用是无法替代的。

【司法适用】

在实践中，存在农村村民在宅基地上自建的房屋是否可以买卖、出租的问题。根据《民法典》第266条的规定，农村村民对其合法的房屋享有所有权，所以原则上是可以将自建的房屋买卖或者出租的。但考虑到农村宅基地是为满足本集体经济组织成员的建房需要的特性，因而只允许将房屋卖给本集体经济组织的成员。而且《土地管理法》第62条第5款规定，农村村民出卖、出租、赠与住宅后，再申请宅基地的，不予批准。农村村民在买卖或出租自己的房屋时，应当认真考虑清楚。

【司法案例】

再审申请人张某与被申请人明某以及一审第三人甲公司、乙银行所有权确认纠纷一案①

诉讼结论：明某对案涉房屋实际享有房屋权益，属于借名买房，被申请人明某以实际付款人就本案所涉房屋权属提起民事诉讼，并无不当，再审申请人张某再审所述理由不能成立。

法院认为：本案是借名人与出名人就房屋权属的确认之诉，根据被申请人明某交付定金、支付首付款、还贷及交房后已实际居住等事实，可以证明被申请人明某实际享有房屋权益，借名买房事实成立。争议房屋为被申请人明某以再审申请人张某名义购买。本案涉诉房屋虽是以再审申请人张某名义与原审第三人甲公司签订的《房屋买卖合同》，但实际履行人为被申请人明某与甲公司，该合同虽然在房产管理部门网签，但网签不代表是对权属的确认，被申请人明某以实际付款

① 参见山西省高级人民法院（2015）晋民申字第357号民事裁定书。

人就本案所涉房屋权属提起民事诉讼,并无不当,再审申请人张某再审所述理由不能成立。

第二百六十七条 私人的合法财产受法律保护,禁止任何组织或者个人侵占、哄抢、破坏。

【条文主旨】

本条是关于私人合法财产受法律保护的规定。

【条文理解】

与《物权法》第66条相比,本条将"单位"改为"组织",将"和"改为"或者"。私人的合法财产不仅包括上一条规定的不动产和动产,也包括私人合法储蓄、投资及其收益以及继承得来的上述财产等。要切实使私人的合法财产权利得到充分保障,应当从以下角度对私人合法财产予以保护:

第一,对各类主体的合法财产实行平等保护。平等保护正是市场经济的内在要求在法律上的体现。我国《宪法》规定"社会主义的公共财产神圣不可侵犯",但却没有规定"公民的私有财产神圣不可侵犯"。强调公有制的主导地位是十分必要的,但对公私财产应实行平等保护,这是市场经济所要求的交易秩序的形成条件,也是社会主义法治精神的体现。从整体上看,平等保护与维护公有制的主导地位并不矛盾。公共财产与私有财产应当具有同等的法律地位,二者在法律上并没有等级高低之分。

第二,对公民的合法财产实行全面保护。保护财产是我国各个法律部门的共同任务,因而在完善对私有财产全面保护的法律时也应从多方面着手。另外,公民在其财产权利受到侵害以后有权依据《国家赔偿法》获得政府赔偿,我国政府已经在《联合国人权公约》上签字,该公约禁止政府无偿取得公民的财产。

第三,国家为了公共利益的需要,可以依照法律规定对公民的私有财产进行征收或者征用并给予补偿。拆迁、征收私人的不动产,应当按照国家规定给予补偿;没有国家规定的,应当给予合理补偿,并保证被拆迁人、被征收人得到妥善安置。即便是为了公共利益所需,也不能毫无对价地夺取私人财产。关于补偿的标准,国外的有关立法采用"充分合理的、相应的"标准。同时,补偿还应当及时到位,迟延的补偿对私有财产的保护是不充分的。

【司法适用】

在实际操作中,存在假借社会公共利益之名,行挤占集体、私人财产之实的现象。由于政府的强大与私人的弱小，现实生活中也存在政府侵犯公民私人财产权的行为。个别行政机构的肆意妄为，往往是对私有财产权的最大伤害。违法拆迁、征收造成私人财产损失的，应当依法承担民事责任和行政责任，构成犯罪的，应当依法追究刑事责任。

【司法案例】

公民个人合法建筑被拆案①

诉讼结论：廖某耀的合法建筑被违法强拆属于行政行为违法，经协调，廖某耀撤回起诉，行政纠纷得以实质性解决。

法院认为：被拆迁人廖某耀的房屋一部分是合法建筑、一部分是违建，但是甲县人民政府在强行拆除违建的过程中，还将廖某耀的部分合法建筑一并拆除，廖某耀为此起诉。经法院审理，由于政府只向法院提供了对廖某耀违建房屋进行行政处罚的相关证据，没有提供强制拆除房屋行政行为的相关证据和依据，因而被法院认定为行政行为违法。据了解，此案后经法院多次协调，最终促使廖某耀与政府就违法行政行为造成的损失及拆除其全部房屋达成和解协议。廖某耀撤回起诉，行政纠纷得以实质性解决。

第二百六十八条　国家、集体和私人依法可以出资设立有限责任公司、股份有限公司或者其他企业。国家、集体和私人所有的不动产或者动产投到企业的，由出资人按照约定或者出资比例享有资产收益、重大决策以及选择经营管理者等权利并履行义务。

【条文主旨】

本条是关于国家、集体和私人依法出资设立公司或者其他企业的规定。

【条文理解】

与《物权法》第67条相比，本条删除了“国家、集体和私人所有的不动产或者动产”之后的逗号，并无实质性影响。本条规定了各类投资主体可以依法设立不同的企业模式，投资主体依照约定或出资比例享有相应的资产收益、重大决策以及选择经营管理者等投资者权益并承担相应的义务。

在我国物权立法中要不要规定国家所有权、集体所有权、私人所有权的不同

① 参见最高人民法院公布的全国法院征收拆迁十大典型案例8号。

类型,一直是法学界争议的难点和焦点问题。在全国人大常委会对物权法草案的多次审议中,多数委员认为,物权法应反映实际社会生活和经济发展的趋向,其制定目的是规范民事领域的一般规则。物权法草案必须以《宪法》为根据,既要体现公有制为主体、多种所有制经济共同发展的基本经济制度,又要体现对国家、集体和私有财产的平等保护。物权法作为民法的组成部分,更确切地说是解决物权的确认与保护问题的法律。因此,不能认为本条规定是按不同所有制类型划分不同主体的权利义务关系,而是应当理解为对这些不同所有制类型以民事主体身份进入市场领域的物权法调整。一方面,国家、集体和私人作为投资主体,可选择的经营模式的范围扩大了。这样规定更符合市场经济条件下经济行为多样性的需要,市场主体受到物权法的确认与平等保护,能够选择更为灵活和开放的投资方式、经营模式。另一方面,出资人按照约定或者出资比例享有资产收益、重大决策以及选择经营管理者等具体的权利内容。投资者权益的实现,无疑是所有权实现的重要形式。

中共中央《关于完善社会主义市场经济体制若干问题的决定》指出:"要适应经济市场化不断发展的趋势,进一步增强公有制经济的活力,大力发展国有资本、集体资本和非公有资本等参股的混合所有制经济,实现投资主体多元化,使股份制成为公有制的主要实现形式。"社会主义公有制包括全民所有制和劳动群众集体所有制。全民所有制即国家所有,生产资料的所有权由国家代表全体人民享有。国家所有权包含国有财产权及全民所有制企业财产权。集体所有制则是指一定范围内劳动群众对生产资料的共同占有,由劳动群众集体组织享有生产资料的所有权。集体所有包含城镇集体所有和农村集体所有。无论是国有还是集体所有制,过去的实践中都强调所有权与经营权的高度统一。多年的改革实践证明,所有权与所有权实现的方式是可以区分并分离的。物权法对国家所有权的确认,除了从财产权的角度对国家财产权利予以明确保护,还有利于理顺国家与国有企业之间的财产关系,确认国有企业作为市场主体进入流通领域时享有的财产权利。

集体成员实现成员利益的基础是对集体财产的共有,这是一种特殊的共有,不可分割且为每个集体成员私有。对集体所有制财产也可以采取多种经营模式实现全体成员的整体利益,无论在形式上采取的是集体所有制企业所有权或者集体经济组织所有权,在实质上仍然属于本集体经济组织或企业内的成员集体所有,由集体企业法人或集体经济组织享有所有权。集体企业法人或集体经济组织的成员是集体成员,集体成员大会或代表大会作为集体法人或组织的权力机构,由其民主选举的管理者或监督者作为企业或组织的管理机构和监督机构。集体所有权在采取与其他所有制相结合的实现机制中,其采取股份制和公司制的经营机制的模式下,集体所有权转化为集体资本所有权,即股份所有权或股权。集体凭其股权参与公司的经营管理,从公司盈余分配中分得利益,在公司终止时分得剩余财产。集体的股份所有权仍然为集体范围的成员集体享有,集体凭其股权从公司实现的利益为成员集体的利益。

企业法人的出资人权益以及企业法人财产权的问题,是一直被争论的问题。我们认为,有的观点认为出资人权益是所有权的重要内容、具有用益物权的属性也是有其道理的。企业法人的出资人,无论是平民百姓还是国有单位,所享有的只应是股权,它是所有权行使的特殊形式。政府代表国家履行出资人职责,享有所有者权益。国家控股公司负责管理国家拥有的股份,代行国家所有权,依据相应的企业法规范,从事生产经营活动、承担权利义务。如《公司法》明确规定了公司股东重大权益与公司的独立法人财产权存在区别:公司以其全部财产对公司的债务承担责任。股东以其认缴的出资额或认购的股份为限对公司承担责任。国有企业已经进行的股份化和公司化改造,体现了国家所有权与公司企业的法人财产权相分离。国家向公司企业投资、持有企业股份,仅仅享有公司法人投资者权益,公司法人则以其独立财产权开展经营活动。集体经济组织的成员权不同于公司的股东权,但二者在依法享有资产收益权、参与重大决策权和选择管理者权方面是一致的。

如果《物权法》仅规定"国家出资的企业,由国务院、地方人民政府依照法律、行政法规规定分别代表国家履行出资人职责,享有所有者权益",则其只是对国家财产处分权比较抽象的立法规范。所有权行使过程的关键在于处分权能,仅规定"享有所有者权益",在实践中容易造成对不同产权确认和经营权限的误解,也容易导致政府机关监督管理处分国有资产的随意性。此外,本条将国家、集体和私人的出资经营的权利界定为出资人权益,明确规定了国家、集体和私人依法可以出资设立公司或其他企业及享有相应权利、履行相应义务的原则。至于如何设立以及出资人按照约定比例或者出资比例有何种权利义务、如何行使的问题,应根据法律对不同企业的要求具体规定。除国家、集体、私人之外其他投资主体如何设立、经营企业以及相关权益的调整,物权法也无须再去规定。

【司法适用】

审判实践中,适用本条要注意以下问题:

出资人享有因出资形成的财产的所有权,但这不意味着出资人可以随心所欲操纵企业经营,出资人应当根据有关法律和章程行使权利和承担义务。同时,《物权法》第 68 条中的"企业法人对其不动产和动产依照法律、行政法规以及章程享有占有、使用、收益和处分的权利",说明企业法人也只能以"法律、行政法规以及章程”享有物权，也体现了出资人意志和所有者权益人财产是属于法人所有还是出资人共有，与法人的独立地位并无必然关系，企业如何经营、如何承担权利义务，与企业治理结构直接相关。出资人对企业债务承担有限责任还是无限责任，应由企业组织形式所决定，不一定由企业财产的归属所决定。出资人出资到有限公司应承担有限责任，出资到合伙企业应承担无限责任，国有独资公司、一人公司以及其他企业经营形式还要具体根据法律及约定规范出资人的相应权利和义务。在审判实践中本条适用“揭开公司面纱”的原则，涉及法官自由裁量权的行使，要慎之又慎。要坚持依照法律和事实正确判定法人、出资人的权利义务，同时要达到鼓励交易、维护市场经济秩序的目的。在处理集体企业纠纷中，也要特别注意分清法律对投资者权益、所有者权益的不同保护。

【司法案例】

戴某友、甲公司、曾某案外人执行异议之诉案①

诉讼结论：根据现有在案证据，不能认定甲公司系“海昌工 2”船 51% 所有权份额的实际所有人。

法院认为：“海昌工 2”船所有权登记为海昌公司与曾某共有之前，按曾某所述该船系因需挂靠乙公司经营而将所有人登记为乙公司。根据《物权法》第 67 条、第 68 条的规定，私人所有不动产或者动产投到企业后，即由企业对该不动产和动产享有所有权即占有、使用、收益和处分的权利，出资人仅享有资产收益、重大决策以及选择经营管理者等权利。虽然“海昌工 2”船 51% 的份额登记在甲公司名下，但曾某作为甲公司的股东兼法定代表人，曾在案件审理时自认“海昌工 2”船实际属其一人所有，且与相关证据印证。因此，根据现有在案证据，不能认定甲公司系“海昌工 2”船 51% 所有权份额的实际所有人。

第二百六十九条　营利法人对其不动产和动产依照法律、行政法规以及章程享有占有、使用、收益和处分的权利。

营利法人以外的法人，对其不动产和动产的权利，适用有关法律、行政法规以及章程的规定。

【条文主旨】

本条是关于法人（营利法人及其他法人）享有和行使财产权利的依据的规定。

---

① 参见浙江省高级人民法院（2018）浙民终 1118 号民事判决书。

【条文理解】

与《物权法》第 68 条相比,本条将“企业法人”改成“营利法人”。法人制度是民事法律的基本制度。完善法人制度,对全面深化改革、促进社会主义市场经济发展意义重大,是这次《民法典》制定中的重点问题。《民法通则》将法人分为企业法人和机关法人、事业单位法人、社会团体法人等。随着我国经济社会的发展,新的组织形式不断出现,法人形态发生了较大变化,《民法通则》的法人分类已难以涵盖实践中新出现的一些法人形式,也不适应社会组织改革发展方向,有必要进行调整完善。由于法人是法律拟制的“人”,各学说对法人分类有不同认识,比如可分为营利性法人、非营利性法人,也可分为社团法人、财团法人,还可分为私法人、公法人等。不同国家的民事法律对法人的分类也不尽相同。经反复比较,《民法典》按照法人设立目的和功能的不同,将法人分为营利性法人和非营利性法人两类。这主要是因为营利性和非营利性法人的分类能够反映法人之间的根本差异,传承了《民法通则》按照企业和非企业进行分类的基本思路,比较符合我国的立法习惯,实践意义也更为突出。

以设立目的的不同,可以将法人分为营利法人、公益法人和中间法人。营利法人是以取得利润并分配给股东等出资人为成立目的的法人。营利法人包括有限责任公司、股份有限公司和其他企业法人等。营利法人区别于非营利法人的重要的特征,不是“取得利润”,而是“利润分配给出资人”。是否从事经营活动并获取利润,与法人成立的目的没有直接关系,也不影响营利法人与非营利法人的分类。例如,基金会法人是非营利法人,但为了实现财产的保值或增值,也会将管理的资金用于经营活动;有些寺庙也会收取门票等。营利法人的类型包括公司和其他企业法人。营利法人经依法登记成立。依法设立的营利法人,由登记机关发给营利法人营业执照。营业执照签发日期为营利法人的成立日期。将营利法人成立的时间点,即营利法人开始营业的起始点,明确规定为营业执照的签发日期。

营利法人以外的法人包括公益法人和中间法人。公益法人是指以公益为其设立目的的法人,如学校、医院、慈善机构、中国法学会等。公益法人并非不能从事营利活动,而是不能将营利分配给成员。中间法人是既不纯以营利为目的,又非纯公益性质的法人,如取得法人资格的社交俱乐部、校友会、同乡会等。

第二百七十条　社会团体法人、捐助法人依法所有的不动产和动产,受法律保护。

【条文主旨】

本条是关于社会团体法人、捐助法人依法所有的财产受法律保护的规定。

【条文理解】

与《物权法》相应条文相比，本条在社会团体后新增“法人”两字，另外新增了“捐助法人”。

在我国，存在各种各样的社会团体法人、捐助法人，依法支配其合法财产是开展其活动的必要条件之一。因此，为了保护民事主体的各项权益，保障公民的结社自由，维护社会团体法人、捐助法人的合法权益，本条明确规定：“社会团体法人、捐助法人依法所有的不动产和动产，受法律保护。”

社会团体是指我国公民行使结社权利自愿组成的，为实现会员的共同意愿，按照其章程开展活动的非营利性社会组织，主要包括人民群众团体（如共青团、工会、妇联）、公益团体（如希望工程基金会）、专业团体（如律师协会）、学术研究团体（如法学会）、宗教团体（如佛教协会）。根据《民法典》“总则编”的规定，具备法人条件、基于会员共同意愿、为公益目的或者会员共同利益等非营利目的设立的社会团体，经依法登记成立，取得社会团体法人资格；依法不需要办理法人登记的，从成立之日起，具有社会团体法人资格。社会团体的财产主要有以下来源：（1）成员的出资；（2）成员缴纳的会费；（3）国家拨付的资产和补助；（4）接受捐赠的财产；（5）社会团体积累的财产等。社会团体法人依法所有的不动产和动产，受法律保护。

本条增加了“捐助法人”这一主体。根据《民法典》“总则编”的规定，捐助法人主要有两类：其一，具备法人条件，为公益目的以捐助财产设立的基金会、社会服务机构等，经依法登记成立，取得捐助法人资格；其二，依法设立的宗教活动场所，具备法人条件的，可以申请法人登记，取得捐助法人资格。

【司法适用】

社会团体法人、捐助法人在其动产和不动产受到侵害时，可以依据本条寻求法律的保护。在实践中，宗教团体作为社会团体的一种，依法享有财产所有权。根据有关政策的规定，宗教团体的房屋和其他财产属于宗教团体所有，教会人员、僧尼、道士等一般只有使用权而无出卖、抵押或相互赠送的权利。法律保护各类社会团体的财产所有权，这对于切实贯彻党和国家的各项政策包括宗教政策、发展我国的科学文化教育事业、促进国家的安定团结、发展国际间的交往等，都是十分必要的。

第六章　业主的建筑物区分所有权

20 世纪 80 年代后期我国推行住宅商品化制度以后,城镇商品房大量兴建,城镇居民或企业购买商品房导致了一幢建筑物内所有人的多元化,这在事实上也形成了建筑物区分所有的现象。为解决这些所有形态带来的法律问题,1989 年 11 月 21 日建设部发布了《城市异产毗连房屋管理规定》,首次从行政管理的角度对"结构相连或具有共有、共用设备和附属建筑,而为不同所有人所共有的房屋"(该规定第 2 条)的相关法律问题进行了规范。这一文件是我国最早涉及建筑物区分所有权制度的国家法律文件。2003 年,国务院《物业管理条例》对建筑物区分所有权的一些问题尤其是成员权问题进行了较为系统的规范,对业主的权利义务,业主大会、业主委员会的职责甚至是一些建筑空间的权属状态进行了规定,从而为区分所有建筑物的管理实践提供了重要的依据。随着我国社会主义市场经济的发展,建立统一的建筑物区分所有权制度已成为必然。应这一需求,2007 年颁布的《物权法》在第六章规定了"业主的建筑物区分所有权",在此基础上,最高人民法院也出台了《关于审理建筑物区分所有权纠纷案件具体应用法律若干问题的解释》《关于审理物业服务纠纷案件具体应用法律若干问题的解释》等相关司法解释,从而使我国确立了较为系统的建筑物区分所有权制度。

建筑物区分所有权有一元说、二元说和三元说之分,《德国住宅所有权法》和我国台湾地区"建筑物区分所有权法"采用三元说,即专有所有权、共用部分持分权及成员权三位一体的复合性物权,其中专有所有权处于主导地位。我国《物权法》也采此体例,沿用至《民法典》"物权编"。

本章共有 16 个条文,基本承接了《物权法》的相关内容,并对业主决定建筑区划内重大事项的范围和表决方式及部分文字表述作出修改,新增 6 项条款,对区分所有权制度进行了完善。本章的立法创新主要有以下两方面:

第一,本章对业主决定建筑区划内重大事项的范围和表决方式进行了重大修改。区分所有建筑物的共有部分系为全体业主或部分业主所不可分割地共有,其系连通各业主专有部分的纽带,共有部分事关各业主的切身利益,并且区分所有建筑物共有部分的本来用途通常不能随意改变,否则会影响到各业主的居住品质和安全等权益。因此在重大事项的范围方面,本章第 278 条第 1 款增加了第 8 项规定“改变共有部分的用途或者利用共有部分从事经营活动”,增强了业主对共有部分的管理控制能力。在表决方式上,本章第 278 条第 2 款以《物权法》的“总面积、总人数”为计算基数,规定分两步计算,先满足参与表决的要求,再以参与表决人数为基数计算。本次修改旨在降低权力行使条件,相比《物权法》规定的两个“三分之二”而言降低了条件限制。

第二,新增条款,解决社会发展带来的法律滞后和法律空缺问题。《物权法》实施十多年来,我国物业管理水平不断发展,但也存在一定的问题。针对推诿拖延的现象,本章第 285 条新增及时答复业主的相关条款,明确物业管理服务企业或者其他管理人应当及时答复业主对物业服务情况的质询。针对业主在紧急情况下共同决定维修资金使用会因程序出现问题而延误时机的情况,本章第 281 条新增紧急情况下使用维修资金的条款。针对《物权法》在共有部分收入分配问题上的空白,本章第 282 条新增相关条款。针对业主拒不履行义务的问题,本章第 286 条新增业主拒不履行义务时行政介入的条款,在承接《物权法》的基础上,让本条规定“长了牙”。同时,第 287 条是对《物权法》相关规定的升级,鉴于城镇小区(社区)生活和实践中不时发生建设单位、物业服务企业或其他管理人以及其他业主侵害业主合法权益的情形,本章再次明确和强调了侵权人的侵权责任。本章新增条款顺应社会发展情况,对业主权益作出了进一步保护。

第二百七十一条　业主对建筑物内的住宅、经营性用房等专有部分享有所有权,对专有部分以外的共有部分享有共有和共同管理的权利。

【条文主旨】

本条是关于建筑物区分所有权的规定。

【条文理解】

在我国,随着住房制度的改革和高层建筑物的大量出现,住宅小区越来越多,业主的建筑物区分所有权已经成为私人不动产物权中的重要权利。因此,本条对业主的建筑物区分所有权作了规定。根据本条规定,业主的建筑物区分所有权包括对其专有部分的所有权、对建筑区划内共有部分享有的共有权和共同管理的权利。下文对这三种权利分别予以论述。

第一,业主对专有部分的所有权。根据本条规定,业主对建筑物内的住宅、经营性用房等专有部分享有所有权,有权对专有部分占有、使用、收益和处分。

第二,业主对建筑区划内的共有部分的共有权。根据本条规定,业主对专有部分以外的共有部分,如电梯、过道、楼梯、水箱、外墙面、水电气的主管线等,享有共有的权利。本法规定,建筑区划内的道路,属于业主共有,但属于城镇公共道路的除外。建筑区划内的绿地,属于业主共有,但属于城镇公共绿地或者明示属于个人的除外。建筑区划内的其他公共场所、公用设施和物业服务用房,属于业主共有。占用业主共有的道路或者其他场地的车位,属于业主共有。

第三,业主对建筑区划内的共有部分的共同管理权。本条规定,业主对专有部分以外的共有部分享有共同管理的权利。“物权编”规定,业主可以自行管理建筑物及其附属设施,也可以委托物业服务企业或者其他管理人管理。业主可以设立业主大会,选举业主委员会,制定或者修改业主大会议事规则和建筑物及其附属设施的管理规约,选举业主委员会和更换业主委员会成员,选聘和解聘物业服务企业或者其他管理人,筹集和使用建筑物及其附属设施的维修资金,改建和重建建筑物及其附属设施等。

【司法适用】

审判实践中,适用本条要注意以下问题:

第一,建筑物区分所有权的专有部分除“住宅和经营性用房”之外,尚有其他内容,本条未悉数列举。在立法未予明确的情况下,对于“等”字所包含内容的理解,应结合理论上构成建筑物专有部分所须具备的三个要件:一是构造上的独立性,指此专有部分与彼专有部分在建筑构造上能客观地区分其范围;二是使用上的独立性,指各专有部分须与一般独立的建筑物相同,能满足一般生活需要;三是通过登记予以公示并表现出法律上的独立性,通过登记使被分割的各个部分在法律上成为各个所有权的客体。具体可从下述两个方面掌握:其一,专有部分须能够与外界隔离而独立使用。凡是开放式的建筑空间或不能独立使用的部分,如某一单元中的一个居室或一个阳台、为多个区分所有人共同使用的楼,都不能构成专有部分。其二,关于专有部分的法律性质,理论上有不同看法,多数学者将其视为一种空间所有权,业主对建筑物专有部分所有权的权利范围原则上以由四周的墙壁、地板以及天花板所组成的空间为限,但是不及于作为整栋建筑物主体结构的柱、梁、墙,以及两个或多个相邻的建筑物区分所有权人共用的墙壁。

第二,关于共有部分的具体范围,应当注意下述两方面问题。一是注意共有部分的三种重要分类:(1)法定共用部分和约定共用部分的分类;(2)全体所有共用部分和部分所有共用部分的分类;(3)约定专用部分和约定共用部分的分类,或者说共同使用权和专有使用权的分类。二是区分判断是专有部分还是共用部分及确定共有权的权属,应当从客体和主体、自然物理属性和功用等方面综合把握。既要注意到共有部分在构造、使用上具有非独立性这一客观方面的重要物理属性,也要注意到共用部分对全体或部分业主在功能用途上的公共性、非排他使用性。

【司法案例】

张某胜诉方某平侵权、排除妨害案①

诉讼结论:楼面应当属整栋楼盘的共用部分,全部业主均有使用权和管理权,方某平在楼盘共用部分安装太阳能热水器并未侵犯张某胜的权益。

法院认为:本案中,开发商为了使楼盘顶层增值,改变设计,将通往楼面的楼道设在顶层业主家中,并与该楼盘的全体业主约定,楼面的使用权由开发商送给顶层业主使用。《城市异产毗连房屋管理规定》(2001 年)第 6 条第 1 款规定:所有人和使用人对共有、共用的门厅、阳台、屋面、楼道、厨房、厕所以及院落、上下水设施等,应共同合理使用并承担相应的义务;除另有约定外,任何一方不得多占、独占。《物业管理条例》(2018 年)第 27 条规定:业主依法享有的物业共用部位、共用设施设备的所有权或者使用权,建设单位不得擅自处分。《物权法》第 70 条规定:业主对建筑物内的住宅、经营性用房等专有部分享有所有权,对专有部分以外的共有部分享有共有和共同管理的权利。开发商的这种"买顶层送楼面"的营销手段不仅违反了法律规定,更是侵犯了其他业主的合法权益,即建筑物区分所有权。所谓建筑物区分所有权,是指区分所有人对于区分所有建筑物的专有部分的专有权、共用部分的持分权及因共同关系所产生的成员权三要素所构成的一种特别所有权。不论楼盘开发商将通往楼面的楼道如何设计,该楼面仍应当属整栋楼盘的共用部分,全部业主均有使用权和管理权。因此,张某胜认为楼面已由开发商送与自己独家使用,其他业主无权在楼面上安装太阳能热水器的主张,在二审中未得到法院的支持。方某平在楼盘共用部分安装太阳能热水器的行为并未侵犯张某胜的权益,并得到了二审法院的支持。

---

① 参见江西省赣州市中级人民法院(2007)赣中民一终字第 135 号民事判决书。

第二百七十二条　业主对其建筑物专有部分享有占有、使用、收益和处分的权利。业主行使权利不得危及建筑物的安全，不得损害其他业主的合法权益。

【条文主旨】

本条是关于业主对专有部分的权利和义务的规定。

【条文理解】

所谓“业主”，是指房屋的所有权人，即专有部分的所有权人，具体可分为法定业主和事实业主两类。法定业主是指依法登记或者根据《物权法》规定取得建筑物专有部分所有权的人；事实业主是指基于与建设单位之间的商品房买卖民事法律行为，已经合法占有建筑物专有部分，但尚未依法办理所有权登记的人。

“建筑物专有部分”是指建筑区划内符合下列条件的房屋，以及车位、摊位等特定空间：(1)具有构造上的独立性，能够明确区分；(2)具有利用上的独立性，可以排他使用；(3)能够登记成为特定业主所有权的客体。规划上专属于特定房屋，且建设单位销售时已经根据规划列入该特定房屋买卖合同中的露台等，应当认定为“专有部分”的组成部分。

按照这一规定，业主对建筑物内属于自己所有的住宅、经营性用房等专有部分可以占有、使用，实现居住或者经营的目的；也可以依法将专有部分出租、出借、出售给他人，获取利益；或者在自己的专有部分上依法设置负担等。但是，业主对于专有部分的权利行使不是绝对的，民法领域权利的行使与义务的履行应当遵循诚信原则、禁止权利滥用原则。在建筑物区分所有权领域，现代各国纷纷确立了区分所有权人的正当使用建筑物、建筑物维护等义务。在我国，本条规定从法律上明确了建筑物区分所有权人的建筑物结构及使用安全维护义务，以避免权利人肆意侵害建筑物安全、损害其他业主利益。专有权的行使须受以下限制：(1)保护建筑物的使用目的；(2)保护建筑物的基础、结构、牢固及安全；(3)保护建筑物美学上的外观；(4)保护其他住宅所有权人的安全、安静及住宅环境秩序；(5)维护善良风俗、习惯及住宅居民的作息和名誉。

在规定业主专有权主要内容的同时，本条规定附置“但书”，明示专有权行使应受法律限制。业主在对专有部分享有自由使用、收益及处分权利的同时，应承担相应的义务，即不得有危及建筑物安全的行为，不得影响建筑物结构及外观的完整统一，不得损害其他业主的合法权益。考虑到建筑物一旦损毁或灭失，即意味着建筑物区分所有权的损毁或灭失，因此，对于建筑物结构及使用安全的强调，对于全体业主都是极为必要的。

【司法适用】

实践中,对于危及建筑物安全的行为,可以从两方面界定:其一,对建筑物的不当损毁行为。例如,业主将自己的专有部分增建或者改建而拆除专有部分的内部支柱、梁柱或墙壁时,虽然该梁壁或者墙壁属于其专有部分的范围,但是若此行为会危及整栋建筑物的安全或影响整栋建筑物的外观,则属于危及建筑物安全的行为。其二,对建筑物的不当使用行为。如将炸弹等危险物品搬入建筑物,足以危及建筑物安全的行为。

【司法案例】

陈某与刘某华建筑物区分所有权纠纷案①

诉讼结论:陈某的搭建行为、安装案涉空调外机的行为造成公众隐患,损害其他业主的利益,判令其恢复原状。

法院认为:本案的争议焦点是,陈某的搭建行为以及安装案涉空调外机的行为是否符合法律规定。根据《物权法》第 71 条的规定,业主应当按照建筑物的使用目的使用专有部分,并负有维护建筑物牢固和完整的义务,不得损害或随意改变建筑物的结构。陈某次卧室落地玻璃墙外的结构板设计用途是放置空调外机,而陈某在装修时却将落地玻璃墙拆除,在落地玻璃墙外的结构板边沿砌筑墙体,加装彩铝玻璃窗户,安装带电脑桌、书架的写字台,改变了结构板的设计用途,存在一定的安全隐患;并且,也导致其次卧室空调外机无处放置,最终,陈某将次卧室的空调外机悬挂于窗外的竖立墙面,会给刘某华的生活带来一定的影响。陈某的搭建行为、安装案涉空调外机的行为造成公众隐患,损害其他业主的利益,判令其恢复原状。

第二百七十三条 业主对建筑物专有部分以外的共有部分,享有权利,承担义务;不得以放弃权利为由不履行义务。

业主转让建筑物内的住宅、经营性用房,其对共有部分享有的共有和共同管理的权利一并转让。

---

① 参见四川省乐山市中级人民法院(2018)川 11 民终 356 号民事判决书。

【条文主旨】

本条是关于业主对共有部分的权利和义务的规定。

【条文理解】

与《物权法》第72条相比，本条在“放弃权利”后增加了“为由”二字，使条文表述更加精确。

共有部分是指专有部分以外的建筑物部分，以及不属于专有部分而共同所有、共同使用以及共同管理的附属建筑物。共有部分的范围一般包括建筑物的基本构成部分，如支柱、屋顶、外墙等，还包括楼房的共有部分及附属物，如楼梯、煤气管道等，以及建筑用地等。

业主对于建筑物专有部分以外的共有部分享有的权利包含两部分：一是对于共有部分所享有的共有权，即业主在法律未对所有权作特殊规定的情况下，对专有部分以外的走廊、楼梯、电梯、外墙、过道等共有部分，以及绿化、道路、公共设施及其他公共场所等共有部分，享有占有、使用、收益或者处分的权利。该共有权在法律性质、客体范围、权利内容及主体等方面明显有别于一般不动产的共有。关于权利如何行使，还要依据《民法典》“物权编”及相关法律、法规和建筑区划管理规约的规定。二是对共有部分享有的共同管理的权利，即业主有权对共有部分与共有设备设施的使用、收益、维护等事项行使管理的权利，同时对共有部分的管理也负有相应的义务。

此外，本条规定明确了区分所有权人对共有部分的义务具有不可放弃性。由于业主对专有部分以外的共有部分既享有权利，又负有义务，有的业主就可能以放弃权利为由，不履行义务。即便以放弃共有部分的权利为代价，区分所有权人仍然应当承担其在共有部分上的义务。例如，业主不得以不使用电梯为由，不缴纳电梯维修费用。这既是所有权不得滥用原则在建筑物区分所有权领域的体现，也彰显出区分所有权领域区分所有权人整体利益的重要性。区分所有权人对共有部分必须承担的不可放弃的义务包括以下三个方面。第一，共同管理义务。这既是义务也是权利。第二，建筑物共有部分机器附属设施的管理费用分担义务。第三，建筑物机器附属设施的维修资金的筹集缴纳义务。根据《物业管理条例》等行政法规和部门规章的规定，区分所有权人对共有部分的权利义务主要包括：(1)对共有部分共同合理使用并承担相应义务，不得有损害他人利益的行为。(2)不得擅自侵占住宅的共有部分和共有设施设备，不得擅自增加或者减少对该共有设施设备正常运行有影响的自用设备，但另有约定的除外。(3)物业管理区域内按照规划建设的公共建筑和共有设施，不得改变用途。业主依法确需改变公共建筑和公用设施用途的，应当在依法办理有关手续后告知物业管理企业。

(4)业主不得擅自占用、挖掘物业管理区域内的道路、场地,损害业主的共同利益。因维修物业或者公共利益,业主确需临时占用、挖掘道路、场地的,应当征得业主委员会和物业管理企业的同意。业主应当将临时占用、挖掘的道路、场地,在约定期限内恢复原状。(5)利用物业共用部位、共有设施设备进行经营的,应当在征得相关业主、业主大会、物业管理企业的同意后,按照规定办理有关手续。业主所得收益应当主要用于补充专项维修资金,也可以按照业主大会的决定使用。

业主的建筑物区分所有权是一个集合权,包括对专有部分享有的所有权、对共有部分享有的共有权和共同管理的权利,这三种权利具有不可分离性。专有权与共有权密切相关,没有业主对专有部分的所有权,就无法产生业主对共有部分的共有权以及对共有部分的共同管理的权利。在实践中,关于区分所有建筑物一体转让的纠纷大多由业主对其住宅、经营性用房的处分引发,因此本条规定对导致共有权及共同管理权一并转让的专有部分的范围作了区别处理,明确为"建筑物内的住宅、经营性用房"。如果业主转让建筑物内的住宅、经营性用房,即意味着丧失对专有部分的所有权,也就丧失了对共有部分的共有权以及对共有部分的共同管理的权利。在转让、抵押、继承时,应将三者一体转让、抵押或继承,他人受让区分所有权时,必须同时取得此三项权利。因此本条规定,业主转让建筑物内的住宅、经营性用房,其对共有部分享有的共有和共同管理的权利一并转让。

【司法适用】

审判实践中,适用本条规定应该注意以下问题:

第一,关于房屋买卖关系中的优先购买权的问题。民法典草案及《城市房地产管理法》分别规定了按份共有人在其他共有人转让财产时,在同等条件下有优先购买的权利,以及共有房地产,未经其他共有人书面同意的,不得转让。在建筑物区分所有的情况下,对于区分所有权人主张优先购买权的问题如何处理,涉及对传统共有和区分所有异同的正确认识。根据建筑物区分所有权理论可知,两者存在明显的差异:(1)从性质上看,建筑物区分所有权将一幢建筑物区分为专有部分和共有部分,从而形成了一种特殊类型的不动产所有权,其性质是复合共有。其既强调整幢建筑物的按份共有性质,又强调区分所有部分的专有性和共同部分的互有性,既不是传统共有理论的共同共有,也不同于按份共有。(2)从权利变动上看,区分所有权的得失变更取决于专有所有权的变更,而一般的共有权变更,则以各共有人的独立行为而产生。(3)从标的物的分割上看,区分共有所有权的标的不得请求分割,而对于一般共有的标的物,共有权人有权请求按其所有份额进行分割。由以上区别可看出,建筑物区分所有权人虽然对共有部分享有共有权,但对专有部分则享有单独的所有权。其共有中不包括单独的所有权,即一个区分所有人不能对他人的专有部分享有共有权。同时,共有权在区分所有权结构中处于从属地位,取得专有权就取得对共有部分的共有权,处分了专有权,共有权也随之被处分。因此,区分所有权人处分其专有部分,不需经过其他区分所有权人同意,其他区分所有权人没有优先购买权。

第二,注意与“共有部分专有使用权”的区分。所谓“共有部分专有使用权”,是指根据法律的规定和区分所有人的约定,某一个或数个区分所有人享有排他独占使用共有部分的权利。共有部分专有使用权的主体为特定的区分所有权人或特定第三人共有部分专有使用权的产生方式有以下三种:(1)全体区分所有人共同约定而产生,如允许某人在外墙悬挂广告牌、楼顶由某人加盖房屋;(2)商品房开发商在出售商品房时保留了某一部分(如地下停车场)的所有权,之后在这一部分上设立专有使用权;(3)区分所有人经全体同意将某些共有财产提供给区分所有人以外的其他人使用。需要注意的是,并非所有的共用部分均可设定专有使用权。在构造上有固定的使用方法、且为区分所有人在生活利用上所不可或缺的共用部分,如公共楼梯、公共走廊等,不得设定专有使用权。

【司法案例】

魏某秀与阮某庆,郑某娣相邻关系纠纷案①

诉讼结论:业主行使权利不得损害其他业主的合法利益。阮某庆、郑某娣将属于业主共有的平台私自改建,侵害了其他业主的合法权益。

法院认为:本案中事实认定清楚,诉争平台位于a座605房阳台之外,甲公司已经明确表示该平台并未赠送给本案当事人,阮某庆、郑某娣也未提交证据证明该平台系其专有部分,该平台应属小区业主共有。阮某庆、郑某娣将属于业主共有的平台私自改建为花园、鱼池,并在平台上安装摄像头,侵害了包括魏某秀在内的其他业主的合法权益。魏某秀作为与该平台相邻的a座604房业主,所受影响最为直接,所受侵害最大。根据本条法律规定,业主行使权利不得损害其他业主的合法利益。业主对侵害自己合法权益的行为,可以依法向人民法院提起诉讼。

① 参见广东省深圳市中级人民法院(2014)深中法房终字第1962号民事判决书。

第二百七十四条　建筑区划内的道路，属于业主共有，但是属于城镇公共道路的除外。建筑区划内的绿地，属于业主共有，但是属于城镇公共绿地或者明示属于个人的除外。建筑区划内的其他公共场所、公用设施和物业服务用房，属于业主共有。

【条文主旨】

本条是关于建筑区划内的道路、绿地、其他公共场所、公用设施和物业服务用房权利归属问题的规定。

【条文理解】

本条相较于《物权法》有文字表述上变化，将“但”修改为“但是”，并无实质性影响。

建筑区划内的道路、绿地、其他公共场所、公用设施和物业服务用房所涉及的建筑区划内公共空间的归属问题，一直是关于建筑物区分所有权的立法和学术领域颇具争议的问题。在实务中，建筑区划内的道路、绿地、其他公共场所、公用设施和物业服务用房的所有权归属不明，导致业主、房地产开发商、物业管理企业之间的纠纷多、矛盾大。在缺乏法律规定的情况下，权利归属的裁判亦不能统一，物权法应当对此归属问题作出明确规定。但是，就如何规定的问题，立法上存在不同意见。最终，立法部门经调查研究，以小区和建筑物最终功能的实现为根本，摒弃了优先考虑投资利益的取向，确立并作出了建筑区划内的道路、绿地、其他公共场所、公用设施和物业服务用房为业主共有财产的制度安排。其立法本意在于，以法律的形式，明确建筑区划内公共空间的权利归属，突出对业主权益的保护，限制开发商以重复售卖和其他“再开发”的形式擅自处理和改变公共区域用途的行为，从而实现社会公共利益最大化，更好地平衡各方权利主体的合理利益。

需要说明的是，建筑区划内的道路、绿地、其他公共场所、公用设施和物业服务用房作为建筑物的附属设施原则上归业主共有。即本条规定的绿地、道路归业主所有，不是说绿地、道路的土地所有权归业主所有，而是说绿地、道路作为土地上的附着物归业主所有。

【司法适用】

在审判实践中，需要注意以下问题：

第一，确定前述配套设施属业主共有，并不意味着非业主就一律不得使用。当国家法律规定在该土地上建设特定的设备，或业主会议同意非业主使用，以及出于民法相邻关系规定的要求,其他毗邻的小区的业主需要从其上通行或排水时,非业主可以使用这些配套设施。

第二,应注意对物业用房性质的准确把握。物业服务用房指专门用于物业服务企业进行物业服务活动的建筑,一般由物业服务企业占有、使用。物业服务企业根据物业管理服务合同的约定,由业主授权对物业服务用房享有占有与使用的权利。因此,物业服务企业对于该物业服务用房的使用必须符合合同的约定,不得擅自改变物业服务用房的用途。如需改变用途,必须经过业主大会的同意。司法实践中经常会遇到的问题是,开发商在向自己控制的物业管理公司移交管理的物业、财产时,同时移交了部分房产供物业管理公司使用、经营。当业主委员会成立,新的物业公司提出接管时,开发商或原物业公司对这部分房产主张所有权,由此引发纠纷。对这部分争议房产的权属确定,应区别不同情况处理:作为经营性房产移交,且以此性质实际使用的,不能确定为物业服务用房;作为物业服务用房移交或者虽未明确但一直是作为物业服务用房在使用的,应确定为物业服务用房,即使该用房未计入购房成本也应为业主共有。在后一种情况下,可参照建设部规定的相应界定标准,根据实际情况考虑对开发商予以补偿。

【司法案例】

王某丰等与姚某娇等恢复原状纠纷案①

诉讼结论:涉案土地系属于小区整体绿化的部分绿地,根据法律规定,建筑区划内的绿地,属于业主共有,判决王某丰将涉案土地恢复至其占用前的绿地状态。

法院认为:吴某、姚某娇发现王某丰围圈的小院面积侵占了吴某、姚某娇所拥有使用权的小院面积,要求王某丰停止侵害、恢复原状。一审法院判决将涉案土地的使用权返还给吴某、姚某娇。二审查明,涉案的绿地面积并不包含在吴某、姚某娇所购买房屋的面积内,涉案土地的使用权也没有登记在吴某、姚某娇名下,故不能认定吴某、姚某娇对涉案土地享有专有的土地使用权。涉案土地系属于小区整体绿化的部分绿地,根据本条规定,建筑区划内的绿地,属于业主共有。二审判决王某丰将涉案土地恢复至其占用前的绿地状态,并驳回吴某、姚某娇的其他诉讼请求。

---

① 参见北京市第三中级人民法院(2019)京03民终13764号民事判决书。

第二百七十五条 建筑区划内，规划用于停放汽车的车位、车库的归属，由当事人通过出售、附赠或者出租等方式约定。

占用业主共有的道路或者其他场地用于停放汽车的车位，属于业主共有。

【条文主旨】

本条是关于车位、车库归属问题的规定。

【条文理解】

"物权编"将《物权法》第74条拆分为"物权编"的第275条、第276条。本条源于《物权法》第74条第2款、第3款，内容无实质变化。

业主的建筑物区分所有权中，争议较大的是车位、车库的所有权归属问题。关于这个问题，主要存在两种意见：一种意见认为，车位、车库应当归业主共有。另一种意见认为，关于车位、车库的归属问题，业主与开发商有约定的，按照约定；没有约定或者约定不明确的，属于业主共有。

经过对我国房地产市场的实际做法和存在的问题进行调查研究，并借鉴国外的通常做法，立法部门认为，属于业主共有的财产，应是那些不可分割、不宜也不可能归任何业主专有的财产，如电梯等公用设施、绿地等公用场所。从房地产市场的情况看，专门用来停放汽车的车库、车位，一般由当事人通过出售、附赠或者出租等方式约定归业主专有或者专用。这样既容易操作，也有利于避免纠纷。如果规定车库、车位归业主共有，则由于车库、车位和住宅的配套比例不同、业主之间享有的住宅面积不同、商品房销售的状况不同等原因，这一规定将很难操作。因此，本条规定在确定车位、车库权利归属时，遵循了"谁开发，谁受益"的市场调节原则。将车位、车库作为独立的交易客体，能够鼓励开发商建造更多的车位、车库，从长远来看有利于缓解停车难的问题。同时，将车位、车库作为独立的交易客体，为业主以后转让或者出租车位、车库提供了法律依据。

【司法适用】

首先，占用业主共有的道路或者其他场地用于停放汽车的车位，属于业主共有。第一，占用业主共有面积的车位，不仅包括规划外的，而且包括规划内的违规将业主共有部分划为车位的部分。根据"物权编"的规定，其应属于全体业主共有。开发商、物业公司以及其他权利人不得在此之上设立专有权，即使设立也归于无效。第二，针对规划外新增加的车位，只要增加的位置占用了业主共有的地方，那么，这些新增加的车位应归全体业主所有，而不允许处分转让。值得注意的是,若新增加的是车库而不是车位呢?笔者认为,对于开发商利用业主共有部分建造的车库,虽然车库可以作为所有权的客体,但是因其占用的地方属于业主共有部分,因此也应属于业主共有;但是对于开发商利用非业主共有的地方建立的车库,则应该按照本解释和"物权编"相关规定,属于车库投资建设者所有,其处分应首先满足业主需要,业主通过和开发商的民事法律行为得到该车库。

其次,开发商或物业公司无权处分共有车位。"物权编"规定,占用业主共有的道路或者其他场地用于停放汽车的车位,属于业主共有;根据《建筑物区分所有权司法解释》第6条的规定,"规划车位"以外的占用业主共有部分的车位,应属于全体业主共有。之所以这样规定,是由于地面停车场没有独立性,它只是对土地的占用,而其所占用土地的使用权已由业主共有,因此,地面停车场应当归小区全体业主共有。关于建筑物区分所有权的通说认为,建筑物区分所有权是由专有所有权、共有所有权和因共同关系所形成的成员权三要素构成的特别所有权。而业主共有道路所形成的天然车位,实际上和楼道、楼梯、绿地一样,是业主建筑物区分所有权中共有所有权的客体。这些停车位是区分建筑物的附属部分,属于全体建筑物区分所有权人也就是业主共有。此条款的规定同样意味着,开发商和物业公司不得在小区的公共区域内任意设立和经营停车位,只有在业主大会的决议许可下才可设立或经营停车位(如出租车位),并且所得费用应当归全体业主所有,不过物业公司在业主大会的委托下,可收取一定合理的管理费用。这一明确规定,遏制了个别开发商和物业公司将小区公共区域内的停车位价金据为己有的现象。但是,这并不是说开发商和物业公司无权在业主共有面积上设立车位,只是他们这种行为的目的只能是解决小区内业主停车难的问题,而不能将此种车位用于任何经营性活动。

【司法案例】

甲小区业主委员会、谢某庭与乙公司建筑物区分所有权纠纷案①

诉讼结论:乙公司将全体业主共有的涉案001号停车位车位擅自出租给第三人的行为,损害了甲小区全体业主的合法权益,乙公司应腾退该车位。

法院认为:本案中,被告乙公司在甲小区建设环保停车场并将其中的001号车位通过出租等方式处置给第三人谢某庭,业委会对此提出异议。本案的争议焦点为涉案停车位的所有权归属问题。经法院查明,规划职能仅决定用途和功能,涉案环保停车场经过规划审批环节并不能作为认定其属乙公司所有的依据。乙

① 参见广东省高级人民法院(2014)粤高法民一提字第77号民事判决书。

公司在不具有涉案环保停车场所有权或使用权的情况下，通过出租方式约定涉案停车位的使用权是无权处分行为，应属无效。涉案001号停车位占用甲小区建筑区划内公共土地面积，依照《物权法》第74条第3款关于"占用业主共有的道路或者其他场地用于停放汽车的车位，属于业主共有"的规定，该车位应属甲小区全体业主共有。乙公司将涉案001号停车位擅自出租给第三人的行为，损害了甲小区全体业主的合法权益，业委会诉请其腾退该车位有事实和法律依据，应予以支持。

第二百七十六条　建筑区划内，规划用于停放汽车的车位、车库应当首先满足业主的需要。

【条文主旨】

本条是关于车库、车位首要用途的规定。

【条文理解】

本条原为《物权法》第74条第1款的内容，条文位置变化，内容无实质性变化。在现实生活中，"车多位少"的情况普遍存在。对于有的开发商将车位、车库高价出售给小区外的人停放，不少小区没有车位、车库或者车位、车库严重不足，占用公有的道路或者其他场地作为车位的问题，本条款有针对性地规定"规划用于停放汽车的车位、车库应当首先满足业主的需要"，以保护业主的权益。

【司法适用】

在审判实践中要确定开发商是否"首先满足"了业主的停放车辆的需要，是一个极其困难的事情。为此，《建筑物区分所有权司法解释》第5条规定："建设单位按照配置比例将车位、车库，以出售、附赠或者出租等方式处分给业主的，应当认定其行为符合物权法第七十四条第一款有关'应当首先满足业主的需要'的规定。前款所称配置比例是指规划确定的建筑区划内规划用于停放汽车的车位、车库与房屋套数的比例。"根据这一规定，我们可以做以下几方面理解：

第一，开发商对外处分车位的前提是已经按照配置比例满足了业主需求。针对现实中存在的某些业主没有及时购买或承租车位的情况，开发商在对外转让车位过程中应该首先为业主预留车位，或者在对非业主第三人转让合同中注明是附条件的合同，即一旦业主需要车位，该买卖合同即为终止，以首先满足业主需要。

第二，根据《建筑物区分所有权司法解释》第5条第2款的规定，所谓"配置比例"是指规划确定的建筑区划内规划用于停放汽车的车位、车库与房屋套数的比例。

第三，本条规定的首先满足业主的“需要”，既包括购买权，也包括租赁权等。规划区内的车位、车库，无论是出租、附赠还是出售等，都必须“首先满足业主的需要”。按照《建筑物区分所有权司法解释》第5条的规定，未按照规划确定的建筑区划内规划用于停放汽车的车位、车库与房屋套数的比例，以出售、附赠或者出租等方式处分给业主的，开发商不能将车位、车库处分给业主以外的第三人。

【司法案例】

张某宁与甲公司、刘某物权保护纠纷案①

诉讼结论：甲公司与刘某签订第二个车位的买卖合同违反了按配置比例处分车位的义务，损害了张某宁的合法利益，因此，张某宁是适格原告，可以提起诉讼。

法院认为：本案中，被告甲公司和刘某关于张某宁原告主体不适格的意见，法院不予采纳。合同具有相对性，原则上只有合同当事人才能行使救济权，合同关系以外的第三人无救济权，但法律授予第三人救济权的除外。根据“建筑区划内，规划用于停放汽车的车位、车库应当首先满足业主的需要”的规定，建设单位具有首先满足业主对车位、车库需要的义务，如建设单位违反该义务，损害业主的利益，该条授予了业主进行救济的权利。为明确如何认定建设单位是否履行了首先满足业主需要的义务，《建筑物区分所有权司法解释》第5条第1款规定明确了按配置比例认定建设单位是否履行了首先满足业主需要的义务的规则，如建设单位未按配置比例处分车位、车库，小区其他业主亦有救济权。依据前述规定，张某宁认为甲公司与刘某签订第二个车位的买卖合同违反了按配置比例处分车位的义务，损害其合法利益，可以提起诉讼，张某宁是适格原告。

第二百七十七条　业主可以设立业主大会，选举业主委员会。业主大会、业主委员会成立的具体条件和程序，依照法律、法规的规定。

地方人民政府有关部门、居民委员会应当对设立业主大会和选举业主委员会给予指导和协助。

【条文主旨】

本条是关于业主自治管理组织的设立以及指导和协助问题的规定。

---

① 参见江苏省高级人民法院(2018)苏民终798号民事判决书。

【条文理解】

与《物权法》第 75 条相比,本条第 1 款增加“业主大会、业主委员会成立的具体条件和程序,依照法律、法规的规定”,第 2 款在“地方人民政府有关部门”之后增加“居民委员会”。

业主是建筑区划内的主人。业主大会是业主的自治组织,是基于业主的建筑物区分所有权的行使产生的,由全体业主组成,是建筑区划内建筑物及其附属设施的管理机构。因此,只要是建筑区划内的业主,就有权参加业主大会行使专有部分以外共有部分的共有权以及共同管理的权利,并对小区内的业主行使专有部分的所有权作出限制性规定,以维护建筑区划内全体业主的合法权益。故本条第 1 款首先规定,“业主可以设立业主大会”。如果建筑区划内业主人数众多的,可以设立本建筑物或者建筑区划内所有建筑物的业主委员会,故本条第 1 款接着规定,业主可以“选举业主委员会”。

本条规定涉及业主、业主大会、业主委员会的权利和义务以及法律地位等方面的内容,主要体现在有关行政法规中。《物业管理条例》第 6 条、第 7 条分别规定了业主在物业管理活动中所享有的权利和应当履行的义务。

一个物业管理区域只能成立一个业主大会。物业管理区域的划分应当考虑物业的共用设施设备、建筑物规模、社区建设等因素。业主大会的决定对物业管理区域内的全体业主具有约束力,业主大会的职责包括:(1)制定、修改业主公约和业主大会议事规则;(2)选举、更换业主委员会委员,监督业主委员会的工作;(3)选聘、解聘物业管理企业;(4)决定专项维修资金使用、续筹方案,并监督实施;(5)制定、修改业主管理区域内业主公用部分和公用设施设备的使用、公共秩序和环境卫生的维护等方面的规章制度;(6)法律、法规或者业主大会议事规则规定的其他有关物业管理的职责。

业主委员会是本建筑物或者建筑区划内所有建筑物的业主大会的执行机构,按照业主大会的决定履行管理的职责。根据《物业管理条例》第 15 条的规定,业主委员会履行的职责主要有:(1)召集业主大会会议,报告物业管理的实施情况;(2)代表业主与业主大会选聘的物业服务企业签订物业服务合同;(3)及时了解业主、物业使用人的意见和建议,监督和协助物业服务企业履行物业服务合同;(4)监督管理规约的实施;(5)业主大会赋予的其他职责。业主委员会委员应当由热心公益事业、责任心强、具有一定组织能力的业主担任。业主委员会主任、副主任在业主委员会委员中推选产生。《物业管理条例》第 16 条规定,业主委员会应当自选举产生之日起 30 日内,向物业所在地的区、县人民政府房地产行政主管部门和街道办事处、乡镇人民政府备案。

由于业主大会是业主的自治组织，其成立应由业主自行筹备、自主组建。但是一个建筑区划内业主入住时间不同、熟识程度不同，成立业主大会对业主来说有一定的难度。由于业主大会的成立关系着业主如何行使自己的权利、维护自身的合法权益，关系到广大业主的切身利益，关系到建筑区划内的安定团结甚至关系到社会的稳定，因此，本条第 2 款规定，地方人民政府有关部门、居民委员会应当对设立业主大会和选举业主委员会给予指导和协助。地方人民政府有关部门、居民委员会应当向准备成立业主大会的业主予以指导，提供相关的法律法规及规章，提供已成立业主大会的成立经验，帮助成立筹备组织，提供政府部门制定的业主大会议事规则、业主管理公约等示范文本，协调业主之间的不同意见，为业主大会成立前的相关活动提供必要的活动场所，积极主动参加业主大会的成立大会等。根据有关行政法规的规定，业主大会、业主委员会应当配合公安机关，与居民委员会相互协作，共同做好维护物业管理区域内的社会治安等相关工作。在物业管理区域内，业主大会、业主委员会应当积极配合相关居民委员会依法履行自治管理职责，支持居民委员会开展工作，接受其指导和监督。

【司法适用】

业主大会和业主委员会选举中的纠纷不属于人民法院民事案件受理及审理范围，应告知当事人向有关行政部门申请解决。我国《民事诉讼法》规定了选民资格案件属于人民法院受理民事案件范围，公民对于选举委员会对选民资格的申诉所作的处理决定不服的，可以在选举日的 5 日以前向选区所在地基层人民法院起诉。这是对唯一的选举事项可以提起民事诉讼的法律规定。

对于小区业主大会或者业主委员会的选举中出现的争议，有关业主提出异议的，不属于民事争议。如果有关业主以此为由向人民法院提起民事诉讼的，人民法院应当根据《民事诉讼法》的规定，告知当事人向有关行政机关申请解决，当事人坚持起诉的，应当以不符合《民事诉讼法》关于起诉与受理的规定为据，裁定驳回起诉。

【司法案例】

谢某强与曾某琼等申请确定选民资格申诉案①

诉讼结论：根据法律规定，业主对业主委员会选举中出现的争议，应向有关行政机关申请解决，不属于人民法院受理民事诉讼的范围。

法院认为：本案中，谢某强起诉认为曾某琼等十人在甲小区第六届业主委员

① 参见广东省高级人民法院(2014)粤高法立民申字第 131 号民事裁定书。

会选举中以不正当方式竞选，请求确认曾某琼等十人造假并取消参选资格，以及确认第六届业主委员会选举结果违法。因此，本案属于业主委员会选举中产生的争议。根据《物权法》第75条第2款"地方人民政府有关部门应当对设立业主大会和选举业主委员会给予指导和协助"的规定，业主对业主委员会选举中出现的争议，应向有关行政机关申请解决。本案不属于人民法院受理民事诉讼的范围。一审、二审裁定对谢某强的起诉不予受理正确。谢某强认为本案符合立案受理条件的再审申请缺乏法律依据，本院不予支持。谢某强的再审申请不符合《民事诉讼法》第200条规定的情形。依照《民事诉讼法》第204条第1款之规定裁定驳回再审申请。

第二百七十八条　下列事项由业主共同决定：

（一）制定和修改业主大会议事规则；

（二）制定和修改管理规约；

（三）选举业主委员会或者更换业主委员会成员；

（四）选聘和解聘物业服务企业或者其他管理人；

（五）使用建筑物及其附属设施的维修资金；

（六）筹集建筑物及其附属设施的维修资金；

（七）改建、重建建筑物及其附属设施；

（八）改变共有部分的用途或者利用共有部分从事经营活动；

（九）有关共有和共同管理权利的其他重大事项。

业主共同决定事项，应当由专有部分面积占比三分之二以上的业主且人数占比三分之二以上的业主参与表决。决定前款第六项至第八项规定的事项，应当经参与表决专有部分面积四分之三以上的业主且参与表决人数四分之三以上的业主同意。决定前款其他事项，应当经参与表决专有部分面积过半数的业主且参与表决人数过半数的业主同意。

【条文主旨】

本条是关于业主共同决定建筑区划内重大事项及表决权的规定。

【条文理解】

建筑区划内哪些共有和共同管理的事项需要由业主协商确定、业主如何协商确定，涉及业主如何行使建筑物区分所有权的问题，本条对此作出了规定。与《物权法》相比，本条第1款增加了第8项"改变共有部分的用途或者利用共有部分从事经营活动”，增强了业主对共有部分的管理控制能力。在表决方式上，本条第2款将《物权法》的“总面积、总人数”为计算基数变为两步计算，先满足参与表决的要求，再以参与表决人数为计算基数。另外，本条将《物权法》第76条第1款第5项中的“筹集和使用建筑物及其附属设施的维修资金”拆分成“使用”“筹集”两项内容，且两项的表决方式不同。根据本条规定，建筑区划内的下列事项需由业主共同决定：

第一，制定和修改业主大会议事规则。业主大会议事规则是业主大会组织运作的规程，是对业主大会宗旨、组织体制、活动方式、成员的权利义务等内容进行记载的业主自律性文件。业主大会通过业主大会议事规则建立大会的正常秩序，保证大会内业主集体意志和行为的统一。制定和修改业主大会议事规则，需要由业主共同决定。

第二，制定和修改管理规约。本条将《物权法》第76条中“制定和修改建筑物及其附属设施的管理规约”改为“制定和修改管理规约”。管理规约应当对有关物业的使用、维护、管理，业主的共同利益，业主应当履行的义务，违反管理规约应当承担的责任等事项依法作出约定。管理规约应当尊重社会公德，不得违反法律、法规或者损害社会公共利益，对全体业主具有约束力。《业主大会和业主委员会指导规则》第18条规定，管理规约应当对下列主要事项作出规定：(1)物业的使用、维护、管理；(2)专项维修资金的筹集、管理和使用；(3)物业共用部分的经营与收益分配；(4)业主共同利益的维护；(5)业主共同管理权的行使；(6)业主应尽的义务；(7)违反管理规约应当承担的责任。

第三，选举业主委员会或者更换业主委员会成员。业主委员会是业主大会的执行机构，具体执行业主大会决定的事项，并就建筑区划内的一般性日常事务作出决定。业主通过业主大会选举能够代表和维护自己利益的业主委员会委员，成立业主委员会，对不遵守管理规约、责任心不强、不依法履行职责的委员予以更换。

第四，选聘和解聘物业服务企业或者其他管理人。物业服务涉及建筑物及其附属设施的使用、维护、修理、更换，公共秩序，环境卫生，小区治安等诸多方面。物业服务企业或者其他管理人的物业管理水平如何，与业主利益有直接关系，需要通过业主大会集体决策来选聘和解聘。

第五，使用建筑物及其附属设施的维修资金。建筑物及其附属设施的维修资金主要用于业主专有部分以外的共有部分的共用部位、共用设施设备保修期满后的维修、更新、改造、维护等，涉及业主的切身利益，应当由业主共同决定。

第六，筹集建筑物及其附属设施的维修资金。在建筑物区分所有中，由于公共财产有众多名义上的所有人，每一个所有人均享有使用权，故尽管每个所有人均明知过度使用而不维护公共财产会逐渐毁损公共财产，但依旧会发生各区分所有权人共有的公用部分及公用设施极易损坏且无人甘愿投入资金维修的情况。为防止这种情况酿成不良后果，我国相关法律、法规规定建筑物及其附属设施的维修资金由业主共同筹集。

第七，改建、重建建筑物及其附属设施。建筑物及其附属设施的改建、重建，涉及业主建筑物区分所有权的行使、费用的负担，事情重大，需要业主共同决定。

第八，改变共有部分的用途或者利用共有部分从事经营活动。本条第 1 款第 8 项为“物权编”新增内容。共有部分关系到各业主的切身利益，并且共有部分的本来用途通常不能改变，否则会影响到各业主的居住品质和安全等权益。本项条款增加了业主共同决定事项的范围，增强了业主对共有部分的管理控制能力。

第九，有关共有和共同管理权利的其他重大事项。这是一个兜底性质的单行条款。除上述所列事项外，对建筑区划内有关共有和共同管理权利的其他重大事项，也需要由业主共同决定。例如，如何对物业服务企业的工作予以监督，如何与居民委员会协作维护好建筑区划内的社会治安等。

《民法典》“物权编”修改了业主共同决定事项的表决方式，由《物权法》中“应当经专有部分占建筑物总面积 2/3 以上的业主且占总人数 2/3 以上的业主同意”的方式变为两步计算：先满足参与表决人数要求，即“应当由专有部分面积占比 2/3以上的业主且人数占比 2/3 以上的业主参与表决”，再以参与表决人数为计算基数。

业主共同决定事项，应当由专有部分面积占比 2/3 以上的业主且人数占比 2/3以上的业主参与表决。在此基础上，筹集建筑物及其附属设施的维修资金，改建、重建建筑物及其附属设施，改变共有部分的用途或者利用共有部分从事经营活动，是建筑区划内较为重大的事情，关系每个业主的切身利益。为了保证对这三项事情决策的慎重，保证决策能够获得绝大多数业主的支持，本条第 2 款规定决定筹集建筑物及其附属设施的维修资金，改建、重建建筑物及其附属设施，改变共有部分的用途或者利用共有部分从事经营活动，应当经参与表决专有部分面积 3/4 以上的业主且参与表决人数 3/4 以上的业主同意。这一规定表明，筹集建筑物及其附属设施的维修资金，改建、重建建筑物及其附属设施，改变共有部分的用途或者利用共有部分从事经营活动，除需要满足参与表决人数外，还必须同时具备两个条件，才为有效的决定。第一个条件是，必须获得经参与表决专有部分面积 3/4 以上的业主同意；第二个条件是，必须获得参与表决人数 3/4 以上的业主同意。除筹集建筑物及其附属设施的维修资金，改建、重建建筑物及其附属设施，改变共有部分的用途或者利用共有部分从事经营活动这三项以外的其他事项，属于建筑区划内的一般性、常规性事务，其决定的作出可以采取普通多数同意的方式。对此，本条第 2 款规定，决定前款其他事项，应当经参与表决专有部分面积过半数的业主且参与表决人数过半数的业主同意。这一规定表明，建筑区划内的一般性、常规性事务，虽然可以采取普通多数同意的方式作出，但也必须同时符合如下两个条件：一是必须获得参与表决专有部分面积过半数的业主的同意；二是必须获得参与表决人数过半数的业主同意。

【司法适用】

第一，关于确定业主行使不同权利的标准界限问题。由于业主利益关系的程度不同，由业主共同商量决定的事项，需要得到业主同意的比例也相应有所不同。在审判实践中要注意区分不同事项、掌握不同的比例。涉及重大财产关系变动的事项，既要满足参与表决的“两个 2/3”标准，又要满足“两个 3/4”的同意标准，即应当由专有部分面积占比 2/3 以上的业主且人数占比 2/3 以上的业主参与表决。决定《民法典》“物权编”第 278 条第 1 款第 6 项至第 8 项规定的事项，应当经参与表决专有部分面积 3/4 以上的业主且参与表决人数 3/4 以上的业主同意。对于其他涉及业主重要共同利益的事项，除需满足参与表决的要求外，经参与表决专有部分面积过半数的业主且参与表决人数过半数的业主同意，即可确认其效力。上述两种情况的三重指标都是必备条件，缺一不可。

第二，关于如何确定“有关共有和共同管理权利的其他重大事项”的范围问题。本法没有规定的，在审判实践中需要根据具体情况判定。笔者认为，从总体上讲，凡是涉及全体业主共同利益的事项都属于业主有权共同决定的事项范围，例如建筑物命名权和经营权，除此之外，还应当包括诸如绿地面积的调整、小区内空地的利用、绿化树木种类和花草品种的更换或者其他场地用于停放汽车的停车区域划定及收费收益分配等，均属于业主有权决定的其他重大事项范围，涉及上述事项的业主权利应该受到法律保护。

【司法案例】

甲公司、费某某等与物业服务合同纠纷案[①]

诉讼结论：物业服务费调整经过专有部分占建筑物总面积过半数的业主且占总人数过半数的业主同意，是合法的。

法院认为：本案中，甲公司 2012 年 4 月间采用挨家挨户上门发放问卷调查表

---

① 参见广西壮族自治区高级人民法院（2015）桂民提字第 199 号民事判决书。

的方式征求业主的意见，共对某小区内4033户住宅业主发放问卷调查表，回收3399份调查表，其中表示同意调整物业服务费的有3058份，表示不同意调整物业服务费的有298份，未表态的有43份，另有634份调查表未予回收，并将问卷调查表备案于南宁市物价局。即对上调物业服务费到0.6元/m^2/月，已经经过专有部分占建筑物总面积过半数的业主且占总人数过半数的业主同意，是合法的。

第二百七十九条　业主不得违反法律、法规以及管理规约，将住宅改变为经营性用房。业主将住宅改变为经营性用房的，除遵守法律、法规以及管理规约外，应当经有利害关系的业主一致同意。

【条文主旨】

本条是关于业主改变住宅用途限制条件问题的规定。

【条文理解】

本条将《物权法》第77条中“业主同意”的表述修改为“业主一致同意”。

现实生活中，经常发生一些共同居住在同一建筑物内的所有权人即业主，将购买时为住宅用途的房屋改变为餐厅、歌厅等商业用房或者办公用房等经营性用房的情况，因此引发的纠纷也不断出现。这一改变带来许多弊端，危害性大，主要体现为：(1)干扰业主的正常生活，造成邻里不和，引发社会矛盾，这是当前物业小区的主要矛盾之一。(2)造成小区车位、电梯、水、电等公共设施和资源的使用紧张。(3)容易产生安全隐患。例如，来往小区人员过多，造成楼板的承重力过大，外来人员流动快且杂，增加了小区不安全、不安定的因素，防火防盗压力大，隐患多。(4)使城市规划目标难以实现。本来某个地区的住宅原规划是用来居住的，但由于将住宅大量改为经营性用房用于商业目的，结果造成该地区交通拥堵、人满为患。(5)造成国家税费的大量流失。

将房屋的住宅性质改变为经营性用房性质有几种情况：有的只是改变了房屋的使用性质；有的不但改变了房屋的使用性质，而且改变了房屋的结构状况，如居住在一层房屋的业主将房屋窗下墙进行拆改等。房屋在建造并报经审批时的用途不得随意改变，如果需要在建造过程中改变房屋的用途，如将住宅性质的房屋改变成经营性用房，需要重新报经规划部门同意批准后才能建造。有的商品房项目是按纯住宅性质规划和建造的，有的商品房是按商业住宅并用的性质规划和建造的。一旦按照城市规划确定后，不但建设单位或者开发商不得随意改变房屋用途，作为购房人的业主在购买商品房后也不得改变商品房屋的用途，这涉及城市功能的定位、布局规划,同时更多涉及区域社会秩序的安定、社会的管理。《物业管理条例》第 49 条对业主是是否可以将住宅改变为经营性用房作出规定:物业管理区域内按照规划建设的公共建筑和共用设施,不得改变用途。业主依法确需改变公共建筑和共用设施用途的,应当在依法办理有关手续后告知物业服务企业;物业服务企业确需改变公共建筑和共用设施用途的,应当提请业主大会讨论决定同意后,由业主依法办理有关手续。

本条明确规定,业主不得违反法律、法规以及管理规约,将住宅改变为经营性用房。据此,业主不得随意改变住宅的居住用途,这是业主应当遵守的最基本的准则,也是业主必须承担的一项基本义务。如果业主确实因生活需要,如因下岗无收入来源、生活困难,要将住宅改变为经营性用房的,必须遵守法律、法规以及管理规约的规定。如要办理相应的审批手续,要符合国家卫生、环境保护要求等。在遵守法律、法规以及管理规约的前提下,还必须征得有利害关系的业主的同意。这两个条件必须同时具备,才可以将住宅改变为经营性用房,二者缺一不可。在确定有利害关系的业主时,因改变住宅为经营性用房的用途不同,影响的范围、程度不同,要具体情况具体分析。总之,无论是否为隔壁或相邻的业主,凡是因住宅改变为经营性用房受到影响的业主,均是本条所说的有利害关系的业主。《建筑物区分所有权司法解释》第 11 条规定:"业主将住宅改变为经营性用房,本栋建筑物内的其他业主,应当认定为物权法第七十七条所称'有利害关系的业主'。建筑区划内,本栋建筑物之外的业主,主张与自己有利害关系的,应证明其房屋价值、生活质量受到或者可能受到不利影响。"

【司法适用】

第一,关于"住改商"情形下如何对建筑物区分所有权人的权利予以限制的问题。在此问题上,存在不同观点。第一种观点认为,在《物权法》实行之前,法律和行政法规没有对"住改商"予以明确界定,应该只针对《物权法》施行之后的行为适用该条款。第二种观点认为,应当根据建筑物的时代性而有所区分。从原则上讲,对于住房制度改革实行以前的房屋,无法强求所有的住宅性质的房屋都不得改变性质为商业用房等经营性用房,但对于住房制度改革以后购买的商品房,即应该禁止"住改商"。我们认为,业主擅自将住宅性质的住房改变成商业用房等经营性用房的行为,是损害公共利益和他人利益的行为,故第二种观点比较符合我国有关法律政策的规定精神和具体国情。

从审判实践来看,改变住宅性质房屋结构的"住改商"的业主被判败诉的案例多一些,也有一些没有改变住宅性质房屋结构的"住改商"的业主被判败诉的案例。因此,即使业主对房屋的使用没有给其他区分所有权人造成噪声、污水、异味等影响，只要房屋的用途发生改变，由专供个人、家庭日常生活居住使用改变为用于商业、工业、旅游、办公等经营性活动，即可认定该行为影响了业主的安宁生活，属于将住宅改变为经营性用房，应依照本条规定处理。

第二，关于业主改变住宅性质的条件标准的问题。业主改变住宅性质为经营性用房的，除遵守法律、法规以及管理规约外，还要经过有利害关系业主的一致同意。本条规定的“法规”包括国务院制定的行政法规和各省、自治区、直辖市人大常委会制定的地方性法规。根据“物权编”第278条第1款第2项规定，业主共同决定的事项包括制定和修改管理规约。管理规约内容广泛，涉及业主基于物业方面而形成的诸多权利和义务。《物业管理条例》第17条第1款规定，管理规约应当对有关物业的使用、维护、管理，业主的共同利益，业主应当履行的义务，违反管理规约应当承担的责任等事项依法作出约定。这两条规定中均提及“管理规约”。通常情况下，在召开业主大会并成立了业主委员会的情况下，应依照业主大会的管理规约来确定业主是否有权改变住宅性质的房屋用途。如果管理规约对此类问题没有涉及，就需要基于建筑物区分所有权原理确定业主权利的行使范围和途径，这主要是看“住改商”的业主是否征得所有具有利害关系的业主的同意。具有利害关系的业主在许多情况下当然包括整栋楼和相邻楼的业主，但不宜理解为整个小区的所有业主。

第三，关于有利害关系业主同意的方式问题。在日常生活中，人们通常所讲的同意可能包括口头形式，但在本条规定中，同意应当是一种明示的意思表示，不同于默示。明示的意思表示必须具备一定的要件，这就是采用书面形式表示同意。如果业主需要将住宅性质的房屋改变成商业用房等经营性用房，一般情况下，征得有利害关系业主同意应当采取书面形式。因此，在处理此类纠纷时，涉及认定业主是否征得有利害关系业主一致同意的事实的情形，要审查业主之间是否有证据证明书面同意相关业主的“住改商”行为。没有书面证据证明的，不能认定为同意。

【司法案例】

张某诉郑某伟、甲公司建筑物区分所有权纠纷案①

诉讼结论：在住宅内放置光纤传输机柜作为数据传输汇聚节点的行为，属于将住宅改变为经营性用房。

---

① 参见最高人民法院案例指导与参考丛书编选组编：《最高人民法院物权案例指导与参考》，人民法院出版社2018年版，第151页。

法院认为：本案中，甲公司租赁讼争房屋用于放置光纤传输机柜作为数据传输汇聚节点，以建设有线光纤传输宽带网络，解决“平安城市”视频监控录像传输、无线城市综合项目 WLAN(无线宽带局域网)、周边居民小区宽带、固定电话等接入业务的汇聚、交换需求。首先，从其用途可以看出，其租赁讼争房屋并不是为了生活居住，而是为了从事经营性活动。其次，根据《建筑物区分所有权司法解释》第 11 条的规定，上诉人张某作为本栋建筑物内的业主，无须举证证明其房屋价值、生活质量受到或者可能受到不利影响，即可认定为有利害关系的业主。综上，被上诉人甲公司租赁被上诉人郑某伟的房屋用于放置光纤传输机柜作为数据传输汇聚节点的行为属于将住宅改变为经营性用房，该行为未经有利害关系的业主上诉人张某的同意，依照《建筑物区分所有权司法解释》第 10 条第 1 款和第 16 条第 1 款的规定，甲公司应承担相应责任。被上诉人郑某伟明知其嫂子刘某姣将讼争房屋出租给被上诉人甲公司用于建设通信机房，仍对该房屋租赁合同予以认可，其应与甲公司共同承担责任。

第二百八十条　业主大会或者业主委员会的决定，对业主具有法律约束力。

业主大会或者业主委员会作出的决定侵害业主合法权益的，受侵害的业主可以请求人民法院予以撤销。

【条文主旨】

本条是关于业主大会、业主委员会决定的效力问题的规定。

【条文理解】

本条将《物权法》第 78 条中“对业主具有约束力”的表述修改为“对业主具有法律约束力”，使条文表述更加精确。

业主大会是由建筑区划内的全体业主参加、依法成立的自治组织，是建筑区划内建筑物及其附属设施的管理机构。业主大会依据法定程序作出的决定，反映了建筑区划内绝大多数业主的意志与心声。业主委员会是由业主大会从热心公益事业、责任心强、具有一定组织能力的业主中选举产生出来的，作为业主的代表履行对建筑物及其附属设施的具体管理职责，为全体业主服务的组织。业主委员会作为业主大会的执行机构，具体实施业主大会作出的决定。业主大会或者业主委员会履行职责，代表业主意愿、维护业主利益所作出的决定，对业主应当具有约束力。对业主具有约束力的业主大会或者业主委员会的决定，必须是依法设立的业主大会、业主委员会作出的;必须是业主大会、业主委员会依据法定程序作出的;必须是符合法律、法规及规章,不违背社会道德,不损害国家、公共和他人利益的决定。上述三点必须同时具备,否则业主大会、业主委员会的决定对业主没有约束力。《物业管理条例》第 19 条第 2 款规定,业主大会、业主委员会作出的决定违反法律、法规的,物业所在地的区、县人民政府房地产行政主管部门或者街道办事处、乡镇人民政府,应当责令限期改正或者撤销其决定,并通告全体业主。此外,业主大会的召开有一定的程序性要求。例如,《物业管理条例》第 12 条、第 13 条、第 14 条均对此有所规定。

业主大会、业主委员会主要对建筑区划内,业主的建筑物区分所有权如何行使,业主的合法权益如何维护等事项作出决定,其决定的事项涉及许多方面。例如,业主大会、业主委员会可以对制定和修改业主大会议事规则作出决定,对制定和修改建筑物及其附属设施的管理规约作出决定,对选举、更换业主委员会作出决定,对选聘、解聘物业服务企业或者其他管理人作出决定,对筹集、使用建筑物及其附属设施的维修资金作出决定,对改建、重建建筑物及其附属设施作出决定。无论业主大会、业主委员会作出上述哪一项决定,对业主都具有约束力。现实中,有可能有的业主大会或者业主委员会不遵守法律法规、管理规约,或者不依据法定程序作出某些决定,侵害业主的合法权益。针对这一情形,为了切实保护业主的合法权益,本条第 2 款的规定赋予了业主请求人民法院撤销业主大会或者业主委员会作出的不当决定的权利。业主在具体行使这一权利时,还要依据《民法典》《民事诉讼法》等法律的规定。

【司法适用】

在审判实践中,主要存在以下问题:

第一,关于部分业主对业主大会或者业主委员会的决定不服提起的诉讼如何处理的问题。现实生活中,经常发生一些业主以其没有参加业主大会或者业主委员会的会议为由,不服决定事项,请求人民法院撤销业主大会或者业主委员会的决定。根据有关法律和行政法规的规定,业主大会或者业主委员会的决定只要有符合法定人数或者具有投票权的业主参加,所作出的涉及小区事项的决定,就对该小区的所有业主都具有约束力。单个或者部分业主以其未参加会议为由所提出的主张不能得到支持。

第二,关于业主大会或者业主委员会作出的与物业管理无关的决定如何处理的问题。《物业管理条例》第 19 条第 1 款规定,业主大会、业主委员会应当依法履行职责,不得作出与物业管理无关的决定,不得从事与物业管理无关的活动。我们认为,凡是与物业管理无关的决定均属于违反法律、行政法规的强制性规定的行为,自始不具有法律效力,对业主不具有约束力。若业主大会或者业主委员会作出的决定虽然与物业管理无关但涉及侵害业主合法权益,则属于业主有权请求人民法院撤销的范围。

第三,关于业主大会或者业主委员会决定的效力范围的问题。业主大会或者业主委员会的决定对全体业主具有约束力,包括该业主的继受人和承租人等实际使用人。当发生继承事由时,继承人无权以其未参加有关会议为由不履行决定所产生的义务和责任,当然继承人同时也享有相应的权利。

【司法案例】

康某玲、甲小区第三届业主委员会业主撤销权纠纷案①

诉讼结论:选聘物业服务企业属于涉及全体业主合法权益的决议,康某玲系案涉小区的业主,理当享有对该项决定提起诉讼的权利。

法院认为:本案焦点在于康某玲是否有权作为原告就撤销甲小区业委会关于物业选聘等决定单独起诉。甲小区业委会关于物业选聘等的决定,属于涉及共有和共同管理的权利的重大事项,根据《物权法》第76条的规定,应经专有部分占建筑物总面积过半数的业主且占总人数过半数的业主同意。业主以业主大会或业主委员会决定侵害其权益为由提起撤销之诉是业主的一项法定权利,法律并未规定业主行使该项权利需以业主大会授权为前提。本案中,选聘物业服务企业显然属于涉及全体业主合法权益的决议,康某玲系案涉小区的业主,理当享有对该项决定提起诉讼的权利。

第二百八十一条　建筑物及其附属设施的维修资金,属于业主共有。经业主共同决定,可以用于电梯、屋顶、外墙、无障碍设施等共有部分的维修、更新和改造。建筑物及其附属设施的维修资金的筹集、使用情况应当定期公布。

紧急情况下需要维修建筑物及其附属设施的,业主大会或者业主委员会可以依法申请使用建筑物及其附属设施的维修资金。

【条文主旨】

本条是关于建筑物及其附属设施的维修资金的归属、用途以及筹集与使用等

---

① 参见浙江省高级人民法院(2019)浙民再133号民事裁定书。

问题的规定。

【条文理解】

与《物权法》相比，对于可以使用维修资金的共有部分，本条删去了“水箱”，新增了“屋顶、外墙、无障碍设施”；在维修资金的范围上，细化为“建筑物及其附属设施的”维修资金；在具体用途上，除了维修，新增“更新和改造”；在情况公布方面，规定了“定期”。此外，新增了第 2 款紧急情况下维修资金的使用。

随着我国住房制度改革的不断深入，人民群众的生活水平不断提高，居民个人拥有住宅的比例越来越高，住宅房屋的维修管理责任也相应地由过去的国家、单位承担转移到居民个人承担。而我国的住宅多为高层或者多层的群体建筑，又往往以住宅小区的形式开发建设，因此，建筑物及其附属设施的维修问题就日益彰显出来。建筑物及其附属设施能否正常、及时、顺利地得到维修，关系到建筑物及其附属设施能否正常使用及业主的安全，关系到全体业主的切身利益，关系到社会的和谐与稳定。因此，有必要就建筑物及其附属设施的维修资金作出规定。

这一规定首先明确了建筑物及其附属设施的维修资金是属于业主共有的。维修资金的使用涉及共有部分、共有设施设备的维修、更新、改造、维护等，涉及业主能否正常使用建筑物及其附属设施，关系着每个业主的切身利益。因此，本条规定维修资金的使用应当经业主共同决定。业主在决定维修资金的使用时，要依据本法有关规定进行。

关于维修资金的用途，本条规定主要用于业主专有部分以外的共有部分的维修、更新和改造，如电梯、屋顶、外墙、无障碍设施等的维修、更新和改造。至于业主专有部分以外的哪些部分为共有部分，哪些设施为建筑物的附属设施，要根据每一栋建筑物、每一个建筑物区划的不同情况具体分析。共用部位，是指住房主体承重结构部位（包括基础、内外承重墙体、柱、梁、楼板、屋顶等），户外墙面、门厅、楼梯间、走廊通道等。共用设施设备，是指住宅小区或单栋住房内，建设费用已分摊进入住房销售价格的共用的上下水管道、落水管、水箱、加压水泵、电梯、天线、供电线路照明、锅炉、暖气线路、煤气线路、消防设施、绿地、通道、路灯、沟渠、池、井、公益性文体设施和共用设施设备使用的房屋等。

为了便于业主及时了解建筑物及其附属设施维修资金的筹集情况，依法监督维修资金的使用，本条还规定，维修资金的筹集、使用情况应当定期予以公布。

本条第 2 款新增关于紧急情况下使用维修资金的规定。在紧急情况下，需要维修建筑物及其附属设施的，业主大会或者业主委员会可以依法申请使用维修资金。

【司法适用】

司法实践中,应注意以下问题:

第一,业主有权要求将未用于维修共有部分的费用恢复原状或者予以返还。业主委员会掌控资金使用话语权,业主委员会在维修资金的使用中起着重要的作用,大量工作由业主委员会完成,但更多的工作是由房地产开发商在前期物业服务合同中委托物业服务企业等物业管理人来实施。维修资金闲置时,经业主大会批准,业主委员会可将其用于购买国债或用于法律法规允许的其他范围,严禁挪作他用。维修资金被挪作他用,业主要求恢复原状或者返还的,应该得到支持。

第二,业主的知情权受法律保护。本条规定了应当公布维修资金的筹集、使用情况,实际上是对业主知情权的确认。随着社会的文明进步和经济的快速发展,人们对自身各项权利更加重视,知情权即属于其中一种。小区内维修资金的筹集和使用,涉及业主的重大经济权利和责任,同时也是业主十分关心的问题。隐瞒这方面信息的行为是对业主知情权的侵犯。物业服务企业或者其他物业管理人或者业主委员会拒不公布有关信息,业主寻求法律保护的,应当得到支持。

【司法案例】

甲小区业主委员会、杜某波业主知情权纠纷[①]

诉讼结论:根据有关规定,甲小区业委会负有公开专项维修资金申请使用及获批的情况、资料的义务,应当向业主公开专项维修资金申请使用及获批情况、资料。

法院认为:本案中,涉及关于公开专项维修资金筹集、使用情况的问题。经查,甲小区业委会作为小区全体业主代表对小区进行管理,根据甲小区业委会与乙公司签订的物业服务合同关于“专项维修资金”的约定,甲小区业委会对申请使用专项维修资金的情况以及是否获得批准的情况理应清楚知悉。至于专项维修资金是否由甲小区业委会直接掌握管理,不影响其对专项维修资金情况的公布。因此,根据有关规定,甲小区业委会负有公开专项维修资金申请使用及获批的情况、资料的义务。甲小区第一区至第七区未筹集专项维修资金,第八区、第九区筹集了专项维修资金,徐某东为第八区业主,甲小区业委会应向徐某东公开第八区专项维修资金申请使用及获批情况、资料。

---

① 参见广东省中山市中级人民法院(2019)粤20民终2870号民事判决书。

第二百八十二条 建设单位、物业服务企业或者其他管理人等利用业主的共有部分产生的收入,在扣除合理成本之后,属于业主共有。

【条文主旨】

本条是关于共有部分产生的收入分配问题的规定。

【条文理解】

《民法典》"物权编"为了更好地保护业主的权利,新增了本款内容。本条中明确了可以利用建筑物共有部分的主体是建设单位、物业服务企业或者其他管理人。建设单位,一般指小区整体的招标人、发包人等。物业服务企业或者其他管理人,一般指由建设单位选派或业主委员大会选择的、代替全体业主管理小区共有部分、为全体业主提供服务的法人或非法人组织。在现实生活中,管理、利用小区共有部分的一般多指物业服务企业。《物业管理条例》第 2 条规定:本条例所称物业管理,是指业主通过选聘物业服务企业,由业主和物业管理企业按照物业服务合同约定,对房屋及配套的设施设备和相关场地进行维修、养护、管理,维护物业管理区域内的环境卫生和相关秩序的活动。物业服务企业未能履行物业服务合同的约定,导致业主人身、财产安全受到损害的,应当依法承担相应的法律责任。

根据《民法典》"物权编"的规定,建筑区划内的道路,属于业主共有,但属于城镇公共道路的除外。建筑区划内的绿地,属于业主共有,但属于城镇公共绿地或者明示属于个人的除外。建筑区划内的其他公共场所、公用设施和物业服务用房,属于业主共有。《建筑物区分所有权司法解释》第 3 条规定:"除法律、行政法规规定的共有部分外,建筑区划内的以下部分,也应当认定为物权法第六章所称的共有部分:(一)建筑物的基础、承重结构、外墙、屋顶等基本结构部分,通道、楼梯、大堂等公共通行部分,消防、公共照明等附属设施、设备,避难层、设备层或者设备间等结构部分;(二)其他不属于业主专有部分,也不属于市政公用部分或者其他权利人所有的场所及设施等。建筑区划内的土地,依法由业主共同享有建设用地使用权,但属于业主专有的整栋建筑物的规划占地或者城镇公共道路、绿地占地除外。"合理成本是指利用主体为了获取收益所支出的费用,应当由利用主体对成本的支出及其合理性承担举证责任。

【司法适用】

司法实践中,应注意以下问题:

第一,诉讼主体资格问题。根据《民事诉讼法》及司法解释的相关规定,原告应当是与案件具有一定利害关系的自然人、法人或其他非法人组织。单个业主都与本款所规定的共有部分收益具有直接的利害关系，但根据《物权法》的相关规定，业主大会或业主委员会根据业主大会的决定，代表全体业主参加因物业管理活动发生的诉讼或者仲裁。也就是说，在适用本条规定的时候，单个的业主并不具备原告的资格。

第二，证明责任问题。根据《民事诉讼法》第 64 条第 1 款的规定，当事人对自己提出的主张，有责任提供证据。依据该规定，建设单位、物业服务企业或者其他管理人等利用业主的共有部分产生的收入应当由业主大会或业主委员会进行举证证明，而不是根据建设单位、物业服务企业或者其他管理人的数据证明。对建设单位、物业服务企业或者其他管理人为了获取收益而支出的成本是否在合理范围内，应当由利用人承担举证责任。

第三，诉讼时效问题。根据《民法典》的规定，向人民法院请求保护民事权利的诉讼时效期间为 3 年，法律另有规定的，依照其规定。诉讼时效期间从知道或者应当知道权利被侵害时起计算。在实践中，建设单位、物业服务企业或者其他管理人利用共有部分获取收益的行为往往不会在第一时间被业主发现或意识到，有的行为甚至在发生数年后才被业主察觉。利用人往往利用诉讼时效进行抗辩，认为该部分收益不应当返还，但根据相关规定，对业主诉讼时效的计算不是从获取收益的行为开始之日起，而是从有业主意识到或提出该部分收益应当归全体业主之日起。

【司法案例】

甲公司与乙小区业主委员会共有部分收益纠纷案①

诉讼结论：物业公司未经业主大会同意，擅自利用公共区域开展经营活动所获收益，业主委员会有权要求其在扣除合理成本后予以返还。

法院认为：2003 年开始，甲公司受乙小区建设单位委托，对该小区进行前期物业服务。乙小区于 2008 年成立了业主委员会。从 2008 年 11 月开始，甲公司在未征得业主大会同意、办理合法手续的情况下，擅自利用乙小区物业公共场地、电梯进行了修建停车位、发布广告等盈利活动，获得了公共收益。2013 年 4 月 11 日，乙小区业委会与甲公司终止了物业服务合同。甲公司在提供服务期间未曾公布公共收益的账目明细，在退场时也未就公共收益与业委会进行交接，并在业委会提出返还请求时以主体不适格、经营成本高于收益、已过时效等理由予以拒绝。

---

① 参见重庆市沙坪坝区人民法院（2014）沙法民初字第 08432 号民事判决书。

2014年9月10日，乙小区业委会提起本案诉讼，要求甲公司返还公共收益814,395元并赔偿资金占用损失。考虑到约300个停车位以及电梯广告位的设立、运营、维护必然存在成本，在双方均不申请司法评估、审计的情况下，法院依据查明的案件事实、本地区行业现状等因素，将物业公司应当返还业委会的收益酌定为491,602.80元，即双方一致确认的收益总额819,338元的60%。

第二百八十三条　建筑物及其附属设施的费用分摊、收益分配等事项，有约定的，按照约定；没有约定或者约定不明确的，按照业主专有部分面积所占比例确定。

【条文主旨】

本条是关于建筑及其附属设施产生的费用分担和收益分配问题的规定。

【条文理解】

对建筑物共有部分及其附属设施进行养护、维修，就会产生业主如何负担费用的问题。房屋发生自然损坏（因不可抗力造成的损坏，视同自然损坏），所需修缮费用依下列原则处理：(1)共有房屋主体结构中的基础、柱、梁、墙的修缮，由共有房屋所有人按份额比例分担。(2)共有墙体的修缮（包括因结构需要而涉及的相邻部位的修缮），按两侧均分后，再由每侧房屋所有人按份额比例分担。(3)楼盖的修缮，其楼面与顶棚部位，由所在层房屋所有人负责；其结构部位，由毗连层上下房屋所有人按份额比例分担。(4)屋盖的修缮：①不上人房盖，由修缮所及范围覆盖下各层的房屋所有人按份额比例分担；②可上人屋盖（包括屋面和周边护栏），如为各层所共用，由修缮所及范围覆盖下各层的房屋所有人按份额比例分担；如仅为若干层使用，使用层的房屋所有人分担一半，其余一半由修缮所及范围覆盖下层房屋所有人按份额比例分担。(5)楼梯及楼梯间（包括出屋面部分）的修缮：①各层共用楼梯，由房屋所有人按份额比例分担；②为某些层所专用的楼梯，由其专用的房屋所有人按份额比例分担。(6)房屋共用部位必要的装饰，由受益的房屋所有人按份额比例分担。(7)房屋共有、共用的设备和附属建筑（如电梯、水泵、暖气、水卫电照、沟管、垃圾道、化粪池等）的修缮，由所有人按份额比例分担。

建筑物共有部分及其附属设施不仅存在着养护、维修的问题，还存在经营收益如何分配的问题。例如，业主大会决定，将建筑物楼顶出租给企业做广告的，广告收入如何分配：是居住顶层的业主多拿一些，还是业主平均分配；是作为业主大会、业主委员会的活动经费，还是作为维修资金用于建筑物及其附属设施的维修。《物业管理条例》第54条规定，利用物业共用部位、共用设施设备进行经营的，应当在征得相关业主、业主大会、物业服务企业的同意后，按照规定办理有关手续。业主所得收益应当主要用于补充专项维修资金，也可以按照业主大会的决定使用。

本条将“业主专有部分占建筑物总面积的比例”改为“业主专有部分面积所占比例”。如何规定业主对建筑物共有部分及其附属设施的费用分摊、收益分配，立法时也有不同看法。有的认为，应当按照业主所有的专有部分的面积占建筑物总面积的比例确定；有的认为，应当按照业主专有部分占建筑物的价值比例确定。鉴于现实中情况复杂，各地及每个建筑区划的具体情况不同，业主如何分摊建筑物共有部分及其附属设施的费用，如何分配建筑物共有部分及其附属设施的收益，是业主行使建筑物区分所有权的问题，业主可以依法处分。故本条规定，建筑物共有部分及其附属设施的费用分摊、收益分配等事项，有约定的，按照约定；没有约定或者约定不明确的，按照业主专有部分面积所占比例确定。

【司法适用】

本条规定，建筑物及其附属设施的费用分摊、收益分配等事项，在无约定或约定不明的情况下，按照业主专有部分面积所占比例确定，但对业主的范围并未作出具体的规定。在司法实践中，一个完善、成规模的小区，其小区内建筑物不止一座，那么针对其中一座建筑及其附属设施所产生的费用或收益，是由该栋建筑物的业主分摊或享有，还是应该由全体业主进行分担或享有？在实践中，不同的法院在进行事实认定时，有不同的观点。

最高人民法院的审判专家对此曾作出解读，认为小区内的土地使用权归小区全体业主共同享有，而小区内的各栋建筑与小区土地使用权是不可分离的，故小区业主对于共用部分的共有权和共同管理权不是仅限于其所在的建筑物，还应包括对小区内的土地使用权等其他共有部分的权利。从这一角度上讲，小区内各栋楼房的共用部分及其附属设施以及小区规划范围内的共用部分，均应当属于全体业主共有。因此，小区内一栋楼房共用部分及其附属设施产生的费用和收益，不应仅由该栋楼房的业主分摊和享有，而应当由小区的全体业主分摊和享有。

【司法案例】

甲公司与乙公司物业服务合同纠纷①

诉讼结论：因租赁小区产生的租赁费收益9.5万元依法应当由小区的所有人

① 参见山东省枣庄市中级人民法院(2014)枣民四商终字第103号民事判决书。

即业主享有。甲公司要求乙公司返还该租赁费,没有法律依据。

法院认为:2011 年 9 月 22 日,甲公司(被上诉人)与乙公司(上诉人)就乙公司对丙小区提供物业管理服务事宜签订了前期物业服务合同。合同签订后,乙公司派驻米某明到丙小区管理该小区物业。2012 年 3 月 29 日,乙公司授权张某与丁公司签订通信基站站址租赁合同,由丁公司承租丙小区内场地设立 50 根站柱建设通信基站,租赁期限为 10 年,租赁费共计 50,000 元,一次性付清。2012 年 5 月 25 日,丁公司通过转账方式将租金 50,000 元支付到张某账户。2012 年 6 月 1 日,乙公司授权米某明与丁公司签订通信基站站址租赁合同,由丁公司承租丙小区内场地建立信号覆盖,在原有的 50 个点基础上增加 22 个发射点,增加 19 个设备箱,租赁期限为 20 年,租赁费共计 45,000 元,一次性付清。2012 年 6 月 15 日丁公司通过转账方式将租金 45,000 元支付到米某明账户。2012 年 9 月 28 日,甲公司与乙公司就之前签订的前期物业服务合同终止及交接事宜达成协议,并签订了交接协议。

本案的争议焦点为上诉人是否应当向被上诉人返还 9.5 万元租金。枣庄市中级人民法院经审查认为,依据《物权法》及相关法律规定,建筑物及其附属设施的费用分摊、收益分配等事项,有约定的,按照约定;没有约定或者约定不明确的,按照业主专有部分占建筑物总面积的比例确定。这意味着业主对建筑物及其附属设施产生的收益具有占有、使用、分配等权利。上诉人作为小区物业的服务和管理者,对涉案道路、绿地及设施并无处分的权利,因租赁小区产生的租赁费收益 9.5 万元依法应当由小区的所有人即业主享有。上诉人未经丙小区业主的授权即将涉案租赁费在交接协议中约定归被上诉人所有,属于无权处分行为。在未经业主追认该交接协议的情形下,被上诉人要求上诉人返还该租赁费,没有法律依据,本院依法不予支持。

第二百八十四条　业主可以自行管理建筑物及其附属设施,也可以委托物业服务企业或者其他管理人管理。

对建设单位聘请的物业服务企业或者其他管理人,业主有权依法更换。

【条文主旨】

本条是关于建筑物及其附属设施管理主体的规定。

【条文理解】

从本条规定可以看出,对建筑物及其附属设施的管理主要有两类主体,一是业主本身,二是业主委托的物业服务企业或者其他人。

业主的自行管理一般发生在业主较少或建筑物及其附属设施较少的建筑区划。而随着经济发展,建筑物及其附属设施中的科技含量越来越高,对管理水平的要求也越来越高,在现代大型、成熟的建筑区划内,业主自行管理一般很难实现各方的利益最大化,越来越多的小区倾向于选择委托物业服务企业或其他人进行管理。

通常情况下,一栋楼或者一个住宅小区建好后,就要对建筑物及其附属设施进行管理,但业主们是陆陆续续迁入居住的,业主大会成立相对较晚,不能及时委托物业管理企业。在这种情况下,只能由建设单位选聘物业管理企业对建筑物及其附属设施进行管理。《物业管理条例》规定,国家提倡建设单位按照房地产开发与物业管理相分离的原则,通过招投标的方式选聘具有相应资质的物业服务企业。在业主、业主大会选聘物业服务企业之前,建设单位选聘物业服务企业的,应当签订书面的前期物业服务合同。物业管理合同,应当报房地产行政主管部门备案。建设单位与业主签订的买卖合同应当包含前期物业服务合同约定的内容。建设单位在销售住宅或者经营性用房时,应当向业主明示前期物业服务合同。业主应当履行与建设单位签订的前期物业服务合同,服从物业公司的管理。但依据本条第 2 款的规定,在业主大会成立后,有权对建设单位聘请的物业服务企业或者其他管理人进行更换。《民法典》第 938 条规定:“物业服务合同的内容一般包括服务事项、服务质量、服务费用的标准和收取办法、维修资金的使用、服务用房的管理和使用、服务期限、服务交接等条款。物业服务人公开作出的有利于业主的服务承诺,为物业服务合同的组成部分。物业服务合同应当采用书面形式。”第 939 条规定:“建设单位依法与物业服务人订立的前期物业服务合同,以及业主委员会与业主大会依法选聘的物业服务人订立的物业服务合同,对业主具有法律约束力。”

【司法适用】

在单一建筑区划范围内,业主的范围可以轻易确定,在非自行管理的方式下,合同的双方也就容易确定。但对于近年来范围日益扩大、科技含量和管理水平不断提高的新型小区,物业服务企业或其他管理人就成了最佳的选择。在此种情况下,虽然这一方式是业主自行选择,物业服务企业或其他管理人也是同每一业主逐一签订合同,但根据《民法典》“物权编”的规定,下列事项由业主共同决定:(1)制定和修改业主大会议事规则;(2)制定和修改管理规约;(3)选举业主委员会或者更换业主委员会成员;(4)选聘和解聘物业服务企业或者其他管理人;(5)使用建筑物及其附属设施的维修资金;(6)筹集建筑物及其附属设施的维修资金;(7)改建、重建建筑物及其附属设施;(8)改变共有部分的用途或者利用共有部分从事经营活动;(9)有关共有和共同管理权利的其他重大事项。故选聘和解聘物业服务企业或者其他管理人是由业主大会共同决定的事项。根据《物业管理条例》第12条第4款的规定,业主大会或业主委员会的决定对全体业主具有约束力。因此,虽然物业管理合同最终要落实到每一户业主同物业服务企业或管理人的签订,但该合同已经突破了合同的相对性,单一业主不能因为自己的意愿而拒不接受该合同中明确的权利义务。

【司法案例】

马某萍与甲公司物业服务合同纠纷①

诉讼结论:被上诉人提供了物业服务,有权收取物业管理服务等费用。

法院认为:上诉人马某萍系乙小区B区的住户,住房面积为114.6平方米。2014年12月25日,被上诉人甲公司与乙小区B区业主委员会签订《物业管理委托合同》两份,约定:服务期四年,自2015年1月1日至2018年12月31日,住宅物业费每月每平方米0.45元,按业主的房屋建筑面积收取,服务期间的费用调整按照市物价局下发的文件执行,原则上按月交费,可一季度一次交清,也可每月分期交清,但最迟不得超过每季度最后一个月的20日至下月5日,逾期每日按欠款的3‰收取滞纳金。上诉人自2015年1月1日起,未向原告交纳过物业费。被上诉人多次催交,被告均以各种借口拖欠至今。

法院认为,被上诉人甲公司与乙小区B区业主委员会签订了《物业管理委托合同》,该合同对全体业主均有约束力。上诉人马某萍与被上诉人甲公司之间形成了物业管理服务权利义务关系,被上诉人甲公司提供了物业服务,有权向上诉人马某萍收取物业管理服务等费用。

第二百八十五条　物业服务企业或者其他管理人根据业主的委托,依照本法第三编有关物业服务合同的规定管理建筑区划内的建筑物及其附属设施,接受业主的监督,并及时答复业主对物业服务情况提出的询问。

物业服务企业或者其他管理人应当执行政府依法实施的应急处置措施和其他管理措施,积极配合开展相关工作。

---

① 参见宁夏回族自治区吴忠市中级人民法院(2019)宁03民终997号民事判决书。

【条文主旨】

本条是关于业主和物业服务企业或其他管理人的关系及物业服务企业或其他管理人职责的规定。

【条文理解】

本条第1款新增了物业服务企业或者其他管理人应当及时答复业主对物业服务情况提出的询问的规定;增加了管理的依据,即“依照本法第三编有关物业服务合同的规定”;此外,本条新增的第2款规定了物业服务企业或其他管理人的职责。

根据规定,业主有权选择物业服务企业或其他管理人,将自己对建筑物及其附属物的管理权委托给自己所选择的对象,这样在业主和物业服务企业或管理人之间就形成了物业服务合同关系。

《民法典》“合同编”第938条规定,物业服务合同的内容一般包括服务事项、服务质量、服务费用的标准和收取办法、维修资金的使用、服务用房的管理和使用、服务期限、服务交接等条款。物业服务人公开作出的有利于业主的服务承诺,为物业服务合同的组成部分。物业服务合同应当采用书面形式。物业服务人将物业服务区域内的部分专项物业服务委托给专业性服务组织或者其他第三人的,应当就该部分专项物业服务向业主负责。物业服务人不得将其应提供的全部物业服务转委托给第三人,或者将全部物业服务分解后分别转委托给第三人。物业服务人应当按照约定和物业的使用性质,妥善维修、养护、清洁、绿化和经营物业服务区域内的业主共有部分,维护物业服务区域内的基本生活秩序,采取合理措施保障业主的人身财产安全。对物业服务区域内违反有关治安、环保等法律法规的行为,物业服务人应当及时采取合理措施制止、向相关行政管理部门报告并协助处理。物业服务人应当及时将服务项目及负责人员、服务质量要求、服务收费项目、服务收费计算标准、服务履行情况、维修资金管理与使用情况、业主共有部分的经营与收益情况、服务项目收支情况和预算方案等事项以合理方式向业主公开或者向业主大会、业主委员会报告。

物业管理是否符合“合同编”中的相关规定,不仅涉及建筑区划内建筑物及其附属设施能否有效的运转,建筑区划内的治安、绿化、消防等多个方面,而且涉及每个业主的切身利益。因此本条规定物业服务企业或者其他管理人要严格按照相关规定行事,要将工作的内容、进程、效果向全体业主公布,接受业主的监督,同时对业主针对物业服务情况提出的询问应当给予及时答复。这有利于物业服务企业或其他管理人切实履行合同约定,向业主提供高质量服务,维护小区内的和谐。

疫情期间,物业服务企业或者其他管理人在社区疫情防控中承担了大量工作,起到了十分重要的作用。结合疫情防控工作,本条新增第2款,明确了物业服务企业或其他管理人在应对重大突发公共事件时应尽的职责,即物业服务企业或者其他管理人应当执行政府依法实施的应急处置措施和其他管理措施,积极配合开展相关工作。通过立法规定物业服务企业或者其他管理人在疫情等特殊情况下执行政府依法实施的应急处置措施和其他管理措施的责任,有助于维护小区居民的人身和财产安全,有利于维护社会公共利益。

【司法适用】

依据《民法典》"合同编"的相关规定,在双务合同的履行过程中,任何一方当事人都享有不同类型的抗辩权。物业管理服务合同作为《民法典》中新增的一个合同类型当然也不例外。根据"合同编"的相关规定,当事人互负债务,没有先后履行顺序的,应当同时履行。一方在对方履行之前有权拒绝其履行请求。一方在对方履行债务不符合约定时,有权拒绝其相应的履行请求。同时履行抗辩权的法律基础是诚实信用原则,即依照诚信原则,当事人必须按照合同的约定履行自己的义务,否则无权要求另一方当事人履行义务;在对方当事人未按合同履行义务的情况下,也有权拒绝履行自己的义务。同时,《民法典》第582条又进一步规定:"履行不符合约定的,应当按照当事人的约定承担违约责任。对违约责任没有约定或者约定不明确,依据本法第五百一十条的规定仍不能确定的,受损害方根据标的的性质以及损失的大小,可以合理选择请求对方承担修理、重作、更换、退货、减少价款或者报酬等违约责任。"但是对方瑕疵履行不构成根本违约的,当事人不能因为对方的履约行为存在瑕疵而要求解除合同。

由于物业服务合同具有公益性质,如放任业主任意以一般瑕疵行使抗辩权,将造成物业公司运营经费不足,影响其维持日常服务,最终损害其他正常交费的业主利益。因此,法律对业主以合理、合法的方式行使瑕疵履行抗辩权提出了更高的要求,业主行使该抗辩权首先应当具备"正当理由",即抗辩事由应当属于物业管理公司的服务范围,而物业公司不履行物业服务合同,或者履行合同有重大瑕疵等严重情形的。否则,为了维护更多业主的权益和小区的正常运行,即使物业服务管理公司在提供物业服务过程中存在一定瑕疵,如小区卫生未及时清运、联系电梯维修时间过长等,业主可以要求物业进行改善,但不能据此行使瑕疵抗辩权,更不能以此为由拒不履行自己的义务。

【司法案例】

季某与甲公司物业服务合同纠纷①

诉讼结论：季某其未能举证证明甲公司的行为达到较为严重的程度，且季某主张降低物业费没有充分的事实和法律依据。

法院认为：上诉人季某以被上诉人甲公司未按物业服务合同要求向上诉人履行正常供水和供电、公共设施维修维护义务为由，要求将物业服务费收费标准降低30%。二审法院在审理中认为，被上诉人对电梯等公共设施是积极履行维修维护义务的。但是在维护过程中被上诉人确实存在一定延迟，没有充分保障所有电梯正常运行，给上诉人等业主造成一定麻烦和不方便，存在一定的怠于履行物业义务行为，而且事后处理该问题不够诚恳，使得物业公司与用户之间产生矛盾升级，履行物业合同存在瑕疵，被上诉人作为物业公司应当认真对待这一情况。另外，根据二审查明的事实，一审原告诉求的要求被告履行向原告正常供水和供电、维修维护公共设施等义务的情形已不存在。但针对上诉人要求减少物业费的诉求，法院认为被上诉人虽然在履行义务的过程中存在一定的瑕疵，但上诉人未能举证证明被上诉人的行为达到较为严重的程度，且亦有证据表明被上诉人履行了物业服务合同约定的对小区进行管理和服务的义务，上诉人主张降低物业费没有充分的事实和法律依据，法院不予支持。

第二百八十六条　业主应当遵守法律、法规以及管理规约，相关行为应当符合节约资源、保护生态环境的要求。对于物业服务企业或者其他管理人执行政府依法实施的应急处置措施和其他管理措施，业主应当依法予以配合。

业主大会或者业主委员会，对任意弃置垃圾、排放污染物或者噪声、违反规定饲养动物、违章搭建、侵占通道、拒付物业费等损害他人合法权益的行为，有权依照法律、法规以及管理规约，请求行为人停止侵害、排除妨碍、消除危险、恢复原状、赔偿损失。

业主或者其他行为人拒不履行相关义务的，有关当事人可以向有关行政主管部门报告或者投诉，有关行政主管部门应当依法处理。

---

① 参见海南省第一中级人民法院(2019)琼96民终1502号民事判决书。

【条文主旨】

本条是关于业主相关义务以及制止损害他人合法权益行为并追究其行政责任的规定。

【条文理解】

与《物权法》相比，本条在业主相关义务方面，增加了其行为应当符合节约资源、保护生态环境的要求。对于物业服务企业或者其他管理人执行政府依法实施的应急处置措施和其他管理措施，业主应当依法予以配合。在损害他人合法权益行为的责任承担方式上，将“排除妨害”修改为“排除妨碍”，并将“消除危险”置于“排除妨碍”之后，并新增“恢复原状”，此外，新增了第3款关于行政责任的规定。

遵守法律、法规以及管理规约，是居住于建筑区划内的业主应当履行的最基本的义务。例如，根据《民法典》“合同编”第944条的规定，业主应当按照约定向物业服务人支付物业费。物业服务人已经按照约定和有关规定提供服务的，业主不得以未接受或者无须接受相关物业服务为由拒绝支付物业费。业主违反约定逾期不支付物业费的，物业服务人可以催告其在合理期限内支付；合理期限届满仍不支付的，物业服务人可以提起诉讼或者申请仲裁。根据《民法典》第945条的规定，业主装饰装修房屋的，应当事先告知物业服务人，遵守物业服务人提示的合理注意事项，并配合其进行必要的现场检查。业主转让、出租物业专有部分、设立居住权或者依法改变共有部分用途的，应当及时将相关情况告知物业服务人。《民法典》第9条规定以民法基本原则的形式确立了“绿色原则”，使“节约资源、保护生态环境”成为民事主体从事民事活动时的一项义务，业主的相关行为也应当符合节约资源、保护生态环境的要求。《民法典》第285条第2款新增了物业服务企业或其他管理人在应对重大突发公共事件时应尽的职责，物业服务企业或其他管理人在执行政府依法实施的应急处置措施和其他管理措施时，离不开业主的配合，因此，本条规定，对于物业服务企业或者其他管理人执行政府依法实施的应急处置措施和其他管理措施，业主应当依法予以配合。本条明确了业主具有配合的义务，有助于物业开展相关工作。

但是实践中，个别业主不遵守法律、法规以及管理规约的规定，任意弃置垃圾、排放污染物或者噪声、违反规定饲养动物、违章搭建、侵占通道、拒付物业费等，损害了部分业主甚至是全体业主的合法权益。对这些侵权行为，由谁予以制止，是否可以追究其相应的责任，本条第2款作了明确规定：业主大会或者业主委员会，对以上损害他人合法权益的行为，有权依照法律、法规以及管理规约，请求行为人停止侵害、排除妨害、消除危险、恢复原状、赔偿损失。

在上述“损害他人合法权益的行为”中，大多数行为同时也对公共利益造成一定侵害。在业主大会或者业主委员会要求业主或者其他行为人承担相应的义务但行为人拒不履行相关义务时应当如何处理，本条第 3 款作了规定，即有关当事人可以向城市管理等相关行政主管部门报告或者投诉，有关行政主管部门接到报告或者投诉后，应当依法处理。

【司法适用】

在司法实践中，建设单位或业主大会、业主委员会通常是选择物业服务企业的主体，但也存在一些例外。在建设单位未选择物业服务企业或小区业主大会、业主委员会未成立时，小区物业管理工作应该怎么进行？《唐山市物业管理条例》第 15 条规定："未成立业主大会的物业管理区域，发生物业服务企业停止服务或者其他重大、紧急物业管理事件，需要业主共同决定解聘、选聘物业服务企业或者其他事项的，由物业所在地街道办事处、乡镇人民政府指导并协助业主共同决定有关事项。经过半数以上业主同意，可以由物业所在地街道办事处、乡镇人民政府报县（市）区住房和城乡建设部门备案，委托物业所在地居（村）民委员会履行职责，并在物业管理区域内予以公告；具备成立业主大会条件满一年仍未成立业主大会的，由物业所在地街道办事处、乡镇人民政府报请县（市）区人民政府批准，委托物业所在地居（村）民委员会履行职责，并在物业管理区域内予以公告。受委托的居（村）民委员会履行以下职责：（一）向业主报告物业管理的实施情况；（二）代表业主选聘或者解聘物业服务企业，签订或者解除物业服务合同；（三）听取业主、物业使用人的意见和建议，监督和协助物业服务企业履行物业服务合同；（四）组织筹集专项维修资金，并监督使用；（五）督促业主按时交纳物业服务费；（六）督促业主和物业使用人遵守法律、法规和管理规约；（七）劝阻业主或者物业使用人违章装饰装修房屋；（八）业主委员会应当履行的其他职责。"居委会扎根基层，熟悉社情民意，了解业主需求，掌握小区情况，是群众信赖的基层组织。在业委会缺位的情况下，居委会代行业委会职责，具有先天优势，这也有利于化解小区内业主与业主之间、业主与物业企业之间的矛盾纠纷，有利于解决小区物业管理中存在的问题。因此，除业主大会或业主委员会签订的物业合同外，居委会代签的物业合同对小区业主同样具有约束力，业主对该合同义务内容同样需要遵守。

本条第 2 款的主语是业主大会或者业主委员会，业主大会或业主委员会对个别业主的违规等损害其他人的合法权益行为可以进行干涉、行政投诉等。但在司法实践中，除业主大会或者业主委员会外，与个别业主的违规违约行为息息相关的物业服务企业或其他管理人也可以成为诉讼的当事人，要求追究行为人相应的责任。

【司法案例】

甲小区业主委员会与王某丽恢复原状纠纷案[①]

诉讼结论：王某丽未经有关行政部门的审批，私自在后墙开凿门窗，构成对小区业主共有部分建筑物的违章改建，为小区业主的安全带来隐患，损害了其他业主的合法权益。

法院认为：《建筑物区分所有权司法解释》第3条规定："除法律、行政法规规定的共有部分外，建筑区划内的以下部分，也应当认定为物权法第六章所称的共有部分：（一）建筑物的基础、承重结构、外墙、屋顶等基本结构部分，通道、楼梯、大堂等公共通行部分，消防、公共照明等附属设施、设备，避难层、设备层或者设备间等结构部分……"第15条规定："业主或者其他行为人违反法律、法规、国家相关强制性标准、管理规约，或者违反业主大会、业主委员会依法作出的决定，实施下列行为的，可以认定为物权法第八十三条第二款所称的其他'损害他人合法权益的行为'：……（四）违章加建、改建，侵占、挖掘公共通道、道路、场地或者其他共有部分"。本案中，王某丽未经有关行政部门的审批，私自在甲小区17号楼4、5、6号网点后墙开凿两处门窗，构成对小区业主共有部分建筑物的违章改建，为小区业主的安全带来隐患，损害了其他业主的合法权益，故甲小区业主委员会要求王某丽拆除在案涉网点开凿的门窗并将该处墙体恢复原状的诉讼请求，应当予以支持。

第二百八十七条　业主对建设单位、物业服务企业或者其他管理人以及其他业主侵害自己合法权益的行为，有权请求其承担民事责任。

【条文主旨】

本条是关于业主合法权益保护的规定。

【条文理解】

该条将《物权法》第83条最后一句"业主对侵害自己合法权益的行为，可以依法向人民法院提起诉讼"单列为一条，并作了修改，即新增"建设单位、物业服务企业或者其他管理人以及其他业主"，将"可以依法向人民法院提起诉讼"改为"有权请求其承担民事责任"。

---

① 参见吉林省高级人民法院（2018）吉民再66号民事判决书。

本条的保护对象明确是业主的合法权益，所谓合法权益是指受国家法律保护并能取得预期收益的特权，如各项无形资产。在我国，公民的合法利益包括宪法和法律所规定的政治权利、民主权利、人身权利、经济权利、教育权利等。根据《建筑物区分所有权司法解释》第15条的规定，业主或者其他行为人违反法律、法规、国家相关强制性标准、管理规约，或者违反业主大会、业主委员会依法作出的决定，实施下列行为的，可以认定为物权法第83条第2款所称的其他"损害他人合法权益的行为"：(1)损害房屋承重结构，损害或者违章使用电力、燃气、消防设施，在建筑物内放置危险、放射性物品等危及建筑物安全或者妨碍建筑物正常使用；(2)违反规定破坏、改变建筑物外墙面的形状、颜色等损害建筑物外观；(3)违反规定进行房屋装饰装修；(4)违章加建、改建，侵占、挖掘公共通道、道路、场地或者其他共有部分。

本条明确了业主对侵害自己合法权益的行为，有权请求相关主体承担相应的民事责任。民事责任，是指民事主体因不当履行法律规定或者合同约定的民事义务而应负担的民事法律后果。民事责任是一种民法后果，是民事义务的补充，只有在民事义务未被恰当履行时才可能导致民事责任的承担。而民事主体应履行而未履行的民事义务源于法律规定或合同约定。法律规定和合同约定是民事义务产生的两种最主要的方式，而无论是哪种方式产生的民事义务，民事主体都应予以履行。本条将《物权法》规定的"业主对侵害自己合法权益的行为，可以依法向人民法院提起诉讼"修改为有权请求相关主体承担民事责任，拓宽了业主获得救济的方式。也就是说，当业主的合法权益遭受侵害时，其既可以与对方协商，也可以向相关行政部门反映，还可以通过诉讼来维护其合法权益。

【司法适用】

在司法实践中，业主和其他行为人产生的纠纷除了与质量、服务、合同等直接相关的侵犯业主合法权益的纠纷外，还有少量需要建设单位或物业服务企业承担补充责任、公平责任的纠纷。国务院发布的《物业管理条例》明确规定了物业公司有协助进行安全防范的义务；最高人民法院发布的《物业服务纠纷司法解释》也明确指出物业公司不履行有关管理义务要承担相应的责任。当物业公司与案件有所牵连但无法明确其责任的情况下，仍不应将物业公司排除在责任主体范围之外，关于物业公司承担责任的方式问题，可以依据《民法典》"侵权责任编"中的公平责任原则来处理，也可以创造性地适用安全保障义务原则，要求物业公司承担一定的补偿赔偿责任。在这种情况下，物业服务企业或其他管理人承担的不是因为自身存在侵权行为而产生的赔偿责任，其承担的是在有具体的侵权行为人时，因其没有尽到合理的注意义务而产生的补偿责任。追究这种补偿责任一般发生在对直接侵权行为进行法律追究之后，但这并不影响物业服务企业或其他管理人因此成为诉讼的一方当事人。

【司法案例】

甲小区业主委员会、乙公司财产损害赔偿纠纷①

诉讼结论：物业公司收取的物业费以及租金，属于履行管理小区的义务而为，具有合同依据，不构成侵权损害赔偿民事责任。

法院认为：原告甲小区业主委员会认为被告乙公司收取小区业主接房前至少7个月的物业费534,905.8元的行为构成侵权；物业公司未经小区业主同意，擅自占用小区公共设施对外出租，收取租金163,000元，也是对本小区业主权利的侵害。对于双方争议的焦点物业公司是否承担侵权责任的问题，法院经审查认为，本案业主委员会以财产损害民事法律关系主张权利诉至法院。根据《侵权责任法》第6条关于"行为人因过错侵害他人民事权益，应当承担侵权责任"的规定，侵权损害赔偿责任构成要件有四个，即违法行为、损害事实、因果关系和过错。构成一般损害赔偿责任，这四个要件缺一不可，否则就不能认定损害赔偿的民事责任。本案中，针对业主委员会要求物业公司赔偿多收取的物业管理费及小区公共场地的租赁费的诉请，因物业公司收取2012年6月1日至2012年12月31日的物业管理费是依据边防总队的明传电报收取的，并且小区业主也都按照本单位的要求进行了缴纳；物业公司对小区公共场地所收取的租赁费也是依据边防总队后勤部与物业公司所签订的前期物业管理合同的约定，履行管理小区的义务而为，是具有合同依据的，故物业公司的上述行为均不具有违法性、损害事实及过错，不构成侵权损害赔偿民事责任。

---

① 参见云南省昆明市官渡区人民法院(2018)云0111民初6708号民事判决书。

第七章 相邻关系

本章共9个条文，基本延续了《物权法》第7章相邻关系的内容，对3个条文进行了修改。本章的具体内容包括相邻关系的处理原则，处理相邻关系的法律依据，相邻用水、排水关系，相邻通行关系，相邻土地使用关系，相邻通风、采光和日照关系，相邻污染物排放关系，相邻防险关系以及相邻损害防护关系。

“相邻关系”在民法上是指，权利人依法处理不动产相邻的两个或者两个以上权利人之间在通行、通风、采光等方面产生的各种关系，以保障其必需的生产和生活。相邻关系是为调整相邻不动产权利冲突而产生的。[①] 不同于地役权是依合同约定而产生，相邻关系中不动产所有人或使用人权利的限制或扩张来自法律的直接规定。建构相邻关系规范的基本原理包括以下两个方面：一方面，相邻关系人基于邻里和睦的相互关照义务。相邻双方可以在合理的限度内利用邻人的不动产，邻人应当给予必要的便利。另一方面，基于权益行使必须符合公益的原则，调整个人对社会或国家的利益。[②] 相邻关系制度功能在于充分发挥不动产的使用价值，调整相互毗邻的不动产之间因利用不动产而产生的利益冲突。因此，相邻一方因必要而利用另一方的不动产时，应当采用最为经济合理的方式。

在司法实践中，要明确相邻权利人的范围。相邻权利人主要包括土地所有权人、建筑物所有权人、建设用地使用权人、宅基地使用权人、土地承包经营权人和土地经营权人等，但原则上不包括土地租赁权人和房屋租赁权人。随着社会的发展，相邻关系的范围不断扩展，从平面的相邻关系到立体的相邻关系，从通行、排水等有形的相邻关系到大气污染物、噪声、光、磁波辐射等无形的相邻关系，从完全法律规定的相邻关系

① 参见王利明主编：《物权法名家讲坛》，中国人民大学出版社2008年版，第198页。

② 参见谢在全：《民法物权论》（上册），新学林出版股份有限公司2014年版，第189页。

到某种程度允许自治的相邻关系。如建筑物区分所有权行使中的相邻关系,其管理规约就是相邻关系的自治表现形式。

在处理相邻关系纠纷时,要善于运用社会主义核心价值观,进行充分的说理。党的十八大提出,倡导富强、民主、文明、和谐,倡导自由、平等、公正、法治,倡导爱国、敬业、诚信、友善,积极培育和践行社会主义核心价值观。把社会主义核心价值观融入法治建设,是坚持依法治国和以德治国相结合的必然要求,是加强社会主义核心价值观建设的重要途径。文明、和谐、诚信、友善等社会主义核心价值观,与处理相邻关系的基本原则"有利生产、方便生活、团结互助、公平合理",具有很多相同之处。处理相邻纠纷,司法裁判不仅要关注个案效果,更要关注社会效果,关注社会行为指引功能的实现,关注良好道德观念的培育。

在处理相邻关系纠纷时,要善于运用利益衡平方法,兼顾双方当事人的权益。相邻当事人对自己不动产的利用行为,负有限制义务;对对方利用不动产的行为,负有容忍义务。法院要善于运用经验法则,就案件事实认定及法律适用事项进行权衡,综合考虑法律效果和社会效果,妥当行使自由裁量权。法院要贯彻利益最小影响、最低损害的司法理念,要注重个案的特殊性,化解社会矛盾。

第二百八十八条　不动产的相邻权利人应当按照有利生产、方便生活、团结互助、公平合理的原则,正确处理相邻关系。

【条文主旨】

本条是关于处理相邻关系原则的规定。

【条文理解】

相邻关系是指不动产相互毗邻的所有人或使用人,在对不动产行使所有权或使用权时,互相给予必要的便利或对自身权利加以必要的限制。相邻关系制度的功能在于扩展一方的所有权、限制他方的排除请求权,以作为或不作为义务设立补偿制度,从而实现当事人双方利益关系的平衡。[①]"有利生产、方便生活、团结互助、公平合理"的"十六字原则",是诚信原则在相邻关系中的具体表现。"十六字原则"强调不动产利用过程中相邻不动产各方权利人之间的相互容忍义务,强调

① 参见王泽鉴:《民法物权》(第1册),中国政法大学出版社2001年版,第170页。

相邻各方权利人的不动产权利扩张或受限的“限度”。对这“十六字原则”的具体内涵解读如下：

第一，有利生产、方便生活。现代民法价值判断的一个重要倾向是在平等的基础上，强化效益的地位，为适度合理地发挥物的社会经济效益服务。不动产作为一种最为重要的生产和生活资源，是社会生产和发展不可或缺的。在处理相邻关系纠纷时，应当以有利生产、方便生活为原则，合理使用资源，以使不动产充分发挥其经济效益。例如，工厂在生产时应当充分考虑邻人的利益，尽量避免污染气体的排放，尽可能地减少生产带给邻人的损害。

第二，团结互助。团结互助原则，是指邻人之间应当相互帮助、互谅互让、与邻为善，不做损人利己之事。即，不动产权利人在使用其不动产时，应当尊重邻人的合法利益，不得为一己私欲而损害邻人之合法权益。

第三，公平合理。公平合理原则是指在处理相邻关系时，应当兼顾双方利益，一方权利的延伸和他方权利的限制均需在合理范围之内。不动产权利人因必要而使用邻人不动产时应当尽到谨慎的义务，以损害最小的方式使用邻地，如超过合理限度使用邻地而对邻地造成损害的，应当赔偿损失。

【司法适用】

本条规定了处理相邻关系纠纷的基本原则，也是法院处理相邻关系纠纷时最经常引用的条款。按照法律的规定，相邻关系之权利受限方具有容忍的义务，应容忍对方在必要限度内使用自己所有或使用的不动产。因此，对邻人在必要限度内合理使用己方不动产的行为，不动产权利人负有容忍的义务。在司法实践中，处理相邻关系纠纷应当注意把握一方权利的延伸是否超过必要限度，并遵从处理相邻关系的基本原则。《民法通则》第 83 条规定：“不动产的相邻各方，应当按照有利生产、方便生活、团结互助、公平合理的精神，正确处理截水、排水、通行、通风、采光等方面的相邻关系。给相邻方造成妨碍或者损失的，应当停止侵害，排除妨碍，赔偿损失。”在《物权法》规定相邻关系前，法院主要依据《民法通则》第 83 条的规定，审理了大量基于相邻关系而引起的纠纷案件。《物权法》延续了《民法通则》这一规定，其第 84 条规定：“不动产的相邻权利人应当按照有利生产、方便生活、团结互助、公平合理的原则，正确处理相邻关系。”《民法典》“物权编”延续了《物权法》的这一规定，强调不动产相邻权利人应当和睦共处，相互帮助，做到“物尽其用，地尽其利”。

在司法实践中，相邻关系不宜直接适用于土地租赁权人和房屋租赁权人。因为相邻关系规定在“物权编”，原则上适用于物权人，而不适用于债权人。对此问题，有两条符合法理的解决路径。一是土地租赁权人和房屋租赁权人，可以基于

法院认为：不动产的相邻权利人应当按照有利生产、方便生活、团结互助、公平合理的原则，正确处理相邻关系。法律、法规对处理相邻关系有规定的，依照其规定。法律、法规没有规定的，可以按照当地习惯。由于本案卫某虎居住之房屋系20世纪80年代建造，存在面积小、结构不合理等情况，故卫某虎在楼道内安放、使用厨具之行为，虽有不妥，但实属无奈之举，应当属于邻居周某鸿的容忍范围。本案双方当事人相邻而居，相互之间应提供和谐、安宁的生活环境。在居住条件并不宽敞、舒适的情况下，相邻各方更应相互包容、互谅互让。本案中，由于历史和客观原因，在上诉人与被上诉人所居住的居民小区里存在在楼道内安放厨具的现象。鉴于村内众多业主在楼道内安放、使用厨具的习惯及本案系争厨具已在楼道内安放、使用十余年的实际情况，判决对上诉人的原审诉请不予支持，并无不当。

第二百八十九条　法律、法规对处理相邻关系有规定的，依照其规定；法律、法规没有规定的，可以按照当地习惯。

【条文主旨】

本条是关于处理相邻关系依据的规定。

【条文理解】

处理相邻关系，应首先依照法律、法规的相关规定。本条的表达方式是依照“法律、法规”，而不是依照“法律”，突出了行政法规和地方法规的法渊地位。如《武汉市房屋安全管理条例》第21条规定：“房屋存在危及相邻人、房屋使用人等利害关系人的安全隐患，利害关系人可以要求房屋安全责任人委托房屋安全鉴定单位进行鉴定。房屋安全责任人拒不委托房屋安全鉴定单位进行鉴定的，利害关系人可以自行委托房屋安全鉴定单位进行鉴定。经鉴定属于危险房屋或者存在危及利害关系人的危险点的，鉴定费用由房屋安全责任人承担；不是危险房屋且不存在危及利害关系人的危险点的，鉴定费用由委托人承担。”就全国而言，《水法》《建筑法》《水污染防治法》等对相邻关系进行了规定。例如，《建筑法》第39条第2款规定：“施工现场对毗邻的建筑物、构筑物和特殊作业环境可能造成损害的，建筑施工企业应当采取安全防护措施。”对于法律之间的冲突，法院应当按照以下三个原则处理：(1)上位法的效力优于下位法；(2)新法的效力优于旧法；(3)特别法的效力优于一般法。

司法实践中，作为审案依据的“习惯”，须经过当地多年实践且为当地大多数人所认可与遵从，且该习惯不可违背公序良俗。在法律、法规没有规定的情况下，人民法院在处理民事纠纷时,可依据不动产所在地的习惯。“习惯”是人们通过长期的重复实践而逐渐形成的、具有普适性的行为准则。习惯可以填补法律的空白,使法官审理民事案件有据可依,确保《民法典》施行。不动产所在地的习惯作为法律渊源,可用于弥补法律、法规的空白。

【司法适用】

在法律、法规没有相关规定时,可以适用司法解释的有关规定。例如,《民通意见》第102条规定:“处理相邻房屋滴水纠纷时,对有过错的一方造成他方损害的,应当责令其排除妨碍、赔偿损失。”第103条规定:“相邻一方在自己使用的土地上挖水沟、水池、地窖等或者种植的竹木根枝伸延,危及另一方建筑物的安全和正常使用的,应当分别情况,责令其消除危险,恢复原状,赔偿损失。”但需要指出的是,随着《民法通则》被废止,《民通意见》不宜作为裁判依据。

在法律、法规和司法解释对相邻关系纠纷均无规定的情况下,法院还可参考有效的行政规章,但不得将其作为裁判依据。如果没有任何法律依据,法官可以依据当地习惯来处理相邻关系纠纷。对于习惯内容,由主张该习惯之人负举证责任。实际生活中,有关屋檐滴水、果实掉落和竹木根枝越界等相邻关系纠纷时有发生。有学者认为,相邻一方在地界一侧栽培竹木时,应与地界线保持适当的距离,以预防竹木根枝越界侵入对方土地。① 越界的竹木危及邻人不动产的安全和使用时,邻人可以向竹木所有人请求适当修剪或截取,造成损害的还应当赔偿损失。

【司法案例】

赵某与徐某排除妨害纠纷案②

诉讼结论:移除树木,排除妨害。

法院认为:原告赵某发现被告徐某在未通知原告情况下,在离原告配房西山约20厘米左右栽种3棵椿树。这三棵树的树根已经长到原告配房内,并将配房西山挤裂,并发现被告在原告后檐堆放很多杂物,直接影响原告住房排水,并使原告住房受损。原告、被告应按照有利生产、方便生活、团结互助、公平合理的原则,正确处理相邻关系。被告栽种树木距原告房墙过近,与习惯不符,应予移除。

---

① 参见梁慧星、陈华彬:《物权法》,法律出版社2016年版,第186页。

② 参见天津市武清区人民法院(2019)津0114民初9299号民事判决书。

第二百九十条　不动产权利人应当为相邻权利人用水、排水提供必要的便利。

对自然流水的利用，应当在不动产的相邻权利人之间合理分配。对自然流水的排放，应当尊重自然流向。

【条文主旨】

本条是关于用水、排水相邻关系的规定。

【条文理解】

本条分为相邻用水关系和相邻排水关系。

1. 相邻用水关系

水流可分为地表水和地下水两种。无论是地表水还是地下水，相邻各方均可使用。不动产权利人应当尊重水的自然流向，水流经过地的相邻各方，应当依据由近至远、由高至低的原则使用，不得擅自垄断对水的使用权，也不得妨碍邻人用水。一方擅自改变、堵截或独占自然水流，因而影响他方正常生产活动的，他方有权请求排除妨害，造成损失的，他方有权请求赔偿损失。

2. 相邻排水关系

相邻排水关系，包含相邻自然排水和相邻人工排水两种。位于高地的所有人或使用人有向低地排水的权利，而位于低地的所有人或使用人有负担高处排水的义务。低地所有人或使用人所负担的义务，因自然排水还是人工排水而不同。对于自然排水，位于低地的所有人或使用人有承受的义务，其不得建立堤坝妨碍自然流水。位于低地的所有人或使用人对自然流水不负疏通义务，故水流于低地堵塞时，位于高地的所有人或使用人得以自己的费用，为必要疏通之工事。疏通的费用，有习惯的，按习惯。① 对于人工排水，不动产权利人原则上并无将水排入邻地的权利，邻人也无承受的义务。屋檐滴水，性质上属于人工排水，因此，建造建筑物时应注意不得设置屋檐或其他物品，使雨水注入邻人的不动产。

【司法适用】

在司法实践中，要注意相邻排水关系的内涵中并不包括排放污水，因为排污权已经成为一项独立制度。《水法》第28条规定："任何单位和个人引水、截（蓄）水、排水，不得损害公共利益和他人的合法权益。"《民通意见》第98条规定："一方

---

① 《日本民法典》第214条规定："土地所有人不得妨碍自邻地流来之水。"另可参见《法国民法典》第640条、《瑞士民法典》第690条、《日本民法典》第215条。

擅自堵截或者独占自然流水，影响他方正常生产、生活的，他方有权请求排除妨碍；造成他方损失的，应负赔偿责任。”第99条第1款规定：“相邻一方必须使用另一方的土地排水的，应当予以准许；但应在必要限度内使用并采取适当的保护措施排水，如仍造成损失的，由受益人合理补偿。”这些条款对相邻用水关系和相邻排水关系作出了进一步的规范，但仍然不能满足司法实践的需要。随着水资源成为越来越短缺的资源，关于相邻用水关系和相邻排水关系出现了较多的行政管制规范。《水法》第57条规定：“单位之间、个人之间、单位与个人之间发生的水事纠纷，应当协商解决；当事人不愿协商或者协商不成的，可以申请县级以上地方人民政府或者其授权的部门调解，也可以直接向人民法院提起民事诉讼。县级以上地方人民政府或者其授权的部门调解不成的，当事人可以向人民法院提起民事诉讼。在水事纠纷解决前，当事人不得单方面改变现状。”行政机关调解处理相邻用水纠纷和相邻排水纠纷，是不动产相邻纠纷处理的新特征。

【司法案例】

杨某肉与郭某明相邻用水、排水纠纷案①

诉讼结论：尊重自然流向，为排水提供必要便利。

法院认为：对房屋流水的排放，应当遵循有利于生产生活、公平合理的原则，尊重自然流向，尊重历史格局。郭某明主张流水由东向西，从郭、杨两家房屋之间过道排走，而过道过于狭窄，可能导致流水渗入两家房屋墙体，造成更大的经济损失，故对郭某明的答辩不予支持。本案中，当地的地势是西方、北方地势高，东方、南方地势低，杨、郭两家房屋布局是杨家在郭家的西北方，长期以来，排水由西向东转向南，也已形成了固定的路线，因此，排水由西向东转向南，从郭某明东山墙外一条小胡同流出，才顺应地势。故不动产权利人郭某明应当为杨某肉房屋排水提供必要的便利。

第二百九十一条　不动产权利人对相邻权利人因通行等必须利用其土地的，应当提供必要的便利。

【条文主旨】

本条是关于通行相邻关系的规定。

① 参见山西省晋城市中级人民法院（2018）晋05民再3号民事判决书。

【条文理解】

不动产权利人必须为邻人因通行而使用其不动产提供必要的便利。相邻土地通行关系主要发生于一方的土地被其他土地围绕而无法通往公共道路时,该土地所有人或使用人为了通往公路,有权从邻人土地通行。相邻关系必要通行权的成立,须符合下列要件:第一,土地与公路之间并无适合的联络。即土地四周皆不通公路或者通往公路所需费用较大、通行具有危险等。不动产权利人通过周围的土地到达公共道路是法律赋予的权利,因此土地所有人或使用人应为邻人之通行提供必要便利。第二,通行须是土地通常的使用所必要。第三,土地与公路之间无适合的联络,非为土地所有人或使用人的任意行为所致。若是因为土地所有人或使用人的任意行为导致其土地和公共道路无法联络,则该土地所有人或使用人不得行使必要通行权。行使必要通行权一般是无偿的,通行权人在行使通行权时应当采用对土地损害最小的方法。

【司法适用】

《民通意见》第 100 条规定:"一方必须在相邻一方使用的土地上通行的,应当予以准许;因此造成损失的,应当给予适当补偿。"第 101 条规定:"对于一方所有的或者使用的建筑物范围内历史形成的必经通道,所有权人或者使用权人不得堵塞。因堵塞影响他人生产、生活,他人要求排除妨碍或者恢复原状的,应当予以支持。但有条件另开通道的,也可以另开通道。"

司法实践中,判断通行是否为必要,还需注意以下条件:第一,穿行邻人土地必须是出于必要,且该必要性并非穿行人故意损坏原有道路所致。如果原有道路是被穿行人故意损坏,则该穿行人不具有通行权。第二,穿行历史形成的道路,无须支付补偿金,但若是要求在他人土地内开辟新道路的,应当经由道路所有人或使用人的同意,负担所需费用,并支付补偿金。第三,因自然或人为原因致使原有道路不能通行,而必须于邻人土地上通行的,应当采用最经济合理的路线。因通行给土地所有人或使用人造成损失的,应当支付补偿金。例如,可在荒地上开辟道路的,就不可于邻人农田里通行;踩坏地里的农作物时,应当对邻人进行补偿。第四,对于一方所有或使用的建筑物范围内历史形成的必要道路,土地所有人或使用人无权任意堵塞,若因任意堵塞道路或更改道路对邻人的生产、生活造成影响的,应当恢复原状。

在司法裁判中需要注意的是,出卖人出卖不动产时,基于相邻关系享有的通行等权利不能成为转让的标的。买卖合同中,买受人取得的只能是出卖人有处分权的标的物或权利。如果出卖人无权处分,即使买卖双方在合同中进行了约定,买受人也无法通过该买卖合同而取得相应的权属。出卖人出卖不动产时,其基于相邻关系而在他人不动产上享有的通行等权利不应成为转让标的。即使双方在买卖合同中对该通行权进行了所谓的约定,这一约定对第三人也不具有约束力。买受人享有的通行权权源基础同样是相邻关系,而并非买卖合同的约定。当客观情况发生变化,买受人不再符合相邻关系要件时,第三人得拒绝买受人的通行要求,买受人无权以买卖合同中关于通行权的约定约束第三人。①

【司法案例】

严某义、严某荣与严某福相邻关系纠纷②

诉讼结论:排除妨碍,恢复通行。

法院认为:本案争议焦点在于,严某福在案涉道路上是否有通行权;严某义、严某荣是否应当清除围堵在严某福大门前左侧道路上的砖块和石板。案涉道路于2008年形成,至本次纠纷发生时,严某福一家已在此道路上通行近十年,其间严某义、严某荣一家并未提出异议。故无论案涉道路的土地使用权归严某福一家还是严某义一家所有或两家共有,均应视为严某义、严某荣一家同意严某福一家从此道路通行。同时,严某义、严某荣亦未提供证据证实严某福一家从案涉道路通行损害了其合法权益的事实。一审法院依照《物权法》第84条"不动产的相邻权利人应当按照有利生产、方便生活、团结互助、公平合理的原则,正确处理相邻关系"及第87条"不动产权利人对相邻权利人因通行等必须利用其土地的,应当提供必要的便利"之规定,判决严某义、严某荣不得阻碍严某福在案涉道路上通行正确;二审法院予以维持。严某义、严某荣关于严某福此后在案涉道路上通行需要经过其同意的理由不成立,法院不予支持。

第二百九十二条 不动产权利人因建造、修缮建筑物以及铺设电线、电缆、水管、暖气和燃气管线等必须利用相邻土地、建筑物的,该土地、建筑物的权利人应当提供必要的便利。

【条文主旨】

本条是关于相邻土地利用的规定。

---

① 参见屠某炎诉王某炎相邻通行权纠纷案,载《最高人民法院公报》2013年第3期。

② 参见四川省南充市中级人民法院案号(2019)川13民终3177号民事判决书。

【条文理解】

本条源于《物权法》第 88 条,内容文字均无变化。依据本条规定,相邻土地使用可分为两种情形:第一,相邻管线铺设关系。不动产权利人非经他人土地或建筑物,不能铺设水管、电线、暖气管线等管线的,可通过他人土地或建筑物的上下而铺设之。但本着诚实信用原则,管线铺设人应选择对邻人损害最小的线路和方法为之。第二,因建筑原因而临时使用邻地。相邻一方因建造、修缮建筑物而需要临时使用邻人土地的,邻地权利人应当给予必要便利,主要包括临时通行、搭脚手架和工作平台、堆放建筑材料等。《日本民法典》第 209 条规定:"(一)土地所有人,于疆界或疆界附近建造、修缮墙壁或建筑物时,于必要范围内,可以使用邻地。但是,未经邻人允许,不得进入其住宅;(二)于前款情形,邻人受损害时,可以请求赔偿金。"我国台湾地区"民法"第 792 条规定:"土地所有人,因邻地所有人在其疆界或近旁,营造或修缮建筑物有使用其土地之必要,应许邻地所有人使用其土地,但因而受损害者,得请求偿金。"

【司法适用】

不动产权利人如果不利用相邻的土地、建筑物,就无法完成必要的施工或者虽能完成但所需费用巨大的,可以在一定限度内利用相邻的土地、建筑物,相邻的不动产权利人不得加以阻碍。在利用完毕后,不动产权利人应当及时清理现场、恢复原状,不得无故拖延。"必要的便利",应当按照社会通常的理解。超过必要的限度,应当予以赔偿。《民通意见》第 97 条规定:"相邻一方因施工临时占用他方使用的土地,占用的一方如未按照双方约定的范围、用途和期限使用的,应当责令其及时清理现场,排除妨碍,恢复原状,赔偿损失。"

【司法案例】

案例一

任某清、甲公司等排除妨害纠纷案①

诉讼结论:甲公司所安装的电表箱和电缆分线箱符合国家标准,妨害未超过合理限度,相邻方有容忍的义务。

法院认为:不动产权利人因建造、修缮建筑物以及铺设电线、电缆、水管、暖气和燃气管线等必须利用相邻土地、建筑物的,该土地、建筑物的权利人应当提供必要的便利。不动产权利人挖掘土地、建造建筑物、铺设管线以及安装设备等,不得危及相邻不动产的安全。本案中,被告甲公司按照被告乙公司选址在原告所有房

① 参见天津市河西区人民法院(2015)西民二初字第 183 号民事判决书。

屋楼外院落公共绿地处安装的电表箱和电缆分线箱,经过国家电控配电设备质量监督检验中心检测合格,箱体密封带锁,未对原告的房屋及人身安全造成极大安全隐患。

案例二

潘某泉等人诉何某、黎某妹相邻关系纠纷案①

诉讼结论:加建电梯必须利用相邻土地、建筑物的,该土地、建筑物的权利人应当提供必要的便利。

法院认为:住宅楼加建电梯经过专有部分占建筑物总面积2/3以上的业主且占总人数2/3以上的业主同意,并已经过行政机关审查许可取得"建设工程规划许可证"的,业主享有加建电梯的合法权利。加建电梯必须利用相邻土地、建筑物的,该土地、建筑物的权利人应当提供必要的便利。

第二百九十三条　建造建筑物,不得违反国家有关工程建设标准,不得妨碍相邻建筑物的通风、采光和日照。

【条文主旨】

本条是关于相邻通风、采光和日照的规定。

【条文理解】

与《物权法》第89条相比,本条在"妨碍"前增加"不得"两字,使条文表达更符合逻辑。

随着社会的发展和城市化的加速,现代城市中的土地资源日益稀缺,为了土地的有效利用,高层建筑越来越多,楼层间的间距有所缩小。不动产权利人建造建筑物时,应当符合国家有关工程标准,不得妨碍相邻建筑物的通风、采光和日照。若不动产权利人之建筑物导致相邻方之建筑物的通风、采光和日照受到影响,则邻地权利人有权要求禁止。违反国家有关工程建设标准的,相邻方可以请求排除妨碍或恢复原状,造成损害的,还可请求损害赔偿。

需要指出的是,建筑物所有人获得通风、采光和日照的权利不局限于适当和必要的限度内。如建筑物所有人需要获得更佳的居住条件,可与邻近不动产权利

---

① 参见广东省广州市中级人民法院(2013)穗中法民五终字第133号民事判决书。

人订立地役权合同,设立以通风、采光或日照等为内容的地役权。[①]

【司法适用】

判断邻人是否受到侵害的标准是,不动产权利人的建筑物是否妨碍到了邻人建筑物的通风、采光和日照。根据相邻关系的制度功能,相邻建筑物的所有人或使用人之间有容忍的义务。只有在通风妨害、采光妨害和日照妨害超过必要限度时,受害人才可行使排除妨害请求权。认定相邻关系中妨害建筑物采光、日照的主要依据是国家颁布的有关工程建设规范,主要包括2012年12月25日住房和城乡建设部发布的《建筑采光设计标准》、2002年8月30日建设部发布的《工程建设标准强制性条文》(房屋建筑部分)、2005年11月30日建设部发布的《住宅建筑规范》等。各省、自治区和直辖市的工程建设规范中高于国家规定的采光、日照标准的,可以参照适用。根据国家城市居住区规划设计标准,条式住宅的住宅侧面间距,多层之间不宜小于6米,高层与各种层数住宅之间不宜小于13米。2018年住房和城乡建设部发布的《城市居住区规划设计标准》规定,在原设计建筑外增加任何设施不应使相邻住宅原有日照标准降低,既有住宅建筑进行无障碍改造加装电梯除外。

对于违章建筑物,法院要分情况处理。相邻方以对方的违章建筑影响其通行、采光、通风等为由,起诉要求拆除对方违章建筑的,法院原则不宜受理。拆除违法建筑属行政管理机关的职责范围,当事人可以向有关行政主管部门反映解决。法院已经受理的,可以裁定驳回起诉,同时向人民政府发出司法建议。对于已建成的简易房(棚)、一楼搭建的简易平房、台阶、简易围墙、门柱及厕所等简易设施,可判决排除妨害、拆除违法建筑物。要树立司法权与行政权区分的理念,避免司法权不当干涉行政权,避免当事人通过司法裁判变相为违章建筑物进行确权。

在土地资源日益紧缺背景下,对于已合法建成的建筑物,邻方以相邻通风采光纠纷要求排除妨害、拆除建筑物的,法院不应当支持。法院应当告知当事人将诉讼请求变更为损害赔偿,当事人拒不变更的,裁定驳回起诉。法院应当根据超过规划技术规定参数的数额,综合通风采光的受影响程度、用电损失等情况酌定损害赔偿数额。法院还可根据采光权受侵害前后房屋市场价格的差额,来计算采光权受侵害的赔偿数额,同时要考虑地方商品房均价、经济发展水平等因素。对于相邻双方就通风采光争议大、涉及当事人多、社会影响大的案件,法院可以组织进行专业技术鉴定以确定通风采光受影响程度及损失赔偿数额。

---

① 参见刘家安:《物权法论》,中国政法大学出版社2009年版,第131页。

【司法案例】

案例一

曾某诉黄某相邻采光、日照纠纷案①

诉讼结论：未经规划许可擅自加高的建筑物实际妨碍了相邻住宅采光的，应当拆除。

法院认为：建造建筑物不应违反国家有关工程建设标准，在建筑外增加任何设施不应使相邻住宅原有日照标准降低。行为人未经规划许可擅自加高建筑物，经实地勘察后，其加高的建筑物实际妨碍了相邻住宅的采光、日照的，相邻一方请求停止侵害、排除妨碍，人民法院应维护相邻一方的合法权益。

案例二

李某与秦某云相邻通风纠纷案②

诉讼结论：李某拆除其屋后空地处与秦某云房屋相邻处所建围墙、花坛。

法院认为，秦某云、李某系不动产的相邻权利人，二人应当按照有利生产、方便生活、团结互助、公平合理的原则，正确处理相邻关系。李某在对其房屋后面空地不享有土地使用权的前提下，紧邻秦某云房屋修建围墙，以致秦某云房屋中靠围墙位置无法通风采光，影响了秦某云的通风采光权利。依照《物权法》第 89 条“建造建筑物，不得违反国家有关工程建设标准，妨碍相邻建筑物的通风、采光和日照”的规定，对秦某云要求李某拆除其屋后空地处与秦某云房屋相邻处所建围墙的诉讼请求，予以支持。此外，李某在对其房屋后面空地不享有土地使用权的前提下，紧邻秦某云房屋修建花坛，以至秦某云房屋墙体与李某花坛持平处常年潮湿，并有脱落痕迹，影响到秦某云房屋的安全。依照《物权法》第 91 条“不动产权利人挖掘土地、建造建筑物、铺设管线以及安装设备等，不得危及相邻不动产的安全”的规定，对秦某云要求李某拆除其屋后空地处与秦某云房屋相邻处所建花坛的诉讼请求，予以支持。

第二百九十四条　不动产权利人不得违反国家规定弃置固体废物，排放大气污染物、水污染物、土壤污染物、噪声、光辐射、电磁辐射等有害物质。

---

① 参见广西壮族自治区柳州市中级人民法院（2012）柳市民一终字第 377 号民事判决书。

② 参见重庆市第四中级人民法院（2015）渝四中法民终字第 00366 号民事判决书。

【条文主旨】

本条是关于相邻不动产之间不可量物侵害的规定。

【条文理解】

该条基本承袭了《物权法》第 90 条的规定，增加了“土壤污染物”，将“光、电磁波辐射”修改为“光辐射、电磁辐射”。土壤污染物是能使土壤遭受污染的物质，其大致可分为无机污染物和有机污染物两大类。无机污染物多为重金属元素，包括汞、镉、铬、铜、锌、铅、镍、砷、硒、氟、放射性元素，以及盐、酸、碱等。有机污染物较多的是有机农药，如在土壤中残留期可达 3 年至 10 年的滴滴涕、狄氏剂、林丹、绿丹、碳氯特灵、七氯、艾氏剂等。2018 年生态环境部与国家市场监督管理总局联合发布的《土壤环境质量 农用地土壤污染风险管控标准（试行）》《土壤环境质量 建设用地土壤污染风险管控标准（试行）》等两项标准为国家环境质量标准，为土壤污染物的排放提供了重要的法律依据。

不动产权利人不得违反国家对大气污染物、噪声、污水、固体废物等各种污染物的排放标准，排放或弃置有害物质。不可量物侵害，系德国和瑞士民法上的概念，是指噪声、煤烟、震动、臭气、尘埃、放射性物质等不可量物质侵入邻地造成的干扰性妨害或损害，在性质上属于物权法上相邻关系的一种类型。① 不可量物的排放是否违反国家标准是衡量不动产权利人对污染物之处置行为的合法性以及是否侵害他人相邻权的重要依据。不动产权利人违反国家规定，弃置或排放不可量物的，应当承担相应的法律责任。并非所有排放不可量物的行为均是违法行为，若不可量物的侵入为轻微，或依不动产的坐落情况等符合习惯的，则不动产权利人有容忍的义务。《德国民法典》和我国台湾地区“民法”均规定了土地所有人对轻微损害的容忍义务。② 所谓轻微，是指未造成严重损害，例如邻人白日演奏乐器。所谓依不动产坐落情况符合习惯的情形，例如不动产位于高速公路旁的，其权利人不得不容忍一定的噪声、废气等不可量物的侵入。

关于不可量物规制问题，我国目前主要的法律条款包括《固体废物污染环境防治法》第 11 条、第 88 条；《大气污染防治法》第 9 条、第 13 条；《水污染防治法》第 14 条、第 15 条；《环境保护法》第 42 条第 1 款；《广播电视设施保护条例》第 6 条等。固体废物大致分为工业固体废物和生活垃圾。固体废物，是指在生产、生活和其他活动中产生的丧失原有利用价值或者虽未丧失利用价值但被抛弃或者放弃的固态、半固态和置于容器中的气态的物品、物质，以及法律、行政法规规定

① 参见梁慧星主编、陈华彬著：《民法学原理：物权法原理》，国家行政学院出版社 1998 年版，第 391 页。

② 参见《德国民法典》第 906 条、我国台湾地区“民法”第 793 条。

纳入固体废物管理的物品、物质。生活垃圾，是指在日常生活或者为日常生活提供服务的活动中产生的固体废物，以及法律、行政法规规定视为生活垃圾的固体废物。大气污染物，是指颗粒物、二氧化硫、氮氧化物、挥发性有机物、氨等。水污染物，是指直接或者间接向水体排放的、能导致水体污染的物质。环境噪声，是指在工业生产、建筑施工、交通运输和社会生活中所产生的干扰周围生活环境的声音。光污染，是指燥光对环境产生的污染。电磁波辐射，又称电磁辐射，是由同相振荡且互相垂直的电场与磁场在空间中以波的形式传递能量和动量，其传播方向垂直于电场与磁场构成的平面。关于这些不可量物的侵害，大部分有明确的国家标准或地方标准。如依据国家有关规定，生活噪声不得超过 55 分贝，法院可以此作为空调噪声是否合理的标准。凡超出此标准的都应认定空调室外机安装不合格，法院应判令使用人重新安装。

【司法适用】

本条是为了解决在使用不动产过程中因排放有害物质而与相邻的不动产发生的纠纷，而不是规定环境污染的侵权损害赔偿责任。司法实践中，应当厘清两者的关系。排放或弃置超过了国家标准的，应按照国家有关规定来处理。邻人排放或弃置的行为未违反国家标准的，邻人有容忍的义务，但是若该行为超过了一般公众普遍可容忍的范围的，也可认定为构成了不可量物侵害。“容忍”程度要从侵害的发生程度、侵害的结果等方面，由法官结合具体案件加以判断。

较之侵权责任，相邻一方只需证明自己对不动产享有权利且该不动产因他方之排放行为而受到妨害的事实即可。因此，对于因不动产权利人排放或弃置行为而造成的间接妨害，若妨害尚未达到人身损害的程度，可依据相邻关系的处理原则以及本条的规定处理。例如，建筑物反射的光可视为不可量物的一种。建筑物反射的光构成环境污染的，当事人既可选择要求行政机关给予行政处罚，也可向法院提起民事诉讼，要求相邻方承担相应的民事责任。建筑物反光纠纷既构成环境污染损害赔偿纠纷，又构成相邻关系纠纷的，发生请求权竞合，当事人可以择一行使。法官可行使其自由裁量权，具体案件具体分析。

【司法案例】

案例一

郑某、吉某兰相邻污染侵害纠纷①

诉讼结论：停止侵害、排除妨碍。

---

① 参见云南省临沧市中级人民法院(2015)临中民终字第 397 号民事判决书。

法院认为：环境污染是指工矿企业等单位所产生的废气、废水、废渣、粉尘、垃圾、放射性等有害物质排放或传播到大气、水、土壤等环境之中，使人类生存环境受到危害的行为。环境污染的侵害原因复杂，危害结果具有长期性及潜伏性，影响范围较大。环境污染不仅侵害了公民个体环境权益，更侵犯了国家和社会公共利益，应当适用《环境保护法》及污染防治的相关法律法规予以调整，同时行政主管机关可依行政职权介入。而相邻污染侵害则是指相邻不动产权利人违反国家规定弃置固体废物，排放大气污染物、水污染物、噪声、光、电磁波辐射等有害物质，侵害相邻人的生命安全、身体健康和生活环境。相邻污染侵犯的是个人权益，实行"不告不理"的原则，应当适用《物权法》《侵权责任法》等法律法规予以调整。

案例二

王某与周某相邻污染侵害纠纷[①]

诉讼结论：未构成妨害，维持海南省东方市人民法院(2014)东方一初字第503号民事判决。

法院认为：本案争议焦点为周某养猪是否排放了相关有害物质，侵害了相邻人王某的身体健康和生活环境，案由应定为相邻污染侵害纠纷。原审法院在审理期间指示周某修建化粪池和排污管道，经采取相关措施后，现猪圈无污水、粪便渗出，猪圈干净整洁，未违反《物权法》第90条规定。王某作为周某的相邻关系人，应从互利互让和尊重当地习惯的角度出发，给予周某生存发展权利延伸一定程度的容忍。故法院维持原判。

第二百九十五条　不动产权利人挖掘土地、建造建筑物、铺设管线以及安装设备等，不得危及相邻不动产的安全。

【条文主旨】

本条是关于维护相邻不动产安全的规定。

【条文理解】

相邻不动产安全，指的是土地所有人或使用人在使用土地、挖掘土地或建造建筑物时，不得使土地或建筑物发生危险而致使邻人受损害。这种相邻防险关系在罗马法时期即已被法律所承认，其目的在于防止土地关系中的潜在损害。不动

① 参见海南省高级人民法院(2015)琼民申字第356号民事裁定书。

产权利人在自己所有或使用的土地上挖掘或建造建筑物时，应尽到谨慎的注意义务，不得因挖掘或建造行为致使邻人之不动产发生危险。掘地或进行其他施工活动致使邻地上的建筑物或其他工作物有发生危险之虞时，有可能受到损害的一方可依物权请求权请求防止该危险的发生，或根据不同情况请求停止施工活动或请求排除现实的危险。[①]《建筑法》第39条第2款规定："施工现场对毗邻的建筑物、构筑物和特殊作业环境可能造成损害的，建筑施工企业应当采取安全防护措施。"

【司法适用】

本条规定了不动产权利人在挖掘土地、建造建筑物、铺设管线以及安装设备时应尽的注意义务。相邻防险关系的成立，不以现实的损害为条件，只需存在可能造成损害的危险即可。司法实践中，相邻防险关系纷繁复杂，不仅包括挖掘土地、建造建筑物或铺设管线，还包括挖水沟、水渠、水池等。本条未对上述水沟等作出明确规定，但从法律解释学的角度，上述水沟等应理解为包括在本条"等"字的不完全列举中。《江苏省高级人民法院公报》2011年第2辑刊载了肖某宝因萧某田、彭某珍宅地所生树木妨碍其房屋安全要求排除妨碍纠纷一案。该案的裁判要旨为：构成妨碍的野生树木，尽管不是相邻人栽种，但由于处于相邻人居住的房屋院内和管理范围内，相邻人具有控制或随时处置该树的条件。因此相邻人因其相邻法律关系的存在而负有义务，应当从正确处理相邻关系的角度出发，遵循有利生产、方便生活、团结互助、公平合理的原则，排除妨碍。[②]

【司法案例】

案例一

陈某明与孟某林侵权责任纠纷案[③]

诉讼结论：支持陈某明消除危险、恢复原状的主张，撤销安徽省宿州市埇桥区(2016)皖1302民初4936号民事判决。

法院认为：不动产的相邻权利人应当按照有利生产、方便生活、团结互助、公平合理的原则，正确处理相邻关系，挖掘土地时不得危及相邻不动产的安全。孟某林在一审中承认陈某明墙基后的沟系其所挖，根据陈某明提供的照片及现场勘查显示，该沟较深且贴近陈某明墙基，随着时间推移、日晒雨淋，该沟距离墙基应会越来越近，影响墙基的安全使用。故，陈某明要求孟某林消除危险、恢复原状的

---

① 瑞士、德国、日本等国家的民法典，均对相邻防险关系作了规定。

② 参见江苏省淮安市中级人民法院(2011)淮中民终字第295号民事判决书。

③ 参见安徽省宿州市中级人民法院(2017)皖13民终2300号民事判决书。

请求符合法律规定，法院予以准许。

案例二

甲厂与乙公司消除危险纠纷案[①]

诉讼结论：甲厂未提供有利证据证明乙公司存在危险，维持山东省德州市德城区人民法院（2017）鲁1402民初2760号民事判决。

法院认为：根据《物权法》第91条的规定，不动产权利人挖掘土地、建造建筑物、铺设管线以及安装设备等，不得危及相邻不动产的安全。这是《物权法》对相邻防险权的规定。所谓危及相邻不动产的安全、给相邻关系造成危险，必须是可以预见的、切实存在侵害他人或财产现实可能性的危险，不能是主观臆测的危险。本案中，甲厂对自己提出的诉讼请求所依据的事实或者反驳对方诉讼请求所依据的事实，在作出判决前，未能提供证据或者证据不足以证明其事实主张，由负有举证证明责任的当事人承担不利的后果。

第二百九十六条　不动产权利人因用水、排水、通行、铺设管线等利用相邻不动产的，应当尽量避免对相邻的不动产权利人造成损害。

【条文主旨】

本条是关于使用相邻不动产避免造成损害的规定。

【条文理解】

本条规定了使用相邻不动产的损害预防义务。《民法通则》第83条规定："不动产的相邻各方，应当按照有利生产、方便生活、团结互助、公平合理的精神，正确处理截水、排水、通行、通风、采光等方面的相邻关系。给相邻方造成妨碍或者损失的，应当停止侵害，排除妨碍，赔偿损失。"《民通意见》第100条规定："一方必须在相邻一方使用的土地上通行的，应当予以准许；因此造成损失的，应当给予适当补偿。"《物权法》第92条规定："不动产权利人因用水、排水、通行、铺设管线等利用相邻不动产的，应当尽量避免对相邻的不动产权利人造成损害；造成损害的，应当给予赔偿。"与《物权法》第92条相比，本条删除了"造成损害的，应当给予赔偿"之规定。不动产所有人或使用人因用水、排水等利用相邻不动产的，应当尽量避免对相邻的不动产权利人造成损害。如果造成了损害，如何处理，"物权编"并

① 参见山东省德州市中级人民法院（2018）鲁14民终1831号民事判决书。

没有明确。从历史解释,造成了损害,不能采取损害赔偿的处理思路。

【司法适用】

"物权编"删除了赔偿的规定,这在司法裁判中要特别予以注意。从《民通意见》第100条来看,其采用的是"补偿"的概念,而不是"赔偿"。从立法例的比较看,我国台湾地区"民法"第786条也采取了补偿的表达。该条规定:"地所有人,非通过他人之土地,不能安设电线、水管、煤气管或其他筒管,或虽能安设而需费过巨者,得通过他人土地之上下而安设。但应择其损害最少之处所及方法为之,并应支付偿金。"因此,裁判者整体上要树立补偿的观念,而不是赔偿的观点。是否补偿,补偿多少,裁判者有较大的自由裁量空间,应根据个案具体情况确定。

【司法案例】

案例一

崔某忠诉甲公司等相邻关系纠纷案①

诉讼结论:地铁发包方及施工方对周边商户因地铁施工所遭受的经营性损失承担补偿责任。

法院认为:地铁修建行为是为公共利益,因此地铁施工行为是合法的、并无过错;而临街商铺对其经营上的损失亦无过错。因地铁施工建设对周边商户的经营、使用造成影响的,地铁发包方及施工方承担补偿责任,且补偿责任不适用损益相抵规则。

案例二

李某诉李某军相邻关系纠纷案②

诉讼结论:相邻一方在相邻另一方行使相邻权时,应有合理限度的忍耐义务。

法院认为:一方因居住的必要而开设窗户、安装防盗门并无不当之处,其安装雨搭、修建道路亦为流水、通行之必要,在雨搭安装沟槽的方向可以表明,一方在现有居住条件下尽量减小对相邻一方造成的影响。不动产相邻一方在现有条件下,在相邻另一方行使物的使用权时应有合理限度的忍耐义务。不动产的相邻各方,应当按照相互宽容和体谅的原则,正确处理截水、排水、通行、通风、采光等方面的相邻关系。

---

① 参见北京市第二中级人民法院(2012)二中民终字第03697号民事判决书。

② 参见北京市第一中级人民法院(2012)一中民终字第02470号民事判决书。

第八章　共　　有

多个民事主体对同一物(动产或不动产),共同享有所有权的法律事实由来已久。共有关系涉及民法总则、物权法、债法、商事组织法、婚姻法、继承法、亲属法和知识产权法等诸多法律领域。[1] 共有关系的发展变化,在某种程度上足以反映所有权制度的变迁及社会经济的发展。[2] 从《民法通则》到《物权法》,再到《民法典》“物权编”,有关共有的法律规范整体上继受较多、改革创新较少。与《物权法》相比,本章内容在吸收有关司法解释的基础上,新增了按份共有人转让其共有份额的具体规范,以及变更共有物性质或者用途时的具体规范。

共有法律规范的司法适用,关系到民法的体系化,关系到民法和商法等的调协,需要适用者来回穿梭和游走于与共有具有相互影响和制约关系的相关制度之间。罗马法认为,“共有是纷争之源,应尽量避免发生共有或者使其消灭”[3]。因此,司法政策应当倾向于减少和消灭共有关系。但共同共有是比较特殊的共有形态,具有较强的人合性和团体性。为了稳定社会关系,这种共有应当被予以维持,在司法实践过程中应当把握这种倾向。

第二百九十七条　不动产或者动产可以由两个以上组织、个人共有。共有包括按份共有和共同共有。

【条文主旨】

本条是关于共有的概念和分类的规定。

---

① 参见唐勇:《论共有:按份共有、共同共有及其类型序列》,北京大学出版社 2019 年版,第 1 页。

② 参见王泽鉴:《民法物权》(第一册),中国政法大学出版社 2001 年版,第 323 页。

③ 参见周枏:《罗马法原论》,商务印书馆 1994 年版,第 335 页。

【条文理解】

与《物权法》第93条相比,本条将"单位"改为"组织",在形式上与其他民事法律保持了一致。

共有,是指民事主体对同一物(动产或者不动产)共同享有所有权的法律事实。

与单独所有相比,共有关系具有以下法律特征:第一,主体数量为两个或者两个以上,主体可以是组织或者个人。这是共有与单独所有的本质区别。例如,某合伙律师事务所的固定资产为合伙人共有;某栋建筑的土地使用权为该建筑内业主共有。需要注意的是,股东共同投资建立的公司法人的财产是单独所有。因为法人是独立的民事主体,所以法人财产脱离了股东而成为法人单独所有的财产。第二,只存在一个所有权。在这方面,共同共有和单独所有是相同的。在共有法律关系下,除非发生法律规定的分割共有物的情况,各共有人对共有物共同享有所有权,其权利和义务及于共有物的整体,而不是对共有物的不同部分享有分别的所有权。若存在多个所有权,就不是共有,而是多个单独所有权。第三,权利关系复杂。与单独所有相比,共有除了存在所有人与第三人的外部关系,还存在共有人之间的内部关系,如共有物的权利义务分配、共有物的分割和处分等。

与公有相比,共有具有如下特点。第一,共有是法律概念,是所有权中的一种形态。而公有是经济概念,是所有制中的一种形态。共有和公有的区别正如所有权和所有制的区别。第二,共有的主体广泛。共有的主体可以是范围广泛、数量众多的组织或者个人,而公有的主体比较单一和有限,只能是国家和集体组织。第三,共有财产是私人财产。在共有关系下,财产在各个共有人的管理和控制之下,各共有人可以具体地享有权利并承担义务。但在公有关系下,财产脱离了各个具体个人的管理和控制,具体公民的加入或者退出并不影响公有财产的状况。

共有的类型因国家和地区而不同。德国和日本民法中只存在按份共有,不存在共同共有。我国将共有的类型二分为按份共有和共同共有,产生了类型强制和类型闭锁的结果。但是,主体为多数的所有权,除了这两种共有外,还包括性质不明确的合伙所有、建筑物区分所有、集体所有等。

【司法适用】

共有纠纷,是对共有物共同享有所有权、用益物权或者担保物权的两个或者两个以上民事主体之间,因共有物之归属、共有份额、共有物管理、处分、分割等事项而产生的纠纷。目前,共有纠纷为第三级案由,其下的第四级案由包括:共有权确认纠纷、共有物分割纠纷、共有人优先购买权纠纷、共有份额纠纷、共有物管理纠纷、共有人义务承担纠纷等。

本条在司法适用过程中需要注意的问题有:第一,共有不同于公有。要避免将集体组织中的个人之间合伙形成的组织视为集体组织,进而将合伙企业的财产视为集体公有财产。第二,共有不同于合伙。在实践中,在共有物,如营运车辆,具有经营的性质时,共有人会主张共有人之间具有合伙关系。对此,法院需要审查当事人之间对涉案共有物是否存在明确的盈余分配、亏损承担等方面事项的约定。如果没有签订书面合伙协议,且无两个以上的证人证明双方基于共有物存在共同经营关系,就不能认定双方存在合伙关系,只能认定为共有关系。

与本条相关的纠纷常被称为共有权确认纠纷。在解决这种纠纷的过程中,要注意把握共有权产生的基础关系。由于共有权本质上是所有权,共有权产生与单独所有权产生的基础关系相同,因此,在审理共有纠纷的过程中应重点审查当事人是否存在产生所有权的基础原因。

第二百九十八条　按份共有人对共有的不动产或者动产按照其份额享有所有权。

【条文主旨】

本条是关于按份共有的规定。

【条文理解】

按份共有,亦称为分别共有(我国台湾地区),指的是两个或者两个以上民事主体按照各自的份额对共有物享有权利并承担义务的一种共有法律关系。按份共有是共有中最基本和重要的种类,它比较接近于单独所有。在这种共有关系中,共有人受到团体的制约最小,可以比较自由地请求分割共有物并处分自己所有的份额。

按份共有法律关系中要注意的是,各个共有人对共有物享有的份额并不是把共有物分割为若干份额并各自享有所有权,而是共有人及于共有物整体,按照各自的份额享有权利,并承担相应份额的义务,其权利和义务遍及于共有物的全部。例如,甲男和乙女婚前分别出资40万元和60万元共同购买了价值100万元的房屋。此后,甲和乙按照份额对房屋享有权利,其份额及于该房屋所有部分,而不仅仅及于该房屋的各部分。

按份共有法律关系中,由于多个主体共享一个所有权,多个主体之间如何支配所有物就成为一个核心问题。该问题的解决方法是确定共有人对共有物所有权所享有的比例即份额。份额大,共有人享有的权利和承担的义务就大;反之,共有人享有的权利和承担的义务就小。这里的份额具有抽象性,不是对共有物本身的量的分割,而是对共有物的支配权的分割,也不是对所有权的权能的分割,而是对所有权本身的分割,每个份额及于所有权的所有权能。

在按份共有法律关系中,存在共有人之间的内部关系、共有人与第三人之间的外部关系。在内部关系中,按份共有人对共有物按照其份额享有权利并承担相应份额的义务,包括按份占有、使用、收益和处分。在实践中,有时候由于共有物的性质,共有人不能在物理上共同占有、使用共有物,如多人共有的一辆运输货车不能由全体共有人占有,或者全体占有将不利于对共有物的使用和收益,此时,需要由共有人协商如何共同占有和使用。对于协商不成的情况如何处理,该章没有相应的规定。在外部关系中,各个按份共有人可以基于权利份额向第三人提出各种请求,如应有部分的确认请求、排除第三人妨害的请求、排除第三人妨害危险的请求、返还共有物的请求等。同时,共有人对外承担连带责任。

共有人依据其份额享有对共有物的处分权,该处分权包括对其自身享有的份额的处分权,以及对整个共有物的处分权。对于前者,本章第 305 条、第 306 条有相应规定;对于后者,本章第 301 条有相应规定。

【司法适用】

关于本条,在司法适用过程中,人民法院需要判断当事人之间是否存在共有关系,进而判断是何种类型的共有关系,并注意按份共有和共同共有的区别。按份共有关系的确认是按份共有人行使相关权利、承担相应义务的基础,是其他诉讼请求实现的先决条件,因此,这个环节的工作对整个诉讼具有重要意义。

第二百九十九条　共同共有人对共有的不动产或者动产共同享有所有权。

【条文主旨】

本条是关于共同共有规定。

【条文理解】

共同共有,亦称为公同共有(我国台湾地区),指的是两个或者两个以上民事主体基于某种共同关系,对同一物不分份额地共同享有权利并承担义务的一种法律关系。共同共有法律关系存在如下特点。第一,各共有人不分份额地平等地对共有物享有占有、收益、处分和收益的权利,同时不分份额地平等地共同承担相应的义务。这是共同共有与按份共有关系的本质区别所在。在共同共有关系存续期间，各共有人不分份额地共同享有权利，只有在共同关系终止后、需要分割共同共有财产的时候，才需要确定各共有人的份额。因此，可以说，共同共有人对于共有物也存在份额，但这种份额是潜在的。第二，共同共有依据一定的共同关系而产生。例如，家庭共同共有财产产生的前提条件是家庭法律关系的存在；夫妻共同共有关系产生的前提条件是夫妻法律关系的存在；遗产分割前继承人共同共有遗产关系产生的前提条件是继承法律关系的存在。此外，仅在少数情况下，当事人的约定也可以产生共同共有关系。例如，夫妻双方可以约定婚前财产为共同共有。可以说，共同共有的类型相对来说比较固定和闭锁。

共同共有和按份共有虽然都是两个或者两个以上民事主体对共有物共同享有权利并承担义务的一种法律关系，但是二者存在明显的区别。

首先，两种法律关系产生的依据不同。共同共有依据一定的共同关系而产生和发展。按份共有不以共同关系的存在为必要条件，其产生只需要共有人的共同意志。其中，共同关系或是由法律直接规定，如家庭关系、夫妻关系、合伙合同关系，或者是由当事人约定。其次，两种法律关系中共有人的权利和义务不同。按份共有关系中，共有人按照份额享有权利并承担义务，原则上可以随时要求分割共有物，并可以相对自由地处分其份额。而共同共有关系中，共有人不分份额地享有权利、承担义务，除非共有基础丧失或者发生重大事由，不能请求分割共有物，也不能自由地处分所有部分。另外，两种法律关系下，对共有物的修缮和管理规则也不同。最后，两种法律关系存续期间也不同。一般情况下，共同共有关系因以共有关系的存在为前提条件，存续期间比较长。相反，按份共有关系由于分割共有物和处分应有份额比较自由，存续时间比较短。

常见的共同共有包括夫妻共同共有、家庭共同共有、继承共同共有和其他共同共有。根据《民法典》第1062条的规定，除非夫妻双方协议选择了按份共有或者混合所有财产制，男女双方一旦缔结婚姻关系，就产生相应的夫妻共同共有财产关系。夫妻在婚姻关系存续期间所得的下列财产，为夫妻的共同财产，归夫妻共同所有：(1)工资、奖金、劳务报酬；(2)生产、经营、投资的收益；(3)知识产权的收益；(4)继承或者受赠的财产，但是明确一方继承或受遗赠的除外；(5)其他应当归共同所有的财产。夫妻对共同财产，有平等的处理权。

关于家庭共同共有关系，我国《民法典》没有作出明确的规定，但是，理论界和实务界均承认家庭共同共有关系。这种关系是家庭成员在共同生活关系存续期间，对基于共同创造和共同劳动所得而积累起来的财产享有的权利和义务关系。其主体是对家庭财产做出贡献的家庭成员。

继承共有关系涉及的问题是：在继承开始后、遗产分割前，由于遗产还没有被分割给继承人所有,在继承人为多数的情况下,各个继承人之间基于共同遗产存在的共同关系。至于这种共同继承关系形成的共有是按份共有还是共同共有在理论上存在争议。关于该问题,《民法典》没有作出明确的界定。理论上,多数观点认为共同继承关系形成的共有是共同共有,但也有观点认为其是按份共有。①

【司法适用】

司法适用过程中,常见的问题是家庭共同共有财产和夫妻共同共有财产的析分问题。在成年子女分家、父母一方死亡或者双方死亡、父母离婚等家庭共同生活关系终止的情况下,需要分家析产。由于在家庭财产中一般都存在夫妻共同共有财产。因此,需要首先析分夫妻共同财产和家庭共同共有财产,继而区分家庭成员的家庭共有财产与家庭成员之间的赠与财产,区分家庭共有财产与家庭成员共同生活期间的个人财产,区分父母用子女给付的赡养费出资购置的财产与父母与子女共同出资购置的财产,区分家庭共同共有财产与家庭成员按份共有财产,区分可分割财产与不宜分割的财产等。在分割家庭共有财产时,一般应按共有人权利义务相一致、有利于生产和生活、有利于物的利用、有利于社会安定和照顾弱者等原则来进行分割。实践中,在分割共同共有物的过程中,需要先把共同共有转化为按份共有,再按照各自的份额进行分配。

【司法案例】

王某荣诉王某成、王某祥、王某龙分家析产纠纷案②

诉讼结论:当事人签署的《家庭析产协议书》有效。

基本案情:原告王某荣与被告王某成、王某龙、王某祥系兄弟姐妹关系,其父母均于2010年去世。后原告与三被告签署《家庭析产协议书》,一致同意将涉案房屋全部归王某成所有。现原告认为该协议是王某成运用欺诈手段,使其和王某祥、王某龙等在违背真实意思表示的情形下作出的,应属于可撤销协议,请求法院依法分割所涉房屋及其他相关遗产。对于该请求,王某成辩称:所涉房屋不是遗产,王某荣无权要求继承,不同意分割房子,其他财产的分配听从法院判决。王某龙辩称:王某荣第一项诉讼请求中的八间房屋不属于遗产的范围;《家庭析产协议书》没有法律效力,协议书实属赠与行为,在赠与物交付前可以随时撤销;对王某荣第二项诉讼请求没有异议。庭审中,王某成提交了上述协议书,目的是证明根

---

① 参见戴孟勇:《论共同共有的类型及其纯化》,载王洪亮等主编:《中德私法研究(14):共同共有》,北京大学出版社2016年版,第34页。

② 参见北京市第二中级人民法院(2011)二中民终字第05513号民事判决书。

据该协议,涉案房屋应归属王某成所有。对于该协议,其他三人虽认可协议署名真实,但否认意思表示真实,同时均未提供证据证明。

法院认为:家庭成员之间签订协议将房屋处分给某个家庭成员的,属于各家庭成员对处分家庭共有财产达成的协议,该协议性质非赠与人无偿将标的物赠与受赠人的赠与协议,而是分家析产协议。如果无法证明该分家析产协议非相关人员的真实意思表示,且该协议不违反法律、法规的强制性规定,则其他家庭成员不得以撤销赠与为由主张分割涉案房屋。

第三百条　共有人按照约定管理共有的不动产或者动产;没有约定或者约定不明确的,各共有人都有管理的权利和义务。

【条文主旨】

本条是关于共有物管理的规定。

【条文理解】

本条没有明确界定共有物“管理”的具体内涵和外延,亦未区分共同共有和按份共有,两种共有关系适用相同的规则。理论上认为,共有物的管理指的是“为了维持共有物的物理功能,从而发挥其社会的、经济的作用而对之所为的一切管理活动,一般包括共有物的保存、改良、利用和处分等”①。由于对共有物的处分和重大修缮本章另有规定,因此,本条的共有物管理内容不包括共有物的处分和重大修缮。理论上,共有物的管理是否包含使用和收益行为存在分歧。在司法实践中,多把共有物的出租行为视为对共有物的管理行为。

共有物保存指的是通过相应的管理措施,避免共有物的毁损、灭失或者其权利丧失、限制等,以维持共有物的现状,保持共有物的完好。共有物的保存行为包括事实行为,如共有物的保管(具体如共有车辆的安全停放等)、排除对共有物的妨害等,还包括法律行为,如中断诉讼时效的行为。实践中,各共有人一般不会对保存行为进行约定。

共有物利用指的是以满足共有人共同需要为目的,不变更共有物的性质,而决定其使用、收益方法的行为,如共有物的出租。共有人各自对共有物使用的过程中,要尽到合理注意义务,以避免物的毁损。共有人约定共有物的使用方法的,一般存在以下几种情况:第一,将共有物出租,共有人按照份额分享租金。第二,

---

① 梁慧星、陈华彬:《物权法》,法律出版社 2016 年版,第 214 页。

将共有物交给某个共有人使用，由占有、使用的共有人补偿其他共有人。第三，各共有人对共有物分时段或者分部分进行使用。

共有物简易修缮指的是为了维护共有物价值，不改变共有物的性质和效用，对共有物进行的一般的修理、维护行为。例如，因共有房屋漏水而维修房屋墙体，更换房屋破损的玻璃。由于简易修缮所需费用较少，并有益于全体共有人，所以如果共有人有约定，就按照约定办理，如果没有约定，各个共有人单独都有权利也有义务进行简易修缮。

【司法适用】

对于共有人对共有物的利用问题，共有人应当基于共有物的性质，协商处理。但在协商不成时，目前司法实践中的做法是，各共有人不得因此诉之法院。理由是：第一，共有物使用、收益的方法涉及对共有物的管理，从法律和理论上讲都应由共有人共同为之；第二，法院欠缺客观标准来确定其使用方法；第三，在不能达成协议的情况下，其共有基础已经丧失，此时，共有人可让与其应有部分，退出共有关系，或请求分割共有物。因此，对于共有物利用纠纷，共有人对于共有物的使用和收益方法不能达成协议时，法院不能介入共有物的管理，当事人起诉到人民法院的，人民法院应不予受理，已经受理的，应驳回起诉。

对于共有人对共有物的利用问题，在共有人没有约定或者约定不明确的情况下，如果部分共有人行使了管理权，例如，在未与其他共有人协商的情况下，单独将共有物出租给第三方使用，司法实践中虽有裁判认为出租共有物的行为是对共有物的处分，因此要求按照按份共有的绝对多数决原则行使权利①，但多数法院认为，事实管理人作为共有人将共有物有偿出租给第三人使用的行为系对共有物的管理收益行为，其事先未经其他共有人同意虽然有不妥之处，但不明显违反法律规定②。因此，出租共有物合同不需要共有人多数或者一致同意，任何共有人都可以基于共有物管理的需要出租共有物，其他共有人不能以自己不知晓或者不同意为由而否认出租共有物合同的效力。

对于共有宅基地土地使用权的管理问题，根据现行《土地管理法》第16条第1款的规定，“土地所有权和使用权的争议，由当事人协商解决；协商不成的，由人民政府处理”。因此，共有宅基地使用权的相关争议，共有人在协商不成的情况下，

---

① 参见江苏省南京市中级人民法院(2019)苏01民终5465号民事判决书；重庆市第五中级人民法院(2019)渝05民终3528号民事判决书。

② 参见云南省普洱市中级人民法院民事判决书(2019)云08民终129号民事判决书；江苏省南京市中级人民法院民事判决书(2013)宁民再终字第48号民事判决书。

应向政府申请解决。另外,共同继承人在共有继承物——房屋损毁后在原地基上进行重建的行为,如果没有告知其他共有人和经相关部门批准,是自行恢复损毁房屋的行为,属于履行对共有物管理的义务,而不是合法建造的原始取得。①

【司法案例】

杨某某等与李某某等物权保护纠纷案②

诉讼结论:杨某某等人与李某某向法院提起的关于共有物使用收益方法争议的诉讼被驳回。

法院认为:本案争议系围绕共有物使用收益的方法,涉及共有物的管理问题,应由全体共有人协商决定。鉴于法院对共有物使用方法的判断缺乏客观标准,综合涉案房屋共有权人的意思表示,法院应当驳回当事人基于共有物利用方法纠纷提起的诉讼。

第三百零一条　处分共有的不动产或者动产以及对共有的不动产或者动产作重大修缮、变更性质或者用途的,应当经占份额三分之二以上的按份共有人或者全体共同共有人同意,但是共有人之间另有约定的除外。

【条文主旨】

本条是关于共有物的处分、重大修缮和性质、用途变更的规定。

【条文理解】

关于该部分内容,《物权法》一审稿、二审稿曾规定:"处分共有的不动产或者动产以及对共有的不动产或者动产作重大修缮的,应当经占份额三分之二以上的按份共有人或者三分之二以上的共同共有人同意。"此后的《物权法》审议稿以及最终立法文本规定,共同共有情况下,采一致同意规则,按份共有情况下仍维持占份额 2/3 以上的共有人同意的规则。另外,在《物权法》就共有物的处分和重大修缮问题进行规范的基础上,《民法典》新增了"变更性质或者用途"的表意规则。本条相较于《物权法》还有文字表述上的变化,将"但"改为"但是",并无实质性影响。

对物的处分权是物权的一项重要权能,是"依法对物进行处置,从而决定物的

① 参见四川省高级人民法院民事裁定书(2018)川民申 4242 号民事裁定书。

② 参见北京市高级人民法院民事裁定书(2019)京民申 5347 号民事裁定书。

命运"[①]的权利。处分权能是所有权中最重要和最基本的权能,包括事实上的处分和法律上的处分。前者指的是对物进行实质上的变形、改造或者毁损,如消费掉食品、拆毁房子等,其结果往往影响物的物理形态;后者指的是对物的所有权进行限制、转让或者消灭,如在物上为他人设置抵押权、卖掉所有物、抛弃所有物等,其结果是使所有权本身发生变动。另外,这里的处分不包括对共有物的分割,本章对共有物的分割另有规定。

对共有物的重大修缮指的是在不改变物的性质的前提下,提高物的效用,或者增加物的价值。例如,共有人对房屋的扩建、重建行为等。相比简易修缮,重大修缮需要共有人承担较大的修缮费用,对共有人利益影响较大。

变更共有物的性质或者用途指的是共有人为了一定的目的改变共有物原有的性质或者用途。例如,将非生产性建筑变更为生产性建筑、将居住建筑变更为公共建筑、将工业建筑变更为商用建筑、将私家车变更为运营车辆等。共有物性质或者用途的改变对共有人的权益和负担(法律风险)影响较大,如需要办理变更登记、消防认证、税费等。

总之,由于对共有物的处分、重大修缮,以及其性质或者用途的变更对共有人的利益影响较大,因此,对此类基于共有物的处置需要十分谨慎,不能与共有物的管理等同视之,不能由个别共有人单独行使。但是,关于如何行使处分、重大修缮以及变更性质或者用途的权利,涉及公平和效率价值的平衡问题。如果需要全体或者较大比例的共有人的同意才能行使权利,可能会增加交易成本,丧失交易机会,或者不能物尽其用。相反,如果不需经全体或者较大比例的共有人的同意就可行使权利,则可能影响到个别共有人的重大利益。

传统民法(如德国民法)侧重于采取严格的"一致决"原则来决定对共有物的处分,采取"相对多数决"的原则来决定对共有物的重大修缮。我国在起草《物权法》的过程中,考虑到"一致决"原则容易滋生矛盾,造成共有物处分僵局,影响物的效用,就区分了共同共有和按份共有,进而采取了不同的原则。在按份共有的情况下,规定了绝对多数决的原则,即以占有共有物 2/3 以上份额的共有人的同意来决定以上权利的行使,其目的是兼顾效率与公平。在共同共有的情况下,考虑到共同共有一般基于婚姻家庭及亲属关系,其最重要特征是各个共有人平等地享有权利和承担义务,为了维护夫妻、家庭关系的稳定,维护社会最基本单位的和谐,我国立法和司法也采取了"一致决"原则来解决共有物处分、重大修缮,以及改变性质或者用途等方面的问题。另外,因处分共有物发生纠纷的,主张处分行为

---

① 梁慧星、陈华彬:《物权法》,法律出版社 2016 年版,第 120 页。

有效的一方,应当对处分行为符合法律绝对多数决或者一致决条件的事实承担证明责任。

以上原则建立在共有人之间没有协议的基础上,如果共有人之间关于共有物的处分、重大修缮以及改变性质或者用途存在有效的协议,应当尊重共有人之间的协议。

【司法适用】

在司法实践中,法院应当首先查明共有人之间是否存在与本条事项相关的协议。如果有协议,要继续查明协议的有效性。如果协议有效,按照该协议内容进行裁判;如协议无效,则适用本条相关规定处理。当事人主张依据协议裁判的,应当举证证明协议的存在和有效;当事人主张按照本条多数决或者一致决定原则裁判的,负担证明协议无效的责任。

此外,还需注意共有物抵押行为的性质。对共有物设定抵押行为虽有对共有物的管理和使用成分,但司法实践中一般视其为对共有物的处分行为,其由占绝对数额的按份共有人或者全体共同共有人为之时才有效。部分共有人在共有物上设定抵押之前应当通知其他共有人并征求其他共有人的意见,以保障其他共有人参与共有物管理的权利,否则应当承担因此造成的对其他共有人的损失赔偿责任①。

共有人未经占份额2/3以上的按份共有人或者其他共同共有人的同意,擅自处分共有财产的,属于无权处分。对其他共有人的权利,按照无权处分的规则予以救济。②

实践中,对于不符合共有物处分的法律规定或者共有人约定的处分条件的无权处分情形,要视不同的情况判断。各个共有人,例如夫或妻一方非因日常生活需要而处分夫妻共同财产,第三人主观上是善意的,该处分行为有效。③ 但是,夫或妻一方非因日常生活需要而擅自将共同财产赠与他人的,另一方有权要求受赠人返还财产。④ 如果登记权利人出卖共有房屋,其出卖行为不符合共有物处分的法律规定或者共有人约定的处分条件,但买受人是善意且合同约定的对价合理,则该房屋买卖合同有效。但是,如果买受人请求履行合同,其他共有人拒不协助办理房屋权属变更登记手续的,人民法院应驳回买受人的诉讼请求,此时,买受人

---

① 参见浙江省高级人民法院民事判决书(2017)浙民终84号民事判决书。

② 参见北京市第二中级人民法院(2013)二中民终字第00379号民事判决书。

③ 参见最高人民法院(2008)民申字第677号民事裁定书。

④ 参见李某与杨某不当得利纠纷案载最高人民法院2015年12月4日发布的《"用公开促公正 建设核心价值"主题教育活动 婚姻家庭纠纷典型案例》。

可以变更诉讼请求为要求出卖人承担债务不能履行的违约责任，即赔偿其基于有效合同履行可以获得的利益。

【司法案例】

雍某与贾某、马 1 等确认合同无效纠纷案[①]

诉讼结论：在未经其他共有人同意的情况下，马 2 转让共同共有的房屋而签订的《房屋买卖协议》无效。

基本案情：马 1、马 2、马 3、马 4、贾某、马 5、马 6 等共同继承了位于某村宅基地一处及宅基地之上房屋十一间。该宅基地使用权证自 1987 年颁发至诉讼时登记在被继承人王某名下。自 2008 年 9 月至 2018 年 9 月涉案房屋被拆迁时，该房屋无人居住。2014 年 3 月 2 日，马 2 以 3.5 万元的价格将涉案房屋卖于同村村民雍某（其在该村已分配到了宅基地），并签订了《房屋买卖协议》。该协议载明马 2 保证该房屋出售时已经全部房屋共有产权人同意。2017 年 11 月，贾某等才得知买卖结果并提起诉讼。

法院认为：马 2 出售涉案房屋的行为系无权处分。由于村民之间经常来往，关系密切，相互对不动产的归属有基本了解，作为一般理性人在进行不动产交易前，应尽到一般注意义务，如了解不动产的所有权、家庭成员等情况。因此，马 2 与雍某在签订《房屋买卖协议》时存在恶意，明显损害了其他共有人的合法权益。因此，该《房屋买卖协议》因恶意损害第三人合法利益而无效。

第三百零二条　共有人对共有物的管理费用以及其他负担，有约定的，按照其约定；没有约定或者约定不明确的，按份共有人按照其份额负担，共同共有人共同负担。

【条文主旨】

本条是关于如何分担共有物的管理费用的规定。

【条文理解】

与《物权法》第 98 条相比，本条在“对共有物”前增加“共有人”，在第二个“约定”前增加“其”，使条文表述更加精确。

共有物管理费用指的是因保存、使用、简易修缮或者重大修缮而支付的费用。

---

① 参见宁夏回族自治区中卫市中级人民法院（2019）宁 05 民终 947 号民事判决书。

例如,住宅等的物业费、车辆的停放费、过路费、税费、保养费、修理费等。

共有物的其他负担主要指的是在共有物对共有人以外的他人造成损害的情况下,向受害人支付的赔偿金等。例如,共有车辆因为所有人责任对他人造成伤害所产生的各种赔偿费用。

关于共有物管理费以及其他负担,法律尊重共有人的意思自治。在共有人缺乏明确的约定的情况下,本条区分按份共有和共同共有作了不同的安排。基于权责一致的原则,按份共有人按照各自的份额承担,共同共有人共同承担。

【司法适用】

在司法过程中,人民法院常规的审查程序是先审查共有人之间是否存在有关协议。如果有协议,继而审查该协议是否有效;如果没有协议、协议无效或者协议不明确,依照该条规范裁判。

此外,还需要注意以下问题:第一,因分割共有物或者份额转让产生的过户税费、拍卖费、估价费、出卖费等费用是否按照该条款执行。从条款位置看,该条所指的费用和负担似乎不包括分割费用,但本章条款又没有具体明确分割共有物的费用负担分配问题。本书认为,共有物分割产生的费用应当按照共有物管理费用和负担的规则进行分担。第二,对于共有物管理费以及其他负担的请求权属于债权请求权,适用诉讼时效的有关规定。第三,对于共有物管理费及其他负担的必要性,由提出共有人负担费用的请求人承担举证责任。

【司法案例】

薛某、章某共有纠纷案①

诉讼结论:超过诉讼时效的共有物管理费用分担请求权不受法律保护,不能请求其他共有人分担不能证明的管理费用。

基本案情:薛某、章某共有诉争房屋,薛某长期管理共有物,并将其出租进行收益,二者关于租金分配和管理费用负担发生争议。其中部分费用分担的请求权超过诉讼时效,部分费用的分担存在证明问题。

法院认为:薛某曾长期向章某支付租金收益,应知道可以向章某要求分担其支出的各类管理费用,所以其始终不认为章某是房屋共有人的主张不成立。因此,薛某有关2015年6月23日前(薛某提出反诉时间)房屋管理费用的请求,已超过两年诉讼时效,不予支持。薛某所主张的房屋装修费、铝合金窗户费用、房租税费、律师费,不论是否属实,都发生在2015年6月23日前,薛某不得要求章某分

---

① 参见福建省福州市中级人民法院(2018)闽01民终2639号民事判决书。

担。此外,没有证据证明的委托他人代为管理诉争房屋的管理费不予分担,但有证据证明的管理房屋的广告费、电梯改造费应当予以分担。

第三百零三条　共有人约定不得分割共有的不动产或者动产,以维持共有关系的,应当按照约定,但是共有人有重大理由需要分割的,可以请求分割;没有约定或者约定不明确的,按份共有人可以随时请求分割,共同共有人在共有的基础丧失或者有重大理由需要分割时可以请求分割。因分割造成其他共有人损害的,应当给予赔偿。

【条文主旨】

本条是关于共有物分割的规定。

【条文理解】

本条相较于《物权法》第99条有文字表述上的变化,将“但”改为“但是”,将“对其他共有人造成损害的”改为“造成其他共有人损害的”,并无实质性影响。

共有物分割请求权指的是各个共有人以单方的意思表示请求其他共有人分割共有物的权利。

无论是按份共有,还是共同共有,共有人为了维持其共有关系,可以约定不得分割共有物,法律应当尊重共有人的意思自治,原则上不允许共有人分割共有物。但共有人在有重大理由的情况下可以请求分割。该“但书”规定突破了意思自治原则,其中的立法理由是:共有是纠纷之源,是单独所有的例外情形,应尽量避免发生共有或者使其易于消灭或终止,使其成为一种短暂的法律关系,因此,本章对于共有关系也采取了不维持原则。我国台湾地区的态度更加明确,要求维持共有关系的协议年限不超过5年,超过5年的,缩短为5年。

关于什么情况属于“重大理由”,该条规范没有予以明确,在司法过程中,需要法官对其进行自由裁量。

在没有约定或者约定不明确的情况下,本条区分了按份共有和共同共有,规定了不同的分割共有物的条件。在按份共有的情况下,按份共有人可以随时请求分割共有物。这仍然是因为我国立法采取了不维持共有的态度和倾向,在可能的范围中尽量使共有关系易于消灭,恢复单独所有状态,以最大化发挥物的效用。在共同共有的情况下,本条立法采取了明显不同于按份共有的态度,即以不允许分割共有物为原则,以允许分割共有物为例外,规定共同共有人在共有的基础丧失或者有重大理由需要分割时才可以请求分割。对于共同共有,传统民法甚至规定不得请求分割共有物。其立法理由是，共同共有一般基于夫妻关系、家庭关系或者亲属关系，人合因素和团体因素较强，社会为了维护这些关系的稳定，进而维护社会的稳定，因而采取了维持共同共有关系长久存在的态度。可见，我国本条立法与多数国家的相关规定不同，赋予了各共有人在特殊情况下的分割共有物的请求权。该条款中“共有基础丧失”一般指的是夫妻关系、家庭关系等消失。例如，家庭成员户口不在同一户籍上并已独立分户，此时可以认为，家庭成员之间共同共有房屋的基础已经丧失，此时，家庭成员可以请求分割共同共有物。

本条在对共有物的分割设定了条件和要求的同时，也对分割请求权设置了相应的限制。例如本条规定，因分割对其他共有人造成损害的，应当给予赔偿。这有利于维护各个共有人的利益。

【司法适用】

关于共有物分割是否适用诉讼时效的问题，目前法律法规和司法解释并没有明确规定。但从诉讼时效的制度价值、立法理由等方面分析，由于对共有物的分割适用“物权编”相关规定，其本质为请求终止共有关系的形成权，故其不应适用诉讼时效的规定。

立法和司法对共有物分割请求权的行使设置了限制，在不具备分割条件的情况下，法院可以拒绝分割请求权的行使要求。例如，如果其他共有人长期居住在共有房屋内且没有其他住所，分割共有房屋会造成当前使用人居住困难，则法院倾向于拒绝当事人的分割请求。①

另外，对于共同共有物的分割份额问题，本条没有明确规定是否等额分配。根据《民通意见》第 90 条的规定，在共同共有关系终止时，对共有财产的分割，有协议的，按协议处理；没有协议的，应当根据等分原则处理，并且考虑共有人对共有财产的贡献大小，适当照顾共有人生产、生活的实际需要等情况。依照该规定的精神，对于共同财产的分割，在坚持等分的基础上，还要考虑《民法典》“婚姻家庭编”的有关规定，在充分实现共有物交换价值的原则下，保护妇女和子女利益，同时注意对婚姻关系破裂有过错一方的惩戒。

【司法案例】

王某兰与丁某颖共有物分割纠纷案②

诉讼结论：在共有物不具备实际分割条件时，判定不予分割。

---

① 参见北京市高级人民法院（2019）京民申 277 号民事裁定书。

② 参见北京市高级人民法院（2019）京民申 6840 号民事裁定书。

基本案情：原告王某兰与被告丁某颖系母女关系。二人以各自50%的份额共有系争房屋。王某兰请求法院分割系争房屋，并将系争房屋判归其个人所有，但明确表示无钱款支付丁某颖房屋折价款。被告丁某颖不同意出售房屋，也无钱款支付王某兰房屋折价款。

法院认为：系争房屋由原、被告按份共有，如果原告要求房屋归其个人所有，却无法给被告相应的房屋折价款，且被告亦无法给原告相应房屋折价款。在此情形下，人民法院无法对系争房屋进行分割，待该房具备实际分割条件或者在原告、被告对出售房屋达成共识后另行处理。

第三百零四条　共有人可以协商确定分割方式。达不成协议，共有的不动产或者动产可以分割且不会因分割减损价值的，应当对实物予以分割；难以分割或者因分割会减损价值的，应当对折价或者拍卖、变卖取得的价款予以分割。

共有人分割所得的不动产或者动产有瑕疵的，其他共有人应当分担损失。

【条文主旨】

本条是关于共有物分割方式的规定。

【条文理解】

本条相较于《物权法》第100条有文字表述上的变化，将“并且”改为“且”，并无实质性影响。

无论是按份共有人随时提出分割共有物，还是共同共有人基于重大理由提出分割共有物，紧接着的问题就是如何分割共有物。依据本条规定，无论是共同共有，还是按份共有，确定共有物分割方式存在协议和裁判两种途径。

最理想的确定共有物分割方式的途径是由全体共有人之间就共有物分割方式达成协议。可以看出，关于分割方式的确定，需要共有人一致决议。这不同于按份共有处分共有物的绝对多数决原则。因此，如果某共有人没有参加协商，或者不同意协商结果，该分割协议不发生法律效力。从该条款来看，分割协议不需要书面形式，当事人口头方式确定的协议也有效。从性质上看，这种关于分割方式的协议属于债权协议，因为各个共有人通过协议获得的是按照协议内容分割共有物的请求权，而不是物权。换句话说，共有物分割的协议本身不发生物权变动的效果，要发生物权变动的效果尚需要动产之交付和不动产之过户登记等。因此,共有物分割协议只是共有人请求交付动产和不动产并办理过户登记的依据,而不是共有人享有物权的依据。此外,共有人在通过协议途径确定分割方式的情况下,可以根据本条的指引规范采取裁判分割中的实物分割、变价分割或者折价分割方式,还可以根据其具体情况采取更加个性化的分割方式。

裁判途径是指在共有人之间不能就分割共有物的方式达成一致协议的情况下,法院依职权确定分割方式。可以看出,裁判分割的前提条件是共有人之间达不成分割的协议。在裁判确定分割方法的情况下,法官要从裁判规则确定的三种分割方式中确定最适合的分割方式,对这三种分割方式分述如下。第一,实物分割。实物分割需要满足两个条件:由物理属性而言,共有物具有可分割性;由经济价值而言,共有物不因分割而减损其价值。例如,稻谷、钱币等物可以进行实物分割。相反,成套的房屋一般是一个整体,无法进行公平合理的实物分割,实物分割也会严重减损其价值。因此,功能独立的成套房屋一般不适合实物分割。实物分割的效果是一个法律上抽象的物分割为数个物,原有物权消灭,产生了数个新的独立物权。第二,变价分割。变价分割是在共有物难以分割或者分割会减损其价值的情况下,通过一定方式(变卖或者拍卖)将其变现为货币,并对货币进行分割。这种分割方式需要共有人承担一定的变现成本,如拍卖费用。第三,折价分割。折价分割是指由共有人中的一人或者数人取得共有物的所有权,由其给予其他共有人金钱、实物,或者金钱加实物。折价分割不以共有物难以分割或者分割会减损其价值为条件。为了公平起见,这种分割方式需要评估共有物的价值,因此,也会产生额外的成本负担。

另外,共有人在分割共有物的过程中具有相互的瑕疵担保义务。此处的瑕疵范围过于狭窄,没有明确权利瑕疵担保。由于共有人取得共有物与买卖取得的物具有相同的效果,因此,应当将这里的瑕疵担保义务扩大解释为包括权利瑕疵担保。

【司法适用】

由于通过协议途径确定分割方式是裁判途径确定的前提条件,因此,法院应当首先审查当事人之间是否存在相关协议、协议是否有效,如协议是否由全体共有人一致同意。如果没有协议或者协议无效,则法院应当积极进行调解,促成共有人之间就分割方式达成协议。如果达不成协议,则接下来要考察共有物是否具有实物分割的条件。具备实物分割条件的,优先进行实物分割,否则根据实际情况确定适用折价分割或者变价分割的方式。应慎重适用折价分割的方式,因为该分割方式需要考虑是否有共有人愿意接受共有物、房屋价值是否经过评估、其他共有人是否接受评估折价数额等因素。

另外,依照《民通意见》第90条规定,对共有物的分割应"适当照顾共有人生产、生活的实际需要等情况"。假如共有物是房屋,在双方均无其他房屋居住又同意以折价方式分割争议房屋的情况下,如果有共有人长期管理使用该房屋,从有利执行、减少社会矛盾等方面考虑,可以将房屋判归长期管理使用人。

在司法实践中,当事人如果主张裁判分割共有物,应当先行协商,并提交双方协商不成的相关依据,否则承担举证不能的后果。

如果共有人就共有物的分割方式无法达成协议,且共有物,如房屋,由于不具备拆分使用和内部分割后单独进行产权登记的条件而无法进行实物分割,经过多次拍卖均最终流拍,共有人未顺利变卖共有物,或者共有人一致认为评估机构评估的价格过高,均不同意接受房屋并向另一方支付相应补偿,此时,共有物的分割陷入僵局。在这种情况下,法院可以认定诉争共有物尚不具备分割条件,可以向共有人释明,待共有物具备分割条件时另行主张权利。①

【司法案例】

郭某梅、郭某芹等与郭某华、郭某环、郭某亚等共有物分割纠纷案②

诉讼结论:所有共有人有权参与分配涉案抚恤金。

基本案情:郭某梅等五人与被告郭某华等三人系同胞兄妹关系。2017年其父亲去世,所在单位发放抚恤金合计208,952元。在办理其父亲丧葬事宜后,经结算剩余的抚恤金约12.5万元被三被告平均分配。后郭某梅等五人请求分割抚恤金。

法院认为:抚恤金系死者生前所在单位给予死者近亲属和被抚养人的生活补助费,不是遗产。根据抚恤金的性质,该费用应在被继承人的第一顺序继承人及被抚养人中进行分配。因此,剩余约12.5万元的抚恤金为原、被告等的共有物。共有物分割纠纷作为物权纠纷之一种,在共有人不能就共有物分割方法协商一致的情况下,共有人可向法院申请裁判分割。当死者有数个直系亲属时,应当按照权利义务相对应的原则对死者的抚恤金进行分配,对死者尽了较多义务的直系亲属,如长期与其共同生活的人,应当在分配中予以照顾。本案中,考虑到原告、被告父母生前主要与被告郭某亚共同生活,生活密切程度较高,酌情确定被告郭某亚获得抚恤金中的30%。剩余抚恤金由其余七位子女平均分配。

---

① 参见辽宁省盘锦市中级人民法院(2018)辽11民终1163号民事判决书。

② 参见江苏省涟水县人民法院(2017)苏0826民初4233号民事判决书。

第三百零五条　按份共有人可以转让其享有的共有的不动产或者动产份额。其他共有人在同等条件下享有优先购买的权利。

【条文主旨】

本条是关于按份共有人的份额处分权和其他共有人的优先购买权的规定。

【条文理解】

共有人转让份额不同于分出份额。分出份额是将应有份额从共有财产中分割出去,适用前条共有物分割的有关规定;而转让份额是共有人将自己的份额继续留存在共有物中,只是该份额的主体发生变化。共有份额的转让有利于维持共有状态。

按份共有关系中的重要因素是共有人的份额,其性质是各个共有人对于共有物享有的所有权的比例,是所有权。因此,一般情况下,按份共有人之间不得限制份额的转让,按份共有人在转让其份额的时候不需要得到其他共有人的同意。

但是,共有人在转让自己的份额的过程中不能损害其他共有人的利益。由于共有具有人格信赖的要求和性质,为了限制共有人人数,尽量简化共有关系,避免因外人的介入而破坏原共有关系,促进共有物的利用效率,因此,本条对共有份额的转让施加了一定的约束和限制,即其他共有人享有优先购买的权利。按份共有人的优先购买权源于物权,物权效力使之购买行为具有"优先"性,权利目的在于"购买"转让的份额。该优先购买权属于法定优先购买权。相反,在共有份额被继承、遗赠、赠与等情形下,原则上不存在其他按份共有人的优先购买权,但是,如果共有人有约定的,此约定即为约定的优先购买权。这种约定优先购买权原则上仅有债权效力,其内容、具体行使方式和行使期限,需要依当事人之间的约定,并借助意思表示解释的规则加以确定,不具有对抗第三人的效力。

转让共有的"份额"不同于转让共有物本身。转让共有份额是指某共有人为了退出共有关系,并实现其共有利益,将其享有的共有份额转让给他人的情形。转让共有物指的是将全部或部分共有物转让给他人,从而消灭共有关系或者减少共有物总量的情形。根据该条规定,优先购买权仅存在于转让共有份额的情况。共有物本身的转让不发生优先购买权。

为了保护转让人的利益,本条同样对共有人的优先购买权给予了限制,规定其他共有人必须在同等条件下优先购买。这样,同等条件成为平衡转让人和其他共有人利益的杠杆,在保障共有人优先购买权的同时,保证转让人利益的实现,也给予第三人购买的机会。

依据《物权法司法解释(一)》第10条规定,《物权法》第101条所称的“同等条件”,应当综合共有份额的转让价格、价款履行方式及期限等因素确定。如果其他按份共有人提出减少转让价款、增加转让人负担等实质性变更要求,导致转让人遭受损失,或者其他共有人仅仅以其优先购买权受到侵害为由,请求撤销共有份额转让合同或者认定该合同无效,而不予以购买的,不能实现共有人转让份额的目的,因此对于这两种情形的优先购买权行使不应当给予支持。① 此外,转让人与第三人之间的亲属关系等身份关系不应是被考虑的因素。

共有人的优先购买权仅存在于按份共有的情形,在共同共有情形下,不存在共有人的优先购买权。因为,在共同共有情形下,共有人不分份额地平等地基于共有物享有所有权。如果对共有物进行分割或处分后,共同共有关系消灭,原共有物上成立新的所有权,不存在原共同共有人优先购买的问题。

【司法适用】

司法实践中存在关于“转让”概念的界定问题,即“转让”是否包括以赠与、继承、遗赠、互易、拍卖、破产、实现担保物权、执行法院判决、以物抵债等方式向第三人转让其份额的情形。《物权法司法解释(一)》第9条规定:“共有份额的权利主体因继承、遗赠等原因发生变化时,其他按份共有人主张优先购买的,不予支持,但按份共有人之间另有约定的除外。”这里明确了在继承、遗赠等情况下,不支持其他共有人优先购买权的原则性规定,但不排除共有人之间约定的适用。其理由是无偿转让与优先购买权之间存在不可调和的冲突关系,因为在无偿转让情形下,不存在可以客观判断是否构成“同等条件”的交易价格、支付方式等。由此可见,这里的转让限于权利主体从受让人处获得对价的有偿法律行为。由此推广而言,互易与买卖在本质上具有相近性,互易行为具有法律对价;依法进行的拍卖也只是在形式上与一般的出卖有所不同,在本质上仍与出卖相近似;在破产、实现担保物权或执行法院判决的情况下的“转让”虽然具有不可控制性,但其行为实质是折价、拍卖、变卖共有财产份额,均属于有偿转让行为,只是转让形式比较特殊;通过以物抵债的方式转让共有财产份额的,转让人目的在于通过共有份额所有权的转移来代替应履行的金钱给付,而其他按份共有人行使优先购买权购买该共有财产份额时,可以实现转让人清偿债务的目的。因此,在转让人以上述方式转让份额的情况下,其他按份共有人可以适用优先购买权规则。

另外,对“同等条件”的正确判断是实现利益平衡的前提条件。“同等条件”的判断对比标准应当是第三人的对待给付。但由于转让人与第三人及其他受让

---

① 参见《物权法司法解释(一)》第12条。

人之间的法律关系、亲密程度、信任程度不尽相同,因此,是否给予同等的让利价格、是否要求一次或者分期支付对价、是否要求即时或者延期支付、是否要求对延期支付提供担保、第三人提供的条件是否具有可替代性等都是需要考虑的因素。可以说,同等条件的判断十分复杂,要综合考量,既不能强求价格和条件绝对相同,也不能有太大的差距,其根本标准为该条件是否损害了转让人的利益,是否保障了其他共有人的优先购买权,是否剥夺了第三人经与出让人反复磋商并支付了相当交易费用而获得的购买机会。在第三人提供的交易条件不可被替代的情形下,如交易条件包括对转让人的照料义务等,按份共有人不得行使优先购买权。

一般情况下,"同等条件"在转让人和第三人之间的转让条件确定下来,转让人将转让条件等内容通知优先购买权人后才能确定。但是,如果转让人与第三人间的转让行为因当事人无完全民事行为能力、价款约定违背意思自治原则、内容违法等原因而自始无效,那么该"同等条件"视为没有产生,此时,优先购买权也无从发生。但是,如果由于其他原因导致合同不生效,但形成了足以信赖的"同等条件",则优先购买权不受该合同无效的影响。

在实践中,优先购买权的实现存在较多障碍。一方面,转让人可能会与第三人恶意串通,为优先购买权的行使设置障碍。例如,转让人表面上将份额赠与给第三人,实际上是以出卖的方式转让给第三人,以此规避其他共有人优先购买权的行使。另一方面,转让人可能会恶意提高"第三人对待给付"标准,在优先购买权人表示放弃行使优先购买权后,又与第三人以较低标准修改转让合同,或者以其他方式变相对第三人予以补偿。对于这些情形,人民法院应设法探究转让人与第三人之间的真实意思表示,并以其真实的交易条件作为判断"同等条件"的标准。

同样,在实践中也存在其他按份共有人滥用优先购买权的情形。例如,其他共有人假意受让份额,实际却不履行合同义务,或者向转让人提出更多无理要求,或者利用手段使第三人不能或不敢受让,迫使转让人接受较低价格。为此,在有证据证明共有人滥用优先购买权的情况下,应当认真审查、客观分析转让人对优先购买权人提出交易的"同等条件"。

【司法案例】

案例一

薛某诉韩某臣、第三人康某江案外人执行异议案[①]

诉讼结论:共有物优先购买权不能对抗对共有物的强制执行。

---

① 参见河北省高级人民法院(2019)冀民终500号民事判决书。

基本案情：原告称自己对被执行的涉案房屋具有50%产权，并对涉案房屋具有优先购买权，请求法院确认其优先购买权益，不得执行并解除对涉案房屋的查封。

法院认为：薛某请求确认其对涉案房产享有优先购买权益不属于该案的审理范围，其可以通过相关法律途径寻求救济。

案例二

邓某雨与杜某国、李某杰等共有人优先购买权纠纷案①

诉讼结论：原告不对涉案房屋享有优先购买权。

基本案情：被告之一某兽医站站长李某丛为改变兽医站环境，以1.5万元的价格购买了第三人房屋。由于没有签订书面合同，在兽医站解体需要分割该房屋利益时，第三人反悔，要求退钱索屋，七名成员没有能够分割处理涉案房屋。无奈，2016年2月14日，除了原告外的六被告签订了《协议书》，同意将房屋还给第三人。每人从退房款中领取1万元。原告邓某雨未在《协议书》中签字，也未领款，并将其余六名成员诉至法院，请求撤销该《协议书》，请求实现其优先购买权。

法院认为：第一，协议的实质是六被告与第三人解除前房屋买卖合同，不是将涉案房屋出卖给第三人。第二，邓某雨虽占有使用部分房屋，但不具有对涉案房屋的物权，故其主张优先购买权的请求基础并不存在，其主张对案涉房屋享有共有人优先购买权的理由及请求不能成立。

第三百零六条　按份共有人转让其享有的共有的不动产或者动产份额的，应当将转让条件及时通知其他共有人。其他共有人应当在合理期限内行使优先购买权。

两个以上其他共有人主张行使优先购买权的，协商确定各自的购买比例；协商不成的，按照转让时各自的共有份额比例行使优先购买权。

【条文主旨】

本条是关于优先购买权实现方式的规定。

【条文理解】

该条款是新增条款，吸收了《物权法司法解释（一）》的相关内容。此外，民法

① 参见重庆市第二中级人民法院（2019）渝02民终3576号民事判决书。

典草案征求意见稿曾明确限定了按份共有人“向第三人转让”的情形,2018 年 8 月委员长会议一审稿的相关内容中删除了“向第三人转让”的限定条件。

由于其他按份共有人行使优先购买权须以知晓出卖人与第三人之间存在买卖合同为前提,为此,本条款对转让份额的共有人增加了通知其他共有人的义务,即转让人应当将转让条件及时通知其他共有人,以方便其他共有人行使优先购买权。关于如何才算是合格地履行了通知义务,一般认为,通知的必备内容应包括转让价格、支付方式、支付期限等条件,以及其他对转让人的利益可能产生重大影响的条件。如果通知时未包含以上重要条件,属于未尽到通知义务。总之,转让人发出的通知应包含“同等条件”的有关内容。至于通知采取的形式,该条没有限制,意味着口头形式或者书面形式都为合法的形式。

为了在转让人权利行使自由与简化共有关系之间进行平衡,最大限度防止一方滥用权利损害对方合法权益,在转让份额的共有人履行通知义务之后,其他共有人应当在“合理期限”内行使优先购买权。其立法理由是,按份共有人的优先购买权的性质是形成权,而形成权易导致有关法律关系处于不确定状态,为了及时确定法律关系,形成权应受除斥期间的限制。本条没有明确具体的除斥期间,是为法律漏洞,需要依据《物权法司法解释(一)》来弥补。根据该解释第 11 条的规定,共有人之间关于合理期间有约定的,按照约定处理,在没有约定的情况下,区分不同的情况分别处理。在转让人有明确通知,且通知中载明了行使期间的,以该期间为准。为了给予其他共有人足够的决策时间,如果该通知载明的期间短于 15 日的,以 15 日为准。在转让人没有明确通知的情况下,如果其他共有人知道或者应当知道出让情况及条件的,自知道或者应当知道之日起 15 日内行使权利;如果没有证据确定其他按份共有人知道或者应当知道最终确定的同等条件的,其他共有人应当在共有份额转让之日起 6 个月内行使权利。司法解释的这些规定解决了无起点就无期间的问题。另外,因优先购买权的行使期间在性质上属于除斥期间,故权利人不得主张中止、中断或者延长,一旦行使期限经过而没有行使优先购买权,该权利即告消灭。

接下来的问题是,如果转让人没有通知其他共有人,侵害了其他共有人的优先购买权,应如何救济其他共有人的优先购买权。依据《物权法司法解释(一)》第 12 条的规定,如果其他按份共有人根据法律、司法解释规定,请求按照同等条件购买该共有份额的,一般应予支持。但是,其他按份共有人未在规定的期间内主张优先购买,或者提出减少转让价款、增加转让人负担等实质性变更要求,或者仅请求撤销共有份额转让合同或者认定该合同无效的,不予支持。也就是说,侵害优先购买权并不产生转让合同被撤销或者无效的法律后果。该规定建诸合同效力理论与实务发展及《物权法》《合同法》等规则之上，提供了平等保护各方利益的更为彻底的应对方案，能够有效衡平保护转让人和优先购买权人的权利，实现该制度功能。

实践中，存在两个以上其他共有人主张行使优先购买权的情况，此时，可能产生一份独大的情形，影响其他共有人之间权利义务的平衡，故法院应当慎重处理。考虑到转让人既已决定转让共有份额、退出共有关系，要求其在选择的过程中达到更好维系共有关系的效果不切实际，因此，不可以由转让人依其选择来确定优先购买权行使顺位。此时，法律尊重当事人协商确定的各自的购买比例，在协商不成的状况下，按照转让时各自的共有份额比例行使优先购买权。[①] 其立法理由在于，按份额比例购买易于维持原共有人对共有物的权利和义务份额。

【司法适用】

关于该条款在司法实践过程中的运用，还存在以下需要注意的问题。

第一，行使优先购买权的按份共有人应具备相应的法定主体资格。优先购买权行使的后果不是令转让人与第三人之间的转让行为无效或者被撤销，而是实现所涉份额的转让。因此，该权利的行使主体除了必须有完全民事行为能力外，还应有法律或政策允许的资格。例如，农村集体组织的成员只能将住房出卖给本集体经济组织成员，故优先购买权人必须是本集体经济组织成员。

第二，按份共有人的优先购买权遭受侵害时，人民法院如何平衡优先购买权人与第三人之间的权益？在按份共有人转让份额的过程中是否存在对抗优先购买权人的善意第三人？按份共有人优先购买权本质上属于法定权利，并且按份共有人向第三人转让的是其共有份额，而不是共有物本身。实践中，在转让人与第三人订立转让合同时，无论该共有关系以及被转让的共有份额是否通过登记方式予以公示，第三人理应知道或显然知道在该份额之上存在法定的优先购买权人。因此，按份共有人优先购买权无须公示，即具有对抗第三人的效力，第三人也无法依据善意取得而获得转让的共有份额所有权。这是按份共有人优先购买权和其他优先购买权的主要区别。

第三，在按份共有人转让其共有的房屋的应有份额时，是否会发生法定的按份共有人优先购买权与承租人优先购买权的竞合？共有份额与共有物不同，因此，处分共有房屋的应有份额与处分共有房屋也是两个不同概念。承租人优先购买权对应的是其承租的房屋，即共有人的共有物。而共有人的优先购买权对应的是转让人的共有份额，而不是共有房屋。由于二者的标的不同，二者不会发生

---

① 参见《物权法司法解释（一）》第14条。

竞合。

第四，按份共有人行使优先购买权的直接法律效果如何？转让人与其他共有人之间是否需要成立新的转让合同？是否直接产生了相应的物权？从权利的功能角度来讲，按份共有人优先购买权的性质属于形成权。基于形成权的法律特点，按份共有人可以以单方意思表示产生相应的法律关系，从而形成以转让人与第三人交易的同等条件为内容的转让关系，即只要其他按份共有人单方面将在同等条件下购买所涉共有财产份额的意思表示传达到转让人时，就产生相应的法律关系，即在其与转让人之间成立转让合同，无须转让人与其他共有人形成新的意思表示、达成新的转让合同。此时，转让人负担有依据优先权行使的意思表示将所涉份额转让给优先购买权人的义务。若转让人不履行该义务，则优先购买权人有权通过诉讼，请求转让人依同等条件将所涉份额转让给自己，人民法院应予支持。需要注意的是，优先购买权人提起诉讼时并未取得该共有份额的所有权，如优先购买权人直接请求确认其对转让的所涉份额享有物权，则人民法院应当对该请求不予支持。

【司法案例】

案例一

宋某与哈某、高某撤销之诉案①

诉讼结论：宋某请求未获得支持。

基本案情：宋某以涉案房屋共有人的身份请求撤销高某与被告哈某于2018年1月24日签订的不动产转让协议，使哈某获得的25%份额归高某享有。

法院认为：哈某与高某订立转让合同转让其所有的共有财产份额属于有权处分，其转让合同有效。法律规定其他共有人有优先购买权，是为了简化共有关系，防止因外人的介入而使共有人内部关系趋于复杂。本案涉及的问题是，优先购买权的行使方式必须是在特定的期间内现实地提出同等条件的要约。仅以其优先购买权受到侵害为由，请求撤销共有份额转让合同或者认定该合同无效，而不购买相应份额的，人民法院不予支持。另外，由于该涉案房屋产权未进行变更登记，宋某在同等条件下优先购买的权利未受到实质性侵害。

---

① 参见内蒙古自治区赤峰市中级人民法院（2019）内04民终4289号民事判决书。

案例二

代某等与谢某大、王某等共有人优先购买权纠纷案①

诉讼结论：谢某大优先购买权获得法院支持。

基本案情：当事人关某平、代某将其与谢某大共有房屋的份额通过合同卖与王某。谢某大知晓后向一审法院提起诉讼，请求判令关某平、代某分别将其持有的涉案房屋34%、33%的产权份额以相应价格出售给谢某大；关某平、代某配合谢某大办理涉案房屋相应比例的产权过户手续等。

法院认为：关于谢某大取得涉案房屋份额共有权的时间是否受后期关于共有权确认之诉判决的影响问题，《物权法》第28条规定其关键是有关民事判决是否属于"导致物权设立、变更、转让或者消灭"的判决。由于确认谢某大对涉案房屋产权的诉讼为确认之诉，相关判决是就某种权利或法律关系以及事实的存在与否予以宣告，不会导致任何权利的变动。因此，该判决不属于《物权法》第28条规定的法律文书范畴，谢某大取得涉案房屋份额共有权的时间不受后期关于共有权确认之诉判决的影响。关于涉案合同是将涉案房屋整体出售还是按份共有人出售各自份额的问题，根据关某平、代某等三人公证授权可以看出，涉案合同系三人分别将登记在各自名下份额所对应权利授予他人，因此，涉案合同实际为房屋按份共有人处分各自份额。谢某大有权以与涉案合同同等的条件行使优先购买权。关于谢某大是否在合理期限内以同等条件行使优先购买权问题，由于代某等在出售涉案房屋时并未通知谢某大，谢某大在知晓情况后通过诉讼、发送律师函等方式多次行使该项权利。据此可以认定谢某大在合理期间内行使了优先购买权。关于是否以同等条件行使优先购买权问题，应从价格条件、付款条件等方面去考量。本案中，在价格方面，谢某大购买价格是在与第三人购买涉案房屋整体价格保持一致的基础上按份额比例计算出的；在付款条件方面，谢某大明确表示可在限定时间内以全款支付，比第三人购买涉案房屋的付款方式更具优势。因此，谢某大行使优先购买权符合同等条件的要求。关于谢某大无购房资格问题，虽然谢某大受禁购条件的约束，但其是对涉案房屋的部分产权行使优先购买权，不同于普通商品房的整体购买，且谢某大已取得涉案房屋部分产权，因此其优先购买权不受限购资格的影响。关于谢某大未完全履行其对涉案产权33%份额的付款义务是否对行使优先购买权构成影响的问题，由于优先购买权的行使是以享有物权为前提，而谢某大在行使优先购买权时已取得涉案房屋33%的共有权。因此，谢

① 参见北京市第一中级人民法院(2018)京01民终4155号民事判决书。

某大享有优先购买权，该权利不受债权履行状况的影响。

第三百零七条　因共有的不动产或者动产产生的债权债务，在对外关系上，共有人享有连带债权、承担连带债务，但是法律另有规定或者第三人知道共有人不具有连带债权债务关系的除外；在共有人内部关系上，除共有人另有约定外，按份共有人按照份额享有债权、承担债务，共同共有人共同享有债权、承担债务。偿还债务超过自己应当承担份额的按份共有人，有权向其他共有人追偿。

【条文主旨】

本条是关于共同财产产生的对外、对内的债权、债务负担的规定。

【条文理解】

本条相较于《物权法》第102条有文字表述上的变化，将“但”改为“但是”，并无实质性影响。

因共有物产生的债权指的是在第三人对共有物造成损害或者妨害的情况下，共有人对第三人享有的损害赔偿请求权或者排除妨害请求权等。因共有物产生的债务指的是共有物对第三人造成了损害或者妨害而产生的相应责任。例如，共有的建筑物或者其他设施倒塌、坠落害及第三人，因而产生的对第三人的损害赔偿责任。

这里所指的“对外关系”是共有人与其他共有人之外的第三人之间的关系。在对外关系方面，该条未区分按份共有和共同共有，使所有共有人承担连带责任并享有连带债权。其立法理由有两个方面：其一，共有关系一般不具有公示性，第三人很难获知共有人具体的共有关系，故为了保护善意第三人的权益、防止共有人推脱履行义务，而让按份共有人承担债务。其二，共有法律关系的本质属性所决定了连带债务和债权。就按份共有来说，该共有基于共同关系而产生，在该关系存续期间，共有人对共有财产并无确定的份额，共同共有人自应当对外承担连带债务。就按份共有来说，其份额实质上是所有权，其权利抽象地存在于整个共有物之上，而不是仅存在于共有物的某特定部分，因此，按份共有人应当负有连带债务、享有连带债权。

关于共有人的对外关系，本条规定了两个“但书”。其一，某特别法律另有规定共有人之间不享有连带债权或者债务，依照该特别法的规定，不适用本条。其二，第三人知道共有人不具有连带债权债务关系的情况下，不需要共有人承担连带债务或者享有连带债权。因为，这两种情况下不存在需要保护第三人的理由，按份共有人之间按份享有债权、承担债务对各方面都公平，且问题处理一步到位，减少共有人内部进一步追偿的麻烦。

这里所指的“对内关系”是共有人之间的关系。在这方面，首先要看共有人之间有无约定，如果有约定，依照约定处理。如果没有约定，按照本条内容处理。本条规范区分了按份共有和共同共有的不同情形。对于按份共有，按份共有人按照份额享有债权、承担债务。这是由按份共有的性质和特点决定的。另外，如果在外部关系中，部分按份共有人在连带责任下承担了超过自己应当承担份额的债务，其有权向其他共有人追偿，最终实现按份共有的结果。

该条款没有规定共同共有人的追偿权，其理由是共有人不分份额地共同享有债权、承担债务，因此，也不存在共有人之间的追偿问题。但是，共同共有存续期间，虽然共有人之间的份额只是潜在的，并未凸显出来，但并不能据此否认共有人之间的潜在份额的存在。一旦共同共有关系消失，涉及共有物的分割，共有人之间的份额即由潜在转化为显性。那么在共有财产价值不足以清偿全部债务，而某共有人以其个人财产补足清偿时，或者共有人直接选择以其个人财产清偿超过其潜在份额的连带债务时，就不可避免地产生向其他原共有人追偿的问题。

【司法适用】

在司法实践过程中，人民法院在审理共有物造成的债权享有或者债务承担纠纷时，首先要区分判断对内或者对外关系。在对外关系方面，共有人承担连带债务，相应地以享有连带债权为原则，仅在法律另有规定或者共有人另有约定的情况下采例外规则。在对内关系方面，首先审查共有人之间是否存在相关约定，如果有约定，进而审查该约定是否有效和明确；否则，按照本条规定处理。

关于共同共有，本章内容规定比较笼统，没有具体区分由不同的法律关系形成的不同的共同共有的法律内涵。例如，夫妻共有是一种完全意义上的平等关系，而如果视合伙为共同共有的话，合伙关系中的份额将直接影响合伙的利益分配和义务负担。因此，在司法实践过程中，处理共同共有关系，要将本章关于共同共有的规范与《民法典》其他部分关于具体类型的共同共有关系的具体规范相结合，方可正确地适用相关法律。

在司法实践中，虽然本条没有赋予共同共有人以追偿权，但是，共同共有在财产分割时，由原来的共同共有转化为按份共有，其份额由潜在状态转化为显现状态，在某共有人承担了超出其份额的责任后，应当允许其向其他共有人追偿。

第三百零八条　共有人对共有的不动产或者动产没有约定为按份共有或者共同共有，或者约定不明确的，除共有人具有家庭关系等外，视为按份共有。

【条文主旨】

本条款是关于在共有关系性质不明的情况下推定为按份共有的规定。

【条文理解】

共有人之间可以约定对共有物的共有是按份共有还是共同共有。如果约定明确，则应尊重约定。如果共有人没有约定，或者约定不明，则除了共有人之间具有家庭关系外，一律推定为按份共有。这种推定的理由在于，按份共有实际上是单独所有的权的一个亚种，各按份共有人对自己的份额享有相当于单独所有的权利，各个共有人之间的权利义务关系相对比较明确，不容易再次滋生纠纷，有利于共有财产获得最大限度的利用和增值。但是，如果共有人具有家庭关系，那么推定为共同共有。该条款确立了按份共有作为一般共有、共同共有作为特别共有的法律地位。①

另外，本条款中的"家庭关系等"这一"等"字，为新类型的共同共有的产生留出了空间，同时，也悬置了判断共同共有关系的家庭关系这个标尺。该条款的"视为"是法律上推定的结果，可以为共有人之间明确的约定或者其他事实所推翻。

【司法适用】

司法实践中常产生共有人对共有类型有不同认识的情况，针对共有财产，有些人主张共有人间存在按份共有关系，有些人主张共有人间存在共同共有关系。此时，应当审查共有人之间是否存在约定，进而审查该约定是否合法与明确。如果不存在约定，或者约定不明确，则审查共有人之间是否存在家庭成员关系，有此种关系的，认定共有是共同共有，否则认定共有为按份共有。

实践中还存在很多更加具体的问题。例如，婚前购买房屋，并且登记在男女双方名下，由于此时还不存在家庭关系，此时应如何认定其共有类型的问题。依照该条规定，若没有明确约定，则应当属于按份共有关系。但是，考虑到这种情况下的共有关系有其特殊性，双方计划要组建家庭，上海市高级人民法院《关于审理婚姻家庭纠纷若干问题的意见》第 13 条第 2 款规定："夫妻一方婚前出资购置房屋，权利登记在双方名下的，为夫妻双方共有财产。如未约定按份共有，可认定共

---

① 参见王洪亮等主编：《中德私法研究（14）：共同共有》，北京大学出版社 2016 年版，第 34 页。

同共有,但在离婚分割该房产时,出资一方可适当多分。”深圳市中级人民法院《关于婚姻家庭纠纷案件的裁判指引》(2014 年修订)第 26 条作出了类似的规定。可见,在司法实践中,对这种情况还需要进一步明确。

关于合伙关系是按份共有还是共同共有,理论上存在分歧。依照该条款,如果共有人对合伙共有财产的类型没有通过约定予以明确,则该合伙财产应为按份共有财产。①

第三百零九条　按份共有人对共有的不动产或者动产享有的份额,没有约定或者约定不明确的,按照出资额确定;不能确定出资额的,视为等额享有。

【条文主旨】

本条是关于如何确定按份共有人的份额的规定。

【条文理解】

理想的状态下,按份共有人事先约定了对共有物享有权利和承担义务的份额。但是,实践中存在共有人没有约定或者约定不明的情况。针对这种情况,本条认为应当按照出资额确定共有人的份额,并由主张出资额的人承担举证责任。如果当事人不能确定出资额,或者不能举证证明出资额,则视为共有人享有相同的份额。这里的“视为”是在穷尽了合理办法后的无奈的便宜做法。

共有物份额的确定往往与共有物的分割密切相关。在共有物分割过程中,需要确定各共有人的份额。另外,共有份额的确定影响到共有物的处分、重大修缮以及性质或者用途的变更决定的形成,影响共有人之间内部权利义务分配。

【司法适用】

在司法实践过程中,人民法院首先应当审查共有人之间是否存在相关的约定。如果有约定,则依照约定;如果没有约定或者约定不明,则依照本条规定处理,即进一步审查共有人的出资额。经审查,如果出资额明确,则依照出资额的比例确定按份共有人的份额;如果无法确定共有人的出资额,则视为共有人具有相等的份额。该条规范既尊重了共有人的意思自治,又照顾到了出资人的利益,同时也简化了共有人之间份额认定的难题。

实践中存在共有人主张通过分红确定共有份额的情形。如果存在产权登记

---

① 参见最高人民法院(2015)民申字第 936 号民事裁定书。

或者有效的人民法院裁判，则应当以产权登记或者人民法院裁判为依据；如果没有登记或者裁判，则可以考虑共有人的分红比例。

第三百一十条　两个以上组织、个人共同享有用益物权、担保物权的，参照适用本章的有关规定。

【条文主旨】

本条是关于用益物权、担保物权的准共有的规定。

【条文理解】

本条相较于《物权法》第105条有文字表述上变化，将“单位”改为“组织”，将“参照本章规定”改为“参照适用本章的有关规定”，使条文表达更精确、更符合逻辑。

“共有”的本来含义是两个或者两个以上的主体共同享有一个所有权。实践中，存在自然人、法人或者其他组织共同享有所有权以外的其他权利的情况。例如，多个主体共同享有用益物权，多个主体共同享有担保物权。为了减少立法重复，法律规定对这些财产权利的共有参照适用本章有关规定。这就是理论上所讲的准共有。准共有是两个或者两个以上主体按份共有或共同共有所有权以外的财产权的一种法律关系。依照《物权法》规定，准共有仅适用于所有权以外的用益物权和担保物权，明显排除了物权之外的其他财产权利。《物权法》条款适用准物权权利内容狭隘，造成了大量关于其他财产权利的共有关系得不到调整的现实困境。针对这一困境，物权编征求意见稿第105条规定“两个以上组织、个人共同享有所有权以外的财产权利的，参照本章规定”，将准共有的适用范围扩展至包括用益物权和担保物权之外的所有财产权。但是，最后颁布的《民法典》沿用了《物权法》表达，没有作出调整。

【司法适用】

对于用益物权的共有和担保物权的共有，司法实践同样要区分按份共有和共同共有。对于该问题，要视形成共有的具体的基础法律关系而定。如果该共有基于家庭关系、夫妻关系或者继承关系等产生的，则应当参照适用共同共有的法律规范，相反则参照适用按份共有的有关规范。从司法实践看，用益物权和担保物权之外的诸如矿业权、渔业权、水权等准物权，以及债权、专利权、商标权和著作权、债权、股权等财产权的共有，也可以参照本章的规定。

第九章　所有权取得的特别规定

关于所有权的取得，本编第2章作出了原则性规定，即不动产的取得以登记为准，动产的取得以交付为准。本章"所有权取得的特别规定"，针对的是三种所有权取得的特殊情形：一是善意取得；二是遗失物（包括漂流物、埋藏物和隐藏物）和从物的归属；三是孳息和添附物的归属。本编规定较之《物权法》的相关规定，增加了关于孳息和添附物归属的内容，完善了所有权取得制度。立法中的争议问题有三个：其一，是禁止占有脱离物的善意取得，还是有限制地允许其善意取得？其二，盗赃物是否应当纳入善意取得的范围？其三，关于遗失物的归属，立法应采纳"拾得人取得主义"、"公法人取得主义"还是"拾得人不完全取得主义"？关于第一个问题，本章仍延续《物权法》的立法立场，规定占有委托物可善意取得，占有脱离物也可以善意取得，但要受到法律的限制。只有物的原所有权人选择向无处分权人请求损害赔偿时，方可成就善意取得。关于第二个问题，本章仍然没有将盗赃物纳入善意取得的范围，按照法无禁止即为自由的民法理念以及相关司法解释①，其实质是并不否认盗赃物的善意取得。关于第三个问题，多数学者从《物权法》出台时直到民法典草案交付表决通过前，多次主张采"拾得人取得主义"更为理性，因为该主义能够鼓励拾得人尽心尽力为失主考虑，达到物尽其用的立法目的。最终立法仍延续《物权法》的立法立场，采"公法人取得主义"，规定无人认领的遗失物归国家所有，但是将公告招领期从原来的半年延长至一年，加大了对所有权保护的力度。

① 参见2014年10月30日发布的最高人民法院《关于刑事裁判涉财产部分执行的若干规定》第11条第2款："第三人善意取得涉案财物的，执行程序中不予追缴。作为原所有人的被害人对该涉案财物主张权利的，人民法院应当告知其通过诉讼程序处理。"

第三百一十一条　无处分权人将不动产或者动产转让给受让人的，所有权人有权追回；除法律另有规定外，符合下列情形的，受让人取得该不动产或者动产的所有权：

（一）受让人受让该不动产或者动产时是善意；

（二）以合理的价格转让；

（三）转让的不动产或者动产依照法律规定应当登记的已经登记，不需要登记的已经交付给受让人。

受让人依据前款规定取得不动产或者动产的所有权的，原所有权人有权向无处分权人请求损害赔偿。

当事人善意取得其他物权的，参照适用前两款规定。

【条文主旨】

本条是关于动产及不动产善意取得的规定。

【条文理解】

与《物权法》第106条相比，本条删除了第1款第1项“善意”后的“的”；将第2款的“依照”改为“依据”，将“赔偿损失”改为“损害赔偿”。

本条第1款是对善意取得的直接规定。善意取得是指无处分权人将不动产或动产转让给受让人，受让人以获得财产所有权为目的，善意并支付合理对价，且符合所有权转移的公示要件，从而取得该动产或不动产所有权的取得方式。善意取得的特别之处在于，无处分权人处分财产，却能使受让人取得该物的所有权。这一立法不是对所有权制度的背离，而是基于保护交易安全、贯彻公示公信原则的考虑，对所有权取得的特别方式的一种保护。依法律规定，无处分权人转让物本不发生所有权转移的法律后果，但是如果满足以下条件，就发生所有权转移的法律后果：

第一，受让人受让该不动产或者动产时是善意的。此处善意是指受让人在接受动产或不动产转让时，不知道也不应当知道处分人没有处分权，同时受让的动产或不动产非法律不允许转让的限制流通物。如果所转让的动产或不动产是法律不允许转让的限制流通物，则转让行为会因违反法律的禁止性规定而无效，不发生所有权转移的法律后果。

第二，以合理的价格转让。善意取得务必出于有偿转让，包括买卖、互换、债务清偿等有偿法律行为；若是赠与等无偿行为则不构成善意取得。所谓合理的价格，是指转让价格不能严重偏离市场公允的价格，尤其不能明显低于市场公允价格。只要双方约定的转让价格合理,即便受让人尚未支付或者尚未完全支付,也不影响此条件的成立。

第三,转让的不动产或者动产,依照法律规定应当登记的已经登记,不需要登记的已经交付给受让人。善意取得虽然作为所有权取得方式有其特别之处,但是不可违背所有权转移的公示原则,要求动产务必已经交付给受让人,不动产务必已经办理了所有权转移登记,法律规定应当登记的动产也必须已经办理了所有权转移登记。

本条第 2 款是对善意取得成就后,对原所有权人的救济和无处分权人责任的规定。善意取得中,原所有权人非基于自己的意思而丧失了物的所有权,其直接原因就是无处分权人的处分行为,无处分权人应当向原所有权人承担民事责任。善意取得使受让人取得物的所有权,对于原所有权人而言,不得请求无处分权人返还原物,只能请求其承担赔偿损失的侵权责任。

本条第 3 款规定的是善意取得其他物权时,可以参照适用前两款的规定。比如,《担保法司法解释》第 84 条规定:"出质人以其不具有所有权但合法占有的动产出质的,不知出质人无处分权的质权人行使质权后,因此给动产所有人造成损失的,由出质人承担赔偿责任。"其中出质人为无处分权人,质权人即为善意取得人,善意取得的是动产质权。

【司法适用】

在司法实践中,关于善意取得,应当注意以下五个问题。第一,对没有处分权的认定。实践中,没有处分权的情形包括:(1)处分人不享有物的所有权而进行处分,比如借用人、承租人、修理人或承揽人等将自己占有的他人的物进行处分;(2)处分不享有全部所有权的物,比如夫妻一方擅自处分夫妻共有房屋的行为;(3)所有权未成就时,准所有权人所为的处分,比如在所有权保留买卖中,买受人在尚未支付完所有价金而获得物的所有权时所为的处分。此外,代理人滥用代理权擅自处分被代理人的财产时,如构成表见代理,则成就受让人的善意取得,如不构成表见代理,则不成就受让人的善意取得。第二,善意的认定、善意的判断时间和举证责任问题。此问题可参照《物权法司法解释(一)》第 15 条、第 16 条、第 17 条、第 18 条的规定。第三,合理价格的确定问题。民法上所谓合理,往往指符合一般理性人的观念。善意取得中的合理价格宜理解为市场公允的价格。《物权法司法解释(一)》第 19 条规定:"物权法第一百零六条第一款第二项所称'合理的价格',应当根据转让标的物的性质、数量以及付款方式等具体情况,参考转让时交易地市场价格以及交易习惯等因素综合认定。"此规定明确了确定合理价格应考虑的因素。在此问题上也可以同时参考《合同法司法解释(二)》第 19 条:"对于合同法

第七十四条规定的'明显不合理的低价'，人民法院应当以交易当地一般经营者的判断，并参考交易当时交易地的物价部门指导价或者市场交易价，结合其他相关因素综合考虑予以确认。转让价格达不到交易时交易地的指导价或者市场交易价百分之七十的，一般可以视为明显不合理的低价；对转让价格高于当地指导价或者市场交易价百分之三十的，一般可以视为明显不合理的高价。债务人以明显不合理的高价收购他人财产，人民法院可以根据债权人的申请，参照合同法第七十四条的规定予以撤销。"此条款对合理价格的界定更加具体、更具有可操作性。第四，登记的理解问题。本条中的不动产登记，是指不动产的过户登记。其中不包括预告登记，因为法律只赋予预告登记以阻却未经预告登记权利人同意处分不动产的物权效力，没有赋予预告登记以转移所有权的功能。按本编相关规定，应当登记的动产未经登记不得对抗第三人，并非不发生物权效力。故《物权法司法解释（一）》第20条规定："转让人将物权法第二十四条规定的船舶、航空器和机动车等交付给受让人的，应当认定符合物权法第一百零六条第一款第三项规定的善意取得的条件。"第五，善意取得制度适用的排除。《物权法司法解释（一）》第21条规定："具有下列情形之一，受让人主张根据物权法第一百零六条规定取得所有权的，不予支持：（一）转让合同因违反合同法第五十二条规定被认定无效；（二）转让合同因受让人存在欺诈、胁迫或者乘人之危等法定事由被撤销。"

【司法案例】

宋某华与方某甲等房屋买卖合同纠纷上诉案①

诉讼结论：一审判决被告方某甲构成善意取得，驳回原告诉讼请求。二审判决：驳回上诉，维持原判。

法院认为：二审法院认为，本案双方争议的焦点是被上诉人方某甲取得讼争房产时是否为善意取得。本案被上诉人方某乙委托第三人将房产转让给被上诉人方某甲时，两被上诉人间无直接的意思联络，上诉人亦无证据证明被上诉人方某甲受让时是恶意的，房屋转让价格合理，且已办理房屋过户登记，故可以认定被上诉人方某甲受让房产是善意的。

① 参见浙江省衢州市中级人民法院（2008）衢中民一终字第375号民事判决书。

第三百一十二条　所有权人或者其他权利人有权追回遗失物。该遗失物通过转让被他人占有的，权利人有权向无处分权人请求损害赔偿，或者自知道或者应当知道受让人之日起二年内向受让人请求返还原物；但是，受让人通过拍卖或者向具有经营资格的经营者购得该遗失物的，权利人请求返还原物时应当支付受让人所付的费用。权利人向受让人支付所付费用后，有权向无处分权人追偿。

【条文主旨】

本条是关于遗失物处理的规定。

【条文理解】

本条规定对遗失物的处理包含两方面的内容，一是所有权人或者其他权利人有权向拾得人等无处分权人追回遗失物，二是在无处分权人将遗失物转让给他人时，所有权人或者其他权利人可选择向无处分权人请求损害赔偿，或者在法定期间内向受让人请求返还原物，特定情况下还须补偿受让人支付的费用。本条相较于《物权法》第107条有文字表述上的变化，将"但"改为"但是，"，将"但是"之前的"，"改为"；"，并无实质性影响。

享有追回遗失物权利的主体有两类，一类是享有占有、使用、收益和处分四项权能的所有权人；另一类是虽不完全享有四项权能，但至少享有占有权的权利人。按照动产物权的公示公信原则，可推定占有人为物的所有权人。在物被遗失后，占有人与所有权人一样享有损害赔偿请求权或返还原物请求权。损害赔偿请求权的基础是无处分权人擅自处分他人物的侵权行为，返还原物请求权的基础是占有脱离物的原所有权人选择返还原物，且自知道或者应当知道受让人之日起不超过两年时间。通说认为，能够追回的遗失物限于货币或者无记名有价证券以外的物。如果遗失物是货币或无记名有价证券，被遗失时就丧失了所有权，原所有权人无权要求受让人返还原物，而只能向无处分权人请求损害赔偿。另外，如果受让人不是从无处分权人处购得该遗失物，而是从拍卖机构或者其他有经营资格的经营者购得遗失物的，因受让人不存在应受非难的事由，因此权利人在请求返还原物时，应支付受让人所付的费用。但此费用的产生完全是无处分权人的行为所致，故原所有权人可就此费用向无处分权人追偿。非所有人的占有，可以分为占有委托物和占有脱离物。占有委托物是指出于所有权的意思将自己的物交由他人占有，例如依租赁合同所有权人将自己的物交由承租人占有；占有脱离物是指非依所有权人的意思而致所有物脱离所有人的控制，被他人占有，主要指遗失物和盗赃物。本条中,在原所有权人选择向无处分权人请求损害赔偿,受让人对转让人无处分权不知情,且支付了合理的价金的情况下,可以理解为受让人善意取得该遗失物。故从本条款这层含义上看,对于遗失物这种占有脱离物,是有条件认可善意取得的。

【司法适用】

在适用本条时应当注意以下问题。第一,在行使追回权时,所有权人或者其他权利人有义务证明自己是遗失物的所有人或者占有人、管理人等对遗失物享有合法权利的人。第二,本条中的转让,包括有偿转让和无偿转让,也包括数次转让,但是权利人行使损害赔偿请求权的对象只能是无处分权人,包括拾得人和此后转让过程中的所有未依法取得遗失物所有权的转让人。第三,对于权利人而言,返还原物请求权和损害赔偿请求权只能择其一行使。在选择行使返还原物请求权时,权利人应受到"自知道或者应当知道受让人之日起二年内向受让人请求返还原物"的限制。如果受让人是通过拍卖或者从具有经营资格的经营者处购得该遗失物的,则权利人请求返还原物时应当支付受让人所付的费用。第四,权利人的返还原物请求权和损害赔偿请求权是否受诉讼时效的限制,应区别对待遗失物只能是动产,根据《民法典》"总则编"第 196 条第 2 项的规定,不动产物权和登记的动产物权的权利人请求返还财产不适用诉讼时效,唯有登记的动产在请求返还时不适用诉讼时效。故本条中返还原物请求权是否适用诉讼时效,应区别对待:请求返还不需要登记的动产遗失物的,适用诉讼时效的规定;请求返还需要登记的动产遗失物的,不适用诉讼时效的规定。但是由于本条中规定了二年的除斥期间,也就没有诉讼时效适用的余地了。至于权利人向无处分权人行使的损害赔偿请求权,当然应当适用诉讼时效。

第三百一十三条　善意受让人取得动产后,该动产上的原有权利消灭。但是,善意受让人在受让时知道或者应当知道该权利的除外。

【条文主旨】

本条是关于善意取得的动产上原有权利消灭或存留的规定。

【条文理解】

本条相较于《物权法》第 108 条有文字表述上的变化,将"但"改为"但是,",将"但是"之前的","改成"。",并无实质性影响。

本条中的"原有权利",从逻辑上讲应当包括所有权和其他定限物权,但在本条中仅指所有权以外的定限物权。根据“一物一权”原则,同一物上不能存在两个相同的物权。故在善意受让人取得动产所有权后,原权利人在该物上的所有权归于消灭。值得探讨的是,导致原权利人所有权消灭的直接原因是什么。民法上所有权取得的方式可按照取得所有权是否以他人的所有权及意思为基础,分为原始取得和继受取得。原始取得,是指不以他人的所有权及意思为依据,而是依据法律的直接规定取得所有权,比如先占、依取得时效取得物的所有权。继受取得,是指以他人的所有权及意思为依据取得所有权,比如因买卖、赠与取得物的所有权。善意取得中无处分权人不享有所有权,善意取得人也不是依据原所有权人的所有权及意思而取得物权,其取得物权的直接依据是法律规定,因此善意取得为原始取得。本条明确了,善意取得动产成立后,该动产上的原所有权及定限物权一并消灭。但是对于所有权以外的定限物权,例如抵押权,如果受让人在接受物的转让时,知道或者应当知道该动产上已经设定了第三人享有的抵押权并愿意接受转让的,那么在该受让人善意取得动产后,该抵押权继续存在。

【司法适用】

司法实践中,只要动产善意取得成立,则该动产上原所有权人的所有权及所有权以外的其他物权当然消灭。受让动产上设定有其他定限物权的情形,有可能是原所有权人与第三人设定,也有可能是无处分权人与第三人设定。无论是哪种情形,该定限物权必须是符合法律规定而成立的有效物权。在转让时,如果无处分权人向受让人披露了第三人定限物权存在的事实,则双方务必会在合理价格范围内降低转让价格,以使受让人接受让与。在此情形下,受让人是自愿接受上述转让前已成立物权的约束,因此在其取得该动产所有权后,上述物权当然应继续存在。如果在转让时,无处分权人未向受让人披露第三人定限物权存在的事实,但客观事实证明受让人应当知道定限物权存在并自愿接受让与的,则其善意取得该动产所有权后,上述定限物权继续存在。如果在转让时,受让人不知道也不应当知道已设定的定限物权的存在,则该定限物权无效。证明受让人知道或应当知道定限物权存在的举证责任,应由定限物权人承担。

【司法案例】

甲公司为与被告孔某光、第三人刘某招买卖合同纠纷案①

诉讼结论:被告孔某光虽占有两台电脑注塑机,但其明知所有权保留的事实,故不构成善意取得,法院判决被告孔某光返还两台电脑注塑机。

---

① 参见浙江省温州市龙湾区人民法院(2015)温龙商初字第135号民事判决书。

法院认为：善意受让人取得动产后，该动产上的原有权利消灭，但善意受让人在受让时知道或者应当知道该权利的除外。根据这一规定，本案被告孔某光"知道或者应当知道原出卖人存在所有权保留"，故其不构成善意取得。

第三百一十四条　拾得遗失物，应当返还权利人。拾得人应当及时通知权利人领取，或者送交公安等有关部门。

【条文主旨】

本条是关于遗失物拾得人返还、通知或送交义务的规定。

【条文理解】

遗失物是指非基于所有权人或占有人的意思而丧失占有，但不为任何人占有的物。遗失物只能是动产，不动产不存在遗失的问题。遗失物不是无主财产，只不过是所有权人或占有人丧失了对物的占有，不为任何人占有的物。遗失物不同于遗忘物，遗忘物是指所有权人或占有人由于遗忘落于某处而丧失占有、同时被他人占有的物；而遗失物在权利人因遗失而丧失占有之后至拾得人拾得之前，处于无人占有的状态。另外，遗失物也不同于抛弃物，抛弃是以消灭物权为目的的单方法律行为，遗失则是一种非基于权利人意思而丧失占有的事实行为。拾得遗失物是指拾得人发现遗失物并占有的事实。

遗失物拾得人的基本义务就是将拾得物返还给权利人。在拾得人知道权利人是谁的情况下，应当及时通知权利人领取；在拾得人不知权利人是谁的情况下，如果有更方便找到权利人的部门，可交由该部门返还给权利人，如果没有，则可交由公安机关寻找失主并予以返还。

【司法适用】

实践中，无民事行为能力或限制民事行为能力人拾得遗失物的，不影响其成为本条中的拾得人，其依法承担的返还、通知或送交义务，应由其监护人承担。若无民事行为能力或限制民事行为能力人将物抛弃，因其欠缺意思能力，故不成立所有权的抛弃，而只是丧失占有，使物成为遗失物。但是，所有人为了安全的目的或者其他考虑，将物品埋藏于土地之中或放置于一定的隐秘场所，这时所有人并没有丧失对物的占有，因此该物品并不是遗失物，但如果时日长久，所有人忘记其所埋藏物的所在，则该物品为遗失物；若其忘记埋藏物一事，则该物品为埋藏物或隐藏物。关于失散的饲养动物是否为遗失物，德国民法采肯定的立场，认其为遗失物，日本民法通说则认其为准遗失物。《民法通则》第 79 条规定："所有人不明的埋藏物、隐藏物，归国家所有。接收单位应当对上缴的单位或者个人，给予表扬或者物质奖励。拾得遗失物、漂流物或者失散的饲养动物，应当归还失主，因此而支出的费用由失主偿还。”这一规定将遗失物与失散的饲养动物并列规定，显然是肯定失散的动物为遗失物。我们认为，本条虽未将失散的动物明确规定为遗失物，但在理解上应认其为遗失物。

第三百一十五条　有关部门收到遗失物，知道权利人的，应当及时通知其领取；不知道的，应当及时发布招领公告。

【条文主旨】

本条是关于接受遗失物的有关部门通知领取和发布招领公告义务的规定。

【条文理解】

本条规定的有关部门是指最容易找到失主的部门，比如在某商场拾得遗失物的，拾得人可以将拾得物交给商场的管理部门，该部门可以及时通过商场播音系统以播音方式寻找失主，这样更容易找到失主，便于及时将遗失物返还给失主。这里的有关部门当然包括公安机关。在没有更好的便于寻找失主的部门存在的情况下，最佳的选择就是将拾得物交给公安机关了。毕竟公安机关具备最强的查找遗失物由来、失主线索等的设施和手段，公安机关优于任何其他国家机关、企事业单位去找到失主或在尽可能大的范围发布招领公告，以完成返还遗失物给权利人的义务。这里所谓及时，就是指不耽延，在不影响有关部门正常工作的情况下，尽快地通知或发布招领公告。至于招领公告的方式，可以为语音播报公告、网络平台公告、通过报纸杂志发布公告、在公共场所张贴公告等方式。至于公告的内容，一般应当包括拾得遗失物的时间、地点、遗失物的外部特征、遗失物保管的费用、公告期满（一年）无人认领的法律后果、认领的地点、发布公告的部门、负责受理认领的联系人、联系电话等内容。

【司法适用】

包括公安机关在内的有关部门应当是值得信赖的，但不排除实践中由于有关部门忙于本部门的工作和事务，怠于履行法律为其设定的通知权利人领回遗失物或发布招领公告的义务。本条没有规定有关部门怠于行使上述义务的法律责任。我们认为，有关部门怠于行使上述义务的，遗失物并不必然归国家所有，权利人自知道或应当知道该部门收到遗失物之日起，可以请求该部门返还遗失物，如该部门拒不返还，则权利人可以向人民法院起诉请求返还，由此给权利人造成损失的，应承担赔偿损失的民事责任。同时，可以通过司法解释规定，有关部门应当建立遗失物受理返还公告制度，规定遗失物的拾得人将遗失物送交公安等有关部门时，有权要求该部门出具收到遗失物的收条；相关部门应当建立受理遗失物登记制度，登记遗失物收到的时间、状况和认领等情况；相关部门应当在找不到失主之日起一定时间内（建议7日内）发布招领公告，以确保失主的合法权益。

第三百一十六条　拾得人在遗失物送交有关部门前，有关部门在遗失物被领取前，应当妥善保管遗失物。因故意或者重大过失致使遗失物毁损、灭失的，应当承担民事责任。

【条文主旨】

本条是关于拾得人及有关部门妥善保管遗失物义务的规定。

【条文理解】

本条规定了拾得人和有关部门两个主体的妥善保管遗失物的义务。拾得人的妥善保管义务始于拾得之时，终于返还给权利人或送交给有关部门之日；有关部门的妥善保管义务始于接受拾得人送交遗失物之时，终于将遗失物（包括变现之后）上缴国库或者权利人领取遗失物之日。妥善保管的义务，不仅见之于无因管理、提存，而且在包括仓储保管合同在内的许多合同中都比较常见。妥善保管义务是指义务人应当按照物的特性采取相应的合理方式和手段进行保管，避免发生毁损、灭失的后果。本条没有规定在遗失物是鲜活物或其他不宜保存的物时应如何处理。《提存公证规则》第19条规定："公证处有保管提存标的物的权利和义务。公证处应当采取适当的方法妥善保管提存标的，以防毁损、变质或灭失。对不宜保存的、提存受领人到期不领取或超过保管期限的提存物品，公证处可以拍卖，保存其价款。"但是由于拾得人往往是自然人个人，缺乏相应的监督机制，不应许可其处置不宜保管的遗失物。而有关部门，尤其是公安机关，本身就有完备监督机制，在处置不宜保管的遗失物方面，也可发挥其监督作用，从而确保对遗失物是否不宜保管判断的客观性以及拍卖变卖价格的公正性，以保证遗失物品的权利人的权利不受损害。所以，允许公安机关等部门拍卖、变卖不宜保管的遗失物，保管现金，用来返还权利人，最大限度地保护权利人的合法权益。因拾得遗失物是一种事实行为，一种完全不是出于拾得人主观意愿的客观事实。拾得人及有关部门妥善保管遗失物，并想方设法返还给权利人，是值得肯定的一种社会积极行为，但这无疑额外增加了他们的负担，因此法律规定拾得人及有关部门妥善保管义务时，不宜过分苛责。故拾得人及有关部门只有当因故意或重大过失导致遗失物毁损、灭失时，才承担民事责任。如果仅因一般过失导致遗失物损毁、灭失，则拾得人及有关部门不应承担民事责任。

【司法适用】

实践中判断是否毁损的标准，应以拾得人拾得遗失物时的动机和目的不同而有所不同。如果拾得人以贪利为动机，以将拾得物据为己有为目的，则以权利人遗失时物的状态为标准来判断遗失物是否毁损；如果拾得人以助人为动机，以返还拾得物为目的，则以拾得人拾得遗失物时的状态为标准来判断遗失物是否毁损。如前所述，有关部门应当建立遗失物受理返还公告制度，对拾得人送交的遗失物的状态进行登记，拾得人在送交遗失物时也有权要求有关部门登记遗失物状态并给自己出具收条，以此划分遗失物毁损及灭失的责任界限。

【司法案例】

崔某芳、过某江物权保护纠纷上诉案①

诉讼结论：法院判决被上诉人过某江扔掉钻戒行为具有重大过失，判决被上诉人增加赔偿金额为钻戒二分之一的价值，上诉人崔某芳因未尽到保管自己钻戒的义务，自己承担钻戒1/2的损失。

法院认为：崔某芳疏于保管，对其后果应承担一定的责任，但拾得人拾得遗失物的，也应予以保管并主动寻找归还失主。现过某江称将另一枚戒指丢弃而无法返还，则其应当承担相应赔偿责任。

第三百一十七条　权利人领取遗失物时，应当向拾得人或者有关部门支付保管遗失物等支出的必要费用。

权利人悬赏寻找遗失物的，领取遗失物时应当按照承诺履行义务。

拾得人侵占遗失物的，无权请求保管遗失物等支出的费用，也无权请求权利人按照承诺履行义务。

【条文主旨】

本条是关于权利人在领取遗失物时应尽义务的规定。

---

① 参见浙江省杭州市中级人民法院(2017)浙01民终5090号民事判决书。

【条文理解】

拾得人或有关部门在拾得遗失物或者接受送交的遗失物以后,法律规定其负有保管的义务。保管或者保存,是需要付出一定的时间和精力的,往往会产生一定的费用。另外,拾得人或有关部门在寻找权利人或者发布招领公告的过程中,也会产生一定的费用。上述费用均是为了维护权利人合法权益的开支,因此权利人在领取遗失物时应当向拾得人或者有关部门支付上述费用。拾得人或有关部门享有上述费用的偿还请求权。依法理,如果领取人拒不支付上述费用,拾得人或有关部门可以留置遗失物,经过一定期间,权利人仍拒绝支付上述费用的,拾得人或有关部门可以将留置物拍卖或变卖,并以拍卖或变卖所得优先受偿其支付的保管费等费用。《德国民法典》第 972 条就规定,拾得人可基于费用偿还请求权与报酬请求权对遗失物实施留置。本条中规定的"必要费用",应理解为妥善保管遗失物、寻找权利人、发布招领公告应当支付的合理费用,即按公允的市场价格计算的费用。在判断费用是否必要的问题时,不可对拾得人或有关部门过于苛责。因为我国立法并未采纳拾得人可向权利人请求支付报酬的立法建议,而是弘扬中华民族的传统美德,鼓励拾得人及有关部门妥善保管遗失物并想方设法找到权利人返还遗失物。应当充分信任这些具备崇高道德品质的人所付出的遗失物保管等费用是合理的、必要的。但如有充分证据证明拾得人或有关部门故意支付不合理费用,无端造成权利人损失,则对于超出合理费用以外的费用,领取人可以拒绝负担。

权利人发布悬赏公告寻找遗失物,承诺若遗失物找到,则给拾得人一定金钱或报酬的,应当除支付保管遗失物等必要费用以外,兑现自己的承诺。对于悬赏广告,我国立法没有作正面规定。学界对此有不同的理解,一种观点认为,悬赏广告是单方允诺,即发布广告一方单方承诺不特定任何人完成一定行为即支付一定酬金,形成单方行为之债;另一种观点认为,悬赏广告是一种契约,悬赏广告本身就是向不特定人发出的要约,某人按照广告完成指定行为就是承诺,同时契约成就并生效,发布悬赏广告一方应依生效合同向完成一定行为的一方支付承诺的报酬。悬赏广告的性质在所不论,权利人承诺悬赏寻找遗失物、支付酬金的,在领取遗失物时应当按照承诺履行义务。《合同法司法解释(二)》第 3 条规定:"悬赏人以公开方式声明对完成一定行为的人支付报酬,完成特定行为的人请求悬赏人支付报酬的,人民法院依法予以支持。但悬赏有合同法第五十二条规定情形的除外。"此规定实质上是认可悬赏广告为契约的观点。应当注意的是,如果悬赏广告无效或者依法被撤销,则完成特定行为的人无权得到悬赏广告中规定的报酬。

如果拾得人拾得遗失物的动机是贪利，其目的是将遗失物据为己有，尽管其尽到妥善保管的义务，并且为此支付了相应的费用，但因其行为目的并非为权利人的利益考虑，而是为了谋取不法利益。因此拾得人被追索交出遗失物的，丧失遗失物保管费用请求权；即使权利人悬赏寻找遗失物，拾得人被动交出遗失物的，也无权请求权利人按照承诺履行义务。不仅如此，侵占他人的遗失物拒不返还还涉嫌构成侵占罪，面临被追究刑事责任的后果。

【司法适用】

立法虽未直接规定在权利人拒绝支付遗失物保管费等费用时，拾得人或有关部门可以行使留置权，但在司法实践中法院应当依据本编规定，支持拾得人或有关部门行使留置权。拾得人或有关部门因故意或重大过失致使遗失物毁损、灭失的，权利人可以拾得人或有关部门应负担的损失赔偿费用抵销自己应付的遗失物保管费等费用。

悬赏寻找遗失物的，要审查悬赏承诺内容有无违反法律、行政法规的强制性、效力性规定或者公序良俗而无效的情形，如果有，则悬赏承诺因无效而不发生相应的法律后果。同样，权利人在领取遗失物时拒绝按照承诺履行义务的，法院亦应当依据本编相关规定，支持拾得人或有关部门行使留置权。值得讨论的一个问题是，如果拾得人在将遗失物送交有关部门后发现悬赏广告，悬赏金究竟应当支付给拾得人还是有关部门。我们认为，悬赏承诺支付一定金钱或报酬往往是针对拾得人的，拾得人将遗失物送交有关部门，并非放弃悬赏金，而是更加希望通过有关部门找到权利人并予以返还，因此拾得人并不因将遗失物送交有关部门而丧失悬赏金的支付请求权。有关部门只享有遗失物保管费、招领公告费等费用的偿还请求权，而不享有悬赏金的支付请求权。

在判断是否侵占遗失物的问题时，要从开始寻找失主或者送交有关部门的时间、是否公开拾得遗失物的信息、是否开始使用遗失物等方面综合考量。如果拾得人拾得遗失物后因自身事务繁忙，没有及时寻找失主或将遗失物送交有关部门，但是不避讳对外公开拾得遗失物的信息，并且妥善保管遗失物，待自己事务完结后积极寻找失主或将遗失物送交有关部门，则不能认定为侵占。如果拾得遗失物以后，对拾得遗失物信息三缄其口或矢口否认，没有任何寻找失主或送交有关部门的迹象，甚至对外宣称遗失物系自己所有，并以所有者的身份对遗失物加以使用，则足以认定拾得人侵占遗失物。另外，当权利人或公权力机关要求拾得人返还遗失物时，拾得人拒绝返还的，是典型的侵占遗失物。

第三百一十八条　遗失物自发布招领公告之日起一年内无人认领的，归国家所有。

【条文主旨】

本条是关于公告期满无人认领遗失物归属的规定。

【条文理解】

关于无人认领的遗失物的归属问题，有学者认为，通过比较拾得人取得主义、公法人取得主义、拾得人不完全取得主义几种方案，从鼓励拾得人尽力帮助失主与贯彻物尽其用原则之立场考量，拾得人取得主义似乎更有合理性。[①] 但是我国立法没有采纳这种主张，仍然规定无人认领的遗失物归国家所有。该条规定的招领公告的发布者是公安等有关部门。有关部门在接到拾得人送交的遗失物后，有义务尽快寻找失主将遗失物返还，也可以将遗失物放在失物招领处，待失主认领。如果不能找到失主，遗失物也无人认领，有关部门就要依法及时发布招领公告，自招领公告发布之日起一年无人认领的，遗失物归国家所有。公安等有关部门可以将遗失物变卖、拍卖，将变卖、拍卖的价款上缴国库。《物权法》第 113 条规定："遗失物自发布招领公告之日起六个月内无人认领的，归国家所有。"而本条将 6 个月改为 1 年。从 6 个月延长至 1 年，是延长对权利人权利的保护期，加大了对私权利保护的力度。

【司法适用】

本条在适用时值得探讨的问题是：招领公告一年期满，遗失物归国家所有以后，权利人是否可以请求返还原物或给予适当补偿？《民事诉讼法》第 193 条规定，判决认定财产无主后，原财产所有人或者继承人出现，在民法通则规定的诉讼时效期间可以对财产提出请求，人民法院审查属实后，应当作出新判决，撤销原判决。也就是说，即便是一年的公告期期满了，只要真正的权利人出现并主张自己的权利，人民法院就应作出新判决，撤销原判决，将无主财产返还给权利人。如果遗失物归国家所有以后，权利人出现并主张权利，则可以参照上述法律规定，解决公告期满后权利人又出现的权利救济问题。

① 参见李昊：《遗失物归属问题研究》，知识产权出版社 2013 年版，第 2 页。

第三百一十九条　拾得漂流物、发现埋藏物或者隐藏物的，参照适用拾得遗失物的有关规定。法律另有规定的，依照其规定。

【条文主旨】

本条是关于拾得漂流物、发现埋藏物或者隐藏物准用拾得遗失物法律规定的规定。

【条文理解】

本条较之《物权法》第 114 条修改的地方是，在第一句的“参照”后增加“适用”二字，将第二句话“文物保护法等法律另有规定的，依照其规定”改为“法律另有规定的，依照其规定”。这一改动，主要是考虑对拾得漂流物、发现埋藏物或者隐藏物的归属另有规定的法律，除了《文物保护法》以外，还有其他的法律。但把本条与《民法通则》相应的规定相比较，就会发现本条规定的漂流物、埋藏物或者隐藏物没有区分所有人明确的漂流物、埋藏物和隐藏物与所有人不明的漂流物、埋藏物和隐藏物。《民法通则》第 79 条规定：“所有人不明的埋藏物、隐藏物，归国家所有。接收单位应当对上缴的单位或者个人，给予表扬或者物质奖励。拾得遗失物、漂流物或者失散的饲养动物，应当归还失主，因此而支出的费用由失主偿还。”《民通意见》第 93 条规定：“公民、法人对于挖掘、发现的埋藏物、隐藏物，如果能够证明属其所有，而且根据现行的法律、政策又可以归其所有的，应当予以保护。”上述条文及解释明确了一个问题，即无论是漂流物、埋藏物还是隐藏物，均是所有人不明的才归国家所有，如果有明确的权利人，根据现行的法律、政策又可以归其所有的，则应当保护权利人对漂流物、埋藏物和隐藏物的所有权。本条虽未区分所有权明确的漂流物、埋藏物和隐藏物与所有权不明的漂流物、埋藏物和隐藏物，但是规定拾得漂流物、发现埋藏物或者隐藏物准用拾得遗失物的法律规定，而在关于遗失物归属的法律规定中，已经对遗失物的权利人的权利保护作出了充分规定，所以在此没有必要再重申《民法通则》的相关规定。《文物保护法》第 5 条规定：“中华人民共和国境内地下、内水和领海中遗存的一切文物，属于国家所有。古文化遗址、古墓葬、石窟寺属于国家所有。国家指定保护的纪念建筑物、古建筑、石刻、壁画、近代现代代表性建筑等不可移动文物，除国家另有规定的以外，属于国家所有。国有不可移动文物的所有权不因其所依附的土地所有权或者使用权的改变而改变。下列可移动文物，属于国家所有：（一）中国境内出土的文物，国家另有规定的除外；（二）国有文物收藏单位以及其他国家机关、部队和国有企业、事业组织等收藏、保管的文物；（三）国家征集、购买的文物；（四）公民、法人和其他组织捐赠给国家的文物;(五)法律规定属于国家所有的其他文物。属于国家所有的可移动文物的所有权不因其保管、收藏单位的终止或者变更而改变。国有文物所有权受法律保护,不容侵犯。"《河道管理条例》第 33 条规定:"在河道中流放竹木,不得影响行洪、航运和水工程安全,并服从当地河道主管机关的安全管理。在汛期,河道主管机关有权对河道上的竹木和其他漂流物进行紧急处置。"《城镇国有土地使用权出让和转让暂行条例》第 2 条第 1 款规定:"国家按照所有权与使用权分离的原则,实行城镇国有土地使用权出让、转让制度,但地下资源、埋藏物和市政公用设施除外。"上述规定不同于本条对漂流物、埋藏物和隐藏物的规定,依法应优先于本条适用。

【司法适用】

拾得漂流物与拾得遗失物一样,首先应当寻找失主,将漂流物归还给权利人,因保管漂流物所支出的费用由遗失漂流物的权利人承担。埋藏物是指有人有意埋藏于地下或其他物中,其所有权归属不明的动产。发现埋藏物,是指发现并占有埋藏物的法律事实。与拾得遗失物相同的是,发现埋藏物也是事实行为。在认定埋藏物时,要注意其与抛弃物的区别。所谓抛弃物,是指原物的权利人以明确的意思表示放弃该物所有权、被发现埋藏于地下或其他物中的动产,而不论是否人为有意埋藏。尽管埋藏物与抛弃物并不相同,但按照本条及本编相关规定,在不能找到权利人或明确是抛弃物的情况下,埋藏物归国家所有。现实中,以废品形式存在的漂流物、埋藏物、抛弃物,往往被拾荒人获取而游离于国家所有之外而被认可。如果漂流物、埋藏物有明确的所有人,则拾得人或发现人应当将其返还给所有人;如果所有人不明,则拾得人或发现人应将其送交公安等有关部门发布招领公告,自公告之日起满一年无人认领的,归国家所有。

隐藏物是指有人有意隐藏于其他物中的动产。隐藏物不可能是抛弃物,它明显带有隐藏人有意为之的痕迹,无论隐藏的目的为何,均不影响隐藏物的成立。如果隐藏物有明确的所有人,则发现隐藏物的人应当将其返还给所有人;如果所有人不明,则发现人应当将其送交公安等有关部门发布招领公告,自公告之日起满一年无人认领的,归国家所有。

如果漂流物、埋藏物或隐藏物被证实系盗赃物,依法构成善意取得的,归善意取得人所有,无处分权人负损害赔偿责任;不构成善意取得的,应由受理刑事案件的司法机关将该漂流物、埋藏物或隐藏物按藏物追回,返还给刑事被害人或上缴国库归国家所有。

【司法案例】

汪某友与詹某华隐藏物返还纠纷案[1]

诉讼结论：所有人不明的埋藏物、隐藏物，归国家所有。判决驳回原告（反诉被告）的诉讼请求和被告（反诉原告）的反诉请求。

法院认为：对于原告（反诉被告）汪某友而言，依其本人及证人当庭陈述和本庭查明之事实，仅能确认原告（反诉被告）汪某友祖父之弟汪某金系该屋原居住者及所有者，并不能确认汪某金或汪某金父亲系银元实际埋藏者，没有充分证据证实银元属于汪某金之遗产。被告（反诉原告）詹某华虽系该房屋现所有人且银元亦由其发掘，但其依法对该银元不享有所有权，被告詹某华的反诉请求不成立，故本院对被告（反诉原告）詹某华的反诉请求不予支持。所有人不明的埋藏物、隐藏物，归国家所有。

第三百二十条　主物转让的，从物随主物转让，但是当事人另有约定的除外。

【条文主旨】

本条是关于从物所有权随主物所有权转移而转移的规定。

【条文理解】

《民通意见》第87条规定："有附属物的财产，附属物随财产所有权的转移而转移。但当事人另有约定又不违法的，按约定处理。"这一条文使用有附属物的财产和附属物的概念，没有使用主物和从物的概念，有附属物的财产与附属物的关系如同主物与从物的关系。《民法典》第631条规定："因标的物的主物不符合约定而解除合同的，解除合同的效力及于从物。因标的物的从物不符合约定被解除的，解除的效力不及于主物。"这一条文开始使用主物、从物的概念，并从合同法层面演绎了主物和从物的关系。《物权法》第115条规定："主物转让的，从物随主物转让，但当事人另有约定的除外。"本条关于主物与从物的规定，较之《物权法》第115条的规定，仅将"但"改为"但是"，并无实质性影响。

同一所有人所有的两个或两个以上物理上各自独立的、在用途和经济性上相互关联的物，往往结合使用才能发挥更好的效益的，其中处于核心地位、起主要作用的物是主物；处于附属地位、起辅助或配合作用的物是从物。从物的特征如下。

---

① 参见浙江省开化县人民法院(2015)衢开马民初字第64号民事判决书。

(1)从物的使用目的具有永久性,如仅为暂时性质辅助主物经济效用的,不为从物。例如,备胎是汽车的从物,而租房客临时带到租赁房屋使用的窗帘则不是房屋的从物。(2)从物与主物同属于一人。(3)从物须具有独立性,不为主物的一部分,主物是独立物,从物也是独立物。例如,汽车与备胎,系主物与从物关系,但各自又分别是独立之物。(4)须交易上视为从物。在交易上有特殊习惯,不被认为从物的,不得以从物论,例如,装米的麻袋。[①] 区分主物和从物的法律意义在于,在没有当事人相反的约定或者法律的相反约定时:(1)所有权人处分主物时,其效力及于从物;(2)因作为主物的标的物不符合约定而解除合同的,解除合同的效力及于从物;(3)如果对主物的所有权设定限制的话,该限制及于从物,例如在某物上设定抵押权的,该抵押权的效力自然基于从物。

【司法适用】

认定主物与从物的一般规则是,从物是从属与主物的物,从物之外的物皆为主物。本条规定,主物转让的,从物随主物转让,这是为了充分发挥物的效用。此规定系任意性规定,如果当事人另有约定则应从其约定。

从物起辅助或配合作用在现实中主要表现为以下几类:一是保护主物,例如手机壳就是起保护辅助作用的从物;二是配合主物发挥作用,例如遥控器就是配合电视机发挥作用的从物;三是对主物起装饰作用,例如衣服上的穗子或盘花就是起装饰作用的从物。

从物并非主物的组成部分,而是独立的物,因此依所有权人的意思,从物可以独立作为交易的标的物。例如,房屋的门窗、汽车的轮胎、电脑的显示屏分别是房屋、汽车和电脑的组成部分,不是独立的物,故也不是从物;房屋的所有权人可以将作为房屋从物的车库单独出卖。

第三百二十一条　天然孳息,由所有权人取得;既有所有权人又有用益物权人的,由用益物权人取得。当事人另有约定的,按照其约定。

法定孳息,当事人有约定的,按照约定取得;没有约定或者约定不明确的,按照交易习惯取得。

【条文主旨】

本条是关于天然孳息和法定孳息归属的规定。

---

① 魏振瀛:《民法》,北京大学出版社、高等教育出版社2000年版,第125页。

【条文理解】

本条较之《物权法》第116条,除第二句中"按照约定"改为"按照其约定"外,其他均无改动。将"按照约定"改为"按照其约定"的目的,就是纠正原立法中不精确的表达,使条文表达更精确、更符合逻辑。

原物是指产生孳息的物;孳息是原物产生的收益。孳息又分为天然孳息和法定孳息。天然孳息是指树木的果实、动物的出产物以及按照物的使用方法所获得的出产物。此处的出产物,不仅包括有机物的出产物,如果实、鸡蛋等,也包括无机物的出产物,如矿物、沙石等。埋藏物,属于独立于埋藏该物之物而存在的物,不存在从中"出产"的问题,故不属于天然孳息。法定孳息,是指利息、租金及其他因法律关系所得的收益。此处的法律关系,既包括因债权行为(债权契约)所生的法律关系,也包括基于法律的直接规定(如法定利息)所生的法律关系。[①]

天然孳息是与原物分别的独立物,但是其在形成过程中是原物的组成部分。例如树上果实在成长过程中乃是树木的组成部分,待果实成熟被摘取后就成为天然孳息而与作为原物的树木相分离。对天然孳息,罗马法的处理原则是"生根的植物从属于土地",即原物的所有人享有取得孳息的权利,但是法律允许其他人提出可以对抗原物所有权人的抗辩。考察德国、日本及我国台湾地区的相关规定,关于天然孳息归属的基本原则,是在承认原物的所有权人有取得权利的大前提下,同时许可他人享有排斥原物所有权人取得的权利。他人的这一权利可以基于物权产生,例如因基于用益物权;也可以因债权产生,例如因当事人约定而取得孳息。[②] 这就是本条关于天然孳息归属规定的法理基础。

法定孳息,不仅包括物的使用对价,如出租房屋给他人使用而收取的租金,也包括权利使用的对价,如许可他人使用著作权而收取的版税及基于其他法律关系所取得的收益(如迟延利息)。法定孳息与天然孳息不同,在原物为物的情形下,没有孳息与原物相分离的问题。例如,被出租的房屋是原物,租金是法定孳息,房屋和租金本身就各自独立,不存在租金在生成过程中为房屋的一部分然后再与房屋分离的问题。

【司法适用】

实践中应当注意的问题是:对于农村承包土地上所出产的天然孳息,若分为有机出产物和无机出产物,是否两种出产物都归土地承包经营户所有?若是有机

---

① 梁慧星主编、陈华彬著:《民法学原理:物权法原理》,国家行政学院出版社1998年版,第67~68页。

② 全国人大常委会法制工作委员会民法室编:《中华人民共和国物权法条文说明、立法理由及相关规定》,北京大学出版社2007年版,第207页。

出产物,如果树的果实、农作物的出产、在土地上饲养的动物的出产物等,归土地承包经营者所有自然没有问题,这也是土地承包经营者的核心权利。如果上述有机孳息不能归土地承包经营者所有,土地承包经营权就没有存在的意义和价值。但是如果在农村承包土地中发现了沙石、金、银、铜、铁、铝、钼、石油等矿藏资源等无机出产物,其是否归该土地承包经营者呢?《矿产资源法》第3条规定:"矿产资源属于国家所有,由国务院行使国家对矿产资源的所有权。地表或者地下的矿产资源的国家所有权,不因其所依附的土地的所有权或者使用权的不同而改变。国家保障矿产资源的合理开发利用。禁止任何组织或者个人用任何手段侵占或者破坏矿产资源。各级人民政府必须加强矿产资源的保护工作。勘查、开采矿产资源,必须依法分别申请、经批准取得探矿权、采矿权,并办理登记;但是,已经依法申请取得采矿权的矿山企业在划定的矿区范围内为本企业的生产而进行的勘查除外。国家保护探矿权和采矿权不受侵犯,保障矿区和勘查作业区的生产秩序、工作秩序不受影响和破坏。从事矿产资源勘查和开采的,必须符合规定的资质条件。"据此,在农村承包土地中发现的矿藏资源,一律归国家所有,其所有权不因其所依附的土地的所有权或者使用权的不同而改变。所以,我国农村承包经营土地上出产的无机出产物,既不归土地的用益物权人——土地承包经营者所有,也不归土地的所有权人——农村集体经济组织所有,而是归国家所有。

关于法定孳息的约定不得违反法律、行政法规的强制性、效力性规定,否则为无效约定,不能按约定取得相应法定孳息。《民间借贷司法解释》第26条规定:"借贷双方约定的利率未超过年利率24%,出借人请求借款人按照约定的利率支付利息的,人民法院应予支持。借贷双方约定的利率超过年利率36%,超过部分的利息约定无效。借款人请求出借人返还已支付的超过年利率36%部分的利息的,人民法院应予支持。"

【司法案例】

四川彭州天价乌木案[①]

诉讼结论:吴某惠与被诉具体行政行为不存在法律上的利害关系,其不具有本案原告主体资格。本案不符合行政附带民事诉讼的受理和审理条件。

法院认为:四川省高级法院认为,本案所涉乌木并非由吴某惠发现、发掘,亦非在吴某惠的承包地内发掘,因此,吴某惠与被诉具体行政行为不存在法律上的

① 案例材料来自《彭州天价乌木案案件说明》,载百度文库:https://wenku.baidu.com/view/a59c24566529647d26285271.html,2020年2月2日最后访问。

利害关系,其不具有本案原告主体资格。一审法院对吴某惠的起诉裁定予以驳回,并无不当。本案不存在平等主体之间的民事争议问题,被诉行政行为也非行政裁决行为,不符合行政附带民事诉讼的受理和审理条件,因此,上诉人吴某亮要求法院在审理行政案件的同时对乌木所有权争议一并进行审理的上诉理由不成立,法院不予支持。

第三百二十二条　因加工、附合、混合而产生的物的归属,有约定的,按照约定;没有约定或者约定不明确的,依照法律规定;法律没有规定的,按照充分发挥物的效用以及保护无过错当事人的原则确定。因一方当事人的过错或者确定物的归属造成另一方当事人损害的,应当给予赔偿或者补偿。

【条文主旨】

本条是关于添附取得物的归属的规定。

【条文理解】

较之《物权法》,本条是新增条款。本条的增加,解决了长期以来实践中因添附取得物权的法律依据不足的问题。《民通意见》第86条规定:"非产权人在使用他人的财产上增添附属物,财产所有人同意增添,并就财产返还时附属物如何处理有约定的,按约定办理;没有约定又协商不成,能够拆除的,可以责令拆除;不能拆除的,也可以折价归财产所有人;造成财产所有人损失的,应当负赔偿责任。"该司法解释虽然笼统规定了添附取得物权的一般规则,但对添附取得的种类、添附物归属的具体规则、损害赔偿或补偿的具体规则并无规定,所以本条填补了物权立法中关于所有权取得方式的一个空白。添附取得实质上是一物一权原则的具体体现。无论是加工、混合还是附合,都是两个不同所有人的物形成了一个新的物,该新物上只能有一个所有权,故必然有一人获得包括自己原物在内的该新物的所有权,而另一人则丧失其原物的所有权,从而贯彻一物一权的原则。添附取得作为一种取得所有权的方法,是自罗马法以来一个公认的原则。其立法理由在于,两个以上的物合并为一体,若要使其分离,必然要毁损或减少物的价值,支付不必要的费用,更何况在添附的情况下,要恢复原状往往在事实上已不可能,因此从增进财富、充分发挥物的效用的原则出发,应承认添附可以取得物的所有权。

所谓加工,是指一方将他人的财产加工改造为具有更高价值的财产。在加工的情况下,加工人已对加工物的形成提供了自己的劳动。在各国立法中,加工不仅包括改造他人的动产为新动产,如将丝织做成绸缎,而且包括加工于他人动产的表面,从而形成新动产,如在他人的木板上作画、镀金等。混合,是指不同所有人的动产相互结合在一起,难以分开并且形成新的财产,如米与米的混合、酒与酒的混合等。附合,是指不同所有人的财产密切结合在一起而形成新的财产,虽未达到混合的程度,但非经拆毁不能达到原来的状态。附合与混合的区别在于:在混合的情况下,已无法识别原各所有人的财产;在附合的情况下,原各所有人的财产仍然能够识别。附合有两种情况:一是动产与不动产的附合,在附合以后,动产成为不动产的重要成分,如砖瓦、门窗附合于房屋之中;二是动产与动产的附合,例如将他人的铁钉钉在自己的家具上。

依据本条的规定,加工、混合、附合产生的物的归属,有约定的,按照约定;没有约定或者约定不明确的,依照法律规定;法律没有规定的,按照充分发挥物的效用以及保护无过错当事人的原则确定。因一方当事人的过错或者确定物的归属而造成另一方当事人损害的,应当给予赔偿或者补偿。法律规定添附取得物的,例如,《城镇房屋租赁合同司法解释》第 10 条规定:“承租人经出租人同意装饰装修,租赁期间届满或者合同解除时,除当事人另有约定外,未形成附合的装饰装修物,可由承租人拆除。因拆除造成房屋毁损的,承租人应当恢复原状。”

【司法适用】

司法实践中,对因加工、混合、附合产生的物的归属的界定和造成损害的赔偿和补偿应注意以下问题:一是如何按照充分发挥物的效用以及保护无过错当事人的原则确定产生物的归属,二是赔偿或补偿问题。

关于归属问题,如果不同的所有人有明确的约定或法律规定,自不必讨论,如果没有约定或法律规定,应分具体情况而论。因混合形成的物,归原财产价值大的一方所有人。因附合而形成的物,若是动产与不动产的附合形成的不动产,则归不动产所有人所有;若是动产与动产的附合形成的物,如果原各所有人的物能作主物和从物的区别,则附合形成的物归主物所有人所有,如果原各所有人的物不能作主物和从物的区别,则附合形成的物归原各所有人共有。因加工形成的物,实质上是加工人的劳务与原所有权人的物形成的物,该形成物归财产所有人所有。

关于赔偿或补偿问题。因加工、混合或附合取得形成物所有权的一方,应当对丧失物的所有权或劳务价值的一方予以合理补偿。一方因过错导致自己的物与他人的物混合、附合,或者强行对他人的物进行加工,造成他人损害的,构成侵权行为,应负赔偿损失的侵权责任,当然如有可能,不排除其承担恢复原状的侵权责任。

【司法案例】

上诉人常某生、李某利与被上诉人常某明、段某珍物权纠纷案[①]

诉讼结论：一审判决原告段某珍、常某明（因添附）取得被告常某生、李某利所建房屋，原告给付被告房屋补偿款41,000元。二审判决：驳回上诉，维持原判。

法院认为：上诉人常某生、李某利在被上诉人段某珍、常某明宅基地上所建的房屋，依法属于宅基地上的添附。该添附附和于被上诉人的宅基地上，无法分离，硬性分离的话，分离后添附部分的使用价值将极大贬损，不符合物尽其用的原则。

---

① 参见河南省安阳市中级人民法院（2014）安中民二终字第505号民事判决书。

第三分编　用益物权

第十章　一般规定

用益物权属于既古老又鲜活的物权制度。之所以称其为古老的法律制度，主要是指在《汉谟拉比法典》时期便存在永佃权这种用益物权的雏形。用益物权的创设解决了物质资料的所有与需求之间的不平衡性，拓展了物质资料的财产使用价值，并有效地调节了物质资料"所有"与"利用"的价值功能，实现了物尽其用，具有深刻的社会意义。

之所以称其为鲜活的法律制度，是因为从《汉谟拉比法典》时期至今，无论是社会结构和经济形态还是生活观念均发生了重大变迁，用益物权由附属所有权地位过渡至现代民法中一项独立的民事法律制度。同时，随着社会发展，人们对用益物权所包含的具体用益物权的认知也处于不断探索与研究的状态。例如，有的学者认为应将"空间地上权"界定为用益物权，以使空间地上权人的合法权益得到有效的保障，从而促进空间的利用与社会经济的发展。[①] 又如，有的学者提出将"填海造地权"从海域使用权中分离，作为一项独立的用益物权，认为这不仅在理论上能够自洽，而且在实践上也能解决"换证难"等问题。[②] 再如，2018 年修订的《农村土地承包法》创设了"土地经营权"，从而使土地经营权的属性成为学界讨论的焦点，多数学者主张应将土地经营权界定为用益物权。关于这些新型权利的属性的讨论，虽然在学界见仁见智、处于争议状态，但是也促进了人们对用益物权的深入思考，同时，也折射出用益物权"效益原则"的内涵与外延，随着社会的变迁而不断进行自我修正与发展。

---

① 参见王者洁：《空间地上权：一项新型用益物权的生成》，载《东北师大学报（哲学社会科学版）》2018 年第 6 期。

② 参见唐俐：《填海造地权：一个民法典物权编应当新增的用益物权》，载《云南社会科学》2019 年第 2 期。

第三百二十三条　用益物权人对他人所有的不动产或者动产，依法享有占有、使用和收益的权利。

【条文主旨】

本条是关于用益物权人基本权利的规定。

【条文理解】

本条与《物权法》第117条表述一致。用益物权体现了物权法的效益原则，并在一定程度上克服了传统所有权制度因强调物的归属和对物的实体支配，而导致对物的利用价值相对漠视的问题，促进物权法的价值目标由“物的归属”转向“物的利用”。① 本条主要介绍用益物权人的基本权利，同时也涉及用盖物权的特征与客体。

1. 用益物权人的基本权利

用益物权人对他人所有的不动产或者动产，依法享有占有、使用和收益的权利。其中，“占有”是对物的实际控制，没有占有就不可能实现对物的直接利用。“使用”是指依照物的法定用途、约定方式或者自然属性，对物进行实际上的利用。“收益”是通过对物的利用来获取经济上的收入或其他利益。

2. 用益物权的特征

第一，用益物权属于他物权。虽然《物权法》并没有对他物权作出具体规定，只是规定了用益物权和担保物权，但是学理上已对他物权的内涵达成共识，即权利人根据法律规定或者合同约定、对他人所有之物享有的、以所有权的一定权能为内容、并与所有权相分离的限制性物权。用益物权的最大特点是权利人在对他人所有之物的使用中实现一定的收益，这一点完全符合他物权的内涵。

第二，用益物权属于定限物权。用益物权是权利人对标的物的使用价值单方面利用的物权。② 所谓定限物权，是指权利人基于与所有权人的合意或者依据法律规定而取得的对某物控制的权利。基于此，用益物权以对标的物实际占有为前提，这一点不同于担保物权，担保物权着眼于物的交换价值，强调担保物权人对担保物的占有、使用和收益。

第三，用益物权属于独立物权。虽然用益物权是建立在所有权基础之上，但是在法律上具有独立性，这种独立性不仅能对抗第三人，而且还能对抗所有权人。

---

① 参见杨立新：《中国物权法研究》，中国人民大学出版社2018年版，第421页。

② 参见陈华彬：《物权法论》，中国政法大学出版社2018年版，第449页。

简言之,用益物权一旦设立,用益物权人便能独立地享有对标的物的使用权和收益权。这一点与担保物权具有一定的差异性,担保物权依附于主债权,如果主债权消灭,担保物权也随之消灭。

第四,用益物权是具有相容性的物权。用益物权的相容性是指同一物的客体上可以设定不相冲突的多种用益物权。用益物权不同于所有权,所有权严格遵守一物一权原则,而用益物权以同一标的物上不能同时设立多个相同的用益物权为原则。例如,同一块土地上不能同时存在两个土地承包经营权,但是可以设立多个不同的用益物权,如某一块土地上可以同时存在宅基地使用权和建设用地使用权。

第五,用益物权属于期限性物权。用益物权是以他人的所有权为前提而存在的他物权,因此,用益物权具有一定的期限性。例如,《农村土地承包法》第 21 条明确规定,耕地的承包期为 30 年,草地的承包期为 30 年至 50 年,林地的承包期为 30 年至 70 年。

3. 用益物权的客体

本条规定的用益物权客体主要有不动产与动产,而《物权法》中规定的具体用益物权,均以不动产为客体,并没有列出以动产为客体的具体用益物权。基于此,为了避免出现这样矛盾的表述,有些学者对《民法典》"物权编"关于以动产为客体的用益物权的规定给出了选择性建议:鉴于具体用益物权的客体只有不动产,尚无动产,《民法典》"物权编"不应这样自相矛盾,故其应要么采取缓和的或曰宽松的物权法定主义,同时承认有的用益物权可以动产作为客体;要么奉行严格的物权法定主义,同时限定物权的类型,例如,只确认上述物权种类,仅承认不动产为用益物权的标的物。[①]《民法典》"物权编"保留了动产这一用益物权客体,即用益物权的客体是不动产与动产。保留动产作为用益物权客体的主要原因在于,随着信息化对财产的影响不断加深,动产的财产属性也会从有体物财产向拟制财产转化,[②]滋生出一些以数据和信息为载体的新型动产,《民法典》"物权编"的编撰不能忽视这些特殊财产。为了完善动产用益物权的外观性,《民法典》"物权编"改变了"动产物权以交付为判断标准"的表达,其第 208 条明确规定,动产物权设立和转让应当依照法律规定交付。这种表达也为动产物权登记制度的建构作出了制度铺垫。

---

① 参见崔建远:《民法分则物权编立法研究》,载《中国法学》2017 年第 2 期。

② 参见孟勤国:《动产的现实价值与物权编规则需求》,载《社会科学战线》2019 年第 2 期。

【司法适用】

本条在适用中需要注意四方面问题：

一是正确识别土地使用权确认纠纷与用益物权收益纠纷。前者适用《土地管理法》第14条第1款的规定，即土地所有权和使用权争议，由当事人协商解决；协商不成的，由人民政府处理。而后者适用本法条。

二是正确认识租赁权和用益物权的区别。虽然两者都是对动产或不动产进行占有、使用和收益，但租赁权存在的基础是租赁合同，具有债权性质，关注的是物的交换价值，适用《民法典》"合同编"，而用益物权关注的是物的使用价值，属于物权的一种类型，适用于《民法典》"物权编"。

三是正确认识用益物权与个人独资企业等企业全权委托他人经营管理的经营管理权的区别。虽然用益物权人与全权委托经营管理人员都是对他人所有的物进行占有、使用与收益，但两者适用不同的法律制度，前者是民法的物权问题，后者是商法的经营权问题。

四是案由确定问题。根据案情甄别该案是用益物权案由，还是所有权确认案由。

【司法案例】

甲公司与乙公司用益物权纠纷上诉案①

诉讼结论：上诉法院认定一审法院将此案的案由确定为所有权确认纠纷不当，并予以纠正。

法院认为：虽然甲公司系丙公司与丁公司合资成立，但甲公司在设立时未取得案涉争议土地国有土地使用权证，而案件争议的土地已经由丁公司以出让方式全部转让给戊公司，并且戊公司于2006年3月取得案涉土地的国有土地使用证，戊公司变更为乙公司，故乙公司对案涉争议土地享有土地使用权。乙公司主张由甲公司支付占有、使用案涉争议土地期间的占用费用的案由属于用益物权纠纷，一审判决认定案由为所有权确认纠纷不当，本院予以纠正。

第三百二十四条　国家所有或者国家所有由集体使用以及法律规定属于集体所有的自然资源，组织、个人依法可以占有、使用和收益。

---

① 参见宁夏回族自治区高级人民法院(2018)宁民终38号民事判决书。

【条文主旨】

本条是关于国有和集体所有的自然资源,组织和个人可以取得用益物权的规定。

【条文理解】

与《物权法》第118条相比较,本条的部分表述进行了微调,将“单位”换成了“组织”。因为“单位”不是法律术语的表达,而“组织”这种表述,不仅符合《宪法》的表达,而且与《民法典》“总则编”的“组织”相衔接,体现了法律的体系性和逻辑一致性。

国家与集体均属于法律拟制的主体,不能同自然人一样亲力亲为地行使相关法律行为,国家与集体相关权益必须通过代表、代理或法定赋权的形式得以实现。基于此,现行法律对国家及集体财产的所有权和使用权作出了具体的制度安排。

以土地资源所有权和使用权为例,《宪法》第10条第1款和第2款对国家与集体的所有权作出明确规定,城市的土地属于国家所有。农村和城市郊区的土地,除由法律规定属于国家所有的以外,属于集体所有;宅基地和自留地、自留山,也属于集体所有。《土地管理法》第2条对土地所有权权属作出更为具体的规定:“中华人民共和国实行土地的社会主义公有制,即全民所有制和劳动群众集体所有制。全民所有,即国家所有土地的所有权由国务院代表国家行使……”《农村土地承包法》第2条明确规定,农村土地是指农民集体所有和国家所有依法由农民集体使用的耕地、林地、草地,以及其他依法用于农业的土地。

上述《土地管理法》《农村土地承包法》是作为单行法针对某一个自然资源的使用权作出的制度安排。《民法典》“物权编”作为基础法律制度,根据《宪法》规定对使用权作出宏观制度布局,进一步明确国家与集体所有的自然资源,组织和个人依法占有、使用和收益。《民法典》“物权编”从基础制度视角对用益物权进行概然性表述,不仅是对采矿权、水权等自然资源特别法的归纳总结,而且也使《宪法》中的国家与集体自然资源所有权与私法中的国家和集体自然资源使用权保持了法秩序上的一致性。

【司法适用】

本条在司法适用过程中需要注意的问题主要有两方面:一是组织和个人对自然资源依法可以占有、使用和收益。其中,使用的损失是指现有财产因侵权无法使用的损失,而收益的损失主要是指因侵权而导致无法正常经营的收益,具体见案例一。二是有些自然资源用益物权以“租赁合同”模式获得,原告提起的往往是要求支付租金的诉讼,然而实际上双方争议的是资源补偿费。因此,此类案件应注意案由的识别,具体见案例二。

【司法案例】

案例一

甲铁路股份有限公司与乙石料厂和丙铁路建设拆迁办公室物权纠纷案[①]

诉讼结论：依法取得的采矿权受法律保护，采矿权人可以依法占有、使用和收益。

法院认为：被上诉人（原审原告）乙石料厂依法取得采矿许可证，上诉人（原审被告）甲公司就新建地方铁路虎什哈至丰宁二期工程的投资承建获得了河北省发展和改革委员会核准，并根据铁路建设设计需要，对原告矿产资源所覆盖区域及经营场地全部压覆。因甲公司于2010年进入原告经营地段施工，致使原告全部停产停业。由于原告具有国家矿产资源的合法开采权，按照《物权法》第118条规定，国家所有的自然资源，单位和个人可以依法占有、使用和收益。因此，上诉人甲公司需要补偿原告因铁路压覆所造成的被上诉人企业的资产及经营等经济损失。

案例二

甲村第一小组与乙水电站合同纠纷上诉案[②]

诉讼结论：虽然水资源使用权的转让以《租赁合约》的形式进行约定，但是双方约定的"租金"，实际上是资源补偿费，故案由应确定为用益物权纠纷。

法院认为：甲村一组上诉请求，要求乙水电站继续支付双方在2003年1月25日签订的合同中约定的使用水的租金。一审法院认为，甲村寨尾溜三条水渠的水资源原为甲村一组农村集体农业灌溉之用，为发展农村经济、更好地发挥水资源的经济效益，甲村一组与乙水电站在协商自愿的基础上达成水资源使用权转让协议，并签订了《租赁合约》。该协议的内容不违反法律强制性规定，也没有损害国家利益或社会公共利益，合法有效，受法律保护，双方当事人应按协议的约定全面履行各自的义务。甲村一组与乙水电站签订的协议名为《租赁合约》，实为对水资源使用权有偿转让的约定，基础法律关系是自然资源使用权的转让，本案因水资源补偿费发生的纠纷，案由应确定为用益物权纠纷。双方约定的"租金"，实为资源补偿费。二审法院对一审法院上述认定持相同意见，并驳回上诉申请，维持原判。

---

① 参见河北省承德市中级人民法院（2017）冀08民终1753号民事判决书。

② 参见福建省泉州市中级人民法院（2017）闽05民终1684号民事判决书。

第三百二十五条　国家实行自然资源有偿使用制度，但是法律另有规定的除外。

【条文主旨】

本条是关于自然资源使用制度的规定。

【条文理解】

本条与《物权法》第119条表述相比，有微调，将“但”改为“但是”。任何一个国家的自然资源都是整个社会赖以存续的物质基础，同时也是一个国家经济发展的重要“源”动力之一。然而，自然资源具有稀缺性，不可能满足所有主体的需求。基于此，各国均出台法律对土地资源、矿产资源、水资源等自然资源的使用和收益作出明确的制度安排，以解决资源所有与使用间的矛盾，提高资源利用率。那么，应如何进行制度设计，以保障自然资源利用效率最大化？在计划经济时期，我们国家对多数自然资源实行无偿使用制度，强调土地等自然资源为国家和集体所有，任何机关、企业、事业单位使用国有土地等自然资源，都由国家无偿拨付。例如，1986年《土地管理法》第7条规定：“国有土地可以依法确定给全民所有制单位或者集体所有制单位使用，国有土地和集体所有的土地可以依法确定给个人使用。使用土地的单位和个人，有保护、管理和合理利用土地的义务。”然而，在实践中，相对于全国范围内自然资源的使用而言，国家单方面无偿拨付调控乏力，难以实现自然资源在社会化生产中的优化配置，不仅导致自然资源的公有制在很大程度上被虚化，而且也促使土地等自然资源出现低效的利用状态，占优用劣、占而不用等缺乏竞争的自然资源利用局面，极大地限制了我国经济的发展。

鉴于此，国家作为自然资源的所有者和管理者，为实现所有者权益，保障自然资源的可持续利用，进行了土地等自然资源有偿使用的制度改革，出台自然资源特别法，实行以有偿使用为原则、无偿使用为例外的自然资源使用制度。

一方面，我国以自然资源有偿使用为原则。随着我们国家市场经济改革的推进，国家对自然资源的特别法进行修订，并逐步建构自然资源有偿使用原则。1988年《土地管理法》第2条增加第5款，对土地资源作出有偿使用的制度安排，规定“国家依法实行国有土地有偿使用制度”。2002年《水法》第7条规定，“国家对水资源依法实行取水许可制度和有偿使用制度”。2009年《矿产资源法》第5条规定，“国家实行探矿权、采矿权有偿取得的制度”。国家除了修订相关特别法、完善自然资源有偿使用制度之外，还发布相关政策对此项制度进行宏观引导。2016年12月29日国务院发布《关于全民所有自然资源资产有偿使用制度改革的指导意见》(国发〔2016〕82 号),对自然资源有偿使用制度提出总的要求、各领域重点任务以及加大改革统筹协调和组织实施力度,提出“加快建立健全全民所有自然资源资产有偿使用制度,努力提升自然资源保护和合理利用水平,切实维护国家所有者权益,为建设美丽中国提供重要制度保障”。

另一方面,我国以自然资源无偿使用为例外。考量到自然资源多元化需求,我国在逐步建构自然资源有偿使用原则的同时仍然保留了无偿使用。《土地管理法》《水法》等法律对自然资源的无偿使用作出制度安排。例如,1998 年《土地管理法》第 2 条第 5 款明确规定,“……但是,国家在法律规定的范围内划拨国有土地使用权的除外”。2002 年《水法》第 7 条规定,“……但是,农村集体经济组织及其成员使用本集体经济组织的水塘、水库中的水的除外。国务院水行政主管部门负责全国取水许可制度和水资源有偿使用制度的组织实施。”2009 年《矿产资源法》第 5 条规定,“……但是,国家对探矿权、采矿权有偿取得的费用,可以根据不同情况规定予以减缴、免缴。具体办法和实施步骤由国务院规定”。之所以保留无偿使用自然资源制度,主要原因有两点:一是对于公益事业和公共建设,需要在自然资源使用方面以无偿取得的方式予以扶持;二是为避免增加农民负担,农村集体经济组织和农民已有的使用水资源等自然资源权益应当得到维护,以促进农业和农村持续、稳定、健康发展。

无偿使用是自然资源使用制度中的例外和补充,为避免无偿使用自然资源制度被不当适用,现行立法对无偿使用制度的适用范围和条件予以严格限制。例如,《土地管理法》第 54 条明确规定,经县级以上人民政府依法批准,可以以划拨方式取得下列建设用地:一是国家机关用地和军事用地;二是城市基础设施用地和公益事业用地;三是国家重点扶持的能源、交通、水利等基础设施用地;四是法律、行政法规规定的其他用地。《城市房地产管理法》第 40 条第 1 款对划拨取得土地使用权的房地产的转让规定了限制条件:以划拨方式取得土地使用权的,转让房地产时,应当按照国务院规定,报有批准权的人民政府审批。有批准权的人民政府准予转让的,应当由受让方办理土地使用权出让手续,并依照国家有关规定缴纳土地使用权出让金。

从上述特别法可以看出,特别法的内容多数侧重于行政管理制度建构而轻私权保护制度,仅体现了某个自然资源有偿使用与无偿利用相结合制度,无法整合抽象出所有自然资源私权利用制度。基于此,《民法典》“物权编”作为私权基本法律制度,对特别法进行抽象总结,明确规定国家对自然资源使用的有偿使用原则,同时采取“但书”的表达方式兼顾了“无偿使用”等特殊利用。一方面在《民法典》中巩固了自然资源有偿使用制度,另一方面对自然资源特别法在抽象层面进行了回应,体现了法律的一致性与体系性。

【司法适用】

本条在司法适用中需要注意两方面问题:一是法院在适用本条过程中,需要注意贯彻以有偿使用为原则、无偿使用为例外的自然资源使用制度,注意无偿使用自然资源必须存在法定情况,如果法律没有规定无偿使用,则依据有偿使用制度,具体见案例一。二是自然资源的有偿使用制度内含民事行为与行政管理行为,法院审理此类案件时,要加强对案件性质的甄别,具体见案例二。

【司法案例】

案例一

甲居民小组与黄某强等侵害集体经济组织成员权益纠纷上诉案①

诉讼结论:如果本村村民没有采取租赁等途径依法取得相关土地的使用收益权,则按照自然资源有偿使用制度,并参照地方具体立法对土地收益比例规定,在村民与村集体组织之间进行收益分成。

法院认为:根据黄某森等人提供的证据,认定讼争岭地上种植的桉树、果树是黄某森等人种植,不是甲居民小组种植。根据《物权法》第118条的规定,黄某森等人是甲居民小组的村民,可以依法对本村民小组集体所有的山岭享有使用、收益的权利。但黄某森等人没有通过租赁等途径依法取得讼争岭地的使用收益权。依据《物权法》第119条关于自然资源有偿使用制度的规定,以及《广西壮族自治区稳定山权林权、完善林业生产责任制暂行条例(1982)36号》第24条的规定,集体荒山由集体统一造林,也可以由户造、户管,国家发给造林补助费和林下间种作物归户,造林后收益比例分成。根据上述法律法规规定,黄某森等人占用集体组织的岭地种植桉树、果树,应当分成一定的收益给甲居民小组。

案例二

何某学等与甲林场追偿权纠纷上诉案②

诉讼结论:自然资源的有偿使用制度内含民事行为与行政管理行为,自然资源补偿费的收取属于行政管理行为,不属于人民法院受理民事诉讼的范围。

法院认为:一审法院认为,矿产资源属于国家所有,矿产资源的开采经营必须遵守《矿产资源法》的相关规定,开采矿产资源,必须按照国家有关规定缴纳资源

---

① 参见广西壮族自治区钦州市中级人民法院(2016)桂07民终1017号民事判决书。

② 参见江苏省连云港市中级人民法院(2017)苏07民终4026号民事裁定书。

税和资源补偿费。基于此，被告何某学、朱某明合伙租用甲林场管理的辖区开采玄武岩，应当依照国家有关规定向被告甲林场缴纳林地补偿费。

二审法院认为，被上诉人甲林场收取林地补偿费的依据是收费许可证，该收费许可证的收费单位名称为某县林牧业局，收费许可证载明的收费单位与被收费单位之间并非平等民事主体关系，且收费标准也非平等民事主体之间通过要约、承诺方式经协商确立。因此本案当事人之间的法律关系不是民事法律关系，不受民事法律规范调整，本案不属于人民法院受理民事诉讼的范围。

由于自然资源的有偿使用制度内含民事行为与行政管理行为，从江苏省连云港市中级人民法院民事裁定书(2017)苏07民终4026号二审判决表达可以看出，一审法院混淆了有偿使用制度的自然资源费与自然资源出让金民事对价行为的区别。自然资源补偿费属于自然资源费的一种，其属于政府部门为了保护、更新、培育、恢复和有效利用自然资源，在提供自然资源这一公共物品和对自然资源进行管理的过程中，有选择地向资源开发利用人收取的费用。自然资源费主要包括自然资源使用费、自然资源补偿费和自然资源保护管理费三种。[①] 自然资源补偿费的收取属于行政管理行为，适用的是行政法及行政诉讼法，例如《矿产资源补偿费征收管理办法》；而自然资源出让金属于平等主体间的自然资源出让行为，适用的是民法与民事诉讼法。例如《民法典》的“物权编”。

第三百二十六条　用益物权人行使权利，应当遵守法律有关保护和合理开发利用资源、保护生态环境的规定。所有权人不得干涉用益物权人行使权利。

【条文主旨】

本条是关于用益物权人行使权利的规定。

【条文理解】

本条与《物权法》第120条相比，增加了“保护生态环境”的规定。现行法律在规范用益物权人行使用益物权权利时，既要对用益物权人行使权利进行合理规范，又要保持用益物权权利的独立性。此法条不仅体现了《宪法》第9条第2款和第10条第5款的“合理使用自然资源原则”，而且还是《宪法》第51条在《民法典》“物权编”的私权具体化的重述，同时，将国家反复强调的“生态文明建设”“人

① 参见张炳淳：《论自然资源费制度》，载《环境科学与技术》2006年第8期。

与自然和谐共生”等政策融入本条中。

首先,用益物权人行使权利应当遵守法律有关保护和合理开发利用资源的规定。土地、矿产、水资源等自然资源,不仅具有自然性、不可再生性或者稀缺匮乏性,而且具有价值性、社会性、整体性、相对性和公共物品属性,同时,这些自然资源又是国家经济发展过程中不能缺少的物质基础。基于此,各个国家都出台与自然资源有关的法律,对各种自然资源的使用权进行了规制,并从强化行政管理职权的视角,减少自然资源开发利用的负外部性。然而,行政管理体制难以消除自然资源利用的负面效应,因此,《民法典》“物权编”作为规范物之归属和利用的法律规范,对自然资源的用益物权问题作出回应。《民法典》“物权编”一方面通过用益物权制度来规范和引导人们利用自然资源的行为,激励人们有效率地利用自然资源,另一方面也对自然资源的用益物权作出限制,以回应自然资源的公法限制问题。①

土地等自然资源在客观上具有不同的特性,对法律制度也存在差异性制度诉求,故我国针对某些特殊的自然资源有针对性地出台单行法,以规范自然资源的合理开发利用行为。以土地合理开发利用为例,2009 年《民法通则》第 80 条和第 81 条明确规定,国家所有的土地、森林、山岭、草原、荒地等自然资源,使用单位有管理、保护、合理利用的义务。2019 年《土地管理法》第 3 条和第 4 条明确规定,十分珍惜、合理利用土地和切实保护耕地是我国的基本国策。各级人民政府应当采取措施,全面规划,严格管理,保护、开发土地资源,制止非法占用土地的行为。国家实行土地用途管制制度。国家编制土地利用总体规划,规定土地用途,将土地分为农用地、建设用地和未利用地。严格限制农用地转为建设用地,控制建设用地总量,对耕地实行特殊保护。使用土地的单位和个人必须严格按照土地利用总体规划确定的用途使用土地。同时,国家还发布相关法规来细化土地合理开发利用制度。2011 年修订的《基本农田保护条例》第 3 条明确规定,基本农田保护实行全面规划、合理利用、用养结合、严格保护的方针。第 17 条第 1 款明确规定,禁止任何单位和个人在基本农田保护区内建窑、建房、建坟、挖砂、采石、采矿、取土、堆放固体废弃物或者进行其他破坏基本农田的活动。《农村土地承包法》第 11 条对承包土地的利用作出明确规定,农村土地承包经营应当遵守法律、法规,保护土地资源的合理开发和可持续利用。未经依法批准不得将承包地用于非农建设。国家鼓励农民和农村集体经济组织增加对土地的投入,培肥地力,提高农业生产

---

① 自然资源使用权的限制主要有私法限制和公法限制两类,其中,前者主要表现为权利不得滥用、相邻关系、地役权等;而后者主要表现为环境保护、自然资源规划管理和征收制度等。

能力。

再以矿产资源为例。《矿产资源法》明确规定,国家对矿产资源的勘查、开发实行统一规划、合理布局、综合勘查、合理开采和综合利用的方针。国家保障矿产资源的合理开发利用。禁止任何组织或者个人用任何手段侵占或者破坏矿产资源。各级人民政府必须加强矿产资源的保护工作。开采矿产资源,必须采取合理的开采顺序、开采方法和选矿工艺。矿山企业的开采回采率、采矿贫化率和选矿回收率应当达到设计要求。在开采主要矿产的同时,对具有工业价值的共生和伴生矿产应当统一规划,综合开采,综合利用,防止浪费;对暂时不能综合开采或者必须同时采出而暂时还不能综合利用的矿产以及含有有用组分的尾矿,应当采取有效的保护措施,防止损失破坏。开采矿产资源,必须遵守有关环境保护的法律规定,防止污染环境。开采矿产资源,应当节约用地。耕地、草原、林地因采矿受到破坏的,矿山企业应当因地制宜地采取复垦利用、植树种草或者其他利用措施。开采矿产资源给他人生产、生活造成损失的,应当负责赔偿,并采取必要的补救措施。

除了《土地管理法》和《矿产资源法》等专项法律,我们国家还出台了《水法》《渔业法》《森林法》《草原法》等法律,对相关资源的合理开发利用作出制度规范。

其次,用益物权人行使权利,应当遵守保护生态环境的规定。党的十八大以来,生态文明建设纳入国家发展总体布局。党的十九大把“坚持人与自然和谐共生”作为新时代坚持和发展中国特色社会主义的基本方略。2017 年《民法总则》第 9 条明确规定:“民事主体从事民事活动,应当有利于节约资源、保护生态环境。”《民法典》在吸收《民法总则》规定的基础上,结合近几年生态环境保护政策与法律制度改革,以及 2020 年疫情防治经验,将保护生态环境的原则性规定融入具体法律制度。本条明确规定用益物权人行使权利应当保护生态环境,将“保护生态环境”纳入社会个体微观义务之中,使“保护生态环境”成为社会主体在行使财产权利过程中必须兼顾的法定义务。只有在每个社会主体行使权利的过程中置入保护生态环境的理念,才能形成绿色的生活与生产方式,进而全面实现人与自然和谐共生,实现美丽中国的目标。

最后,用益物权人具有独立的用益物权,所有人不得干涉用益物权人行使权利。虽然用益物权由所有权派生而来,但它是一项独立的物权,具有直接支配性和排他性。用益物权人可以依法直接行使权利,不受第三人的侵害和所有权人的干涉。例如,《农村土地承包法》第 9 条明确规定,承包方承包土地后,享有土地承包经营权,可以自己经营,也可以保留土地承包权,流转其承包地的土地经营权,由他人经营。又如,2019 年《森林法》第 15 条第 2 款规定,森林、林木、林地的所有者和使用者的合法权益受法律保护,任何组织和个人不得侵犯。再如,2019 年《土地管理法》第 12 条第 2 款规定,依法登记的土地的所有权和使用权受法律保护,任何单位和个人不得侵犯。

【司法适用】

本条在司法适用过程中需要注意的是,本条属于宣示性条款,对用益物权人行使权利作出概然性规定。法院在适用本条的过程中,应注重其与自然资源特别法的衔接适用。

【司法案例】

甲公司等诉乙村村民委员会中央寨十五村民小组等土地承包经营权纠纷案①

诉讼结论:承包方未经原发包方同意,也未依法办理审批手续,改变承包土地的用途和性质,应按照发包方要求停止侵害、恢复原状。

法院认为:《物权法》第 120 条规定,"用益物权人行使权利,应当遵守法律有关保护和合理开发利用资源的规定……"。本案中,董某赐作为土地承包经营权人,有法律义务保护承包水田,合理开发和利用土地资源。董某赐从乙村村民委员会中央寨十五村民小组承包水田,但在土地承包合同履行过程中,董某赐与上诉人签订租地修路协议,导致该承包水田的用途和性质完全改变,土地原来的用途即承包种植经济作物因修路发生根本性变化。《农村土地承包纠纷司法解释》第 8 条规定:"承包方违反农村土地承包法第十七条规定,将承包地用于非农建设或者对承包地造成永久性损害,发包方请求承包方停止侵害、恢复原状或者赔偿损失的,应予支持。"依据这一规定,被上诉人要求承包方董某赐对涉案承包水田 0.4 亩停止侵害、恢复原状,理据充分,应予支持。涉案承包水田的农业性质和用途,非经合法手续,不能随意改变而用于非农建设。上诉人在该承包水田上修路,未经原发包方乙村村民委员会中央寨十五村民小组同意,也未依法办理审批手续,其行为属于非法改变农村集体土地农业性质和用途的违法行为,一审法院一并判决甲公司对涉案承包水田停止侵害、恢复原状,实体处理并无不当。

第三百二十七条　因不动产或者动产被征收、征用致使用益物权消灭或者影响用益物权行使的,用益物权人有权依据本法第二百四十三条、第二百四十五条的规定获得相应补偿。

① 参见广西壮族自治区贺州市中级人民法院(2017)桂 11 民终 1146 号民事判决书。

【条文主旨】

本条是关于用益物权人因征收、征用有权获得补偿的规定。

【条文理解】

本条与《物权法》第121条相比较，除了用益物权人获得补偿的适用法条不一致之外，其他表述一致。

用益物权是当事人依照法律规定，对他人所有的不动产享有占有、使用和收益的具有独立性的权利。用益物权人虽然不是物的所有权人，但也是具有独立物权地位的权利人。他人的不动产或者动产被征收、征用，致使所有权消灭或者影响所有权行使的，应当依法给予所有权人补偿。同时，因他人的不动产或者动产被征收、征用，致使用益物权消灭或者影响用益物权行使的，用益物权人也有权依法获得相应的补偿。其中，动产的补偿比较直观。动产的征收，涉及用益物权消灭，一般都要给予金钱补偿、相应的财产补偿或者其他形式的补偿。动产的征用，则应分类型处理：如果动产是非消耗品，使用结束后，原物还存在的，应当返还原物，对于物的价值减少的部分要给予补偿；如果动产是消耗品，通常要给予金钱补偿。

至于不动产，因其涉及价值比较大，且涉及的情况比较复杂，因此，国家出台了专项法律对其进行调整。以土地征收或征用为例，《宪法》第10条第3款规定，国家为了公共利益的需要，可以依照法律规定对土地实行征收或者征用并给予补偿。《民法典》“总则编”第117条规定，为了公共利益的需要，依照法律规定的权限和程序征收、征用不动产或者动产的，应当给予公平、合理的补偿。《土地管理法》第2条第4款规定，国家为了公共利益的需要，可以依法对土地实行征收或者征用并给予补偿。

从上述法律表达可以看出，土地征收或征用的核心问题有两点：一是公共利益的界定；二是土地征收或征用的补偿标准。

第一，关于公共利益的界定。合理的公共利益界定标准作为征地合法性之“引擎”，不仅能够防止各种利益搭公共利益的“便车”，而且还能够切实保障私人权益。由于“公共利益”是一个模糊的、变动的阐释性概念，[①]具有发展性和不确定性，因此，除了《国有土地上房屋征收与补偿条例》第8条对国有土地上房屋征

---

① 参见冯锦如：《市场竞争与公共利益的衡量——论公平竞争审查的例外规定》，载《竞争法律与政策评论》2019年第1期。

收的公共利益作出列举规定之外,[①]其他法律鲜少对公共利益作出明确界定。因《国有土地上房屋征收与补偿条例》中的公共利益仅是针对国有土地上房屋征收与补偿,且其属于特别法,故此公共利益是否能够适用于土地等自然资源,还需要进一步分析论证。

有的学者尝试采取反向排除法来界定"公共利益",认为下列三种情况不属于公共利益:一是政府自身利益。无论是使国库收入增加的抽象政府利益还是使政府部门利益增加的具体政府利益,[②]均不是公共利益。虽然对公民财产进行征收会导致国库收入增加,这意味着政府可能会有更多的财力推进公共事业的发展,但是土地征收制度的目的不是增加国家财富而是保护所有权,故这种增加国库收入进而可能促进公共事业发展的预期利益不足以构成征收制度的公共利益。二是一般经济促进利益。由于征收制度本身不具有促进经济发展的功能,为了避免对"公共利益"出现泛化理解,同时考虑到将一般经济促进利益纳入公共利益范畴极易导致政府滥用征收权,一般经济促进利益还不足以成为土地征收中的公共利益。三是个人私益。纯粹的个人私益不足以构成公共利益。[③]

第二,关于土地征收或征用的补偿标准。近些年,国家发布相关政策来引导土地征收或征用补偿制度的建立健全。党的十八届三中全会审议通过的《中共中央关于全面深化改革若干重大问题的决定》,在"土地征收制度改革目标"中,对征地补偿提出了改革方向,即缩小征地范围,规范征地程序,完善对被征地农民合理、规范、多元保障机制。2015 年 1 月,中共中央办公厅和国务院办公厅联合印发的《关于农村土地征收、集体经营性建设用地入市、宅基地制度改革试点工作的意见》是对 2014 年 33 个试点地区的改革总结。33 个试点县(市、区)征地补偿安置标准比法定补偿标准普遍提高,增加的征地补偿费用全部由财政列支。

同时,我国通过发布或修订相关法律来明确土地征收或征用的补偿标准。《民法典》第 243 条第 2 款规定,征收集体所有的土地,应当依法及时足额支付土

---

① 《国有土地上房屋征收与补偿条例》第 8 条规定:"为了保障国家安全、促进国民经济和社会发展等公共利益的需要,有下列情形之一,确需征收房屋的,由市、县级人民政府作出房屋征收决定:(一)国防和外交的需要;(二)由政府组织实施的能源、交通、水利等基础设施建设的需要;(三)由政府组织实施的科技、教育、文化、卫生、体育、环境和资源保护、防灾减灾、文物保护、社会福利、市政公用等公共事业的需要;(四)由政府组织实施的保障性安居工程建设的需要;(五)由政府依照城乡规划法有关规定组织实施的对危房集中、基础设施落后等地段进行旧城区改建的需要;(六)法律、行政法规规定的其他公共利益的需要。"

② 参见刘连泰:《"公共利益"的解释困境及其突围》,载《文史哲》2006 年第 2 期。

③ 参见廖子浩:《土地征收视野下公共利益之分析》,载《法律文献信息与研究》2018 年第 1 期。

地补偿费、安置补助费以及农村村民住宅、其他地上附着物和青苗等的补偿费用,并安排被征地农民的社会保障费用,保障被征地农民的生活,维护被征地农民的合法权益。《土地管理法》第48条虽然没有明确规定土地征收的具体标准,但却将中央土地征收补偿标准原则转化为了法律,即"生活水平不降低、长远生计有保障"。同时,《土地管理法》第48条第2款对不同情况的补偿标准作出了细化性规定:"征收土地应当依法及时足额支付土地补偿费、安置补助费以及农村村民住宅、其他地上附着物和青苗等的补偿费用,并安排被征地农民的社会保障费用。"其中,征收农用地的土地补偿费、安置补助费标准由省、自治区、直辖市通过制定公布区片综合地价确定。制定区片综合地价应当综合考虑土地原用途、土地资源条件、土地产值、土地区位、土地供求关系、人口以及经济社会发展水平等因素,并至少每三年调整或者重新公布一次。

农用地以外的其他土地、地上附着物和青苗等的征收补偿标准,由省、自治区、直辖市制定。县级以上地方人民政府应当将被征地农民纳入相应的养老等社会保障体系。被征地农民的社会保障费用主要用于符合条件的被征地农民的养老保险等社会保险缴费补贴。被征地农民社会保障费用的筹集、管理和使用办法,由省、自治区、直辖市制定。

从上述政策表达和相关法律的表述可以看出,我们国家在土地征收或征用补偿制度方面作出了多方面改革。例如,《土地管理法》以"区片综合地价"替代了"产值倍数法",同时为避免标准无法动态地反映地价,还明确规定了区片综合地价需要考虑的因素,并明确了相关公示制度。然而实践中,土地征收或征用涉及的法律问题比较复杂,还存在很多法学问题需要进一步研究。例如,公共利益内涵与外延的界定。又如,"区片综合地价"的确定应采取农地价格因素修正法、收益还原法、市场比较法、剩余法,还是在借鉴产值倍数法的基础上进行变通。[①] 又如,按照现行法律规定,补偿标准赋权于省、自治区、直辖市制度,然而,被授权的制定相关制度的机构应如何细化标准,还需要立法在中观制度上给予进一步指引。《民法典》基于其基本法的地位,无法对土地征收或征用的衍生制度作出细化规定,这就需要相关配套法律制度予以进一步补充与完善。

【司法适用】

本条在司法适用过程中需要注意的问题主要有三方面:一是用征收、征用的前提是公共利益,在案件审判过程中如何衡量公共利益,需要在参照现行法律规定的同时,参考国家政策对公共利益外延的拓展。二是补偿标准的确定,不仅要

① 参见方涧:《我国土地征收补偿标准实证差异与完善进路》,载《中国法律评论》2019年第5期。

依据国家法律规定，还要对土地补偿标准的地方立法进行权衡。三是补偿申请强制执行时，人民法院裁定不予执行的情形。参见最高人民法院《关于办理申请人民法院强制执行国有土地上房屋征收补偿决定案件若干问题的规定》第6条。

【司法案例】

甲公司与冉某承包地征收补偿费用分配纠纷案①

诉讼结论：土地上存在两个用益物权的，按照用益物权人取得土地的实际情况，以及用益物权人对土地从事的改良等实质性改善地力的活动来分配安置补助费。

法院认为：甲公司是土地使用权人，租赁期限自2011年1月1日至2026年12月31日。2012年12月3日，甲公司将该土地承包给冉某。双方在上诉法院的主要争议之一是关于安置补助费如何分配的问题。安置补助费是针对以土地为主要生产资料的集体经济组织中的成员因永久失去土地而进行的补偿。涉案争议的土地虽然由甲公司领取了土地使用权证，但土地性质仍然是国有土地，与集体土地性质有别。该土地系甲公司从某县国土资源局租赁而来，期限截至2026年12月31日，到期后甲公司是否继续租赁是不确定的，甲公司租赁该土地后第二年就转包给冉某，从承包地的年限来看，甲公司基本是整体转包土地，并且冉某与甲公司于2012年12月3日签订的协议明确写明有90亩熟地。由此来看，被征收的土地至少100亩是荒地，冉某已将土地改良为熟地，并种植杨树、枸杞，虽然冉某不能提交改良投入数额的证据，但是按农业生产的一般规律，将荒地改良为熟地必然产生较大的投入，并且征收行为也影响到冉某后续承包期内的可得利益的收入。虽然甲公司已取得国有土地使用权证，但转包给冉某后，冉某同样也享有涉案土地的使用权。综合以上情况，上诉法院酌定对于安置补助费按照双方各占一半进行分配。

第三百二十八条　依法取得的海域使用权受法律保护。

【条文主旨】

本条是关于海域使用权的法律保护的规定。

---

① 参见新疆维吾尔自治区博尔塔拉蒙古自治州中级人民法院（2017）新27民终607号民事判决书。

【条文理解】

本条与《物权法》第 122 条表述一致。海域使用权不具有单一性，而是一种集合性的物权，是一系列权利的总和，是指依法经批准获得的在一定期限内持续使用特定海域的排他性特许物权。我国在 1993 年《国家海洋使用管理暂行条例》（已失效）中第一次规定了“海域使用权”。2001 年我国出台《海域使用管理法》，以专章的形式规定了海域使用权。然而，《海域使用管理法》主要是从行政管理视角对海域使用权作出规定，属于行政权优化改革的结果，鲜少关注到海域使用权的私权属性。基于此，《物权法》以列举方式对海域使用权作出规定。《物权法》这种规定既不是设定新的物权，也不是为了完善海域使用权，而是为了明确海域使用权作为私权，受到物权法的保护。[①] 至于海域使用权的客体、效力、特征、流转、与渔业权和捕捞权等相关权利的冲突与协调，《物权法》并没有作出规定。因此，有学者提出，海域使用权应与建设用地使用权等并列为用益物权，建议以专章的形式规定海域使用权，对海域使用权作出系统性规定。最终，《物权法》没有对海域使用权专章规定，立法者可能主要考虑到海域使用权是一个综合性的权利，涉及利用海域从事建设工程、海水养殖、海底探矿采矿、旅游等多种活动。《物权法》根据土地的不同用途所产生法律关系的差异性，分别规定了土地承包经营权、建设用地使用权和宅基地使用权等具体用益物权，没有对土地使用权作综合规定。因此，如果对海域使用权专章规定，则可能导致用益物权体系的不平衡。《民法典》“物权编”编撰过程中，上述问题再次被学者提及，但考虑到《民法典》“物权编”的体系性，以及我国已有专项法律对海域使用权作出了规定，根据特别法优于普通法的原则，海域使用权首先应当适用《海域使用管理法》等相关法律的规定，《海域使用管理法》等系列特别法没有规定的，适用《民法典》“物权编”的有关规定。基于此，《民法典》“物权编”只是对海域使用权作了原则性的规定，确立了海域使用权用益物权的属性，明确了任何单位和个人使用海域必须依法取得海域使用权，依法取得的海域使用权受法律保护。结合《海域使用管理法》等特别法的相关规定，海域使用权的构成要素如下：

第一，海域使用权主体是单位和个人。根据《海域使用管理法》第 3 条的规定，海域属于国家所有，国务院代表国家行使海域所有权。任何单位或者个人不得侵占、买卖、或者以其他形式非法转让海域。单位和个人使用海域，必须依法取得海域使用权。

第二，关于海域使用权的客体。根据《海域使用管理法》第 2 条的规定，海域

---

① 参见王克稳：《论公法性质的自然资源使用权》，载《行政法学研究》2018 年第 3 期。

是中华人民共和国内水、领海的水面、水体、海床和底土。其中,内水是指中华人民共和国领海基线向陆地一侧至海岸线的海域。

第三,关于海域使用权的取得方式及期限。海域使用权取得的方式主要有三种:单位和个人向海洋行政主管部门申请、招标、拍卖。有关单位和个人使用海域的申请被批准或者通过招标、拍卖方式取得海域使用权后,海域使用权人应当办理登记手续。依照法律规定属于国务院批准用海的,由国务院海洋行政主管部门登记造册,向海域使用权人颁发海域使用权证书;属于地方人民政府批准用海的,由地方人民政府登记造册,向海域使用权人颁发海域使用权证书。海域使用申请人自领取海域使用权证书之日起,取得海域使用权。根据使用海域不同的用途,海域使用权最高期限分别为:养殖用海 15 年;拆船用海 20 年;旅游、娱乐用海 25 年;盐业、矿业用海 30 年;公益事业用海 40 年;港口、修造船厂等建设工程用海 50 年。

【司法适用】

本条的适用可参考温州市龙湾区人民法院(2010)温龙民初字第 400 号一审民事判决和温州市中级人民法院(2011)浙温民终字第 1094 号二审民事判决。[①]案件主要事实为:原告李某在没有办理海域使用证和养殖证的情况下,在新区开发建设管理委员会某街道办事处海边建设养殖海塘,2005 年新区开发建设管理委员会取得海域使用权,用于半岛工程及围涂工程建设。2007 年 11 月,新区开发建设管理委员会和某街道办事处通知李某,要求其在 11 月 11 日之前处理好养殖池内的水产和设施,并通知李某到政府领取补偿款。李某接到通知后并没有去领补偿款,新区开发建设管理委员会于 2007 年 11 月 12 日进场施工,填占李某鱼塘 2/5 面积并将其管理房拆除,李某遂起诉至法院。此案历经两审,需要注意的裁判要点有两方面:

其一,是案由的确定。一审法院认为此案属于海域使用权收回而产生的补偿纠纷,将案由确定为"财产损害赔偿纠纷"。二审法院认为本案是李某围垦海域用于养殖的滩涂因政府建设需要被征用引起的纠纷,纠纷的性质和适用的法律涉及《海域使用管理法》的有关规定,案由应定为"海域使用权纠纷",原判以"财产损害赔偿纠纷"为案由不当,二审予以纠正。可见,海域使用权在司法适用过程中,案由判断极易产生分歧。根据最高人民法院 2011 年民事案由规定,"海域使用权纠纷"位于第 3 部分"物权纠纷"中的第 7 条"用益物权纠纷"项下。甄别是否为海域使用权案由时,需要考量该案是否属于平等主体围绕海域用问题而产生的物

---

① 参见邹挺骞:《论海域使用权纠纷的审理及其裁判衡量》,载《法律适用》2014 年第 11 期。

权请求权纠纷,而不能简单地以补偿金额为由将其确定为债权纠纷项下的案由。

其二,在海域使用权与养殖权和捕捞权等权利相冲突时,如何衡平冲突权利的法律适用问题。由于本案中,李某所从事的养殖捕捞没有经过行政许可和合法审批,因此,新区开发建设管理委员会合法取得的海域使用权是具有当然的优先效力。如果海域使用权是与合法取得的养殖权和捕捞权发生竞合,司法裁判应如何适用法律,的确考验法官的智识。首先,《民法典》"物权编"均以明示的方式对两类权利作出明确规定;其次,调整海域使用权的《海域使用管理法》和调整养殖权和捕捞权的《渔业法》又是同位阶的法律。基于此,有的学者从法理视角进行剖析,认为捕捞权和养殖权属于民生手段,是维持权利人基本生活的保障,而海域使用权设置的目的是加强国家对海域的管理,故前者理应优于后者得到保障。也有法官从制度设置和用海实践的角度出发,认为在海域使用权的设立和行使过程中损害了渔业权的,需要给予渔业权人相应的赔偿。[①] 本书认为需要综合考量法律适用问题,如果能从证据视角得出两类权利生成的先后,那么后生成的权利侵犯了在先权利的,理应优先保障在先权利。如果从证据层面无法识别两类权利生成的先后,则需要从法理视角来定分止争。

第三百二十九条 依法取得的探矿权、采矿权、取水权和使用水域、滩涂从事养殖、捕捞的权利受法律保护。

【条文主旨】

本条是关于合法探矿权等权利的法律保护的规定。

【条文理解】

本条与《物权法》第123条表述一致。海域、矿藏、渔业、水等属于自然资源,具有稀缺性。基于此,国家加强对这些自然资源的特殊保护,对这些自然资源出台专门立法,从行政管理视角对其进行特殊规范。例如,根据《矿产资源法》规定,采矿权的取得需要政府相关部门的许可。与自然资源有关的权利多数是以行政许可的方式获得的,因此,探矿权、采矿权等权利可称为"准用益物权",或者称为"准物权"项下的"特许物权"。

前者的理由主要有两方面:一是采矿权等权利是对国家资源的占用、使用和收益,具有用益物权的属性。二是采矿权等权利与一般用益物权在权利取得方式

---

① 参见邹挺骞:《论海域使用权纠纷的审理及其裁判衡量》,载《法律适用》2014年第11期。

上存在差别:采矿权等权利的取得需要经国家相关部门的行政许可,适用自然资源的特别法和《行政许可法》,主要由公法调整;而一般用益物权来自所有权人的授权,遵循民事规则,主要由私法调整。基于此,"物权编"中列举的采矿权等权利属于"准用益物权"。

后者的理由在于采矿权等权利同占有制度一样,准用于《物权法》规定的物权,属于《物权法》规定的物权种类之外,处在各种典型权利类别夹缝中的物权。采矿权等权利需要经过行政特别许可,才能开发、利用自然资源,并获得收益的权利。因此,将这类权利进一步细化,称其为"准物权"项下的"特许物权"。

由于准用益物权既具有一般用益物权的占有、使用、收益等共性权能,又需要特别法进行调整,有些学者在《民法典》草案讨论过程中,对"准用益物权"是否要纳入"用益物权一般规定"持否定态度其主要理由是,从法体系视角来看,用益物权的一般规定无法包含准用益物权的特殊性,这种安排既有违法学体系逻辑又欠缺法律表达的科学性。基于此,《民法典》"物权编"应对"准用益物权"作专章规定,一方面可以细化每一项准用益物权的权利内容和法定义务,为司法裁判提供明确的裁判依据;另一方面还可以对物权法与特别法制度的衔接作出特别规定。

最终,《民法典》"物权编"并没有采纳上述学者的意见,仍然沿用《物权法》的规定。但仔细推敲上述学者的观点,本书认为,这些经行政批准而形成的用益物权,的确应该独立成章,或者结合现行《民法典》进行针对性立法,主要理由有三方面:一是仅用一个法条采取列举形式来规定准用益物权,无法涵盖新生准用益物权;二是将准用益物权置于一般用益物权项下,因无法对准用益物权共性法律制度进行特殊规定,致使准用益物权共性法律制度诉求在《民法典》"物权编"中无法得到有效的回应,不利于准用益物权私权制度的发展;三是一般用益物权主要是通过合同设立,而探矿权、采矿权、取水权等主要是通过行政主管部门许可设立。

在《民法典》"物权编"编纂过程中,除了上述问题之外,关于自然资源的物权条款应如何进行制度设计,也引发了学者们的深入讨论。一方面,考量《民法典》"总则编"中的绿色原则,将《民法典》"总则编"的绿色原则通过制度化安排在《民法典》各分编中加以贯彻;①另一方面,与自然资源有关的用益物权应以何种方式与自然资源特殊法相互调适,既能体现《民法典》与自然资源特殊法表达的体系性与协调性,又避免两者法条文设计重叠和凌乱,同时,在条文之间建立有效的逻辑

① 参见曹守晔:《以习近平生态文明思想指导民法典编纂》,载《人民法院报》2019年8月15日,第5版;吕忠梅、窦海阳:《民法典"绿色化"与环境法典的调适》,载《中外法学》2018年第4期。

联系,消除条文的冗余。鉴于《民法典》"物权编"与自然资源特别法的立法使命不同,《民法典》"物权编"沿袭了《物权法》的表达方式,承继《物权法》第123条的规定,对探矿权、采矿权、取水权和使用水域、滩涂从事养殖、捕捞的权利作出宣示性规定,至于探矿权、采矿权等自然权利的特殊性规定,由自然资源特别法结合自然资源对立法的特殊需求作出具体规定。简言之,民事权利作为基础权利,必要时需要公法予以救济,《民法典》"物权编"难以完成对自然资源相关权利的修补,需要自然资源特别法协同配合。① 诚如有些学者所言,矿业权、水权等准物权的公权色彩强烈,而欲理想地规制每种准物权问题,离开行政法律制度是不可想象的。②

1. 探矿权与采矿权的规定

探矿权是指在依法取得的勘查许可证规定的范围内,勘查矿产资源的权利。采矿权是指在依法取得的采矿许可证规定的范围内,开采矿产资源和获得所开采的矿产品的权利。我们国家早在1986年就在《民法通则》中对采矿权作出宣示性规定:国家所有的矿藏,可以依法由全民所有制单位和集体所有制单位开采,也可以依法由公民采挖。同年颁布的《矿产资源法》也从行政管理视角对探矿权和采矿权作出明确规定,即国家保护合法的探矿权和采矿权不受侵犯。勘查矿产资源,必须依法登记。开采矿产资源,必须依法申请取得采矿权。我们国家在1996年和2009年修正了《矿产资源法》,并从行政管理视角对探矿权与采矿权的取得、行使和转让制度进行了完善。

一是取得探矿权与采矿权的规定。按照现行《矿产资源法》的相关规定,勘查、开采矿产资源,必须依法分别申请、经批准取得探矿权、采矿权,并办理登记。国家实行探矿权、采矿权有偿取得制度;但是,国家对探矿权、采矿权有偿取得的费用,可以根据不同情况规定予以减缴、免缴。

二是行使探矿权与采矿权的规定。按照现行《矿产资源法》规定,矿床勘探必须对矿区内具有工业价值的共生和伴生矿产进行综合评价,并计算其储量。开采矿产资源,必须采取合理的开采顺序、开采方法和选矿工艺。矿山企业的开采回采率、采矿贫化率和选矿回收率应当达到设计要求。

三是转让探矿权、采矿权的规定。1986年《矿产资源法》曾明确规定,采矿权不得买卖、出租,不得用作抵押。买卖、出租采矿权或者将采矿权用作抵押的,没

---

① 参见吕忠梅:《论环境法的沟通与协调机制——以现代环境治理体系为视角》,载《法学论坛》2020年第1期。

② 参见崔建远:《准物权研究》,法律出版社2003年版,第14页。

收违法所得，处以罚款，吊销采矿许可证。现行《矿产资源法》虽然仍禁止将探矿权、采矿权倒卖牟利，但是已经允许对探矿权、采矿权进行有条件地转让。主要条件有两方面：一方面，探矿权人有权在划定的勘查作业区内进行规定的勘查作业，有权优先取得勘查作业区内矿产资源的采矿权。探矿权人在完成规定的最低勘查投入后，经依法批准，可以将探矿权转让他人。另一方面，已取得采矿权的矿山企业，因企业合并、分立，与他人合资、合作经营，或者因企业资产出售以及有其他变更企业资产产权的情形而需要变更采矿权主体的，经依法批准可以将采矿权转让给他人。

2. 取水权的规定

取水权是指权利人利用取水工程或者设施直接从江河、湖泊或者地下取用水资源的权利。取水权的实质是赋予取水权人以财产权，从而促使人们珍惜和合理利用水资源。[①] 取水权具有广义与狭义之分，广义的取水权包括汲水权、引水权、水力水权、航运水权、竹木流放水权和排水权等，狭义的取水权是指汲水权和引水权等。我国现行《水法》采用了广义取水权。为了更好地规范取水权，我们国家出台了《水法》《取水许可和水资源费征收管理条例》《取水许可管理办法》等系列法律法规[②]，从资源配置和行政管理的角度对取水权的取得、行使、转让等作出系统的规定。

一是取水权的取得。按照现行法律规定，取水权分为特许取水权和法定取水权。特许取水权是指按照《水法》等相关法律法规规定，国家对水资源依法实行取水许可制度和有偿使用制度。法定取水权主要是指在法定情况不需要申请领取取水证的权利。其中，法定情况主要是下列三种情况：(1)农村集体经济组织及其成员使用本集体经济组织的水塘、水库中的水的；(2)为家庭生活和零星散养、圈养畜禽饮用等而少量取水的；(3)为保障矿井等地下工程施工安全和生产安全必须进行临时应急取(排)水的，和为消除对公共安全或者公共利益的危害临时应急取水的，虽然不需要取水许可证，但应当及时报县级以上地方人民政府水行政主管部门或者流域管理机构备案，为农业抗旱和维护生态与环境必须临时应急取水的，应当经县级以上人民政府水行政主管部门或者流域管理机构同意。

二是取水权的行使。现行法律对取水权行使的期限、取水量以及取水权行使

---

① 参见陈广华、黄野：《民法典视阈下水权制度之检讨与重构》，载《西部法学评论》2018 年第 2 期。

② 1988 年通过《水法》，2002 年进行修订，2009 年和 2016 年进行第一次和第二次修正。《取水许可和水资源费征收管理条例》于 2006 年发布，并于 2017 年修订。《取水许可管理办法》于 2008 年发布，并于 2015 年和 2017 年进行修正。

范围作出了明确规定。其中,通过许可取得的取水权具有期限性。按照《水法》等相关法律规定,取水许可证有效期限一般为5年,最长不超过10年。有效期届满,需要延续的,取水单位或者个人应当在有效期届满45日前向原审批机关提出申请,原审批机关应当在有效期届满前,作出是否延续的决定。取水单位或者个人应当缴纳水资源费。至于取水量,现行法律作出宏观规定,取水单位或者个人应当按照经批准的年度取水计划取水。超计划或者超定额取水的,对超计划或者超定额部分累进收取水资源费。至于取水权行使范围,由于任何权利的行使都有一定的相对性,任何单位和个人引水、截(蓄)水、排水,不得损害公共利益和他人的合法权益。

三是取水权的转让。根据现行《取水许可和水资源费征收管理条例》的相关规定,依法获得取水权的单位或者个人,通过调整产品和产业结构、改革工艺、节水等措施节约水资源的,在取水许可的有效期和取水限额内,经原审批机关批准,可以依法有偿转让其节约的水资源,并到原审批机关办理取水权变更手续。具体办法由国务院水行政主管部门制定。从上述规定可以看出,取水权转让制度具有浓厚的公法属性,受行政权力影响较大,虽然水资源承载着公共利益,不能完全交由市场对水资源进行配置,但是这并不意味着要放弃市场手段,应将政府与市场两种手段有机结合,因此,相关立法部门还需要从私权视角强化取水权转让制度。①

3. 使用水域、滩涂从事养殖、捕捞的权利的规定

从权利表达规范的视角来看,使用水域、滩涂从事养殖、捕捞的权利,并不是一个民事权利的表达,可以分解为养殖权和捕捞权,也有学者将这两个权利归纳为渔业权。② 然而,截至目前,我国虽然有《渔业法》,但是鉴于养殖权与捕捞权存在很大的差异性,《渔业法》并没有将两者界定为渔业权,也没有将"渔业权"作为一项明确的权利加以规范。为了避免人们对养殖权和捕捞权产生混同认知,本书根据《渔业法》的相关规定,分别对养殖权和捕捞权作系统地分析。

养殖权是指权利人依法在国有、集体的水面、滩涂从事养殖活动并排斥他人干涉的权利。根据《渔业法》的相关规定,国家对水域利用进行统一规划,确定可以用于养殖业的水域和滩涂。单位和个人使用国家规划确定用于养殖业的全民所有的水域、滩涂的,使用者应当向县级以上地方人民政府渔业行政主管部门提

---

① 参见梁忠:《新中国成立70年来中国水权制度建设的回顾与展望》,载《中国矿业大学学报》(社会科学版)2019年第5期。

② 参见孙宪忠主编:《中国渔业权研究》,法律出版社2006年版,第11页。

出申请,由本级人民政府核发养殖证,许可其使用该水域、滩涂从事养殖生产。集体所有的或者全民所有由农业集体经济组织使用的水域、滩涂,可以由个人或者集体承包,从事养殖生产。县级以上地方人民政府在核发养殖证时,应当优先安排当地的渔业生产者。

捕捞权是指权利人依法按照捕捞许可证规定的水域范围和期限从事捕捞作业的权利。[①] 捕捞权的内涵涉及捕捞许可证、水域范围和期限两方面问题。

一是捕捞许可证。渔业捕捞许可证是国家批准从事捕捞生产的证书。从事捕捞生产的单位和个人,必须向县级以上主管部门提出申请,取得渔业捕捞许可证后,方可进行作业。

由于渔业捕捞作业水域不同,不同的捕捞作业类型涉及的捕捞品种和渔船马力大小也有差异。因此,捕捞许可证实行分级审批管理制度,针对不同捕捞区域赋权不同行政机构发放捕捞许可证,主要分为三种情况:(1)单位和个人到中华人民共和国与有关国家缔结的协定确定的共同管理的渔区或者公海从事捕捞作业的捕捞许可证,由国务院渔业行政主管部门批准发放。(2)海洋大型拖网、围网作业的捕捞许可证,由省、自治区、直辖市人民政府渔业行政主管部门批准发放。(3)其他作业的捕捞许可证,由县级以上地方人民政府渔业行政主管部门批准发放。但是,批准发放海洋作业的捕捞许可证不得超过国家下达的船网工具控制指标,具体办法由省、自治区、直辖市人民政府规定。

二是捕捞权行权水域范围和期限。捕捞权行权的水域范围是指我们国家享有所有权的水域,至于在公海、经济毗连区等我国不享有国家所有权的水域从事的捕捞行为,《渔业法》可以对此进行调整,但不属于物权法调整的范畴。捕捞权的期限为 5 年。

为了避免捕捞权滥用,《渔业法》明确规定捕捞许可证不得买卖、出租和以其他形式转让,不得涂改、伪造、变造。如果捕捞权人到他国管辖海域从事捕捞作业的,应当经国务院渔业行政主管部门批准,并遵守中华人民共和国缔结的或者参加的有关条约、协定和有关国家的法律。

从以上规定可以看到,《矿产资源法》《水法》《渔业法》等单行法律对相关权利都作了较为全面的规定。但是,由于这些法律多是从行政管理的角度对权利进行规范,这些权利的物权属性并不明确,财产权利的内容并不完善,更缺少对这些权利相应的民事救济措施。因此,实践中也出现了一些侵犯权利人合法权益的行为,例如,内水的传统捕捞区被改变用途后,从事捕捞的渔民无法得到相应的补偿

---

① 参见王利明:《物权法研究》(下卷),中国人民大学出版社 2007 年版,第 310 页。

和安置。所以,《物权法》对这些自然资源的私权保障作出衔接性的规定,明确这些权利受《物权法》以及相关法律的保护。《民法典》"物权编"承袭《物权法》的表述,对上述自然资源的私权作出统摄性规范。当《民法典》"物权编"的规定与自然资源特别法产生适用竞合时,根据特别法优于普通法适用的原则,探矿权、采矿权,取水权,利用水域、滩涂从事养殖、捕捞的权利,应当首先适用矿产资源法、水法等法律的规定,《矿产资源法》《水法》《渔业法》等法律没有规定的,适用本法的有关规定。

从《民法典》"物权编"对自然资源权利的宣示性回应可以看出,处理好人与自然的关系,不仅仅是自然资源法律独有问题,也是《民法典》必须直面的问题。然而,随着社会的发展,与自然资源有关的权利不仅包括前述这四项,一些新型权利也不断涌出,如土地开发权、填海造地权、无居民海岛使用权、排污权等新型权利。这些新型自然权利同探矿权、采矿权等权利一样,也会产生在《民法典》"物权编"寻求私权定位的诉求,然而,现行《民法典》"物权编"仅罗列四种自然资源权利,并没有采取"等"这种兜底立法表达技术来回应新型自然资源权利对私法表达的诉求,这一点也是《民法典》"物权编"这一条文在设计过程中存在的不足之一。

【司法适用】

本条涉及的司法解释主要三个,分别是:2016 年公布的最高人民法院《关于审理发生在我国管辖海域相关案件若干问题的规定(一)》,2016 年最高人民法院《关于审理发生在我国管辖海域相关案件若干问题的规定(二)》,2016 年最高人民法院、最高人民检察院《关于办理非法采矿、破坏性采矿刑事案件适用法律若干问题的解释》,这些司法解释通过对相关法律条文的解释,在一定程度上弥补《物权法》与《矿产资源法》等特别法规定的不足与欠缺,解决了自然资源权利法律适用中的一些问题。

本条在司法适用过程中应注意以下两点:一是案由的确定。采矿权、探矿权、取水权、捕捞权和养殖权等自然资源权利,在一般情况下,通过行政许可的方式获得。因此,此类案件在立案时,需要法院认真甄别案由,结合案情来确定是民事案件案由还是行政案件案由。二是本条与《矿产资源法》《水法》《渔业法》等特别法的衔接适用问题。法院在撰写自然资源用益物权纠纷案件的裁判文书时,需要注意援引法律依据的顺序,应先援引本条规定,然后再援引自然资源特别法的相关规定。

【司法案例】

甲公司诉乙公司用益物权纠纷案[①]

诉讼结论:探矿权的私法权益受到损害,通常情况下,案由应确定为用益物权纠纷。同时,探矿权本身具有财产价值,因此,探矿权人的权益受到侵犯,应予以赔偿。

法院认为:本案案由应定为用益物权纠纷。原告甲公司享有的探矿权系依法定程序取得,其获得的探矿权及其相应的收益权应受法律保护。原告甲公司因征收丧失探矿权时,其应当获得相应价值的补偿,该价值为市场经济价值,即权利人因丧失探矿权而未获得的财产性收益。被告主张,探矿权没有转化为采矿权,没有价值,根据国土资源部《关于进一步做好建设项目压覆重要矿产资源审批管理工作的通知》(国土资法〔2010〕137 号)的规定,不对立项之后获得的矿业权进行赔偿。137 号文件系行政机关的指导性文件,在案涉公路建设项目立项时,该探矿权就已经存在,原告系经转让获得该矿业权,该矿业权并非立项后新设取得,故对被告的该辩称不予采信。由于探矿权系用益物权,其具有自身的价值。因此,对被告关于探矿权没有价值的辩称亦不予采信。

---

① 参见贵州省贵阳市中级人民法院(2017)黔 01 民初 827 号民事判决书。

第十一章　土地承包经营权

土地承包经营权，是指农村集体经济组织成员对集体所有或国家所有的耕地、林地、草地等农业土地，采取家庭承包、公开协商等方式进行承包，依法对所承包的土地进行占有、使用、收益以及转让经营的用益物权。土地承包经营权制度在我国具有近四十年的发展历史，该制度调动了广大农民的生产积极性，有效地解决了农民的温饱问题，促进了农业和农村的发展。然而，随着农业向效率化、规模化、集约化和现代化发展，国家顺应农民保留置土地承包权、流转土地经营权的意愿，提出"三权分置"改革，不断发布相关政策来引导此项改革，并修订相关法律固化相关改革成果，引导"三权分置"制度规范化发展。《民法典》结合 2018 年修订的《农村土地承包法》和相关政策，完善了土地承包经营权制度，增加了土地经营权相关规定，对国家农地"三权分置"改革作出有效的回应，更好地维护农民集体、承包方、土地经营权主体的权益，促进土地资源合理利用，发展多种形式适度规模经营，进而推动现代农业发展，并促进乡村振兴。

第三百三十条　农村集体经济组织实行家庭承包经营为基础、统分结合的双层经营体制。

农民集体所有和国家所有由农民集体使用的耕地、林地、草地以及其他用于农业的土地，依法实行土地承包经营制度。

【条文主旨】

本条是关于双层经营体制与土地承包经营制度的规定。

【条文理解】

本条与《物权法》第 124 条表述一致。

《宪法》第 8 条第 1 款中规定："农村集体经济组织实行家庭承包经营为基础、

统分结合的双层经营体制。"《农村土地承包法》第 1 条亦有类似的表述。统分结合的双层经营体制是我国农村集体经济组织的基本经营体制,提高了农民的生产积极性,解放了农村的生产力,完善了农地的产权激励机制。其中,"统分结合"主要体现在两方面:一是生产资料的"统"与"分";二是生产活动的"统"与"分"。

一是生产资料的"统"与"分"。"统"表现为农村土地所有权属于农村集体经济组织所有,"分"主要表现为农村土地采取承包的方式发包给农村集体经济组织成员分户经营。

二是生产活动的"统"与"分"。生产活动主要体现在双层经营层面。第一层经营是家庭经营,属于基础经营。第二层经营是由农村集体经济组织统一经营,由农村集体经济组织为农户统一提供生产服务。

近年来,国家发布多项政策来推进统分结合下的双层经营体制的发展。[①] 例如,党的十八届三中全会提出,坚持家庭经营在农业中的基础性地位,推进家庭经营、集体经营、合作经营、企业经营等共同发展的农业经营方式创新。再如,党的十九大报告再次强调,巩固和完善农村基本经营制度,培育新型农业经营主体,健全农业社会化服务体系,实现小农户和现代农业发展有机衔接。在系列政策的引导下,各地经营模式创新为双层经营体制赋予了新内涵。在"统"的机制下设计"分"的内容,"统"的主体由行政色彩浓厚的农村集体经济组织向市场化的、多元化的新型农业经营主体转变,或是为农户提供生产性服务,或与农户组建生产合作组织,既解决农户生产服务需要,又形成新的产业形态,同时,积极探索"分"的多种模式,在坚持家庭经营的基础上,探索农户分散经营与农业组织规模化服务、农户委托经营与农业组织规模化服务、农户流转土地与农业组织规模化经营。[②] 使统分结合的双层经营能够一方面稳定土地承包关系,激发"分"的经济活动,另一方面重点创新"统"的实现方式,解决农民承包地经营规模过小和农业规模经营

---

① 2013 年中央农村工作会议提出,加快构建以农户家庭经营为基础、以社会化服务为支撑的立体式复合型现代农业经营体系。2014 年中央一号文件提出加快构建新型农业经营体系。2015 年中央一号文件提出创新土地流转和规模经营方式,积极发展多种形式适度规模经营。2016 年中央一号文件提出在坚持农户家庭经营的基础上,进一步强调发挥多种形式农业适度规模经营。2017 年中央一号文件提出研究建立农业适度规模经营评价指标体系,引导规模经营健康发展。2018 年中央一号文件提出促进小农户和现代农业发展有机衔接。2019 年中央一号文件强调坚持家庭经营基础地位,并赋予双层经营体制新的内涵。

② 参见周振、孔祥智:《新中国 70 年农业经营体制的历史变迁与政策启示》,载《管理世界》2019 年第 10 期。

程序不足等难题,既不搞大集体制度,又不搞私有化制度。①

土地既是农业最基本的生产要素,又是农民最基本的生活保障。因此,本条廓清了土地承包经营权所涉及的农村土地范围,即农民集体所有和国家所有、由农民集体使用的耕地、林地、草地以及其他用于农业的土地。② 为了真正发挥土地承包经营权"物尽其用"的作用,现行法律对农村土地采取了"家庭承包和以招标、拍卖、公开协商等方式的承包"这一分类承包经营模式。

家庭承包是指以农村集体经济组织的农户(可以是一人)为生产经营单位,与发包方建立承包关系,承包耕地、林地、草地等用于农业生产经营的土地,按户承包、按人分地、无偿获得土地的经营形式。此种方式能够保障每一位农村集体经济组织的成员,都有权利平等地获得承包农村土地,其实质是一种社员权。

其他方式的承包是指不宜采取家庭承包方式的"四荒"等地农村土地,以自愿、公开和公正的原则通过招标、拍卖、公开协商等方式承包经营。其他方式的承包与家庭承包相比,主要有四方面不同:(1)主体不同。家庭承包的主体只能是农村集体经济组织内部成员。其他方式承包的承包方不局限于农村集体经济组织内部成员,非本集体经济组织成员的外村农户、其他组织等从事农业生产经营者均可以依据法律或合同取得承包资格。(2)承包方式不同。家庭承包只能采取承包合同的形式承包经营。其他方式的承包可以采取招标、拍卖、公开协商的方式承包经营。(3)承包对象不同。家庭承包的对象是集体经济组织范围内的耕地、林地和草地,而其他方式承包的是"荒山、荒沟、荒丘、荒滩"等四荒土地。(4)取得的权利不同。家庭承包取得的是土地承包经营权,而其他方式的承包取得的是土地经营权。③

【司法适用】

本条文涉及的司法解释条款主要有《农村土地承包纠纷司法解释》第1条、第3条和第4条。本条文在司法适用过程中需要注意两方面问题:一是涉及农村土地采取家庭承包方式的,诉讼主体只能是农户,而不能是家庭中的个人,具体见案例一;二是土地承包经营权所涉及的土地必须是农业用地,其他土地不能取得土

① 参见董志勇、李成明:《新中国70年农业经营体制改革历程、基本经验与政策走向》,载《改革》2019年第10期。

② 本条中的"用于农业的土地",主要是指一些其他用于农业的土地,如荒山、荒丘、荒沟、荒滩等"四荒地"。

③ 2018年修正的《农村土地承包法》第49条规定,以其他方式承包农村土地的,应当签订承包合同,承包方取得土地经营权。当事人的权利和义务、承包期限等,由双方协商确定。以招标、拍卖方式承包的,承包费通过公开竞标、竞价确定;以公开协商等方式承包的,承包费由双方议定。

地承包经营权,具体见案例二。

【司法案例】

案例一

张某玉与张某瑞返还原物纠纷上诉案[①]

诉讼结论:农村土地采取家庭承包模式进行承包的,家庭成员个体在家庭承包期间,不能主张分割承包土地。

法院认为:张某玉与张某瑞属于一家人,张某玉于1998年作为户主承包浚县钜桥镇华破屯村承包地6.9亩,该地属于张某玉等6名家庭成员的土地。张某玉一审起诉请求张某瑞返还2.3亩责任田,一审法院认为张某玉请求张某瑞返还土地的请求系家庭成员之间对土地承包经营权进行分割而发生的纠纷,双方之间的纠纷既不是土地承包经营权纠纷,也不是农村土地承包合同纠纷,不属于人民法院的受案范围,故对此不予处理。张某玉不服此判决提出上诉,二审法院认为张某玉与张某瑞属于一个农户的家庭内部成员,共同承包土地,并非张某玉个人承包,张某玉请求张某瑞返还2.3亩责任田无法律依据,该上诉理由不能成立,应予驳回。

案例二

王甲、王乙、王丙诉甲县人民政府注销土地承包经营权证决定案[②]

诉讼结论:同一宗土地,相关行政部门已颁发国有土地使用证,其他部门再颁发承包经营权证,属于不当行政行为,应予撤销。

法院认为:本案争议的土地,在1986年5月10日即由宋某丈夫等人同意,并经甲县乙乡人民政府、乙乡土地管理所批准,办理了农建字第6号建筑执照,该争议土地已依法属于建设用地,不再具备农业生产条件。2007年1月15日,甲县人民政府为宋某颁发定国用(2007)第0117号国有土地使用权证,确认该争议土地使用权属于宋某。在上述国有土地使用证未被依法撤销或变更的情况下,甲县人民政府又于2008年将争议土地登记在三上诉人的农村土地承包经营权证中,前后自相矛盾,显属错误。同一宗土地,甲县人民政府为宋某颁发国有土地使用证在前,为三上诉人颁发承包经营权证在后,其注销后颁发的三上诉人承包经营权

---

① 参见河南省鹤壁市中级人民法院(2018)豫06民终65号民事判决书。

② 参见安徽省高级人民法院(2011)皖行终字第00026号行政判决书。

证的行为并无不当。从这个案例可以看出,用于承包经营的土地必须是农民集体所有或者国家所有、依法由农民集体使用的用于农业活动的土地。

第三百三十一条　土地承包经营权人依法对其承包经营的耕地、林地、草地等享有占有、使用和收益的权利,有权从事种植业、林业、畜牧业等农业生产。

【条文主旨】

本条是关于土地承包经营权人享有基本权利的规定。

【条文理解】

本条与《物权法》第125条表述一致。本条涉及两方面内容:一是土地承包经营权人的内涵;二是土地承包经营权人的具体权限。

1. 土地承包经营权人的内涵

土地承包经营权人是本条权利的主体,因此,土地承包经营权人内涵的界定,直接关系到本条的调整对象。然而,《民法典》"物权编"并没有对土地承包经营权人的内涵作出界定,基于此,我们必须结合《农村土地承包法》来对土地承包经营权人的内涵作出归纳。根据《农村土地承包法》的相关规定,土地承包经营权人是依法对农村集体经济组织的耕地、林地、草地进行承包的农村集体经济组织成员。之所以如此界定土地承包经营权人,主要有两方面理由:

一是正向推导。根据承包方式的分类可以推导出土地承包经营权人为集体经济组织成员。根据《农村土地承包法》第2条和第3条第1款可以看出,我国对农村土地的承包采取分类承包方式,即家庭承包方式和其他承包方式,其中家庭承包方式针对的承包对象是耕地、林地和草地。根据《农村土地承包法》第16条的规定,家庭承包的承包方是本集体经济组织的农户。而根据《农村土地承包法》第5条的规定,农村集体经济组织成员具有依法承包本集体经济组织发包农村土地的权利。其第24条第2款规定,土地承包经营权证或者林权证等证书应当将具有土地承包经营权的全部家庭成员列入。由此可见,农村土地承包经营权人就是农村集体经济组织成员。

二是反向逆推。为了区别家庭承包方式与其他承包方式,《农村土地承包法》以专章的形式对"其他方式的承包"作出规定。不宜采取家庭承包方式的荒山、荒沟、荒丘、荒滩等农村土地,通过招标、拍卖、公开协商等方式承包,同时,以其他方式承包农村土地的,应当签订承包合同,承包方取得土地经营权。从这些规定可以看出，采取其他方式承包的承包人获得是土地经营权，而不是土地承包经营权，进而可以推导出本条所调整的主体不包括“其他方式承包的主体”，只能是家庭承包的土地承包经营权人。

2. 土地承包经营权人的具体权限

根据本条的表述，土地承包经营权人对其承包的土地依法享有占有、使用和收益等权利。这些具体权利属于土地承包经营权人的法定权利，任何组织和个人不得剥夺和侵害。

一是占有的权利。占有权是指土地承包经营权人对其承包的土地具有在事实上进行管领的权利。占有权是土地承包经营权人实施使用权和收益权的前提。土地承包经营权人如果不对承包地进行占有，就无法在其上从事农业生产。

二是使用的权利。使用权是指土地承包经营权人对其承包的土地，按照承包地的自然属性、法定和合同约定的用途进行使用的权利。土地承包经营权人从事承包行为的目的，就是在承包土地上从事种植业、林业、畜牧业等农业生产。因此，本条中某些表述有些重复："使用"包含了本条后半部的"有权从事种植业、林业、畜牧业等农业生产"的表述，承包的目的便是从事农业生产，而且从《农村土地承包法》的相关规定来分析，并没有对"使用"和"从事农业生产"进行分别论述。简言之，《农村土地承包法》中的"使用"内含"从事农业生产"行为。这一点可以从《农村土地承包法》的多处表达推导出来。例如，根据《农村土地承包法》第10条的规定，农村土地承包经营应当遵守法律、法规，保护土地资源的合理开发和可持续"利用"。未经依法批准不得将承包地用于非农建设。根据第18条的规定，承包方具有维持土地的农业用途、未经依法批准不得用于非农建设的义务。根据第15条的规定，发包方应尊重承包方的生产经营自主权，不得干涉承包方依法进行正常的生产经营活动。如果按照《农村土地承包法》的规定，《民法典》似乎没有必要对"使用权"与"从事农业生产"进行分别表述，因为从法技术视角来看，广义使用权的外延包涵"从事农业生产"，而且《民法典》作为基本法，应该以抽象简练的语言来概括相关权限，没有必要进行重复性规定。然而，考虑到"农业非农用"的社会问题和相关法律规定，《民法典》作为基本法，有必要对"农地农用"作出宣示性规定，倡导土地承包经营权人"农地农用"，以保障农业持续稳定的发展。

三是收益的权利。收益权是土地承包经营权人获取承包地上产生收益的权利。收益权是用益物权人一项重要的权能。我们国家近些年在农村进行了系列土地改革，提高农民收益就是这系列改革的目标之一。

例如，2013年党的十八届三中全会作出中共中央《关于全面深化改革若干重大问题的决定》，鼓励和督促我国农民对土地的利用，保障农民享有更为充分的土地收益权。2017 年党的十九次全国代表大会上的报告《决胜全面建成小康社会夺取新时代中国特色社会主义伟大胜利》提出，保障农民财产收益是实施乡村振兴战略之一。2019 年中央一号文件提出发展壮大乡村产业，拓宽农民增收渠道。2020 年中央一号文件提出发展富民乡村产业，建立健全农民分享产业链增值收益机制。

同时，我们国家修订《农村土承包法》，对"三权分置"政策进行法制化转变，并在《民法典》中对土地经营权制度进行强化，通过完善法律制度的方式来明确农民的相关权益，促进农村土地采取多种模式经营，进而增加农民的实质收益。

【司法适用】

本条在司法适用过程中需要注意以下三点：

第一，关于土地承包经营权人享有基本权利的司法解释条款主要有《农村土地承包纠纷司法解释》第 1 条。根据这一规定，承包经营权侵权纠纷属于人民法院应当依法受理民事纠纷案件范围，以依法保障土地承包经营权人对承包土地占有、使用和收益的合法权益。

第二，土地承包经营权人在没有经过法定程序批准的情况下，不得在承包土地上从事非农生产经营。

第三，农村土地承包经营纠纷仲裁与诉讼的衔接，主要涉及四方面问题。问题一，同一诉讼受理问题。农村土地承包仲裁委员会以过仲裁诉讼时效为由驳回当事人申请，当事人就同一纠纷提起诉讼，人民法院应予受理。问题二，生效仲裁调解书再次起诉问题。农村土地承包仲裁委员会作出裁决书 30 日之后或签收仲裁调解书后，当事人就同一纠纷再次向人民法院诉讼的，裁定不予受理，已受理的，裁定驳回起诉。问题三，未生效仲裁裁决书诉讼问题。当事人在收到仲裁裁决书 30 日内，向人民法院提起诉讼，请求撤销仲裁裁决的，人民法院应当告知当事人就原纠纷提起诉讼。问题四，生效调解书、仲裁裁决书执行问题。发生法律效力的调解书、裁决书，当事人可以向被申请人住所地或者财产所在地的基层人民法院申请执行，受理申请的人民法院应当依法执行。

【司法案例】

梁甲诉王某等土地承包经营权纠纷案[①]

诉讼结论：土地承包经营权人依法承包土地，并对承包土地享有收益权。

法院认为：被上诉人王某（原审原告）在一审时提供数份证据证明其对某某村

① 参见河南省洛阳市中级人民法院（2018）豫 03 民终 218 号民事判决书。

丰产方地块拥有1.2亩土地的承包经营权,被上诉人作为土地承包经营权人依法对其承包经营的耕地、林地、草地等享有占有、使用和收益的权利。因此,该块土地出租后,被上诉人依法应享有收取该块土地租金收益的权利,上诉人梁甲(原审被告)和梁乙(原审被告)将其分别占有王某0.4亩土地所产生的租金收益占为已有,侵犯了被上诉人的土地承包经营权,故一审判决并无不当,维持一审判决。

第三百三十二条　耕地的承包期为三十年。草地的承包期为三十年至五十年。林地的承包期为三十年至七十年。

前款规定的承包期限届满,由土地承包经营权人依照农村土地承包的法律规定继续承包。

【条文主旨】

本条是关于土地承包期的规定。

【条文理解】

与《物权法》第126条相比,本条删去了"特殊林木的林地承包期,经国务院林业行政主管部门批准可以延长"这一表述,并将"按照国家有关规定"改为"依照农村土地承包的法律规定"。

土地承包经营权是一种期限物权,土地承包期是农村土地承包经营权存续的期间。在此期间内,承包人享有土地承包经营权,依照法律的规定和合同的约定,行使权利和承担义务。土地承包期是土地承包制度的一项重要内容,享有较长的承包期也是承包经营权中的一项重要权利。这一点关系到农民是否可以享有长期而有保障的承包经营权,关涉到以家庭承包经营为基础、统分结合的双层经营体制的稳定和完善,同时还会影响到乡村振兴战略的实施,以及农村社会的和谐稳定。[①] 为此,我国多部中央政策对土地承包期作出引导性规定。例如,十九大提出,保持土地承包关系稳定并长久不变,第二轮土地承包到期后再延长30年。2020年中央一号文件再次强调,开展第二轮土地承包到期后再延长30年试点,在试点基础上研究制定延包的具体办法。

《农村土地承包法》第21条和《土地管理法》第13条分别对土地承包经营权的期限作出明确规定,那么,《民法典》是否还要对土地承包经营权的期限作出重

---

① 参见《中共中央　国务院关于保持土地承包关系稳定并长久不变的意见》,载《农村经营管理》2019年第12期。

述性规定？这个回答是肯定的。主要理由是:土地承包经营权期限属于其基本制度不可缺少的因素之一,因此,《民法典》作为规范物权的基本法,应该对土地承包经营权基本制度作出宏观规定。

同时,鉴于《民法典》基本法地位,以及其与《农村土地承包法》特别法适用衔接关系,《民法典》去除“特殊林木承包期”的表达,只对土地承包期的一般规定作出回应。至于土地承包期到期后是否需要延长等特殊问题,则从“特别法优先条款”[①]的方式进行规定。例如,按照《农村土地承包法》第21条第2款规定,前款规定的耕地承包期届满后再延长30年,草地、林地承包期届满后依照前款规定相应延长。

【司法适用】

本条涉及的司法解释主要有《农村土地承包纠纷司法解释》第7条规定,即承包合同约定或者土地承包经营权证等证书记载的承包期限短于《农村土地承包法》规定的期限,承包方请求延长的,应予支持。

【司法案例】

张某勇与史某兴等土地承包经营权纠纷上诉案[②]

诉讼结论:约定的土地承包期短于法定承包期,或承包期届满的,土地承包经营权人按照国家规定继续承包。

法院认为:本案被上诉人(一审原告)在一审中提交了土地承包合同和土地使用证,其中土地承包合同中约定的耕地承包期为15年,与法律规定的耕地承包期不符,但其从1999年开始进行第二轮土地承包,未进行调整,是对第一轮土地承包的延续,且五被上诉人(一审原告)与发包人在实际履行过程中仍按照原承包合同继续承包经营。根据《物权法》第126条规定和《农村土地承包纠纷司法解释》第7条规定,承包期届满,由土地承包经营权人按照国家规定继续承包。因此,判决五被上诉人仍享有承包经营权。

第三百三十三条 土地承包经营权自土地承包经营权合同生效时设立。

登记机构应当向土地承包经营权人发放土地承包经营权证、林权证等证书,并登记造册,确认土地承包经营权。

---

① 参见余文唐:《〈民法总则〉之特别法优先条款探辩——兼论公司清算义务人确定的法律依据》,载《福建法学》2019年第1期。

② 参见河北省沧州市中级人民法院(2017)冀09民终4640号民事判决书。

【条文主旨】

本条是关于土地承包经营权设立和登记的规定。

【条文理解】

本条与《物权法》第 127 条相比，将“县级以上地方人民政府”改为“登记机构”还将“、草原使用证”改为“等证书”。本条涉及土地承包经营权设立和登记两项制度。

1. 土地承包经营权设立制度

土地承包经营权自土地承包经营权合同生效时设立，无须备案和批准。对于土地承包经营权无须登记即设立的规定，有些学者在《物权法》生效后提出质疑，认为土地承包经营权事关农户及其他该权利人的重大利益，为了善意第三人免受不测的损害，对于土地承包经营权的设立应当采取登记成立要件主义。①

近些年，我国提出农村土地采取“落实农村土地集体所有权、稳定农户承包权、放活土地经营权”的“三权分置”改革，学者们再次提出土地承包经营权登记设立的学术主张。② 2018 年修订的《农村土地承包法》第 23 条明确规定，承包合同自成立之日起生效，承包方自承包合同生效时取得土地承包经营权。可见，2018 年修订的《农村土地承包法》并没有采纳学者们的意见。《民法典》“物权编”编撰过程中，有的学者再次提出在《民法典》“物权编”中采取土地承包经营权登记设立主义。③《民法典》最终采取《物权法》和《农村土承包法》的表达方式，主要考虑到四方面原因：

一是农村土地承包实际情况和登记制度现状。虽然农村土地承包经营权制度在我国实施近 40 年之久，但是由于农村土地承包经营权确权登记工作滞后于土地承包经营权合同订立工作，致使中央几次推进土地承包经营权确权登记工作，都进程缓慢。其中涉及历史遗留的法律关系错综复杂，非土地承包经营权确权登记改革一已之力能够完成。

二是土地承包经营权确权登记工作还没有实现承包土地信息联通共享，而且现在的土地确权登记属于行政确权，行政确权如何向民事物权登记转化，相关制度设计仍处于空白状态。

---

① 参见崔建远：《物权：规范与学说》（下册），清华大学出版社 2011 年版，第 516 页。

② 参见崔建远：《物权法》，中国人民大学出版社 2017 年版，第 222 ~ 278 页。

③ 参见陈华彬：《论编纂民法典物权编对〈物权法〉的修改与完善》，载《法治研究》2016 年第 6 期。单平基：《〈民法典物权编（草案）〉之土地承包经营权的评析和完善》，载《山东社会科学》2019 年第 2 期。

三是在土地承包经营权生成过程中并没有对登记产生制度诉求。一方面,按照《村民委员会组织法》第24条的规定,土地承包经营方案需要村民会议讨论决定方可办理。简言之,土地承包经营方案属于村民自治范畴。另一方面,村民之间处于熟人社会,彼此熟悉了解,承包地块的情况人所共知,具有公示作用,签订土地承包经营权合同的农民既没有将土地承包经营权登记的意识,也不存在将土地承包经营权登记生效的制度诉求。

四是法律表达体系性需求。虽然法律制度的生成分为诱致性生成路径和强制性生成路径,但是无论法律制度采取哪一种生成路径,均无法脱离其生成的制度环境。《民法典》选择土地承包经营权自土地承包经营权合同生效时设立的模式,主要考虑两方面法律体系性需求:一方面,《农村土地承包法》属于土地承包经营权的特别法,其明确规定承包合同生效时取得土地承包经营权;另一方面,《民法典》第209条和第214条明确规定,不动产物权的设立、变更、转让和消灭,经依法登记,发生效力;未经登记,不发生效力,但是法律另有规定的除外;依照法律应当登记的,自记载于不动产登记簿时发生效力。可见,按照《民法典》的规定,不动产物权生成不仅有登记一种形式,还存在非登记物权生效的情形。基于此,从法律体系性思维来分析本条的"土地承包经营权生成制度",其不仅与现行法律规范和其他社会规范的逻辑一致,而且也体现了法律本身的自洽性。

2. 土地承包经营权登记制度

本条在土地承包经营权登记制度设计上选择与《物权法》一致的物权登记对抗主义。仅将"县级以上地方人民政府"改为"登记机构",主要考虑到《民法典》前后表达的一致性,以及《民法典》与政策引导、其他法律表达的统一性。

《民法典》前后表达的一致性主要体现在,《民法典》"物权编"第210条、第212条和第216条均将不动产登记的主体表述为"登记机构"。简言之,《民法典》"物权编"的"一般规定"将负责不动产登记的主体定位于"登记机构",那么,土地承包经营权作为用益物权的一个基本制度,理应与前述一般规定保持一致。

《民法典》与政策引导、其他法律表达的统一性主要表现为其与中央政策、《农村土地承包法》和《土地管理法》等法律法规的统一性。2018年,党的十九届三中全会通过中共中央《关于深化党和国家机构改革的决定》和《深化党和国家机构改革方案》,以国家治理体系和治理能力现代化为导向,以推进党和国家机构职能优化协同高效为着力点,进行国务院机构改革,取消国土资源部,组建自然资源部,并对自然资源部的职能重新定位。

《农村土地承包法》和《土地管理法》从行政管理视角对土地承包经营权的登记作出规定,并将国务院机构改革内化于法律当中。其中,《农村土地承包法》第

24 条规定:“……登记机构应当向承包方颁发土地承包经营权证或者林权证等证书,并登记造册,确认土地承包经营权……”同时,《土地管理法》第 12 条规定采取“特别法链接”的表达方式,明确土地使用权的登记依照有关不动产登记的法律、行政法规执行。而我国专门调整不动产登记的法规主要是《不动产登记暂行条例》。2019 年 3 月 24 日国务院发布《关于修改部分行政法规的决定》(国务院令第 710 号),对《不动产登记暂行条例》第 15 条第 1 款进行修改,改为“当事人或者其代理人应当向不动产登记机构申请不动产登记”。由此可见,无论是《农村土地承包法》的特别立法,还是关于不动产登记的一般性法律及行政法规,均将负责不动产登记的主体定位于“登记机构”。基于此,《民法典》“物权编”从法律体系的视角出发,也将负责不动产登记的主体定位于“登记机构”,体现了法律表达的一致性与统一性,从宏观上完善土地承包经营权登记制度,使这些碎片化的法律规定形成制度合力,更好地保障农村土地承包经营权人的合法权益。诚如有学者所言:“没有法律的体系性就不可能有独立的法律,没有独立的法律就不可能有法律对思维和行为的调整。”①

【司法适用】

本条在司法适用程中涉及《农村土地承包纠纷司法解释》第 1 条第 2 款规定和第 7 条规定。在司法审判中需要注意以下三方面问题:一是集体经济组织成员因未实际取得土地承包经营权提起民事诉讼的,人民法院应当告知其向有关行政主管部门申请解决。二是土地承包经营权证书上记载的承包期短于《农村土地承包法》规定的期限,承包方请求延长的,应予以支持。三是乡规民约在土地承包经营权成立时的作用。由于农村乡规民约在一定程度上起到弥补法律的作用,法院在审理土地承包经营权登记案件时,如果现行法律没有明确规定,则还需要考量现行法律规定与乡规民约的衔接适用问题。如果现行法律对土地承包经营权登记存在明确规定,则依据现行法律规定进行定分止争。

【司法案例】

刘某川与甲村村民委员会农村土地承包合同纠纷上诉案②

诉讼结论:土地承包经营权取得的形式依据为农村土地承包合同,当其他形式材料与土地承包合同发生冲突时,应当依据土地承包合同约定内容定分止争。

法院认为:1983 年农村土地第一轮承包时,按照 4 口人、人均 1.2 亩地,上诉

---

① 参见陈金钊:《忘却体系的悲剧及其矫正》,载《上海政法学院学报(法治论丛)》2019 年第 5 期。

② 参见辽宁省大连市中级人民法院(2018)辽 02 民终 1419 号民事裁定书。

人刘某川分得7.66亩地,包括案涉三八厂东的1亩地。村委会建立台账,将其记录在刘某川名下。然而事实上,在1983年第一轮土地承包时,上诉人因入狱服刑,户口在监狱,不在村里,根本就没有分得土地,案涉土地从1985年开始一直由案外人刘某宽耕种。1999年第二轮土地承包时,村里与案外人刘某宽,签订了案涉土地的承包合同,由刘某宽承包耕种至今。一审法院根据《农村土地承包纠纷司法解释》第1条第2款规定裁定驳回刘某川的起诉,二审法院维持原判。法院认为,按照《物权法》第127条规定,土地承包经营权取得的依据是生效的承包合同,而不是村委会土地管理台账。同时,未实际取得土地承包经营权的纠纷不属于法院受理的民事案件。

第三百三十四条　土地承包经营权人依照法律规定,有权将土地承包经营权互换、转让。未经依法批准,不得将承包地用于非农建设。

【条文主旨】

本条是关于土地承包经营权物权流转的规定。

【条文理解】

本条与《物权法》第128条相比,在表述上对三方面进行了微调。

一是《物权法》第128条表述为"土地承包经营权人依照农村土地承包法"的规定,《民法典》改为"依照法律规定",如此修改体现了《民法典》的发展性与包容性。随着社会经济的发展,调整土地承包经营权人的法律不仅有《农村土地承包法》,还有《农村土地承包经营权流转管理办法》以及其他法律法规。

二是《物权法》第128条表述为"有权将土地承包经营权采取转包、互换、转让等方式流转",《民法典》改为"有权将土地承包经营权互换、转让"。《民法典》之所以去掉"转包"的表达,主要是从法技术视角进行考量,互换与换让都属于物权流转方式,而转包属于债权流转方式。两种不同的流转方式放到同一法条之内,一方面不利于物权流转方式特有制度的构建,另一方面也与《农村土地承包法》物权流转与债权流转分类规范不符。《农村土地承包法》第2章第4节以专节的形式对"土地承包经营权的保护和互换、转让"作出系统地规定,第2章第5节以专节的形式对土地经营权进行专节规定。

三是《物权法》第128条规定"流转的期限不得超过承包期的剩余期限",《民法典》将此表述删除。删除的主要原因有:本条只规定了土地承包经营权的物权流转方式,而"流转期限不得超过承包期的剩余期限"这一规定不仅适用于土地承包经营权物权流转方式,入股、转包、出租和土地信托等其他流转方式同样也适用此规定,简言之,此项规定不是仅针对土地承包经营权物权流转方式。就法律表达的严谨性和法技术性视角而言,去除此项表达,更能体现法律表达的严谨性和逻辑性。

本条主要涉及两方面法律问题:一是土地承包经营权物权流转方式;二是流转后承包地禁止使用范围的规定。

1. 土地承包经营权物权流转方式

土地承包经营权属于用益物权,是财产权的一种,其本身内含市场属性,具有资本逐利性,基于此,土地承包经营权必然具有进入市场进行流转的制度诉求。诚如前述对《民法典》第 331 条规定的分析所述,土地承包经营权是农村集体经济组织成员在承包农村集体经济组织土地过程中所产生的权利。近年来我国通过农业发展政策的引导,鼓励农村土地采取规模经营,以突破地块细碎化、低效化经营局面,促进农村土地向集约化、专业化和现代化发展。例如,中共中央办公厅、国务院办公厅于 2019 年 2 月印发《关于促进小农户和现代农业发展有机衔接的意见》,提出:“引导小农户开展合作与联合。支持小农户通过联户经营、联耕联种、组建合伙农场等方式联合开展生产……共享市场资源,实现互补互利……共同对接市场,提升市场竞争能力。”2019 年 11 月,中共中央、国务院发布《关于保持土地承包关系稳定并长久不变的意见》,提出:“各地可在农民自愿前提下结合农田基本建设,组织开展互换并地,发展连片种植。”

其中,互换是指同一集体经济组织的承包方,为了方便耕种或者为了各自需要,在向发包方备案的前提下,将其拥有的土地承包经营权进行相互交换的法律行为。互换从表面上看是地块的交换,但从性质上看,是由交换承包的土地引起的权利本身的交换。互换后,原有的发包人与承包人的关系变为发包人与互换后承包人的关系,涉及原有承包权利义务的主体的变更,因此,互换应当报发包人备案。

转让是指承包方征得发包方同意,将其拥有的未到期的全部或部分土地承包经营权让给本集体经济组织其他农户的法律行为。全部转让土地承包经营权的,承包人与发包人的土地承包关系即行终止,转让人也不再享有该土地承包经营权。这一点与互换不同,互换土地承包经营权,承包人与发包人的关系虽有变化,但互换土地承包经营权的双方只不过是对土地承包经营权所涉及的土地进行了置换,并未丧失该权利。土地承包经营权部分转让,只会导致土地承包经营权人的权利对象部分减少,但是不影响土地承包经营权人的承包主体身份。

在此需要注意的是,进城落户的承包农户选择将承包土地交回发包方的行为不属于转让。转让是将自己的东西或者合法权益让给他人，虽然土地承包经营权属于独立的财产权，但是其作为用益物权派生于集体土地所有权。因此，这种交回行为不属于转让。

互换与转让的不是流转土地承包经营权中的部分权能，而是土地承包经营权的全部权能，属于完整物权的流转。基于此，《民法典》将此两类归入同一法条进行调整，建构土地承包经营权物权流转制度，体现了立法的科学性和严谨性。

2. 流转后承包地禁止使用范围的规定

虽然土地承包经营权转让或者互换的行为是在同一农村集体经济组织内部进行，但是并不代表做出土地承包经营权转让或者互换行为后的农村土地承包经营权人，可以在转让或互换的土地上从事任何行为。因为做出土地承包经营权转让或者互换行为的土地承包经营权人仍然是集体经济组织的承包方，按照《农村土地承包法》第 11 条规定，未经依法批准不得将承包地用于非农建设。同时，《农村土地承包法》第 18 条明确规定，承包方有义务维持土地的农业用途，未经依法批准不得用于非农建设。从这里可以看出，《民法典》"物权编"作出的"未经依法批准，不得将承包地用于非农建设"制度设计，并不是《民法典》创新性规定，而是《农村土地承包法》不同法条整合之结果。

【司法适用】

本条涉及的司法解释条款主要有《农村土地承包纠纷司法解释》第 1 条、第 8 条和第 13 条。本条在司法适用过程中需要注意三方面问题：一是承包经营权流转纠纷属于人民法院应受理的农村土地承包民事纠纷。二是承包方将承包地用于非农建设或者对承包地造成永久性损害，发包方请求承包方停止侵害、恢复原状或者赔偿损失的，应予以支持，具体见案例一。三是承包方未经发包方同意，采取转让方式流转其土地承包经营权的，转让合同无效，但发包方无法定理由不同意或者拖延表态的除外。现行法律并没有对发包方同意的时间作出限制，因此，即使在此类案件被人民法院受理后发包方才表态同意的，也不会影响承包合同效力，具体见案例二。

【司法案例】

案例一

史某涛与甲村第五村民组确认合同无效纠纷上诉案①

诉讼结论：如果承包方擅自改变承包土地的用途，则发包方有权解除承包合

① 参见河南省郑州市中级人民法院(2018)豫 01 民终 2619 号民事判决书。

同,要求承包方赔偿损失。

法院认为:甲村五组与史某涛于2001年1月1日签订土地承包合同。史某涛在甲村五组不知情的情况下于2014年已将其承包的土地及附属物转让给楚某磊,楚某磊改变土地用途,变农用地为工业用地,在该土地上建搅拌站。甲村五组向河南省荥阳市人民法院提出确认合同无效之诉,一审法院确认合同无效。上诉法院认为,虽然土地承包合同并没有写明承包地的用途,但当地国家资源局的材料显示涉案土地为基本农田,基本农田的性质未经法定程序不得改变用途。因此楚某磊改变承包地的用途违法,甲村五组可以解除承包合同。最终中级人民法院维持原判。

案例二

卢某旺与苏某清确认合同无效纠纷上诉案①

诉讼结论:在人民法院作出裁判之前,发包方同意的,不影响承包方转让承包合同的效力。

法院认为:卢某旺主张其与苏某清2016年签订的《土地转让契约书》因缺乏发包方同意而无效。争议点在于此契约签订时,村干部在场做签字见证人是否属同意,村委会作为发包方知悉苏某清耕种多年未反对是否属于同意,该案庭审后,苏某清书面申请村委会对此转让合同表态是否违法。《农村土地承包纠纷司法解释》第13条规定,承包方未经发包方同意,采取转让方式流转其土地承包经营权的,转让合同无效。但发包方无法定理由不同意或者拖延表态的除外。本案发包方是否作出同意转让与否的表态,是判断土地承包经营权转让合同效力的依据,但第13条未规定发包方表态的时间,未规定转让时或诉讼前发包方应作出表态,故庭审后苏某清请求发包方表态,不违反法律规定。

第三百三十五条　土地承包经营权互换、转让的,当事人可以向登记机构申请登记;未经登记,不得对抗善意第三人。

【条文主旨】

本条是关于互换、转让土地承包经营权进行登记的规定。

① 参见福建省龙岩市中级人民法院(2017)闽08民终1792号民事判决书。

【条文理解】

本条文与《物权法》第129条相比，个别表述有所变化。《物权法》规定“当事人要求登记的，应当向县级以上地方人民政府申请土地承包经营权变更登记”，《民法典》将其改为“当事人可以向登记机构申请登记”。关于登记机构的变更原因，本书在对《民法典》第333条的分析中已经作出相关制度说明，在此不再赘述。

登记是登记机关对个体权利的合法性和可交易性进行确认的行为。通过登记机构的登记行为，在社会个体之间建立起互信的物权流转平台，能够带动整个社会形成稳定的财产流转关系，促进社会整体利益的发展。[①] 由于登记具有生效和公示对抗作用，多部法律对登记行为进行规范。《土地管理法》第12条规定：“土地的所有权和使用权的登记，依照有关不动产登记的法律、行政法规执行。依法登记的土地的所有权和使用权受法律保护，任何单位和个人不得侵犯。”《土地登记规则》第4章对土地使用权变更登记作出系统规定。《土地管理法实施条例》第6条中规定，土地所有权、使用权的变更，自变更登记之日起生效。《民法典》第209条第1款规定，不动产物权的设立、变更、转让和消灭，经依法登记，发生效力；未经登记，不发生效力，但是法律另有规定的除外。可见，土地权属变更采取以登记生效为原则、以不登记为例外的方式。

从本条的表达可以看出，现行立法在土地承包经营权互换和转让是否登记这一问题上，赋予当事人自愿选择权。之所以如此进行制度设计，原因有四方面：一是土地承包经营权互换和转让行为发生在本集体经济组织成员之间，农村集体经济组织成员处于熟人社会，人们彼此之间相互了解，且乡规民约也是约束人们行为的主要规范之一，故人们对登记制度诉求的意愿不是很强烈。二是土地承包经营权互换需要到发包方备案，土地承包经营权转让需要经发包方同意。从农村集体经济组织成员的视角来理解发包方“备案行为”与“同意行为”，作为发包方的集体经济组织、村民委员会或者村民小组具有权威公示的效果。三是变更土地承包经营权登记要履行一定的法律手续，因此产生时间成本和其他费用成本，在一定程度上增加了农民的负担。四是专门规范农村土地承包经营权的《农村土地承包法》在登记这一问题上选择了自愿原则。《民法典》“物权编”遵循法律统一性和体系性，因此，按照《农村土地承包法》第35条的规定，赋予土地承包经营权人互换和转让行为登记的选择权。同时，为了鼓励人们从事土地承包经营权物权变动登记行为，《民法典》“物权编”明确规定土地承包经营权登记具有对抗作用。

---

① 参见孙丽岩：《公法视野下的不动产物权登记》，载《甘肃政法学院学报》2013年第1期。

【司法适用】

本条在司法适用过程中需要注意三方面问题：

一是《民法典》与《农村土地承包法》相关法条适用衔接问题。按照《农村土地承包法》的规定，互换应当报发包方备案。然而，当事人向发包方备案，与本条中的"可以向登记机构申请登记"属于两类法律行为。《农村土地承包法》的备案是发包人作为承包合同当事人对承包合同动态履行情况的掌握；而登记是登记机关对土地权属发生变动进行记载的行政行为，具有公示公信的效力。

二是登记与备案对土地承包合同效力的影响。向行政登记机构申请登记并不是互换或者转让的生效要件。向发包方备案，是互换或转让必须要履行的程序之一，但是备案与否同样也不能影响承包合同的效力。关于这一点，《农村土地承包纠纷司法解释》第14条已作出明确规定。

三是土地承包经营权互换进行备案，不等于完成变更登记。同时，没有完成变更登记，不影响互换法律效力，只是不能对抗善意第三人。

【司法案例】

闫某与郭某土地承包经营权纠纷上诉案[①]

诉讼结论：对土地承包经营权互换进行备案，不等于完成变更登记。没有完成变更登记的，不影响互换法律效力，只是不能对抗善意第三人。

法院认为：上诉人（原审原告）闫某将本案诉争土地承包经营权与被上诉人（原审被告）郭某五道口1.71亩土地承包经营权进行互换流转，且郭某的《集体土地农业用地使用证》明确记载"五道口"转闫某经营1.71亩，并加某村经济合作社印章。一审法院认定互换流转成立有效，且完成了相应变更登记。二审法院同样认定互换流转成立有效，一审适用法律上确有瑕疵，备案不等于登记，上诉人与被上诉人之间没有完成变更登记，不得对抗善意第三人。但判决结果正确，依法予以维持。

第三百三十六条　承包期内发包人不得调整承包地。

因自然灾害严重毁损承包地等特殊情形，需要适当调整承包的耕地和草地的，应当依照农村土地承包的法律规定办理。

---

① 参见山西省晋中市中级人民法院（2018）晋07民终379号民事判决书。

【条文主旨】

本条是关于承包地能否调整的规定。

【条文理解】

本条与《物权法》第130条相比，有部分表述微调，将“应当依照农村土地承包法等法律规定办理”改为“依照农村土地承包的法律规定办理”。《民法典》的表达更符合立法语言的准确性和具体性的要求。“农村土地承包法等”属于“等外等”还是“等内等”，[①]还需要进一步解读，而“农村土地承包的法律规定”，明确了《民法典》法律适用的态度，即只要属于调整农村土地承包的法律皆适用，不需要再次进行立法解释。因此，无论是从立法语言表述精练视角，还是从立法语言准确性视角，《民法典》“物权编”的表述更符合立法语言表达规范的要求。

本条涉及两方面内容：一是承包期内发包方不得调整承包地；二是承包期内发包方调整承包地的例外情形。

1. 承包期内发包方不得调整承包地

有恒产者有恒心。农村土地对于农民而言，既是基本的生产资料又是重要的生活保障。基于此，国家在制度层面不断强化稳定农村土地承包关系。首先，我国不断推出相关政策来引导“农户承包地要保持稳定”。党的十九大提出，保持土地承包关系稳定并长久不变，第二轮土地承包到期后再延长30年。中共中央、国务院于2019年11月发布《关于保持土地承包关系稳定并长久不变的意见》，提出：“农户承包地要保持稳定，发包方及其他经济组织和个人不得违法调整。鼓励承包农户增加投入，保护和提升地力。”2020年中央一号文件再次强调土地承包到期后延期30年，并要求试点地区研究延包的具体办法。其次，我国在法律上不断强化此项制度。《农村土地承包法》第27条中规定，承包期内，发包方不得收回承包地。本条结合《农村土地承包法》的相关规定，对“承包期内发包人不得调整土地”作出重述性规定，强调此项制度的基本法地位。之所以对承包期内发包方的调整权作出制度约束，主要原因有三方面：

第一，如果没有这项制度约束，发包方可能随意调整承包土地，不利于土地承包关系的稳定。同时，土地承包经营权人因频繁受到发包方的干涉，而无法正常行使土地承包经营权，破坏了土地承包经营权独立财产权属性。

第二，如果没有这项制度约束，承包方可能因发包方频繁调整土地而从事过度使用土地的短期经营行为，进而导致土地地力急骤下降，不利于农地长期经营，

---

① 参见李吉映、孟鸿志：《困境与因应：设区的市立法权限范围之“等”字探析》，载《华北理工大学学报（社会科学版）》2019年第4期。

甚至导致土地生产力的破坏。

第三，虽然《民法典》第332条明确规定了农村土地承包经营权的期限，但是如果没有此项制度设计，发包方随意调整土地，那么，土地承包法定期限的制度目标极易因发包方频繁调整土地而落空，还会导致《民法典》因制度设计不周延而使部分制度目标落空的状态。

2. 承包期内发包人调整承包地的例外情形

从我国现行法律规定可以看出，无论是耕地还是草地或林地，法定承包期基本都在30年以上。在这么长的承包期内，很可能出现特殊情况，完全不允许调整承包地也不尽合理。基于此，国家在政策上和法律制度上对土地调整作出引导和规范。以近期政策为例，2019年11月中共中央国务院发布的《关于保持土地承包关系稳定并长久不变的意见》提出："确保绝大多数农户原有承包地继续保持稳定。对少数存在承包地因自然灾害毁损等特殊情形且群众普遍要求调地的村组，届时可按照大稳定、小调整的原则，由农民集体民主协商，经本集体经济组织成员的村民会议三分之二以上成员或者三分之二以上村民代表同意，并报乡（镇）政府和县级政府农业等行政主管部门批准，可在个别农户间作适当调整，但要依法依规从严掌握。"同时，2018年修订的《农村土地承包法》等法律明确了发包方调整的法定情形及程序，以避免出现恣意调整的行为。

第一，关于发包方调整土地的法定情形。总结相关法律，发包方调整土地需要满足四方面要求：（1）调整土地的类型限于耕地和草地。（2）承包期内，因自然灾害严重毁损承包地等特殊情形。（3）对个别农户之间承包的耕地和草地进行调整，而不能对所有农户进行普遍调整。（4）承包合同中没有禁止调整的约定。如果承包合同约定不得调整的，按照其约定。

第二，关于发包方调整土地需要履行的程序。为了避免发包方随意调整，现行法律还规定了调整的法定程序，未经法定程序不得进行调整。根据《农村土地承包法》第28条第2款的规定，承包期内，确实需要调整土地的，必须经本集体经济组织成员的村民会议2/3以上成员或者2/3以上村民代表的同意，并报乡（镇）人民政府和县级人民政府农业农村等主管部门批准。关于其中的"本集体经济组织成员的村民会议"，如果土地是由村集体经济组织或者村民委员会发包的，这里的"村民会议"应当指由村集体经济组织成员组成的村民会议；如果土地是由村内各集体经济组织或者村民小组发包的，这里的"村民会议"应当指由村民小组成员组成的村民会议。如果集体经济组织成员比较多，那么，也可以选举代表，土地的调整应当经由村民代表组成的村民会议的全体代表的2/3以上代表同意通过。

【司法适用】

本条涉及的司法解释条款主要有《农村土地承包纠纷案件的司法解释》第5条和第6条。本条在司法适用过程中需要注意的问题如下:一是承包期内发包方调整承包地,如果发包方未将承包地另行发包,则承包方请求返还承包地的,应予支持。如果发包方已将承包地另行发包给第三人,则承包方以发包方和第三人为共同被告,请求确认其所签订的承包合同无效、返还承包地并赔偿损失的,应予支持。但属于承包方弃耕、撂荒情形的,对其赔偿损失的诉讼请求,不予支持。二是发包方在承包期内调整土地,需要按照法定程序进行操作,否则,很可能导致调整行为无效。

【司法案例】

周某志与宁某军等确认合同效力纠纷上诉案①

诉讼结论:发包方在承包期内,无故且没有履行法定程序调整土地的,其调整行为无效。

法院认为:《农村土地承包法》第26条规定"承包期内,发包方不得收回承包地";第27条规定"承包期内,发包方不得调整承包地"。由于现在无证据认定上诉人周某志及其丈夫曾自愿放弃承包土地的权利或同意三位被上诉人转让案涉土地承包经营权,本案被上诉人甲村村委会作为发包方未经承包方同意,擅自转让案涉3.8亩土地承包经营权给被上诉人宁某军,属于承包期内违法调整承包地的行为,依法应认定无效。一审法院适用法律错误,本院予以纠正。

第三百三十七条　承包期内发包人不得收回承包地。法律另有规定的,依照其规定。

【条文主旨】

本条是关于承包地收回的规定。

【条文理解】

本条与《物权法》第131条相比,仅在表述上有变化,将"农村土地承包法等法律另有规定的"改为"法律另有规定的"。调整承包土地的法律不仅有《农村土地承包法》,还有《土地管理法》等其他法律规范。基于此,《民法典》选择用"法律"

① 参见辽宁省大连市中级人民法院(2017)辽02民终7330号民事判决书。

这种具有概然性、模糊性的立法语言来表达，更符合《民法典》的基础法律地位，也在一定程度上满足了“承包地收回制度”的发展性需求。

土地承包经营权属于私法权利，无论是国家政策引导还是现行法律规定，均以保障农民权益为基本前提。基于此，《民法典》对发包方不得收回承包期内的承包地作出了概然性规定。同时，考量到《民法典》属于民事基本法，不宜对某一个具体制度进行细化规定，故采取“除外规定”的立法技术，通过其他法律对发包人收回承包地的法定情形进行规范。

目前，规范发包人收回承包地例外情形的法律主要有《农村土地承包法》《土地管理法》《基本农田保护条例》等。这些法律法规规定的发包人收回承包地的法定情形主要有：

第一，《农村土地承包法》规定的法定情形。对于承包方全家迁出农村集体组织时，发包方是否要收回承包地的问题，《农村土地承包法》曾经采取分类规范的模式。如果承包方全家迁入小城镇落户，则不允许发包方收回，完全遵循承包方的意愿，由承包方进行选择，既可以保留土地承包经营权，也可以将土地承包经营权进行流转。如果承包方全家迁入设区的市、转为非农业户口，那么承包方应当将承包耕地和草地交回发包方，承包方不交回的，发包方可以收回承包的耕地和草地。

2018 年修订的《农村土地承包法》结合我们国家统一城镇和农村的户籍管理政策，以及农村土地改革政策，对于发包方收回承包地不再采取分类规范模式，而是对进城落户的承包农户采取引导自愿原则，即进城落户的承包方既可以在本集体经济组织内部转让土地承包经营权，也可以将承包地交回发包方，并鼓励其流转土地经营权。简言之，只有在进城落户的承包方自愿将承包地交回发包方时，发包方才能实施收回承包地的行为。同时，立法者考量到承包方为了提高承包地的生产能力而对承包地在养护方面进行的投入，在立法上明确规定发包方收回承包地的，承包方有权获得相应的补偿。

第二，《土地管理法》规定的法定情形。《土地管理法》并没有以“土地承包经营权”为规范对象规定发包方收回承包地的法定形式，而是以“土地使用权”为规范对象。两部法律在专业术语上表述不同，但土地使用权与土地承包经营权是既有密切联系又有重要区别的两个概念，土地承包经营权属于土地使用权的范畴。两者的主要区别在于，土地承包经营权主要从民事合同角度对民事主体公平享有土地资源进行调整和规范，重点突出当事人之间的意思自治和平等协商；而土地使用权更多是从行政管理视角对土地资源进行划分和确定，体现了国家对土地资源的管理和保护。[①] 因此,《土地管理法》第 66 条收回土地使用权的法定情形同样适用于土地承包经营权,主要有三种情形:一是为乡(镇)村公共设施和公益事业建设,需要使用土地的;二是不按照批准的用途使用土地的;三是因撤销、迁移等原因而停止使用土地的。考虑到第一种情形是为公共利益而实施的收回土地行为,应给予土地使用人相应补偿。

第三,《基本农田保护条例》规定的法定情形。《基本农田保护条例》从行政管理视角规定了土地使用权的收回权。其第 18 条中规定,连续 2 年未使用的,经国务院批准,由县级以上人民政府无偿收回用地单位的土地使用权。

从对上述相关规定的分析可以看出,各法律法规从不同立法视角对农村土地收回行为作出规范。《民法典》主要从平等主体的私权视角规范承包土地的收回行为,其立法的落脚点在于保障承包方私权,这一点与《土地管理法》和《基本农田保护条例》截然不同,后者是从行政管理视角进行规范,侧重于对国家利益、社会利益和公共利益的保障。

【司法适用】

关于承包期内发包人不得收回承包地的司法解释条款主要有《农村土地承包纠纷司法解释》第 5 条、第 6 条和第 9 条。本条在司法适用过程中,需要注意五方面问题:

一是本条与其他法律法规关于承包期内发包人不得收回承包地的规定相衔接的问题。

二是承包合同可以对承包方的收回作出约定,但这种约定不能与法律规定的收回条件相抵触。

三是发包方收回承包地,但发包方未将承包地另行发包,承包方请求返还承包地的,法院应予支持;发包方已将承包地另行发包给第三人,承包方以发包方和第三人为共同被告,请求确认其所签订的承包合同无效、返还承包地并赔偿损失的,应予支持。但属于承包方弃耕、撂荒情形的,对其赔偿损失的诉讼请求,不予支持。

四是如果在发包方收回承包地前,承包方已经以转包、出租等形式将其土地承包经营权流转给第三人,且流转期限尚未届满,那么对于因流转价款收取产生的纠纷,应按照下列两种情形分别处理:情形一,承包方已经一次性收取了流转价款,发包方请求承包方返还剩余流转期限的流转价款的,应予支持;情形二,流转

---

① 参见柳经纬、刘云主编:《农村土地承包法及配套规定适用与解析》,法律出版社 2013 年版,第 3 页。

价款为分期支付，发包方请求第三人按照流转合同的约定支付流转价款的，应予支持。

五是《农村土地承包法》还对承包期内妇女因为婚姻变动而导致土地经营权收回的法律问题进行了特别规定。承包期内，妇女结婚，在新居住地未取得承包地的，发包方不得收回其原承包地；妇女离婚或者丧偶，仍在原居住地生活或者不在原居住地生活但在新居住地未取得承包地的，发包方不得收回其原承包地。

【司法案例】

刘某与甲村村民委员会等土地承包经营权纠纷上诉案①

诉讼结论：因妇女婚姻变动而产生的土地承包经营权诉争属于村民自治，不属于人民法院受案范围。

法院认为：上诉人（一审原告）刘某一家在1995年获得某乡人民政府颁发的土地承包使用证。1998年，上诉人嫁到外村，外村没有给刘某分地，上诉人户口也没有迁出本村，上诉人出嫁后一直在山东务工，很少回家。1999年，被上诉人甲村村民委员会以上诉人出嫁外村，户在人不在为由，在没有征得上诉人同意的情况下收回上诉人的承包地并承包给他人。一审裁定承包地收回属于当地村规民约，不属于人民法院受案范围。二审认为甲村村民委员会在当时将承包地收回的行为属于村民自治范畴，不属于人民法院受案范围。

由于本案裁决文书写得比较简单，本书无法得知本案的全部事实，仅就裁判文书现有的描述而言，本书不赞成此案的判决。由于现行法律对婚姻变动中妇女的土地承包经营权存在明确的法律规定，此类案件无法完全适用村规民约。本书之所以对本案进行分析，主要考虑到此案不仅涉及婚姻变动的妇女的土地承包经营权问题，还涉及村规民约在妇女土地承包经营权变动过程中的适用问题。此类案件主要适用《民法典》第337条、《农村土地承包法》第31条和《农村土地承包纠纷司法解释》第5条，发包方收回农村妇女的承包地，必须是农村妇女已经在新居住地取得承包地，否则，发包方不得收回。即使是村规民约也不得与现行法律相抵触。

第三百三十八条　承包地被征收的，土地承包经营权人有权依据本法第二百四十三条的规定获得相应补偿。

① 参见吉林省通化市中级人民法院（2018）吉05民终194号民事裁定书。

【条文主旨】

本条是关于承包地征收补偿的规定。

【条文理解】

本条与《物权法》第132条相比,只有获得相应补偿依据的法条发生了变化。妥善处理好承包地征收补偿问题,不仅有利于农村集体经济组织和农村村民权益的保护,还有利于保障国家相关建设的顺利进行,进而有利于社会公共利益的有效实现。因此,国家出台系列政策与法律来规范农民土地征收行为。在政策方面,中央每年发布的一号文件都对农民征地补偿作出规范性引导。例如,2013年中央一号文件提出"合理确定补偿标准""提高农民在土地增值收益中的分配比例,确保被征地农民生活水平有提高、长远生计有保障";2014年中央一号文件提出"除补偿农民被征收的集体土地外,还必须对农民的住房、社保、就业培训给予合理保障。因地制宜采取留地安置、补偿等多种方式,确保被征地农民长期受益"。在法律制度上,近些年无论是修订的《宪法》《土地管理法》《农村土地承包法》,还是新出台的《民法典》,都对农地征收补偿问题作出了制度安排。

第一,《宪法》相关规定。国家为了公共利益的需要,可以依照法律规定对土地实行征收或者征用并给予补偿。

第二,《民法典》相关规定。《民法典》第117条从不动产征收视角对补偿作出宏观制度安排,要求征收不动产必须是为了公共利益的需要,同时还要给予公平、合理的补偿。《民法典》第243条主要是对征收集体所有土地的补偿问题作出规范,要求征收集体所有土地必须是为了公共利益,并且依照法定权限和程序进行,并对补偿的项目进行细化规定,即依法及时足额支付土地补偿费、安置补助费以及农村村民住宅、其他地上附着物和青苗等的补偿费用,并安排被征地农民的社会保障费用,保障被征地农民的生活,维护被征地农民的合法权益。《民法典》第243条的调整对象是集体所有的土地,并非土地承包经营权人的承包地,因此,本条在第243条的基础上对承包地的补偿作出强调性重述。

第三,《农村土地承包法》相关规定。《农村土地承包法》第17条将获得征收补偿定位于承包方应有的权利之一,即当承包地被依法征收、征用、占用时,承包方有权依法获得相应的补偿。《农村土地承包法》第40条对土地经营权流转过程中的土地补偿费用作出明确规定,如果土地经营权流转,则需要在土地经营权流转合同中明确土地被依法征收时有关补偿费的归属问题。同时,为了保障权利人能够及时获得土地征收补偿费用,其第62条明确规定了贪污、挪用土地征收、征用补偿费用的法律责任。

第四,《土地管理法》相关规定。本书在对《民法典》第327条进行分析时,已经对《土地管理法》的相关规定作了剖析，在此不再赘述。虽然2019年修订的《土地管理法》对农村土地征收补偿在补偿原则、补偿标准定位、补偿方案听证程序和补偿款的落实等方面作出体系性规定，但是征收土地补偿制度牵动多方法律主体的权益，要实现这些权益的制度安排的目标，并非仅靠几个法条的修补就能做到，还需要其他法律将征收补偿制度与土地整体制度相结合在现行法律基础上作出细化规定。

【司法适用】

关于承包地征收补偿的司法解释条款主要有《农村土地承包纠纷司法解释》第1条、第22条、第23条和第24条。本条在司法审判中需要注意两方面问题：一是集体经济组织成员就"用于分配的土地补偿费数额"提起民事诉讼的，人民法院不予受理；二是如果农村集体经济组织等发包方决定在本集体经济组织内部分配已经收到的土地补偿费，则征地补偿安置方案确定时已经具有本集体经济组织成员资格的人，请求支付相应份额的，应予支持。

【司法案例】

孙某军诉甲村村民委员会土地承包经营权纠纷案①

诉讼结论：承包地征收补偿费用分配纠纷属于人民法院受理案件范围。

基本案情：2007年3月孙某军与甲村村委会签订通道绿化协议，孙某军取得林权证并依法在确权的承包绿化地块履行相应义务。2012年3月甲村村委会擅自违反协议，对孙某军承包的绿化带进行毁损征收。孙某军多次向甲村村委会提出赔偿未果，于2014年6月向汾阳市人民法院提起诉讼，请求汾阳市人民法院依法判决甲村村委会依法付给起诉人孙某军被征收的承包林地补偿费及因征地损毁的林木补偿费。汾阳市人民法院经审查后，根据《农村土地承包纠纷司法解释》第1条第3款之规定，裁定不予受理。孙某军不服，向吕梁市中级人民法院提起上诉。吕梁市中级人民法院经审查驳回上诉，维持原判。孙某军不服(2014)吕立民终字第53号民事裁定，向检察机关申请监督。山西省人民检察院向山西省高级人民法院提出抗诉，最终裁定撤销前两审的裁定，指令汾阳市人民法院对本案立案审理。

法院认为：案诉争焦点在于这个案件属于土地补偿费数额的诉争还是承包地征收补偿费用分配纠纷。如果是前者，那么按照《农村土地承包纠纷司法解释》第1条第3款和第24条规定，集体经济组织收到土补偿费后，对于"分不分、分多少"

---

① 参见山西省高级人民法院(2018)晋民再9号民事裁定书。

等属于村民自治范畴,不属于人民法院民事案件的受理范围。然而,孙某军原一审主张要求甲村村委会依法付给其承包林地补偿费及损毁林木补偿款,属于《农村土地承包纠纷司法解释》第1条第1款第4项"承包地征收补偿费用分配纠纷"的案件受理范围。基于此,再审法院认为,法院应予受理。

第三百三十九条 土地承包经营权人可以自主决定依法采取出租、入股或者其他方式向他人流转土地经营权。

【条文主旨】

本条是关于土地经营权流转方式的规定。

【条文理解】

本条属于《民法典》"物权编"新增的条款。本条主要涉及三方面法律问题:一是新增了土地经营权这个法学术语;二是规定了土地承包经营权人具有流转土地经营权的自主权;三是规定了土地经营权流转方式。

1. 土地经营权

土地经营权是"三权分置"改革的主要政策术语之一,《民法典》"物权编"是否要对土地经营权进行规范,以及土地经营权本身的属性一直是学术界讨论的热点。有的学者对土地经营权入《民法典》"物权编"持质疑态度,认为"三权分置"虽然得到政策文件的肯定,但政策上的"权利"并不是法律上的权利,法律不宜简单套用政策术语,而应依循自身的逻辑来传达承包地的"三权分置"思想。[①] 也有的学者认为,将经营权视为独立的民事权利不符合法学基本原理,不符合他物权的生成逻辑。[②] 学者们对土地经营权的讨论见仁见智,然而,土地经营权的改革实践早已在民间开始实施,同时中央也发布了系列政策进行试点引导。例如,2015年原农业部发布土地经营权入股试点文件,在全国范围内选取七个地区进行试点;2018年农业农村部等发布《关于开展土地经营权入股发展农业产业化经营试点的指导意见》,对试点地区进行规范化指导并在全国范围内扩大试点;2017年修订的《农民专业合作社法》,将土地经营权作为社员出资农民专业合作社的财产形式之一;2018年修订的《农村土地承包法》,以专节的形式对土地经营权作出规范。《民法典》"物权编"虽然没有明确对土地经营权概念作出规定,但也对土地

---

① 参见高圣平:《农地三权分置视野下土地承包权的重构》,载《法学家》2017年第5期。

② 参见单平基:《"三权分置"理论反思与土地承包经营权困境的解决路径》,载《法学》2016年第9期。

经营权作出回应。

根据本条以及《农村土地承包法》的相关规定，如果采取家庭承包方式，则承包方承包土地后，享有土地承包经营权，可以自己经营，也可以保留土地承包权，依法采取出租（转包）、入股或者其他方式向他人流转其承包地的土地经营权，由他人经营。如果采取其他承包方式，则在签订承包合同之时，承包方取得土地经营权。简言之，土地经营权是土地经营权人有权在合同约定的期限内占有农村土地，自主开展农业生产经营并取得收益的权利。

2. 土地承包经营权人具有流转土地经营权的自主权

关于是否流转土地经营权，以及采取何种方式来流转土地经营权，土地承包经营权人具有独立的、排他性的和自主性的决定权。无论是当下政策还是现行法律，都对尊重土地承包经营权人流转土地经营权的自主权作出制度安排。例如，2018 年 12 月农业农村部等发布《关于开展土地经营权入股发展农业产业化经营试点的指导意见》，明确指出土地经营权入股要因地制宜推进，循序渐进发展，不搞强迫命令、盲目攀比和"一刀切"。根据《农村土地承包法》第 38 条的规定，土地经营权流转应当遵循依法、自愿、有偿原则，任何组织和个人不得强迫或者阻碍土地经营权流转。同时考虑到土地承包经营权人流转土地经营权涉及农村土地的耕种以及农村土地被赋予的社会使命，对土地承包经营权人流转土地经营权作出原则性限制：一是不得改变土地所有权的性质和土地的农业用途，不得破坏农业综合生产能力和农业生态环境；二是流转的期限不得超过承包期的剩余期限；三是受让方须有农业经营能力或资质；四是同等条件下，本集体经济组织成员享有优先权。

3. 土地经营权流转方式

根据本条可以看出，土地经营权可以采取出租、入股或者其他方式进行流转。其中，出租是指土地承包经营权人作为出租人，将自己承包期内承包的土地，在一定期限内全部或者部分租赁给本集体经济组织以外的单位或者个人耕种，并收取租金的行为。入股是指土地承包经营权人将土地经营权作为出资财产投入公司等法人组织的投资行为。至于对其他方式的解读，应结合《农村土地承包法》的相关规定。转包和担保等形式，也可以推定为土地经营权的流转方式。

【司法适用】

由于本条款属于《民法典》新增条款，结合《农村土地承包法》及相关司法解释可以推导出土地经营权在司法适用过程中需要注意以下五方面问题：

一是本集体经济组织成员的"同等条件下优先购买权"问题，这一点可以参照《农村土地承包纠纷司法解释》第 11 条的规定。在此，需要将土地承包经营权改为“土地经营权”:“土地经营权流转中,本集体经济组织成员在流转价款、流转期限等主要内容相同的条件下主张优先权的,应予支持。但下列情形除外:(一)在书面公示的合理期限内未提出优先权主张的;(二)未经书面公示,在本集体经济组织以外的人开始使用承包地两个月内未提出优先权主张的。”

二是尊重土地承包经营权人流转土地经营权的自主权。这一点可以参照《农村土地承包纠纷司法解释》第 12 条的规定,在此需要将土地承包经营权改为“土地经营权”:“发包方强迫承包方将土地经营权流转给第三人,承包方请求确认其与第三人签订的流转合同无效的,应予支持。发包方阻碍承包方依法流转土地经营权,承包方请求排除妨害、赔偿损失的,应予支持。”

三是土地经营权人流转土地经营权的期限没有约定或约定不明时应如何处理。这一点需要参考《农村土地承包纠纷司法解释》第 17 条的规定:“当事人对转包、出租地流转期限没有约定或者约定不明的,参照合同法第二百三十二条规定处理。除当事人另有约定或者属于林地承包经营外,承包地交回的时间应当在农作物收获期结束后或者下一耕种期开始前。对提高土地生产能力的投入,对方当事人请求承包方给予相应补偿的,应予支持。”

四是保障土地承包经营权人流转土地经营权的收益权。在司法审判过程中要参照《农村土地承包纠纷司法解释》第 16 条和第 18 条规定,在此需要将土地承包经营权改为“土地经营权”:“因承包方不收取流转价款或者向对方支付费用的约定产生纠纷,当事人协商变更无法达成一致,且继续履行又显失公平的,人民法院可以根据发生变更的客观情况,按照公平原则处理。”“发包方或者其他组织、个人擅自截留、扣缴承包收益或者土地经营权流转收益,承包方请求返还的,应予支持。发包方或者其他组织、个人主张抵销的,不予支持。”

五是土地承包经营权人流转土地经营权的行为是否合法的问题。关于这一点在司法审判时还要考量国务院法规和部门规章以及地方立法的规定。《农村土地承包法》第 45 条和第 47 条将规范土地经营权流转的部分权限赋予其他政府部门。县级以上地方人民政府应当建立工商企业等社会资本通过流转取得土地经营权的资格审查、项目审核和风险防范制度。土地经营权融资担保办法由国务院有关部门规定。

第三百四十条　土地经营权人有权在合同约定的期限内占有农村土地,自主开展农业生产经营并取得收益。

【条文主旨】

本条是关于土地经营权人权限的规定。

【条文理解】

本条属于《民法典》新增条款。此条主要涉及土地经营权中的占有权、使用权和收益权三方面内容。

结合《农村土地承包法》相关规定，土地经营权人主要有两类：一类是家庭承包模式下，采取出租、入股、转包等流转承包地产生的土地经营权人；另一类是其他承包模式下，直接承包其他农业用地所产生的土地经营权人。虽然这两类土地经营权人对约定期限内的农村土地均具有占有、使用和收益权，但是法律对两者行权的限制规定存在一定差异性。

1. 家庭承包模式下土地承包经营权人权限

(1)土地经营权人的占有权。占有权是使用权和收益权的基础，没有对承包地的占有，就无法谈及使用，如果土地经营权人不使用承包地，那么承包地就很难形成收益。根据《农村土地承包法》第37条的规定，土地经营权人有权在合同约定的期限内占有农村土地。

(2)土地经营权人的使用权。土地经营权人对承包地具有使用权，但是这个使用权限于“合理”使用。这一限制主要表现在法定禁止行权和行权受限两方面。首先，《农村土地承包法》规定土地经营权人不得从事下列行为：一是擅自改变土地的农业用途；二是弃耕抛荒连续两年以上；三是给土地造成严重损害或者严重破坏土地生态环境；四是其他违约行为。其次，《农村土地承包法》对土地经营权人行权作出某些限制：一是如果土地经营权人依法投资改良土壤，建设农业生产附属、配套设施，则需要经承包方同意；二是如果土地经营权人再流转土地经营权，则需要经承包方书面同意，并向本集体经济组织备案；三是如果土地经营权人向金融机构融资担保，则需要经承包方书面同意并向发包方备案。

(3)土地经营权人的收益权。收益权是土地经营权人必备的权利之一，土地经营权人经营土地的最终目的是获得合理对价或一定收益。《农村土地承包法》第37条明确规定，土地经营权人有权在合同约定的期限内占有农村土地，自主开展农业生产经营并取得收益。

2. 其他承包模式下土地经营权人的权限

相对于家庭承包模式下土地经营权人的权利限制，现行法律对“其他方式承包农村土地的土地经营权人”的权限给予了较大自治空间现行法律对其明确规定，由当事人签订承包合同，承包方取得土地经营权。土地经营权人的权利和义务、承包期限等，由双方协商确定，但是土地经营权人应依法经营，防止承包地水土流失,保护生态环境。

【司法适用】

本条在司法审判过程中需要注意的问题主要有四点:

一是本条与《农村土地承包法》等其他特别法的适用衔接问题。

二是家庭承包模式与其他承包模式下土地经营权人行权权限的差异性。

三是家庭承包模式下通过流转取得土地经营权的土地经营权人从事"擅自改变土地的农业用途"等法律禁止行为,承包方提出解除合同的,法院应予以支持。

四是家庭承包模式下通过流转取得土地经营权的土地经营权人没有经过承包人同意,从事投资改良土壤,建设农业生产附属、配套设施等行为的,其效力是否受到影响的问题如果效力不受到影响,那么,立法作出"经承包方同意"这一规定又有何意义?如果效力受到影响,那么是简单判断为无效,还是效力待定?如果是无效,恰好土地经营权人从事的行为的确改良了土壤、增加了地力,那么,无效的界定对于土地经营权人而言,显失公平。基于此,本书认为应该出台相关司法解释对土地经营权人行权需要承包方同意,或承包方同意且向发包方备案的行为作出进一步制度安排,避免同案不同判的现象产生。

第三百四十一条　流转期限为五年以上的土地经营权,自流转合同生效时设立。当事人可以向登记机构申请土地经营权登记;未经登记,不得对抗善意第三人。

【条文主旨】

本条是关于土地经营权设立及登记的规定。

【条文理解】

本条属于《民法典》"物权编"新增的条款。本条涉及两方面内容:一是土地经营权设立;二是土地经营权登记。

1. 土地经营权设立

本条与《农村土地承包法》第40条和第41条相比较,两部法律在土地经营权设立的表述上存在一定差别。根据《农村土地承包法》第40条的规定,土地经营权流转,当事人双方应当签订书面流转合同,只有承包方将土地交由他人代耕不超过1年的,可以不签订书面合同。而根据本条规定,流转期限为5年以上的土地经营权,自流转合同生效时设立。那么流转期限不满5年的,土地经营权应何时设立?如果其与流转期限为5年以上的土地经营权一样,自流转合同生效时设立,那么,为什么还要在本条款中设置“五年”这个时间节点?显然,本条的表述没有《农村土地承包法》的表述严谨且具有逻辑性。结合《农村土地承包法》第40条和第41条的规定可以推导出,土地经营权自流转合同生效时成立,而土地经营权流转期限在5年以上的,可以向登记机构申请登记,未经登记,不得对抗善意第三人。

2. 土地经营权登记

从本条和《农村土承包法》第41条规定可以看出,现行立法对土地经营权登记采取登记对抗主义。简言之,土地经营权登记具有对抗善意第三人的效力。根据《农村土地承包法》第45条、第46条和第47条的规定,土地经营权人可以将土地经营权出资工商企业,也可以经承包方同意并向本集体经济组织备案再流转土地经营权,还可以经承包方书面同意并向发包方备案后向金融机构融资担保。如果土地经营权具有公示性,则有利于这些市场行为的开展。以土地经营权出资工商企业为例,土地经营权人将土地经营权出资某公司,按照现行《公司法》规定,需要将土地经营权过户至公司名下,如果土地经营权没有进行登记,则需要与公司签订权利变更合同。由于合同本身不具有公示性,很可能出现土地经营权人将土地经营权出资多家公司,而这些公司无法识别土地经营权的状态,进而出现“一权多处出资”的局面。为了避免此类现象发生,土地经营权人将土地经营权进行登记,产生公示公信力,有利于促进土地经营权市场化流转。

【司法适用】

本条在司法适用过程中应注意以下三方面问题:

一是流转期限为5年以下的土地经营权何时成立的问题。按照《农村土地承包法》的规定,土地经营权自流转合同生效时成立,除了由他人代耕不超过1年的,可以不签订书面合同,其他流转形式都需要签订书面合同。

二是土地经营权未登记,而出现“一权多处流转”时,应如何界定权属的问题。对于此类案件可以参照最高人民法院在2012年发布的《买卖合同司法解释》第76条至第78条的相关规定来处理。首先,如果土地经营权流转没有登记,那么流转合同生效时间在前的权利可以对抗流转合同生效在后的权利。其次,如果流转的土地经营权已经登记,那么登记的土地经营权具有优先权。再次,如果多处流转的土地经营权全部登记,那么登记在前的权利可以对抗登记在后的权利。最后,如果无法识别土地经营权流转登记时间,协商处理,协商不成的,相关权益均分。

三是土地经营权流转合同约定,流转的土地经营权必须登记的,依双方约定。

第三百四十二条 通过招标、拍卖、公开协商等方式承包农村土地,经依法登记取得权属证书的,可以依法采取出租、入股、抵押或者其他方式流转土地经营权。

【条文主旨】

本条是关于其他方式承包的土地经营权流转的规定。

【条文理解】

本条与《物权法》第133条表述相比,有三处改动:一是将《物权法》的“通过招标、拍卖、公开协商等方式承包荒地等农村土地”改为“通过招标、拍卖、公开协商等方式承包农村土地”;二是将《物权法》的“依照农村土地承包法等法律和国务院的有关规定”改为“经依法登记取得权属证书的”;三是将《物权法》的“其土地承包经营权可以转让、入股、抵押或者以其他方式流转”改为“可以依法采取出租、入股、抵押或者其他方式流转土地经营权”。

本条与《农村土地承包法》第53条的表述完全一致。那么,《农村土地承包法》这一特别法规定的内容是否还需要在《民法典》“物权编”这一基本法中再作“重述”?土地经营权生成方式有两种,即家庭承包模式下由土地承包经营权流转而产生的土地经营权和其他方式承包而形成的土地经营权。《民法典》第339条规范的是家庭承包模式下因流转而产生的土地经营权,从法律体系性视角来看,为了平衡两类土地经营权,有必要对其他方式的土地经营权流转问题作出规定。

通过招标、拍卖、公开协商等方式承包农村土地的承包方不限于农村集体经济组织内部成员,农村集体经济组织成员以外的自然人、法人和其他组织可以依照法律规定或合同约定取得土地经营权。其中,招标、拍卖、公开协商均是市场经济条件下促进效率、优化资源配置的一种交易方式。通过招标、拍卖等公开交易的过程,在社会监督之下选择资信情况良好和经营能力强的农业经营者作为承包方,既有利于调动农民和社会资金与力量,又有利于农用地资源优化配置。

从承包农村土地的方式可以看出,土地经营权的取得过程具有一定的公示性。这种公示性的权利,可以依据《不动产登记暂行条例》第4条规定进行登记,取得相关权属证书,为其采用市场方式进行流转作准备。土地经营权人利用土地经营权融资,只有土地经营权已经登记的前提下,金融机构才更容易接受担保融资。基于此,土地经营权登记,不仅使土地经营权人的土地经营权具有符合其他市场主体认知的信赖外观,而且还能促进土地经营权采取多种方式进行流转,进而使土地资源与其他市场要素相结合,推动农业向集约化、现代化、专业化和规模化方向发展。

【司法适用】

本条在司法适用过程中需要注意的问题是：如果通过招标、拍卖、公开协商等方式承包农村土地取得的土地经营权，没有进行登记，取得权属证书，那么其通过入股、出租等方式进行流转的，是否具有法律效力？本书认为没有按照本条进行登记的土地经营权，其通过入股、出租等方式进行流转的，不具有法律效力。主要理由是，依据现行法律规定，其他方式承包产生的土地经营权，无论是权利生成过程还是权利的履行，登记是其权利设立与变更的必备条件之一。由于其他方式承包产生的土地经营权主要依托市场化的形式进行相应的法律行为，土地经营权如果没有进行登记，则不具有直观的权利外观，导致其他市场主体无法做出理性的商业判断，势必会增加流转市场交易的成本。因此，其他方式承包取得的土地经营权必须登记，否则流转不具有法律效力。这一点可参照《农村土地承包纠纷司法解释》第21条的相关规定。

【司法案例】

刘某雷与魏某华土地承包经营权纠纷上诉案[①]

诉讼结论：其他方式取得土地承包经营权必须进行登记，登记具有对抗效力。

法院认为：争议土地本系刘某雷父亲开垦，但在有关部门按照退耕还林政策调整争议土地后，刘某雷丧失了承包经营权，刘某雷若认为调整不当，可以通过相应的程序解决。在有关部门没有改变退耕还林之前，调整争议土地合法有效。魏某华通过流转成为本案争议土地用益物权人又取得林权证，具有对抗效力。刘某雷向村委会交纳承包费不能证明其具有不动产权属证书，不能作为其享有不动产物权的证明，也不能以其缴纳承包费来否认魏某华为争议土地使用权人和用益物权人的事实，故魏某华具有此林地的用益物权。

第三百四十三条　国家所有的农用地实行承包经营的，参照适用本编的有关规定。

【条文主旨】

本条是关于国有农用地实行承包经营法律适用的规定。

---

① 参见黑龙江省哈尔滨市中级人民法院（2017）黑01民终7513号民事判决书。

【条文理解】

本条与《物权法》第134条相比,进行微调,将“法”改为“编”。我国宪法和法律规定,森林、山岭、草原、荒地、滩涂等自然资源,属于国家所有,但法律规定属于集体所有的除外。法律规定属于国家所有的农村和城市郊区的土地,属于国家所有。国有农用地既是重要的国家资产,也是宝贵的自然资源,我国不仅在政策上进行适时引导,而且还在法律上固化相关改革成果,推动国有农用地规范发展。

1. 政策上的引导

2016年12月,原国土资源部等下发了《关于扩大国有土地有偿使用范围的意见》(国土资规〔2016〕20号),规范推进国有农用地使用制度改革。加强国有农用地确权登记工作,规范国有农用地使用管理制度,明确国有农场、牧场改革国有农用地资产处置政策,完善国有农用地土地等级价体系。积极推进国有农场土地资源资产化和资本化,有需求的地方可以研究制定国有农用地资产处置的相关程序和路径。

2. 法律制度的跟进

2019年修订的《土地管理法》,结合近些年改革成果,在第13条和第41条对国有农用地作出具体的制度安排:(1)明确国有农用地的使用方式。国家所有依法用于农业的土地可以由单位或者个人承包经营,从事种植业、林业、畜牧业、渔业生产。(2)明确未确定使用权的国有土地的开发方式。开发未确定使用权的国有荒山、荒地、荒滩从事种植业、林业、畜牧业、渔业生产的,经县级以上人民政府依法批准,可以确定给开发单位或者个人长期使用。

【司法适用】

本条涉及的司法解释主要是2012年最高人民法院发布的《关于国有土地开荒后用于农耕的土地使用权转让合同纠纷案件如何适用法律问题的批复》。其指出,开荒后用于农耕而未交由农民集体使用的国有土地,不属于《农村土地承包法》第2条规定的农村土地。此类土地使用权的转让,不适用《农村土地承包法》的规定,应适用《民法典》“合同编”和《土地管理法》等相关法律规定加以规范。

本条在司法适用过程中需要注意问题是,审理国有农用地案件,不能简单地将土地使用主体推定为土地所有人。有些国家所有的农用地由农民经济组织长期使用,但农民集体经济组织并非国有农有地的所有人。基于此,审理此类案件要注重土地所有人身份的识别。

【司法案例】

甲村万生队诉麦某等农村土地承包合同纠纷案[①]

诉讼结论：国有农用地虽然参照《物权法》相关规定，但并不意味着使用国有农用地的集体组织可以将国有农用地发包给农村集体经济组织，并收取土地承包费。

基本案情：被上诉人麦某（原审原告）是上诉人甲村万生队（原审被告）集体经济组织成员，经相关证据表明甲村万生队（日字号、丰字号、元黄头、聚宝窦）土地已于2009年被征收为政府储备用地，相关政府已将征收补偿费用发放到甲村村委会。土地被征收为国有土地后，麦某使用了万生队的地号为聚宝窦、丰字号的土地，而甲村联合社和万生队收取麦某土地承包款。

法院认为：本案的焦点在于甲村联合社和万生队是否有权收取麦某的土地承包款。涉案土地被征收为国有土地。该土地属于国家所有的农用地。根据《物权法》第39条和第134条的规定，甲村联合社及万生队均不再是土地的所有权人，无权将土地发包给本集体成员，故其收取的土地租金没有合法依据，属于不当得利，应当将土地承包费返还。

---

① 参见广东省广州市中级人民法院（2018）粤01民终451号民事判决书。

第十二章　建设用地使用权

现行《土地管理法》按照土地用途将土地分为农用地、建设用地和未利用地。其中，建设用地不仅用于满足人们居住需要，而且是整个国民经济的基础。《物权法》从私法视角对建设用地使用权进行定位和规范，进而为建设用地使用权人的私法权益提供相应的保障。《民法典》"物权编"在沿用《物权法》相关规定的基础上，结合《土地管理法》、《城市房地产管理法》、《城镇国有土地使用权出让和转让暂行条例》、《确定土地所有权和使用权的若干规定》以及近些年建设用地使用权的政策改革成果，对部分条款的表述进行微调，同时新增了第346条，明确规定设立建设用地使用权应当符合节约资源、保护生态环境的要求，应当遵守法律、行政法规关于土地用途的规定，不得损害已设立的用益物权。一方面，将《民法典》"总则编"的绿色原则在《民法典》"物权编"中以规则的形式具体化，使绿色原则更具有可实施性；另一方面，以宣示性的方式规定了人们在行使建设用地使用权时，要节约资源，保护生态环境。

第三百四十四条　建设用地使用权人依法对国家所有的土地享有占有、使用和收益的权利，有权利用该土地建造建筑物、构筑物及其附属设施。

【条文主旨】

本条是关于建设用地使用权概念的规定。

【条文理解】

本条与《物权法》第135条相比，内容无变化。建设用地使用权是指以建造自己的建筑物、构筑物及其附属设施为目的，对国家所有的土地进行占有、使用和收益的权利。其中，建筑物主要是指住宅、写字楼、厂房等；构筑物主要是指不具有居住或者生产经营功能的人工建造物，如道路、桥梁、隧道等；附属设施主要是指属于建筑物、构筑物的附属部分设施。

建设用地使用权主要具有三方面权能：一是占有权，即权利人对特定土地进行直接控制和支配的权利；二是使用权，即建设用地使用权人根据土地的性能或者用途对土地进行利用的权利；三是收益权，即建设用地使用权人收取土地法定孳息的权利，如收取出租建设用地使用权的租金。除了这三方面权能之外，建设用地使用权还具有部分处分的权能。根据《民法典》第354条的规定，建设用地使用权可以进行转让、互换、出资、赠与或者抵押等处分行为。由于本书还要对第354条做分析，在此不作赘述。

从其内涵可以看出，建设用地使用权具有三方面特征：一是建设用地使用权的标的物是国家所有的土地，不包括农村集体所有的农用。二是建设用地用权人使用土地的范围限于建造并经营建筑物、构筑物及其附属设施。三是建设用地使用权属于利用国家所有的定限物权。建设用地使用权一经设立，土地所有人的所有权即受到限制，故其属于定限物权。

【司法适用】

此法条在司法适用过程中需要注意，不能直观地将房屋所有者推定为建设用地使用权人。

【司法案例】

甲公司与乙公司用益物权纠纷上诉案①

诉讼结论：建设用地使用权人依法对国家所有的土地享有占有、使用和收益的权利。

法院认为：虽然甲公司拥有涉案土地上房屋所有权，但是涉案土地已由丙公司（现已变更为乙公司）取得国有土地用权，并办理了国有土地使用证。因此，乙公司为涉案土地的建设用地使用权人。根据《物权法》第135条的规定，建设用地使用权人依法对国家所有的土地享有占有、使用和收益的权利，故判决甲公司向乙公司支付土地使用权期间的占有使用费。

第三百四十五条　建设用地使用权可以在土地的地表、地上或者地下分别设立。

---

① 参见宁夏回族自治区高级人民法院（2018）宁民终38号民事判决书。

【条文主旨】

本条是关于建设用地使用权分层设立的规定。

【条文理解】

本条与《物权法》第136条相比，去掉了“新设立的建设用地使用权，不得损害已设立的用益物权”这一表述。由于地表、地上和地下分属于不同的立体空间，彼此独立，且这些建设用地使用权按照本条规定“分别设立”。国家在出让建设用地使用权时，已经根据规划时的建筑物的四至、高度、建设面积作了明确的规定，[①]这些建设用地使用权按照建设用地规划的基本要求和相关合同约定进行设立。因此，建设用地使用权人取得建设用地使用权时，其所享有的空间范围是确定的，建设用地使用权人对土地空间的权利和义务能够清楚界定。[②] 简言之，在同一宗地之上可以先后或者同时设立两个以上的建设用地使用权，由于各个建设用地使用权设定的空间位置不同，它们之间并不一定产生对土地的占有、使用的权利冲突。同时，为了避免立法表述歧义，使人们误以为“新设立的建设用地使用权，不得损害已设立的用益物权”只针对地表、地上和地下这些分层建设用地使用权的侵权行为，而不针对其他已设立的用益物权的侵权行为，将《物权法》“新设立的建设用地使用权，不得损害已设立的用益物权”的表述去掉，并移至新增的第346条。

由于土地资源具有稀缺性和不可再生性，随着人类社会的进步和发展，特别是现代化专业技术的进步，分层次开发成为土地利用的新趋势。我们经常能够看到土地被分层使用的情况。例如，地表行车，地下建地下商场，地上空间建空中走廊和天桥等。而这些土地空间的分层利用，需要设置法定权属作保障。基于此，《民法典》沿用《物权法》的规定，明确规定建设用地使用权既可以在地表设立，也可以在地表之上和地表之下设定。

然而，何谓地表、地上、地下？现行立法对此语焉不详。基于此，有学者建议在《民法典》“物权编”中明确地表、地上、地下的内涵和外延，并且以“以地上为客体的建设用地使用权”“以地下为客体的建设用地使用权”这种空间权的形态予以

---

① 除了本法第348条建设使用权出让合同内容中对建设用地自然情况作出明确规定之外，2006年原国土资源部发布的《协议出让国有土地使用权规范(试行)》第5.3条中规定国有土地出让协议方案中应当包括拟出让地块的位置、四至、用途、面积、年限、土地使用条件、供地时间、供地方式等。2007年原国土资源部发布的《招标拍卖挂牌出让国有建设用地使用权规定》第9条规定，招标拍卖挂牌公告应当包括出让宗地的面积、界址、空间范围、现状、使用年期、用途、规划指标要求等。

② 全国人民代表大会常务委员会法制工作委员会民法室编著：《物权法立法背景与观点全集》，法律出版社2007年版，第506页。

表现。[①] 最终《民法典》“物权编”没有对地表、地上和地下作出概念性界定，除了考量立法前后条文的逻辑及立法语言的精练之外，还可能考虑到其涉及与建筑业术语的交叉表达，其他专项立法还要对建设用地使用权的“地表、地上和地下”作出专业的解读。如果《民法典》对“地表、地上和地下”的内涵或外延作出具象描述，很可能与建筑业的表述有冲突。而如果《民法典》“物权编”对“地表、地上和地下”的内涵或外延作出抽象表达，如“所谓以地上为客体的建设用地使用权，是指依规划确定的以距地面一定高度的空间为客体的建设用地使用权，又叫区分建设用地使用权，或分层建设用地使用权”，那么这种内涵的界定仅是对“地上”物理空间作出另一种表述而已，而且没有“地上”表述简洁。因此，本条没有对地表、地上和地下作出内涵界定。

【司法适用】

本条在司法适用过程中需要注意的是，建设用地使用权可以在土地的地表、地上或者地下分别设立，而且彼此独立，建设用地使用权人不能因取得地下建设用地使用权，就理所当然地获得地表建设用地使用权。

【司法案例】

林某勇与甲县城乡规划建设局行政许可行政纠纷上诉案[②]

诉讼结论：建设用地使用权可以在土地的地表、地上或者地下分别设立，彼此独立。如果没有法定情况或特别约定，则取得地下建设用地使用权，不能当然地也取得地表建设用地使用权。

法院认为：根据《物权法》第136条规定，建设用地使用权可以在土地的地表、地上或者地下分别设立。即在同一宗地上，可以基于不同的权利范围，分别设立地上、地表、地下建设用地使用权。小区公共绿地属于在土地的地表所设立的建设用地使用权，而地下车位则是在土地的地下另行设立的建设用地使用权，二者可分别设立。本案被诉商品房预售许可证是针对小区地下空间所作出的预售许可，并未涉及小区公共绿地地表的建设用地使用权。

---

① 参见崔建远：《民法分则物权编立法研究》，载《中国法学》2017年第2期。

② 参见福建省漳州市中级人民法院（2005）漳行终字第71号行政裁定书。

第三百四十六条　设立建设用地使用权，应当符合节约资源、保护生态环境的要求，遵守法律、行政法规关于土地用途的规定，不得损害已经设立的用益物权。

【条文主旨】

本条是关于建设用地使用权的设立原则的规定。

【条文理解】

严格意义上讲，本条属于新增法律制度与《物权法》原有法律制度的物理性聚合。其中，新增的法律制度是“设立建设用地使用权，应当符合节约资源、保护生态环境的要求”。移植的《物权法》原有法律制度主要有两方面：一方面，“遵守法律、行政法规关于土地用途的规定”是对《物权法》第 137 条第 3 款后半部分的局部移植；另一方面，“不得损害已经设立的用益物权”是对《物权法》第 136 条后半部分的移植，只是表达上多了个“经”字。

1. 设立建设用地使用权应当符合节约资源、保护生态环境的要求

这个新增表述是《民法典》“总则编”第 9 条“绿色原则”向“物权编”具体规范的过渡与转化，是物权法律制度与环境法律制度的有机融合。[①] 建设用地使用权人行权的范围不仅涉及地表，还涉及地上、地下，很可能对环境产生重大影响。基于此，本条明确规定建设用地使用权的设立要符合节约资源和保护生态环境的要求，在权利设立准入阶段融入节约资源和保护生态环境理念。不仅为“绿色”建设用地使用权的设立提供了有针对性的法律依据，而且还为“绿色”建设用地使用权特别立法奠定了私法基础。

2. 设立建设用地使用权应当遵守法律、行政法规关于土地用途的规定

这部分表达是对《物权法》第 137 条第 3 款后半部分的局部移植。《物权法》第 3 款后半部分的表述为“采取划拨方式的，应当遵守法律、行政法规关于土地用途的规定”。这种表述具有不周延性，因为建设用地使用权设立方式有出让与划拨两种，如果仅规范划拨，那么以出让方式取得的建设用地使用权是否可以不遵守法律、行政法规关于土地用途的规定？显然不可以。因此，本条明确规定，设立建设用地使用权应当遵守法律、行政法规关于土地用途的规定，例如，要遵守《土地管理法》对土地用途管制的规定。

---

① 参见吕忠梅课题组：《“绿色原则”在民法典中的贯彻论纲》，载《中国法学》2018 年第 1 期。

3. 设立建设用地使用权不得损害已设立的用益物权

建设用地使用权可能涉及地表范围内的建设用地使用权，还可能涉及地上或地下等“空间”的建设用地使用权。这些建设用地使用权的设立不得损害“已设立”的土地承包经营权、宅基地使用权、自然资源使用权等用益物权。如果一定要利用其他人的建设用地，完全可以通过设立地役权等方式来合法解决。简言之，“已设立”的用益物权相对于“新设立”的建设用地使用权，具有优先权。

【司法适用】

本条在司法适用过程中需要注意三方面问题：

一是如果设立建设用地使用权不符合节约资源、保护生态环境的要求，那么此类案件属于民事纠纷还是行政纠纷，需要根据具体案件进行识别。

二是如果设立建设用地使用权不符合节约资源、保护生态环境的要求，那么如何与环境保护的法律法规进行衔接适用，需要法官在具体案件审判时，注重对法条竞合时的法律依据的甄别与选择。

三是设立建设用地使用权应当遵守法律、行政法规关于土地用途的规定，不得随意改变土地用途。在审理此类案件时，还需要注意原告的诉求除了要追究被告改变土地用途的法律责任之外，是否还存在追求被告违反节约资源与生态环境求保护法律规定的责任的诉求。

第三百四十七条　设立建设用地使用权，可以采取出让或者划拨等方式。

工业、商业、旅游、娱乐和商品住宅等经营性用地以及同一土地有两个以上意向用地者的，应当采取招标、拍卖等公开竞价的方式出让。

严格限制以划拨方式设立建设用地使用权。

【条文主旨】

本条是关于设立建设用地使用权方式的规定。

【条文理解】

本条文与《物权法》第 137 条相比，只有第 3 款发生变化，去除了“采取划拨方式的，应当遵守法律、行政法规关于土地用途的规定”。之所以去除这个表述，主要考量本条的宗旨是规范设立建设用地用权的两种方式，而“采取划拨方式的，应当遵守法律、行政法规关于土地用途的规定”主要是规范以划拨方式取得的土地使用权的行权限制，不符合本条表述的宗旨。故去掉这一表述，并将部分表述移至第346条。本条文涉及两方面内容：一是设立建设用地使用权的方式；二是经营性用地等公开的获得方式。

1. 设立建设用地使用权的方式

设立建设用地使用权的方式主要包括有偿出让和无偿划拨两种。按照2019年修订的《土地管理法》第2条和《城市房地产管理法》第3条规定，建设用地使用权出让以有偿出让为原则，以无偿划拨为例外。《城市房地产管理法》第8条和第23条分别对有偿出让和无偿划拨作出界定。

其中，建设用地使用权出让是指国家将国有建设用地使用权在规定年限内出卖给土地使用者，由土地使用者向国家支付土地使用权出让金的行为。建设用地使用权的出让，必须符合土地利用总体规划、城市规划和年度建设用地计划。以出让方式设立建设用地使用权的，应当以书面形式订立建设用地使用权出让合同。同时，《城镇国有土地使用权出让和转让暂行条例》第13条和《土地管理法》第55条对出让方式和出让金作出了细化规定，即土地使用权可以采取协议、招标、拍卖三种方式出让。以出让等有偿使用方式取得国有土地使用权的建设单位，按照国务院规定的标准和办法，缴纳土地使用权出让金等土地有偿使用费和其他费用后，方可使用土地。自《土地管理法》施行之日起，新增建设用地的土地有偿使用费，30%上缴中央财政，70%留给有关地方人民政府。具体使用管理办法由国务院财政部门会同有关部门制定，并报国务院批准。

建设用地使用权的划拨是指县级以上人民政府依法批准，在土地使用者缴纳补偿、安置等费用后将该幅土地交付其使用，或者将土地使用权无偿交付给土地使用者使用的行为。鉴于划拨属于无偿取得，本条明确规定"严格限制以划拨方式设立建设用地使用权"。同时，其他法律对划拨土地的条件作出抽象限制：一是为了公共利益的需要；二是按照规定的用途开发、利用土地；三是划拨土地不得进入市场进行交易。同时，《土地管理法》第54条和《城市房地产管理法》第24条采取列举方式对划拨土地的范围作出细化规定，即下列建设用地，确属必需的，经县级以上人民政府依法批准，可以以划拨方式取得：一是国家机关用地和军事用地；二是城市基础设施用地和公益事业用地；三是国家重点扶持的能源、交通、水利等项目用地；四是法律、行政法规规定的其他用地。

2. 经营性用地公开获得方式

根据原国土资源部发布的《招标拍卖挂牌出让国有建设用地使用权规定》第4条的规定，经营性用地是指工业、商业、旅游、娱乐、商品住宅等用地。为了保障市场主体能够公平地获得建设用地使用权，本条结合《土地管理法》和《招标拍卖挂牌出让国有建设用地使用权规定》相关规定，构建公开、公平、公正的土地资源市场配置机制。本条明确规定,工业、商业、旅游、娱乐和商品住宅等经营性用地以及同一土地有两个以上意向用地者的,应当采取招标、拍卖等公开竞价的方式出让。

与《招标拍卖挂牌出让国有建设用地使用权规定》第4条相比,本条没有列举出“挂牌”这种公开竞价的模式,而是采取“等”的方式进行表达,主要理由如下:挂牌出让方式是指市、县国土资源管理部门发布挂牌公告,按公告规定的期限将拟出让宗地的交易条件在指定的土地交易场所挂牌公布,接受竞买人的报价申请并更新挂牌价格,根据挂牌期限截止时的出价结果或现场竞价结果确定土地使用者的行为。挂牌方式是土地主管部门将拍卖和招标的特点相结合创设的一项土地出让制度。由于挂牌出让方式具有地域局限性,且各地操作规则差异性很大,现行法律还没有对挂牌出让方式作出系统规定,该方式在法律上如何定性和规范,还需要根据实践经验不断完善。我国土地制度正在改革阶段,今后可能还会出现一些新的公开竞价的出让方式,因此,《民法典》“物权编”仅列举了具有专项立法规制的拍卖和招标两种出让方式,没有对现实中的其他公开竞价方式一一列举。

【司法适用】

与划拨有关的司法解释和文件主要有最高人民法院《关于破产企业国有划拨土地使用权应否列入破产财产等问题的批复》和财政部、原国土资源部《关于同意将集体企业原划拨土地处置收入用于支付关闭破产或改制集体企业职工安置费用的批复》。

本条在司法适用的过程中需要注意的事项是:设立建设用地使用权的方式主要包括出让或者划拨等公开方式,而租赁、保管等债权方式无法设立物权建设用地使用权。

【司法案例】

甲公司与乙公司宁波输油处财产损害赔偿纠纷上诉案①

诉讼结论:根据物权法定原则,作为用益物权的建设用地使用权只有通过出让、划拨等方式设立,而租赁这种债权模式不能创设建设用地使用权的物权模式。

法院认为:甲公司在1994年以划拨方式取得土地用权,2002年3月改为租赁方式,2004年3月再次改为出让方式。一审法院认为,根据物权法定原则,作为用益物权的建设用地使用权只能通过出让、划拨等方式设立,不包括租赁的方式。

① 参见上海市第一中级人民法院(2017)沪01民终7657号民事判决书。

按照2002年3月8日《上海市浦东新区国有土地租赁合同》,甲公司以交付土地租金的形式取得土地使用权,此时该土地使用权系以设立债权的方式取得,而非以设立物权的方式取得。甲公司主张其自1994年起一直享有系争土地的用益物权,依据不足。根据在案证据,系争管道于2002年9月取得规划部门的定位规划批复,此时甲公司并不享有系争土地的用益物权,而是直至2004年3月方签订《上海市国有土地使用权出让合同》以出让的方式取得系争地块的土地使用权。一审法院认定甲公司取得用益物权在后,并无不当。甲公司作为系争地块国有土地使用权的承继人,主张乙公司宁波输油处、乙公司侵犯其设立在先的用益物权,缺乏依据,上诉法院不予采信。

第三百四十八条　通过招标、拍卖、协议等出让方式设立建设用地使用权的,当事人应当采用书面形式订立建设用地使用权出让合同。

建设用地使用权出让合同一般包括下列条款:

(一)当事人的名称和住所;

(二)土地界址、面积等;

(三)建筑物、构筑物及其附属设施占用的空间;

(四)土地用途、规划条件;

(五)建设用地使用权期限;

(六)出让金等费用及其支付方式;

(七)解决争议的方法。

【条文主旨】

本条是关于建设用地使用权出让合同的规定。

【条文理解】

本条与《物权法》第138条相比,个别表达发生变化,即"采取"改为"通过","使用期限"改为"建设用地使用权期限",增加"规划条件"。本条主要涉及两方面内容:一是明确规定以公开竞价方式设立建设用地使用权应订立书面合同;二是建设用地使用权出让合同的法定内容。

1.明确规定以公开竞价方式设立建设用地使用权应订立书面合同

根据《招标拍卖挂牌出让国有建设用地使用权规定》和《协议出让国有土地使用权规范(试行)》的相关规定,虽然采取招标、拍卖、协议等出让方式设立建设用地使用权,整个设立过程都秉持公开、公平、公正原则,但是这些公开的过程,必须以书面的形式对建设用地使用权双方当事人的权利义务进行确定，以避免产生不必要的争议。虽然各级人民政府代表国家，以土地所有人的身份与建设用地使用权人签订出让合同，但是该合同属于国家以民事主体的身份与其他主体从事的交易行为，因此，建设用地使用权合同属于民事合同。

2. 建设用地使用权出让合同的法定内容

建设用地使用权出让合同的内容主要包括以下七方面：

(1)当事人的名称和住所。当事人的名称和住所，是合同中最基本的要件。虽然国有土地出让人为国家，但是在出让合同中，国家并不能列为出让人。按照《协议出让国有土地使用权规范(试行)》第 4. 1 条和《招标拍卖挂牌出让国有建设用地使用权规定》第 2 条规定，市、县国土资源管理部门是协议出让国有土地使用权的出让人。鉴于 2018 年国家实施机构改革，国土资源部门更改为自然资源部，现在作为合同主体的出让人应该是市、县的自然资源行政部门。

(2)土地界址、面积等。建设用地出让合同应当标明出让建设用地的具体界址、面积等自然状况。为了准确界定建设用地的基本数据，合同后面一般会附“出让宗地界址图”，标明建设用地的位置、四至范围等，并经双方当事人确认。

(3)建筑物、构筑物及其附属设施占用的空间。如果分层设立建设用地使用权，就必须界定每一建设用地使用权具体占用的空间，标明建设用地占用的面积和四至、建筑物、构筑物以及附属设施的高度和深度。

(4)土地用途。土地用途是建设用地使用权合同的重要内容。根据《土地管理法》的规定，我们国家对建设用地实行用途管制，不同用途的建设用地具有不同的使用期限和管制制度。在合同期限内，建设用地使用权人不得擅自改变建设用地的用途，需要改变建设用地使用权用途的，应当按照《土地管理法》第 56 条规定，经有关人民政府自然资源主管部门同意，报原批准用地的人民政府批准。

(5)建设用地使用权使用期限。以出让方式设立的建设用地使用权都有期限的规定。例如，根据《城镇国有土地使用权出让和转让暂行条例》第 12 条的规定，居住用地 70 年，工业用地 50 年，教育、科技、文化、卫生、体育用地 50 年等。建设用地使用权出让的期限自出让人向建设用地使用权人实际交付土地之日起算，原划拨土地使用权补办出让手续的，出让年限自合同签订之日起算。

(6)出让金等费用及其支付方式。建设用地使用权受让人按照《土地管理法》第 55 条和《城市房地产管理法》第 13 条至第 18 条的规定支付土地使用权出让金等土地有偿使用费和其他费用，并遵守合同中双方对出让金等费用的合法约定。至于出让金的支付方式，根据《城镇国有土地使用权出让和转让暂行条例》第 14 条的规定，土地使用者应当在签订出让合同后 60 日内，支付全部土地使用权出让金。出让金的支付方式可以采取一次性支付或者分期支付的办法。逾期未全部支付的,出让方有权解除合同,并可请求违约赔偿。

(7)解决争议的方法。因履行建设用地使用权合同发生争议的,出让人和建设用地使用权人可以协商解决,也可以提交双方当事人指定的仲裁委员会仲裁,还可以依法向人民法院起诉。

【司法适用】

本条涉及的司法解释是《国有土地使用权合同纠纷的司法解释》,其对土地使用权出让合同的主体、出让金及出让合同解除的条件作出了明确规定。

本条在司法适用过程中需要注意五方面问题:一是建设用地使用权出让合同属于民事合同。二是建设用地使用权出让书面合同的缺位,影响建设用地使用权出让行为的效力。三是双方签订的建设用地使用权出让书面合同并没有将本条的条款全部列出,不影响合同的效力。四是建设用地使用权书面合同签订主体身份的识别。例如,开发区管理委员会作为出让人与受让方签订的出让合同原则上认定无效,但《国有土地使用权合同纠纷的司法解释》实施前,开发区管理委员会作为出让方与受让方订立的土地使用权出让合同,起诉前经市、县人民政府土地部门追认的,可以认定合同有效。五是协议出让经营性基础设施、矿业开采等具有独占性和排他性的用地,在意向用地者与出让方在出让价格方面有争议难以达成一致时,意向用地者认为出让方提出的出让价格明显高于土地市场价格的,可提请出让方的上一级国土资源管理部门进行出让价格争议裁决。参见《协议出让国有土地使用权规范(试行)》第4.5条的规定。

【司法案例】

甲市国土资源局诉乙公司建设用地使用权出让合同纠纷再审案①

诉讼结论:政府机构以土地所有人的身份与土地使用人订立的建设用地使用权出让合同,属于平等主体之间的民事合同,因此产生的纠纷,属于民事纠纷。

法院认为:甲市国土局代表国家以土地所有权人的身份与土地使用人乙公司订立合同,根据《物权法》第138条规定,“采取招标、拍卖、协议等出让方式设立建设用地使用权的,当事人应当采取书面形式订立建设用地使用权出让合同”,因此,双方签订的《国有土地使用权出让合同》属于平等主体之间的民事合同。双方因该合同产生的纠纷属于民事合同纠纷。原审法院以本案不属于民事案件受理范围而驳回甲市国土局的起诉,属于适用法律错误,本院应予纠正。

① 参见最高人民法院(2017)最高法民再179号民事裁定书。

第三百四十九条　设立建设用地使用权的，应当向登记机构申请建设用地使用权登记。建设用地使用权自登记时设立。登记机构应当向建设用地使用权人发放权属证书。

【条文主旨】

本条是关于建设用地使用权登记的规定。

【条文理解】

本条文与《物权法》第139条相比进行微调，将“建设用地使用权证书”改为“权属证书”。建设用地使用权登记是指登记机构将土地的权属、用途、面积等基本情况登记在登记簿上，并向建设用地使用权人颁发使用权证书。建设用地使用权属于典型的用益物权，建设用地使用权的设立，应当依法办理登记手续，否则建设用地使用权不能设立。登记机构应当按照《不动产登记暂行条例》等相关法律法规的规定向建设用地使用权人发放权属证书。在此需要强调的是，划拨方式取得建设用地使用权，虽然是无偿获得，但是应该由市、县国土资源主管部门向建设单位颁发《国有土地决定书》和《建设用地批准书》，依照规定办理土地登记。

【司法适用】

本条在司法适用过程中，应注意三方面问题：一是设立建设用地使用权的，应当向登记机构申请建设用地使用权登记，没有办理登记的，无法获得建设用地使用权，具体见案例一；二是没有办理建设用地使用权登记，不影响建设用地使用权合同效力，具体见案例二；三是没有取得建设用地使用权登记证书而进行转让，影响建设用地使用权转让合同效力，具体见案例三。

【司法案例】

案例一

甲公司诉工程处排除妨碍纠纷案①

诉讼结论：建设用地使用权人只有进行了设立登记，将设立内容登记在不动产物权登记簿上，才能享有占有、使用、收益的排他性权利。

法院认为：涉案土地系国有建设土地，根据《物权法》第139条规定，“建设用地使用权自登记时设立”，建设用地使用权设立登记是建设用地使用权设立的法

① 参见张宝华、王林林：《设立建设用地使用权应自登记时生效——山东日照中院判决木业公司诉工程处排除妨碍纠纷案》，载《人民法院报》2012年11月15日，第6版。

定公示手段,属于建设用地使用权依法设立的法定要件。甲公司虽然通过竞拍方式,交付了土地出让金并最终与相关部门签订了国有土地使用权出让合同,但其仅基于出让合同取得了债权请求权,尚未完成建设用地使用权的物权设立,不能取得相应的物权。甲公司只有进行了设立登记,将设立内容登记在不动产物权登记簿上,才能成为建设用地使用权人,才能享有占有、使用、收益的排他性权利。因此,甲公司自登记机构于2011年5月20日向其下发国有土地使用证之日起取得涉案建设用地使用权,原审认定甲公司自2011年5月6日向有关部门申请权利初始登记时起依法取得涉案土地使用权错误,应予以纠正。甲公司上诉主张其自2010年1月25日起经拍卖取得涉案土地的建设用地使用权,不符合我国《物权法》的上述规定,依法不予支持。

案例二

甲公司和乙公司与某管理委员会等
建设用地使用权出让合同纠纷上诉案①

诉讼结论:《国有建设用地使用权出让合同》依法成立并生效,对双方当事人具有约束力,没有办理建设用地使用权登记的,不影响合同的效力。

法院认为:乙公司没有办理物权登记手续,按照建设用地使用权登记取得的法律规定,乙公司没有取得涉案土地建设用地使用权。虽然乙公司没有取得建设用地使用权,但是,根据《物权法》第15条的规定,未办理物权登记的,不影响合同效力。因此,本案《国有建设用地使用权出让合同》有效。

案例三

甲公司与乙公司建设用地使用权纠纷上诉案②

诉讼结论:转让方没有取得土地使用权证书或没有征得有批准权的人民政府同意转让的,转让合同无效。

法院认为:《国有土地使用权合同纠纷司法解释》第9条规定,转让方未取得土地使用权证书与受让方订立合同转让土地使用权,起诉前转让方已经取得出让土地使用权证书或者有批准权的人民政府同意转让的,应当认定合同有效。被上诉人乙公司一直未提供证据证明其已办理建设用地使用权登记。根据上述法律规定,双方签订的置换协议应属无效协议。

---

① 参见最高人民法院(2017)最高法民终340号民事判决书。

② 参见山东省淄博市中级人民法院(2017)鲁03民终3312号民事判决书。

第三百五十条　建设用地使用权人应当合理利用土地，不得改变土地用途；需要改变土地用途的，应当依法经有关行政主管部门批准。

【条文主旨】

本条是关于土地用途管制制度的规定。

【条文理解】

本条与《物权法》第 140 条相比，内容没有变化。土地资源具有稀缺性，十分珍惜、合理利用土地是我国的基本国策之一。我们国家从不同视角构建相关法律制度来约束建设用地使用权人合理地利用土地。

首先，国家实行土地用途管制制度。使用土地的单位和个人必须严格按照土地利用总体规划确定的用途使用土地。

其次，需要改变土地用途的，应当依法经有关行政主管部门批准。建设单位使用国有土地的，应当按照土地使用权出让等有偿使用合同的约定或者土地使用权划拨批准文件的规定使用土地，确需改变该幅土地建设用途的，应当经有关人民政府自然资源主管部门同意，报原批准用地的人民政府批准。其中，在城市规划区内改变土地用途的，在报批前，应当先经有关城市规划行政主管部门同意。建设项目施工和地质勘查需要临时使用国有土地的，临时使用土地的使用者应当按照临时使用土地合同约定的用途使用土地，并且不得修建永久性建筑物。

最后，不按照批准用途使用土地或者不合理使用土地的，应当承担不利的法律后果。根据《土地管理法》第 81 条的规定，不按照批准的用途使用国有土地的，由县级以上人民政府自然资源主管部门责令交还土地，处以罚款。《城镇国有土地使用权出让和转让暂行条例》第 17 条也对行政责任作出细化规定，即土地使用者应当按照土地使用权出让合同的规定和城市规划的要求，开发、利用、经营土地。未按合同规定的期限和条件开发、利用土地的，市、县人民政府土地管理部门应当予以纠正，并根据情节可以给予警告、罚款直至无偿收回土地使用权的处罚。《城市房地产管理法》第 26 条还对出让方式获得土地的使用责任作出明确规定，即以出让方式取得土地使用权进行房地产开发的，必须按照土地使用权出让合同约定的土地用途、动工开发期限开发土地。超过出让合同约定的动工开发日期满 1 年未动工开发的，可以征收相当于土地使用权出让金 20% 以下的土地闲置费；满 2 年未动工开发的，可以无偿收回土地使用权；但是，因不可抗力或者政府、政府有关部门的行为或者动工开发必需的前期工作造成动工开发迟延的除外。

【司法适用】

《国有土地使用权合同纠纷司法解释》第6条规定，受让方擅自改变土地使用权出让合同约定的土地用途，出让方请求解除合同的，应予支持。

本条在司法适用过程中需要注意两方面问题：一是建设用地上房屋所有人将房屋用于何种用途无法改变房屋及土地使用权的性质，只有经过有关行政部门依法批准，才能改变土地用途，具体见案例一；二是政府会议纪要对建设用土用途改变的意思表示与行政机关审批的用途不符的，以行政机关审批用途来判断建设用地的用途，具体见案例二。

【司法案例】

案例一

郑某娟与甲市物价局等物价管理其他行政行为上诉案①

诉讼结论：房屋用途改变不能改变土地使用权的性质，必须经过相关行为政部门依法审批，才能改变土地用途。

法院认为：郑某娟提出涉案楼盘房屋实际均用作住房，涉案楼盘的性质应认定为住宅小区。房屋买受人将房屋用于何种用途并不能改变房屋及土地使用权的性质。按照《物权法》第140条和《土地管理法》第56条规定，建设用地使用权人，需要改变土地用途的，应当经有关人民政府土地行政主管部门同意，报原批准用地的人民政府批准。其中，在城市规划区内改变土地用途的，在报批前，应当先经有关城市规划行政主管部门同意。因此，上诉人提出的当事人将房屋用途改变则土地性质（用途）自然随之改变的理由不能成立。

案例二

甲公司等诉乙市国土资源局登记案②

诉讼结论：政府会议旨意不等于行政审批，不能产生改变土地使用用途行政审批的法律效果。

法院认为：上诉人甲公司的建设用地使用权经乙市人民政府审批为以行政划拨用地方式获得的住宅建设用地，并未批准上诉人建设商业网点。"紫金新村"两次专题会议纪要中，某区人民政府均表示办证属历史遗留问题，同意对上诉人使用的案涉8间商业网点用房办理产权证书，并且乙市计划委员会下达的基建计划

① 参见浙江省杭州市中级人民法院（2014）浙杭行终字第132号行政判决书。

② 参见福建省龙岩市中级人民法院（2017）闽08行终130号行政判决书。

中含商业网点。但是，这些会议意思表示并不能代替行政审批，故对上诉人的诉求请求不予采纳。

第三百五十一条　建设用地使用权人应当依照法律规定以及合同约定支付出让金等费用。

【条文主旨】

本条是关于建设用地使用权人支付出让金等费用的义务的规定。

【条文理解】

本条与《物权法》第141条相比，内容没有变化。土地是人类赖以生存的基础性资源，有序并高效地利用土地关涉到国家的安定和社会经济的发展。建设用地使用权人有偿使用国有土地，使国家从国有土地获得收益，有足够的财力组织社会化大生产，更好地实现社会主义国家的经济职能。同时，其通过充分发挥市场调节的作用，合理配置土地资源，实现土地利用效益的最大化。按照现行法律规定，建设用地使用权人支付出让金等费用主要有两种情形：一是以出让形式取得建设用地使用权；二是以划拨形式取得建设用地使用权之后再次转让此项权利。

1. 以出让形式取得建设用地使用权

为了充分保障国有土地的公平有偿利用，我国出台了多部法律来规范出让有偿行为。首先，《土地管理法》第2条中明确规定，国家依法实行国有土地有偿使用制度。其次，明确规定了土地出让有偿制度。《土地管理法》第55条规定："以出让等有偿使用方式取得国有土地使用权的建设单位，按照国务院规定的标准和办法，缴纳土地使用权出让金等土地有偿使用费和其他费用后，方可使用土地。自本法施行之日起，新增建设用地的土地有偿使用费，百分之三十上缴中央财政，百分之七十留给有关地方人民政府。具体使用管理办法由国务院财政部门会同有关部门制定，并报国务院批准。"同时，《城市房地产管理法》第8条再次强调性规定，土地使用者应向国家支付土地使用权出让金，且其第13条第3款明确规定，采取双方协议方式出让土地使用权的出让金不得低于按国家规定所确定的最低价。《城市房地产管理法》第16条明确了未支付土地出让金的法律责任。《城市房地产管理法》第16条规定，土地使用者必须按照出让合同约定，支付土地使用权出让金；未按照出让合同约定支付土地使用权出让金的，土地管理部门有权解除合同，并可以请求违约赔偿。

2. 以划拨形式取得建设用地使用权之后再次转让权利

按照现行法律规定,划拨方式取得建设用地使用权采取的是无偿形式,如果实施转让行为,则需要补缴土地出让金。首先,法律明确规定了交付土地出让金的情形。根据《城市房地产管理法》第40条的规定,以划拨方式取得土地使用权的,转让房地产时,应当按照国务院规定,报有批准权的人民政府审批。有批准权的人民政府准予转让的,应当由受让方办理土地使用权出让手续,并依照国家有关规定缴纳土地使用权出让金。此外,《城市房地产管理法》第51条对房地产抵押时涉及划拨土地的出让金也作出制度安排,即设定房地产抵押权的土地使用权是以划拨方式取得的,依法拍卖该房地产后,应当从拍卖所得的价款中缴纳相当于应缴纳的土地使用权出让金的款额后,抵押权人方可优先受偿。其次,法律规定了不支付出让金的法律责任。根据《城市房地产管理法》第67条的规定,通过划拨获得土地使用权的法律主体,转让土地使用权,如果不补缴出让金,由县级以上人民政府土地管理部门责令缴纳土地使用权出让金、没收违法所得,可以并处罚款。

【司法适用】

本条在司法适用中需要注意三方面问题:

一是无论是出让取得建设用地使用权,还是以划拨形式取得建设用地使用权之后再次转让权利,都需要支付土地出让金等费用。

二是建设用地使用权人与其他人合同约定由其他人代为交纳土地出让金且没有征得合同相对人同意的行为,无法改变建设用地使用权人的土地出让金等费用支付主体的法定身份。

三是法院在审理与建设用地使用权人未依照法律规定以及合同约定支付出让金等费用相关的案件时,需要结合案件事实及当事人的诉求,来甄别案件的性质是民事纠纷还是行政纠纷。

【司法案例】

甲县国土资源局与乙公司建设用地使用权转让纠纷上诉案①

诉讼结论:建设用地使用权人与其他人通过合同约定由其他人代为交纳土地出让金且没有征得建设用地使用权出让合同相对人同意的行为,无法改变建设用地使用权人作为土地出让金等费用支付主体的法定身份。

法院认为:乙公司(被上诉人)与甲县国土局(上诉人)签订了《国有建设用地

---

① 参见湖北省高级人民法院(2017)鄂民终684号民事判决书。

使用权出让合同》和《国有建设用地使用权出让合同(合同补充条款)》。乙公司作为案涉土地使用权的受让人,具有交纳土地出让金的义务,而乙公司以其与甲县公安局的商品房买卖合同及甲县公安局向乙公司承诺由其代为交纳土地出让金为由(在未经甲县国土局同意的情况下),不履行缴纳出让金义务。根据《物权法》第141条的规定,建设用地使用权人具有支付土地出让金义务。因此,一审判决事实清楚,适用法律正确,应予维持。

第三百五十二条　建设用地使用权人建造的建筑物、构筑物及其附属设施的所有权属于建设用地使用权人,但是有相反证据证明的除外。

【条文主旨】

本条是关于建设用地使用权人建造的建筑物等设施的权属的规定。

【条文理解】

本条与《物权法》第142条相比,进行微调,将"但"改为"但是"。建设用地使用权人依法取得国有土地的使用权后,就有权利使用该土地建造建筑物、构筑物及其附属设施。根据《民法典》第266条的规定,私人对房屋等不动产及动产享有所有权。基于此,建设用地使用权人建造的建筑物、构筑物及其附属设施的所有权属于建设用地使用权人。

本条款设置了"但书"规定,这个"但书"主要针对两种特殊情况:一是建设用地使用权人对没有履行合法手续的情况下所建造的建筑物、构筑物及其附属设施不具有所有权。按照《土地管理法》第77条规定,对违反土地利用总体规划擅自将农用地改为建设用地的,限制拆除在非法占用的土地上新建的建筑物和其他设施,恢复土地原状,对符合土地利用总体规划的,没收在非法占用的土地上新建的建筑物和其他设施,可以并处罚款。二是虽然建筑物、构筑物及其附属设施由建设用地使用权人建造,但是可以根据合同约定由他人所有。例如,按照合同约定,由建设用地使用权人建造市政公用建筑,最终所有权属于国家。又如,地上建筑物等是建设用地使用人建造,但基于与他人合约,约定建成后的建筑物等权属应部分或全部归属他人。再如,建设用地使用权人已经将建造的建筑物售卖给他人。

【司法适用】

与本条有关的司法解释主要有《物权法司法解释(一)》,本条在司法适用过程中需要注意四个方面:

一是建设用地使用权人建造的建筑物、构筑物及其附属设施的所有权确权的纠纷，属于不动产物权归属纠纷，当事人提起民事诉讼的，应当依法受理。

二是建筑物、构筑物及其附属设施的归属有争议的，一般推定权属归从事建设活动的建设用地使用权人，但是当事人有证据的除外，按照《物权法司法解释（一）》第2条的规定，当事人有证据证明不动产登记簿的记载与真实权利状态不符、其为该不动产物权的真实权利人，请求确认其享有物权的，应予支持。

三是建筑物、构筑物及其附属设施归属约定内容的考量。在城市房地产建设中，存在一部分市政公共设施，开发商与政府部门约定，开发商在房地产项目开发中配套建设的所有权归国家，此时需要尊重当事人的权属划分。

四是本条涉及的是合法建造产生的建筑物、构筑物及其附属设施，违章建筑是要被没收和强制拆除，不在本条调整范围。

【司法案例】

案例一

甲公司诉乙公司、尹某波执行异议之诉再审案①

诉讼结论：建设用地使用权人建造的建筑物、构筑物及其附属设施的所有权属于建设用地使用权人。

法院认为：乙公司具有充足的证据证明其取得案涉富苑小区A区的国有土地使用权证，享有案涉房屋建设项目的建设用地使用权。按照批准的用途利用土地建造建筑物、构筑物是建设用地使用权人的基本权利内容。根据《物权法》第142条“建设用地使用权人建造的建筑物、构筑物及其附属设施的所有权属于建设用地使用权人，但有相反证据证明的除外”之规定，在没有相反证据证明乙公司取得使用权的富苑小区A区土地上建造的房屋权属应归属他人的情形下，案涉房屋依法应推定归属乙公司。

案例二

甲公司与曲某生等案外人执行异议之诉再审案②

诉讼结论：如果有其他证据证明房屋所有权人，就不能仅依登记的建设用地使用权人来简单推定涉案建造房屋的所有权归属。

法院认为：针对“甲公司能否以涉案建设用地使用权登记在其名下为由主张排除执行”，法院指出，根据《物权法》第142条的规定，建设用地使用权人建造的

---

① 参见最高人民法院（2017）最高法民再267号民事判决书。

② 参见辽宁省高级人民法院（2017）辽民再1号民事判决书。

建筑物、构筑物及其附属设施的所有权属于建设用地使用权人，但是有相反证据证明的除外。本案中，甲公司是涉案土地的建设用地使用权人。吕某福与甲公司签订了联合开发协议及补充协议并实际履行。依据该协议及房屋建造行为，可以认定吕某福事实上取得了涉案房屋物权，而不能仅依登记的建设用地使用权人来推定涉案建造房屋的所有权人，并据此主张排除执行。

第三百五十三条　建设用地使用权人有权将建设用地使用权转让、互换、出资、赠与或者抵押，但是法律另有规定的除外。

【条文主旨】

本条是关于建设用地使用权流转方式的规定。

【条文理解】

本条规定了建设用地使用权流转方式及其除外规定两方面内容。

1. 建设用地使用权流转方式

本条与《物权法》第143条相比，进行微调，将“但”改为“但是”。建设用地使用权依法流转属于我国以有偿使用为原则、以划拨为例外的土地制度的重要内容之一。多部法律法规对建设用地使用权流转作出细化制度规范：一是明确规定土地使用权依法转让。《土地管理法》第2条第3款规定，任何单位和个人不得侵占、买卖或者以其他形式非法转让土地。土地的使用权可以依法转让。二是保障土地使用权人流转土地使用权行为。《城镇国有土地使用权出让和转让暂行条例》第4条规定，土地使用权的土地使用者，其使用权在使用年限内可以转让、出租、抵押或者用于其他经济活动，合法权益受国家法律保护。三是建设用地使用权随着房地产流转而流转。《城市房地产管理法》第37条至第44条规定，房地产权利人通过买卖、赠与、抵押或者其他合法方式将其房地产转移给他人，如果房屋所占用范围的土地使用权符合法律规定，则可以随同房屋共同流转。

2. 建设用地使用权流转的除外规定

建设用地使用权流转是个复杂的法律过程，流转过程中涉及多元法律主体的利益，而且，出让与划拨取得建设用地使用权所涉及的法律问题存在很大的差异。基于此，现行立法根据建设用地取得方式的不同设置了差异化的流转限制。

（1）出让方式取得建设用地使用权的流转限制

根据法律和行政法规的规定，对以出让方式取得的建设用地使用权的流转进行限制的情况主要有：一是未缴纳土地使用权出让金等土地有偿使用费和其他费用,不得使用土地,这其中包括土地使用权流转,如《土地管理法》第 55 条的相关规定;二是房地产不得转让,则其所占有范围内的土地使用权也不得转让,如《城市房地产管理法》第 38 条和第 39 条的相关规定;三是未按土地使用权出让合同规定的期限和条件投资开发、利用土地的,土地使用权不得转让如《城镇国有土地使用权出让和转让暂行条例》第 19 条第 2 款的相关规定。

(2)划拨方式取得建设用地使用权的流转限制

根据现行法律和行政法规的规定,划拨取得的建设用地的流转,要通过行政审批,并交纳相应土地出让金或者土地收益。例如,《城市房地产管理法》第 40 条规定,以划拨方式取得土地使用权的,转让房地产时,不仅要报相关部门审批,而且还要缴纳土地使用权出让金或者按照国务院规定将转让房地产所获收益中的土地收益上缴国家或者作其他处理。又如,《城市房地产管理法》第 51 条和《担保法》第 56 条规定,抵押划拨方式取得土地使用权拍卖所得的价款,在依法缴纳相当于应缴纳的土地使用权出让金的款额后,抵押权人有优先受偿权。

【司法适用】

本条在适用过程中需要注意特别法律制度与本条的适用问题,主要有:

一是破产企业中涉及国有划拨土地使用权处理的问题。最高人民法院《关于破产企业国有划拨土地使用权应否列入破产财产等问题的批复》明确规定,原则上,破产企业以划拨方式取得的国有土地使用权不属于破产财产,企业对其以划拨方式取得的国有土地使用权无处分权,如果以此土地使用权为标的物设定抵押,则需要履行相关手续。

二是规范划拨土地使用权的是法律竞合时的法律适用问题。按照《城市房地产管理法》第 51 条和《担保法》第 56 条规定,划拨土地使用权只要履行法定程序可以抵押。《城镇国有土地使用权出让和转让暂行条例》规定,划拨土地使用权不得转让、出租、抵押,但满足条例第 45 条规定的情况除外。根据《立法法》规定的法律冲突时的适用规则,应优先适用《城市房地产管理法》的相关规定。

【司法案例】

杨某诉曹某房屋买卖合同纠纷案[①]

诉讼结论:对于以划拨方式取得的土地使用权,当事人只要履行了相关的法定手续,就可以将其转让。

法院认为:本案讼争私有房屋所使用的土地为划拨方式取得。《物权法》第

---

① 参见吴环:《划拨土地上私有房屋转让合同具有法律效力》,载《人民司法(案例)》2014 年第 18 期。

143 条规定:“建设用地使用权人有权将建设用地使用权转让、互换、出资、赠与或者抵押,但法律另有规定的除外。”《城市房地产管理法》第 40 条第 1 款规定:“以划拨方式取得土地使用权的,转让房地产时,应当按照国务院规定,报有批准权的人民政府审批。有批准权的人民政府准予转让的,应当由受让方办理土地使用权出让手续,并依照国家有关规定缴纳土地使用权出让金。”同时,该法第 61 条第 3 款规定:“房地产转让或者变更时,应当向县级以上地方人民政府房产管理部门申请房产变更登记,并凭变更后的房屋所有权证书向同级人民政府土地管理部门申请土地使用权变更登记”。依据上述法律可知,我国法律对以划拨方式取得的土地使用权并未禁止转让,当事人只要履行了相关的法定手续,仍然可以将其转让。因此,杨某以签订住宅楼买卖协议时该房屋所占土地系国有划拨土地不能转让为由,主张房屋买卖协议无效,其理由不能成立。

第三百五十四条　建设用地使用权转让、互换、出资、赠与或者抵押的,当事人应当采用书面形式订立相应的合同。使用期限由当事人约定,但是不得超过建设用地使用权的剩余期限。

【条文主旨】

本条是关于处分建设用地使用权的合同形式和期限的规定。

【条文理解】

本条与《物权法》第 144 条相比,进行微调,将“采取”改为“采用”,将“但”改为“但是”。理解和掌握本条的内容,需要注意两个方面内容:

一是建设用地使用权的流转应当采用书面形式。建设用地使用权流转之所以必须采用书面形式,主要是因为建设用地使用权流转涉及国有土地合法有效的利用,直接关系到国家、社会和建设用地使用人的重大利益。因此,现行立法要求建设用地使用权合同采用书面形式,一方面明确合同双方的权利义务,另一方面避免产生不必要的争议。除了本条之外,多部法律对建设用地使用权的流转应当采取书面形式作出了明确规定,例如,《城市房地产管理法》第 15 条规定土地使用权出让应当签订书面合同。

二是建设用地使用权流转的使用期限不得超过建设用地使用权的剩余期限。建设用地使用权属于定限物权,因此,现行法律对建设用地使用权期限及流转期限作出明确规定。例如,《城镇国有土地使用权出让和转让暂行条例》第 12 条采取分类的方式对建设用地使用权的期限进行规范,其中,工业用地,教育、科技、文化、卫生和体育用地的土地使用权最高年限为50年,居住用地70年,商业、旅游、娱乐用地40年。又如,《城市房地产管理法》第43条对建设用地使用权流转剩余期限的计算方法作出具体规定,即以出让方式取得土地使用权的,转让房地产后,其土地使用权的使用年限为原土地使用权出让合同约定的使用年限减去原土地使用者已经使用年限后的剩余年限。

【司法适用】

《国有土地使用权合同纠纷司法解释》第8条至第13条,对建设用地使用权人转让合同的效力根据不同情况作出了规定。主要有六种情况:

(1)土地使用权人作为转让方与受让方订立土地使用权转让合同后,当事人一方以双方之间未办理土地使用权变更登记手续为由,请求确认合同无效的,不予支持。

(2)转让方未取得出让土地使用权证书与受让方订立合同转让土地使用权,起诉前转让方已经取得出让土地使用权证书或者有批准权的人民政府同意转让的,应当认定合同有效。

(3)土地使用权人作为转让方就同一出让土地使用权订立数个转让合同,在转让合同有效的情况下,受让方均要求履行合同的,按照《国有土地使用权合同纠纷司法解释》第10条规定的4种情形分别处理。

(4)土地使用权人未经有批准权的人民政府批准,与受让方订立合同转让划拨土地使用权的,应当认定合同无效。但起诉前经有批准权的人民政府批准办理土地使用权出让手续的,应当认定合同有效。

(5)土地使用权人与受让方订立合同转让划拨土地使用权,起诉前经有批准权的人民政府同意转让,并由受让方办理土地使用权出让手续的,土地使用权人与受让方订立的合同可以按照补偿性质的合同处理。

(6)土地使用权人与受让方订立合同转让划拨土地使用权,起诉前经有批准权的人民政府决定不办理土地使用权出让手续,并将该划拨土地使用权直接划拨给受让方使用的,土地使用权人与受让方订立的合同可以按照补偿性质的合同处理。

【司法案例】

案例一

甲公司与乙公司确认合同有效纠纷上诉案①

诉讼结论:建设用地使用权流转应当采用书面合同,如果没有订立书面合同,

---

① 参见甘肃省庆阳市中级人民法院(2013)庆中民终字第514号民事判决书。

且又无其他客观证据佐证,则建设用地使用权流转的诉讼主张不能得到法院的支持。

法院认为:二审法院针对“2009 年 8 月 5 日甲公司、乙公司、市人大签字盖章的图纸是否属甲公司与乙公司确认地界划分的合同”这一焦点问题指出,依据《物权法》第 144 条中“建设用地使用权转让、互换、出资、赠与或者抵押的,当事人应当采取书面形式订立相应的合同”的规定,建设用地使用权转让须签订书面合同。在双方就土地界限未签订书面合同、甲公司未提供其他证据的情况下,仅仅依据 2009 年 8 月 5 日的图纸无法认定乙公司同意将登记在张某喜名下的部分土地使用权让与甲公司,即该图纸缺乏合同的形式及实质要件,甲公司的上诉理由证据不足,本院对上诉人主张不予支持。

案例二

李某锁与甲镇人民政府、乙乡人民政府房屋租赁合同纠纷案①

诉讼结论:建设用地使用权流转合同约定的期限超过法定期限,并不当然地导致合同无效。

法院认为:二审法院在分析“关于涉案协议的效力问题”时指出,《物权法》第 144 条规定,建设用地使用期限由当事人约定,但不得超过建设用地使用权的剩余期限。协议书中约定涉案建设用地使用期限为自签订之日起至 2015 年 1 月 1 日止,此条约定虽然违反法律规定,但其不是关键条款,并不影响合同目的的实现。此条无效并不影响合同整体的效力。上诉人以所签协议书中约定的建设用地使用期限超出法律规定期限为由而主张合同无效,于法无据,本院亦不予支持。

第三百五十五条　建设用地使用权转让、互换、出资或者赠与的,应当向登记机构申请变更登记。

【条文主旨】

本条是关于建设用地使用权流转后变更登记的规定。

【条文理解】

本条与《物权法》第 145 条相比,内容无变化。建设用地使用权属于重要的用益物权,其不仅涉及国有土地的使用,而且还会影响到国家及社会其他利害关系

① 参见山东省聊城市中级人民法院(2016)鲁 15 民终 1131 号民事判决书。

人的合法权益。建设用地使用权的设立、变更及注销均需要以登记的形式,向社会公开和明示建设用地使用权的状态,一方面有利于防止相关机关滥用职权,损害其他权利人的权利,另一方面有利于维护社会公平,避免产生不必要纠纷。基于此,多部法律法规对建设用地使用权的流转后变更登记作出明确规定:一是《土地登记规则》第32条至第47条规定对土地使用权人申请变更登记义务作出细化规定;二是《城镇国有土地使用权出让和转让暂行条例》第7条明确了土地使用权出让、转让、出租、抵押、终止及有关的地上建筑物、其他附着物的登记部门,并明确要求登记文件可以公开查阅;三是《不动产登记暂行条例》第14条规定了权利人姓名、名称或自然状况发生变化的,需要申请变更登记;四是《公司法》第27条和第28条以及《公司登记管理条例》规定了土地使用权可以作为公司的出资,以土地使用权出资的,应当依法办理财产权转移手续,同时到相关机构办理登记手续。

【司法适用】

根据《国有土地使用权合同纠纷司法解释》第10条的规定,对土地使用权人作为转让方就同一出让土地使用权订立数个转让合同,在转让合同有效的情况下,受让方均要求履行合同的,根据以下四种情形分别处理:一是已经办理土地使用权变更登记手续的受让方,请求转让方履行交付土地等合同义务的,应予支持;二是均未办理土地使用权变更登记手续,已先行合法占有、投资开发土地的受让方请求转让方履行土地使用权变更登记等合同义务的,应予支持;三是均未办理土地使用权变更登记手续,又未合法占有、投资开发土地,先行支付土地转让款的受让方请求转让方履行交付土地和办理土地使用权变更登记等合同义务的,应予支持;四是合同均未履行,依法成立在先的合同受让方请求履行合同的,应予支持。未能取得土地使用权的受让方请求解除合同、赔偿损失的,按照《合同法》的有关规定处理。

【司法案例】

甲公司与乙公司案外人执行异议之诉上诉案①

诉讼结论:只有当事人在协议达成后按照物权公示模式办理了登记手续的,才会发生涉案土地使用权的物权变动。

法院认为:根据《物权法》第145条的规定,建设用地使用权转让、互换、出资或者赠与的,应当向登记机构申请变更登记。办理土地使用权变更登记是土地使

① 参见吉林省高级人民法院(2017)吉民终404号民事判决书。

用权转让的法定要件。土地使用权的转让,要依法进行变更登记,未依法登记的,不发生物权转移。我国对不动产物权采取登记生效主义。与动产物权的交付生效主义不同,未经登记的不动产物权,即使交付使用,也不发生物权转移的效力。当事人签订转让合同后,即使合同有效,也不能取得土地使用权、不是该土地的使用权人,而只有在办理了土地使用权的变更登记后,才成为使用权人。甲公司与丙公司之间的协议因未办理物权变更登记而无法引起物权变动,不具有对物的优益性或者排他性,该抵债协议对执行标的物不享有足以阻止其转让、交付的实体权利,不能产生阻却执行的效力。甲公司主张其享有争议土地的使用权没有事实和法律依据。

第三百五十六条　建设用地使用权转让、互换、出资或者赠与的,附着于该土地上的建筑物、构筑物及其附属设施一并处分。

【条文主旨】

本条是关于建筑物等设施随建设用地使用权的流转而一并处分的规定。

【条文理解】

本条与《物权法》第146条相比,内容没有变化。建设用地使用权流转,其上的建筑物、构筑物及其附属设施一并流转,属于业界俗称的“房随地走”。其中这个“房”,按照《城市房地产管理法》第2条第2款的规定,是指土地上的房屋等建筑物及构筑物。法律贯彻“房地一致”原则,一方面是为了尊重房、地之间在自然属性上紧密关联的客观属性,另一方面是为了避免因建设用地使用权与房屋所有权的主体不同,导致不动产法律关系的复杂化。[①] 基于此,多部法律对“房随地走”作出制度安排。例如,《担保法》第36条第2款规定,以出让方式取得的国有土地使用权抵押的,应当将抵押时该国有土地上的房屋同时抵押。《城镇国有土地使用权出让和转让暂行条例》第23条和第33条第1款明确规定,土地使用权转让时,其地上建筑物、其他附着物所有权随之转让。如果土地使用权进行抵押,则其地上建筑物、其他附着物随之抵押。

“房随地走”制度在实践操作过程中,可能会遇到房、地分别处分导致各归其主的情况,而本条并没有设置“除外条款”。那么,现实中如果要处分建设用地使

① 参见张双根:《论房地关系与统一不动产登记簿册兼及不动产物权实体法与程序法间的交织关系》,载《中外法学》2014年第4期。

用权,是否就必然要处分其上的建筑物、构筑物及其附属设施?从《民法典》第353条的"除外条款"可以看出,建设用地使用权人并不当然地对建设用地使用权具有处分权。《城镇国有土地使用权出让和转让暂行条例》第25条第2款也对分别转让作出规定,即土地使用权和地上建筑物、其他附着物所有权分割转让的,应当经市、县人民政府土地管理部门和房产管理部门批准,并依照规定办理过户登记。

【司法适用】

最高人民法院《关于人民法院民事执行中查封、扣押、冻结财产的规定》第23条第1款规定,对房地分离现状纠纷解决提供依据,即查封地上建筑物的效力及于该地上建筑物使用范围内的土地使用权,查封土地使用权的效力及于地上建筑物,但土地使用权与地上建筑物的所有权分属被执行人与他人的除外。

【司法案例】

甲公司、执行案外人申请执行人执行异议之诉
二审民事判决书①

诉讼结论:若没有其他证据佐证房、地分属于不同所有人,则按照"房地一体原则",人民法院查封土地使用权的效力及于地上建筑物。

法院认为:根据最高人民法院《关于人民法院民事执行中查封、扣押、冻结财产的规定》第23条的规定,查封土地使用权的效力及于地上建筑物,但土地使用权与地上建筑物的所有权分属被执行人与他人的除外。地上建筑物和土地使用权的登记机关不是同一机关的,应当分别办理查封登记。《物权法》第146条规定,建设用地使用权转让、互换、出资或者赠与的,附着于该土地上的建筑物、构筑物及其附属设施一并处分。涉案土地上的建筑物未进行所有权首次登记,不存在土地使用权与地上建筑物的所有权分属乙公司与他人的情形。本院(2014)枣民二商初字第112号民事裁定虽然查封的是乙公司的建设用地使用权,但依照以上法律及司法解释规定的房地一体原则,人民法院查封土地使用权的效力及于地上建筑物。因此,高某秀关于诉讼保全措施不及于涉案房产的主张不能成立。

第三百五十七条　建筑物、构筑物及其附属设施转让、互换、出资或者赠与的,该建筑物、构筑物及其附属设施占用范围内的建设用地使用权一并处分。

---

① 参见山东省枣庄市中级人民法院(2019)鲁04民终513号民事判决书。

【条文主旨】

本条是关于建设用地使用权随建筑物等设施的流转而一并处分的规定。

【条文理解】

本条与《物权法》第147条相比,内容没有变化。本条主要规范"地随房走",与第356条相结合属于"房地一致"原则的两种不同表现形式。建设用地与其上的建筑物,因在物理属性上属于一个整体,建设用地使用权及其地上房屋,其中一个权属发生变动,另外一个在没有其他特殊情况,也会一并发生变动。按照《城市房地产管理法》第32条、第41条和第42条规定,房地产转让、抵押时,房屋的所有权和该房屋占用范围内的土地使用权同时转让、抵押。房地产转让时签订的书面转让合同,应当载明土地使用权取得的方式,同时土地使用权出让合同载明的权利、义务随之转移。《担保法》第36条第1款也对房地一致抵押行为作出规定,以依法取得的国有土地上的房屋抵押的,该房屋占用范围内的国有土地使用权同时抵押。《城镇国有土地出让转让暂行条例》第24条和第33条第2款也对房地权属联动变动作出具体规定,地上建筑物、其他附着物的所有人或者共有人,享有该建筑物、附着物使用范围内的土地使用权。土地使用者转让地上建筑物、其他附着物所有权时,其使用范围内的土地使用权随之转让,但地上建筑物、其他附着物作为动产转让的除外。地上建筑物、其他附着物抵押时,其使用范围内的土地使用权随之抵押。

"地随房走"与"房随地走"一样,也会面临同样一个问题,即对房、地分别处分导致二者各归其主的情况。虽然本条文并没有设置"除外条款",但是参照《民法典》第356条和《城镇国有土地使用权出让和转让暂行条例》第25条第2款的规定,两者在特殊情况可以分别处分。

【司法适用】

最高人民法院《关于破产企业国有划拨土地使用权应否列入破产财产等问题的批复》第三部分规定,对国有企业以建筑物设定抵押的效力问题,以建筑物所占有的土地取得方式分两种情况处理:一是如果建筑物附着于以划拨方式取得的国有土地使用权之上,将该建筑物与土地使用权一并设定抵押的,对土地使用权的抵押需履行法定的审批手续,否则,应认定抵押无效;二是如果建筑物附着于以出让、转让方式取得的国有土地使用权之上,将该建筑物与土地使用权一并设定抵押的,即使未经有关主管部门批准,亦应认定抵押有效。

【司法案例】

甲公司与曲某生等案外人执行异议之诉再审案[①]

诉讼结论：依据“房地一并处分”原则，一方转让房屋时其享有的建设用地使用权亦应一并发生转让。

法院认为：根据《物权法》第142条，原则上，建设用地使用权人在其取得使用权的土地上建成的建筑物及其附属设施的所有权依法应推定归属于建设用地使用权人。但是，甲公司与吕某福签订了联合开发协议及补充协议并实际履行了建造房屋的行为。根据《物权法》第30条规定和双方协议约定，可以认定吕某福事实上取得了涉案房屋物权。根据《物权法》第147条的规定，吕某福转让房屋时其享有的建设用地使用权亦应一并发生转让。故在涉案房屋分割转让之后，甲公司不能再以其享有建设用地使用权为由主张排除执行。

第三百五十八条　建设用地使用权期限届满前，因公共利益需要提前收回该土地的，应当依据本法第二百四十三条的规定对该土地上的房屋以及其他不动产给予补偿，并退还相应的出让金。

【条文主旨】

本条是关于建设用地使用权提前收回及其补偿的规定。

【条文理解】

本条与《物权法》第148条相比，仅是部分表述发生变化，将《物权法》的“依照本法第四十二条的规定”变更为“依据本法第二百四十三条的规定”，在“及”前面增加“以”字，将“期间”改为“期限”。

由于以出让方式取得的建设用地使用权都存在期限的限制。例如，商场的建设用地使用权的法定期限为40年，在法定期限届满之前，国家原则上不得将土地使用权收回。在此使用“收回”表达，而不是“征收”，主要原因在于，建设用地的所有权属于国家，而不是他人。但是，在某些特殊情况下，为了公共利益，国家需要收回建设用地使用权，考虑到在法定期限或约定期限内收回，很可能损害建设用地使用权人的合法权益，本条和《城市房地产管理法》第20条都对“收回”作出规范，即根据社会公共利益的需要，可以依照法律程序提前收回，并根据土地使用

① 参见辽宁省高级人民法院(2017)辽民再1号民事判决书。

权者使用土地的实际年限和开发土地的实际情况给予相应的补偿。

根据原国土资源部和原国家工商行政管理总局联合发布的《关于发布〈国有建设用地使用权出让合同〉示范文本的通知》,其中在《合同示范文本》第20条中对提前收回建设用地内容作出示范约定,即对受让人依法使用的国有建设用地使用权,在本合同约定的使用年限届满前,出让人不得收回;在特殊情况下,根据社会公共利益需要提前收回国有建设用地使用权的,出让人应当依照法定程序报批,并根据收回时地上建筑物、构筑物及其附属设施的价值和剩余年期、国有建设用地使用权的评估市场价格以及经评估认定的直接损失给予土地使用者补偿。此示范条款与《民法典》第243条规定基本保持一致,既兼顾了建设用地之上的房屋及其他不动产所有权人的利益,又保障了建设用地使用权人的权益。

【司法适用】

本条在司法适用过程中需要注意三方面问题:一是政府机关因公共利益需要而提前收回该土地的通知行为属于具体行政行为,与此通知在法律上有利害关系的公民可以依法对该具体行政行为提起行政诉讼,具体见案例一;二是收回土地必须给土地上房屋所有人合理的补偿,具体见案例二;三是回收机构应该对公共利益举证,否则需要承担举证不能的法律后果,具体见案例三。

【司法案例】

案例一

朱某杰诉甲市国土资源和房屋管理局土地行政强制案①

诉讼结论:行政机关作出的通知对相关权利人的权利义务产生了实质影响,应属可诉的行政行为。

法院认为:行政通知行为因针对的事项不同而具有不同的法律性质,其是否可诉应当具体问题具体分析。对此,可以从行政通知行为是否构成抽象行政行为、行政机关是否具有法定的答复或者通知的义务、通知行政行为是否仅仅构成行政行为的中间性程序、通知行为是否构成行政决定的构成要件等四个方面考察决定。根据这四方面考察因素,可以看出,本案行政机关作出的收回建设用地使用权的通知不属于抽象行政行为,已经对公民的权利义务产生了实质影响,属于具体行政行为,因此,相关公民可依法对该具体行政行为提起行政诉讼。

---

① 参见邓志东、黄威:《通知的可诉性认定》,载《人民司法(案例)》2012年第12期。

案例二

甲公司与乙县人民政府、第三人丙银行收回国有土地使用权及撤销土地证案①

诉讼结论：行政机关依法收回国有土地使用权的，对土地使用权人应当按照作出收回土地使用权决定时的市场评估价给予补偿。

法院认为：县政府根据省政府批准的总体规划要求为建设县政府办公楼需要使用涉案土地，收回甲公司的土地使用权，应当依法给予"适当补偿"。所谓"适当补偿"应当是公平合理的补偿，即按照被收回土地的性质、用途、区位等，以作出收地决定之日的市场评估价予以补偿。县政府按土地原成本价予以补偿于法无据。因行政补偿决定违法造成逾期付补偿款的，人民法院可以根据当事人的实际损失等情况，判决其承担逾期支付补偿款期间的同期银行利息损失。

案例三

宣某成等诉甲市国土资源局收回国有土地使用权案②

诉讼结论：行政机关作出具体行政行为时未引用具体法律条款，且在诉讼中不能证明该具体行政行为符合法律的具体规定，应当视为该具体行政行为没有法律依据，适用法律错误。

法院认为：被告甲市国土局作出《通知》时，仅说明是依据《土地管理法》及某省的有关规定作出的，但并未引用具体的法律条款，故其作出的具体行政行为没有明确的法律依据。而且，实施土地收回的甲市国土局提供的《关于同意扩建营业用房项目建设计划的批复》等有关证据无法证明其作出的收回土地使用权的通知符合《土地管理法》第 58 条第 1 款"为公共利益需要使用土地"的规定。根据《行政诉讼法》及相关司法解释的规定，认定收回行政行为没有证据和依据，适用法律错误，应予撤销。

第三百五十九条　住宅建设用地使用权期限届满的，自动续期。续期费用的缴纳或者减免，依照法律、行政法规的规定办理。

---

① 参见最高人民法院（2012）行提字第 26 号行政判决书。

② 参见浙江省衢州市柯城区人民法院（2003）柯行初字第 8 号行政判决书。

非住宅建设用地使用权期限届满后的续期，依照法律规定办理。该土地上的房屋以及其他不动产的归属，有约定的，按照约定；没有约定或者约定不明确的，依照法律、行政法规的规定办理。

【条文主旨】

本条是关于建设用地使用权续期的规定。

【条文理解】

本条与《物权法》第149条相比，仅在部分条款进行了微调，将“期间”改为“期限”，增加了“续期费用的缴纳或者减免，依照法律、行政法规的规定办理”这一转介性条款，在“及”前面增加“以”字。此转介性条款是对2016年11月中共中央、国务院发布的《关于完善产权保护制度依法保护产权的意见》第10个问题中“住宅建设用地等土地使用权到期后续期的法律安排”的概然性回应，同时也为其他法律与行政法规对住宅建设用地使用权到期后自动续期费用的缴纳或减免预留制度接口。本条涉及两方面的内容：一是住宅建设用地使用权期限届满，自动续期及续期费用的缴纳或者减免问题；二是非住宅建设用地使用权期限届满后的续期及相关财产权属问题。

1. 住宅建设用地使用权续期及续期费用的缴纳或减免问题

按照《城镇国有土地使用权出让和转让暂行条例》规定，居住用地的土地使用权最长期限为70年。在《物权法》颁布之前，1994年《城市房地管理法》第21条、《城镇国有土地使用权出让和转让暂行条例》第40条及第41条对土地使用权到期的续期问题作出制度安排。然而，这个制度安排是否适用于住宅，在《物权法》颁布之前，并没有明确规定。《物权法》对住宅建设用地使用权和非住宅建设用地使用权的续期以分别规定的方式作出回应，明确规定住宅建设用地使用权期间届满的，自动续期。但是，《物权法》关于住宅建设用地期限届满自动续期的规定，在实际操作中仍存在以下不确定的问题：一是住宅建设用地使用期期限届满是指法定期限还是约定期限，自动续期是否需要缴纳土地出让金？例如，2016年温州20年期限的住宅建设用地使用权到期后的自动续期收取土地出让金事件引发全国关注，随后深圳市政府作出决定，1995年9月18日前签订的“土地使用权出让合同书”免费自动延期。同是住宅建设用地使用权，因所处地理位置不同，得到不同的处理结果，在社会上引起了强烈反响。二是自动续期是否还需要相关权益人申请？三是自动续期是否还有年限限制？民法典物权编草案审议时，分组审议专家便对住宅建设用地续期的期限、续期费用支付标准、办法以及费用缴纳或者减免的具体问题进行了深入讨论。[①] 最终，鉴于其基础性法律地位，《民法典》只是对续期费用的缴纳或者减免作出宏观规定，并采取转介性条款为其他法律和行政法规的规定作出制度链接。

2. 非住宅建设用地使用权续期及相关财产归属问题

非住宅建设用地使用权期限届满后的续期涉及两方面问题：一是土地上的房屋及其他不动产的归属，有约定从约定，无约定或约定不明则从法定；二是依照其他法律规定办理续期。根据2019年《城市房地管理法》第22条、《城镇国有土地使用权出让和转让暂行条例》第40条及第41条的相关规定可以推导出以下三点：第一，建设用地使用权人在建设用地使用权期限届满前一年提出续期申请；第二，权利人提出续期申请，原则上可以续期，但是政府可以根据社会公共利益需要决定不予续期；第三，如果不予续期，则土地使用权由政府予以收回，地上建筑物和其他附着物的所有权由国家无偿取得。

【司法适用】

本条在司法适用过程中需要注意三方面问题：

一是住宅建设用地使用权证期限短于房屋买卖合同期限，住宅建设用地使用权证期限延长至合同期限，办理延期手续的主体如何认定，由于现行法律没有规定，审理此类案件的法院需要参考地方相关政府部门相关文件，具体见案例一中原告的诉讼主张一。

二是商品房购买者不能因商品房买卖合同约定土地使用权期限短于法定期限而主张解除合同，具体见案例二。

三是住宅建设用地使用权期间届满自动续期时应否缴费及按何种标准缴纳土地使用费的问题，现行立法未作规定，法院审理此类案例主要参照地方文件，具体见案例一中原告的诉讼主张二。

【司法案例】

案例一

甲公司与乐某孟等商品房预售合同纠纷上诉案[②]

诉讼结论：当商品房买卖合同约定土地使用期限短于法定期限时，根据相关行政部门规范性文件由房地产开发企业提出延期申请，并根据实际损失进行赔偿。

---

① 参见杨立新：《民法典分则各编的核心价值是维护人的尊严》，载《福建论坛(人文社会科学版)》2019年第5期。

② 参见广东省中山市中级人民法院(2016)粤20民终1384号民事判决书。

法院认为：乐某孟、高某媛（原审原告、被上诉人）与甲公司（原审被告，上诉人）签订商品房买卖合同约定的土地使用年限（70年）与土地使用权属证书年限（不足70年）不符，乐某孟、高某媛提出两个诉讼主张，一是要求甲公司办理延长使用年限手续，二是要求甲公司赔偿损失。对于第一个诉讼主张，二审法院为进一步了解办理延长土地使用年限的流程，再次发函至中山市国土资源局，该局复函（中土函〔2016〕2××××号）称：涉及延长土地使用年限的，由房地产开发企业提出申请。对于第二个诉讼主张，一审法院的裁判依据为"通常情况"，即商品住宅的价格包括成本、利润、税金和地段差价；二审法院参考中山市国土资源局发布的《关于土地使用年限有关事项的通知》，后者规定申请办理延长土地使用年限时点所评估的土地市场价格，核定应补交的土地出让金标准报市政府，经批准后签订土地使用权出让合同，补交土地出让金，并办理土地登记。根据文件规定，土地出让金由房地产开发商办理，因此，原告并没有因为土地使用期限问题而遭受实际损失，法院最终没有支持原审原告的赔偿主张。

案例二

蔡某等与甲公司商品房买卖合同纠纷上诉案①

诉讼结论：商品房买卖合同约定土地使用权期限短于法定期限，商品房购买者因此主张解除合同，法院不予支持。

法院认为：本案双方签订的《商品房买卖合同》第3条已经明确载明，土地权年限为1998年6月1日起至2048年6月1日止。根据《物权法》第149条的规定，住宅建设用地使用权期间届满的，自动续期。因此，对上诉人主张的因实际土地使用权年限而解除合同的上诉理由，本院不予支持。

第三百六十条　建设用地使用权消灭的，出让人应当及时办理注销登记。登记机构应当收回权属证书。

【条文主旨】

本条是关于建设用地使用权注销登记的规定。

【条文理解】

本条与《物权法》第150条相比，只有一点表述进行微调，将《物权法》"登记

① 参见贵州省六盘水市中级人民法院（2016）黔02民终1384号民事判决书。

机构应当收回建设用地使用权证书”的表述改为“登记机构应当收回权属证书”。这个修改变化主要是考量法律表达的统一性，使其与其他法律中的相关称谓保持一致。2018 年国家进行机构改革之后，多部法律进行修订，将登记主体统一为“登记机构”。

建设用地使用权消灭的情形主要有三种：一是建设用地使用权期间届满；二是建设用地使用权按照法定或约定的情形提前收回；三是因自然灾害等原因导致建设用地使用权灭失等。

其中，建设用地使用权按照法律规定提前收回的情形主要有：（1）为实施城市规划进行旧城区改建以及其他公共利益需要，确需使用土地的；（2）土地出让等有偿使用合同约定的使用期限届满，土地使用者未申请续期或者申请续期未获批准的；（3）因单位撤销、迁移等原因，停止使用原划拨的国有土地的；（4）公路、铁路、机场、矿场等经核准报废的。

建设用地使用权证是建设用地使用权取得的必要条件之一，故建设用地使用权消灭，必然要办理建设用地使用权注销登记手续。建设用地使用权办理注销登记需要注意两方面事项：一是由于建设用地使用权涉及国家利益，因此，法律将办理注销登记的法定义务赋予出让人；二是根据《不动产登记暂行条例》第 19 条的规定，因为不动产灭失导致的注销登记，不动产登记机构可以对申请登记的不动产进行实地查看。

【司法适用】

本条仅是对土地建设使用权注销登记作出概然性规定，因此，在司法适用过程中本条需要与其他法律相结合才能够作为裁判的依据。法院在审理此类案件时，需要注重对建设用地使用权人注销登记的私权保障以及注销程序正当性。

【司法案例】

甲银行等诉乙市国土资源局确认案①

诉讼结论：登记机关注销建设用地使用权需要符合法定程序。

法院认为：依据《闲置土地处置办法》第 18 条规定，国有建设用地使用权人逾期不申请行政复议、不提起行政诉讼，也不履行相关义务的，逾期不办理国有建设用地使用权注销登记，不交回土地权利证书的，市、县国土资源主管部门可以直接公告注销国有建设用地使用权登记和土地权利证书。雄国土资字[2016]45 号《收回国有建设用地使用权决定书》作出后，丙公司已经依法申请行政复议、提起

① 参见广东省韶关市中级人民法院（2017）粤 02 行终 245 号行政裁定书。

行政诉讼,乙市国土局在生效判决尚未作出的情况下,直接注销涉案土地的国有土地使用证及土地他项权证,乙市国土局上述行为是否符合法律规定,原审法院并未查清。故,裁定撤销韶关市武江区人民法院(2017)粤0203行初194号行政判决。

第三百六十一条　集体所有的土地作为建设用地的,应当依照土地管理的法律规定办理。

【条文主旨】

本条是关于集体所有土地作为建设用地的法律适用的规定。

【条文理解】

本条与《物权法》第151条相比,只有个别表述有微调,将《物权法》的"应当依照土地管理法等法律规定办理"改为"应当依照土地管理的法律规定办理"。此种修订体现了法律的发展性,也为《民法典》与更多的调整农村集体土地相关立法的链接提供概然性制度接口。本条虽然是转介性条款,但将这个条款置于用益物权之下,既体现了立法加强对集体所有土地私权保障的改革,又符合建设用地用益物权的体系性与科学性。

集体所有的用作建设用地的土地主要有三类:一是乡镇村企业、乡镇村公共设施和公益事业土地;二是集体经营性建设用地;三是农村村民住宅用地。本条属于转介性条款,将集体所有的建设用地转介由土地管理的法律调整。2019年修正的《土地管理法》对集体所有的建设用地相关规定改动很大,主要有六方面:一是农村村民的宅基地管理与执法由农业农村部负责,自然资源部门主要负责涉及占用农用地的转用审批;二是国家允许进城落户的农村村民依法自愿有偿退出宅基地;三是将基本农田改为永久基本农田,永久基本农田转为建设用地的,由国务院批准;四是土地利用年度计划应当对集体经营性建设用地作出合理安排;五是修订征收集体土地转建设用地的审批补偿制度;六是新增集体经营性建设用地流转制度。在此重点分析乡镇村企业、乡镇村公共设施和公益事业土地与集体经营性建设用地。

1. 乡镇村企业、乡镇村公共设施和公益事业土地

根据《土地管理法》第59条至第61条的规定,乡(镇)村公共设施、公益事业建设,需要使用土地的,应当符合乡(镇)土地利用总体规划和土地利用年度计划,并经乡(镇)人民政府审核,向县级以上地方人民政府自然资源主管部门提出申

请，按照省、自治区、直辖市规定的批准权限，由县级以上地方人民政府批准；其中，涉及占用农用地的，依照《土地管理法》相关规定办理审批手续。

农村集体经济组织使用乡（镇）土地利用总体规划确定的建设用地兴办企业，或者与其他单位、个人以土地使用权入股、联营等形式共同举办企业的，应当持有关批准文件，向县级以上地方人民政府自然资源主管部门提出申请，按照省、自治区、直辖市规定的批准权限，由县级以上地方人民政府批准；其中，涉及占用农用地的，依照《土地管理法》相关规定办理审批手续。

2. 集体经营性建设用地

集体经营性建设用地是指根据土地利用总体规划、城乡规划确定为工业、商业等经营性用途，并经依法登记的集体建设用地。集体经营性建设用地是近几年国家进行农村土地改革的重点项目之一。一方面，《土地管理法》修订时对集体经营性建设用地制度作出重大调整。根据《土地管理法》第23条和第63条的规定，土地利用年度计划应当对集体经营性建设用地作出合理安排。如果将集体经营性建设用地以出让或出租等方式交由单位或者个人使用，则需要经本集体经济组织成员的村民会议2/3以上成员或者2/3以上村民代表的同意，并应当签订书面合同，载明土地界址、面积、动工期限、使用期限、土地用途、规划条件和双方其他权利义务。另一方面，中央文件对集体经营性建设用地作出宏观规划。2020年中央一号文件在“破解乡村发展用地难题”的主题中，明确规定：“通过村庄整治、土地整理等方式节余的农村集体建设用地优先用于发展乡村产业项目。新编县乡级国土空间规划应安排不少于10%的建设用地指标，重点保障乡村产业发展用地。省级制定土地利用年度计划时，应安排至少5%新增建设用地指标保障乡村重点产业和项目用地。农村集体建设用地可以通过入股、租用等方式直接用于发展乡村产业。”

【司法适用】

虽然本条文是转介性条款，但是此条款内含的土地管理方面的法律，是近些年改动比较大的法律。因此，法院在司法审判中，要对近些年土地管理相关法律制度有清楚的了解，并在适用法律时，注意新旧法律制度的衔接适用。

【司法案例】

朱某文诉李某子房屋拆迁安置补偿合同纠纷再审案①

诉讼结论：涉案土地表面上为宅基地，实质为集体土地，没有按照《土地管理

① 参见河南省商丘市中级人民法院（2017）豫14民再32号民事判决书。

法》规定履行审批程序，属于无效行为。

法院认为：本案双方当事人在2015年4月10日签订了拆迁补偿协议，涉案土地系宅基地。协议虽系当事人双方的真实意思表示，但实质却涉及宅基地使用权的处分以及集体所有土地的开发建设。《物权法》第153条规定，宅基地使用权的取得、行使和转让，适用土地管理法等法律和国家有关规定。《土地管理法》第8条规定，……宅基地和自留地、自留山，属于农民集体所有。《物权法》第151条规定，集体所有的土地作为建设用地的，应当依照土地管理法等法律规定办理。根据《土地管理法》第43条和第63条的规定，国家依法实行国有土地有偿使用制度，严格限制或禁止集体土地（宅基地）用于商业开发、建设。本案双方签订协议，其实质为未经审批，用集体所有的土地变相参与商业开发，违反法律的强制性规定，应属无效。

第十三章　宅基地使用权

农村宅基地是农村的农户或者个人用作住宅基地而占有、利用的本集体所有的土地，主要包括已经建设房屋、建过房屋或者决定用于建造房屋的土地，建过房屋但已无上盖物或不能居住的土地，以及准备建房用的规划地三种类型。由于农村宅基地与农村土地一样属于农村赖以生存之根本，土地承包经营权解决了农民的基本衣食来源，而宅基地使用权保障农民居有定所。基于此，国家出台相关政策引导宅基地改革，并修订相关法律规范固化相关改革成果，不断完善宅基地制度，在其保障功能的基础上，挖掘其财产属性，进而从多方面增加农民财产性收益。

首先，是政策上的引导、尝试与改革。2013 年，中共十八届三中全会通过了《关于全面深化改革若干重大问题的决定》，提出选择若干试点，慎重稳妥推进农民住房财产权抵押、担保和转让，探索农民增加财产性收入渠道。简言之，在保留宅基地使用权前提下，赋予农民房屋所有权处分权能。

2014 年，原国土资源部等部门联合发布《关于进一步加快推进宅基地和集体建设用地使用权确权登记发证工作的通知》，引导宅基地使用权确权登记工作规范进行。2014 年 12 月通过的中共中央办公厅、国务院办公厅《关于农村土地征收、集体经营性建设用地入市、宅基地制度改革试点工作的意见》，针对农户宅基地取得困难、利用粗放、退出不畅等问题，提出要完善宅基地权益保障和取得方式，探索农民住房保障在不同区域户有所居的多种实现形式，对因历史原因形成的超标准占用宅基地和一户多宅等情况，探索实行有偿使用。同时，探索进城落户农民在本集体经济组织内部自愿有偿退出或转让宅基地，并改革宅基地审批制度，发挥村民自治组织的民主管理作用。

2015 年中央一号文件提出“稳步推进农村土地制度改革试点”。同年 1 月，全国人民代表大会常务委员会发布《关于授权国务院在北京市大兴区等三十三个试点县(市、区)行政区域暂时调整实施有关法律规定的决定》,针对宅基地管理制度提出暂时调整《土地管理法》第62条第3款的相关规定,“使用存量建设用地的,下放至乡(镇)人民政府审批,使用新增建设用地的,下放至县级人民政府审批”。同年8月,国务院发布《关于开展农村承包土地的经营权和农民住房财产权抵押贷款试点的指导意见》,允许金融机构在保证农户基本住房权利的前提下,依法采取多种方式处置抵押物。完善抵押物处置措施,确保当借款人不履行到期债务或者发生当事人约定的情形时,承贷银行能顺利实现抵押权。农民住房财产权(含宅基地使用权)抵押贷款的抵押物处置应与商品住房制定差别化规定。探索农民住房财产权抵押担保中宅基地权益的实现方式和途径,保障抵押权人合法权益。对农民住房财产权抵押贷款的抵押物处置,受让人原则上应限制在相关法律法规和国务院规定的范围内。探索建立宅基地使用权有偿转让机制。同年7月,宅基地改革试点工作在全国33个区县试点开始实施。

2016年中央一号文件进一步提出:“加快推进房地一体的农村集体建设用地和宅基地使用权确权登记颁证……完善宅基地权益保障和取得方式,探索农民住房保障新机制。”同年3月,中国人民银行等发布《关于印发〈农民住房财产权抵押贷款试点暂行办法〉的通知》。同年9月,宅基地改革试点进入统筹推进阶段。同年12月,原国土资源部发布《关于进一步加快宅基地和集体建设用地确权登记发证有关问题的通知》,对宅基地确权登记工作作出细化地措施安排。

2017年中央一号文件强调落实宅基地集体所有权、维护农户宅基地占有和使用权,增加农民财产性收入。2017年,原国土资源部与住房和城乡建设部又出台《利用集体建设用地建设租赁住房试点方案》,在试点地区,允许村集体在当地集体经营性建设用地上,自营租赁房项目,也就是建房出租给城里人。同年11月,习近平总书记主持召开的十九届中央深改组第一会议,强调指出,拓展宅基地制度改革试点,不得以买卖宅基地为出发点。

2018年中央一号文件正式提出“宅基地三权分置改革”,探索宅基地所有权、资格权、使用权“三权分置”制度,落实宅基地集体所有权,保障宅基地农户资格权和农民房屋财产权,适度放活宅基地和农民房屋使用权。主要目的是在保证农民基本居住权的前提下,稳定、有序地盘活沉睡、闲置的宅基地资源,增强新时期农村发展新动能。宅基地“三权分置”政策制度,不仅为新时期宅基地制度的顶层设计奠定了基础,也为城乡生产要素平等自由流动创造了条件。2018年12月全国人民代表大会常务委员会发布《关于延长授权国务院在北京市大兴区等三十三个试点县(市、区)行政区域暂时调整实施有关法律规定期限的决定》,将调整实施宅基地管理制度等法律规定的期限延长至2019年12月31日。

2019年中央一号文件提出,坚持保障农民土地权益,稳慎推进农村宅基地制度改革,研究起草农村宅基地使用条例,开展闲置宅基地复垦试点。同年5月,中共中央、国务院发布《关于建立健全城乡融合发展体制机制和政策体系的意见》,提出"着力破除户籍、土地、资本、公共服务等方面的体制机制弊端,为城乡融合发展提供全方位制度供给",并对农村宅基地制度改革作出宏观部署,"加快完成房地一体的宅基地使用权确权登记颁证。探索宅基地所有权、资格权、使用权'三权分置'……鼓励农村集体经济组织及其成员盘活利用闲置宅基地和闲置房屋。在符合规划、用途管制和尊重农民意愿前提下,允许县级政府优化村庄用地布局,有效利用乡村零星分散存量建设用地。推动各地制定省内统一的宅基地面积标准,探索对增量宅基地实行集约有奖、对存量宅基地实行退出有偿。"

2019年9月,农业农村部发布《关于积极稳妥开展农村闲置宅基地和闲置住宅盘活利用工作的通知》,提出在依法维护农民宅基地合法权益和严格规范宅基地管理的基础上,探索盘活利用农村闲置宅基地和闲置住宅的有效途径和政策措施,以提高农村土地资源利用效率,激发乡村发展活力,增加农民收入。同年12月,农业农村部、自然资源部发布《关于规范农村宅基地审批管理的通知》,从行政管理视角,对宅基地申请审查程序、审核批准机制和用地建房作出细化的制度安排。

2020年中央一号文件提出,扎实推进宅基地使用权确权登记颁证,以探索宅基地所有权、资格权、使用权"三权分置"为重点,进一步深化农村宅基地制度改革试点。

其次,是与宅基地有关的法律法规的修订。随着中央政策渐进引导和地方试点的逐步推进,逐渐形成了一些稳定的制度诉求,进而出现了宅基地改革与现行法律制度规范相冲突的局面。基于此,我国于2019年修订了《土地管理法》,及时总结了试点工作经验,将实践证明可行的政策上升为法律规范,例如,对宅基地审批权限的制度诉求作出回应。《民法典》继续采用了《物权法》的相关规定,并没有对宅基地制度作出改动,将宅基地使用权的取得、行使和转让等实体性规则转介至"土地管理法等法律和国家有关规定”。虽然《民法典》对宅基地重要规则采取转介性条款的表达方式,引发学界广泛批评,但是立法者考量到《民法典》整部法律体量的衡平,仍然沿用了《物权法》的4个法条,对宅基地使用权人的权限,宅基地使用权的取得、行使和转让,宅基地特殊的消灭规则,以及宅基地登记制度作出框架性制度安排。

第三百六十二条　宅基地使用权人依法对集体所有的土地享有占有和使用的权利,有权依法利用该土地建造住宅及其附属设施。

【条文主旨】

本条是关于宅基地使用权人权利内容的规定。

【条文理解】

本条与《物权法》第152条相比,内容无变化,其主要涉及宅基地使用权人的三方面权利:一是宅基地使用权人依法对集体所有的土地享有的占有权;二是宅基地使用权人依法对集体所有的土地享有的使用权;三是宅基地使用权人依法利用该土地建造住宅及其附属设施的权利。

1. 宅基地使用权人依法对集体所有的土地享有占有权能

按照《宪法》第10条和《土地管理法》第9条第2款和第62条规定,宅基地属于农民集体所有,且农村村民一户只能拥有一处宅基地。宅基地使用权人应当按照《土地管理法》第10条的规定使用农民集体所有的土地。简言之,宅基地使用权人应当“依法”占有农村集体土地。这个“依法”主要体现在三方面:一是遵守一户一宅的法律规定;二是宅基地使用权人占有的宅基地面积不得超过省、自治区、直辖市规定的标准;三是宅基地使用权人建住宅,应当符合乡(镇)土地利用总体规划、村庄规划,不得占用永久基本农田,并尽量使用原有的宅基地和村内空闲地。

2. 宅基地使用权人依法对集体所有的土地享有使用权能

按照现行法律规定,宅基地使用权人依法对集体所有的土地享有使用权能主要体现在两方面:一是使用无期限性。宅基地使用权关系到集体成员的基本生存和居住问题,如果其使用具有期限限制,则不利于农民的生存保障和农村稳定。[①] 二是合理使用。按照《土地管理法》第10条的规定,宅基地使用权人在使用集体

① 参见崔文星:《民法物权论》,中国法制出版社2017年版,第398页。

土地时，要合理使用。

3. 宅基地使用权人依法利用该土地建造住宅及其附属设施的权利

宅基地使用权人申请宅基地的主要目的是建造住宅，使自己及家人居有定所。同时为了让住宅不仅满足生存居住的需要，而且还能够满足人们对美好生活居住的需求，宅基地使用权人可以在住宅上建筑附属设施，以改良居住环境、美化居住环境。

【司法适用】

2018 年 2 月，最高人民法院发布《关于认真学习贯彻〈中共中央国务院关于实施乡村振兴战略的意见〉的通知》，提出为实施乡村振兴战略提供有力的司法服务和司法保障，妥善审理宅基地"三权分置"案件，依法维护农民合法权益。

本条在法律适用过程中需要注意的问题有两方面：一是宅基地使用人只能是宅基地权属证书的主体，既不能简单地根据亲属关系来判断宅基地使用权人，也不能以从事建造房屋的行为来判断宅基地使用权人；二是根据《土地管理法》第 62 条第 6 款的规定，国家允许进城落户的农村村民依法自愿有偿退出宅基地，进而推导出宅基使用权人除了农村村民之外，还可能是进城落户的农村村民，故法院在审理此类案件时，应避免用僵化的农村户口这一静态因素来判定宅基地使用人。

【司法案例】

田某英等与刘某虎所有权确认纠纷上诉案①

诉讼结论：只有宅基地使用权人才有权依法在宅基地上建造住宅及其附属设施。

法院认为：根据《物权法》第 152 条的规定，宅基地使用权人依法对集体所有土地享有占有和使用的权利，有权依法利用该土地建造住宅及其附属设施。某镇人民政府填发的《天津市武清区农村住宅用地许可证》《天津市武清区农村住宅建设规划许可证》登记的申请人为被上诉人刘某虎，刘某虎为该宗土地的合法使用权人。上诉人田某英与刘某龙（被上诉人刘某虎的同胞兄弟）不是诉争房屋宅基地使用权人，未取得在该宅基地上建房许可证，其在该宗宅基地上建房不具有合法性，上诉人以其实际建房为由请求确认房屋归其所有，其事实和法律依据并不充分，本院无法支持。

---

① 参见天津市第一中级人民法院（2018）津 01 民终 686 号民事判决书。

第三百六十三条　宅基地使用权的取得、行使和转让，适用土地管理的法律和国家有关规定。

【条文主旨】

本条是关于宅基地使用权的取得、行使和转让的法律适用的衔接性规定。

【条文理解】

本条与《物权法》第153条相比，仅在表述上进行微调：将《物权法》"适用土地管理法等法律"的表述改为"适用土地管理的法律"。如此变动，主要考量到规范宅基地的法律，除了《土地管理法》，还有其他法律规范。转介条款如此表述，既符合法律表述的严谨性，又符合基本法的发展性。

本条涉及三方面内容：一是宅基地使用权取得的制度适用；二是宅基地使用权行使的制度适用；三是宅基地使用权转让的制度适用。

1. 宅基地使用权取得的制度适用

宅基地使用权的制度雏形应追溯至1963年中共中央《关于各地对社员宅基地问题作一些补充规定的通知》，此通知规定，宅基地归各户长期使用，保护社员的使用，房屋永远归社员所有，所有权仍归生产队所有。1982年国务院发布的《村镇建房用地管理条例》（现已失效）率先使用了"宅基地使用权"的表述。1986年出台的《土地管理法》分别在第38条和第41条对农村居民建住宅和城镇非农业户口居民在农村集体建住宅作出制度安排。① 从1986年的《土地管理法》可以推导出，农村居民和城镇非农业户口居民均具有在农村集体建住宅的主体资格。1998年修订《土地管理法》时取消了"城镇非农业户口居民"在农村集体建住宅的主体资格，只保留了农村居民这一主体，并构建了"一户一宅"的宅基地制度。近年来，我国结合宅基地改革再次修订了《土地管理法》和《村民委员会组织法》等法律，对宅基地的取得制度作出如下制度安排。

（1）宅基地取得主体。《土地管理法》仍然将农村村民作为农村宅基地取得的唯一主体。从《土地管理法》第9条第2款、第10条、第62条和《村民委员会组

① 1986年《土地管理法》第38条规定，农村居民建住宅，应当使用原有的宅基地和村内空闲地。使用耕地的，经乡级人民政府审核后，报县级人民政府批准；使用原有的宅基地、村内空闲地和其他土地的，由乡级人民政府批准。农村居民建住宅使用土地，不得超过省、自治区、直辖市规定的标准。出卖、出租住房后再申请宅基地的，不予批准。第41条规定，城镇非农业户口居民建住宅，需要使用集体所有的土地的，必须经县级人民政府批准，其用地面积不得超过省、自治区、直辖市规定的标准，并参照国家建设征用土地的标准支付补偿费和安置补助费。

织法》第 24 条的相关规定可推导得出，"农村集体经济组织成员主体资格"是取得本村宅基地使用权的必要条件。按照《土地管理法》第 9 条第 2 款的规定，宅基地属于农民集体所有。《土地管理法》第 10 条明确规定，农民集体所有的土地可以依法确定给个人使用。同时，《土地管理法》第 62 条规定，农村村民一户只能有一处宅基地。从上述 3 个法条可以看出，农村村民是宅基地取得的唯一主体，这一点还可以从《村民委员会组织法》得到印证。《村民委员会组织法》在第 24 条规定"宅基地的使用方案"经村民会议讨论决定方可办理，并在第 34 条规定村民委员会和村务监督机构建立"宅基地使用方案"村务档案。由此可见，村民委员会依法对村民宅基地使用具有一定的自治权。

由于农村宅基地是一种带有社会保障和社会福利性质的权利，是农民安身之本，[①]《土地管理法》第 62 条第 5 款对宅基地取得的动态资格作出限制，即对出卖、出租和赠与住宅的农村村民的宅基地资格进行限制，实施上述行为的农村村民再申请宅基地的，不予批准。

（2）取得宅基地的面积限制。由于全国各地农村村民数量与宅基地存量的情况不同，全国法律只能对农民取得宅基地的数量及面积作出概括性和指引性的制度安排。现行《土地管理法》第 62 条规定，农村村民一户只能有一处宅基地，其宅基地的面积不得超过省、自治区、直辖市规定的标准。人均土地少、不能保障一户拥有一处宅基地的地区，县级人民政府在充分尊重农村村民意愿的基础上，可以采取措施，按照省、自治区、直辖市规定的标准保障农村村民实现户有所居。

（3）宅基地取得的程序制度。根据《土地管理法》第 62 条、第 44 条的规定和《村民委员会》第 24 条的规定，村民申请宅基地，首先向集体经济组织提出用地申请，经集体经济组织村民会议讨论通过后，报乡（镇）人民政府审核批准。[②] 村民申请的宅基地涉及占用农用地的，还需要根据土地利用总体规范分别到不同机构进行审批：一是申请的宅基地在土地利用总体规划确定的城市和村庄、集镇建设用地规模范围内，为实施该规划而将永久基本农田以外的农用地转为建设用地的，按土地利用年度计划分批次按照国务院规定由原批准土地利用总体规划的机关或者其授权的机关批准。在已批准的农用地转用范围内，具体建设项目用地可以由市、县人民政府批准。二是申请的宅基地在土地利用总体规划确定的城市和

---

① 参见陈华彬：《物权法论》，中国政法大学出版社 2018 年版，第 483 页。

② 2019 年《土地管理法》修正之前，是由县级人民政府批准；2019 年修正后将审批权下沉至乡镇人民政府，完全符合我们国家简政放权的机构改革理念，简化宅基地取得审批程序，为农民申请宅基地提供便捷服务。

村庄、集镇建设用地规模范围外，将永久基本农田以外的农用地转为建设用地的，由国务院或者国务院授权的省、自治区、直辖市人民政府批准。

2. 宅基地使用权行使的制度适用

宅基地使用权行使的目的具有特定性，只能用来供已经取得宅基地的农村村民建造住宅及其附属设施。其中，住宅是农村村民生活居住用房。附属设施主要是指辅助住宅发挥效能的与村民生活相关的建筑物、构筑物等设施，例如车库、厕所等。农村村民在宅基地上建住宅，应当符合乡(镇)土地利用总体规划、村庄规划，不得占用永久基本农田，并尽量使用原有的宅基地和村内空闲地。

3. 宅基地使用权转让的制度适用

转让是指法律主体将自己合法占有的物品或权益转让给他人的法律行为。按照现行法律规定，转让的形式主要有合同转让、协议转让、[①]招标转让、背书转让和继承转让。宅基地使用权转让主要涉及合同转让和继承转让。

(1)宅基地合同转让的限制。宅基地使用权从产生之时，便与其转让限制制度形影相随。1982 年出台的《村镇建房用地管理条例》(已失效)，对宅基地使用权转让作出程序限制和后果限制。该条例第 15 条中规定，由于买卖房屋而转移宅基地使用权的，应按第 14 条的规定办理申请、审查、批准手续。出卖、出租房屋的，不得再申请宅基地。1986 年《土地管理法》沿袭了《村镇建房用地管理条例》的相关规定。1999 年 5 月，国务院办公厅发布《关于加强土地转让管理严禁炒卖土地的通知》，规定农房不得向城市居民出售。2004 年 10 月，国务院发布《关于深化改革严格土地管理的决定》，禁止城镇居民在农村购买宅基地。2019 年修订的《土地管理法》既强化了宅基地转让限制，又增加了宅基地流转的灵活度。前者表现为，在出卖、出租房屋的基础上，增加了"赠与房屋"不得再申请宅基地的条件。后者表现为，国家允许进城落户的农村村民依法自愿有偿退出宅基地，鼓励农村集体经济组织及其成员盘活利用闲置宅基地和闲置住宅。

至于宅基地使用权是否可以抵押转让，根据《民法典》第 399 条的规定，宅基地的使用权原则上不得抵押，但是法律规定可以抵押的除外。之所以采取"但书"的制度设计，主要考量到宅基地上的房屋属于农民的重要不动产，为了多方面增进农民的收益。从前述对农民宅基地政策的介绍可以看出，国家发布若干政策来盘活农民合法财产，多渠道增加农民合法收益。基于此，中国人民银行等在 2016 年 3 月发布了《农民住房财产权抵押贷款试点暂行办法》，为宅基地使用权可以与农民住房一并进行担保融资作出制度安排。《农民住房财产权抵押贷款试点暂行

① 协议转让是指产权交易双方在交易中心主持下，洽谈、协商并以协议成交的转让方式。

办法》第 2 条明确规定,农民住房财产权抵押贷款,是指在不改变宅基地所有权性质的前提下,以农民住房所有权及所占宅基地使用权作为抵押、由银行业金融机构(以下简称贷款人)向符合条件的农民住房所有人(以下简称借款人)发放的、在约定期限内还本付息的贷款。同时考量到宅基地所有权为宅基地所在的集体经济组织所有,《农民住房财产权抵押贷款试点暂行办法》在抵押人申请抵押条件中增加了"所在的集体经济组织书面同意宅基地使用权随农民住房一并抵押及处置"这一约束性条件。

合同转让中还有一种特殊转让形式,即退出转让。因进城落户的农村村民无法使用宅基地,按照《土地管理法》第 62 条第 6 款的规定,国家允许进城落户的农村村民依法自愿有偿退出宅基地,鼓励农村集体经济组织及其成员盘活利用闲置宅基地和闲置住宅。

(2)宅基地使用权的继承转让。宅基地是农村村民安身立命之所,对农村村民具有重要的意义,现行法律并没有对宅基地使用权设置期限,基于此,宅基地使用权可以继承。根据《土地管理法》对宅基地使用权人的权限限制,可以推导出在下列几种情况中宅基地的继承人无法继承被继承人的宅基地:一是子女和父母已经分户并有了自己的宅基地的,无法再继承父母的宅基地。因为如果允许继承,则相当于子女有两处宅基地,违反"一户一宅"的法律规定。二是子女农村户口转为城镇户口的,子女无法继承宅基地,否则与农村村民是宅基地唯一申请人的法律规定不相符。三是五保户的宅基地无法继承。五保户是指无儿无女、由村集体供养的农村人口。五保户去世后,宅基地上的住宅可以继承。四是超出宅基地规定面积的部分宅基地无法继承。五是宅基地因发生《土地管理法》第 66 条规定的法定情形而被村集体收回的,无法继承。例如,根据《土地管理法》第 66 条的规定,不按照批准的用途使用土地的,土地使用权将被村集体收回,但使用宅基地建造的房屋可以继承。六是根据《确定土地所有权和使用权的若干规定》第 52 条规定不确定宅基地使用权的,无法继承。空闲或房屋坍塌、拆除 2 年以上未恢复使用的宅基地,不确定土地使用权,此时的宅基地使用权无法继承。

【司法适用】

本条在司法适用过程中需要注意的问题如下:

(1)对国家有关规定的理解。虽然本条文对宅基地取得、使用和转让制度采取转介条款的方式进行规定,但是宅基地取得、使用和转让涉及的制度依据不仅仅是土地管理的法律,还有"国家有关规定"。这个"国家有关规定"就使宅基地使用权取得、使用和转让的制度依据具有了无限拓展性。例如,国家发布的关于宅基地的通知、决定、意见等规范性文件,以及国务院各部门发布的规范性文件等。因此,在司法裁判过程中,此法条的适用就极大地考验了法官的法律适用能力和裁判能力。基于此,最高人民法院和各级人民法院总结裁判经验,对宅基地裁判问题作出总结指导,供法院裁判时参考,以避免"同案不同判"。

最高人民法院在第八次全国法院民事商事审判工作会议上,对农村宅基地买卖案件形成如下意见:一是在国家确定的宅基地制度改革试点地区,可以按照国家政策及相关指导意见处理宅基地使用权因抵押担保、转让而产生的纠纷。二是在非试点地区,农民将其宅基地上的房屋出售给本集体经济组织以外的个人,该房屋买卖合同认定为无效。合同无效后,买受人请求返还购房款及其利息,以及请求赔偿翻建或改建成本的,应当综合考虑当事人过错等因素予以确定。

(2)地方立法的适用与参照。地方法院在审理宅基地使用权方面的案件时,除了要关注最高人民法院在此类案件的指导意见和指导性案例之外,还需要注意搜集地方立法,尤其是宅基地试点地区的地方立法。例如,义乌市在2016年发布《义乌市农村宅基地使用权转让细则(试行)》,此细则共18条,对义乌市农村宅基地使用权作出制度安排。这些规定为法院审理宅基地使用权转让案例提供了确定的裁判依据。

【司法案例】

案例一

杨某银与甲村村民委员会宅基地使用权纠纷上诉案①

诉讼结论:宅基地使用权侵权纠纷与重新安排宅基地纠纷属于两类不同的案件。前者属于用益物权纠纷,后者属于土地使用权争议;前者属于法院直接受理案件范围,后者属于行政程前置案件。

法院认为:《土地管理法》第16条规定:"土地所有权和使用权争议,由当事人协商解决;协商不成的,由人民政府处理……当事人对有关人民政府的处理决定不服的,可以自接到处理决定通知之日起30日内,向人民法院起诉。"该法律规定了当事人对土地所有权和使用权产生争议的救济途径。但本案中杨某银提出的诉讼请求是重新安排宅基地,而非对原有宅基地使用权的争议。根据上述法律规定,重新安排宅基地不属于人民法院民事案件受理范围,故对杨某银提出的相关上诉理由本院不予支持。

---

① 参见江苏省泰州市中级人民法院(2018)苏12民终158号民事裁定书。

案例二

董某春等诉张某书案外人执行异议之诉案①

诉讼结论：宅基地使用权转让只能在同集体经济组织村民之间进行。

法院认为：农村房屋的转让必须在本集体经济组织成员之间进行方为有效。根据《土地管理法》的规定，宅基地属于农民集体所有，非本集体经济组织成员购买宅基地房屋的合同，损害法律、行政法规以及国家政策所维护的社会公共利益，法律法规明确禁止转让。本案属于同村村民之间对建造在异村宅基地上的房屋进行买卖交易的情形，不属于同一集体经济组织成员的房屋买卖问题。在房地一体的格局下，董某根、夏某荷与董某春签订《房屋买卖合同》向董某春转让案涉房屋，在处分房屋的同时实质上也处分了宅基地，违反了《土地管理法》相关规定。故原审法院认定该房屋买卖合同无效，并无不当。

第三百六十四条　宅基地因自然灾害等原因灭失的，宅基地使用权消灭。对失去宅基地的村民，应当依法重新分配宅基地。

【条文主旨】

本条是关于宅基地的灭失和重新分配的规定。

【条文理解】

本条文与《物权法》第154条相比，表述微调，在“重新分配宅基地”之前，增加了“依法”。本条文主要涉及两方面内容：一是宅基地使用权消灭的法定原因；二是因法定原因失去宅基地的村民具有申请重新分配宅基地的权利。

1. 宅基地使用权消灭的法定原因

根据现行法律规定，宅基地使用权消灭的法定原因主要有三方面：一是作为宅基地使用权客体的土地发生灭失，使宅基地使用权丧失了存在的基础，进而导致宅基地使用权消灭。在此需要注意，如果只是宅基地上的建筑物或者其他附属物灭失，则不影响宅基地使用权的效力，宅基地使用权人有权在宅基地上重新建造房屋。二是宅基地使用权被收回。《土地管理法》第66条规定了农村集体经济组织在原批准用地的人民政府批准的情况下，可以收回下列三种情况的土地使用权。情况一是为了乡（镇）村公共设施和公益事业建设，需要使用土地的；情况二

① 参见浙江省高级人民法院（2017）浙民申1683号民事裁定书。

是不按照批准的用途使用土地的；情况三是因撤销、迁移等原因而停止使用土地的。三是空闲或房屋坍塌、拆除2年以上未恢复使用的宅基地被有关机关收回。根据《确定土地所有权和使用权的若干规定》第52条的规定，空闲或房屋坍塌、拆除两年以上未恢复使用的宅基地，不确定土地使用权。已经确定使用权的，由集体报经县级人民政府批准，注销其土地登记，土地由集体收回。

2. 因法定原因失去宅基地的村民具有申请重新分配宅基地的权利

虽然宅基地使用权消灭的原因有多种，但是宅基地使用权人因违反法律使用宅基地而失去宅基地的，不具有申请重新分配宅基地的权利。简言之，只有宅基地因为不可抗力的自然灾害而灭失或者被依法征收时，宅基地使用权人才可以再次申请分配宅基地。为了保障被征收宅基地的村民能够合理且合法地重新获得宅基地，现行法律重新对宅基地作出制度安排。根据《土地管理法》第48条第4款的规定，征收农村村民住宅，应当按照先补偿后搬迁、居住条件有改善的原则，尊重农村村民意愿，采取重新安排宅基地建房、提供安置房或者货币补偿等方式给予公平、合理的补偿，并对因征收造成的搬迁、临时安置等费用予以补偿，保障农村村民居住的权利和合法的住房财产权益。

【司法适用】

本条在司法适用过程中需要注意与《土地管理法》相关法条结合适用，主要涉及以下两方面事项：

一是失去宅基地的村民，申请重新分配宅基地的，应按照2004年修正的《土地管理法》第62条第3款的规定，由经乡（镇）人民政府审核，由县级人民政府批准。2019年修正的《土地管理法》第62条第4款规定，农村村民住宅用地，由乡（镇）人民政府审核批准；其中，涉及占用农用地的，依照土地管理法第44条的规定办理审批手续。具体见案例一。

二是宅基地因自然灾害等原因灭失的，宅基地使用权消灭，对失去宅基地的村民，申请重新分配宅基地。具体见案例二。

【司法案例】

案例一

张某荣与甲县国土资源局因不履行法定职责上诉案[①]

诉讼结论：农村村民住宅用地，经乡（镇）人民政府审核，由县级人民政府批准。

---

① 参见西安铁路运输中级法院（2018）陕71行终19号行政判决书。

法院认为:上诉人张某荣根据《物权法》第154条"宅基地因自然灾害等原因灭失的,宅基地使用权消灭。对失去宅基地的村民,应当重新分配宅基地"的规定,主张被上诉人甲县国土局具有直接向其分配宅基地的法定职责。应当注意到的是,村民取得宅基地仍应符合相关法律规定的条件并履行法定的程序。为此,《物权法》规定了链接性规定,该法第153条规定,宅基地使用权的取得、行使和转让,适用土地管理法等法律和国家有关规定。《土地管理法》第62条第3款中规定,农村村民住宅用地,经乡(镇)人民政府审核,由县级人民政府批准。由此可见,上诉人张某荣系对法律的片面理解,其主张要求被上诉人甲县国土局履职缺乏法律依据,原审判决事实清楚、证据确凿、程序合法、适法正确,应予维持。

案例二

赵某等与吴某3继承纠纷上诉案[①]

诉讼结论:农村村民一户只能拥有一处宅基地,即使重新分配的宅基地是在原有宅基地之上,也与原宅基地使用权无关,属于一个全新的宅基地使用权。

法院认为:宅基地属于农民集体所有。赵某与被继承人吴某栋系夫妻关系,吴某1、吴某2、吴某3与吴某栋系父子关系,杨某与吴某栋系父女关系。吴某栋于2015年1月7日去世。1993年遵义土地管理局向吴某3颁发了集体土地建设用地使用证〔遵县集建(93)字第277914号〕。2011年,由吴某3申请,经相关部门对吴某3的宅基地进行审查,该房屋土地使用者为吴某3。2015年6月,因吴某3的住房存在安全隐患,经深溪镇龙江村委会讨论决定,同意在原址进行维修改建。后吴某3在原址新建了房屋一栋。现赵某、吴某2、吴某1、杨某以吴某3在2015年修建的房屋系将吴开栋祖遗老房拆除,在原地修建,且旧房材料均用于修建新房,该新房应属家庭共有财产为由,请求分割而酿成讼争。

第三百六十五条　已经登记的宅基地使用权转让或者消灭的,应当及时办理变更登记或者注销登记。

【条文主旨】

本条是关于宅基地使用权变更和注销登记的规定。

---

① 参见贵州省遵义市中级人民法院(2017)黔03民终513号民事判决书。

【条文理解】

本条与《物权法》第 155 条相比，内容无改变。从新中国成立以来，我国不断修正相关政策与法律制度来完善与宅基地有关的制度，而且在不同的历史阶段，国家对宅基地管理的要求也存在很大的差异，致使农村宅基地的登记情况处于不统一的状态。基于此，本条仅对已经登记的宅基地做出制度安排。

然而，随着我国宅基地改革的推进，宅基地的财产属性也逐渐为人们所认知，对宅基地统一登记管理制度的诉求不断增加，我国发布相关政策引导宅基地的确权登记工作。2014 年原国土资源部等五部门联合发布《关于进一步加快推进宅基地和集体建设用地使用权确权登记发证工作的通知》（国土资发〔2014〕101 号）对宅基地登记作出政策引导。2016 年原国土资源部发布《关于进一步加快宅基地和集体建设用地确权登记发证有关问题的通知》对宅基地登记进行了系统的政策指引。同时，《民法典》《土地管理法》《土地管理法实施条例》《确定土地所有权和使用权的若干规定》《不动产登记暂行条例》《不动产登记暂行条例实施细则》等法律法规对宅基地登记作出制度安排。例如，《不动产登记暂行条例实施细则》第 42 条规定，宅基地变更登记需要提交下列材料：一是不动产权属证书或者其他权属来源材料；二是依法继承的材料；三是分家析产的协议或者材料；四是集体经济组织内部互换房屋的协议；五是其他必要材料。

【司法适用】

本案在司法适用过程中需要注意三方面问题：

一是同一集体经济组织成员依法订立宅基地转让合同，如果意思表示真实，则合同有效，是否办理过户登记手续对合同效力不产生任何影响。

二是在宅基地变更过程中，对于超面积宅基地诉讼需要针对不同案例，并结合相关政策与法律给予不同的处理结果。例如，按照 2016 年原国土资源部《关于进一步加快宅基地和集体建设用地确权登记发证有关问题的通知》的规定，需要“分阶段依法处理宅基地超面积问题”，并且给予不同的处理对策，这一点需要法院在具体案件审理中，对此政策规定予以考量。

三是在宅基地变更过程中，妇女及进城落户的农民宅基地权益在变更登记中的特殊制度安排。根据 2016 年原国土资源部《关于进一步加快宅基地和集体建设用地确权登记发证有关问题的通知》的规定和相关法律规定，农村妇女作为家庭成员，其宅基地权益应记载到不动产登记簿及权属证书上。农村妇女因婚嫁离开原农民集体，取得新家庭宅基地使用权的，应依法予以确权登记，同时注销其原宅基地使用权。农民进城落户后，其原合法取得的宅基地使用权应予以确权登记。

【司法案例】

李甲等与李乙确认合同无效纠纷上诉案[①]

诉讼结论:没有办理过户登记不影响同一集体经济组织村民间依法订立的宅基地转让合同的效力。

法院认为:李某荣及李甲、李丙、李丁上诉主张,签订协议时李某荣并非某村集体经济组织成员,李某荣与李乙非同一农村集体经济组织成员,故《协议书》违反了法律法规的禁止性规定,应属无效。对于此问题,上诉法院认为,我国现行法律、行政法规中并没有"非同一集体经济组织成员间不得转让宅基地"的强制性规定,但农村宅基地具有极强的福利和保障性质,且是本集体经济组织成员无偿取得的。因此,宅基地使用权的主体应当限于本集体经济组织成员,否则将会扰乱现行的集体土地管理秩序和农村经济管理体制。事实上本案中,李乙的确是涉案宅基地所在村集体经济组织成员,依法可以受让其所在村集体的宅基地。因此,李某荣及李甲、李丙、李丁的该上诉主张不能成立。关于涉案《协议书》是否因违反《土地管理法》第 12 条及《土地管理法实施条例》第 6 条而无效的问题。根据《土地管理法》第 12 条、《物权法》第 155 条及《土地管理法实施条例》第 6 条的规定,依法改变土地权属和用途的,应当办理土地登记手续。土地所有权、使用权的变更,自变更登记之日起生效。但该规定并非对合同生效要件的规定,故未经过户登记不影响涉案《协议书》的效力。一审法院判决驳回李甲、李丙、李丁的诉讼请求符合法律规定,本院予以维持。

---

① 参见山东省济南市中级人民法院(2017)鲁 01 民终 1377 号民事判决书。

第十四章 居 住 权

相较于2007施行的《物权法》，居住权制度是《民法典》“物权编”中新增加的一章内容。依居住权的本旨，它是权利人对他人住房进行居住使用的一种用益物权，其目的在于为那些经济困难无力购买住房的人解决生活居住需求。在我国《物权法》的制定过程中，居住权制度入法的呼声就很高。2002年的物权法征求意见稿首次对居住权作出了规定，共计8条内容，2005年的物权法草案又将相关规定增加到12条。但令人遗憾的是，2007年颁布的《物权法》却最终将居住权的有关规定加以删除。但此后，围绕我国民法中是否应当规定居住权制度这一问题的争议一直没有中断，现实生活中也确实存在对居住权的迫切需要。

通过中国裁判文书网、北大法宝和北大法意等数据库检索查阅相关案例发现，对居住权的需求主要包括以下几类：(1)年老父母在将住房赠与子女的同时，希望对房屋保留居住权。在刘某妤与其父母刘某和周某的房屋纠纷案中，因当时我国民法中还未规定居住权制度，作为父母的刘某和周某在意欲将自己的住房赠与女儿时，只能保留10%的份额以保障他们对房屋的居住权。① (2)老年人再婚时将自己住房的所有权转让给子女或者孙子女，但想让再婚老伴对房屋享有居住权。例如，高某和张某在2006年结婚，其后高某立下遗嘱：将婚前自己的房屋赠送给孙子，但张某对该房屋享有居住权。高某去世后，他的孙子继承了房屋并将该房屋过户到自己名下，并要求张某从该房屋中搬出，双方为此发生纠纷。② (3)缺乏劳动能力又无生活来源的人对父母等近亲属的房屋有居住权需求。在李某玉与她的父亲李某、继母林某的房屋居住纠纷案中，李某玉和她的丈夫都是聋哑人，结婚后在父亲名下的房屋处搭建了一平台居住。之后父亲李某和林某再婚，二人因家庭矛盾要求李某玉夫

① 参见重庆市第五中级人民法院(2015)渝五中法民再终字第00043号民事判决书。

② 参见江苏省南通市中级人民法院(2014)通中民终字第0169号民事判决书。

妇搬离该平台，为此发生纠纷。① 在后面的两个案例中，法院的裁判意见都指出要对处于弱势地位的张某和李某玉夫妇就房屋居住的基本权利进行保护，但因当时我国民法中并未规定居住权制度，法院最终以公序良俗原则为依据作出了裁判。关于居住权需求除了上述三种情形外，我国当前正在大力提倡公租房市场建设以解决人们的居住需求。在对公租房的居住使用中，民众更希望自己获得的是一种对房屋的物权性的居住权利，以防止在合同关系下因租赁合同被随意终止致使自己对房屋居住的权利无法获得保障。

《民法典》规定居住权制度是对住有所居这一社会现实需求的反馈，为人们提供了一种对非自己所有房屋的物权性居住权保障。本章共计6个条文，分别对居住权的内涵、设立、转让、继承、消灭和遗嘱设立居住权等事项作出规定。

第三百六十六条　居住权人有权按照合同约定，对他人的住宅享有占有、使用的用益物权，以满足生活居住的需要。

【条文主旨】

本条是关于居住权概念的规定。

【条文理解】

居住权制度在罗马法时期就已产生，是人役权制度的一项重要内容。经过几个世纪的沉寂之后，其先后被欧洲大陆一些国家的民法所吸纳。但不同时期，居住权制度的内涵也有所不同。在罗马法时期，居住权与用益权、使用权共同构成罗马法的人役权制度，主要是指妻子或者被解放的奴隶对丈夫或者家主房产的使用、收益权，可终身享有，但不得赠与或者转让他人。根据《法国民法典》的规定，居住权是对他人的房屋进行居住使用的权利，居住权可及于居住权人的家庭成员，但居住权不得转让。德国的居住权则分为两种：一种是《德国民法典》规定的传统居住权，是对他人住宅进行使用的排他性权利，不得转让和继承；另一种是在单行法中规定的长期居住权，即对他人住宅享有的纯物权性使用权，可以转让和继承。

---

① 参见《最高人民法院公布10起残疾人权益保障典型案例》，载《人民法院报》2016年5月14日，第3版。

在我国,根据本条的规定,居住权是指根据双方的合同约定,非所有人为满足生活居住需要对他人所有的房屋进行居住使用的权利。居住权由非所有人与房屋所有人通过协商一致、订立合同的方式设立,故它属于一种意定物权。

对居住权的理解,应当把握以下几点:

第一,居住权以他人的住房为利用对象。设立居住权的目的在于为没有住房的人解决生活居住需要,这一目的需要借助他人的住房才能实现,故居住权是设立在他人的住房之上的。

第二,居住权是一种用益物权。居住权是为了满足居住权人的生活居住需要而设立的,是对他人房屋的使用权,并且这种权利具有排他性,是一种物权。

第三,居住权的权利主体只能是自然人,而居住权的义务主体则没有此限制,既可以是自然人,也可以是法人和非法人组织,只要是设定居住权的房屋的所有者即可。

【司法适用】

居住权是对他人房屋进行占有使用的权利,而房屋承租权也是对他人房屋进行占有使用的权利,但这两种房屋使用权并不相同,在实践中要能够区分居住权与房屋承租权二者之间的区别。(1)二者的权利性质不同。居住权是一种物权,具有对抗第三人的效力;房屋承租权则为债权,一般在相对人之间发生效力。(2)二者在主体方面的限制不同。居住权的权利人具有限定性,只能是自然人;而房屋承租人则无此限制,自然人、法人和非法人组织皆可。(3)二者对房屋的使用目的不同。居住权人对房屋的使用只能限于满足生活居住需要;而房屋承租人对房屋的使用则无此限制,既可以用于满足生活居住需要,也可用于经营活动。(4)有偿与否不同。房屋承租权的获取一般是有偿的,承租人在获得房屋租赁权时需向房屋所有人支付租金等费用;而居住权根据我国法律规定以无偿为原则,以当事人约定有偿为补充。

第三百六十七条　设立居住权,当事人应当采用书面形式订立居住权合同。

居住权合同一般包括下列条款:

(一)当事人的姓名或者名称和住所;

(二)住宅的位置;

(三)居住的条件和要求;

(四)居住权期限;

(五)解决争议的方法。

【条文主旨】

本条是关于居住权合同的规定。

【条文理解】

居住权设立合同是居住需求人和房屋所有人为设立居住权而达成的协议,它是居住权产生的法律依据。合同形式包括口头形式、书面形式和其他形式等。当事人约定或者法律规定采用书面形式的,合同订立应当采用书面形式。本条法律明确规定,居住权设立合同应当采用书面形式。这类合同也被称为要式合同,即法律明确规定采用特定形式订立的合同,与它相对应的是非要式合同,如口头合同。要求居住权设立合同采用书面形式,有助于明确合同双方当事人的权利、义务。当双方发生争议时,书面合同作为一种证据,明确记载了合同双方当事人当时意思表示的具体内容,为法官提供明确的裁判事实依据,利于有效解决合同双方当事人的纠纷。

合同一般由包含具体内容的主要条款构成。合同的主要条款体现了合同的实质内容,决定着合同的基本类型,体现合同核心内容的主要条款欠缺会导致合同不成立。根据本条第2款的规定,居住权设立合同中要载明的主要条款如下:(1)当事人的姓名或者名称和住所。合同当事人是合同成立必不可少的要素,因此合同中要载明合同双方当事人及他们的相关信息。居住权人须为自然人,而住房提供人无特别限制,自然人、法人和非法人组织都可以。(2)住宅的位置。住宅是居住权的标的物,离开住宅则居住权难以设立和存续。因此,居住权设立合同中必须要列明住宅及其具体位置,使其满足物权设立的特定化要求。(3)居住的条件和要求。设立居住权的目的在于满足居住权人的居住需求,而其居住需求的满足在具体实施过程中形态各异。在居住权合同中将房屋的居住条件和当事人相互之间的要求列明(如居住权人对房屋的居住权是及于房屋的整体还是只限于房屋的某一部分,居住权人对该房屋可不可以部分出租,等等),有助于减少纠纷的发生。(4)解决争议的方法。这是合同双方当事人对争议解决方法的预先约定。在争议发生后,运用事先确定好的争议解决方法能够使双方之间的纠纷更加迅捷地得到解决,化解双方的矛盾。上述合同条款中,有些是合同成立的必备条款,如合同双方当事人、住宅的位置等,缺少这些条款,居住权设立合同将不能成立。而其他合同条款,即使双方在订立合同时并没有加以约定,也不必然导致合同不能成立,双方当事人可以在合同成立后进行补充完善。

通过上面的分析,我们可以看出居住权合同具有以下特征:(1)居住权合同是以设立居住权为目的的合同,即在住宅上为满足特定人的居住需求而设立居住权。(2)居住权设立合同为要式合同,原则上应采用书面形式。

【司法适用】

根据本条的规定,居住权设立合同应当采用书面形式。但在实践中,居住权设立合同有时并非以单独的形式存在,而是被包含在其他合同中。例如,在家庭成员之间的分家协议中载明有居住权条款,在该条款中将某些家庭成员对其他家庭成员分得的房屋享有的居住权以书面的形式确定下来。在这种情况下,也应当认定为书面居住权设立协议存在,符合本条的规定而有效。

第三百六十八条　居住权无偿设立,但是当事人另有约定的除外。设立居住权的,应当向登记机构申请居住权登记。居住权自登记时设立。

【条文主旨】

本条是关于居住权设立的规定。

【条文理解】

关于居住权是否限于无偿设立,《民法典》"物权编"编纂中的态度多次发生改变。民法典物权编草案一审稿对此并无限制。民法典物权编草案二审稿规定居住权应当以无偿方式设立,其立法理由是我国居住权应当在特定亲属之间设立,具有恩惠的性质。但将居住权设立限于无偿,将会使居住权适用范围过窄,不利于居住权制度应有功能的发挥。因此《民法典》对此进行了修正,允许当事人之间约定以有偿方式设立居住权。

本条规定还确立了登记在居住权设立中的作用。按登记在不动产物权变动中所起的作用不同,不动产物权变动可以被区分为登记要件主义和登记对抗主义两种模式。所谓不动产物权变动登记要件主义,是指当事人仅就不动产物权变动达成协议,还不能发生不动产物权变动的效力,只有在不动产物权变动协议的基础上进行登记后,才能发生不动产物权变动的效力。采用不动产物权变动登记要件主义的典型国家是德国。德国对物权行为与债权行为进行区分,双方当事人就不动产物权变动达成协议为债权行为,这一债权行为生效后,仅使债权人享有履行请求权,不动产物权尚不能发生变动。而不动产物权登记也是一个法律行为,更具体地说是一个物权行为,只有履行完物权行为(登记)后,才能发生不动产物权变动的效力。与不动产物权变动登记要件主义相对的是不动产物权变动登记对抗主义。所谓不动产物权变动登记对抗主义,是指当事人就不动产物权变动达成协议后,即发生不动产物权变动的效力,不登记也不影响不动产物权变动的效力。其中,登记仅具有对抗效力,即不动产物权登记后具有对抗第三人的效力,不登记则不具有对抗第三人的效力。采用不动产物权变动登记对抗主义的典型国家是日本。在不动产物权变动登记对抗主义模式下,不登记也发生不动产物权变动的效力,不利于物权和债权的区分,不利于维护交易安全。我国的不动产物权变动基本上借鉴了德国的规定,除了个别例外,不动产物权变动原则上采登记要件主义,即登记是不动产物权变动的条件,不登记不发生不动产物权变动的效力。我国在居住权设立上同样采登记要件主义,登记是居住权生效的条件,即本条所规定的,居住权在登记时设立,当事人要想取得有效的居住权,应当办理登记。

【司法适用】

根据本条的规定,居住权设立应当办理登记。在司法实践中,因居住权无法办理登记引发纠纷时,居住权人向法院起诉要求保护自己居住权的,鉴于目前我国房屋登记制度不完善,缺乏居住权登记项目,法院不应因居住权未办理登记而一概判决该居住权未有效设立、驳回其诉讼请求。在登记机构实行居住权登记之前,当事人无法办理登记的情况下,可视为居住权依有效的合同设立。在登记机构实行居住权登记之后,因居住权未办理登记引发纠纷时,居住权人向法院起诉要求保护自己居住权的,法院在查明其居住权未办理登记的情况下应判决其居住权未生效,对其诉讼请求不予支持。另外,法官在理论上要能够区分居住权设立的效力与居住权合同的效力之间的区别。在没有办理登记的情况下,居住权设立尚未生效,但不影响居住权设立合同的效力,居住权设立合同的效力要根据其本身的生效条件进行判断。居住权设立合同生效后,房屋所有人有配合居住权人办理居住权登记的义务,居住权人对房屋所有人享有履行请求权。如果因此发生纠纷,居住权人根据生效的居住权设立合同请求法院判决房屋所有人配合自己办理居住权登记的,法院对居住权人的这一请求应予支持。再者,人民法院审理婚姻纠纷、家庭分家析产纠纷、继承纠纷、拆迁纠纷而在法律文书中确认的居住权,其效力不应受登记与否的影响,当事人可持人民法院出具的裁判文书申请居住权登记。

第三百六十九条　居住权不得转让、继承。设立居住权的住宅不得出租，但是当事人另有约定的除外。

【条文主旨】

本条是关于居住权的转让、继承和设立居住权的住宅出租的规定。

【条文理解】

如前所述，居住权是为了满足特定人的居住需求而设定的物权，因此它属于人役权。生活实践中，有些人因客观原因无自己的住房，需要借助亲属等特定人为其提供房屋居住权以解决其生活居住需要。因此，居住权主要是为满足特定弱势群体的生存居住需要而设定的，具有人身性和专属性。基于居住权的人身性和专属性，居住权不得转让和继承。因为在居住权转让或者继承后，受让人不一定属于生活困难必须借助他人房屋的居住权来解决其生活居住需要，也不一定与提供居住的房屋所有人存在特定亲属关系。再者，居住权的设定必然使房屋所有人自己对房屋利用受到限制，构成其房屋所有权上的负担，这种负担一般在居住权人死亡或者不再需要该房屋居住时得以解除。如果居住权可随意转让和继承，那么对房屋上的他人居住权负担将无限期地存续下去，这样使得房屋所有人对房屋的所有权长期处于虚化状态，对房屋所有人构成过重负担。因此，本条规定居住权不得转让和继承。居住权人对所居住房屋的出租，根据本条的规定，原则上禁止，除非获得房屋所有人的同意。在现实生活中，居住权人本身生活窘迫，有时可能需要将居住的房屋部分出租以获取维持生计的生活费用，但其所居住房屋的出租涉及房屋所有人的权益，故该行为应征得房屋所有人同意。

【司法适用】

依本条规定，居住权不得转让和继承。但在居住权人对房屋进行居住期间，居住权人的必要家庭成员与居住权人一起居住的，房屋所有人应做必要的容忍。在司法实践中对必要家庭成员要有一个合理把握：首先，这类家庭成员应与该居住权人有共同生活居住的需要，如居住权人的配偶、未成年的子女、对年老多病的居住权人进行照料的家庭成员等。其次，这类家庭成员没有自己的住房，须与居住权人共同居住。居住权人的成年子女有自己住房的，原则上不享有该房屋的居住权。对居住权人必要家庭成员的共同居住，房屋所有人有容忍的义务，无须征得房屋所有人同意，这与居住权人对该房屋的出租须征得房屋所有人同意不同。

第三百七十条 居住权期限届满或者居住权人死亡的，居住权消灭。居住权消灭的，应当及时办理注销登记。

【条文主旨】

本条是关于居住权消灭的规定。

【条文理解】

前面述及，居住权是为满足特定人的生活居住需要而设立的，具有较强的人身性和专属性，正因为如此，我国法律规定居住权不得转让和继承。在居住权人死亡时，有特定生活居住需求的居住权主体不存在了，居住权也就随之消灭。另外，双方约定的居住权设立期限届满的，居住权也自然消灭。居住权设立采公示要件主义，故居住权消灭的，同样要办理注销登记，这也是维护第三人交易安全的需要。

【司法适用】

居住权消灭后，当事人双方都有义务及时办理居住权注销登记。因期限届满致居住权消灭的，如果居住权人不配合房屋所有人办理居住权注销登记，则房屋所有人可向法院起诉要求居住权人履行其相应的义务。居住权人死亡的，房屋所有人可持相关证据单方申请居住权注销登记。

第三百七十一条 以遗嘱方式设立居住权的，参照适用本章的有关规定。

【条文主旨】

本条是关于以遗嘱方式设立居住权的参照适用的规定。

【条文理解】

我国法律将居住权规定为一种意定用益物权，即居住权是基于当事人的意思表示设立的而不是基于法律规定产生的。在居住权的设立中，当事人的意思表示处于核心地位。根据意思表示作出人的人数不同，意思表示又可以分为单方独自的意思表示、双方的意思表示以及多方共同的意思表示。居住权的设立，除了可以通过双方缔结合同的方式设立外，还可以通过遗嘱的方式设立。所谓遗嘱，是指自然人生前在法律允许的范围内，按照法律规定的方式对其遗产或者个人其他事务作出处理，并于其死亡后发生效力的行为。房屋所有人在生前可以通过遗嘱的方式对其住房作出处理，在遗嘱中既可以对房屋的所有权作出生前安排，也可以对房屋的居住权作出生前安排。具体而言，遗嘱人生前可以在遗嘱中将房屋的所有权指定由某法定继承人来继承，同时将房屋的居住权安排给有居住需求的他人，如生前照顾自己的保姆、再婚配偶等。以遗嘱方式设立居住权与以合同方式设立居住权有所不同。以合同方式设立居住权时，需要双方当事人意思表示一致。但以遗嘱方式设立居住权时，只需遗嘱人单方意思表示即可，无须征得潜在居住权人的同意，居住权即可设立。根据本条的规定，以遗嘱方式设立居住权的，参照适用本章的有关规定。因此，包含有居住权设立内容的遗嘱首先应当采用书面的形式，之后居住权还必须进行登记，这样居住权才能有效设立。居住权设立后，不得转让和继承，居住权人是否可以将所居住的房屋进行出租，则要看遗嘱人所立遗嘱中的具体规定。

【司法适用】

在以遗嘱方式设立居住权时，遗嘱是居住权设立的基础，因此居住权的有效设立首先取决于遗嘱是否有效。在司法实践中，当事人对居住权是否生效发生争议时，法院应首先查明作为居住权设立基础的遗嘱是否有效。如果遗嘱无效，居住权也就不能生效。作为居住权设立基础的遗嘱有效的，所设立的居住权是否有效，还要看居住权是否办理了登记。就居住权的登记，房屋的继承人在取得房屋所有权后拒不配合遗嘱中指定的房屋居住权人办理居住权登记，居住权人向法院起诉要求房屋继承人配合自己办理居住权登记的，法院应依遗嘱的居住权安排判令房屋继承人配合居住权人办理居住权登记。

第十五章　地　役　权

本章是关于地役权的规定，共计 14 个条文，分别对地役权的内涵、设立、当事人的权利与义务、地役权的期限、承继、转让、抵押、不可分性和消灭等事项作出规定。《民法典》关于地役权的规定，基本上是由《物权法》第 14 章关于地役权的规定承继而来，法律条文的数量保持不变，只有个别条文的内容发生变化。发生实质性修改的条文主要有第 375 条和第 381 条。第 375 条将允许地役权人利用的对象由供役地权利人的“土地”改为供役地权利人的“不动产”，使得地役权的客体有所扩大，不再限于土地，还包括建筑物等不动产。第 381 条在列举用于抵押的用益物权种类时，将“土地承包经营权”修改为“土地经营权”。这是因为根据我国农村土地“三权分置”的政策目的，《民法典》将土地经营权列为一种新型的用益物权，更有利于我国农村土地的流转。在我国，土地承包经营权因身份上的限制，其流转存在很大障碍。故今后我国的农村土地流转主要体现为土地经营权的流转，抵押则为农村土地流转的一种方式，由此本条将土地经营权明确列为可以抵押的土地用益物权。

第三百七十二条　地役权人有权按照合同约定，利用他人的不动产，以提高自己的不动产的效益。

前款所称他人的不动产为供役地，自己的不动产为需役地。

【条文主旨】

本条是关于地役权概念的规定。

【条文理解】

地役权，是指根据合同的约定为了自己不动产的方便和利益而使用他人不动产的权利。从本条的规定可以看出，地役权由供役地权利人和地役权人通过协商一致、订立合同的方式设立，故它属于一种意定物权。

对于地役权的理解,需要把握以下几点:

(1)地役权是一种以他人不动产为利用对象的用益物权。设立地役权的目的在于使需役地获得便利以提高其效益,为此需要借助于他人的不动产即供役地。这里涉及两个不动产,一是需役地,二是供役地。需要借助他人不动产以提高其本身效益的不动产称为需役地,为满足需役地的需要而在其上设定地役权的不动产称为供役地。需役地和供役地通常为土地,但并不局限于土地,还包括土地上的建筑物。需役地和供役地不以相互毗连为必要。效益的提高,既包括经济、财产方面的,如通行、引水等,也包括精神、美观和情感方面的,如采光、眺望等。

(2)地役权是为了满足特定不动产即需役地的利益需要而设立的,而不是为了满足特定人的需要而设立的。需役地对供役地的利用,既包括地役权人在供役地上实施积极行为来提高需役地的效益,如在供役地上通行、修筑引水渠等,也包括禁止或限制供役地人在供役地上实施某种行为,如要求供役地上不得建造妨碍需役地采光、眺望的建筑物。

(3)在地役权的法律关系中,权利、义务的主体不限于不动产的所有权人,还包括不动产的使用权人。具体而言,地役权人既可以是需役地的所有权人,也可以是需役地的使用权人,如需役地的用益物权人以及需役地的租用人等。以供役地设定地役权的,既可以是供役地的所有权人,也可以是供役地的使用权人,所有人可以以自己的不动产为他人设定地役权,不动产的用益物权人也可以以该不动产为他人设定地役权。

(4)地役权之间不具有排他性。地役权虽然属于用益物权,但与建设用地使用权、宅基地使用权和土地承包经营权等具有排他性的用益物权不同,地役权并不具有排他性。这在消极地役权尤为明显,如在采光、眺望等地役权,供役地人可同时对多个需役地负有容忍建筑物的禁止或限制行为,故可同时为多个需役地设定地役权。即使在积极地役权,如通行、引水等地役权,多个地役权人可共用供役地上的通行道路、水渠等,供役地人本人亦可就该通行道路、水渠为通行或引水行为,因而地役权对供役地不具有排他的独占性。①

(5)地役权设定可以是有偿,也可以是无偿。地役权通常以有偿方式设立,即地役权的取得需要地役权人向供役地人支付不动产使用费。但地役权的设定并不限于有偿,如双方约定地役权无偿设立,法律对当事人意思自治亦予以尊重。

【司法适用】

在司法实践中,要注意地役权与相邻关系之间的区别。二者都涉及相邻不动

---

① 参见梁慧星、陈华彬:《物权法》,法律出版社 2010 年版,第 281 页。

产之间的利益冲突问题,但它们之间有本质的区别:(1)相邻关系基于法律规定产生,具有法定性;地役权由双方约定产生,具有意定性。(2)相邻关系不是一项独立的民事权利,而是基于不动产所有权或使用权的内容发生的扩张或限制;地役权是一项独立的权利,属于用益物权的一种。(3)相邻关系以不动产相互邻近为必要;而地役权不以不动产相互毗邻为限。(4)在相邻关系中,对他人不动产的限制和利用以无其他方法加以解决或其他方法过于不经济为前提;地役权无此限制,只要双方同意即可设立。

第三百七十三条　设立地役权,当事人应当采用书面形式订立地役权合同。

地役权合同一般包括下列条款:

(一)当事人的姓名或者名称和住所;

(二)供役地和需役地的位置;

(三)利用目的和方法;

(四)地役权期限;

(五)费用及其支付方式;

(六)解决争议的方法。

【条文主旨】

本条是关于地役权设立合同的形式及合同条款的规定。

【条文理解】

地役权设立合同是需役地一方和供役地一方为设立地役权而达成的协议,它是地役权产生的法律依据。合同形式包括口头形式、书面形式和其他形式等。当事人约定或者法律规定采用书面形式的,合同订立应当采用书面形式。本条法律明确规定,地役权设立合同应当采用书面形式。这类合同也被称为要式合同,即法律明确规定采用特定形式订立的合同,与它相对应的是非要式合同,如口头合同。地役权设立合同采用书面形式,有助于明确合同双方当事人的权利、义务。当双方发生争议时,书面合同作为一种证据,明确记载了合同双方当事人当时意思表示的具体内容,为法官提供明确的裁判事实依据,有利于有效解决合同双方当事人的纠纷。

合同一般由包含具体内容的主要条款构成。合同的主要条款体现了合同的实质内容,决定着合同的基本类型,体现合同核心内容的主要条款欠缺会导致合同不成立。根据本条第2款的规定，地役权设立合同中要载明的主要条款如下：(1)当事人的姓名或者名称和住所。合同当事人是合同成立必不可少的要素，因此合同中要载明合同双方当事人及他们的相关信息。对于地役权的权利和义务主体，法律并无特别限制，因此自然人、法人和非法人组织都可以成为地役权设立合同的当事人。(2)供役地和需役地的位置。供役地和需役地是地役权设立的依托所在，缺少其中任何一个，地役权都难以设立。因此，地役权设立合同中必须要明确需役地和供役地，使其满足物权设立的特定化要求。(3)利用目的和方法。地役权是为了需役地的便宜而利用供役地，其表现形式有多种利用供役地的目的不同，与其相对应的利用方法也就有所不同，因此应当在合同中明确设立地役权的利用目的和方法。(4)利用期限。利用期限是地役权当事人行使权利、履行义务的时间范围。关于地役权的存续期限，一般可由双方当事人自行约定，可以是某一段期间，也可以是无限期的。但需注意的是，由于地役权的设立人既可以是供役地的所有人也可以是供役地的使用权人，在供役地使用权人以供役地设立地役权时，双方约定的地役权期限还要受供役地使用权人对该不动产的权利享有期间限制。(5)费用及其支付方式。地役权是为了需役地的便宜而对供役地进行利用，作为地役权人获取对供役地利用权的对价，其应向供役地人支付相应的费用。当然，如果供役地人同意，地役权设立也可以是无偿的。在地役权设立为有偿的情况下，双方当事人应在合同中对地役权人应支付的费用及其支付方式作出约定。(6)解决争议的方法。这是合同双方当事人对争议解决方法的预先约定。在争议发生后，运用事先确定好的争议解决方法能够使双方之间的纠纷更加迅捷地得到解决，化解双方的矛盾。上述合同条款中，有些是合同成立的必备条款，如合同双方当事人、需役地和供役地、利用目的和方法等，缺少这些条款，地役权设立合同将不能成立。而其他合同条款，即使双方在订立合同时并没有加以约定，也不必然导致合同不能成立，双方当事人可以在合同成立后进行补充完善。

通过上面的分析，我们可以看出地役权合同具有以下特征：(1)地役权合同是以设立地役权为目的的合同，即在供役地上为满足需役地的便宜而设立地役权。(2)地役权设立合同是双务合同。在地役权法律关系中，供役地人须容忍地役权人对供役地的利用，而地役权人则应按约定目的和方法对供役地进行利用，不能不当加重供役地人的负担。(3)地役权设立合同为要式合同，原则上应采用书面形式。(4)地役权合同原则上是有偿合同，在供役地人自愿的情况下也可以是无偿合同。

【司法适用】

依据本条的规定，地役权设立合同应当采用书面形式。对此不能机械地加以理解，地役权设立合同有时并非以单独的形式存在，而是被包含在其他合同中，如买卖合同中可能包含有地役权设立条款，在满足地役权设立合同要求的情况下也应当承认其效力。例如，在张某诉甲银行一案中，[①]二审法院认为：双方在房屋买卖合同第5条约定“甲方淮海商厦东头一间过道作永久过道，甲、乙双方共同使用”，该约定是双方对于使用通道的约定，实质上已经满足了地役权书面合同的形式要件，系双方真实意思表示，不违反法律规定，应为有效。

【司法案例】

甲公司诉乙公司、郑某亭地役权纠纷案[②]

诉讼结论：驳回原告要求被告停止侵害其地役权的诉讼请求。

法院认为：原告甲公司未能提供书面合同证明其与被告之间订立过地役权设立合同，被告也不认可设立过地役权，故对原告提出的行使地役权主张不予支持。

第三百七十四条 地役权自地役权合同生效时设立。当事人要求登记的，可以向登记机构申请地役权登记；未经登记，不得对抗善意第三人。

【条文主旨】

本条是关于地役权设立与登记的规定。

【条文理解】

地役权属于不动产物权的一种。基于法律行为发生的不动产物权变动，根据我国《物权法》的规定，有登记生效主义与登记对抗主义两种模式。所谓登记生效主义，是指物权变动非经登记不发生效力。登记对抗主义是指物权变动即使未经登记，也发生效力，只是该物权变动不经登记不得对抗第三人。地役权设立，属于依法律行为发生的物权变动。依据本条规定，我国对地役权设立未采登记生效主义，而是规定地役权自地役权合同生效时设立，采取的是意思主义，即双方就地役权设立达成意思表示一致地役权即设立，书面的地役权设立合同是地役权生效的法律依据。在意思生效主义下，登记不是地役权生效的要件。对已经生效的地役权是否登记，完全由地役权当事人自己决定，地役权人可以选择向登记机构申请登记，也可以选择不登记。登记的意义在于，地役权登记的可以对抗第三人，地役

---

① 参见河南省商丘市中级人民法院(2017)豫14民终3571号民事判决书。

② 参见山东省淄博市中级人民法院(2015)淄民一终字第118号民事判决书。

权未登记的不得对抗善意第三人。

【司法适用】

在司法实践中,判定地役权是否生效,不以登记作为判定要件,而是要看地役权设立合同是否生效。地役权设立合同生效的,地役权有效设立,对双方当事人都有约束力。在司法实践中,也要准确把握地役权的登记对抗效力。地役权办理登记的,可以对抗第三人,这里的第三人不区分恶意与善意。地役权未办理登记的,不得对抗善意第三人,这里关键是对第三人善意与恶意的把握。即使地役权未登记,但如果第三人对地役权设立情况是知悉的而仍就地役权标的物为交易行为,则该第三人不能构成善意,未登记的地役权人可以对抗该恶意第三人。只有对地役权设立不知情时,该第三人才能构成善意,未登记的地役权不得对抗该善意第三人。在地役权未登记的情况下,对于第三人对地役权设立的知情,主张对抗性的地役权人负有举证责任。如果地役权人不能举证第三人对地役权设立知情,则应推定该第三人对地役权设立不知情而构成善意,未登记地役权人不得对抗该善意第三人。

【司法案例】

案例一

温某生、罗某娣诉范某武、范某桂和赖某永地役权纠纷案①

诉讼结论:驳回原告温某生、罗某娣要求被告停止侵害其地役权的诉讼请求。

法院认为:原告与案外人甲村村民委员会之间签订的房屋买卖合同,并没有对地役权进行约定。原告与被告之间也没有书面签订地役权合同,原告亦未提供证据证实其与被告受让房前的产权人之间签订有书面的地役权合同。因此,原、被告之间未签订过任何形式的地役权合同,不存在地役权合同关系。

案例二

刘某华诉覃某权地役权纠纷案②

诉讼结论:法院判决被告覃某权在自家门口稻场西头修建缓坡,以保证原告刘某华车辆正常通行的地役权实现。

法院认为:地役权未经登记不得对抗善意第三人,但原、被告之间签订的地役权设立协议合法有效。被告作为供役地权利人应当按照协议约定允许地役权人

---

① 参见福建省上杭县人民法院(2016)闽0823民初1608号民事判决书。

② 参见湖北省长阳土家族自治县人民法院(2016)鄂0528民初254号民事判决书。

原告利用其土地,不得妨碍地役权人行使权利。

第三百七十五条 供役地权利人应当按照合同约定,允许地役权人利用其不动产,不得妨害地役权人行使权利。

【条文主旨】

本条是关于供役地权利人义务的规定。

【条文理解】

地役权合同的一项重要内容,是合同双方当事人就相互之间的权利、义务作出的约定。合同是双方当事人在意思表示一致的基础上自愿达成的,对双方都有约束力,法律为维护交易安全对双方当事人达成的合同内容也赋予外部强制力。在合同关系中,双方当事人之间的权利、义务具有相互性,一方的权利对应另一方的义务,反之亦然。为保障对方权利的实现,合同一方当事人应严格履行自己的义务。地役权类型多样,包括通行地役权、引水地役权、采光地役权、眺望地役权等。地役权类型不同,地役权合同的内容也就有所差异,合同中约定的双方当事人具体的权利、义务也会因不同的地役权类型而加以变化。在作为地役权中,供役地权利人主要负有容忍地役权人在其供役地上实施某种行为的义务,如容忍地役权人在其供役地上通行、引水以及为此发生的附随行为与设置(在供役地上修筑道路、引水渠等)。在不作为地役权中,供役地权利人主要负有自己不得在供役地上实施特定行为的义务,如不在自己的供役地上修建一定高度以上建筑物。为了保证地役权设立目的得以实现,双方当事人会在合同中对双方的具体权利、义务内容作出约定。在合同对双方当事人的权利、义务作出明确约定的情况下,供役地权利人应当按照合同约定,允许地役权人利用其供役地,供役地权利人不得妨碍地役权人行使其权利。

【司法案例】

案例一

曹某富诉曹某成、杨某英地役权纠纷案①

诉讼结论:判决被告将挖断的石步梯坎恢复原状以保障原告地役权的行使。

法院认为:双方2010年签订的《用责任田断调过路协议书》中约定,原告曹某

① 参见贵州省黔西南布依族苗族自治州中级人民法院(2016)黔23民终1461号民事判决书。

富以两分田的土地承包经营权为对价，换取在被告曹某成家宅基地边的道路通行权。该协议书为地役权合同。自该协议生效时起，原告曹某富家享有在被告曹某成家宅基地边上宽 5 尺、长 13 米范围的通行权利，在地役权消灭前，被告曹某成家不得妨碍原告曹某富家行使通行的权利。被告曹某成家在与原告曹某富家产生矛盾后挖断本案所涉的通行道路致曹某富家无法正常通行，其行为侵害了原告的合法权益，应当承担相应的民事责任并应及时予以恢复原状。

案例二

兰某玉、钟某睦诉钟某华、钟某美地役权纠纷案①

诉讼结论：判决被告钟某华、钟某美拆除超出原、被告双方协议部分的建筑物以维护原告地役权的行使。

法院认为：供役地权利人负有不作为的义务，即不得妨害地役权人行使权利。被告（供役地权利人）擅自加盖建筑设施，违反了协议约定，妨碍原告的视野，对原、被告设定的原告享有的眺望权造成损害，被告应当承担停止损害地役权的违约责任。根据契约自由原则和诚实守信原则，原告要求被告拆除超出原、被告双方协议部分的建筑物即被告于 2016 年上半年在其房屋上加搭盖的铁皮房，理由正当，予以支持。

第三百七十六条　地役权人应当按照合同约定的利用目的和方法利用供役地，尽量减少对供役地权利人物权的限制。

【条文主旨】

本条是关于地役权人的义务的规定。

【条文理解】

设定地役权是为了提高需役地的效益而对供役地进行利用。地役权人在对供役地为利用行为时，实际上对供役地构成负担或者对供役地权利人自己对供役地行使物权构成限制。因此，为了防止过分加重供役地的负担，地役权人不能毫无节制地肆意使用供役地。为了明确双方的权利与义务，供役地权利人和地役权人会在合同中约定对供役地的利用目的和方法。对供役地利用目的不同，如通行、引水、采光或眺望之目的，与之相对应的对地役权的利用方法也会有所不同。

---

① 参见福建省龙岩市中级人民法院（2017）闽 08 民终 168 号民事判决书。

地役权人应当按照双方在合同中约定的利用目的和方法对供役地加以利用,不得超出双方在合同中约定的利用目的和方法。例如,双方约定的是通行地役权,则地役权人不得在供役地上修筑水渠,也不得限制供役地权利人在供役地上建造高楼。即使地役权人是按照合同约定的利用目的和方法对供役地为利用行为,也应当尽到合理的谨慎注意义务,把对供役地的负担或限制降低到最低程度。又如,如果能在供役地的一侧修筑道路通行或水渠引水,则不得在供役地的土地中间为之;如果修筑2米宽的道路能够通行,则不得修筑3米宽的道路。在通行地役权中,供役地权利人也需要利用为地役权人设立地役权的道路通行的,即使该道路为地役权人所修筑,地役权人也不得拒绝,应当允许供役地权利人与其共同利用该道路通行。地役权人超出合同约定的利用目的和方法利用供役地的,供役地权利人有权加以制止,要求地役权人进行改正,因此给供役地权利人造成损害的,供役地权利人还有权主张损害赔偿。

【司法适用】

在司法实践中,如果双方当事人在合同中对地役权的利用目的和方法约定明确,则地役权人对供役地的利用是否符合地役权的设立目的和利用方法,依合同内容即可判断。如果合同对地役权的利用目的和方法约定不够详细或明确,则法院在审理相关案件时,对地役权人实施的行为是否符合地役权的利用目的和方法,可参照同类地役权的一般利用标准进行判断,以给供役地权利人的限制或损坏最小为参照。对于地役权人因行使地役权而实施的一些附随行为是否与地役权的利用目的和方法相违背,裁判时应考虑该附随行为对该地役权设立目的的实现是否具有必要性,以及其给供役地权利人带来的限制或负担是否在最低程度内。

【司法案例】

案例一

汪某明诉甲公司、乙公司等案①

诉讼结论:判决乙公司拆除距汪某明房屋北向墙体2米外的临时围墙,恢复原告地役权的行使。

法院认为:在本案中,丙银行与丁工厂于1988年达成协议,由丙银行受让丁工厂厂区内一块旧厂房并将其改建为金融业务用房,且约定丁工厂将厂内一条约10米宽的道路提供给丙银行作为出入的通道。后丙银行将房屋转让给汪某明,乙

---

① 参见安徽省绩溪县人民法院(2018)皖1824民初265号民事判决书。

公司拍得丁工厂的土地从事房地产开发。双方就原通行道路问题产生纠纷,诉至法院。法院在确认汪某明作为需役地受让人继续享有地役权的同时,认为虽然原通道宽约10米,但并不等于也不能理解为供役地人永久保证10米宽的道路提供需役地人通行。根据法律规定,地役权人应当按照合同约定的利用目的和方法利用供役地,尽量减少对供役地权利人物权的限制。现有小区出入通道不影响汪某明出入方便,不造成其权利限缩,故对汪某明要求恢复10米宽通道的请求不予支持,但乙公司应拆除距汪某明房屋北向墙体2米外的临时围墙来恢复原告地役权的行使。

案例二

甲村一组诉甲村四组地役权纠纷案①

诉讼结论:原告甲村一组对被告甲村四组占用原告老路所修的道路享有通行地役权。

法院认为:在本案中,该村四组与一组签订协议约定由四组出资对一组土地上的道路进行加宽,对占有农地由四组给一组补偿,加宽后的道路由一组和四组村民共同通行。后四组以一组村民重车通行对道路有损害为由阻止一组车辆通行。一组为此诉至法院,法院审理后认为,被告方(四组)应为原告方(一组)使用该路通行提供便利,而不应该采取堵路的方式进行阻止。对原告要求确认其对被告占用原告老路所修的道路享有使用权、通行权的诉讼请求,法院予以支持。

第三百七十七条　地役权期限由当事人约定;但是,不得超过土地承包经营权、建设用地使用权等用益物权的剩余期限。

【条文主旨】

本条是关于地役权的期限的规定。

【条文理解】

地役权的期限,是指地役权的存续时间。地役权的存续期限是地役权的重要内容,它通常由需役地权利人和供役地权利人在地役权设立合同中加以约定。地役权的存续期限,基于意思自治原则,原则上可以由合同双方当事人自由约定,既可以约定为一个固定的期限,也可以约定为永久性的。但该条后半段还作了限制

---

① 参见湖南省蓝山县人民法院(2014)蓝法民一初字第350号民事判决书。

性规定，即当事人约定的期限不得超过土地承包经营权、建设用地使用权等用益物权的剩余期限。这主要是我国的土地所有制度所决定的。在我国，土地归国家或者集体所有，土地实际利用人取得的往往是土地承包经营权或者建设用地使用权等用益物权。地役权既可以由不动产的所有人设立，也可以由不动产的用益物权人等使用权人设立。因土地承包经营权、建设用地使用权等用益物权都是有期限的，所以当地役权由不动产用益物权人设立时，双方约定的地役权存续期限要受其本身享有的用益物权的期限的限制，不得超过设立地役权时其享有的用益物权的剩余期限。当供役地的权利人是土地的承包经营权人或建设用地使用权人时，在设立地役权时其与需役地权利人约定的地役权期限不得超过其对该土地享有的土地承包经营权或建设用地使用权的剩余期限。问题的关键是，当需役地权利人是土地的承包经营权人或建设用地使用权人时，双方约定的地役权期限能否超过其享有的土地承包经营权或建设用地使用权的剩余期限。就地役权本身而言，作为一种权利，对于其承继者肯定是一种利益，超过其土地承包经营权或建设用地使用权剩余期限的，其承继者对超过剩余期限的权益基本上是愿意接受的。但在地役权有偿设立的情况下，其承继者在接受地役权权利的同时，也要支付相关费用，这又构成其承继者须履行的义务。而未经他人同意原则上不得为他人设定义务，所以当需役地的权利人是土地承包经营权人或建设用地使用权人时，双方约定的地役权存续期限原则上也不得超过其享有的土地承包经营权或建设用地使用权的剩余期限。

【司法适用】

在司法实践中，如果双方约定的地役权期限超过了当事人享有的土地承包经营权、建设用地使用权等用益物权的剩余期限，则法院应如何认定双方约定的效力？本条关于双方约定的地役权期限不得超过土地承包经营权、建设用地使用权等用益物权剩余期限的规定，属于强制性的法律规定，违反该强制性规定所约定的地役权期限，其超过土地承包经营权、建设用地使用权剩余期限的部分，应当认定为是无效的。而没有超过土地承包经营权、建设用地使用权剩余期限的部分，其效力如何？依本条规定的本旨，没有超出土地承包经营权、建设用地使用权剩余期限的部分，属于当事人可约定的范围，该部分应当是有效的，只有超出的部分才是无效的。这样认定，也有利于对当事人合法权益的保护。

供役地与需役地为两个集体所有，两个集体在设立地役权时约定的地役权存续期限为长期永久性的，在后来情况发生变化，地役权的设立目的因情况发生变化而落空时，法院可根据实际情况作出灵活处理，如根据需要将地役权调整为固定期限或者解除地役权等。

【司法案例】

案例一

王某等诉王某育地役权纠纷案[①]

诉讼结论:法院确认原告王某等对登记在被告王某育名下的某房屋的楼梯及电梯所占有的土地享有地役权(期限不得超过上述房屋的土地使用权的剩余期限)。

法院认为:原告出资在被告土地上建楼梯和电梯,双方约定原告对电梯和楼梯享有永久通行权。法院认为,虽然被告名下上述房屋的产权两证上土地的终止日期、使用年限均为空白,但原告、被告双方约定的地役权期限仍不得超过供役地土地使用权的剩余期限。

案例二

陈某宝诉刘某学、苏某良地役权纠纷案[②]

诉讼结论:判决解除原告陈某宝与被告刘某学、苏某良的地役权合同。

法院认为:因双方当事人之间所形成的地役权并未约定期限,参照《合同法》第232条的规定,当事人对租赁期限没有约定或者约定不明确,依照本法第61条的规定仍不能明确的,视为不定期租赁。当事人可以随时解除合同,但出租人解除合同应当在合理期限之前通知承租人。原告陈某宝针对未约定期限的地役权请求解除,应当予以支持。

第三百七十八条　土地所有权人享有地役权或者负担地役权的,设立土地承包经营权、宅基地使用权等用益物权时,该用益物权人继续享有或者负担已经设立的地役权。

【条文主旨】

本条是关于地役权的承继的规定。

【条文理解】

在不动产上设定地役权后,就会对不动产上的权利构成一定的负担,不动产

① 参见福建省石狮市人民法院(2016)闽0581民初661号民事判决书。

② 参见云南省昆明市中级人民法院(2015)昆民一终字第81号民事判决书。

所有权的相应权能如占有、使用、收益和处分的权能行使会受到限制。供役地所有人以该不动产为需役地设定地役权后，再以该不动产为他人设立土地承包经营权、宅基地使用权等用益物权的，在先设立的地役权并不消灭。而后面的土地承包经营人、宅基地使用人在获得土地承包经营权、宅基地使用权等用益物权时，这些用益物权对应的权能仍是受到地役权所限制的，因此该供役地上后设立的土地承包经营权、宅基地使用权等用益物权仍须负担已设立的地役权。而从需役地的角度观察，地役权设立后，该需役地的所有权人对该不动产经济效益的获得，需要借助于对供役地的利用来实现。而需役地所有权的经济效益获得，体现为所有权的占有、使用、收益和处分权能的行使利用。如果该需役地所有人再以该需役地为他人设立土地承包经营权、宅基地使用权等用益物权的，这些用益物权经济效益的实现也需要借助于其对应的占有、使用等权能对供役地的利用，否则土地承包经营权、宅基地使用权等用益物权的经济效益就难以实现。因此，需役地所有人获取地役权后，再以该需役地为他人设立土地承包经营权、宅基地使用权等用益物权的，该用益物权人也应继续享有对供役地的地役权，以此来实现该用益物权人对需役地的经济效益。此时，需役地或供役地上的土地承包经营权、宅基地使用权等用益物权的权利人对该不动产上之前已设立的地役权的享有或负担，是基于法律的规定而非当事人的意思表示一致，因此属于法定取得。

【司法适用】

需役地或供役地上后设立的土地承包经营权、宅基地使用权等用益物权的权利人对相应不动产上已设立地役权的享有或负担，是否受该地役权办理登记影响？如前所述，地役权于地役权设立合同生效时设立，登记并非地役权的生效要件，仅具有对抗效力。而需役地或供役地上的土地承包经营权、宅基地使用权等用益物权的权利人对该不动产上之前已设立的地役权的享有或负担是基于法律的直接规定，属于法定取得，而非基于蕴含当事人意思的法律行为取得，因此地役权是否登记（公示）对前述用益物权人对该地役权的继续享有或负担没有影响。

第三百七十九条　土地上已经设立土地承包经营权、建设用地使用权、宅基地使用权等用益物权的，未经用益物权人同意，土地所有权人不得设立地役权。

【条文主旨】

本条是关于在先用益物权对地役权的限制的规定。

【条文理解】

本条规定的目的在于保护在不动产上已设立的土地承包经营权、建设用地使用权、宅基地使用权等用益物权的权利人的合法权益。这里首先涉及不动产的所有权与土地承包经营权、建设用地使用权、宅基地使用权等用益物权的关系。所有权是用益物权设立的母体,没有所有权也就失去了用益物权的设立基础,但所有权上一旦设立用益物权后,所有权就要受该用益物权的限制。这一方面表现为不动产的所有人在这一期间不再对不动产的使用价值进行直接支配,另一方面所有权人也不得就该不动产实施可能会损害用益物权人行为。不动产上设立了土地承包经营权、建设用地使用权和宅基地使用权等用益物权后,该不动产的所有人在该用益物权存续期间对该不动产使用价值的利用已受到限制,该不动产的使用价值在此期间由土地承包经营权、建设用地使用权和宅基地使用权等用益物权的权利人支配和利用。所有人在不动产上设立地役权的,地役权的主要内容是对该不动产的使用价值进行利用或者限制原权利人对该不动产的利用,这样就会与在先设立的土地承包经营权、建设用地使用权和宅基地使用权等用益物权发生权利冲突。如果不动产所有人在该不动产上先为他人设立土地承包经营权、建设用地使用权或宅基地使用权等用益物权,之后不经该用益物权人同意又以该不动产为标的为他人设立地役权,则必然会妨害用益物权人对该不动产使用价值的支配和利用,因而损害该不动产上用益物权人的权益。为了对在先用益物权人的合法权益进行保护,不动产所有人以该不动产再为他人设立地役权的,应当经该不动产上已存在的土地承包经营权、建设用地使用权和宅基地使用权等用益物权的权利人的同意,未经该用益物权人同意的,该设立行为无效。

【司法适用】

不动产所有人未经该不动产上已存在的土地承包经营权、建设用地使用权和宅基地使用权等用益物权的权利人同意,又以该不动产为标的为他人设立地役权的,该设立地役权行为的效力如何?前面谈到,地役权的设立采意思生效主义,即只要供役地权利人与需役地权利人签订书面的设立协议、就地役权的设立达成意思表示一致,地役权即设立。而地役权一旦设立,就会与该不动产上在先设立的土地承包经营权、建设用地使用权和宅基地使用权等用益物权发生权利冲突,损害该用益物权的权利人的合法权益。所以为了有效保障该不动产上在先用益物权人的合法权益,不动产所有人未经该用益物权人同意又以该不动产为标的为他人设立地役权的,应当不发生效力。如果不动产所有人坚持就不动产设立地役权,则该不动产上在先用益物权人可以向法院起诉,请求法院确认不动产所有人为他人设立的地役权无效。

第三百八十条　地役权不得单独转让。土地承包经营权、建设用地使用权等转让的，地役权一并转让，但是合同另有约定的除外。

【条文主旨】

本条是关于地役权转让的规定。

【条文理解】

地役权一经设立，即成为一种独立存在的用益物权，这是地役权独立性的一面。但地役权的设立具有特定的目的性，地役权是为了满足需役地的需要、提高需役地的效益而设立的，所以地役权又体现出从属于需役地而存在的特点，此称为地役权的从属性。所谓地役权的从属性，又称地役权的附从性或伴随性，指地役权的存续以需役地的存在为前提，与需役地的所有权或其他不动产物权（土地承包经营权、建设用地使用权等）同命运。从这一定义可以看出，地役权的从属性具体表现为：首先，地役权的设立以需役地的存在为前提，地役权是为了需役地的需要而设立的。其次，地役权的存续也以需役地的存在为前提，需役地不存在了，地役权也就没有了存续的必要。最后，地役权的处分具有从属性，包括地役权不得与需役地相分离而让与，以及地役权不得与需役地相分离而为其他权利的标的物两个方面。本条是关于地役权不得与需役地相分离而让与的规定，地役权不得与需役地分离而让与的情形主要包括：（1）需役地的权利人不得自己保留需役地的使用权而单独把地役权让与他人；（2）需役地的权利人不得自己保留地役权而仅将需役地的使用权让与他人；（3）需役地的权利人不得将需役地的使用权与地役权分别让与不同的人。

地役权对需役地的从属性首先表现为其对需役地所有权的从属性，即地役权设立后原则上不得与地役权所有权相分离而让与。但在我国情况比较特殊，土地的所有权属于国家或集体所有，而对土地进行实际利用的往往是土地承包经营权人、建设用地使用权人和宅基地使用权人，这些需役地的实际利用人，同样对地役权有着实际需求，因而在我国需役地权利人也包括需役地的土地承包经营权、建设用地使用权和宅基地使用权等用益物权的权利人。正因如此，在我国地役权的从属性还表现为地役权对需役地的土地承包经营权、建设用地使用权和宅基地使用权等用益物权的从属性。基于地役权对需役地的从属性，本条规定地役权不得单独转让，土地承包经营权、建设用地使用权等转让的，地役权一并转让。这里之所以没有列出宅基地使用权，是因为依我国现行法规定宅基地使用权的转让受到严格限制。本条规定的目的在于简化当事人之间的物权关系，防止需役地上的主权利与具有从属性的地役权分别转让而在当事人之间产生权利冲突，避免不必要纠纷的发生。但如果相关当事人自愿承受需役地上主权利与地役权相分离的复杂情势，在合同中约定需役地上的土地承包经营权、建设用地使用权等转让时地役权不随之一起转让，则只要该约定不违反法律的强制性规定，应对当事人的意思自治予以尊重。

【司法适用】

在司法实践中，对于需役地上土地承包经营权、建设用地使用权等转让而地役权没有一并转让的案件，应如何处理？首先要看当事人在合同中对此有没有约定。如果约定不违反法律的强制性规定，则按当事人在合同中的约定处理。如果当事人在合同中没有约定或者约定违反法律的强制性规定，则该约定无效，应按本条规定的地役权不得单独转让处理。在具体处理时尽量灵活掌握，要结合当事人的具体情况确定是判决该转让行为无效还是要求土地承包经营权、建设用地使用权等与地役权一起转让。

【司法案例】

汪某明诉甲公司、乙公司等案①

诉讼结论：判决乙公司拆除距汪某明房屋北向墙体 2 米外的临时围墙，恢复原告地役权的行使。

法院认为：在本案中，丙银行与丁工厂于 1988 年达成协议，由丙银行受让丁工厂厂区内一块旧厂房并将其改建为金融业务用房，且约定丁工厂将厂内一条约 10 米宽的道路提供给丙银行作为出入的通道。后丙银行将房屋转让给汪某明（房屋下的土地建设用地使用权一并转让），乙公司拍得丁工厂的土地从事房地产开发。对双方就原通行道路问题产生的纠纷，法院认为，汪某明从丙银行受让房屋后，一直对该房屋实际占有使用，也应相应取得基于该不动产设定的地役通行权。

第三百八十一条　地役权不得单独抵押。土地经营权、建设用地使用权等抵押的，在实现抵押权时，地役权一并转让。

【条文主旨】

本条是关于地役权抵押的规定。

---

① 参见安徽省绩溪县人民法院（2018）皖 1824 民初 265 号民事判决书。

【条文理解】

地役权抵押,是指为了担保他人债权的实现,地役权人将其享有的地役权抵押给该债权人的行为。在地役权抵押后,当债务人不履行到期债务时,抵押权人有权通过地役权变价而优先受偿。地役权不得单独抵押,这是由地役权的从属性所决定的,是上一条关于地役权不得单独转让的规定的延伸。从该条规定来看,地役权是可以抵押的,只是不能与其所从属的需役地上的权利相分离而抵押,即地役权不得与需役地分离而为其他权利的标的物。地役权抵押后,债务到期得不到履行时,作为抵押标的的地役权就会被折价、变价或拍卖,发生地役权转让的效果。地役权单独抵押的,当地役权因被清偿而转让时,就会发生与需役地上的其他权利如土地经营权、建设用地使用权等相分离而分属不同的人的结果,与地役权的从属性相抵触。因此,本条规定地役权不得单独抵押。此外,根据本条规定,需役地上的土地经营权、建设用地使用权等抵押的,在因实现抵押权而发生这些用益物权转让给他人时,该需役地上的地役权应当与需役地上的这些用益物权一起转让,这也是为了防止发生地役权与需役地上的权利相分离而分属于不同的人的结果。与《物权法》的规定不同,本条规定中用“土地经营权”代替了“土地承包经营权”,这是因为《民法典》“物权编”将土地经营权规定为一种新型的用益物权,而该用益物权(土地经营权)是可以通过转让、抵押等方式流转的。另外,因我国现行法律严格限制土地承包经营权、宅基地使用权的抵押,故本条规定中没有列出土地承包经营权、宅基地使用权这两种用益物权。

【司法适用】

在实践中,如果地役权人保留需役地上的土地经营权、建设用地使用权等用益物权而将地役权单独抵押,则根据本条的禁止性规定,法院应当认定地役权人将地役权单独抵押的行为无效。需役地权利人将该需役地上的土地经营权、建设用地使用权等用益物权抵押而对该需役地上的地役权没有约定的,法院不能认定该抵押行为无效。当该需役地上的土地经营权、建设用地使用权等因实现抵押权而发生转让时,法院应裁判该需役地上的地役权与该需役地上抵押转让的土地经营权、建设用地使用权一并转让。

第三百八十二条　需役地以及需役地上的土地承包经营权、建设用地使用权等部分转让时,转让部分涉及地役权的,受让人同时享有地役权。

【条文主旨】

本条是关于地役权对需役地及其上权利不可分的规定。

【条文理解】

所谓地役权的不可分性，是指地役权的取得（发生）、消灭或享有应及于需役地和供役地的全部，不得分割为数部分或仅为一部分而存在。地役权具有不可分性的主要原因是：地役权是为需役地之全部的方便和利益而取得，是存在于供役地上的不可分的负担。[①] 地役权的不可分性意味着：（1）如果地役权所附属的主权利为多人所享有，则共有人之一不得仅为自己享有之份额取得地役权，也不得按其应有的部分使已存在的地役权消灭。（2）需役地如经分割，则地役权原则上为分割后的各部分之利益继续存在。（3）供役地如经分割，则地役权原则上仍继续存在于分割后的各部分之上。[②] 如上所述，地役权是为需役地整体的经济效益提高而设立的，当需役地分割为多个部分后，分割后的每一部分需役地都仍然对供役地享有地役权。需役地以及其上的土地承包经营权、建设用地使用权等部分转让的，其效果和需役地分割一样，即部分转让后需役地在转让人（原需役地权利人）与受让人之间进行分割，分割出去（被转让）的需役地部分，该部分需役地及其权利人（受让人）也对原供役地享有地役权。当然，从本条规定来看，如果分割后的需役地都还需要地役权来满足本块需役地效益，则每块需役地都享有地役权；如果分割出去的需役地根据实际不再需要地役权来满足其效益，即该块需役地不涉及地役权，则其不再享有地役权。

【司法适用】

在实践中，需役地权利人将需役地以及需役地上的土地承包经营权、建设用地使用权等部分转让，该转让行为有效。需役地以及需役地上的土地承包经营权、建设用地使用权等部分转让后，供役地人或原需役地权利人以转让出去的部分不动产及其上的土地承包经营权、建设用地使用权不再对供役地有约束力而阻碍受让人行使地役权，受让人向法院起诉要求确认其受让的部分不动产及其上的土地承包经营权、建设用地使用权对原供役地的地役权的，法院要根据实际情况作出判断。如果转让出去的需役地部分仍须利用供役地提高其不动产效益，则法院应判决转让出去的需役地部分对供役地仍享有地役权；如果转让出去的需役地部分确实无须利用供役地提高其不动产效益，则法院应判决该转让出去的部分需役地的受让人不再享有地役权。

---

① 参见梁慧星、陈华彬：《物权法》，法律出版社 2010 年版，第 282 页。

② 参见刘家安：《物权法论》，中国政法大学出版社 2009 年版，第 173 页。

第三百八十三条　供役地以及供役地上的土地承包经营权、建设用地使用权等部分转让时，转让部分涉及地役权的，地役权对受让人具有法律约束力。

【条文主旨】

本条是关于地役权对供役地及其上权利不可分的规定。

【条文理解】

如前面所述，地役权具有不可分性。地役权的不可分性，不仅体现在地役权对需役地的不可分性，还体现在地役权对供役地的不可分性。地役权对供役地的不可分性，是指当地役权所作用的供役地被分割为两部分以上时，分割后的每一部分供役地仍然负担原有的地役权。这是因为地役权为满足需役地的方便与利益而作用于供役地的全部，即使供役地分割后，为需役地方便与利益而利用供役地的权利仍然存在于分割后的供役地的每一部分。根据地役权的不可分性，供役地分割为若干部分的，地役权原则上仍作用于分割后的每一块供役地。供役地以及其上的土地承包经营权、建设用地使用权等部分转让的，其效果和供役地分割一样，即部分转让后供役地在转让人（原供役地权利人）与受让人之间进行分割，分割出去（被转让）的供役地部分，该部分供役地及其权利人（受让人）对原需役地原则上仍负担地役权。当然，从本条规定来看，供役地以及其上的土地承包经营权、建设用地使用权等分割后，地役权仍作用于分割后的每一块供役地，是以需役地需要全部供役地一起来满足其效益为前提的。如果分割出去的供役地部分与需役地的效益满足无关，即该转让出去的供役地部分不涉及地役权，则该部分供役地不再负担地役权，即原地役权对该受让人不再具有约束力。

【司法适用】

在实践中，供役地权利人将供役地以及供役地上的土地承包经营权、建设用地使用权等部分转让的，该转让行为有效。供役地以及供役地上的土地承包经营权、建设用地使用权等部分转让后，原需役地权利人与转让出去的部分供役地权利人就地役权的行使发生纠纷诉至法院的，法院要根据实际情况作出判断。如果需役地仍须利用转让出去的供役地部分来提高其不动产效益，则法院应判决需役地对转让出去的供役地部分仍享有地役权。如果需役地确实无须再利用转让出去的供役地部分提高其不动产效益，则法院应判决需役地对该转让出去的供役地部分不再享有地役权。

第三百八十四条　地役权人有下列情形之一的，供役地权利人有权解除地役权合同，地役权消灭：

（一）违反法律规定或者合同约定，滥用地役权；

（二）有偿利用供役地，约定的付款期限届满后在合理期限内经两次催告未支付费用。

【条文主旨】

本条是关于供役地权利人单方解除地役权合同的法定事由的规定。

【条文理解】

本条涉及供役地权利人行使地役权合同解除权而使地役权消灭。地役权消灭的原因有多种，主要包括需役地或供役地灭失、地役权人抛弃地役权、地役权存续期限届满、当事人解除地役权合同等。可以看出，当事人解除地役权合同是地役权消灭的原因之一。所谓合同解除，是指合同当事人依照法律规定或者当事人约定解除合同效力的行为。依据解除条件的不同，合同解除可以分为法定解除和约定解除。约定解除是指合同生效后，合同双方当事人通过协商的方式将合同解除。此类合同解除需要合同双方当事人协商一致，故也被称为双方协议解除。法定解除是指法律规定的合同解除条件发生后，享有解除权的一方合同当事人依法解除合同的行为。因为在法定合同解除条件发生后，享有解除权的一方合同当事人可依法单方解除合同，无须征得对方当事人同意，故也被称为单方解除。

本条规定的是供役地权利人单方的法定合同解除权。供役地权利人单方解除地役权合同，须满足法定的条件。本条规定的供役地权利人可以解除地役权合同使地役权消灭的法定情形主要有两种。第一种情形是地役权人违反法律规定或者合同约定滥用地役权。当法律或者双方在地役权合同中对地役权的行使作出明确规定或约定，而地役权人违反这些规定或约定滥用地役权时，供役地权利人为避免地役权人滥用地役权的行为给自己造成损失，可以单方解除地役权合同。第二种情形是在地役权有偿时，约定的付款期间届满后在合理期限内经两次催告未支付费用。在地役权为有偿的情况下，地役权人应当按照双方在地役权设立合同中的约定支付地役权使用费等费用，地役权人在约定的付款期限届满后未付费的，其行为已构成违约，经供役地权利人在合理期限内两次催告仍不支付有关费用的，说明其无意修补其违约行为，为保护供役地权利人的合法权益，赋予供役地权利人单方解除合同的权利。这里也包含着一种限制，即地役权人虽未按地役权合同约定的时间支付费用，但供役地权利人未经催告也不能直接解除地役权合同使地役权消灭。本条规定主要是为供役地权利人提供救济,在地役权人发生法定违约情形时,赋予作为守约方的供役地权利人单方解除地役权合同使地役权消灭的权利,以避免供役地权利人遭受不必要的损失或者使损失扩大。

【司法适用】

在司法实践中,法院在审理地役权纠纷案件时,应当把握好以下几个问题:首先,供役地权利人可以解除地役权合同的第一种情形中的"法律",是指《民法典》《土地管理法》《农村土地承包法》《城市房地产管理法》《森林法》等全国人大及其常务委员会制定的法律和国务院制定的行政法规,不包括部门规章和地方性法规等。其次,要能够准确把握"滥用地役权"中的"滥用"。对地役权的以下利用行为可以认定为"滥用":(1)地役权人不按规定用途使用供役地,造成供役地的永久性损害,如其使用行为使得作为供役地的耕地无法复耕;(2)地役权人不按约定的用途、方法和使用范围来使用供役地,经供役地权利人多次交涉后仍不改正;(3)地役权人对供役地的利用方法违反公共秩序和善良风俗,给他人造成重大不利影响;等等。再次,在有偿地役权的情形,地役权人在约定的付款期间届满后未支付相关费用,必须在合理期限内经供役地权利人两次催告后仍不履行支付义务的,供役地权利人才能解除地役权合同。未经催告程序,供役地权利人不能直接解除地役权合同。另外,只有地役权人在约定的付款期间届满后不支付相关费用无正当理由的,供役地权利人才能解除地役权合同,如果地役权人对不支付费用有正当理由,则供役地权利人解除地役权合同的权利应当受到限制。最后,地役权合同被解除的,不影响守约的地役权合同一方当事人对违约的另一方主张损害赔偿。

【司法案例】

案例一

陈某宝诉刘某学、苏某良地役权纠纷案[①]

诉讼结论:判决解除原告陈某宝与被告刘某学、苏某良的地役权合同。

法院认为:刘某学、苏某良从甲公司受让房地产及该房地产对陈某宝承包地上享有的地役权后,对作为该地役权附属设施的蓄水池一直没有使用,该水池已成为危险建筑物,水池倒塌将会危及原告住房及人身安全。根据该水池长期闲置废弃等事实,判决解除供役地权利人陈某宝与地役权人刘某学、苏某良的地役权合同。

---

① 参见云南省寻甸回族彝族自治县人民法院(2014)寻民初字第626号民事判决书。

案例二

甲村经济合作社诉乙公司地役权纠纷案①

诉讼结论：驳回原告甲村经济合作社的诉讼请求。

法院认为：作为被告的地役权人乙公司虽然有迟延支付地役权使用费的事实，但作为原告的供役地权利人甲村经济合作社并未提供证据证明其在起诉前已经两次对被告催告而被告仍未支付费用，故对其主张解除地役权合同的请求不予支持。

第三百八十五条　已经登记的地役权变更、转让或者消灭的，应当及时办理变更登记或者注销登记。

【条文主旨】

本条是关于已登记的地役权变更、转让或者消灭时须办理的手续的规定。

【条文理解】

与债权的相对性不同，物权具有排他效力。物权的排他效力，使得物权变动不仅影响交易关系的当事人，还有排斥第三人的效力，对第三人潜在的物权取得行为产生影响。为了保护潜在第三人的交易安全，法律要求物权的变动须对外进行公示，而不动产物权的公示方式就是登记。不动产物权登记作为一种公示方式，具有对外物权推定的效力，即登记公示的物权人被推定为真正的物权人，除非有相反的证据。正是因为登记公示具有推定物权归属的效力，所以登记的物权应当力求与真正的物权权利归属相一致，以保护信赖物权登记的社会第三人，这就要求当物权归属发生变动时，要及时进行不动产物权的更正登记。在我国，登记并不是不动产地役权设立的生效要件，在地役权合同生效时地役权设立，已设立的地役权是否进行登记由当事人选择，可以选择登记也可以选择不登记。但当事人一旦选择将地役权进行登记，登记的地役权即具有公示的效力，对外公示不动产上地役权的存在。第三人可以根据公示对不动产上的权利状况作出判断，并据此作出决定，从而维护了第三人的交易安全。当已经登记的地役权发生变更、转让或者消灭等权利变动时，如果不及时进行相应的变更或者注销登记，就会发生登记的地役权权属状况与该不动产上实际的地役权权属状态不一致的情况，而第

① 参见广东省肇庆市高要区人民法院（2018）粤1204民初1243号民事判决书。

三人一般是根据登记来判断该不动产上的物权状况的,由此给第三人带来判断上的错误,第三人据此错误判断而采取行动就会使其合法权益遭受损失。因此,为了保护第三人的交易安全,当已经登记的地役权变更、转让或者消灭时,当事人应当及时对该地役权办理变更登记或者注销登记,使登记的不动产地役权与真正的地役权的权属状态一致,从而有利于第三人根据不动产地役权登记作出正确的判断,在此基础上作出相应的交易安排,避免因判断错误使自己的合法权益遭受损失。

【司法适用】

已经登记的地役权变更、转让或者消灭的,应当及时办理变更登记或者注销登记,而这需要地役权双方当事人的相互配合,即需要双方当事人共同到不动产物权登记部门申请和办理变更或者注销登记。在现实中可能出现一方在地役权变更、转让或者消灭后想要办理变更或者注销登记,但另一方拒不配合其去办理变更或者注销登记的情况。在这种情况下,想要办理变更或者注销登记的一方因对方拒不配合而向法院起诉的,法院应当判令对方积极配合办理变更或者注销登记。在现实中,也可能会出现在已经登记的地役权发生变更、转让或者消灭后,双方出于某种考虑都不愿意办理地役权变更或者注销登记的情况。如果因地役权双方当事人不及时办理地役权变更或者注销登记,使得真正的不动产地役权权属状况与登记的地役权权属状况不一致,由此给第三人造成损失,则地役权双方当事人应当对第三人承担损害赔偿责任。问题的关键是,对第三人的损害赔偿责任具体应如何承担?是由直接与第三人发生交易行为的一方承担责任,还是由地役权双方当事人共同对该第三人承担损害赔偿责任?我们认为,对外责任,即对第三人的损害赔偿责任,应当由地役权双方当事人(地役权人和供役地权利人)共同承担,且他们对第三人应承担连带赔偿责任。对第三人承担责任后,在他们内部(地役权人和供役地权利人之间),先要确定二者对未及时办理地役权变更或者注销登记的过错情况,无过错一方对第三人承担赔偿责任后可以向过错一方追偿,双方都有过错的,根据双方的过错情况确定他们的赔偿责任。

第四分编　担保物权

第十六章　一般规定

本章是担保物权的一般规定，涉及担保物权的基本含义和适用范围、担保物权的从属性、担保物权的担保范围、担保物权的物上代位性、物的担保与人的担保的关系、担保物权的消灭等。本章的内容与《物权法》第15章基本一致，只是删除了《担保法》与《物权法》效力衔接的规定，从语法上将两个“但书”条款中的“但”修改为“但是”。在《民法典》起草过程中，有学者建议设立独立的“担保编”，集中规定各种类型的担保制度。[①] 立法者没有沿袭《担保法》的惯性，坚持了现有的立法模式，在“物权编”规定了担保物权，在“合同编”规定了保证。从条文来看，既要坚持担保物权法定下的意思自治理念，也要坚持保护交易安全的基本理念。本章一些条款不仅是担保物权的一般规定，还是整个担保制度的一般规定。从司法适用来看，本章关于担保合同从属性、担保范围、未经担保人同意债务人移转债务等的规定，不仅适用于担保物权纠纷，也可以适用于保证合同纠纷。

第三百八十六条　担保物权人在债务人不履行到期债务或者发生当事人约定的实现担保物权的情形，依法享有就担保财产优先受偿的权利，但是法律另有规定的除外。

【条文主旨】

本条是关于担保物权定义的规定。

① 参见张素华：《论民法典分则中担保制度的独立成编》，载《法学家》2019年第6期。

【条文理解】

担保物权以债务人不履行到期债务或发生约定情形为行使条件。在担保过程中,担保物权是一种期待型权利。若债务人到期不履行债务或者发生约定的其他情形,则期待性权利行使的条件成就。若被担保的债权到期得到完全清偿,则担保物权即消灭,担保物权人不得再行使担保物权。

担保物权的设定主体,既可以是债务人,也可以是第三人。债务人以自有的特定财产为债权人设定担保物权,第三人以自有的特定财产为债权人设定担保物权。当第三人以自有的特定财产为债权人设定担保物权时,该第三人的法律地位与保证人有相似之处,但其担保财产仅限于该特定财产而非全部财产,此时,第三人亦被称为物上保证人。担保物权的法律效力体现为优先受偿权。当债务人届期不履行债务或者约定的情形发生时,债权人可以行使担保物权,以担保财产折价或者变卖、拍卖所得的价款,优先于债务人或第三人的一般债权人获得清偿。但是,在法律另有规定的情况下,担保物权人的优先受偿权受到限制。法律另有规定,主要指以下三种情形:

第一,国家税收权优先于担保物权。《税收征收管理法》第 45 条第 1 款规定:"税务机关征收税款,税收优先于无担保债权,法律另有规定的除外;纳税人欠缴的税款发生在纳税人以其财产设定抵押、质押或者纳税人的财产被留置之前的,税收应当先于抵押权、质权、留置权执行。"第 46 条第 1 款、第 2 款规定:"纳税人有欠税情形而以其财产设定抵押、质押的,应当向抵押权人、质权人说明其欠税情况。抵押权人、质权人可以请求税务机关提供有关的欠税情况。"基于上述法律规定,纳税人在欠缴税款的情况下,虽得以自有财产为债权人设定担保物权,但是,后设定的担保物权,劣后于国家税收权的行使。该规定的立法本旨在于防止欠税人以抵押、质押担保为名恶意转移资产,以维护国家税收的权威性和稳定性。同时,也为抵押权人、质权人、留置权人等担保物权人提醒了法律风险。

第二,企业破产时,职工债权优先于担保物权。《企业破产法》第 109 条规定:"对破产人的特定财产享有担保权的权利人,对该特定财产享有优先受偿的权利。"该法第 113 条规定:"破产财产在优先清偿破产费用和共益债务后,依照下列顺序清偿:(一)破产人所欠职工的工资和医疗、伤残补助、抚恤费用,所欠的应当划入职工个人账户的基本养老保险、基本医疗保险费用,以及法律、行政法规规定应当支付给职工的补偿金;(二)破产人欠缴的除前项规定以外的社会保险费用和破产人所欠税款;(三)普通破产债权。破产财产不足以清偿同一顺序的清偿要求的,按照比例分配。"第 132 条规定:"本法施行后,破产人在本法公布之日前所欠职工的工资和医疗、伤残补助、抚恤费用,所欠的应当划入职工个人账户的基本养老保险、基本医疗保险费用,以及法律、行政法规规定应当支付给职工的补偿金,依照本法第一百一十三条的规定清偿后不足以清偿的部分,以本法第一百零九条规定的特定财产优先于对该特定财产享有担保权的权利人受偿。”故在企业破产的情形下,债权人就破产人的特定财产享有优先受偿权,但是,2007 年 6 月 1 日《企业破产法》施行前形成的职工债权,优先于担保物权所担保的债权实现。

第三,建筑工程承包人的优先受偿权优于抵押权。发包人未按照约定支付价款的,承包人可以催告发包人在合理期限内支付价款。发包人逾期不支付的,除根据建设工程的性质不宜折价、拍卖外,承包人可以与发包人协议将该工程折价,也可以请求人民法院将该工程依法拍卖。建设工程的价款就该工程折价或者拍卖的价款优先受偿。为了平衡建设工程承包人和发包人的关系,制约发包人拖欠承包人工程款的行为,保障建筑工人的劳动收入,维护消费者和劳动者等社会弱势群体的利益,最高人民法院于 2002 年 6 月 20 日公布《关于建设工程价款优先受偿权问题的批复》。该司法解释明确规定:“人民法院在审理房地产纠纷案件和办理执行案件中,应当依照《中华人民共和国合同法》第二百八十六条的规定,认定建筑工程的承包人的优先受偿权优于抵押权和其他债权。”因此,根据该司法解释,建设工程承包人的工程债权的优先于抵押权所担保的债权受偿。

【司法案例】

马某诉甲公司买卖合同纠纷案[①]

诉讼结论:驳回案外人乙银行的异议请求。

法院认为:案外人主张的权利为质权,质权系一般的担保物权。根据《物权法》第 170 条的规定,担保物权就其性质而言,是对担保财产变现价值的优先受偿。当担保财产被金钱债权人申请执行时,案外人对执行财产主张担保物权时,执行法院需要保障担保物权人在受偿顺位上的优先地位,但该权利并不能排除执行。据此,对被执行财产享有质权,并不能成为足以排除执行的法定事由。

第三百八十七条　债权人在借贷、买卖等民事活动中,为保障实现其债权,需要担保的,可以依照本法和其他法律的规定设立担保物权。

第三人为债务人向债权人提供担保的,可以要求债务人提供反担保。反担保适用本法和其他法律的规定。

---

① 参见内蒙古自治区鄂尔多斯市东胜区人民法院(2016)内 0602 执异 303 号执行裁定书。

【条文主旨】

本条是关于担保物权适用范围和反担保的规定。

【条文理解】

本条第1款以不完全列举与抽象概括相结合的方式明确了担保物权的适用范围,即适用于民事活动中产生的债权债务关系。正确理解本条第1款对适用范围的规定,应当注意以下几点:第一,担保物权适用于民事活动,不适用因国家行政行为(如税款)、司法行为(如扣押产生的费用)等而产生的不平等主体之间的关系。这是由担保物权本身的性质所决定的,担保物权是平等主体之间为确保债权的实现而设定的。第二,为了引导当事人设定担保物权,本法列举了借贷、买卖两种典型的可以设定担保物权的民事活动,但可以设定担保物权的民事活动很广泛,并不仅限于这两种民事活动。在其他民事活动中,如货物运输、加工承揽、无因管理、补偿贸易等中,都可以设定担保物权。第三,在立法中,对是否允许设定担保物权担保因侵权行为产生的债权有不同意见。我们认为,因侵权行为产生的债权不能用事先设定担保物权的方式加以保障,但因侵权行为已经产生的债权,属于普通债权的范围,可以用设定担保物权的方式确保债权的实现。第四,本条第1款规定,可以依照本法和其他法律设立担保物权。这里的"其他法律"主要指《担保法》《海商法》《民用航空法》等法律,《担保法》对担保物权作了较为全面的规定,《海商法》《民用航空法》也对船舶抵押权、航空器抵押权等作了规定。因此,设立担保物权还应当依据这些特别法。为妥善处理《担保法》与《物权法》的关系,《物权法》第178条明确规定,《担保法》与《物权法》的规定不一致的,适用《物权法》。

本条第2款规定了反担保。所谓反担保,是指第三人为债务人向债权人提供担保的情形下,债务人应第三人的要求为第三人所提供的担保。反担保的目的在于保障第三人追偿权的实现,因此反担保也可以被称为求偿担保。无论第三人基于何种原因为债务人提供担保,在担保有效成立后,债权人与第三人之间即形成了担保权利义务关系。在债务履行期届满且债务人未履行债务时,该第三人应当承担担保责任。第三人在履行担保责任后,即取代了债权人地位,有权向债务人进行追偿。为了保障这种追偿权的实现,第三人在为债务人向债权人供担保时,可以要求债务人向自己提供适当的担保即反担保。

【司法适用】

本担保为留置时,不适用反担保。留置是法定的担保方式,专用于担保因保管合同、运输合同、加工承揽合同等所生的债权。只要符合法律规定的条件,债权人就可以采取留置手段,依主合同占有债务人的动产,作为实现债权的担保。留置不存在第三人提供担保的状况，而反担保是债务人向为其担保的第三人提供担保，其前提条件是担保人是第三人，显然留置不能适用反担保。留置期间，债务人可以提供担保以取回留置物，但这并不是反担保，这是债务人向债权人提供的担保，而不是担保基于追偿权而发生的债权。

【司法案例】

甲公司、乙公司与丙公司债务追偿纠纷案①

诉讼结论：申请人关于本案诉请已超过反担保合同保证期间的再审申请理由不能成立，驳回甲公司、乙公司的再审申请。

法院认为：反担保是为了保障保证人承担担保责任后实现债务人追偿权而设定的担保，反担保责任的履行应以保证人已履行担保责任为前提。主合同的保证期间与反担保人的保证期间适用的起算规则不同，反担保人的保证期间应当从担保人实际履行了担保责任之日起计算。丙公司于2011年11月17日前代偿本案所涉借款。故本案反担保责任的保证期间应从该日起计算。根据丙公司与乙公司签订的《反担保协议》的有关约定，乙公司同意为丙公司本次担保行为提供反担保，自愿承担无限保证责任，担保期限从贷款获得之日起至全部贷款本息结清为止。本案《反担保协议》中关于反担保保证期间的约定应视为约定不明，保证期间为保证人实际承担保证责任之日起二年，即截至2013年11月17日。故本案中丙公司关于要求乙公司履行反担保义务的诉讼请求并未超过保证期间。申请人乙公司关于本案诉请已超过反担保合同保证期间的再审申请理由不能成立，本院不予支持。

第三百八十八条　设立担保物权，应当依照本法和其他法律的规定订立担保合同。担保合同包括抵押合同、质押合同和其他具有担保功能的合同。担保合同是主债权债务合同的从合同。主债权债务合同无效的，担保合同无效，但是法律另有规定的除外。

担保合同被确认无效后，债务人、担保人、债权人有过错的，应当根据其过错各自承担相应的民事责任。

---

① 参见最高人民法院（2013）民申字第1578号民事裁定书。

【条文主旨】

本条是关于担保物权的设立、担保合同与主合同的关系、担保合同被确认无效后的法律责任的规定。

【条文理解】

与《物权法》第172条相比，本条增加了担保合同外延的表达，明确"担保合同包括抵押合同、质押合同和其他具有担保功能的合同"。其他具有担保功能的合同，包括让与担保的合同、所有权保留的合同等。

担保物权依担保合同而设立。担保合同是主债权人和主债务人或第三人以意思表示设定担保物权的双方法律行为。根据主从合同关系的一般原理，可以将合同区分为主合同与从合同。主合同有效是从合同有效的前提，主合同无效，从合同一般也无效。担保物权以保障主债权实现为第一宗旨，担保合同以主合同的存在为前提和依据，是主合同的从合同，随着主合同而产生、变更和消灭，担保合同具有从属性。如果主债权债务合同无效，则其约定的债权债务即丧失法律约束力，即无所谓担保物权。因此本条明确规定，"主债权债务合同无效，相保合同无效"。

当然，担保合同的从属性并非绝对，本条规定的"但书"条款，即"但是法律另有规定的除外"，为独立担保物权的设立提供了法律空间。目前，我国尚无承认独立担保物权的法律规定。但是，在涉外贸易中，司法承认当事人设立具有独立性担保物权、保证的效力。2016年12月1日起施行的最高人民法院《关于审理独立保函纠纷案件若干问题的规定》第1条第1款规定："本规定所称的独立保函，是指银行或非银行金融机构作为开立人，以书面形式向受益人出具的，同意在受益人请求付款并提交符合保函要求的单据时，向其支付特定款项或在保函最高金额内付款的承诺。"

本条第2款规定了担保合同无效后的民事责任处理问题。担保合同无效通常存在两种情形：一是主合同无效，导致担保合同无效；二是主合同本身有效，但担保合同无效。主合同、担保合同都是民事法律行为，合同无效均应适用民事法律行为无效的规则。担保合同被确认无效的，要根据债务人、担保人、债权人的过错程度，责令其各自承担相应的民事责任。该责任在性质上属于缔约过失责任。《担保法司法解释》第7条规定："主合同有效而担保合同无效，债权人无过错的，担保人与债务人对主合同债权人的经济损失，承担连带赔偿责任；债权人、担保人有过错的，担保人承担民事责任的部分，不应超过债务人不能清偿部分的二分之一。"第8条规定："主合同无效而导致担保合同无效，担保人无过错的，担保人不承担民事责任；担保人有过错的，担保人承担民事责任的部分，不应超过债务人不能清偿部分的三分之一。”第9条规定:“担保人因无效担保合同向债权人承担赔偿责任后,可以向债务人追偿,或者在承担赔偿责任的范围内,要求有过错的反担保人承担赔偿责任。担保人可以根据承担赔偿责任的事实对债务人或者反担保人另行提起诉讼。”上述司法解释的规定均具有一定的合理性。

【司法适用】

对独立性担保合同的法律效力的判断,曾经存在两种不同的意见:第一种意见认为,在国际贸易或者融资中,合同当事人可以约定担保合同的性质,担保作为一种独立的、非从属性的法律行为,已为大陆法系的国家和英美法系的国家所接受。法院判例和学理都承认了这种独立性的担保,对其效力予以确认,并使其与从属性的担保制度并存。第二种意见认为,独立的、非从属性的担保合同只能适用于涉外经济、贸易、金融等国际经济活动,而不能适用于国内经济活动。在国内担保活动中,应当对其适用范围予以限制、否则将给国内担保法律制度带来重大影响。而第二种意见在实践中占据主导地位,最高人民法院的主流观点倾向于对国内经济活动中的独立担保采取否定态度,只承认其在国际经济活动中的法律效力。最高人民法院在这一问题上严格区分国内和国际两种情况,对于对外担保和外国银行机构对国内机构的独立担保的效力予以承认,而对于国内企业、银行之间的独立担保采取否定态度,不承认当事人约定的法律效力。1998年最高人民法院在“湖南机械进出口公司、海南国际租赁公司与宁波东方投资公司代理进口合同案”中认为,担保函中虽然有“不因委托人的原因导致代理进口协议书无效而失去担保责任”的约定,但在国内民事活动中不应采取此种独立担保方式,因此该约定无效。最高人民法院对国内独立担保不予承认的理由主要就是独立担保存在欺诈和滥用权利的弊病,易引起更多的纠纷。①

2016年11月公布的最高人民法院《关于审理独立保函纠纷案件若干问题的规定》第1条第1款规定:“本规定所称的独立保函,是指银行或非银行金融机构作为开立人,以书面形式向受益人出具的,同意在受益人请求付款并提交符合保函要求的单据时,向其支付特定款项或在保函最高金额内付款的承诺。”第3条第1款规定:“保函具有下列情形之一,当事人主张保函性质为独立保函的,人民法院应予支持,但保函未载明据以付款的单据和最高金额的除外:(一)保函载明见索即付;(二)保函载明适用国际商会《见索即付保函统一规则》等独立保函交易示范规则;(三)根据保函文本内容,开立人的付款义务独立于基础交易关系及保

---

① 参见李国光等:《最高人民法院〈关于适用《中华人民共和国担保法》若干问题的解释〉理解与适用》,吉林人民出版社2000年版,第29页。

函申请法律关系,其仅承担相符交单的付款责任。"第23条规定:"当事人约定在国内交易中适用独立保函,一方当事人以独立保函不具有涉外因素为由,主张保函独立性的约定无效的,人民法院不予支持。"

根据《九民会议纪要》相关规定,从属性是担保的基本属性,但由银行或者非银行金融机构开立的独立保函除外。独立保函纠纷案件依据最高人民法院《关于审理独立保函纠纷案件若干问题的规定》处理。需要进一步明确的是:凡是由银行或者非银行金融机构开立的符合该司法解释第1条、第3条规定情形的保函,无论是用于国际商事交易还是用于国内商事交易,均不影响保函的效力。银行或者非银行金融机构之外的当事人开立的独立保函,以及当事人有关排除担保从属性的约定,应当认定无效。但是,根据"无效法律行为的转换"原理,在否定其独立担保效力的同时,应当将其认定为从属性担保。此时,如果主合同有效,则担保合同有效,担保人与主债务人承担连带保证责任。如果主合同无效,则该所谓的独立担保也随之无效,担保人无过错的,不承担责任;担保人有过错的,其承担民事责任的部分,不应超过债务人不能清偿部分的1/3。

【司法案例】

甲银行、王某某金融借款合同纠纷案①

诉讼结论:甲银行不能就抵押物处置价款享有优先受偿权。

法院认为:2004年1月,王某某作为借款人、甲银行作为贷款人、乙公司作为保证人签订的《个人住房借款合同》系虚假按揭,该合同系以欺诈的手段订立且损害国家利益,故无效。涉案合同签订后,虽然办理了抵押物登记手续,但因当事人签订的抵押贷款合同无效,导致无法发生物权变动的法律后果。故虽涉案抵押物业已办理抵押登记,但甲银行仍无法依据无效的抵押合同而取得抵押权。甲银行不能就抵押物处置价款享有优先受偿权。

第三百八十九条　担保物权的担保范围包括主债权及其利息、违约金、损害赔偿金、保管担保财产和实现担保物权的费用。当事人另有约定的,按照其约定。

① 参见广东省高级人民法院(2015)粤高法民四申字第24号民事裁定书。

【条文主旨】

本条是关于担保物权担保范围的规定。

【条文理解】

担保物权的设定目的在于担保债权之实现。担保物权的担保范围,是指担保物权人实行担保物权时应就该担保物之价值优先清偿的范围。这对债务人、担保人而言,即是使担保物权消灭所必须清偿的债务范围。根据本条规定,担保物权的担保范围主要有六项:

一是主债权。担保物权以确保主债权之清偿为目的,因此主债权自然应当成为担保物权所担保的主要内容。主债权就是使担保物权得以成立的原本债权,诸如所担保的买卖合同中出卖人的价款债权、租赁合同中出租人的租金债权等。通常而言,在通过缔结担保合同设定担保物权时,被担保的主债权的种类、数额、履行期限等均在担保合同中载明,并在登记时予以登记。

二是利息。利息,是由主债权所生之孳息,通常包括约定利息和法定利息。在当事人就利息有明确约定且该约定利息合法的情形下,该利息应指约定利息;在当事人未约定利息或者存在金钱债权不履行之时,该利息应指法定利息。法定利息自然包括延迟利息,即因债务人延迟履行而导致的利息。延迟利息是法定的附随性债权,因此不经当事人特别约定或登记,即属于担保物权的担保范围。

三是违约金。违约金,是指主债务人不履行或不适当履行主合同时,为违约行为支付的带有惩罚性或者补偿性的金钱,通常亦可区分为约定违约金和法定违约金两种类型。只要出现不履行或延迟履行主债务之情形,违约金条款即发生法律效力,因此违约金自然成为担保物权所担保的范围。至于违约金是否过高,则属于担保范围具体数额的确定问题。

四是损害赔偿金。债务人不履行主债权合同或者履行该合同义务不符合约定条件而造成债权人损失的,应向债权人承担赔偿损失的违约责任。本条规定的损害赔偿金,是指对于因债务人违约所造成的损害,在通过其他违约责任形式仍不能达到承担违约责任之目的时,债权人向债务人请求赔偿的损失金额。

五是保管担保财产的费用。通常而言,保管担保财产的费用仅发生在转移担保物占有之担保场合,诸如质押和留置。

六是实现担保物权的费用。担保物权的实现有变卖、拍卖等多种方式,担保物权人既可以通过与担保人协商变现,也可以在担保人无异议的情况下,到法院申请拍卖、变卖。在双方发生争议的情况下,担保物权人通过诉讼的方式,取得胜诉判决,申请法院强制执行。无论何种途径,担保物权人即债权人实现债权的费用,诸如拍卖费、变卖费、诉讼费、申请法院强制执行费等,皆属于担保物权所担保的范围。另外,本条对担保物权的担保范围的规定,属于任意性法律规范,在当事人没有特殊约定时,可以直接发生效力;但是,当事人对担保范围另有特别约定的,无论当事人特别约定的担保范围是大于法律规定的范围还是小于法律规定的范围,都是法律所允许的,这就是本条"但书"的含义所在。

【司法适用】

基于担保责任的从属性,《九民会议纪要》第 55 条规定:"担保人承担的担保责任范围不应当大于主债务,是担保从属性的必然要求。当事人约定的担保责任的范围大于主债务的,如针对担保责任约定专门的违约责任、担保责任的数额高于主债务、担保责任约定的利息高于主债务利息、担保责任的履行期先于主债务履行期届满,等等,均应当认定大于主债务部分的约定无效,从而使担保责任缩减至主债务的范围。"

关于担保债权的范围,各地实务部门的系统设置及登记规则不尽相同。为解决这一问题,《九民会议纪要》第 58 条规定:"以登记作为公示方式的不动产担保物权的担保范围,一般应当以登记的范围为准。但是,我国目前不动产担保物权登记,不同地区的系统设置及登记规则并不一致,人民法院在审理案件时应当充分注意制度设计上的差别,作出符合实际的判断:一是多数省区市的登记系统未设置'担保范围'栏目,仅有'被担保主债权数额(最高债权数额)'的表述,且只能填写固定数字。而当事人在合同中又往往约定担保物权的担保范围包括主债权及其利息、违约金等附属债权,致使合同约定的担保范围与登记不一致。显然,这种不一致是由于该地区登记系统设置及登记规则造成的该地区的普遍现象。人民法院以合同约定认定担保物权的担保范围,是符合实际的妥当选择。二是一些省区市不动产登记系统设置与登记规则比较规范,担保物权登记范围与合同约定一致在该地区是常态或者普遍现象,人民法院在审理案件时,应当以登记的担保范围为准。"

【司法案例】

案例一

甲银行诉瞿某、潘某执行分配方案异议之诉纠纷案①

诉讼结论:撤销上海市第二中级人民法院(2016)沪 02 民终 6902 号民事判决;维持上海市静安区人民法院(2016)沪 0106 民初 2898 号民事判决。

法院认为:涉案房屋于 2008 年 4 月 29 日办理抵押登记,因 2008 年版的房屋

---

① 参见上海市高级人民法院(2018)沪民再 14 号民事判决书。

权证书、登记证明式样中没有“担保范围”这一项目，相关填写说明规定，一般抵押权在“债权数额”项目中填写的是“被担保的主债权的数额”，甲银行登记的债权数额为185万元。尽管由于登记机关登记规则的限制，甲银行无法在抵押登记簿上完整公示担保范围，法院仍可依照据以登记的《抵押合同》约定来确定甲银行的优先受偿权范围。瞿某、潘某作为第二、第三顺位抵押权人，在抵押房屋上设立的抵押权均为余额抵押，其二人应当知晓法律关于担保范围的规定，亦应当知晓一般抵押权设立登记时的填写说明及相应规定。作为后顺位抵押权人，其二人在与债务人一起办理抵押权登记时，可以通过查阅已在登记机关备案的抵押合同，知晓陈某、竺某与第一顺位抵押权人甲银行约定的担保范围。

案例二

甲银行、关某元金融借款合同纠纷案①

诉讼结论：上诉人甲银行的上诉理由不能成立，驳回上诉。

法院认为：《物权法》第17条规定：“不动产权属证书是权利人享有该不动产物权的证明。不动产权属证书记载的事项，应当与不动产登记簿一致；记载不一致的，除有证据证明不动产登记簿确有错误外，以不动产登记簿为准。”一审中，甲银行向法院提交了荆州房他证沙字第××号证书，该他项权证的记载担保的债权数额为40万元。二审中，甲银行未向法院提交任何新证据证明该抵押在不动产登记簿中记载的担保范围包含主债权、主债权的利息、罚息及实现主债权的费用等。上诉人甲银行认为不动产抵押权优先受偿范围应依抵押合同的约定，并不限于登记记载的主债权数额，认为不动产权属证书上记载的数额是主债权数额，而不是抵押担保范围（总债权额），从而认定以抵押合同约定的担保范围作为确定不动产抵押权的优先受偿范围。法院认为，上诉人甲银行的上诉理由不能成立，不予支持。

第三百九十条　担保期间，担保财产毁损、灭失或者被征收等，担保物权人可以就获得的保险金、赔偿金或者补偿金等优先受偿。被担保债权的履行期限未届满的，也可以提存该保险金、赔偿金或者补偿金等。

① 参见湖北省荆州市中级人民法院（2019）鄂10民终710号民事判决书。

【条文主旨】

本条是关于担保物权的物上代位性以及提存代位物的规定。

【条文理解】

本条第一句是对担保物权的物上代位性的规定。当担保物发生毁损、灭失或者被征用时，如果担保物的价值表现为其他形态的物，如金钱或其他物，则担保物权仍然于该笔金钱或其他物之上而存在。一言以蔽之，担保物的实体形态发生变化，并不影响担保物权人的权利。

本条第二句是对代位物提存作出的规定，即“被担保债权的履行期限未届满的，也可以提存该保险金。赔偿金或者补偿金等”。所谓提存，是指提存人为履清偿义务或者担保义务而将提存标的交给提存机关保存的民事法律行为。提存主要包括清偿提存和担保提存两种类型。清偿提存，是指以清偿为目的之提存，是由于债权人的原因，债务人将无法清偿的标的物交给提存机关保存从而消灭债权债务关系的制度。担保提存，是指以担保为目的之提存，指债务人或第三人将标的物交给与债权人约定的第三人保存，从而保证债务的履行或者替代其他的担保形式的制度。担保提存以担保债务履行为目的，通常是依据提存人与债权人的约定而产生，或是基于法律的直接规定而产生，并具有保证债务履行和替代其他担保形式的法律效力。本条所规定的关于保险金、赔偿金或者补偿金的提存，是基于法律的直接规定而产生的担保提存。

担保提存的效力主要体现在提存人、担保物权人以及提存机关三个方面：第一，对提存人的法律效力。其主要表现为提存人（债务人或第三人）必须将保险金、赔偿金、补偿金等提存标的物交与担保物权人约定的第三人保管，若不能达成一致，则交由公证部门保管。在被担保债权履行期限届满之前，提存人（债务人或第三人）保留对提存标的物的所有权；在被担保债权履行期限届满后，债务人如未履行债务，担保物权人可以从与提存人约定的第三人或公证部门处领取保险金、赔偿金或补偿金等提存标的物，从而清偿其与债务人之间的债务。第二，对担保物权人的法律效力。被担保债权履行届满前或届满时，债务人依照担保合同约定履行债务的，担保物权人不可以向第三人主张领取提存标的物的权利。当债务人不能按约履行债务时，担保物权人可以行使担保物权，从第三人处领取提存的标的物及其孳息，从而实现债权。第三，对提存机关的法律效力。提存机关必须按提存人与担保物权人的约定以及法律的规定，妥善保管和处理标的物，不得挪用提存的标的物。

【司法适用】

《担保法司法解释》第 62 条规定：“抵押物因附合、混合或者加工使抵押物的所有权为第三人所有的,抵押权的效力及于补偿金;抵押物所有人为附合物、混合物或者加工物的所有人的,抵押权的效力及于附合物、混合物或者加工物;第三人与抵押物所有人为附合物、混合物或者加工物的共有人的,抵押权的效力及于抵押人对共有物享有的份额。"第 80 条规定:"在抵押物灭失、毁损或者被征用的情况下,抵押权人可以就该抵押物的保险金、赔偿金或者补偿金优先受偿。抵押物灭失、毁损或者被征用的情况下,抵押权所担保的债权未届清偿期的,抵押权人可以请求人民法院对保险金、赔偿金或补偿金等采取保全措施。"

【司法案例】

甲公司、乙公司执行异议之诉纠纷案①

诉讼结论:原审判决认定事实清楚,但适用法律错误,本院依法予以纠正。

法院认为:本案中,因涉案土地所涉规划已经调整为商业用地,丙市国土资源局实际无法交付土地,故丁公司实际上无法取得涉案土地使用权。丁公司一直用以进行抵押的是临时土地使用权证,根据相关土地他项权证的记载,临时土地使用权及抵押权的存续期限均为 2015 年 6 月 25 日至 2016 年 4 月 19 日。丁公司从丙市国土资源局取得返还土地出让金 5,555,512 元及赔偿损失 2000 万元是因丙市国土资源局不能履行双方之间的《国有土地使用权出让合同》,并非因丁公司享有国有土地使用权的土地毁损、灭失或者被征收等。综上,被上诉人乙公司就丁公司从丙市国土资源局取得的返还土地出让金 5,555,512 元及赔偿损失 2000 万元主张优先受偿权的诉讼主张缺乏法律依据,因被上诉人乙公司并不享有优先受偿权。

第三百九十一条　第三人提供担保,未经其书面同意,债权人允许债务人转移全部或者部分债务的,担保人不再承担相应的担保责任。

【条文主旨】

本条是关于主债务承担对第三人提供担保责任的影响的规定。

【条文理解】

经债权人同意,债务人与第三人协商,将其全部或部分债务转让给第三人的行为,被称为债务承担。债务承担属于债的移转范畴。根据不同标准,债务承担

---

① 参见浙江省台州市中级人民法院(2018)浙 10 民终 1236 号民事判决书。

可分为不同类型。以债务承担量为标准,债务承担可分为全部债务的债务承担和部分债务的债务承担。以债务人就其所移转的债务是否还须负责为标准,债务承担可分为免责的债务承担和并存的债务承担。因无论是全部还是部分债务的承担,当事人均可自由约定原债务人就移转的债务是否仍承担责任,如不承担,则为免责的债务承担,如承担,则为并存的债务承担。

在第三人提供担保的场合,第三人之所以为债权人提供担保,通常是基于其对债务人人际关系、偿债能力的评估与预期。债务人将其全部或部分债务转由其他人承担,将改变第三人提供担保的前提条件与心理预期,增加第三人偿债的风险。为保护提供担保的第三人的利益,根据本条之规定,在第三人提供担保的场合,债权人允许债务人转让全部或者部分债务之行为将对担保人的担保责任产生何种影响,直接取决于债权人是否取得了提供担保的第三人的同意。

按照民法的基本原理,除非当事人另有特别约定或者法律另有规定,从债务应当随同主债务一同转移。担保性质的从债务即属于此种例外情形。主债务移转,作为从债务的担保债务或者说担保人的责任是否消灭,应视担保系由债务人或第三人提供而分别确定。从保护债权人利益角度来看,在债务人提供担保之场合,不应因债务之承担而妨碍该担保的存在;在第三人提供担保之场合,未经其同意的债务承担可以消灭担保权。《担保法》第 23 条规定:“保证期间,债权人许可债务人转让债务的,应当取得保证人书面同意,保证人对未经其同意转让的债务,不再承担保证责任。”《担保法司法解释》第 29 条规定:“保证期间,债权人许可债务人转让部分债务未经保证人书面同意的,保证人对未经其同意转让部分的债务,不再承担保证责任。但是,保证人仍应当对未转让部分的债务承担保证责任。”《担保法司法解释》第 72 条第 2 款规定:“主债务被分割或者部分转让的,抵押人仍以其抵押物担保数个债务人履行债务。但是,第三人提供抵押的,债权人许可债务人转让债务未经抵押人书面同意的,抵押人对未经其同意转让的债务,不再承担担保责任。”《民法典》本条规定,没有改变现行立法的规定。

【司法适用】

依本条规定,若债务承担未得到提供担保的第三人的书面同意,则应免除担保人的担保责任。司法实践中,免责的范围应视未经该担保人同意转让的债务范围来确定。如果债权人允许债务人转让全部债务且债务人已将债务向承担人实际转让,但未征得担保人同意,则担保人将全部免除担保责任。如果债权人允许债务人转让主债务的一部分且未经担保人书面同意,则担保人的免责范围应限于实际转让的债务部分,对于未转让的债务,担保人仍应承担担保责任。

第三百九十二条 被担保的债权既有物的担保又有人的担保的，债务人不履行到期债务或者发生当事人约定的实现担保物权的情形，债权人应当按照约定实现债权；没有约定或者约定不明确，债务人自己提供物的担保的，债权人应当先就该物的担保实现债权；第三人提供物的担保的，债权人可以就物的担保实现债权，也可以请求保证人承担保证责任。提供担保的第三人承担担保责任后，有权向债务人追偿。

【条文主旨】

本条是关于人保和物保并存情形下担保权实行规则的规定。

【条文理解】

关于同一债权同时存在人保与物保时，如何处理人保与物保之间的关系，各国民法的规定不尽相同，有三种基本立法模式：

第一种模式，保证人绝对优待主义。此种模式下，债权人只能先行使担保物权以受偿债权，在不能完全受偿时，可以就余额再向保证人主张，保证人仅对物的担保以外的债权额承担保证责任。我国《担保法》第 28 条规定："同一债权既有保证又有物的担保的，保证人对物的担保以外的债权承担保证责任。债权人放弃物的担保的，保证人在侵权人放弃权利的范围内免除保证责任。"

第二种模式，保证人相对优待主义。在此模式下，债权人可根据需要选择行使担保权利，保证人在承担责任之后可以向债务人求偿，并代位行使债权人享有的担保物权。债权人致使保证人可代位行使的担保物权消灭的，保证责任相应消灭。德国法、法国法、俄罗斯法和我国台湾地区的有关规定采此种模式。

第三种模式，担保物权与保证债权平等主义。根据这种模式，债权人可以选择行使担保物权或保证债权，已承担责任的担保人可以向其他担保人追偿其应承担的份额。日本法即采此种模式。《担保法司法解释》也是采用这种模式。该司法解释第 38 条第 1 款规定："同一债权既有保证又有第三人提供物的担保的，债权人可以请求保证人或者物的担保人承担担保责任。当事人对保证担保的范围或者物的担保的范围没有约定或者约定不明的，承担了担保责任的担保人，可以向债务人追偿，也可以要求其他担保人清偿其应当分担的份额。"

三种立法模式中，保证人绝对优待主义不当损害了债权人的担保利益。相对优待主义与平等主义的共通之处在于承认债权人的选择权，可以有效维护债权人的利益；二者的区别在于，保证人与物的担保人是按确定的比例分担担保责任，还是保证人优越于物的担保人，可代位行使担保物权，保障自己追偿利益的实现。

基于对这三种模式的考察,本条兼采保证人绝对优待主义和平等主义两种模式。

第一,“被担保的债权既有物的担保又有人的担保的,债务人不履行到期债务或者发生当事人约定的实现担保物权的情形,债权人应当按照约定实现债权”,该句采取了有限的平等主义模式,未赋予债权人以完全的选择权,而是尊重当事人的意思自治。如果担保合同中约定了担保人承担责任的顺序,则债权人应当受该约定顺序之约束。此种情形仅涉及当事人间利益的平衡,并不涉及公共利益,因此,尊重当事人的意思。

第二,“没有约定或者约定不明确,债务人自己提供物的担保的,债权人应当先就该物的担保实现债权”,即在没有约定或约定不明的场合,如果债务人提供担保物,则采取保证人绝对优待主义,限制债权人的选择权。债权人只能先行使担保物权以受偿债权,而后在不能完全受偿的余额范围内再向保证人主张,即保证人仅对物的担保以外的债权额承担保证责任。

第三,“第三人提供物的担保的,债权人可以就物的担保实现债权,也可以请求保证人承担保证责任”,该句采纳《担保法司法解释》第 38 条规定的有限平等主义模式。在同一债权既有人保又有第三人物保时,债权人可选择行使保证债权或担保物权。理由在于:此时虽有数项权利,但其权利人为同一人,数项权利维护的利益具有一致性,并不存在权利冲突,因此没有对相冲突权利所维护的利益进行权衡的需要,也不存在所谓“物权优先于债权”的问题。

第四,“提供担保的第三人承担担保责任后,有权向债务人追偿”,该句是关于物上担保人追偿权的规定。以债务人以外的第三人的财产设定担保物权的,该第三人成为物上担保人。赋予物上担保人追偿权的理由在于:物上担保人并非保证人,其对债权人负担的责任为物的责任,仅以其提供的担保财产为限对债务的履行承担责任。当债务人不履行债务时,物上担保人可以代替债务人清偿债务,以消灭担保物权。物上担保人在代替债务人清偿债务之后,得以债权受让人之身份,对债务人行使求偿权。

【司法适用】

《九民会议纪要》第 56 条规定:“被担保的债权既有保证又有第三人提供的物的担保的,担保法司法解释第 38 条明确规定,承担了担保责任的担保人可以要求其他担保人清偿其应当分担的份额。但《物权法》第 176 条并未作出类似规定,根据《物权法》第 178 条关于‘担保法与本法的规定不一致的,适用本法’的规定,承担了担保责任的担保人向其他担保人追偿的,人民法院不予支持,但担保人在担保合同中约定可以相互追偿的除外。”

【司法案例】

案例一

甲公司与乙公司、丙公司等担保合同纠纷案①

诉讼结论：同一债权上既有人的担保，又有债务人提供的物的担保，债权人与债务人的共同过错致使本应依法设立的质权未设立，保证人对此并无过错的，债权人应对质权未设立承担不利后果。《物权法》第176条对债务人提供的物保与第三人提供的人保并存时的债权实现顺序有明文规定，保证人对先以债务人的质物清偿债务存在合理信赖，债权人放弃质权损害了保证人的顺位信赖利益，保证人在质权人丧失优先受偿权益的范围内免除保证责任。

法院认为：案涉各方当事人均知晓甲公司的反担保债权上应同时设立了债务人提供的物的担保和第三人提供的人的担保。因本案当事人没有约定债权实现顺序，若债务人提供的担保物权正常设立，保证人只对物的担保以外的债权承担保证责任，故四保证人对自己享有法定的顺位利益存在一种合理信赖。若令保证人在债务人提供的担保物权未设立时继续承担保证责任，则恶意违约的债务人与怠于行使权利的债权人利益不受损，保证人的信赖利益却遭受侵害，这无疑违反民法的公平原则和诚实信用原则。

案例二

甲银行与乙公司等金融借款合同纠纷案②

诉讼结论：一审判决认定甲银行应先就乙公司提供的抵押物优先受偿，不足额部分再要求各保证人承担连带清偿责任，违背了各方当事人的合同约定，应予纠正。

法院认为：本案中，抵押物系由债务人乙公司自行提供。乙公司与甲银行签订的《最高额抵押合同》约定，主债权存在其他担保的，无论该担保是由债务人提供还是由第三人提供，甲银行有权自行决定实现债权的顺序。各保证人与甲银行签订的《保证合同》及《最高额保证合同》中均约定，主债权存在物的担保时，无论物的担保是债务人提供还是第三人提供，甲银行均有权要求各保证人先行承担保证责任。根据上述合同约定，应视为甲银行与各担保人就担保人承担责任的顺序已经作了明确约定，即当债务人不履行到期债务时，甲银行有权自行决定其实现

---

① 参见最高人民法院（2017）最高法民申925号民事裁定书。

② 参见江苏省南通市中级人民法院（2017）苏06民终1191号民事判决书。

债权的顺序,并有权要求各保证人先行承担保证责任。

第三百九十三条 有下列情形之一的,担保物权消灭:

(一)主债权消灭;

(二)担保物权实现;

(三)债权人放弃担保物权;

(四)法律规定担保物权消灭的其他情形。

【条文理解】

本条是关于担保物权消灭事由的规定。

担保物权的消灭,是指担保物权对于担保财产所具有的支配力终止。通常而言,担保物权的消灭既可以基于法律规定原因,也可基于当事人约定的原因。根据本条之规定,担保物权消灭的事由或原因主要有:(1)主债权消灭。担保物权是为担保主债权实现而存在的从权利,相对于被担保的主债权,抵押权具有绝对的附从性,主债权消灭,抵押权亦消灭。(2)担保物权实现。担保物权的实现,亦被称为担保物权的实行,系指在债务人不能履行债务时,担保物权人行使其担保物权将担保财产变价以满足其债权得到优先受偿的过程。担保物权的实现是债权实现的一种方式,是担保物权之担保功能实现的最后环节。担保物权实现,担保法律关系消灭,担保物权自然随之消灭。(3)债权人放弃担保物权。债权人放弃担保物权,其实质上属于民法理论上的抛弃物权。抛弃是一种单独行为,属民事法律行为的一种,因此必须以意思表示为之,且抛弃人须具备行为能力,始能合法有效。(4)法律规定担保物权消灭的其他情形。该项规定属于兜底条款。根据现行法律之规定,担保物权消灭的其他情形大致可以包括三种:第一,因丧失对担保财产的占有而消灭。这种情形主要是针对留置权而言,由于留置权之成立和持续以占有留置物为要件,因此留置物占有之丧失,自然构成作为担保物权的留置权消灭之原因。第二,因另行提供担保而消灭。第三,因担保财产灭失而消灭。

【司法适用】

《担保法司法解释》第12条第2款规定:"担保物权所担保的债权的诉讼时效结束后,担保权人在诉讼时效结束后的二年内行使担保物权的,人民法院应当予以支持。"从《担保法司法解释》的规定看,抵押权的行使不受债权诉讼时效消灭的影响。在债权诉讼时效消灭后的2年内,即自主债务履行期届满之日起4年内,抵押权人行使抵押权的,人民法院应予支持。但该"4年"期间到底是抵押权行使的诉讼时效，还是除斥期间，抑或是抵押权受强制性保护的时间，尚存争论。本书认为该4年应是除斥期间。同样，从本法的规定看，抵押权的行使似乎不因主债权诉讼时效的经过而消灭。依据物权法原理，诉讼时效并不适用于抵押权。抵押权等担保物权随着债权的消灭而消灭，主债权的诉时效的经过只是意味着其主债权胜诉权的消灭，而主债权并不消灭。抵押权等担保物权在主债务诉讼时效经过后，并不消灭，而是与主债权一样在诉讼中丧失胜诉权。

《九民会议纪要》第59条规定："抵押权人应当在主债权的诉讼时效期间内行使抵押权。抵押权人在主债权诉讼时效届满前未行使抵押权，抵押人在主债权诉讼时效届满后请求涂销抵押权登记的，人民法院依法予以支持。以登记作为公示方法的权利质权，参照适用前款规定。"

【司法案例】

甲银行、张某抵押合同纠纷案①

诉讼结论：乙公司与甲银行的主债权消灭，张某和甲银行之间的担保物权随之消灭。甲银行的上诉理由不能成立，驳回上诉，维持原判。

法院认为：张某和甲银行之间的抵押担保合同源于乙公司与甲银行的金融借款合同。其中，金融借款合同是主合同，抵押担保合同是从合同，从合同是从属于主合同的合同，目的在于保障当事人权利的实现，没有主合同所产生的债权债务，就没有抵押担保。因此，抵押担保合同是以金融借款合同的存在为前提和依据的，是随着主合同的产生、变更、消灭而产生、变更和消灭的。结合本案的具体案情分析，金融借款合同和抵押担保合同均是真实合法有效的，金融借款合同因乙公司的偿还和他人的代偿行为而消灭，根据《物权法》第177条的规定，"有下列情形之一的，担保物权消灭：（一）主债权消灭；（二）担保物权实现；（三）债权人放弃担保物权；（四）法律规定担保物权消灭的其他情形"，乙公司与甲银行的主债权消灭，张某和甲银行之间的担保物权随之消灭。甲银行的上诉理由不能成立，本院不予采信。

---

① 参见湖北省襄阳市中级人民法院（2019）鄂06民终2761号民事判决书。

第十七章　抵　押　权

抵押权作为典型的担保物权，从罗马法沿用至今。抵押权具备担保物权所具有的从属性、不可分性和物上代位性，通过支配财产的交换价值，来实现担保债权的清偿目的。相对于《物权法》，《民法典》“物权编”在规范抵押权制度时进行了四个方面的创新：一是扩大了抵押财产的范围，允许土地经营权等集体土地使用权的抵押；二是确立了动产抵押权无追及效力的制度；三是增加了抵押与质押竞合的顺位规则；四是引入了购买价款抵押担保“超级优先权”制度。还有一些条文虽然只是修改，并不是新的制度创新，但其在文义上的变化往往反映了立法指导思想的转变。如修改后的条文规定，抵押人可以自由转让抵押财产，而不需要抵押权人同意。这是立法者进一步区分物权与债权、区分物权变动与债权变动的重要表现，是在保护抵押权人同时也保护抵押人的正当权益、实现两者利益平衡的重要表现。当然，更多的条文只作了局部的修改与增删，使表述更加科学合理，但内容并无实质性的变化。本章共 31 条，按照一般抵押权和最高额抵押权的内容分别予以规定。在司法实践中，一方面要严格依法裁判，另一方面要保护金融市场创新对抵押制度的新需求。要区分不动产抵押与动产抵押，要准确把握抵押合同的生效与抵押权的产生，准确把握抵押权的优先效力范围。

第一节　一般抵押权

第三百九十四条　**为担保债务的履行，债务人或者第三人不转移财产的占有，将该财产抵押给债权人的，债务人不履行到期债务或者发生当事人约定的实现抵押权的情形，债权人有权就该财产优先受偿。**

前款规定的债务人或者第三人为抵押人，债权人为抵押权人，提供担保的财产为抵押财产。

【条文主旨】

本条是关于抵押权定义的规定。

【条文理解】

抵押权是指债务人或者第三人不转移财产的占有，将该财产作为债权的担保，在债务人不履行到期债务或发生当事人约定的实现抵押权的情形时，债权人可就该财产优先受偿的权利。抵押法律关系的当事人是抵押权人和抵押人。抵押权具有以下四个特征：(1)抵押权是担保物权。抵押权以抵押财产作为债权的担保，抵押权人对抵押财产享有控制、支配的权利，且该权利可以对抗财产的所有人和第三人。具体表现为：抵押权设定后，未经抵押权人同意，抵押人不得处分抵押财产；当债务人不履行到期债务或发生当事人约定的实现抵押权的情形时，抵押权人有权依照法律规定，就该抵押财产折价或者拍卖、变卖的价款优先受偿。(2)用于抵押的财产须为债务人或第三人所有的或依法有权处分的特定财产。该财产可以是动产，也可以是不动产，但必须是债务人或第三人所有或有权处分的财产，对于其无所有权或无权处分的财产不能设定抵押权。(3)抵押权的发生不以转移抵押财产的占有为要件。抵押权设定后，抵押人无须将抵押财产转移给抵押权人，抵押人可继续享有对抵押财产的占有、使用、收益的权利。不转移抵押财产的占有，是抵押权区别于质权等其他担保物权的重要特征。(4)抵押权人有权就抵押财产的变价款优先受偿。所谓优先受偿，是指在债务人有多个债权人的情形下，有抵押权的债权人，得以先于其他债权人就抵押财产的变价款受到清偿。

【司法适用】

司法实践中，需要注意抵押权与建筑工程承包人优先受偿权的关系。2002 年 6 月 20 日最高人民法院公布的《关于建设工程价款优先受偿权问题的批复》对此有所解释："一、人民法院在审理房地产纠纷案件和办理执行案件中，应当依照《中华人民共和国合同法》第二百八十六条的规定，认定建筑工程的承包人的优先受偿权优于抵押权和其他债权。二、消费者交付购买商品房的全部或者大部分款项后，承包人就该商品房享有的工程价款优先受偿权不得对抗买受人。三、建筑工程价款包括承包人为建设工程应当支付的工作人员报酬、材料款等实际支出的费用，不包括承包人因发包人违约所造成的损失。四、建设工程承包人行使优先权的期限为六个月，自建设工程竣工之日或者建设工程合同约定的竣工之日起计算。”可见,抵押权虽具有优先受偿性,但为了保护建设工程中工人的报酬及承包人的材料款,建设工程价款应优先于抵押权受偿。

另外,对于共有人以其共有财产设定抵押的情形,《担保法司法解释》第 54 条进行了规定:“按份共有人以其共有财产中享有的份额设定抵押的,抵押有效。共同共有人以其共有财产设定抵押,未经其他共有人的同意,抵押无效。但是,其他共有人知道或者应当知道而未提出异议的视为同意,抵押有效。”

【司法案例】

刘某英、甲公司申请执行人执行异议之诉案①

诉讼结论:夫妻以其共同财产设定抵押,属于共同共有人以其共有财产设定抵押的情形,应依照《担保法解释》第 54 条第 2 款的规定予以判定。

法院认为:刘某英对案涉两套房产是否享有足以排除强制执行的民事权益,是本案再审审查的争议焦点。根据原审查明的事实,2010 年 12 月 6 日,甲公司与张某田签订《最高额抵押反担保合同》,约定张某田以其名下的 4 套房屋为乙公司向甲公司提供反担保。该 4 套房屋系张某田和刘某英的夫妻共同财产。2010 年 12 月 23 日,张某田、刘某英在某市政务中心接受工作人员关于案涉 4 套房屋的他项权利登记的询问时,均书面同意对案涉 4 套房屋办理抵押登记。据此可认定刘某英作出了同意以共有房屋向甲公司提供抵押担保的意思表示。甲公司于 2011 年 1 月 6 日取得案涉 4 套房屋的他项权证,抵押权已依法设立。刘某英嗣后通过法院判决取得了其中 2 套房屋的所有权,并不影响甲公司对案涉 4 套房屋享有的抵押权,发生合同约定的实现抵押权的情形时,甲公司仍有权就该抵押财产优先受偿。

第三百九十五条　债务人或者第三人有权处分的下列财产可以抵押:

(一)建筑物和其他土地附着物;

(二)建设用地使用权;

(三)海域使用权;

(四)生产设备、原材料、半成品、产品;

(五)正在建造的建筑物、船舶、航空器;

① 参见最高人民法院(2019)最高法民申 5060 号民事裁定书。

（六）交通运输工具；
（七）法律、行政法规未禁止抵押的其他财产。
抵押人可以将前款所列财产一并抵押。

【条文主旨】

本条是关于抵押财产范围的规定。

【条文理解】

根据本条规定，可以设定抵押权的财产是具有经济价值且具有可让与性的财产。具体来说，须满足以下两个要件：(1)抵押财产须具有交换价值且法律规定可以转让。为实现担保的目的，作为权利标的物的抵押财产须具有交换价值，其根本目的在于实现对担保财产的支配力，从而实现对抵押财产变价款的优先受偿权。也只有那些法律规定允许转让的财产，才能真正实现担保财产的交换价值，为最终抵押权的实现以及担保财产的变价提供保障。(2)抵押财产须是债务人或者第三人有权处分的财产。这主要包含三种情况：一是债务人或者第三人享有所有权的财产；二是债务人或者第三人享有用益物权的财产；三是债务人或者第三依法有处分权的其他财产。

根据本条规定，抵押财产的范围包括：(1)建筑物和其他土地附着物。并非所有建筑物都可以抵押，只有抵押人有权处分的建筑物才能作为抵押财产，如依法取得所有权的房屋可以抵押。其他土地附着物，指附着于土地之上的除建筑物以外的其他不动产，如道路、隧道、林木、庄稼等。(2)建设用地使用权。建设用地使用权，是指权利主体对国家所有的土地依法享有的占有、使用、收益的权利。2019年修正的《城市房地产管理法》第48条规定："依法取得的房屋所有权连同该房屋占用范围内的土地使用权，可以设定抵押权。以出让方式取得的土地使用权，可以设定抵押权。"(3)海域使用权。这项是立法新增内容。《物权法》第180条第1款第3项的规定是"以招标、拍卖、公开协商等方式取得的荒地等土地承包经营权"，现删除了该项内容，改为"海域使用权"。所谓海域使用权，是指权利人根据海域的不同地理特征和资源环境优势开展各种开发利用活动，包括海底资源开发、海水养殖与捕捞、海洋盐水与海水综合利用、海岸和海洋工程建设等，对特定海域进行使用和收益的权利。① 2001年颁布的《海域使用法》第3条明确规定："海域属于国家所有，国务院代表国家行使海域所有权。任何单位或者个人不得

① 参见朱岩、高圣平、陈鑫：《中国物权法评注》，北京大学出版社2007年版，第22页。

侵占、买卖或者以其他形式非法转让海域。单位和个人使用海域,必须依法取得海域使用权。”《物权法》第122条也规定:“依法取得的海域使用权受法律保护。”(4)生产设备、原材料、半成品、产品。规定生产设备、原材料、半成品、产品可以抵押,主要是为了解决中小企业生产者,特别是农业生产者融资难的实践问题。(5)正在建造的建筑物、船舶、航空器。规定在建的建筑物、船舶、航空器可以抵押,是为了解决实践中建设工程周期长、资金缺口大、建设者融资难的问题。(6)交通运输工具。其包括飞机、火车、船舶、机动车辆等。(7)法律、行政法规未禁止抵押的其他财产。这条兜底性条款的满足须具备两个条件:一是该财产不是法律、行政法规禁止抵押的财产;二是该财产必须是债务人或第三人有权处分的财产。本条的最后还规定,抵押人对于可以抵押的财产,可以单独抵押,也可合并抵押。

【司法适用】

在适用本条规定时,要注意对抵押财产范围中正在建造的建筑物的解释。《担保法司法解释》第47条规定:“以依法获准尚未建造的或者正在建造中的房屋或者其他建筑物抵押的,当事人办理了抵押物登记,人民法院可以认定抵押有效。”2001年8月修正的《城市房地产抵押管理办法》第34条第2款规定:“以预售商品房或者在建工程抵押的,登记机关应当在抵押合同上作记载。抵押的房地产在抵押期间竣工的,当事人应当在抵押人领取房地产权属证书后,重新办理房地产抵押登记。”第20条规定:“预购商品房贷款抵押的,商品房开发项目必须符合房地产转让条件并取得商品房预售许可证。”虽然本条规定正在建造的建筑物可以设定抵押,实践中当事人也可以依法获准在尚未建造的建筑物上设定抵押,但应注意以预售商品房抵押的,抵押合同中须有登记机关的记载。

【司法案例】

甲公司、乙公司借款合同纠纷案①

诉讼结论:在建工程依照《担保法司法解释》第47条规定设立抵押的,可以认定抵押有效。

法院认为:在本案中,乙公司与甲公司签订《抵押合同》约定,甲公司以其享有的国有土地使用权及在建工程为21号《借款合同》项下其应承担的全部义务提供抵押担保。双方签订合同后,在相关行政部门办理了抵押登记。根据《物权法》规定,以房地产设立抵押的,应当办理抵押登记。抵押权自登记时设立。据此,乙公司的抵押权已设立。甲公司到期未偿还债务,乙公司有权对甲公司提供抵押的在

① 参见最高人民法院(2019)最高法民终1532号民事判决书。

建工程及相应的土地使用权行使抵押权，就拍卖、变卖、折价所得款项在担保范围内优先受偿。

第三百九十六条　企业、个体工商户、农业生产经营者可以将现有的以及将有的生产设备、原材料、半成品、产品抵押，债务人不履行到期债务或者发生当事人约定的实现抵押权的情形，债权人有权就抵押财产确定时的动产优先受偿。

【条文主旨】

本条是关于浮动抵押的规定。

【条文理解】

浮动抵押是指债务人将其现有的以及将有的全部财产或部分财产作为抵押财产，为其债务提供担保。当债务人不履行债务或发生当事人约定的实现抵押权的情形时，债权人有权就抵押财产确定时的动产优先受偿。规定浮动抵押主要基于以下考虑：(1)为企业融资提供便利，从而有利于促进经济发展。在我国，考虑到中小企业能够用于融资担保的不动产有限，将现有的和将来的财产抵押能够拓展它们的融资能力，利于它们的发展。(2)办理手续简便，有利于降低成本。设定浮动抵押无须制作详细目录表，只需对抵押财产进行概括性描述。抵押期间，不必经过抵押权人同意抵押人便可处分财产，不需要办理任何手续新增财产就可以成为抵押财产。(3)其设定不影响企业正常经营。正是基于设定浮动抵押的简便性和灵活性，在抵押权人和抵押人没有特别的约定或出现法定事由的情形下，抵押人可以对抵押财产行使占有、使用、收益和处分等权利，抵押权人不得干涉企业的正常经营。(4)可作为传统抵押的补充。传统抵押更侧重于强调安全性、稳定性价值，有利于对抵押权人权利的保护。但对于中小企业来说，传统抵押有诸多限制，质押又会使企业失去对财产的占有，极大地限制了企业的融资能力和发展脚步。因此，浮动抵押制度对于平衡抵押权人和抵押人的权利可以起到积极作用，可以作为传统抵押的补充。(5)符合国际通行做法且满足实践的需要。浮动抵押起源于英国，目前已有相当多的国家实行了浮动抵押。近年来，我国一些企业也已经采取浮动抵押的方式进行融资，也有更多的企业有这类需求。因此，我国规定浮动抵押既符合国际趋势，又能满足现实需要。

浮动抵押具有一定的特殊性，设定浮动抵押应当符合以下要件：(1)浮动抵押权的主体是企业、个体工商户、农业生产经营者。我国设立浮动抵押制度的初衷，主要是为了解决中小企业和农民生产经营贷款难的困境,所以将主体限定为企业、个体工商户、农业生产经营者。这也就排除了国家机关、社会团体、事业单位、非从事生产经营的自然人作为浮动抵押的主体。(2)浮动抵押财产的范围是现有的和将有的生产设备、原材料、半成品、产品。浮动抵押财产范围限于生产设备、原材料、半成品和产品,除此之外的其他动产和不动产都不得作为抵押财产。除了现有的财产,将来可以取得的生产设备、原材料、半成品和产品也可以设定抵押权。但就将来的财产设定的抵押权,应在其实际存在时发生效力。(3)浮动抵押需订立书面抵押合同。浮动抵押权系双方当事人合意设定,根据《物权法》第189条的规定,应采用书面形式订立浮动抵押合同。(4)当债务人不履行到期债务或发生当事人约定的实现抵押权的事由时,抵押权实现。

【司法适用】

司法实践中应注意,浮动抵押权设定后,由于抵押人仍可对抵押财产自由处分,抵押财产具有不特定性。只有当发生法定或约定事由时,浮动抵押财产确定,抵押权人才能真正实现抵押权。浮动抵押标的物确定前,由于浮动抵押权人对未经特定化的抵押财产不具备支配力,浮动抵押权仅对抵押人有效,对包括一般债权人在内的第三人不发生对抗效力。本法规定抵押财产确定的四种情形,同样适用于浮动抵押,即债务履行期限届满,债权未实现;抵押人被宣告破产或者解散清算;当事人约定的实现抵押权的情形;严重影响债权实现的其他情形。但是浮动抵押的实行与普通抵押的实行仍有差异。实行浮动抵押权,应由浮动抵押权人向人民法院提出实行申请,法院受理浮动抵押权人的申请后,经审查符合实行条件的,应作出实行浮动抵押权的决定,同时发布浮动抵押权开始实行的公告和查封抵押人总财产的公告,并指定财产管理人负责管理抵押人总财产。① 还要注意的是,浮动抵押权的标的物均为动产。本法阐明,以动产抵押的,不得对抗正常经营活动中已支付合理价款并取得抵押财产的买受人。因此,浮动抵押权不以登记为生效要件,但未经登记不得对抗善意第三人。

另外,关于浮动抵押的效力和清偿顺位,《九民会议纪要》第64条规定:"企业将其现有的以及将有的生产设备、原材料、半成品及产品等财产设定浮动抵押后,又将其中的生产设备等部分财产设定了动产抵押,并都办理了抵押登记的,根据《物权法》第199条的规定,登记在先的浮动抵押优先于登记在后的动产抵押。"

---

① 参见最高人民法院物权法研究小组编著:《〈中华人民共和国物权法〉条文理解与适用》,人民法院出版社2007年版,第545页。

【司法案例】

甲公司与乙银行、丙公司金融借款合同纠纷案①

诉讼结论：浮动抵押系在抵押人现有及将有的动产上设定抵押，在实现抵押权时抵押物才确定。

法院认为：本案涉及的争议问题之一，是案涉浮动抵押是否有效。丙公司与乙银行签订了书面的浮动抵押合同，以法律规定范围内的财产设定抵押，并办理了浮动抵押登记，符合《物权法》第181条规定情形，且无导致抵押合同及登记无效的因素，浮动抵押权有效设立并得对抗第三人。因浮动抵押系在抵押人现有及将有的动产上设定抵押，在实现抵押权时抵押物才确定。故虽丙公司在设立浮动抵押权时并无案涉玉米等动产，但案涉浮动抵押并不能因此认定无效。

第三百九十七条　以建筑物抵押的，该建筑物占用范围内的建设用地使用权一并抵押。以建设用地使用权抵押的，该土地上的建筑物一并抵押。

抵押人未依据前款规定一并抵押的，未抵押的财产视为一并抵押。

【条文主旨】

本条是关于建筑物与建设用地使用权同时抵押规则的规定。

【条文理解】

我国在处理房地产关系所遵循的一个规则是“房随地走，地随房走”。在房地产抵押权设定时也体现了这个规则，即以房屋抵押的，该房屋占用范围内的建设用地使用权应一并抵押；以建设用地使用权抵押的，该建设用地上的房屋也应一并抵押。之所以这样规定，主要基于房屋和土地具有不可分割的属性，将房屋所有权和其占用范围内的建设用地使用权一并抵押，才能保证在实现抵押权时，房屋和建设用地使用权能够同时转让。

本条文对《物权法》第182条基本未作修改。《城市房地产管理法》第32条也规定：“房地产转让、抵押时，房屋的所有权和该房屋占用范围内的土地使用权同时转让、抵押。”如果只抵押房屋所有权，不抵押建设用地使用权，或者只抵押建设用地使用权，不抵押房屋所有权，必然导致抵押权的实现遭遇困境。针对这种现象，本条第2款规定：“抵押人未依照前款规定一并抵押的，未抵押的财产视为一

---

① 参见最高人民法院（2014）民申字第1628号民事裁定书。

并抵押。”也就是说，即使抵押人仅办理了房屋所有权抵押登记，未办理建设用地使用权抵押登记；或者仅办理了建设用地使用权抵押登记，未办理房屋所有权抵押登记，在实现抵押权时，没有办理抵押登记的建设用地使用权或房屋所有权同样一并作为抵押财产。

【司法适用】

实践中，抵押人仅以建设用地使用权抵押，在抵押权生效时该建设用地上不存在可以抵押的建筑物或其他附着物的，抵押权的效力不及于新增的建筑物或其他附着物。但是《物权法》第200条规定：“建设用地使用权抵押后，该土地上新增的建筑物不属于抵押财产。该建设用地使用权实现抵押权时，应当将该土地上新增的建筑物与建设用地使用权一并处分，但新增建筑物所得的价款，抵押权人无权优先受偿。”《城市房地产管理法》第52条也规定：“房地产抵押合同签订后，土地上新增的房屋不属于抵押财产。需要拍卖该抵押的房地产时，可以依法将土地上新增的房屋与抵押财产一同拍卖，但对拍卖新增房屋所得，抵押权人无权优先受偿。”也就是说，仅以建设用地使用权抵押的，在设定抵押后土地上可能会新增房屋，当债务人不履行到期债务时，可依法将建设用地使用权和该房屋一同拍卖，但抵押权人也仅能就建设用地使用权的拍卖价款优先受偿。就拍卖新增房屋所得，抵押权人无权受偿。

另外，《九民会议纪要》第61条对房地分别抵押的适用规则和抵押权冲突解决问题作出了具体规定：“根据《物权法》第182条之规定，仅以建筑物设定抵押的，抵押权的效力及于占用范围内的土地；仅以建设用地使用权抵押的，抵押权的效力亦及于其上的建筑物。在房地分别抵押，即建设用地使用权抵押给一个债权人，而其上的建筑物又抵押给另一个人的情况下，可能产生两个抵押权的冲突问题。基于‘房地一体’规则，此时应当将建筑物和建设用地使用权视为同一财产，从而依照《物权法》第199条的规定确定清偿顺序：登记在先的先清偿；同时登记的，按照债权比例清偿。同一天登记的，视为同时登记。应予注意的是，根据《物权法》第200条的规定，建设用地使用权抵押后，该土地上新增的建筑物不属于抵押财产。”

【司法案例】

王某博、甲公司案外人执行异议之诉案[①]

诉讼结论：因当事人自身原因，导致抵押人仅就建筑物或建设用地使用权其

① 参见最高人民法院(2019)最高法民申3973号民事裁定书。

中一项办理抵押登记的，法律赋予建筑物及建筑物占用范围内的建设用地使用权一并抵押的法律效果。

法院认为：在本案中，王某博称其持有麻某源的国有土地使用证，甲公司并未就房屋所在土地使用权设立抵押，其仅就案涉执行房屋享有抵押权。该抵押权存在瑕疵，不能对案涉房屋所在土地及地上房屋强制执行。根据《物权法》第187条的规定，以建筑物抵押的应当办理抵押登记，抵押权自登记时设立。根据原审查明的事实，麻某源为案涉房屋所有权人，其与甲公司签订了《抵押反担保合同》，对案涉房屋办理了抵押登记，甲公司取得了房屋他项权证书。原审判决认定抵押权已依法设立，具有事实和法律依据。根据《物权法》第182条的规定，以建筑物抵押的，该建筑物占用范围内的建设用地使用权一并抵押，抵押人未按照规定一并抵押的，未抵押财产视为一并抵押。因此，王某博申请再审认为，甲公司未就案涉房屋土地使用权办理抵押，其抵押权存在瑕疵，没有法律依据。

第三百九十八条　乡镇、村企业的建设用地使用权不得单独抵押。以乡镇、村企业的厂房等建筑物抵押的，其占用范围内的建设用地使用权一并抵押。

【条文主旨】

本条是关于乡镇、村企业的建设用地使用权抵押限制的规定。

【条文理解】

与城市建设用地使用权不同，乡镇、村企业的建设用地使用权不得单独抵押。这是由于我国对耕地进行特殊保护，严格限制农用地转为建设用地。任何单位和个人需要申请建设用地，必须依法申请国有土地。如果允许对农村建设用地使用权进行抵押，则一旦抵押权实现，势必会造成建设用地使用权转让的后果，极有可能将农村集体所有的土地转变为城市建设用地。因此，本条关于乡镇、村企业的建设用地使用权不得单独抵押的规定，主要是考虑到乡镇、村的土地是集体所有，是促进农村经济发展的基本生产资料，是提高农民生活水平的基本保障。但是，乡镇、村企业在发展过程中也面临融资的问题，为了促进乡镇、村企业的发展，法律允许以乡镇、村企业的厂房等建筑物抵押。此时，可以贯彻“地随房走”的原则，将建筑物占用范围内的建设用地使用权一并抵押。

【司法适用】

实践中需要注意的是，本条规定的厂房，仅限于乡镇、村企业的厂房等建筑物,不包括集体所有土地上的其他建筑物。以乡镇、村企业的厂房等建筑物抵押的,随之一并抵押的仅限于厂房等建筑物所占用范围内的建设用地使用权,而非整个地面上的建设用地使用权。法律虽然允许乡镇、村企业的建设用地使用权随厂房等建筑物一并抵押,但对实现抵押权后土地的性质和用途作了限制性规定。本法也规定以集体所有土地的使用权依法抵押的,实现抵押权后,未经法定程序,不得改变土地所有权的性质和土地用途。也就是说,当实现抵押权时,即使乡镇、村企业的建设用地使用权随其厂房等建筑物一并拍卖了,受让的土地性质仍然是农村集体所有。这点在《物权法》第 201 条中也得到体现:"依照本法第一百八十条第一款第三项规定的土地承包经营权抵押的,或者依照本法第一百八十三条规定以乡镇、村企业的厂房等建筑物占用范围内的建设用地使用权一并抵押的,实现抵押权后,未经法定程序,不得改变土地所有权的性质和土地用途。"

【司法案例】

杨某海与王某志、张某民间借贷纠纷案①

诉讼结论:仅以乡镇、村企业的建设用地使用权单独抵押的行为无效。

法院认为:本案中,该宗土地性质为农村集体建设用地,而土地上的平房及大库并非乡镇、村企业的建筑物。根据《物权法》第 183 条的规定,仅将乡镇、村企业的建设用地使用权单独抵押的行为应为无效。故涉案 3.88 亩集体建设用地及地上房屋不得抵押担保,双方对此的约定无效。鉴于张某、崔某云对涉案借款提供物保的协议因约定以法律禁止的财产作为抵押而无效,且抵押行为未经登记,该物保的抵押权未设立。

第三百九十九条　下列财产不得抵押:

(一)土地所有权;

(二)宅基地、自留地、自留山等集体所有土地的使用权,但是法律规定可以抵押的除外;

(三)学校、幼儿园、医疗机构等为公益目的成立的非营利法人的教育设施、医疗卫生设施和其他公益设施;

(四)所有权、使用权不明或者有争议的财产;

① 参见内蒙古自治区赤峰市中级人民法院(2019)内 04 民再 63 号民事判决书。

(五)依法被查封、扣押、监管的财产;

(六)法律、行政法规规定不得抵押的其他财产。

【条文主旨】

本条是关于禁止抵押的财产范围的规定。

【条文理解】

根据本条规定,不得抵押的财产包括:(1)土地所有权。我国宪法和法律规定我国土地只能归国家所有或集体所有,如果允许对土地所有权抵押,则必然导致在抵押权实现时改变土地所有权归属,所以法律对土地所有权抵押予以禁止。(2)宅基地、自留地、自留山等集体所有的土地使用权。本项规定删除了《物权法》第184条第2项表述中的“耕地”。宅基地、自留地、自留山都是集体所有的土地,能够为农民提供基本的生活保障和基本的生产资料,具有一定的社会保障性质。禁止这些土地的使用权抵押,在目前农村社会保障体系尚不健全的情况下,是对农民根本利益的重要保障。(3)学校、幼儿园、医疗机构等以公益为目的成立的非营利法人的教育设施、医疗卫生设施和其他公益设施。学校、幼儿园、医院从事的都是公益事业,其目的不是盈利。如果允许以它们的教育设施、医疗卫生设施抵押,则在抵押权实现后,极有可能改变其社会公益性质。除此之外,诸如图书馆、博物馆、敬老院等用于公益事业的设施也不得抵押。值得注意的是,我国《物权法》第184条第3项对此规定:“学校、幼儿园、医院等以公益为目的的事业单位、社会团体的教育设施、医疗卫生设施和其他社会公益设施。”与之不同的是,本条将“医院”修改为“医疗机构”,将“事业单位、社会团体”修改为“非营利法人”。这主要是由于在我国《民法典》颁布后有了非营利法人这个概念,其表述更为准确。(4)所有权、使用权不明或者有争议的财产。将权属不明的财产或有争议的财产抵押,不仅侵犯所有权人和使用权人的合法权利,而且可能导致更多的矛盾和争议,破坏社会的秩序。(5)依法被查封、扣押、监管的财产。虽然这些财产的所有权仍属于所有权人,但由于人民法院或行政机关采取了强制措施,这些财产的合法性尚不确定。在此期间,非依法律法规规定,任何人不得占有、使用、处分该财产,也就禁止将这些财产抵押。(6)法律、行政法规规定不得抵押的其他财产。这是兜底条款,除了前5项所列不得抵押的财产外,其他财产在设定抵押权时要查阅其他法律、行政法规是否有禁止抵押的规定。

【司法适用】

司法实践中,若以农作物和尚未与其分离的土地使用权同时抵押,则土地使用权部分的抵押无效,但是农作物部分的抵押不受影响。《担保法司法解释》第52条规定:“当事人以农作物和与其尚未分离的土地使用权同时抵押的,土地使用权部分的抵押无效。”

学校、幼儿园、医院等以公益为目的的非营利法人,为保证其公益性质,法律不允许在其教育设施、医疗卫生设施和其他社会公益设施上设定抵押,但在这些设施以外的其他财产上为自身债务设定抵押是不会影响其公益性质的,反而有助于其融资,保障其顺利运营。因此,《担保法司法解释》第53条规定:“学校、幼儿园、医院等以公益为目的的事业单位、社会团体,以其教育设施、医疗卫生设施和其他社会公益设施以外的财产为自身债务设定抵押的,人民法院可以认定抵押有效。”除了学校、幼儿园、医疗机构等非营利法人,国务院《公共文化体育设施条例》第2条第1款对公共文化体育设施这些公益性设施的范围也作出规定:“本条例所称公共文化体育设施,是指由各级人民政府举办或者社会力量举办的,向公众开放用于开展文化体育活动的公益性的图书馆、博物馆、纪念馆、美术馆、文化馆(站)、体育场(馆)、青少年宫、工人文化宫等的建筑物、场地和设备”。

毋庸置疑,公办学校、幼儿园、医疗机构等的教育设施、医疗卫生设施和其他公益设施是一律禁止抵押的。那么对于私人投资的民办学校、幼儿园、医疗机构等单位,它们的教育设施、医疗卫生设施等是否允许抵押呢?理论和实践中对此颇有争议。有学者认为,完全禁止所有的学校、幼儿园、医院以教育设施、医疗卫生设施设定抵押是不妥当的。私立的学校、幼儿园、医院是由民事主体捐资创办或者出资设立的,其完全可以营利,出资人有权取得投资回报。这些学校、幼儿园、医院为了经营发展必定要进行各种商业融资,如果完全禁止它们在教育设施、医疗卫生设施上设定抵押权,则不仅会造成它们在我国融资困难,而且会堵塞国外资本参与我国民间教育事业与医疗事业发展的渠道。① 但从我国司法实践来看,仍应将私立的学校、幼儿园、医院的教育设施、医疗卫生设施认定为社会公益设施。全国人民代表大会常务委员会法制工作委员会《对关于私立学校、幼儿园、医院的教育设施、医疗卫生设施能否抵押的请示的意见》中明确指出,私立学校、幼儿园、医院和公办学校、幼儿园、医院,只是投资渠道上的不同,其公益属性是一样的。私立学校、幼儿园、医院中的教育设施、医疗卫生设施也属于社会公益设施,按照《物权法》第184条规定,不得抵押。

---

① 参见程啸:《担保物权研究》(第2版),中国人民大学出版社2019年版,第270~271页。

【司法案例】

案例一

魏某、甲市工人文化宫第三人撤销之诉案[①]

诉讼结论：在具体案件中，对涉案财产是否属于公益设施要结合案情自身的特殊性予以判断，不能仅凭房屋登记簿中记载的规划用途来判断。

法院认为：本案中，开发项目的第三层、第四层虽然在房屋登记簿中记载的规划用途为文化宫用房，但并未作为公益设施使用；开发项目负一层地下室在房屋登记簿中记载的规划用途为地下室，并非公益设施。因此，上述房产不属于法律规定的不得抵押的财产。不动产登记是不动产物权归属的直接凭证，本案中，房屋登记簿显示设定抵押的开发项目第三层、第四层及负一层地下室的所有权人为乙公司，土地使用权取得方式为出让，共有情况为单独所有，抵押权人魏某有理由相信不动产登记反映了真实有效的物权归属。虽然乙公司对开发项目第三层、第四层房屋及负一层地下室的相关车位无处分权，但魏某信赖《房屋登记簿》记载的权利外观，出借款项并办理了抵押登记，在无充分有效证据证明魏某明知抵押人乙公司对案涉房产无处分权的情况下，应当认定魏某取得开发项目第三层、第四层及负一层地下室的抵押权系善意。

案例二

周某泽与甲医院、赵某等借款合同纠纷案[②]

诉讼结论：私立医院的医疗卫生设施依然具有公益属性，属于社会公益设施，仍应归于禁止抵押的财产范围。

法院认为：在本案中，2011 年 11 月 21 日，周某泽与甲医院签订一份《抵押合同》，甲医院为邢某的借款提供担保，将其所有的位于新城区迎新中路西侧 4140. 74 平方米国有土地抵押给周某泽。根据《物权法》第 184 条的规定，甲医院虽为私人所有的营利性医疗机构，但相较于公办医疗机构，仅是投资渠道上的不同，并不能否定其公益属性，私立医院中的医疗卫生设施仍属于社会公益设施。根据上述法律规定，甲医院为邢某的借款提供担保的财产属依法不得抵押的财产。由此，周某泽与甲医院签订的《抵押合同》为无效合同。

---

① 参见最高人民法院(2018)最高法民再 321 号民事判决书。

② 参见最高人民法院(2015)民一终字第 240 号民事判决书。

第四百条　设立抵押权,当事人应当采用书面形式订立抵押合同。

抵押合同一般包括下列条款:

(一)被担保债权的种类和数额;

(二)债务人履行债务的期限;

(三)抵押财产的名称、数量等情况;

(四)担保的范围。

【条文主旨】

本条是关于抵押合同的规定。

【条文理解】

本条与《物权法》第185条的区别在于文字上更加精简。这主要体现为在第2款第3项中,本法删除了"质量、状况、所在地、所有权归属或者使用权归属"的表述,不再将抵押财产的情况予以罗列,而是用"等情况"进行了概括式描述。对于抵押合同的规定,应从抵押合同的法律形式和合同条款内容进行理解。本条第1款是对抵押合同订立形式的规定,约定设立抵押权,当事人需通过签订抵押合同的方式进行,且抵押合同是要式合同,须以书面形式订立。之所以这样规定,是考虑到抵押合同涉及的财产数额往往较大,法律关系较为复杂,尤其是在抵押人是债务人以外第三人的情况下,因涉及第三人的利益,更须要求当事人以审慎的态度保全证据,故对形式予以严格要求。当然,抵押合同可以是抵押权人与抵押人就抵押权设立事项单独订立的书面合同,也可以是抵押担保的主债权合同中的一项或几项条款。

本条第2款是对抵押合同条款内容的规定。具体来说,抵押合同一般包括如下条款:(1)被担保债权的种类和数额。被担保债权的种类,主要是对被担保的主债权的性质予以表明,如买卖、租赁、借贷等。约定被担保主债权的数额是对抵押人所要承担的担保责任范围的限定,尤其在当事人没有约定担保范围时,可依据被担保主债权的数额来判定其承担的担保责任的范围。(2)债务人履行债务的期限。通常来说,抵押权实现的条件是债务人不履行到期债务,因此,主债务的履行期限关系到抵押权人能否顺利就抵押财产变价额优先受偿,关系到抵押人是否即刻要承担担保责任,对各言当事人的利益都至关重要。再者,明确主债务履行期限,也便于抵押人在主债务清偿期届满前,对抵押财产有预期地进行合理安排和使用,使抵押财产能够发挥更大价值。(3)抵押财产的名称、数量等情况。抵押财产的名称、数量等基本情况,是衡量抵押财产整体价值的重要指征,是抵押合同能否有效履行以及抵押权能否顺利实现的关键因素。除了名称、数量，抵押合同还可就抵押财产的质量、状况、所有权归属等其他相关情况予以约定。(4)担保的范围。担保范围是指抵押人就抵押财产设定抵押，其所要承担的担保责任的范围。其主要包括：主债权、利息、违约金、损害赔偿金、实现抵押权的费用。当事人可以选择就上述一项或几项进行约定，但其中的主债权，即抵押权所担保的债权，是抵押合同中必须约定的。

【司法适用】

在适用本条规定时，应注意区分抵押合同的订立和抵押权的设立。订立抵押合同是在当事人之间创设与抵押权设定相关的权利义务关系，是物权变动的原因行为；抵押权的设立是基于合法有效的抵押合同产生的结果，属于物权变动的行为。抵押合同自成立时生效，抵押合同的生效，为抵押权的设定奠定了基础法律关系，是抵押权设定的必要非充分条件。抵押权的设立除满足合法有效的抵押合同的条件以外，还要符合物权变动的公示原则。

《担保法司法解释》第56条规定："抵押合同对被担保的主债权种类、抵押财产没有约定或者约定不明，根据主合同和抵押合同不能补正或者无法推定的，抵押不成立。法律规定登记生效的抵押合同签订后，抵押人违背诚实信用原则拒绝办理抵押登记致使债权人受到损失的，抵押人应当承担赔偿责任。"被担保的主债权和抵押财产是抵押合同的关键内容，如果对这两项内容没有约定或约定不明，且不能补正或无法推定，则应认定抵押不成立。抵押合同订立生效后，若抵押人拒绝办理抵押登记，则抵押权不能成立，此时，抵押人应对因此造成的损失承担违约责任或损害赔偿责任。

实践中，要注意区分"债权数额"和"担保范围"。甲公司、乙公司合同纠纷再审民事判决书①中指出：首先，就案涉抵押物的担保范围，从双方当事人的真实意思表示看，应该是包括本金、利息、罚息、违约金等费用。其次，甲公司与乙公司签订《抵押合同》后，就合同约定的抵押物办理了抵押登记。正常而言，双方当事人办理抵押登记时的担保范围应该与《抵押合同》约定的担保范围一致。但是，本案中，案涉他项权利证书中，仅在"债权数额"栏目中记载了《债务重组协议》中确认的债权本金，该权利证书中并无"担保范围"的记载。而根据《物权法》第185条的规定，"债权数额"与"担保范围"分属他项权利证书中应当登记的两项内容，二者并非同一概念。原审判决将案涉他项权利证书中记载的"债权数额"理解为"担保范围"的记载，并据此认定抵押物登记记载的内容与抵押合同约定的内容不一致，

---

① 参见最高人民法院(2019)最高法民再69号民事判决书。

以及本案优先受偿权的范围为上述他项权利证书中记载的“债权数额”,属适用法律不当。

其实,该案中提到的他项权利证书中,仅在“债权数额”栏目中记载了确认的债权本金,并无“担保范围”的记载的现象,应不是个例。针对这一现象,《九民会议纪要》第58条对此作出说明并提出指导性意见:“以登记作为公示方式的不动产担保物权的担保范围,一般应当以登记的范围为准。但是,我国目前不动产担保物权登记,不同地区的系统设置及登记规则并不一致,人民法院在审理案件时应当充分注意制度设计上的差别,作出符合实际的判断:一是多数省区市的登记系统未设置‘担保范围’栏目,仅有‘被担保主债权数额(最高债权数额)’的表述,且只能填写固定数字。而当事人在合同中又往往约定担保物权的担保范围包括主债权及其利息、违约金等附属债权,致使合同约定的担保范围与登记不一致。显然,这种不一致是由于该地区登记系统设置及登记规则造成的该地区的普遍现象。人民法院以合同约定认定担保物权的担保范围,是符合实际的妥当选择。二是一些省区市不动产登记系统设置与登记规则比较规范,担保物权登记范围与合同约定一致在该地区是常态或者普遍现象,人民法院在审理案件时,应当以登记的担保范围为准。”

第四百零一条　抵押权人在债务履行期限届满前,与抵押人约定债务人不履行到期债务时抵押财产归债权人所有的,只能依法就抵押财产优先受偿。

【条文主旨】

本条是关于对流质契约有限承认的规定。

【条文理解】

该条款是对《物权法》第186条规定的修改。《物权法》第186条规定:“抵押权人在债务履行期届满前,不得与抵押人约定债务人不履行到期债务时抵押财产归债权人所有。”该条绝对禁止流押契约,而修改后的立法条文有限承认流押契约。流质契约,又称流押契约,是指当事人在设立抵押权时约定,当债务人不履行债务时,由债权人取得抵押财产的所有权的合同。从法制史上考察,罗马法以来许多国家立法例对流质契约予以禁止的原因在于防止债权人利用优势地位对债务人进行盘剥,从而造成债权人和债务人的利益严重失衡。《物权法》作出禁止流押的规定,也是基于上述考虑。本法对《物权法》第186条规定的修改体现在:删除了“不得”二字，增加了“只能依法就抵押财产优先受偿”。可以推断立法对流押行为作出了有限承认：一则在市场经济环境下，当事人有权以自由意志订立契约，国家应尊重当事人的意思自治，只有当契约内容涉及国家利益和社会公共利益时才有权干涉。二则为避免担保物价值与担保债权额之间的失衡造成当事人之间的交易不公平，《民法典》通过确立清算制度，规定当事人之间约定流质条款的，只能依法就抵押财产优先受偿，以最大程度地达到保护债务人利益的目的。

【司法适用】

该条款适用的关键在于对“依法就抵押财产优先受偿”这一清算制度的理解。对于清算，理论上可以分为处分型清算和归属型清算。二者的区别在于，发生约定的实现担保物权的事由时，前者是将担保物拍卖、变卖，并用所得价金清偿债务；后者是担保物权人可直接取得担保物的所有权，担保物价值超出债权额的，超出部分应当返还给担保人。

结合《民法典》“物权编”对抵押权实现的规定，“债务人不履行到期债务或者发生当事人约定的实现抵押权的情形，抵押权人可以与抵押人协议以抵押财产折价或者以拍卖、变卖该抵押财产所得的价款优先受偿”。可将本条中的“只能依法就抵押财产优先受偿”理解为归属型清算，即在债务人不履行到期债务或者发生当事人约定的实现抵押权的情形时，抵押权人可以与抵押人协议以抵押财产折价的方式，由抵押权人取得抵押财产的所有权，此时若抵押财产的价值超出债权额，则抵押权人须将超出抵押财产的价值返还给抵押人。

【司法案例】

卢某林与周某儒、徐某文及张某艳、李某君民间借贷纠纷案①

诉讼结论：抵押权人在债务履行期届满前，与抵押人约定债务人不履行到期债务时抵押财产归债权人所有的，均视为流押条款。②

法院认为：卢某林与李某君、张某艳于2017年6月1日签订的《合同书》约定：“经双方协义（议）李某君、张某艳借款406,520元，从2016年9月14日起1.5分，2018年1月1日还款连本带息。如2018年1月1日还不上，乙方（张某艳、李某君）愿意将楼房庆生街西团结西南2区19段61－9房屋所有权人李某君共有人张某艳的楼房归甲方（卢某林）所有。”该协议签订时，双方债权债务并未到期，

---

① 参见吉林省高级人民法院（2019）吉民申3606号民事裁定书。

② 依据《物权法》第186条，法院判定流质条款无效。《民法典》修改了《物权法》第186条的规定，以后不能再将此类条款直接视为无效条款，可以判定抵押权人就抵押财产相享有优先受偿的权利。

协议中关于房屋所有权归属的约定具有为债权提供担保的性质，属于当事人之间约定债务人到期不履行债务时，抵押人直接取得抵押财产所有权的情形，根据《物权法》第186条的规定，上述约定无效。

第四百零二条　以本法第三百九十五条第一款第一项至第三项规定的财产或者第五项规定的正在建造的建筑物抵押的，应当办理抵押登记。抵押权自登记时设立。

【条文主旨】

本条是关于不动产抵押登记的规定。

【条文理解】

本条规定，以建筑物和其他土地附着物、建设用地使用权、海域使用权、正在建造的建筑物这些不动产抵押的，应当办理抵押登记。财产抵押登记，是对设定抵押权的公示，是抵押权获得公信力的重要途径。债权人可以通过抵押登记查看抵押财产的权属关系以及某财产是否已设定抵押，从而决定是否接受将该财产用于抵押担保。因此，抵押登记有利于保护债权人的权利和保障抵押权担保功能的顺利实现，有利于保护第三人利益和维护交易安全。从本条规定来看，我国对不动产抵押权采取了登记生效主义的立法例，即抵押权的设定以登记作为生效要件，未经登记，抵押权不发生法律效力，对当事人也就没有任何约束力，更不能对抗第三人。

【司法适用】

需要注意区分抵押合同的效力和抵押权的效力。《物权法》第15条规定："当事人之间订立有关设立、变更、转让和消灭不动产物权的合同，除法律另有规定或者合同另有约定外，自合同成立时生效；未办理物权登记的，不影响合同效力。"这是采取了物权变动与其原因行为的区分原则。在抵押关系中，抵押权的设定是物权变动的情形，抵押合同的订立是物权发生变动的原因行为，属于债权关系范畴。抵押权有效，除了要求抵押合同合法有效外，还须符合物权法的公示原则。抵押合同的效力，则依据我国《民法典》"合同编"判定，登记对抵押合同的效力没有影响。

关于办理登记的不动产抵押合同的效力，《担保法司法解释》第47条规定："以依法获准尚未建造的或者正在建造中的房屋或者其他建筑物抵押的，当事人办理了抵押物登记，人民法院可以认定抵押有效。"第49条规定："以尚未办理权属证书的财产抵押的,在第一审法庭辩论终结前能够提供权利证书或者补办登记手续的,可以认定抵押有效。当事人未办理抵押物登记手续的,不得对抗第三人。”以尚未办理权属证书的财产抵押的,如果未办理抵押物登记手续,则抵押权依然成立,但是不能对抗善意第三人。

关于未办理登记的不动产抵押合同的效力,《九民会议纪要》第 60 条规定:“不动产抵押合同依法成立,但未办理抵押登记手续,债权人请求抵押人办理抵押登记手续的,人民法院依法予以支持。因抵押物灭失以及抵押物转让他人等原因不能办理抵押登记,债权人请求抵押人以抵押物的价值为限承担责任的,人民法院依法予以支持,但其范围不得超过抵押权有效设立时抵押人所应当承担的责任。”

【司法案例】

案例一

代某、朱某与甲公司案外人执行异议之诉案①

诉讼结论:购房人以所购买的房屋为在建工程抵押而非房屋抵押,尚不符合办理抵押登记的条件为由,提出排除执行异议的,法院不予支持。

法院认为:本案中,甲公司系案涉房屋的抵押权人,生效判决已认定其对案涉房屋享有优先受偿权,甲公司亦根据生效判决申请强制执行。最高人民法院《关于人民法院办理执行异议和复议案件若干问题的规定》第 27 条规定:“申请执行人对执行标的依法享有对抗案外人的担保物权等优先受偿权,人民法院对案外人提出的排除执行异议不予支持,但法律、司法解释另有规定的除外。”朱某、代某作为案外人请求排除甲公司的强制执行,便应当举证证明其对涉案房屋享有足以排除执行的民事权益。朱某、代某与乙公司签订《商品房认购协议书》时,乙公司即在合同中明示了其所购房屋存在抵押,朱某、代某明知所购房屋存在抵押仍签订上述协议,其对所购房屋未能办理过户登记明显存在过错。朱某、代某作为案外人请求排除甲公司的强制执行,提出的案涉房屋为在建工程抵押而非房屋抵押,尚不符合办理抵押登记的条件,甲公司所享有的抵押权自始无效的主张不能成立。

案例二

甲银行、乙公司金融借款合同纠纷案②

诉讼结论:在抵押登记对抵押物的范围记载不明确的情况下,应当结合抵押

---

① 参见重庆市高级人民法院(2018)渝民初 182 号民事判决书。

② 参见最高人民法院(2019)最高法民终 805 号二审民事判决书。

合同的约定进行判断。

法院认为：本案二审的争议焦点为甲银行对涉案土地上建筑物享有优先受偿权的范围如何确定。甲银行与乙公司在《最高额抵押合同》中对在建工程抵押进行了约定，并办理了在建工程抵押登记，根据《物权法》第187条的规定，抵押权自登记时设立。关于该抵押权所支配的抵押物范围，甲银行提交的证据《在建工程抵押登记证明》记载了在建工程坐落的位置以及对应的建设工程规划许可证号和建设用地规划许可证号，但对于在建工程的具体楼栋号、房号没有明确的记载。根据我国《房屋登记办法》第60条的规定，申请在建工程抵押权设立登记的，应当提交登记申请书、申请人的身份证明、抵押合同、主债权合同、建设用地使用权证书或者记载土地使用权状况的房地产权证书、建设工程规划许可证，以及其他必要的材料。抵押合同是登记机关存档备查的登记资料，利害关系人可通过查询档案资料的内容来获悉抵押物上的权利负担，故在抵押登记对抵押物的范围记载不明确的情况下，应当结合抵押合同的约定进行判断。

第四百零三条　以动产抵押的，抵押权自抵押合同生效时设立；未经登记，不得对抗善意第三人。

【条文主旨】

本条是关于动产抵押效力的规定。

【条文理解】

本条将《物权法》第188条中“以本法第一百八十条第一款第四项、第六项规定的财产或者第五项规定的正在建造的船舶、航空器抵押的”的表述改为“以动产抵押的”。也就是说，《物权法》第188条虽然也是对动产抵押效力的规定，但在表述上采用的是列举的方式。而本法直接采用概括的方式明确了动产抵押的效力。

动产抵押权设定的登记，采用了登记对抗主义，即抵押权不以登记为生效要件，但未办理登记，不得对抗善意第三人。以动产抵押的，抵押权自抵押合同生效时设立，当事人可以选择办理抵押登记，也可以选择不办理抵押登记。动产抵押之所以没有采取登记生效主义，是基于其流动性强的特点。动产物权的变动以交付为公示方法，这是符合现实需要的，若动产物权也以登记为生效要件，则将严重阻碍动产的流通，影响交易的效率。尽管动产抵押可以不办理抵押登记，但是未办理抵押登记和办理抵押登记的动产抵押的法律后果是不同的。未办理抵押登记，不得对抗善意第三人。这主要包含两层含义：其一，抵押合同签订后，若抵押人将抵押财产转让给善意第三人，则抵押权人无权追偿，但可要求抵押人提供新的担保，或要求其偿还债务。其二，抵押合同签订后，若抵押人就该抵押财产再次设定抵押，后顺位的抵押权人办理了抵押登记，在抵押权实现时，办理抵押登记的后顺位抵押权人优先于未办理登记的抵押权人对抵押财产进行受偿。可见，动产抵押财产的登记虽然不是办理抵押的生效要件，却对抵押权人的债权实现起到有利的保护作用。

【司法适用】

在司法适用中，应关注第三人范围界定问题和如何判定第三人是善意的问题。界定第三人范围，应注意第三人是对同一个抵押标的物享有物权的人，也就是说，该第三人是在抵押权人、抵押人以外与抵押财产有利害关系的人，如自抵押人处受领抵押财产的受让人、质权人等。与抵押财产没有利害关系之人如一般债权人应排除在外。

对第三人是否是善意的判断，关键在于对该第三人主观的判断。善意第三人是指在自抵押人处受让抵押财产或设定质权并转移占有等时，并不知道该财产之上已存在有抵押权人的抵押权的受让人、质权人等。[①] 此处，第三人的善意应指第三人主观上的不知情，即对该抵押财产抵押权的存在根本不知情。明知或应当知道该动产之上存在抵押权的第三人应解释为恶意。

针对章某华、郭某香民间借贷纠纷案，最高人民法院的再审审查与审判监督民事裁定书的裁判摘要指出：[②]案涉借条及借款协议分别载明以甲公司的中空设备、钢化炉设备、生产设备作为抵押物，甲公司加盖了公章，法定代表人章某玉亦签字确认，故抵押合同成立并对甲公司产生约束力。根据《物权法》第 188 条的规定，本案中，万某对甲公司中空设备、钢化炉设备、生产设备的抵押权自抵押合同生效时设立，但因未经登记，不得对抗善意第三人。

第四百零四条　以动产抵押的，不得对抗正常经营活动中已经支付合理价款并取得抵押财产的买受人。

【条文主旨】

本条是关于对动产抵押权无追及效力的规定。

---

① 参见最高人民法院物权法研究小组编著：《〈中华人民共和国物权法〉条文理解与适用》，人民法院出版社 2007 年版，第 565 页。

② 参见最高人民法院（2019）最高法民申 2501 号民事裁定书。

【条文理解】

与本条相似的规定出现在《物权法》第 189 条，本法直接删除《物权法》第 189 条第 1 款“企业、个体工商户、农业生产经营者以本法第一百八十一条规定的动产抵押的，应当向抵押人住所地的工商行政管理部门办理登记。抵押权自抵押合同生效时设立；未经登记，不得对抗善意第三人”的规定，并将第 2 款中的“依照本法第一百八十一条规定抵押的”改为“以动产抵押的”。可以看出，《物权法》第 189 条虽然也对买受人权利不受追及给予了相似规定，但限于浮动抵押权的行使。本法将标的物扩大到动产的范围，对所有动产抵押采取买受人权利不受追及的保护方式，实际上是确立了一项新的制度，即动产抵押权无追及效力的制度，是立法的创新。

依照本规定，在正常经营活动中已支付合理价款并取得抵押财产的买受人，可以此为由，对抗该动产的抵押权人行使抵押权。由于抵押期间不转移抵押财产的占有，抵押人可以占有、使用、处分抵押财产。在正常经营活动中，抵押的动产往往是生产设备、原材料、产品等，这些动产经常处于流动状态，且只有通过正常交易活动，才能实现这些财产的价值，从而保证抵押人的生产经营活动良性运转，提高经济流转的效率。但抵押权人出于自身利益的考虑，往往会干涉抵押人的正常经营，进而损害买受人利益。所以，本条规定是为了保护抵押人和买受人的正当权利，对抵押权人行使抵押权给予了一定限制；同时又通过对抵押人和买受人行使权利设置一定的限制条件，来平衡各方利益。

【司法适用】

动产抵押办理登记后，可以产生对抗善意第三人的效力，但是却不得对抗正常经营活动中已支付价款并取得抵押财产占有的买受人。该条款的适用需要满足以下条件：(1)该抵押财产的买受人支付了合理价款。支付合理价款是买受人购买该抵押财产不受追及的前提条件，若买受人以明显低于市场价的价格购买了抵押财产，那就不属于支付了合理价款。(2)买受人已取得抵押财产。也就是说抵押财产的所有权已转移给了买受人。(3)必须是出于正常经营活动的需要。

这里需要提及的是，动产抵押的登记机构在立法上的变化。《物权法》第 189 条第 1 款中规定：“企业、个体工商户、农业生产经营者以本法第一百八十一条规定的动产抵押的，应当向抵押人住所地的工商行政管理部门办理登记。”2016 年修订的《动产抵押登记办法》第 2 条第 1 款中进一步明确规定：“企业、个体工商户、农业生产经营者以《中华人民共和国物权法》第一百八十条第一款第四项、第一百八十一条规定的动产抵押的，应当向抵押人住所地的县级工商行政管理部门（以下简称登记机关）办理登记。”但是，2019 年修订的《动产抵押登记办法》第 2 条改变了这一规定:“企业、个体工商户、农业生产经营者以《中华人民共和国物权法》第一百八十条第一款第四项、第一百八十一条规定的动产抵押的,应当向抵押人住所地的县级市场监督管理部门(以下简称登记机关)办理登记……”除了对生产设备、原材料、半成品、产品的抵押登记机关进行规定,关于交通工具的抵押登记程序和登记部门的规定也散见于各部门法。如公安部颁布的《机动车登记规定》第22条规定:“机动车所有人将机动车作为抵押物抵押的,应当向登记地车辆管理所申请抵押登记;抵押权消灭的,应当向登记地车辆管理所申请解除抵押登记。”《海商法》第13条第1款规定:“设定船舶抵押权,由抵押权人和抵押人共同向船舶登记机关办理抵押权登记;未经登记的,不得对抗第三人。”《民用航空法》第16条则规定:“设定民用航空器抵押权,由抵押权人和抵押人共同向国务院民用航空主管部门办理抵押权登记;未经登记的,不得对抗第三人。”如此种种,无论是动产抵押登记还是权利质押登记,我国登记机关的种类多达十几个,且不同的登记机关有不同的登记要求和登记办法。可见,我国动产担保的登记机构极为分散,没有一个统一的登记标准和程序,极易造成动产登记困难和登记成本高,也直接影响到信息披露的充分性,不利于交易的安全有序,也阻碍了中小企业融资和动产担保交易的发展。因此,建立和完善统一的动产担保登记制度势在必行。本法未对动产抵押的登记机构作出规定,是为建立统一的动产担保登记制度留下空间。

第四百零五条　抵押权设立前,抵押财产已经出租并转移占有的,原租赁关系不受该抵押权的影响。

【条文主旨】

本条是关于抵押权和租赁权关系的规定。

【条文理解】

租赁权,是承租人依照租赁合同的约定,对租赁物品进行占有、使用、收益的权利。抵押权不转移标的物的占有,追求的是抵押财产的交换价值;租赁权则转移标的物的占有,追求的是租赁物的使用价值。当二者同存于一物,抵押人不能履行到期债务,抵押权人要将抵押财产拍卖变卖时,就关系到承租人能否继续租用该财产,影响到承租人的利益,从而导致抵押权与租赁权的冲突。在权利属性上,租赁权是债权,抵押权是物权,对此,我国立法采取了“买卖不破租赁”的处理规则。根据该规则,租赁关系成立后,即使出租人将租赁财产转让给第三人,该租赁财产上承载的原租赁关系对受让人仍然有效,承租人仍可向受让人主张租赁权,受让人取得的是一项有租赁权负担的财产所有权。同理,在抵押权设立前租赁权已经存在的,原租赁关系不因抵押权的存在而受到影响,租赁权可以对抗抵押权继续有效存在。法律这样规定的目的在于保护承租人的合法权益,防止抵押人通过设立抵押权终止租赁关系或妨碍承租人行使优先购买权。

【司法适用】

本条与《物权法》第 190 条规定的不同之处,主要是将《物权法》第 190 条第一句中的“订立抵押合同前抵押财产已出租的”改为“抵押权设立前,抵押财产已经出租并转移占有的”,并删除《物权法》第 190 条第二句“抵押权设立后抵押财产出租的,该租赁关系不得对抗已登记的抵押权”。第一句之所以作出这样的修改,是因为仅以订立抵押合同这一时间点来判断抵押权与租赁权设立的先后并不合理。我国对不动产和动产抵押权的设立采取的立法态度是不同的,分别采取了登记生效主义和登记对抗主义。在登记对抗主义情形下,抵押合同生效的,抵押权设立;但在登记生效主义的情形下,以抵押登记作为抵押权设立的要件。至于在“抵押财产已出租”后面增加“并转移占有”,则是因为占有作为一种物权公示方法能够将租赁关系予以公示,从而使抵押权人知悉租赁关系的存在。因此,本法的修改使得文义表述更为严谨。

本条删除的《物权法》第 190 条第二句是对先抵押后租赁的处理方式,本法没有作出规定。《担保法司法解释》第 66 条规定:“抵押人将已抵押的财产出租的,抵押权实现后,租赁合同对受让人不具有约束力。抵押人将已抵押的财产出租时,如果抵押人未书面告知承租人该财产已抵押的,抵押人对出租抵押物造成承租人的损失承担赔偿责任;如果抵押人已书面告知承租人该财产已抵押的,抵押权实现造成承租人的损失,由承租人自己承担。”《城镇房屋租赁司法解释》第 20 条规定:“租赁房屋在租赁期间发生所有权变动,承租人请求房屋受让人继续履行原租赁合同的,人民法院应予支持。但租赁房屋具有下列情形或者当事人另有约定的除外:(一)房屋在出租前已设立抵押权,因抵押权人实现抵押权发生所有权变动的;(二)房屋在出租前已被人民法院依法查封的。”

本条司法适用中还应注意如何协调抵押权人与承租人优先购买权的冲突。在已出租的财产上设立抵押的,租赁权不受抵押权的影响。当实现抵押权时,抵押权人想通过抵押权取得抵押财产的所有权时,其抵押权会与承租人的优先购买权产生冲突。在抵押人(出租人)折价、变卖、拍卖抵押财产(租赁物)以实现抵押权时,须在合理期限通知承租人,否则就会侵犯其优先购买权。抵押权人若想取得抵押财产的所有权,须在承租人放弃优先购买权的前提下才能实现。因此,承租人的优先购买权优于抵押权人的抵押权。

【司法案例】

甲公司与乙公司、吴某冲等案外人执行异议案①

诉讼结论：对于抵押权设立后抵押财产出租的，该租赁关系不得对抗已登记的抵押权。

法院认为：本案审查的焦点之一是甲公司对执行标的的租赁权能否排除向买受人交付该不动产的执行问题。根据《物权法》第190条、《城镇房屋租赁司法解释》第20条、《担保法司法解释》第66条的规定，抵押权设立后抵押财产出租的，该租赁关系不得对抗已登记的抵押权，抵押权实现后，租赁合同对受让人不具有约束力，承租人请求房屋受让人继续履行原租赁合同的，人民法院不予支持。案涉房产第一顺序抵押权人丙银行设立抵押权的时间为2013年1月28日，第二顺序抵押权人洪某斌的抵押权设立时间为2013年12月2日，二者均办理了抵押权登记。甲公司提供的租赁合同显示，其签署该合同的时间系2013年12月16日，可见，该租赁关系成立于抵押权后。根据上述规定，抵押权人在实现抵押权时，抵押物上设立的租赁关系对买受人不具有约束力。

第四百零六条　抵押期间，抵押人可以转让抵押财产。当事人另有约定的，按照其约定。抵押财产转让的，抵押权不受影响。

抵押人转让抵押财产的，应当及时通知抵押权人。抵押权人能够证明抵押财产转让可能损害抵押权的，可以请求抵押人将转让所得的价款向抵押权人提前清偿债务或者提存。转让的价款超过债权数额的部分归抵押人所有，不足部分由债务人清偿。

【条文主旨】

本条是关于抵押财产处分的规定。

【条文理解】

抵押财产的转让是抵押财产处分的一种情形，它既有利于发挥抵押财产的效用，又能使抵押财产的使用价值和交换价值相结合，可以说充分体现了物权法“物尽其用”的价值目标。关于在未经抵押权人同意的情况下，抵押人是否可以转让

① 参见最高人民法院（2016）最高法民申3536号民事裁定书。

抵押财产，存在两种观点，即自由转让说和限制转让说。自由转让说认为，抵押财产的转让无须经抵押权人的同意，因为抵押权是支配抵押财产交换价值的权利，抵押人对抵押物的处分，对抵押财产的交换价值没有影响，故无干涉之必要。抵押权作为物权的一种，具有物权的绝对效力，理应允许抵押财产的自由转让。限制转让说则出于保障抵押权人利益的目的，认为如果未经抵押权人的同意允许抵押财产的自由转让，则极易导致欺诈行为的发生，因此，抵押人转让抵押财产须取得抵押权人的同意。

相较于《物权法》第 191 条，本条规定有了重大变化。《物权法》第 191 条规定："抵押期间，抵押人经抵押权人同意转让抵押财产的，应当将转让所得的价款向抵押权人提前清偿债务或者提存。转让的价款超过债权数额的部分归抵押人所有，不足部分由债务人清偿。抵押期间，抵押人未经抵押权人同意，不得转让抵押财产，但受让人代为清偿债务消灭抵押权的除外。"二者不同之处主要在于：《物权法》第 191 条采纳了限制转让说，要求抵押期间抵押人转让抵押财产须经抵押权人同意，且应将转让所得价款向抵押权人提前清偿债务或提存。抵押人未经抵押权人同意，不得转让抵押财产。而本法采用了自由转让说，规定抵押期间抵押人转让抵押财产的，只需通知抵押权人，无须经抵押权人同意。只有抵押权人能够证明抵押财产转让可能损害抵押权的，才可以请求抵押人将转让所得的价款向抵押权人提前清偿债务或者提存。我们认为，本法的规定更有利于保障各方权利主体利益的平衡，且能更好地体现立法目的。一方面，允许抵押人可以不经过抵押权人的同意转让抵押财产，能够通过流转实现抵押财产的保值和增值，有助于发挥物之效能。另一方面，为了防止抵押人对抵押财产的自由转让会对抵押权人的权益造成损害，赋予抵押权人请求抵押人提前清偿债务或提存的权利。但同样为了防止抵押权人对该项权利的滥用，规定只有抵押权人能够证明抵押财产转让可能损害抵押权的，方可行使这项权利。

另外，为了尊重当事人的意思自治，本条规定："当事人另有约定的，按照其约定。"即抵押权人和抵押人可以约定，在抵押期间，抵押人未经抵押权人同意，不得转让抵押财产。但需注意的是，该约定不能对抗善意第三人。

【司法适用】

在司法适用中，应注意我国对抵押财产转移问题的立法态度。我国在抵押财产转移制度上经历了从严格限制到逐渐放宽的过程。已被废除的《民通意见》第 115 条规定："抵押物如由抵押人自己占有并负责保管，在抵押期间，非经债权人同意，抵押人将同一抵押物转让他人，或者就抵押物价值已设置抵押部分再作抵押的，其行为无效。"该规定显然是对抵押财产持限制转让的态度。《担保法》第 49

条第1款对此作出一定改变："抵押期间，抵押人转让已办理登记的抵押物的，应当通知抵押权人并告知受让人转让物已经抵押的情况；抵押人未通知抵押权人或者未告知受让人的，转让行为无效。"《担保法司法解释》第67条对此又有进一步突破："抵押权存续期间，抵押人转让抵押物未通知抵押权人或者未告知受让人的，如果抵押物已经登记的，抵押权人仍可以行使抵押权；取得抵押物所有权的受让人，可以代替债务人清偿其全部债务，使抵押权消灭。受让人清偿债务后可以向抵押人追偿。如果抵押物未经登记的，抵押权不得对抗受让人，因此给抵押权人造成损失的，由抵押人承担赔偿责任。"《物权法》第191条虽规定"抵押期间，抵押人未经抵押权人同意，不得转让抵押财产"，但也作出了例外规定，即"受让人代为清偿债务消灭抵押权的除外"。2016年11月30日颁布的《第八次全国法院民事商事审判工作会议（民事部分）纪要》第14条又对《物权法》第191条第2款涉及的抵押财产转让合同的效力进一步作出说明："物权法第一百九十一条第二款并非针对抵押财产转让合同的效力性强制性规定，当事人仅以转让抵押房地产未经抵押权人同意为由，请求确认转让合同无效的，不予支持。受让人在抵押登记未涂销时要求办理过户登记的，不予支持。"而本法对抵押财产转让持更为宽松的立法态度，适应了我国市场经济条件下对物尽其用的价值追求。

第四百零七条　抵押权不得与债权分离而单独转让或者作为其他债权的担保。债权转让的，担保该债权的抵押权一并转让，但是法律另有规定或者当事人另有约定的除外。

【条文主旨】

本条是关于抵押权处分从属性的规定。

【条文理解】

设立抵押权制度是为了担保债权的实现。抵押权从属于债权，有债权才有抵押权，没有债权，抵押权就失去了存在的意义。除了在成立时抵押权依附于债权，在转让时抵押权亦随债权的转移发生转移。本条规定包含两层含义，具体阐述如下。

其一，抵押权不得与债权分离而单独转让。（1）抵押权人不得仅保留主债权而单独转让抵押权。（2）抵押权人不得仅保留抵押权而单独转让主债权。通常情况下，抵押权所担保的主债权发生转让，抵押权应随之一同转让，无须征得抵押人的同意。但例外情况是法律另有规定或当事人另有约定。例如，《物权法》第204

条规定:"最高额抵押担保的债权确定前,部分债权转让的,最高额抵押权不得转让,但当事人另有约定的除外。"法律对最高额抵押权担保的债权转让的规定就属于"法律另有规定"的内容。"当事人另有约定",既可以是抵押权人在转让债权时,与受让人约定只转让债权而不转让担保该债权的抵押权,这种情形大多发生在债权的部分转让时;也可以是第三人专为特定的债权人设定抵押时,该第三人与债权人约定,被担保债权的转让未经其同意的,抵押权因债权的转让而消灭。①

其二,抵押权不得与债权分离作为其他债权的担保。(1)抵押权人不得自己保留主债权,而仅以抵押权作为其他债权的担保。(2)抵押权人主债权和抵押权分别作为不同债权的担保时,以主债权设定质权的部分,应认定为无抵押权担保的债权质权;以抵押权设定担保的部分,应认定为无效。

【司法适用】

抵押权的从属性作为担保物权的一项特性被我国立法长期固定下来。1995年实施的《担保法》第50条也强调了抵押权转移的从属性:"抵押权不得与债权分离而单独转让或者作为其他债权的担保。"1999年实施的《合同法》第81条则规定:"债权人转让权利的,受让人取得与债权有关的从权利,但该从权利专属于债权人自身的除外。"而2019年颁布的《九民会议纪要》第62条更是作了进一步阐释:"抵押权是从属于主合同的从权利,根据'从随主'规则,债权转让的,除法律另有规定或者当事人另有约定外,担保该债权的抵押权一并转让。受让人向抵押人主张行使抵押权,抵押人以受让人不是抵押合同的当事人、未办理变更登记等为由提出抗辩的,人民法院不予支持。"因此,抵押权作为债权的从权利,不得与债权分离而单独转让。要注意的是,法律并非禁止抵押权人处分抵押权,抵押权人可以让与抵押权,或者以该抵押权再为他人设定担保。只是因为抵押权是其所担保的债权的从权利,所以在转让时应与其主债权一同转让;若以抵押权再设定担保,也应随同其担保的主债权一同设定担保。

【司法案例】

某省农牧良种场与吴某录、呼某宁、甲公司等金融借款合同纠纷案②

诉讼结论:债权转让的,担保该债权的抵押权一并转让。

法院认为:本案争议焦点之一是涉案抵押担保合同对甲公司是否发生法律效力的问题。依据《物权法》第192条的规定,债权转让的,担保该债权的抵押权一

① 胡康生主编:《中华人民共和国物权法释义》,法律出版社2007年版,第420页。

② 参见陕西省高级人民法院(2018)陕民终913号二审民事判决书。

并转让。2016 年 12 月 21 日，乙银行与甲公司签订《债权转让协议》，将涉案借款合同债权转让给甲公司，并履行通知义务。甲公司依法享有涉案合同项下主债权以及担保权。良某某主张主债权转让后，抵押权应当重新办理抵押登记的理由，没有法律依据。

第四百零八条　抵押人的行为足以使抵押财产价值减少的，抵押权人有权请求抵押人停止其行为；抵押财产价值减少的，抵押权人有权请求恢复抵押财产的价值，或者提供与减少的价值相应的担保。抵押人不恢复抵押财产的价值，也不提供担保的，抵押权人有权请求债务人提前清偿债务。

【条文主旨】

本条是关于抵押权保护的规定。

【条文理解】

抵押权是为抵押权人的利益设立的担保权，当抵押人的行为足以造成或已经造成抵押财产价值减少时，实际上已经构成了对抵押权人权益的侵犯，抵押权人有权采取一系列措施来保障自己的权利。具体来说，抵押权人应当有保全抵押财产价值和维护抵押担保效力的权利。

第一，在抵押人的行为足以造成抵押财产价值减少的情形下，抵押权人有权要求抵押人停止其行为。此种情形下，抵押人的行为虽尚未造成抵押财产价值减少，但为了避免其行为的继续造成抵押财产价值的减损，法律赋予了抵押权人对抵押财产价值减少的防止权。防止权的行使需具备两个条件：一是足以造成抵押财产价值减少的行为是抵押人的行为；二是抵押人的行为确实有造成抵押财产减少的可能。抵押人足以造成抵押财产价值减损的行为或出于故意，或出于过失，或是作为的行为，或是不作为的行为。

第二，在抵押人的行为已经造成抵押财产价值减少的情形下，抵押人因故意或过失造成抵押财产价值减少的，抵押权人有权要求恢复抵押财产的价值，如要求抵押人修复破损的房屋。若有些财产价值难以恢复或恢复成本过高，则抵押权人有权要求抵押人提供与减少的价值相应的担保，担保方式可以是保证，也可以是以其他的财产设定抵押权、质权。此种场合下，抵押权人是要求恢复抵押财产的价值，还是要求提供相应的担保，由其选择决定。经抵押权人要求，抵押人不恢复抵押财产的价值也不提供担保的，抵押权人为维护自己的权益，有权要求债务人提前清偿债务。

【司法适用】

《担保法司法解释》第 70 条也有相似规定:“抵押人的行为足以使抵押物价值减少的,抵押权人请求抵押人恢复原状或提供担保遭到拒绝时,抵押权人可以请求债务人履行债务,也可以请求提前行使抵押权。”司法实践中需要注意的是,在抵押人无过错的情况下,如因不可抗力、意外事件或第三人原因导致抵押财产价值减损,抵押人是否应承担恢复抵押财产原价值或提供价值相当的担保的责任。关于这一点,《物权法》第 174 条规定:“担保期间,担保财产毁损、灭失或者被征收等,担保物权人可以就获得的保险金、赔偿金或者补偿金等优先受偿。被担保债权的履行期未届满的,也可以提存该保险金、赔偿金或者补偿金等。”据此,抵押权人可以对因抵押财产毁损、灭失或者被征收而获得的保险金、赔偿金或补偿金优先受偿或提存。另外,因抵押人的正常使用、收益、处分等行为造成的抵押财产价值的减损,属抵押财产自身价值的合理损耗,也不应归入此种情形。

第四百零九条　抵押权人可以放弃抵押权或者抵押权的顺位。抵押权人与抵押人可以协议变更抵押权顺位以及被担保的债权数额等内容。但是,抵押权的变更未经其他抵押权人书面同意的,不得对其他抵押权人产生不利影响。

债务人以自己的财产设定抵押,抵押权人放弃该抵押权、抵押权顺位或者变更抵押权的,其他担保人在抵押权人丧失优先受偿权益的范围内免除担保责任,但是其他担保人承诺仍然提供担保的除外。

【条文主旨】

本条是关于抵押权及其顺位的处分的规定。

【条文理解】

抵押权为一种可就抵押财产享受优先受偿权的担保物权,对于抵押权,抵押权人有权放弃。抵押权顺位是抵押权人对抵押财产优先受偿的顺序,抵押权人也可放弃抵押权顺位。放弃抵押权顺位后,抵押权人不再享受优先受偿次序利益,成为最后顺位的抵押权人,原本在其后顺位的抵押权人依次向前递进。放弃抵押权或抵押权顺位是抵押权人对自己私人权益的处分,不会对其他人的权益产生影响,因此无须经过抵押人的同意。抵押权一经放弃,即归于消灭。

抵押权人和抵押人也可协议变更抵押权顺位以及被担保的债权数额。变更抵押权顺位是指同一抵押财产上数个抵押权人的抵押权顺序予以互换。抵押权顺位的变更可能会对其他抵押权人的优先受偿权产生不利影响,如将第二顺位的抵押权人变更为第一顺位,则原第一顺位的抵押权人就无法对抵押财产先于他人享有优先受偿权。变更被担保的债权数额同样也可能会加重其他抵押权人的负担或减少他们的利益,如增加被担保的债权数额,很可能导致后顺位的抵押权人的优先清偿额度减少。因此,本条规定抵押权的变更,未经其他抵押权人书面同意,不得对其他抵押权人产生不利影响。

本条第 2 款规定的是被担保的债权既有债务人以自己财产设定的抵押担保,又有其他担保的情形。《物权法》第 176 条规定:“被担保的债权既有物的担保又有人的担保的,债务人不履行到期债务或者发生当事人约定的实现担保物权的情形,债权人应当按照约定实现债权;没有约定或者约定不明确,债务人自己提供物的担保的,债权人应当先就该物的担保实现债权……”根据上述法律规定,当债务人不履行到期债务或发生当事人约定的实现抵押权的情形时,债权人应首先就债务人自己财产设定的抵押担保实现债权。如果因抵押权的行使而清偿了所有的债务,则债权人便不必再向其他担保人追偿;如果因抵押权的行使而清偿了部分债务,则债权人也仅需就未清偿部分向其他担保人追偿。但是,若抵押权人放弃该抵押权、抵押权顺位或变更抵押权,抵押权人就会丧失优先受偿的权利或减少优先受偿的范围,那么其丧失优先受偿权或优先受偿范围减少的这部分担保责任便会转嫁到其他担保人,这样势必加重其他担保人的负担,显然不公。故而本条规定,此种情形下,其他担保人在抵押权人丧失优先受偿权益的范围内免除担保责任。例外规定是其他担保人承诺仍然提供担保的,其担保责任不予免除。

【司法适用】

司法实践中,关于抵押权人放弃顺位的效力问题,主要有两种情形,这两种情形的处理结果是不同的。一种是先顺位抵押权人为了特定后顺位抵押权人的利益主动放弃自己优先受偿的顺位,此种情形下,其他抵押权人的顺位没有变动,放弃先顺位的抵押权人与该特定后顺位抵押权人成为同一顺位,将他们应受分配的金额合计后,按照各自债权额的比例予以分配。另一种是先顺位的抵押权人并非为了特定后顺位抵押权人的利益放弃自己优先受偿的顺位,而是彻底放弃自己的顺位,则后顺位的抵押权人的顺位依次上升,放弃顺位的先顺位抵押权人退居于最后的顺位。

相似的规定还存在于《担保法司法解释》第 75 条、第 78 条。第 75 条规定:“同一债权有两个以上抵押人的,债权人放弃债务人提供的抵押担保的,其他抵押人可以请求人民法院减轻或者免除其应当承担的担保责任。同一债权有两个以上抵押人的,当事人对其提供的抵押财产所担保的债权份额或者顺序没有约定或者约定不明的，抵押权人可以就其中任一或者各个财产行使抵押权。抵押人承担担保责任后，可以向债务人追偿，也可以要求其他抵押人清偿其应当承担的份额。”第 78 条规定：“同一财产向两个以上债权人抵押的，顺序在后的抵押权所担保的债权先到期的，抵押权人只能就抵押物价值超出顺序在先的抵押担保债权的部分受偿。顺序在先的抵押权所担保的债权先到期的，抵押权实现后的剩余价款应予提存，留待清偿顺序在后的抵押担保债权。”

第四百一十条　债务人不履行到期债务或者发生当事人约定的实现抵押权的情形，抵押权人可以与抵押人协议以抵押财产折价或者以拍卖、变卖该抵押财产所得的价款优先受偿。协议损害其他债权人利益的，其他债权人可以请求人民法院撤销该协议。

抵押权人与抵押人未就抵押权实现方式达成协议的，抵押权人可以请求人民法院拍卖、变卖抵押财产。

抵押财产折价或者变卖的，应当参照市场价格。

【条文主旨】

本条是关于抵押权实现的规定。

【条文理解】

本条规定抵押权实现的条件有两个：(1)债务履行期限届满，债务人不履行其债务。若在债务履行期限届满前，债务人就履行了债务，债权人的债权得以实现，就不会发生抵押权实现的问题。(2)发生当事人约定的实现抵押权的情形。即使不满足债务人不履行到期债务这个条件，抵押权人和抵押人也可就抵押权实现的情形通过协议予以约定。这充分体现了民事主体法律地位平等原则及意思自治原则。

关于抵押财产的实现方式，本条规定了折价、拍卖、变卖三种方式。(1)折价方式。即抵押权人与抵押人协议，将抵押财产参照市场价格予以作价，把抵押财产所有权转移给抵押权人，从而实现债权。(2)拍卖方式。拍卖是指众多购买者通过公开竞争的方式向出卖方购买标的物。当事人可以选择委托拍卖机构拍卖，抵押权人就拍卖价款优先受偿；抵押权人和抵押人也可能因抵押权争议诉诸法院，法院依照法定程序对抵押财产进行强制性拍卖。(3)变卖方式。变卖是指以拍卖以外的生活中一般买卖形式对抵押财产予以出卖，换取价款。为保证抵押人和其他债权人的利益不受到损害，本条第 3 款规定，变卖方式也应参照市场价格。

抵押权人和抵押人的协议无视其他权利,或以不合理的价款折价、拍卖、变卖抵押财产,损害其他债权人利益的,其他债权人可以请求人民法院撤销该协议。需要注意的是,对于协议损害其他债权人利益,其他债权人请求人民法院撤销该协议的,本法删除了《物权法》第195条"在知道或者应当知道撤销事由之日起一年内"的限制。

【司法适用】

关于担保物权实现的申请条件,《民事诉讼法》第196条规定:"申请实现担保物权,由担保物权人以及其他有权请求实现担保物权的人依照物权法等法律,向担保财产所在地或者担保物权登记地基层人民法院提出。"对于法院受理实现担保物权的申请后的处理,第197条规定:"人民法院受理申请后,经审查,符合法律规定的,裁定拍卖、变卖担保财产,当事人依据该裁定可以向人民法院申请执行;不符合法律规定的,裁定驳回申请,当事人可以向人民法院提起诉讼。"

对抵押权人求助司法程序来实现抵押权的情形,应注意协议实现抵押权并非抵押权提起诉讼的必经程序,在抵押权实现条件全部满足时,抵押权人可直接向人民法院起诉,而不必与抵押人先行商议。另外,"抵押权人与抵押人未就抵押权实现方式达成协议的,抵押权人可以请求人民法院拍卖、变卖抵押财产"的规定简化了抵押权的实现程序,当事人之间如果对债务履行期满债权未受清偿的事实没有异议,仅对通过何种方式实现抵押权有争议,抵押权人可不必向人民法院提起诉讼,而直接请求人民法院拍卖、变卖抵押财产。

司法实践中,担保物的价值并非总与所担保债权的数额相等。《担保法司法解释》第73条规定:"抵押物折价或者拍卖、变卖该抵押物的价款低于抵押权设定时约定价值的,应当按照抵押物实现的价值进行清偿。不足清偿的剩余部分,由债务人清偿。"因此,在债务人与抵押人不是同一人的场合,对于抵押人而言,仅以抵押物的价值为限对所担保的债权承担担保责任。至于抵押权实现后所得价款的清偿顺序,《担保法司法解释》第74条规定:"抵押物折价或者拍卖、变卖所得的价款,当事人没有约定的,按下列顺序清偿:(一)实现抵押权的费用;(二)主债权的利息;(三)主债权。"

对于抵押物灭失、毁损或者被征用的情况下如何实现抵押权的问题,《担保法》第58条规定:"抵押权因抵押物灭失而消灭。因灭失所得的赔偿金,应当作为抵押财产。"《担保法司法解释》第80条规定:"在抵押物灭失、毁损或者被征用的情况下,抵押权人可以就该抵押物的保险金、赔偿金或者补偿金优先受偿。抵押物灭失、毁损或者被征用的情况下,抵押权所担保的债权未届清偿期的,抵押权人可以请求人民法院对保险金、赔偿金或补偿金等采取保全措施。"

第四百一十一条　依据本法第三百九十六条规定设定抵押的，抵押财产自下列情形之一发生时确定：

（一）债务履行期限届满，债权未实现；

（二）抵押人被宣告破产或者解散；

（三）当事人约定的实现抵押权的情形；

（四）严重影响债权实现的其他情形。

【条文主旨】

本条是关于浮动抵押财产确定的规定。

【条文理解】

本条规定将《物权法》第196条第2项"被撤销"修改为"解散"。本法第396条对浮动抵押的规定是："企业、个体工商户、农业生产经营者可以将现有的以及将有的生产设备、原材料、半成品、产品抵押，债务人不履行到期债务或者发生当事人约定的实现抵押权的情形，债权人有权就抵押财产确定时的动产优先受偿。"可见，浮动抵押区别于一般抵押的重要特征是：浮动抵押的财产范围不仅包括现有财产，还包括将有的财产，在抵押期间，抵押财产是不断变化的。但是，只有确定抵押财产，抵押权人才能通过将抵押财产折价、拍卖、变卖来实现抵押权。所以，浮动抵押财产的确定是抵押权人实现抵押权的前提。

根据本条规定，浮动抵押财产确定的四种情形分别是：（1）债务履行期届满，债权未实现。浮动抵押的设置是为了保障抵押人将财产抵押后，在抵押期间还能不受到抵押权人干扰而正常经营。但是当债务履行期届满，债权没有得到实现，如果还任由抵押人继续处分抵押财产，便可能损害抵押权人的利益。因此，此种情形下，抵押财产确定。（2）抵押人被宣告破产或者解散清算时。抵押人被宣告破产或解散清算时，抵押人停止营业活动，进入清算程序，其财产予以固定，抵押财产也随之确定。（3）当事人约定的实现抵押权的情形。为了保障自己的债权得到顺利清偿，抵押权人可以和抵押人约定提前实现抵押权的情形，当发生这些情形时，抵押财产确定。（4）严重影响债权实现的其他情形。严重影响债权实现的情形有多种，既可以是因经营不善导致抵押人经营状况恶化或者严重亏损；也可以是因抵押人放弃其到期债权、无偿转让财产或者以明显不合理的低价转让财产，致使其财产明显减少；还可以是抵押人为逃避债务而隐匿、转移财产。[①] 无论

① 参见胡康生主编：《中华人民共和国物权法释义》，法律出版社2007年版，第431页。

是哪种行为，只要严重影响债权实现，抵押权人都可向抵押人要求确定抵押财产，实现抵押权。

【司法适用】

司法实践中，应注意区分抵押财产的确定时间和当事人约定实现抵押权的时间。抵押财产的确定时间，是在当事人没有就实现抵押权的时间作约定的情况下作出的法定补充条款，具有法定指引性。当事人约定实现抵押权的时间，是为了适应市场与交易的灵活性，允许当事人参照法定抵押财产确定条款就抵押权实现时间作出约定。虽然浮动抵押不具有固定特征，但只要发生该条规定中的四种情形之一，抵押财产就予以确定。包括当事人约定的实现抵押权情形一旦发生，浮动抵押的抵押财产即刻确定。

第四百一十二条　债务人不履行到期债务或者发生当事人约定的实现抵押权的情形，致使抵押财产被人民法院依法扣押的，自扣押之日起，抵押权人有权收取该抵押财产的天然孳息或者法定孳息，但是抵押权人未通知应当清偿法定孳息义务人的除外。

前款规定的孳息应当先充抵收取孳息的费用。

【条文主旨】

本条是关于抵押权对抵押财产孳息效力的规定。

【条文理解】

抵押财产的孳息，是指由抵押财产产生的收益，其分为天然孳息和法定孳息。天然孳息，是物根据其自然属性所产生的收益，如果树结出的果实、牲畜产下的幼畜等。法定孳息则是依法律关系而产生的收益，如出租人根据租赁合同收取的租金、贷款人根据贷款合同获得的利息等。抵押权设立后，由于抵押财产依然由抵押人占有、使用、收益，故抵押财产产生的孳息仍归抵押人所有。

但是，当债务人不履行到期债务或者发生当事人约定的实现抵押权的情形，致使抵押财产被人民法院依法扣押时，抵押权实际已开始实行。此时，抵押人丧失了对抵押财产的占有、使用、收益的权利，抵押权人取得对抵押财产占有、使用、收益的权利，尽管可能因争议致使抵押财产被人民法院依法扣押，抵押权人的上述权益也是通过人民法院代为占有的形式体现，所以本条规定自抵押之日起抵押权人有权收取该抵押财产的天然孳息或者法定孳息。

【司法适用】

司法实践中应注意,抵押权的效力及与抵押财产的孳息须具备两个条件:一是自抵押财产扣押之日起,抵押权人才能收取孳息;二是抵押财产被扣押后,抵押权人须通知应当清偿法定孳息的义务人。负有清偿法定孳息的义务人承担的是向抵押人给付孳息的义务,在对抵押关系或抵押财产已被扣押的事实不知情的情况下,会继续向抵押人给付孳息。因此,抵押权人须在抵押财产被扣押后,将扣押事实通知义务人。由于收取孳息可能要支出一部分费用,收取的孳息应先冲抵收取孳息的费用,再与抵押财产共同用于清偿抵押权人的债权。

【司法案例】

甲公司与朱某、乙公司房屋租赁合同纠纷案①

诉讼结论:对本条中的"抵押财产被人民法院依法扣押"进行认定时,应结合抵押权的特征与性质,将法院对不动产查封的行为与扣押行为予以同等理解。

法院认为:本案的主要争议是,涉案抵押物被法院依法查封,是否属于《物权法》第197条以及《担保法》第47条规定的"抵押财产被人民法院依法扣押"的情形。查封与扣押均系法院为防止当事人处分、转移财产而对财产采取的强制措施,其法律意义并无本质区别,根据"相类似者应作相同处理"的理念,对法院查封行为也应与扣押行为作同等理解。而且,本案抵押物属于不动产,抵押物不转移占有是抵押权的基本特征之一,实践中对不动产也多采取查封而不是扣押的强制措施。因此,在本案抵押权人以诉讼方式实现抵押权时,法院依申请对涉案房产采取查封的保全措施后,抵押权的效力及于该房产自查封之日起所产生的租金。

第四百一十三条　抵押财产折价或者拍卖、变卖后,其价款超过债权数额的部分归抵押人所有,不足部分由债务人清偿。

【条文主旨】

本条是关于抵押财产变价后处理的规定。

【条文理解】

本条款对《物权法》第198条规定没有变动。抵押权的设立目的在于担保主

① 参见浙江省高级人民法院(2017)浙民申614号民事裁定书。

债权的履行与清偿。抵押财产按照本法规定的方式和程序折价或者拍卖、变卖后，抵押财产变现的价款数额可能超过债权数额，也可能不足以清偿债权。具体阐述如下：(1)变现的价款数额超过债权数额的，超过部分归抵押人所有。抵押人是债务人的，超过债权数额部分价款归债务人；抵押人是第三人的，超过部分价款返还给第三人。(2)变现的价款不足以清偿债权的，不足部分由债务人清偿。此种情形下，无论抵押人是债务人还是第三人，抵押财产变现的价款不足以清偿债权的，不足部分都由债务人清偿。如此规定是因为抵押人是第三人的，其对抵押权人承担的只是物的担保责任，不负有债务，所以不能与债务人共同承担债务的清偿责任。

【司法适用】

在适用本条规定时，应注意对抵押财产价值计算时间的确定。计算抵押财产价值的时间应明确为抵押权实现时，而非抵押权设定时。当事人设定抵押时，未对抵押财产进行评估或评估失误，后因市场波动等原因导致抵押财产价值发生变动，应在实现抵押权时对抵押财产价值进行重新评估，并以此时的估价为准。若此时估价比当事人设定抵押时约定的价值低，抵押权人无权按照设定抵押时的约定价值要求抵押人补充差额；若此时估价高于当事人设定抵押时约定的价值，抵押人也无权要求增加的价值脱离担保。

【司法案例】

甲银行、乙公司金融借款合同纠纷案[①]

诉讼结论：抵押财产的变价款不足清偿债务的，不足部分的债务由债务人承担，与抵押人无关。

法院认为：根据《物权法》第198条的规定，本案中，抵押财产的变价款不足清偿债务的，不足部分的债务与该设定抵押的牛某恩(抵押人)无关，牛某恩不承担责任，甲银行(债权人)应向乙公司(债务人)主张承担。本案牛某恩应承担的抵押担保责任的数额已确定，故对甲银行要求对牛某恩全部遗产实现债权的主张不予支持。

---

① 参见河北省邯郸市中级人民法院(2019)冀04民终4845号民事判决书。

第四百一十四条 同一财产向两个以上债权人抵押的，拍卖、变卖抵押财产所得的价款依照下列规定清偿：

（一）抵押权已经登记的，按照登记的时间先后确定清偿顺序；

（二）抵押权已经登记的先于未登记的受偿；

（三）抵押权未登记的，按照债权比例清偿。

其他可以登记的担保物权，清偿顺序参照适用前款规定。

【条文主旨】

本条是关于抵押权顺位的规定。

【条文理解】

在同一财产上设定数个抵押权的场合中，当担保的债权价值超出抵押财产价值时，数个抵押权就形成了竞争关系。为了解决这种竞争关系，建立公平合理的分配规则，本条规定了抵押权顺位制度。本法中的抵押权顺位制度遵循“登记决定”“登记优先”的原则，只要抵押权以登记为公示形式，数个抵押权的权利实现顺序由登记的先后顺序来决定。

第一，抵押权已登记的，按照登记的时间先后确定清偿顺序。本条款规定，既适用于不动产抵押，也适用于动产抵押。登记的时间先后，以登记部门登记材料中所记载的登记时间为准。登记在先的抵押权，其所担保的债权可就拍卖、变卖抵押财产所得的价款优先受偿，登记在后的只能就剩余部分受偿。

第二，抵押权已登记的先于未登记的受偿。根据本法规定，抵押权未登记的，抵押权或未生效，或不能对抗第三人。在登记生效主义的场合中，未登记而不能生效的抵押权自然不会发生与登记生效的抵押权清偿顺序先后的问题，所以该项规定仅适用于登记对抗主义的情形。此种情形下，尚未登记的抵押权仅在当事人之间产生法律拘束力，因未经过登记公示，当事人以外的第三人难以知悉该权利的存在。为保障交易安全，维护各方权利主体的利益，赋予登记公示的抵押权更优先的效力是十分必要的。

第三，抵押权未登记的，按照债权比例清偿。如果所有抵押权都未经登记，则在登记生效主义的情形下，意味着这些抵押权都未生效，不适用本条规定；在登记对抗主义的场合中，这些抵押权都不能产生对抗第三人的效力，其效力层级相同，无高下之分，故而按照债权比例清偿。

本条规定和《物权法》第 199 条的区别在于，本条删除了《物权法》第 199 条第 1 款第 1 项后句“顺序相同的，按照债权比例清偿”。前句予以保留，并增加“时间”二字，表述更为严谨。增加第二款规定：“其他可以登记的担保物权，清偿顺序参照适用前款规定。”也就是说，除了抵押权，权利质权等其他可以登记的担保物权，清偿顺序也适用于本条规定，从而统一了担保物权的优先受偿顺位规则。

【司法适用】

抵押权的顺位以登记顺序为主要标准，所以确定登记时间就尤为重要。实践中，确定抵押权登记时间首先以登记簿中记载的时间为准。记载时间在先的登记顺位优先于记载时间在后的登记顺位。若记载时间相同，应以登记申请日期的先后顺序为准。但是，如果登记簿中记载的登记日期不符合真实的登记日期，就会直接影响登记顺位。此时，若当事人对登记日期与真实登记日期不符能够予以证明，则应按照真实的登记日期对登记顺位予以确定。

《九民会议纪要》第 64 条还对办理登记的浮动抵押顺位确定进行了规定：“企业将其现有的以及将有的生产设备、原材料、半成品及产品等财产设定浮动抵押后，又将其中的生产设备等部分财产设定了动产抵押，并都办理了抵押登记的，根据《物权法》第 199 条的规定，登记在先的浮动抵押优先于登记在后的动产抵押。”

【司法案例】

甲银行与乙公司、丙公司金融借款合同纠纷案①

诉讼结论：同一财产上设定数个抵押权且都办理了抵押登记时，登记在先的抵押权所担保的债权可就变价款优先受偿，登记在后的只能就余额部分受偿。

法院认为：乙公司、丁公司分别与甲银行签订《抵押合同》，以乙公司的采矿权、丁公司的房产和车位为以上贷款提供抵押担保。丁公司用于抵押的房产和车位已办理抵押登记，其抵押权已设立，显示第一顺序抵押权人为戊公司，本案甲银行为第二顺序抵押权人。根据《物权法》第 199 条第 1 项的规定，甲银行就案涉抵押房产和车位应按照抵押登记的先后顺序清偿，在依法处置抵押物所得价款向第一顺序抵押权人清偿相关债务后，余额部分再由甲银行优先受偿。

第四百一十五条　同一财产既设立抵押权又设立质权的，拍卖、变卖该财产所得的价款按照登记、交付的时间先后确定清偿顺序。

① 参见黑龙江省高级人民法院（2018）黑民初 333 号民事判决书。

【条文主旨】

本条是关于抵押权和质权清偿顺位的规定。

【条文理解】

本条是新增规定，旨在解决同一财产上既设立抵押权又设立质权时，抵押权人应如何行使权利的问题。抵押权和质权在同一财产上存在的，该财产只能是动产。此时，抵押权和质权的效力是相同的，应依何顺序来确定其清偿顺位，学界有各种争议，主要有先质押后抵押，先抵押后质押这两种方式。但也有学者认为，应以抵押权和质权设定的先后顺序，来确定抵押权和质权的受偿顺位：抵押权设定在先的，抵押权具有优先于质权接受清偿的效力；反之，抵押权的效力劣后于质权。①

根据本条规定，我们认为，登记、交付均为物权变动的公示方法。质权的成立系以标的物的交付为生效要件，一旦质权成立，即已完成公示，且能够对抗第三人。故根据先成立之物权优先于后成立之物权的物权优先效力，若质权设定在前，抵押权设定在后，无论该抵押权是否经过了登记，设定在先的质权必定优先于设定在后的抵押权。反之，若抵押权设定在前，且已经登记，同样该抵押权优先于成立在后的质权。若质权和抵押权设立的时间顺序相同，则应按照所担保的债权比例清偿。

【司法适用】

抵押权与质权的标的只有在动产上才发生重合，所以抵押权与质权的并存也只能是动产抵押权与动产质权的并存。《担保法司法解释》第 79 条第 1 款对此曾作出规定："同一财产法定登记的抵押权与质权并存时，抵押权人优先于质权人受偿。"该解释的问题在于该规定所适用的范围仅限于法定登记的抵押权与质权并存的情形，对于其他无须经法定登记就能设立的动产抵押权与质权并存的情形无法适用。基于此，2019 年 11 月颁布的《九民会议纪要》第 65 条对动产抵押权与质权竞存的处理方式作出新的规定，并对饱受诟病的《担保法司法解释》第 79 条第 1 款予以废止："同一动产上同时设立质权和抵押权的，应当参照适用《物权法》第 199 条的规定，根据是否完成公示以及公示先后情况来确定清偿顺序：质权有效设立、抵押权办理了抵押登记的，按照公示先后确定清偿顺序；顺序相同的，按照债权比例清偿；质权有效设立，抵押权未办理抵押登记的，质权优先于抵押权；质权未有效设立，抵押权未办理抵押登记的，因此时抵押权已经有效设立，故抵押权优先受偿。根据《物权法》第 178 条规定的精神，担保法司法解释第 79 条第 1 款不

① 参见梁慧星主编：《中国民法典草案建议稿附理由：物权编》，法律出版社 2013 年版，第 557 页。

再适用。”应当说，该规定是与本条规定一脉相承的。

结合《九民会议纪要》，同一动产上设定的抵押权和质权清偿顺序的先后，要根据登记、交付的时间来判断。具体来说，主要分为以下几种情形：(1)若质权和抵押权都已完成公示，即质权经交付有效设立，抵押权也已办理了抵押登记，则按照公示的先后确定优先受偿的顺序。这是因为经公示的抵押权和质权效力相同，判定二者的清偿顺位，只能依据公示时间的先后。(2)若质权和抵押权都已公示，且公示的顺序相同的，则按照债权比例清偿。(3)若质权有效设立，抵押权已设立但未办理抵押登记，此时两个担保物权虽然都已有效设立，但经交付的质权由于已完成公示，优先于未经登记的抵押权。(4)若质权未有效设立，抵押权已办理登记，因此时抵押权已经有效设立且已公示，故抵押权优先受偿。

第四百一十六条　动产抵押担保的主债权是抵押物的价款，标的物交付后十日内办理抵押登记的，该抵押权人优先于抵押物买受人的其他担保物权人受偿，但是留置权人除外。

【条文主旨】

本条是关于动产购买价款抵押担保优先权的规定。

【条文理解】

本条是新增规定，旨在规范买受人因购买货物而产生购买价款债务，并以该货物作为抵押物对该价款债务进行担保的问题。针对交易实践中普遍存在的借款人借款购买货物，同时将该货物抵押给贷款人作为价款的担保的情形，本法赋予了该抵押权优先效力，以保护融资人的权利，促进融资。购买价款债务是指债务人因购买货物而承担的交付该货物价款全部或一部分的义务。该货物既是买卖合同的标的物，也是抵押合同中的抵押物。换句话说，买受人从出卖人处购买某动产，由于该动产价款不能全部支付，便可和出卖人约定，将该动产抵押给出卖人，并在法定时间内办理抵押登记。由此，出卖人取得该动产的抵押权，且该抵押权优先顺位高于其他担保物权人的优先顺位，即使后者已经公示在先。因此，购买价款抵押担保优先权可谓是“超级优先权”。但需要注意的是，即便如此，购买价款抵押担保优先权也不能优先于该动产的留置权。

该条规定被视为对美国动产担保交易中的“购买价金担保权”（也有学者称之为超级优先权）制度的借鉴，即当被担保的主债权的内容是担保物的购入价金时，则这种担保物权将得到优待。因此，在制定《民法典》之初，有学者建议比照美国动产担保交易制度中的价金担保权制度,建立起一套完整的公示制度和效力制度。[①] 但是,也有学者对此提出质疑,认为美国的“购买价金担保权”在制度逻辑上与我国的动产担保物权是否能够共生并存,尚未有深入讨论。何况“超级优先权”只适用于动产担保交易,所担保的债权为动产买卖的价款请求权,而动产买卖的价款请求权还受多种交易制度的保障,如动产买卖的所有权保留、让与担保等,为保护动产买卖的出卖人的价款请求权而特别规定“超级优先权”,其正当性理由十分勉强。[②]

本书认为,购买价款抵押担保优先权制度和所有权保留制度确有异曲同工之处,都是在买受人未履行或未全部履行支付价款的义务时,为担保出卖人债权的实现而设计的制度。我国的所有权保留制度被规定在《民法典》“合同编”第 641 条中:“当事人可以在买卖合同中约定买受人未履行支付价款或者其他义务的,标的物的所有权属于出卖人。出卖人对标的物保留的所有权,未经登记,不得对抗善意第三人。”可见,购买价款抵押担保优先权制度和所有权保留制度实质上的不同在于,购买价款抵押担保优先权立足于抵押权的角度,用抵押权担保债权的实现,而所有权保留立足于所有权的角度,用所有权担保债权的实现。从适用领域来看,所有权保留被规定在“合同编”的“买卖合同”一章中,更侧重于强调这是买卖合同所附条件;购买价款抵押担保优先权制度则侧重于强化担保权,而不是保留所有权,将附条件买卖合同中所附的条件发展成了相对独立于买卖合同的担保合同,即成了担保买卖合同顺利履行的抵押权。至于让与担保,其实质也是通过所有权的转移来担保债权的实现,与购买价款抵押担保优先权的功能亦有区别。况且,作为一种非典型性担保,动产让与担保存在缺乏公示的弊端,已广受诟病。因此,所有权保留制度和让与担保制度都无法替代购买价款抵押担保优先权制度。

【司法适用】

在司法实践中,既需要注意购买价款抵押担保优先权与其他担保物权的顺位问题,也要注意其构成要件问题。购买价款抵押担保优先权突破了“登记优先”的一般规则。若买受人在该抵押物上再设定其他担保物权,则即使这些权利已公示,购买价款抵押担保优先权也可对抗其他担保物权优先受偿。另外,由于购买价款抵押担保优先权是“超级优先权”,所以满足购买价款抵押担保优先权的条件

---

① 参见龙俊:《动产抵押对抗规则研究》,载《法学家》2016 年第 3 期。

② 参见邹海林:《论〈民法典各分编(草案)〉“担保物权”的制度完善——以〈民法典各分编(草案)〉第一编物权为分析对象》,载《比较法研究》2019 年第 2 期。

应受到严格限制:其一,该抵押权的设立必须是为了抵押人购置标的物,且在该标的物上设立,旨在担保该标的物全部或部分价款的清偿。其二,该抵押担保优先权的成立不仅要出卖人(抵押权人)和买受人(抵押人)的意思表示一致在出卖物上设定抵押权,还要求在标的物交付后 10 日内办理抵押登记,否则,出卖人不能享有优于其他担保物权人受偿的权利。其三,为他人设立了购买价款抵押担保优先权和其他竞存的动产担保权的须是同一债务人。

第四百一十七条　建设用地使用权抵押后,该土地上新增的建筑物不属于抵押财产。该建设用地使用权实现抵押权时,应当将该土地上新增的建筑物与建设用地使用权一并处分。但是,新增建筑物所得的价款,抵押权人无权优先受偿。

【条文主旨】

本条是关于抵押权对新增建筑物效力的规定。

【条文理解】

根据本法规定,以建筑物抵押的,该建筑物占用范围内的建设用地使用权一并抵押;以建设用地使用权抵押的,该土地上的建筑物一并抵押。也就是说,抵押权效力范围包括土地使用权及其范围内的建筑物。但是如果以建设用地使用权设定抵押权时,土地上尚没有建筑物,则抵押权设定后新增的建筑物由于不在抵押合同约定的抵押财产范围内,不能归于抵押财产。

然而,需要处分抵押财产时,为了更好地实现物的交换价值和使用价值,虽然新增建筑物不属于抵押财产,也应当“房随地走”,将该土地上新增的建筑物与建设用地使用权一并处分。此时,由于新增建筑物不属于抵押财产,处分新增建筑物所得的价款,抵押权人无权优先受偿。

【司法适用】

对于本条规定的适用,在我国《担保法》《城市房地产管理法》中有更具体的体现。我国《担保法》第 55 条规定:“城市房地产抵押合同签订后,土地上新增的房屋不属于抵押物。需要拍卖该抵押的房地产时,可以依法将该土地上新增的房屋与抵押物一同拍卖,但对拍卖新增房屋所得,抵押权人无权优先受偿。依照本法规定以承包的荒地的土地使用权抵押的,或者以乡(镇)、村企业的厂房等建筑物占用范围内的土地使用权抵押的,在实现抵押权后,未经法定程序不得改变土地集体所有和土地用途。”第 56 条规定:“拍卖划拨的国有土地使用权所得的价款,在依法缴纳相当于应缴纳的土地使用权出让金的款额后,抵押权人有优先受偿权。"《城市房地产管理法》第52条规定:"房地产抵押合同签订后,土地上新增的房屋不属于抵押财产。需要拍卖该抵押的房地产时,可以依法将土地上新增的房屋与抵押财产一同拍卖,但对拍卖新增房屋所得,抵押权人无权优先受偿。"

【司法案例】

上诉人黄某声与被上诉人甲公司、乙公司、李某官第三人撤销之诉案[①]

诉讼结论:乙公司接待中心综合楼项目在乙公司以土地使用权设定抵押向黄某声借款时尚未中标,应属于在设定抵押权的土地上新增的建筑物而不属于乙公司向黄某声抵押的财产。

法院认为:黄某声与乙公司于2011年9月1日签订《抵押担保借款协议书》,乙公司以其陇国用(2010)第7263号《国有土地使用权证》为抵押向黄某声借款,并约定土地使用权范围内的地上建筑物一并抵押。甲公司于2011年1月15日中标承建乙公司综合办公楼项目;丙公司于2011年9月15日中标承建乙公司接待中心综合楼项目。法院认为,根据《物权法》第182条的规定,乙公司综合办公楼在其向黄某声设定土地使用权抵押时已经开始施工,应当认定为一并设立了抵押。根据《物权法》第200条的规定,乙公司接待中心综合楼项目在乙公司以土地使用权设定抵押向黄某声借款时尚未中标,应属于在设定抵押权的土地上新增的建筑物而不属于乙公司向黄某声抵押的财产。

第四百一十八条　以集体所有土地的使用权依法抵押的,实现抵押权后,未经法定程序,不得改变土地所有权的性质和土地用途。

【条文主旨】

本条是关于集体所有土地使用权抵押权实行效果的规定。

【条文理解】

本条是对《物权法》第201条的修改。将《物权法》第201条第一句中的"依照本法第一百八十条第一款第三项规定的土地承包经营权抵押的,或者依照本法第一百八十三条规定以乡镇、村企业的厂房等建筑物占用范围内的建设用地使用权一并抵押的"改为"以集体所有土地的使用权依法抵押的"。为了保护我国农村集

---

① 参见甘肃省高级人民法院(2018)甘民终750号民事裁定书。

体所有土地,防止集体所有农业用地流失,我国现行法在土地所有权性质和土地用途转变方面,始终采取严格的态度。集体所有的土地使用权原则上不得抵押;根据本法的规定,以集体所有的土地使用权依法抵押,主要是以乡镇、村企业的厂房等建筑物抵押的,其占用范围内的建设用地使用权一并抵押的情况。以乡镇、村企业的厂房等建筑物占用范围内的建设用地使用权抵押的,实现抵押权后,未经法定程序,不得改变土地所有权,也不得改变土地用途。也就是说,即使乡镇、村企业的建设用地使用权随同厂房被拍卖,受让的土地仍只能属于集体所有;该土地若在受让之前用于工业建设,则在受让之后不得用于商业、旅游等其他建设。

【司法适用】

《土地管理法》第 4 条中规定:"国家实行土地用途管制制度。国家编制土地利用总体规划,规定土地用途,将土地分为农用地、建设用地和未利用地。严格限制农用地转为建设用地,控制建设用地总量,对耕地实行特殊保护。"《土地管理法》第 12 条规定:"土地的所有权和使用权的登记,依照有关不动产登记的法律、行政法规执行。依法登记的土地的所有权和使用权受法律保护,任何单位和个人不得侵犯。"可见,我国法律对土地所有权性质和土地用途进行了严格限制,所以,以集体所有的土地使用权依法抵押的,法律对抵押权实现后的土地权属性质和土地用途的改变也进行严格限制。

第四百一十九条　抵押权人应当在主债权诉讼时效期间行使抵押权;未行使的,人民法院不予保护。

【条文主旨】

本条是关于抵押权存续期间的规定。

【条文理解】

出现主债权消灭、抵押权实现、债权人放弃抵押权以及抵押财产灭失这些情形时,抵押权消灭。但是若未出现上述任何一种情形,只是抵押权人怠于行使抵押权,法院是否还会保护抵押权人的权利?我们认为如果允许抵押权永续存在,则势必限制抵押财产的使用和转让,无法充分发挥财产的使用价值,不利于物的流通。如果允许抵押权人随时都能行使抵押权,则对于抵押人来说义务具有不确定性。因此,有必要对抵押权行使期限作出规定,促使当事人迅速了结债权债务关系,这既有利于发挥抵押财产的效能,也有利于维护双方当事人的合法权益,更有利于促进市场经济的有序发展。由于抵押权是主债权的从权利,本条规定抵押权人应当在主债权诉讼时效期间内行使抵押权,将抵押权存续期间与主债权诉讼时效期间相联系。抵押权人在主债权诉讼时效期间未行使抵押权的,人民法院不予保护。

【司法适用】

《民法典》"总则编"第188条规定了诉讼时效制度:"向人民法院请求保护民事权利的诉讼时效期间为三年。法律另有规定的,依照其规定。诉讼时效期间自权利人知道或者应当知道权利受到损害以及义务人之日起计算。法律另有规定的,依照其规定。但是,自权利受到损害之日起超过二十年的,人民法院不予保护,有特殊情况的,人民法院可以根据权利人的申请决定延长。"本条规定的抵押权行使期间,是主债权的诉讼时效期间。如果自主债权受到侵害之日起,债权人一直未行使权利,那么自债权人知道或者应当知道其权利受到侵害之日起三年是主债权的诉讼时效,同时也是主债权所担保的抵押权的存续期间。

本条规定沿袭了《物权法》第202条的规定。《九民会议纪要》第59条进一步规定:"抵押权人应当在主债权的诉讼时效期间内行使抵押权。抵押权人在主债权诉讼时效届满前未行使抵押权,抵押人在主债权诉讼时效届满后请求涂销抵押权登记的,人民法院依法予以支持。以登记作为公示方法的权利质权,参照适用前款规定。"需要注意的是《担保法司法解释》第12条第2款的不同规定:"担保物权所担保的债权的诉讼时效结束后,担保权人在诉讼时效结束后的二年内行使担保物权的,人民法院应当予以支持。"由于本法的效力层级高于司法解释,且新法优于旧法,有关抵押权人行使抵押权应按照本法规定处理。

【司法案例】

甲企业与乙公司、丙公司借款合同纠纷案[①]

诉讼结论:主张行使抵押权,超出行使担保物权期限的,不能得到人民法院的支持。

法院认为:本案争议焦点之一为甲企业对丙公司名下的抵押房产是否享有优先受偿权的问题。丙公司担保的50万元借款于1998年11月12日到期,该债权的诉讼时效期间为1998年11月13日至2000年11月12日。丁银行应在1998年11月13日至2000年11月12日的期间内行使抵押权。但丁银行并未在此期间主张行使抵押权,直至2005年3月11日才向丙公司要求履行担保责任。案涉债权几经转让,丁银行的最终权利受让人甲企业直到2018年6月11日才向一审法

① 参见海南省高级人民法院(2019)琼民终327号民事判决书。

院起诉主张行使抵押权,已经超出行使担保物权的期限,根据《物权法》第 202 条的规定,不能得到人民法院的支持。

第二节　最高额抵押权

第四百二十条　为担保债务的履行,债务人或者第三人对一定期间内将要连续发生的债权提供担保财产的,债务人不履行到期债务或者发生当事人约定的实现抵押权的情形,抵押权人有权在最高债权额限度内就该担保财产优先受偿。

最高额抵押权设立前已经存在的债权,经当事人同意,可以转入最高额抵押担保的债权范围。

【条文主旨】

本条是关于最高额抵押权定义的规定。

【条文理解】

从本条的规定来看,最高额抵押是抵押人为一定期间内将要连续发生的债权所提供的担保,在出现当事人约定或法定实现抵押权的情形时,抵押权人有权在最高债权额度内对该担保财产优先受偿。最高额抵押作为一种特殊的抵押,其特征主要包括以下四个方面:(1)最高额抵押受到最高债权额度的限制。最高额抵押权与一般抵押权最显著的区别之一就是最高债权限额的存在。一般抵押权担保的债权数额就是实际存在的债权额,而最高额抵押权担保的债权通常是将来连续发生的不特定债权,但是无论将来发生的债权如何变动,抵押权人只能在最高债权额度内对抵押财产优先受偿。(2)最高额抵押是为一定期间内发生的债权提供的担保。一定期间,既指债权发生的期间,更是指抵押权担保的期间。虽然多数情况下最高额抵押是为将来发生的债权提供的担保,但是本条第 2 款也规定了最高额抵押权设立前已经存在的债权,经当事人同意,可以转入最高额抵押担保的债权范围。因此,最高额抵押设立时,可以将已存在和特定的债权纳入最高额抵押担保的债权范围。(3)最高额抵押是为连续发生的债权提供的担保。"连续发生"是指在担保的最高额限度内,对一定期间内连续、多次发生的债权提供担保。(4)最高额抵押所担保的债权数额是确定的,只是债权实际发生数额不确定。一般抵押权担保的债权额在抵押权发生时,有确定数额的债权存在。而设定最高额抵押时,债权尚未发生,债权数额尚不能确定,但是所担保的债权和抵押财产都是特定的。待法定或约定事由发生,最高额抵押所担保的债权数额方可确定。

【司法适用】

关于最高额抵押权所担保的债权额的范围是仅以债权本金为限,还是包括本金、利息、违约金等费用,本法未作出规定。但本法第389条规定:"担保物权的担保范围包括主债权及其利息、违约金、损害赔偿金、保管担保财产和实现担保物权的费用。当事人另有约定的,按照其约定。"因此,我国最高额抵押权所担保的债权额的范围,依法应包括主债权本金及利息、违约金、损害赔偿金以及实现债权的费用等。

【司法案例】

甲银行、乙公司金融借款合同纠纷案①

诉讼结论:最高额抵押数额应明确具体,对于超额部分,担保人无担保责任,其中实现债权费用不包括实现抵押权费用。

法院认为:在本案中,2014年,乙公司与甲银行签订最高额抵押合同,约定最高债权额包括最高本金余额及基于主债权之本金所发生的利息、违约金、损害赔偿金、实现债权费用和其他应付费用。附件抵押清单中载明担保债权数额3686万元。2015年,甲银行诉请乙公司偿还借款本金、融资款、垫付款等合计1.5亿余元及利息、罚息,并主张以最高额本金3686万余元为限对乙公司抵押房屋和土地使用权享有优先受偿权。经审理法院认为:"最高额"决定着抵押权人基于该权利所能获得的优先受偿债权最高限额,包括本金、利息、违约金及实现债权费用等债权累计最高额,决定着抵押人承担担保责任的最大限度,超出此限度则抵押人不再承担担保责任。该最高额应明确具体。对于超额部分,担保人无担保责任,其中实现债权费用不包括实现抵押权费用。判决乙公司偿还甲银行借款本金、融资款、垫付款等合计1.5亿余元及利息、罚息,甲银行对乙公司抵押房屋和土地使用权以3686万余元为限享有优先受偿权。

第四百二十一条　最高额抵押担保的债权确定前,部分债权转让的,最高额抵押权不得转让,但是当事人另有约定的除外。

---

① 参见湖北省高级人民法院(2017)鄂民终54号民事判决书。

【条文主旨】

本条是关于最高额抵押权担保的债权转让的规定。

【条文理解】

最高额抵押权所担保的是一定期间内连续发生的所有债权,不是对单独的某一个债权提供担保。部分债权转让,只导致这部分债权丧失了最高额抵押权的担保,对最高额抵押权的效力并不产生影响,最高额抵押权依然在其最高额度范围内为其他已发生的债权和将来可能发生的债权提供担保。可见,最高额抵押权具有一定的独立性。与最高额抵押权所不同,一般抵押权从属于被担保的债权,是一种从权利。首先,一般抵押的设立须以债权的发生为前提,即抵押权是为了担保债权的实现而设定,从顺序上讲,债权先于抵押权存在。其次,抵押权所担保的债权发生转移,抵押权随之转移,债权受让人在取得债权的同时也取得该抵押权。最后,抵押权所担保的债权消灭,抵押权也随之消灭。因此,抵押权自始至终与其所担保的债权都不可分割。

最高额抵押权的转让遵循以下三个特征:(1)在最高额抵押权所担保的债权确定前,已发生的部分担保债权转让后,脱离该抵押关系,抵押权不随债权转移。(2)最高额抵押权所担保的债权确定后,转变为一般抵押权,可随主债权一起转让。(3)最高额抵押权设立的前提是基础关系的存在,是为担保因基础关系而连续发生的不特定债权而设立。因此,最高额抵押权随基础关系转让而转让,当基础关系消灭时,最高额抵押通过决算确定所担保债权的实际数额,转化为普通抵押。

【司法适用】

本条在司法适用中,应注意两点:第一,最高额抵押决算前主合同债权转让的,最高额抵押不得随之转让。《担保法》第 61 条限制了主合同债权的转让,其规定:“最高额抵押的主合同债权不得转让。”之后的《物权法》对此予以修正,本法与《物权法》的规定一致。最高额抵押决算前,与被担保的每一笔债权都无从属性,因此,主合同债权转让,最高额抵押权不得转让。第二,最高额抵押决算后主债权转让的,最高额抵押权原则上随之转让。最高人民法院《关于审理涉及金融资产管理公司收购、管理、处置国有银行不良贷款形成的资产的案件适用法律若干问题的规定》第 8 条规定:“人民法院对最高额抵押所担保的不特定债权特定后,原债权银行转让主债权的,可以认定转让债权的行为有效。”最高额抵押所担保的债权一旦确定,债权转让不受限制,最高额抵押权人亦可按照普通抵押权的规定行使抵押权,抵押权也就随债权转让而转让。

至于最高额抵押决算的时间点如何确定,在有最高额抵押合同约定的情况下是否必须按照约定的债权确定时间，在甲公司、乙公司借款合同纠纷案中①，法院给出的意见如下。关于本案的最高额抵押转让是否具有法律效力的问题。本案最高额抵押合同约定的债权确定期间为自 2014 年 9 月 23 日至 2017 年 9 月 23 日。涉案最高额抵押权转让时，虽然合同约定的债权确定期间尚未届满，但乙公司提起本案诉讼时债权确定期间已届满，且在最高额抵押权转让后没有发生新的债权，故根据《物权法》第 204 条和第 206 条的规定，认定涉案的最高额抵押权转让有效。

第四百二十二条　最高额抵押担保的债权确定前，抵押权人与抵押人可以通过协议变更债权确定的期间、债权范围以及最高债权额。但是，变更的内容不得对其他抵押权人产生不利影响。

【条文主旨】

本条是关于最高额抵押合同条款变更的规定。

【条文理解】

最高额抵押担保的债权确定前，抵押权人和抵押人可以通过协议变更最高额抵押合同的相关内容，但变更的内容不能影响到第三人的利益。抵押权人和抵押人可以协议变更的内容包括：(1)债权确定的期间。最高额抵押权是对一定期间内发生的债权提供的担保，合同中须约定最高额抵押权所担保的债权确定的期间。在债权确定前，当事人可以协议延长或缩短该期间。(2)债权范围。在最高额抵押权所担保的债权确定前，该债权是不特定的，所以在债权确定前，当事人可以协议变动所担保的债权范围。(3)最高债权额。在债权确定前，当事人可就最高额抵押权合同中约定的最高债权额合意增加或降低。

虽然法律允许当事人就上述三项内容协议变更，但如果在同一抵押财产上还有其他抵押权人，则协议的变更可能影响到他们的利益。若抵押权人和抵押人对协议的变更对其他抵押权人产生了不利影响，则该变更无效。所以本条“但书”规定变更的内容不得对其他抵押权人产生不利影响。

【司法适用】

适用本条规定时应注意，当事人通过协议变更债权确定的期间、债权范围以及最高债权额，并以此对抗后顺位的抵押权人的，人民法院应不予支持。比如若

---

① 参见山东省高级人民法院(2019)鲁民终 174 号民事判决书。

抵押权人与抵押人将约定的最高债权额予以增加，实际发生债权额也高于原最高债权额，则该抵押物变价后用于优先清偿最高额抵押权人的数额就会相应增加，进而使后顺位的抵押权人的利益遭到减损。因此，为了保护第三人的利益，本法对最高额抵押协议的变更作出了一些限制性规定。

【司法案例】

案例一

甲银行与乙公司等借款合同纠纷案①

诉讼结论：依法变更的《最高额抵押合同》合法有效。

法院认为：在本案中，2013 年 2 月 7 日，甲银行与乙公司签订了一份《最高额抵押合同》，约定乙公司就丙公司与甲银行在 2013 年 2 月 7 日至 2016 年 2 月 7 日签订的全部主合同提供最高额抵押担保；2014 年 3 月 19 日，乙公司与甲银行经协商，就 2013 年 2 月 7 日《最高额抵押合同》重新签订一份《最高额抵押合同》。法院经审理认为：2014 年 3 月 19 日《最高额抵押合同》是对 2013 年 2 月 7 日《最高额抵押合同》的变更，而非重新设立最高额抵押权。该两份合同不仅主体相同，法律关系一致，而且所涉抵押物及相关他项权证具有同一性。同时，2014 年 3 月 19 日合同较 2013 年 2 月 7 日合同而言，担保期间有所缩减，担保数额有所减少。双方对《最高额抵押合同》的变更合法有效。

案例二

张某东、甲公司等典当纠纷案②

诉讼结论：最高额抵押担保的债权确定前，抵押权人与抵押人可以通过协议变更债权确定的期间、债权范围以及最高债权额，但变更的内容不得对其他抵押权人产生不利影响。

法院认为：在本案中，张某东与甲公司于 2014 年 1 月 22 日签订《最高额抵押典当借款合同》并且进行了抵押权登记，此后双方没有约定终止该合同，也没有撤销抵押权登记；而张某东在之后的 2014 年 5 月 16 日陈某平与甲公司签订的《借款合同》中以抵押人、保证人的身份签字、按手印。虽然张某东主张其并没有同意将 2014 年 5 月 16 日的《借款合同》转入其最高额抵押担保的债权范围，但其作为完全民事行为能力人，在明知自己与甲公司之间存在最高抵押担保的债权且债权

---

① 参见安徽省高级人民法院（2016）皖民终 584 号民事判决书。

② 参见福建省高级人民法院（2016）闽民申 1311 号民事裁定书。

范围没有确定的状态下，仍没有撤销抵押权登记，还在抵押人项下签字、按手印，使甲公司有理由相信张某东通过协议与己方确认变更债权范围。上述事实符合《物权法》第205条"最高额抵押担保的债权确定前，抵押权人与抵押人可以通过协议变更债权确定的期间、债权范围以及最高债权额，但变更的内容不得对其他抵押权人产生不利影响"规定的情形。

第四百二十三条 有下列情形之一的，抵押权人的债权确定：

（一）约定的债权确定期间届满；

（二）没有约定债权确定期间或者约定不明确，抵押权人或者抵押人自最高额抵押权设立之日起满二年后请求确定债权；

（三）新的债权不可能发生；

（四）抵押权人知道或者应当知道抵押财产被查封、扣押；

（五）债务人、抵押人被宣告破产或者解散；

（六）法律规定债权确定的其他情形。

【条文主旨】

本条是关于最高额抵押权所担保的债权确定的规定。

【条文理解】

本条将《物权法》第196条"抵押人被宣告破产或者被撤销"中的"被撤销"，修改为"解散"，立法语言更加精准。

最高额抵押权的确定，是指因某种事由的发生，最高额抵押权所担保的债权被予以固定。最高额抵押权所担保的债权通常是将来发生的不特定的债权，在一定期间届满前，会不断地产生变动和增减。当债权需要清偿且出现清偿条件时，债务人应清偿的债权能够确定。如果最高额抵押权所担保的债权不能确定，不仅无法确定最高额抵押权人的优先受偿范围，而且也会影响到后顺序权利人等其他利害关系人的利益。

本条规定了6种最高额抵押权所担保的债权确定情形：(1)约定的债权确定期间届满。最高额抵押是对一定期间产生的债权所提供的担保，因此，最高额抵押合同中须约定债权确定的期间，当事人约定的期间届满，最高额抵押权所担保的债权即可确定。(2)没有约定债权确定期间或者约定不明确，抵押权人或者抵押人自最高额抵押权设立之日起满2年后请求确定债权。对于实践中当事人没有约定债权确定期间或者约定期间不明确的情形，本条规定了一个确定债权数额的法定期间,即自最高额抵押权设立之日起满2年。这里的“二年”不存在中止、中断的问题,是固定期间。(3)新的债权不可能发生。最高额抵押权通常担保的是连续发生的债权,如果这些债权不再发生,则最高额抵押权所担保的债权范围也就能确定了。这里通常有两种情形:一是最高额抵押对连续交易提供担保,若该连续交易终止,新的债权不再发生,则最高额抵押所担保的债权确定;二是若基础法律关系消灭,新的债权不再发生,则最高额抵押所担保的债权确定。(4)抵押权人知道或者应当知道抵押财产被查封、扣押。最高额抵押权存续期间,抵押财产一旦被查封、扣押,其拍卖、变卖的价格会直接影响抵押权人债权利益的实现。况且,抵押财产被查封、扣押,抵押权人便脱离了对抵押财产的控制,也就阻断了抵押财产和其所担保的债权之间的关系。因此,抵押权人知道或者应当知道抵押财产被查封、扣押是最高额抵押权人债权确定的事由。(5)债务人、抵押人被宣告破产或者解散清算。债务人、抵押人进入破产程序,其全部财产都要被破产管理人占有和支配,最高额抵押财产也不例外。但对破产人特定财产享有担保物权的权利人享有对该特定财产的优先受偿权,所以此时确定最高额抵押所担保的债权成为必要。同理,当债务人、抵押人进入解散清算程序时也需要确定其所担保的债权。(6)法律规定债权确定的其他情形。这是兜底条款,除上述事由以外,本法其他条款或其他法律也可能规定了债权确定的其他情形。

【司法适用】

本条第4项规定在《物权法》中的表述为“抵押财产被查封、扣押”。本条规定增加了“抵押权人知道或者应当知道”的前提。可见,查封、扣押行为引致最高额抵押债权确定时点,《物权法》采用的是“客观说”,本法采“主观说”。我国《物权法》第206条对“抵押财产被查封、扣押”这项事由没有再附加通知或知情等条件,是采用了“客观说”的观点,即不考虑抵押权人的主观状态,人民法院一旦完成查封、扣押手续,债权即可确定,查封、扣押之后发生的债权不再属于最高额抵押权担保范围。而本法显然采用了“主观说”的观点,自抵押权人知道或应当知道抵押财产被查封、扣押的事实时债权确定,抵押权人未收到通知或不知道查封事实时,查封后发生的债权仍属于最高额抵押权的担保范围。对于在保全信息获取方面处于劣势的抵押权人来说,这样的规定无疑更有利于其权利的保护。同样持“主观说”态度的有2004年颁布的最高人民法院《关于人民法院民事执行中查封、扣押、冻结财产的规定》第27条规定:“人民法院查封、扣押被执行人设定最高额抵押权的抵押物的,应当通知抵押权人。抵押权人受抵押担保的债权数额自收到人民法院通知时起不再增加。人民法院虽然没有通知抵押权人,但有证据证明抵押权人知道查封、扣押事实的,受抵押担保的债权数额从其知道该事实时起不再增加。”即只有在抵押权人收到查封通知或者知道查封事实时，债权才能确定。

【司法案例】

王某平、甲银行案外人执行异议之诉纠纷案①

诉讼结论：指令河南省高级人民法院再审本案。

法院认为：本案的争议焦点为甲银行是否对案涉保证金账户中被冻结的991万元享有足以排除执行的民事权益。2014年11月26日，案涉保证金账户被三门峡市中级人民法院冻结时的账户余额为1800万元。根据再审审查过程中甲银行的陈述，该账户被冻结时，甲银行与乙公司签订的《担保合作协议》《保证金质押合同》项下的债权为970万元本金及利息。法院认为，根据《物权法》第206条、第222条以及最高人民法院《关于人民法院民事执行中查封、扣押、冻结财产的规定》第27条的规定，最高额保证金质权所担保债权的数额自质权人收到人民法院的通知时或质权人知道查封冻结事实时起确认，没有发生的债权不再享有质权。因甲银行一直主张其对该案涉账户实际占有和控制，应认定自冻结之日其就知道该账户部分资金被冻结的事实，故应当以2014年11月26日冻结之日为时间点确定债权数额，冻结日之后发放的贷款不属于最高额质押担保的债权范围，亦不再享有保证金账户质押的优先受偿权。

第四百二十四条　最高额抵押权除适用本节规定外，适用本章第一节的有关规定。

【条文主旨】

本条是关于最高额抵押权法律适用的规定。

【条文理解】

本条在《物权法》第207条中的表述是：“最高额抵押权除适用本节规定外，适用本章第一节一般抵押权的规定。”本条规定删除了“一般抵押权”。

最高额抵押权具有一定的特殊性，但从性质上讲，仍是抵押权的一种，因此也适用一般抵押权的相关规定。与一般抵押权相比，最高额抵押权的特殊性主要表现在三个方面：一是最高额抵押权相对独立于主债权。一般抵押权当中，抵押权往往从属于所担保的主债权，随主债权的设立、转移和消灭而设立、转移和消灭。

---

① 参见最高人民法院（2019）最高法民申2937号民事裁定书。

但是最高额抵押权多是为将来要发生的债权而设，在其设立时主债权尚未设立；在其担保的债权确定前，部分债权转让，最高额抵押权不能转让；在基础法律关系不消灭的情况下，部分债权消灭，最高额抵押权也不必然随之消灭。二是最高额抵押权所担保的债权在设立时具有不特定性。一般抵押权所担保的债权在设立时就是特定的，但是最高额抵押权所担保的债权在设立时是不特定的，需要到本法规定的确定债权的事由出现时，才能成为特定的债权。三是当事人约定的最高额抵押权所担保的债权数额并非实际债权额。一般抵押权当事人并不需要约定抵押权所担保的债权最高数额。而最高额抵押权中，抵押权所担保的实际债权额只能依法进行确定后才能判断，当实际债权额高于最高限额时，只能按照最高限额实现抵押权，超过部分不享有优先受偿权；当实际债权额低于最高限额时，以实际发生额为准实现抵押权。

【司法适用】

适用本条规定时，要注意把握最高额抵押权与一般抵押权的区别。最高额抵押权的特殊性具体表现在最高额抵押合同条款的变更、最高额抵押权的转让、最高额抵押权的消灭等规则中。而本法关于一般抵押权的抵押财产范围、抵押合同、抵押权的实现方式等规定，最高额抵押权都可适用。

第十八章　质　　权

质权①作为担保物权的一种,与其他担保方式相比,设定条件灵活,能够充分发挥动产或权利的交换价值,有利于"发挥物的效用"这一立法目标的实现。《民法典》继受了《物权法》的立法模式,区分了抵押权和质权,并将质权区分为动产质权和权利质权。本章分两节先后对动产质权和权利质权作了规定。

第一节　动产质权

第四百二十五条　为担保债务的履行,债务人或者第三人将其动产出质给债权人占有的,债务人不履行到期债务或者发生当事人约定的实现质权的情形,债权人有权就该动产优先受偿。

前款规定的债务人或者第三人为出质人,债权人为质权人,交付的动产为质押财产。

【条文主旨】

本条是关于动产质权定义的规定。

① 质权制度始于罗马法。随着生活和交易的发展,质权制度逐步更新,体现了人类智识在融资领域的一次次创新。各国立法规定了不同的质权类型。法国将质权分为动产质权和不动产质权,将权利质权归入动产质权进行规范。德国将质权划分为动产质权和权利质权。日本采用比较少见的三分法,将质权分为动产质权、不动产质权和权利质权。我国曾在《民法通则》中取消了质押和抵押的界限,统称为抵押。随着交易现实的发展,立法者发现抵押和质押存在重大区别,认为对其应制定不同的规则。《担保法》第33条和第63条分别定义了抵押权和质押权,《物权法》第179条和第208条分别定义了抵押权和质押权。

【条文理解】

本条与《物权法》第 208 条相比，内容没有变化。动产质权是指为担保债权的实现，债务人或第三人将没有处分权瑕疵的动产移交给债权人占有，如果发生债务到期却无法清偿的情况，则债权人享有就动产折价、拍卖、变卖所得价款优先受偿的权利。上述法律关系中的基本当事人是质权人和出质人，但实践中出质人可能为债务人或第三人，而质权人为债权人，交付的动产为质押财产。

从质权的属性上看，由于质权人（债权人）行使质权时已经占有质押物，所以理论上，基于物权的支配力，质权人（债权人）不需要包括出质人（债务人或第三人）配合即可，并直接对质物进行处分的权利，以及就质物的交换价值享有的优先受偿权。

动产质押与抵押、保证不同。质押以动产或权利为质，出质人仅需移转质物的占有即可设定质权，而抵押虽无须移转抵押物的占有，但需要签订书面的抵押合同并进行抵押登记。存在这一区别的原因是与不动产相比，动产更易流通，仅凭登记无法充分保护质权人利益，唯有质权人占有质物才能在行使质权时成本最低、效率最高。保证是人的保证，当债权无法实现时，债权人需向保证人提出请求权；质押是物的担保，债权无法实现时，质权人可以对物进行直接处分。

质权合同不以动产的交付为生效条件。如果没有其他引起合同效力瑕疵的事由，那么质押合同直接在成立时发生效力。不过，此效力并非质权设定的物权效力，而仅是合同的效力，债权人有权请求出质人依质押合同约定的时间交付质物，从而使质权发生。

【司法适用】

本条在司法适用中应注意以下三点。

第一，关于当事人合意的判断。需要讨论的是，合意是否仅指书面质押合同，交付能否视为达成合意。《民法典》第 490 条第 2 款规定："法律、行政法规规定或者当事人约定合同应当采用书面形式订立，当事人未采用书面形式但是一方已经履行主要义务，对方接受时，该合同成立。"一方已经履行主要义务，对方接受的，该合同成立。书面合同可以被履行行为补正，因此，订立书面质押合同并非质权成立的构成要件，质物交付即可以视为达成合意。但质押合意不仅包括对交付动产事实的确认，还包括关于被担保债权的种类、数额、债务人履行债务的期限等内容，因此在司法实践中需要结合其他证据予以确认。

第二，质押动机不影响质押关系的成立。质押动机不构成质押关系是否成立的判断依据。此处的质押动机是第三人为债务人的债务清偿以自己有处分权的财产进行担保的动机。动产质权在民事和商事领域都普遍存在，学理上也有观点将质权划分为民事质权和商事质权。从价值目标看,民事更探求真意,商事更重外观。理论上,在第三人和债务人都为商事主体的情形下,只要满足质押的形式要件,第三人质押的动机不应作为判断质押是否成立的原因,并不影响第三人与债权人质押合意的效力。未来商事质押甚至应学习独立保函这类不具有从属性的强力商事担保设计,商事质押合同和质押条款应逐步体现独立性特征。

第三,质物交付的标准是使质物完全处于质权人控制之下。

【司法案例】

祝某武与甲美术馆、吕某质押合同纠纷案①

诉讼结论:质物的交付,要移转对质物的控制权。

法院认为:本案双方当事人签订的《质押合同》约定,祝某武租赁吕某(甲美术馆馆长)的房产即藏品原存放地点保管质物,甲美术馆向祝某武交付一把钥匙。祝某武据此认为,双方已经完成质物的交付,其对质物实际控制与占有。然而,甲美术馆仅向祝某武交付一把钥匙,且该钥匙并非甲美术馆唯一的钥匙,甲美术馆亦持有其他钥匙,说明质物并未脱离出质人的占有与控制。如一审法院认定,案涉财产质押期间,在祝某武不知情的情况下,质物因另案被其他法院查封,表明祝某武对质物没有完全控制与占有,质物亦未脱离出质人的直接控制。动产质权设立之目的在于保障债权人可以依据质权优先受偿,确保其权益的实现。如果质物仍留在出质人手中,或者并未脱离出质人的直接占有与控制,就不能有效地防止出质人擅自处分质物,与质权设立之目的相悖。因此,本案质物的交付方式,既不符合动产质权的公示方法,亦不符合质权制度设立之目的,不构成有效的交付。祝某武关于质物已经交付、质权因此设立的主张,缺乏事实和法律依据,本院不予支持。

第四百二十六条　法律、行政法规禁止转让的动产不得出质。

【条文主旨】

本条是关于禁止质押的动产范围的规定。

【条文理解】

本条与《物权法》第209条相比,内容无变化。

动产质物具有可让与性、独立性和特定性。动产质权是在债务人不履行到期

---

① 参见最高人民法院(2015)民申字第1212号民事裁定书。

债务时,债权人享有的以该动产折价或拍卖、变卖所得价款优先受偿的权利,因此作为质物的动产必须具备可让与性,否则会导致质权无法实现。动产质物应为独立物。如果质物是不动产或其他动产的不可分离的一部分,无法移转占有,则即使进行质押也会影响质权的顺利实现。对于共有物设质的情况,共有人之一经过其他共有人一致同意后可以就其应有部分出质。动产质权仅转移标的物占有而不转移质物所有权,当所担保的债权消灭后,质权人应将该物返还出质人。因此,尚未特定化的种类物,不能作为质物设定质权。

禁止转让的动产主要是有可能危害国家和社会利益的动产,如枪支、弹药、毒品等。与不动产不可分离的物不适合作为质物。《文物保护法》第 52 条第 3 款规定:"国家禁止出境的文物,不得转让、出租、质押给外国人。"《海关法》第 37 条第 1 款规定:"海关监管货物,未经海关许可,不得开拆、提取、交付、发运、调换、改装、抵押、质押、留置、转让、更换标记、移作他用或者进行其他处置。"《典当管理办法》第 27 条规定:"典当行不得收当下列财物:(一)依法被查封、扣押或者已经被采取其他保全措施的财产;(二)赃物和来源不明的物品;(三)易燃、易爆、剧毒、放射性物品及其容器;(四)管制刀具,枪支、弹药,军、警用标志、制式服装和器械;(五)国家机关公文、印章及其管理的财物;(六)国家机关核发的除物权证书以外的证照及有效身份证件;(七)当户没有所有权或者未能依法取得处分权的财产;(八)法律、法规及国家有关规定禁止流通的自然资源或者其他财物。"

【司法适用】

船舶、航空器和车辆的质押问题,需要在司法实践中注意。《民用航空法》第 16 条规定:"设定民用航空器抵押权,由抵押权人和抵押人共同向国务院民用航空主管部门办理抵押权登记;未经登记的,不得对抗第三人。"立法虽然未禁止对船舶、航空器的质押,但船舶、航空器具有准不动产的性质,质押会直接影响其效用的发挥,因此实践中不应鼓励以船舶、航空器进行质押,但以尊重当事人意思自治为原则;车辆等交通工具可以设定抵押,但属于注册动产,因此,质权人在接受车辆质押前,应审查车辆的权利凭证及登记事项,质权人怠于行使审查权而主张质权优先于已经登记的抵押权的请求不应得到支持。

质押物应为特定动产,而非种类物。通常金钱是不能作为特定动产进行质押的,但以下情形除外。《担保法司法解释》第 85 条规定:"债务人或者第三人将其金钱以特户、封金、保证金等形式特定化后,移交债权人占有作为债权的担保,债务人不履行债务时,债权人可以以该金钱优先受偿。"

最高人民检察院《关于将公务用枪用作借债质押的行为如何适用法律问题的批复》(高检发释字〔1998〕4 号)规定:"依法配备公务用枪的人员,违反法律规定,将公务用枪用作借债质押物，使枪支处于非依法持枪人的控制、使用之下，严重危害公共安全，是刑法第一百二十八条第二款所规定的非法出借枪支行为的一种形式，应以非法出借枪支罪追究刑事责任；对接受枪支质押的人员，构成犯罪的，根据刑法第一百二十八条第一款的规定，应以非法持有枪支罪追究其刑事责任。”

【司法案例】

甲银行诉张某标、乙公司执行异议之诉纠纷案[①]

诉讼结论：质押关系成立。

法院认为：判断质押关系是否成立是案情的焦点。甲银行与第三人乙公司签订《信贷担保业务合作协议》，约定乙公司为担保业务所缴存的保证金设立担保保证金专户，乙公司按照贷款额度的一定比例缴存保证金；甲银行作为开户行对乙公司存入该账户的保证金取得控制权，未经同意，乙公司不能自由使用该账户内的资金；乙公司未履行保证责任，甲银行有权从该账户中扣划相应的款项。裁判要旨认为，当事人依约为出质的金钱开立保证金专门账户，且质权人取得对该专门账户的占有控制权，符合金钱特定化和移交占有的要求，即使该账户内资金余额发生浮动，也不影响该金钱质权的设立。

第四百二十七条　设立质权，当事人应当采用书面形式订立质押合同。

质押合同一般包括下列条款：

（一）被担保债权的种类和数额；

（二）债务人履行债务的期限；

（三）质押财产的名称、数量等情况；

（四）担保的范围；

（五）质押财产交付的时间、方式。

【条文主旨】

本条是关于质押合同法律形式和主要条款的规定。

【条文理解】

本条与《物权法》第 210 条相比较，有三处进行了微调。一是将《物权法》第 210 条中的“质权合同”改为“质押合同”；二是将《物权法》第 210 条第 2 款中的

---

① 参见安徽省高级人民法院（2013）皖民二终字第 00261 号民事判决书。

“(三)质押财产的名称、数量、质量、状况”改为“(三)质押财产的名称、数量等情况”;三是将《物权法》第210条第2款中的“(五)质押财产交付的时间”改为“(五)质押财产交付的时间、方式”。

民法典草案一审稿、二审稿将“质权合同”改为“质押合同”,加上“质押财产交付的方式”;草案二审稿将《物权法》和一审稿“质量、状况”改为“等情况”。从“质权”改为“质押”,使其与《民法典》“合同编”规定的其他有名合同的命名方式保持一致,一般来说,应使用合同履行方式进行命名,合同双方都有相应的权利和义务,不宜以一方享有的权利命名。如买卖合同、赠与合同等。在“质押财产交付的时间”基础上增加“交付的方式”,因为交付是质押权产生的要件,交付方式又是交付中非常核心的内容。将“质量、状况”改为“等情况”,因为质量和状况不是可测量的标准,如果将其规定在合同条款中,则容易导致质押无法成立。

质押合同的书面形式,可以多元化。质押合同可以是单独订立的书面合同,包括当事人之间的具有担保性质的信函、传真等,也可以是主合同中的担保条款。质押合同是出质人和质权人订立的以出质人享有完全处分权的动产交付质权人进行债权担保的协议。质押合同是双方法律行为。被担保债权的种类是指主债权合同的属性;被担保债权的数额是指在抵押合同中应确定的被担保主债权的数额;债务人履行债务的期限可以使出质人清楚预见质押负担的存续期限;质押财产的名称和数量是质物区别于他物、计算质押财产价值的依据;担保范围划清了出质人承担的质押责任边界;质押财产交付的时间是质押合同的生效时间。

【司法适用】

《民法典》“物权编”条文中存在多处“应当”,此处即为一例。质押合同是否以书面形式订立,不影响国家利益和社会公共利益,因此本条中的“应当”不应被视为“效力性强制性规定”。实践中,一些法院强调质押合同的书面形式。如在尹某友诉谭某年返还原物纠纷案①和姚某瀛与向某祥等确认合同有效纠纷上诉案②中,法院均认为,质押合同属于要式合同,双方若设定质权,应当签订质权合同,非书面形式的合同应为无效。

本条第2款中使用了“一般包括”,而非“应当包括”,实践中当事人未约定或约定与本条规定不符的,需要分情况判断合同效力。“被担保债权的种类和数额”是关于主债权的条款,由于质押合同的从属性,欠缺此条款可能导致质押合同无效;而其他条款的欠缺可以依据合同其他条款或实际履行情况进行推定,不一定

① 参见湖南省茶陵县人民法院(2011)茶民一初字第84号民事判决书。

② 参见重庆市第二中级人民法院(2012)渝二中法民终字第01185号民事判决书。

导致合同无效。如欠缺担保范围可以视为以质押财产的全部价值对主债权的全部进行担保,欠缺质押交付时间可以以实际交付的时间为准。

第四百二十八条 质权人在债务履行期限届满前,与出质人约定债务人不履行到期债务时质押财产归债权人所有的,只能依法就质押财产优先受偿。

【条文主旨】

本条是关于有限承认流质契约的规定。

【条文理解】

本条属于《民法典》"物权编"变化比较大的条款,将《物权法》第 211 条中的"不得与出质人约定债务人不履行到期债务时质押财产归债权人所有"改为"与出质人约定债务人不履行到期债务时质押财产归债权人所有的,只能依法就质押财产优先受偿"。

流质,是指出质人与质权人在设定质权时约定,如果债权到期未清偿,则无须清算质物的所有权直接转至质权人的行为。世界各国对流质均进行禁止,主要是为了避免债务人在不利的情况下订立不公平的合同而蒙受损失。除此之外,禁止流质也有利于保护除债权人外其他债权人的利益和质押人的利益,在质物价值高于应担保的主债权价值时,剩余的部分还可以清偿其他债权。

随着金融实践的发展,让与担保等新型担保形式的出现,使得禁止流质(押)的态度出现了缓和的趋势。根据《民间借贷司法解释》第 24 条的规定,当事人以签订买卖合同作为民间借贷合同的担保,应当按照民间借贷法律关系审理。债务人不履行生效判决确定的金钱债务,债权人可以申请拍卖买卖合同标的物以偿还债务。最高人民法院《关于当前商事审判工作中的若干具体问题》(2015 年 12 月 24 日发布并实施)第 9 条中规定:"债权人与债务人之间存在金钱债务,有时双方约定以特定物替代原金钱债务的清偿。实务上将该种替代履行债务的方式称为以物抵债。一般情形下,当事人设定以物抵债的目的是及时还清债务。但有的以物抵债则是为了达到其他非法目的,恶意逃避债务,损害第三人的合法权益。我们认为,在以物抵债案件审理中,既要注重以物抵债在了结债务、化解矛盾纠纷、节约交易成本等方面的积极作用,不能对以物抵债约定轻易否定;同时,也要严格审查当事人缔结以物抵债的真实目的,对借以物抵债损害相对人、第三人利益的行为应予以否定。"2019 年通过的《九民会议纪要》第 71 条规定:"债务人或者第三人与债权人订立合同,约定将财产形式上转让至债权人名下,债务人到期清偿债务,债权人将该财产返还给债务人或第三人,债务人到期没有清偿债务,债权人可以对财产拍卖、变卖、折价偿还债权的,人民法院应当认定合同有效。合同如果约定债务人到期没有清偿债务,财产归债权人所有的,人民法院应当认定该部分约定无效,但不影响合同其他部分的效力。当事人根据上述合同约定,已经完成财产权利变动的公示方式转让至债权人名下,债务人到期没有清偿债务,债权人请求确认财产归其所有的,人民法院不予支持,但债权人请求参照法律关于担保物权的规定对财产拍卖、变卖、折价优先偿还其债权的,人民法院依法予以支持。债务人因到期没有清偿债务,请求对该财产拍卖、变卖、折价偿还所欠债权人合同项下债务的,人民法院亦应依法予以支持。"

《典当管理办法》第41条规定:"典当行在当期内不得出租、质押、抵押和使用当物。质押当物在典当期内或者续当期内发生遗失或者损毁的,典当行应当按照估价金额进行赔偿。遇有不可抗力导致质押当物损毁的,典当行不承担赔偿责任。"第43条规定:"典当行应当按照下列规定处理绝当物品:(一)当物估价金额在3万元以上的,可以按照《中华人民共和国担保法》的有关规定处理,也可以双方事先约定绝当后由典当行委托拍卖行公开拍卖。拍卖收入在扣除拍卖费用及当金本息后,剩余部分应当退还当户,不足部分向当户追索。(二)绝当物估价金额不足3万元的,典当行可以自行变卖或者折价处理,损溢自负。(三)对国家限制流通的绝当物,应当根据有关法律、法规,报有关管理部门批准后处理或者交售指定单位。(四)典当行在营业场所以外设立绝当物品销售点应当报省级商务主管部门备案,并自觉接受当地商务主管部门监督检查。(五)典当行处分绝当物品中的上市公司股份应当取得当户的同意和配合,典当行不得自行变卖、折价处理或者委托拍卖行公开拍卖绝当物品中的上市公司股份。"

【司法适用】

根据本条规定,流质契约无效,但当事人可以就质押财产优先受偿。流质条款的无效不影响整个质押合同的效力,流质条款之外的其他条款依然有效。此外,应区分质押财产的折价与流质契约。两者区别之一是达成合意的时间点不同,流质发生在质权设定时,折价发生在债务履行期届满且债权未获清偿时。两者区别之二是合同的性质不同,流质仅是在设定质权时写入流质条款,而折价往往是在债务履行期届满时签订取得质物的合同。

【司法案例】

甲公司、乙公司民间借贷纠纷案①

诉讼结论：股权质押约定出售价格范围，不应视为流质。

法院认为：乙公司与刘某平2015年8月13日签订的《补充协议书》约定，如乙公司不能还清债务，刘某平"有权对外出售翠宏山矿业公司股权，出售价格以评估价格为基础下浮不超过10%；出售股权比例变现的额度，不得超过未清偿借款本息"。乙公司与刘某平就以丙公司64%股权设定的让与担保，股权出售价格应以"评估价格为基础下浮不超过10%"的清算方式变现。约定不违反禁止流质流押的法律规定，应当认定有效。

第四百二十九条　质权自出质人交付质押财产时设立。

【条文主旨】

本条是关于质权设立的规定。

【条文理解】

本条与《物权法》第212条相比，内容无变化。交付质物是质权成立的唯一要件。从立法的发展看，《担保法》第64条中规定，"质押合同自质物移交于质权人占有时生效"；《物权法》第212条规定，"质权自出质人交付质押财产时设立"。这一发展对质押合同和质权进行了区分，质押合同的订立为合同行为，质权的设定是物权行为，通常质押合同的生效先于质权的成立，当出质人不交付质物时，质权人有权要求其承担违约责任。质权的成立，必须通过转移质押财产完成。质物交付的形式有现实交付、简易交付、指示交付，但在占有改定情形下质物仍处于出质人占有状态，不能视为交付。《典当管理办法》第42条第2款规定："典当行经营机动车质押典当业务，应当到车辆管理部门办理质押登记手续。"

《九民会议纪要》第63条规定："在流动质押中，经常由债权人、出质人与监管人订立三方监管协议，此时应当查明监管人究竟是受债权人的委托还是受出质人的委托监管质物，确定质物是否已经交付债权人，从而判断质权是否有效设立。如果监管人系受债权人的委托监管质物，则其是债权人的直接占有人，应当认定完成了质物交付，质权有效设立。监管人违反监管协议约定，违规向出质人放货、

① 参见最高人民法院（2019）最高法民终133号民事判决书。

因保管不善导致质物毁损灭失,债权人请求监管人承担违约责任的,人民法院依法予以支持。如果监管人系受出质人委托监管质物,表明质物并未交付债权人,应当认定质权未有效设立。尽管监管协议约定监管人系受债权人的委托监管质物,但有证据证明其并未履行监管职责,质物实际上仍由出质人管领控制的,也应当认定质物并未实际交付,质权未有效设立。此时,债权人可以基于质押合同的约定请求质押人承担违约责任,但其范围不得超过质权有效设立时质押人所应当承担的责任。监管人未履行监管职责的,债权人也可以请求监管人承担违约责任。"

【司法适用】

《担保法司法解释》第 86 条规定:"债务人或者第三人未按质押合同约定的时间移交质物的,因此给质权人造成损失的,出质人应当根据其过错承担赔偿责任。"如果书面质押合同已经生效,债务人或第三人仍未交付质押财产,则债权人可以请求人民法院判决债务人或第三人交付质押财产或由其承担损害赔偿责任。

《担保法司法解释》第 89 条规定:"质押合同中对质押的财产约定不明,或者约定的出质财产与实际移交的财产不一致的,以实际交付占有的财产为准。"交付的质押财产与质权合同约定的质押财产不一致时,应认定实际质押的财产是质权人可对抗第三人优先受偿的范围。如果所提供的质物不能满足债权担保的需要,质权人可以根据质押合同请求出质人提供与约定质物价值相符的财产进行补足或请求出质人承担违约责任。

《担保法司法解释》第 87 条中规定:"质权人将质物返还于出质人后,以其质权对抗第三人的,人民法院不予支持。"对此,要分两种情况:(1)质权人依自己的意思表示将质物移转至出质人占有的情形。在此种情形中,又可分为两类情形,第一类是由于仓储条件的限制,质权人无法妥善保存质物,于是委托专业的质物存放管理单位管理质物,甚至租赁债务人场地保存管理质物。这种情形并不产生返还质物的法律后果,因为债权仍处于未清偿状态。因此,质权并未消灭。第二类是主观抛弃质权。此时应视作质权人放弃以质物为债权担保的权利,质权应归于消灭。(2)质权人非依自己的意思表示返还质物,如受到欺诈而返还。在这种情形下,质权人有权利请求恢复占有,质权不受影响。在罗某、甲公司返还原物纠纷案中,荆门市中级人民法院认为,质物返还的条件是所担保的债务得到清偿,或当事人约定的返还条件成就。[①] 因此,在第一种情况的第一类情形和第二种情况

① 参见荆门市中级人民法院(2019)鄂 08 民终 377 号民事判决书。

下，质权不应视作消灭，而在第一种情况的第二类情形中，虽然没有发生债权的清偿，但质权人主动放弃了以质物担保优先受偿的权利，可以视为质权消灭，但不影响基础债权债务关系。

【司法案例】

甲银行诉张某标、乙公司执行异议之诉纠纷案①

诉讼结论：当事人依约为出质的金钱开立保证金专门账户，且质权人取得对该专门账户的占有控制权，符合金钱特定化和移交占有的要求，即使该账户内资金余额发生浮动，也不影响该金钱质权的设立。

法院认为：案涉保证金账户开立在甲银行，乙公司作为担保保证金专户内资金的所有权人，本应享有自由支取的权利，但贷款担保业务合作协议约定未经甲银行同意，乙公司不得动用担保保证金专户内的资金。同时，贷款担保业务合作协议约定，在担保的贷款到期未获清偿时，甲银行有权直接扣划担保保证金专户内的资金。由此可见，甲银行作为债权人取得了案涉保证金账户的控制权，实际控制和管理该账户，此种控制权移交符合出质金钱移交债权人占有的要求。

第四百三十条　质权人有权收取质押财产的孳息，但是合同另有约定的除外。

前款规定的孳息应当先充抵收取孳息的费用。

【条文主旨】

本条是关于质权人孳息收取权及孳息首要清偿用途的规定。

【条文理解】

动产质权为担保物权而非用益物权，除非合同另有约定，质权人并不拥有对质押财产的使用收益权。但对于质押财产的天然孳息和法定孳息，如果当事人约定质权人无权收取，则从约定；如果没有约定或约定不明，则质权人可以依本条收取质押财产的孳息。《民法典》第321条规定：“天然孳息，由所有权人取得；既有所有权人又有用益物权人的，由用益物权人取得。当事人另有约定的，按照约定。法定孳息，当事人有约定的，按照约定取得；没有约定或者约定不明确的，按照交易习惯取得。”虽然此条款未涉及担保物权中质权人对孳息的取得权，但根据交易

① 参见安徽省高级人民法院（2013）皖民二终字第00261号民事判决书。

现实可知,由质权人收取质押财产的孳息更加便利。

根据《担保法司法解释》第91条的规定,动产质权的效力应及于质物的从物,但从物未随同质物移交质权人占有的除外。因此,质权效力是否及于从物的判断标准仍为交付。质权是在债权到期无法获得清偿时以质物变价获得优先受偿的权利,而非质权人就质物享有的使用收益权,因此,质物或以其他形式存在的质物价值都可以实现质押的目标。《民法典》第390条规定:“担保期间,担保财产毁损、灭失或者被征收等,担保物权人可以就获得的保险金、赔偿金或者补偿金等优先受偿。被担保债权的履行期未届满的,也可以提存该保险金、赔偿金或者补偿金等。”

【司法适用】

孳息首先应当充抵收取孳息的费用,理由是这项费用是为全部债权人的利益而形成的共益费用,应按照共益债务清偿的规则处理,首先用于清偿因孳息收取而产生的费用。关于孳息的清偿顺序,可以参考《担保法司法解释》第64条关于抵押物孳息清偿顺序的规定:“债务履行期届满,债务人不履行债务致使抵押物被人民法院依法扣押的,自扣押之日起抵押权人收取的由抵押物分离的天然孳息和法定孳息,按照下列顺序清偿:(一)收取孳息的费用;(二)主债权的利息;(三)主债权。”孳息在清偿因收取孳息而产生的费用后,应用于清偿主债权的利息和主债权,仍有剩余的,应返还给出质人。

第四百三十一条　质权人在质权存续期间,未经出质人同意,擅自使用、处分质押财产,造成出质人损害的,应当承担赔偿责任。

【条文主旨】

本条是关于质权人擅自使用、处分质押财产的责任的规定。

【条文理解】

本条与《物权法》第214条相比,核心内容无变化。《担保法司法解释》第93条规定:“质权人在质权存续期间,未经出质人同意,擅自使用、出租、处分质物,因此给出质人造成损失的,由质权人承担赔偿责任。”从设定质权的目的看,质权是为了保障质权人的债权获得清偿,而非使质权人获得关于质物的使用收益权,因此,质权人非经出质人同意不得擅自使用、处分质物。但质权人可以根据质权合同的约定或者经出质人同意使用、处分质押财产,其收益在扣除必要支出后,可以约定用于清偿被担保的债权利息和主债权,如果收益大于担保的范围,超出部分质权人应以不当得利予以返还。

【司法适用】

为充分发挥质押财产价值等原因必要地使用质物，应如何判断其行为效力？

现实中有观点认为，出于充分发挥质押财产的价值的考虑，允许质权人有限度地使用质押财产，不仅不会增加出质人的负担，还有利于债务的减轻。我国立法并未对此进行回应，原因是质权人不享有质物所有权，而是为担保债权的实现而占有质物，因此不能在质权存续期内未经出质人允许就行使排他性权利。

而且，未经出质人允许而使用、处分质物有可能导致对质物的损害，因此给出质人造成的损失应由质权人进行赔偿。在曹某东与于某水民间借贷纠纷一案[①]中，曹某东为担保债务的履行出质给债权人于某水，质物脱离出质人曹某东，处于质权人于某水控制之下。于某水未诉诸法律救济手段而以多年无法与曹某东取得联系且无法主张债权等为由，未经曹某东同意，擅自处分质押物。法院认为于某水应当承担赔偿责任。

在童某新与张某哲动产质权纠纷上诉案[②]中，质权人在债务人未归还借款时，未经双方协商，以低于质押物实际价值的价款变卖质押财产，侵犯了出质人的合法权益。法院判决应由质权人承担赔偿责任。

第四百三十二条　质权人负有妥善保管质押财产的义务；因保管不善致使质押财产毁损、灭失的，应当承担赔偿责任。

质权人的行为可能使质押财产毁损、灭失的，出质人可以请求质权人将质押财产提存，或者请求提前清偿债务并返还质押财产。

【条文主旨】

本条是关于质权人的保管义务和赔偿责任的规定。

【条文理解】

本条与《物权法》第215条相比，将第2款中的“出质人可以要求质权人”改为“出质人可以请求质权人”。《担保法》第69条规定：“质权人负有妥善保管质物的义务。因保管不善致使质物灭失或者毁损的，质权人应当承担民事责任。质权人不能妥善保管质物可能致使其灭失或者毁损的，出质人可以要求质权人将质物

---

① 参见黑龙江省高级人民法院（2017）黑民申18号民事裁定书。

② 参见浙江省衢州市中级人民法院（2009）浙衢商终字第108号民事判决书。

提存,或者要求提前清偿债权而返还质物。”质权人对质押财产的善管义务有两层含义:一是质权人应当妥善保管质物,尽到与处理自己事务更为谨慎的义务,且应持续整个质押期间,理由是虽然质押财产上的担保债权为质权人占有,但其所有权仍属出质人,质权人如果违反善管义务导致质押财产毁损或灭失,则需对出质人承担相应的赔偿责任。二是证明义务应由质权人承担,若可证明自己尽到善管义务则可免责。如果由出质人对质权人并未尽到善管义务进行举证,由于质物在物理状态上由质权人持续占有,举证将发生困难。

【司法适用】

在质押财产可能灭损时,出质人可以请求质权人将质押财产提存,此处的提存与我国《民法典》“合同编”和《提存公证规则》中的提存含义不同。根据我国《民法典》“合同编”第570条的有关规定,提存是债务人将难以清偿的标的物交提存部门保存以消灭债的行为。《提存公证规则》第2条规定:“提存公证是公证处依照法定条件和程序,对债务人或担保人为债权人的利益而交付的债之标的物或担保物(含担保物的替代物)进行寄托、保管,并在条件成就时交付债权人的活动。为履行清偿义务或担保义务而向公证处申请提存的人为提存人。提存之债的债权人为提存受领人。”而在本条中,出质人请求质权人将出质财产交付提存机关,目的是保障出质人的权益,债务到期后债务人若清偿债权则可以到提存机关取回质物。整个提存的过程中,出质人并不失去对质物的所有权,债权也并未消灭。

在司法实践中,需要注意质押财产保管费用和必要费用的边界。质押财产的保管费用由质权人承担,而且不能从质押财产折价、拍卖或变卖所得价款中折抵。而由于在质押期间,所有权依然归出质人所有,因此质物产生的必要费用,如修理费、饲养费,需由出质人承担。

【司法案例】

甲公司、乙公司企业借贷纠纷案[①]

诉讼结论:无法提供由于不妥善地保管导致质物毁损的证据,则保管人不承担责任。

法院认为:甲公司依据戊测试所出具的对涉案矿石的锰含量测试报告,主张质押物在监管期间出现了数量和品质的毁损,但对于损失具体是多少没有结论。丙公司在一审质证时对测试结论不予认可,认为这是依据丁银行单方委托进行的检测,测量方法和测量数据及样本未经其核实认可。结合《商品融资质押监管协

① 参见湖南省高级人民法院(2019)湘民终2号民事判决书。

议》的约定及其履行情况看,法院认为甲公司针对丙公司的主张不能成立。理由如下:其一,甲公司认可丁银行在质物出质时并未对质物的质量进行过检测,而甲公司提交的戊测试所出具的对质押物的锰含量检测结果无法与质押物出质时的相关情况进行比较;甲公司也没有证据证明丙公司接受该质押物监管时,其与丙公司对质押物锰含量进行了检测,故甲公司主张质押物在监管进程中,因锰含量降低而导致价值减少,没有类比的基础,其主张没有事实依据。其二,甲公司提交的质物毁损的证据系其单方委托鉴定,乙公司以及丙公司并未参与,也不认可,该证据依法不能作为认定事实的依据。因此,质押期间质物发生毁损、灭失,质物保管人应承担赔偿责任。虽然本案中涉及的是质权人和原质权人指定的保管人之间的关系,但也从现实层面确认了质物可能毁损、灭失的风险以及应在出质时对质物的基本信息进行确认,否则一旦发生纠纷无法获得法院的支持。

第四百三十三条　因不可归责于质权人的事由可能使质押财产毁损或者价值明显减少,足以危害质权人权利的,质权人有权请求出质人提供相应的担保;出质人不提供的,质权人可以拍卖、变卖质押财产,并与出质人协议将拍卖、变卖所得的价款提前清偿债务或者提存。

【条文主旨】

本条关于质权保护的规定。

【条文理解】

本条与《物权法》第216条相比,主要内容无变化,只是将“不能归责”改为“不可归责”。质权人有权请求出质人提供相应担保或进行变价应满足以下条件:第一,质物出现毁损或价值明显减少并非质权人的过错所致,但足以影响质权的实现。第二,需满足价值明显减少的程度,少量自然损耗不能成为质权人行使该权利的原因。第三,相应的担保是指出质人应质权人请求,提供和质押财产毁损或减少的价值相当的物的担保。

【司法适用】

《担保法司法解释》第92条规定:“按照担保法第六十九条的规定将质物提存的,质物提存费用由质权人负担;出质人提前清偿债权的,应当扣除未到期部分的利息。”质权保护程序由质权人启动,出质人没有义务主动对有毁损或价值明显减少的可能的质物提供相应担保;拍卖、变卖所得价款,须与出质人协商是否提前清偿,如出质人不同意提前清偿,应将变价款向与出质人约定的第三人提存。质物毁损或价值明显减少的情形在司法实践中很常见。在吴某忠、朱某华保证合同纠纷[①]中，冻蟹身和冻虾冻蟹为质押物，主合同履行期限届满后，质权人并未行使质权，而该质物为冷冻海产品，长时间的冷冻必然使货物价值减少甚至灭失，此时质权人的行为是否属于怠于行使质权呢？一般认为，怠于行使质权的起算点是出质人请求。而在本案中，由于质物具有特殊性，以主合同履行期届满而质权人未及时行使质权为起算点来确定行为性质。因此，质权人应对怠于履行质权造成的质物价值的损失承担赔偿责任。此种情形应认定为归责于质权人的事由导致质押财产毁损或价值明显减少。

【司法案例】

甲公司与乙金店等合同纠纷上诉案[②]

在本案中，甲公司与乙金店订立《押货协议》，约定借款800万元。其中540万元为黄金押货借款，对260万元的借款作了自协议签订之日起10日内补足同等价值的货（120万的货）以及还款140万元的约定。在协议履行期限，多次出现了双方《押货协议》第3条约定“若行情下滑10%，甲方若不追加资金，乙方有权将甲方质押的黄金处理”（甲方为甲公司，乙方为乙金店）的情形。后乙金店在告知甲公司后，将甲公司质押的黄金34,545.28克以178.37元/克（较210元/克下跌15.06%）的价格予以出货。

法院认为：《押货协议》是在平等自愿的基础上签订的，是双方真实意思表示，且不违反法律、行政法规的强制性规定，为有效协议。甲公司在履约过程中未完全按照协议约定履行合同义务，乙金店按协议约定将质押黄金按市价变卖用于清偿借款，是正当行使合同权利的合法行为。

第四百三十四条　质权人在质权存续期间，未经出质人同意转质，造成质押财产毁损、灭失的，应当承担赔偿责任。

【条文主旨】

本条是关于责任转质的规定。

---

① 参见福建省高级人民法院(2018)闽民申2381号民事裁定书。

② 参见河南省三门峡市中级人民法院(2010)三民三终字第97号民事判决书。

【条文理解】

在转质关系中,原质权人成为转质人,因转质而取得质权的债权人为转质权人。转质,是指质权人为了担保自己或者他人的债务,以质物移转他人占有再行设立质权的行为。转质分为责任转质和承诺转质。两者的基本区别在于转质是否经过了出质人的同意,经过出质人同意的转质称为承诺转质,未经出质人同意的转质称为责任转质。《担保法司法解释》只允许承诺转质,不承认责任转质。该解释第94条规定:“质权人在质权存续期间,为担保自己的债务,经出质人同意,以其所占有的质物为第三人设定质权的,应当在原质权所担保的债权范围之内,超过的部分不具有优先受偿的效力。转质权的效力优于原质权。质权人在质权存续期间,未经出质人同意,为担保自己的债务,在其所占有的质物上为第三人设定质权的无效。质权人对因转质而发生的损害承担赔偿责任。”据此,承诺转质强调质权人在得到出质人的处分承诺时,为担保自己或他人的债务而于其占有的质物上设定比自己的质权更优先的一个新的质权。

当责任转质和承诺转质发生质押财产毁损、灭失的情况时,转质人承担责任的范围是有区别的。在承诺转质的情况下,转质人经出质人同意将质押财产移转第三人占有,除非因转质人过错造成质押财产的毁损和灭失,否则转质人不承担责任。由于不可抗力和转质权人过错导致的损害,应由转质权人承担责任。在未经出质人同意就擅自转质给第三人的责任转质中,转质人除了因过错应承担赔偿责任外,也应对不可抗力导致的质押财产毁损或灭失承担责任。

【司法适用】

责任转质中,应允许出质人对原质权人进行清偿,出质人有权要求质权人返还质物。而如果转质权人的债权还未获清偿,质押财产依然被转质权人占有,此时出质人和原质权人可以协商,给相当于租金的补偿,等待原质权人到期清偿转质权人债权、取回质物。质物如果被转质权人行使质权变价而不再存在,就应该由转质人对出质人进行损害赔偿。

第四百三十五条　质权人可以放弃质权。债务人以自己的财产出质,质权人放弃该质权的,其他担保人在质权人丧失优先受偿权益的范围内免除担保责任,但是其他担保人承诺仍然提供担保的除外。

【条文主旨】

本条是关于质权放弃及其他担保人承担责任原则的规定。

【条文理解】

本条与《物权法》第 218 条相比，内容基本无变化。放弃质权是指质权人放弃因担保债权而对质物进行折价、变价所得价款优先受偿的权利。本条涉及质权法律关系的三方参与人：一是以自己财产出质的债务人，二是除债务人之外对债权提供担保的人，三是质权人。质权人可以放弃质权，但不应损害其他利害关系人的利益。因此，其他担保人在质权人丧失优先受偿权益的范围内免除担保责任。但如果其他担保人愿意承受质权人放弃质权所产生的不利影响，依然愿意在原担保范围内承担责任，则应予以尊重。

【司法适用】

质权的放弃应明示作出，怠于行使质权不能直接推定为放弃质权。实务中，如果质权人以书面方式放弃质权并且返还质物，则当然发生放弃质权的法律后果，即质权人不再享有以质物变价所得价款优先受偿的权利。质权的公示方式是质物被质权人占有，如果质权人主动返还质押财产，且不属于受胁迫、受欺诈的情形，则应认定质权人已放弃质权。

第四百三十六条　债务人履行债务或者出质人提前清偿所担保的债权的，质权人应当返还质押财产。

债务人不履行到期债务或者发生当事人约定的实现质权的情形，质权人可以与出质人协议以质押财产折价，也可以就拍卖、变卖质押财产所得的价款优先受偿。

质押财产折价或者变卖的，应当参照市场价格。

【条文主旨】

本条是关于质物返还及质权实现的规定。

【条文理解】

本条与《物权法》第 219 条相比，内容无变化。虽然质权是意定担保物权，但质权的实现应按照法定折价或拍卖的方式进行。折价是质权人与出质人协议以一定价格将质押财产所有权由出质人转让给质权人。拍卖是以公开竞价的方式出让质押财产，价高者取得质押财产所有权。《担保法司法解释》第 95 条第 1 款规定：“债务履行期届满质权人未受清偿的，质权人可以继续留置质物，并以质物的全部行使权利。出质人清偿所担保的债权后，质权人应当返还质物。”《企业破产法》第 37 条规定：“人民法院受理破产申请后，管理人可以通过清偿债务或者提供为债权人接受的担保，取回质物、留置物。前款规定的债务清偿或者替代担保，在质物或者留置物的价值低于被担保的债权额时，以该质物或者留置物当时的市场价值为限。”

【司法适用】

本条在司法适用中应注意质押财产的价格的确定。虽然在设定质权时，出质人和质权人对于质押财产的种类、数额等都达成了合意，但在以质押财产为担保实现质权时，质押财产的价值还需要通过合意或公允的程序予以确定。一般可参考质物的市场价格和历史价格。拍卖是相对公允的程序，能最大限度地体现拍卖物的市场价值。如果变价、折价明显低于市场价格，就要考察变价或折价的程序是否公正，对不公正的程序予以撤销，以保证其他利益相关人的权益。比如，公司以极低的价格将公司车辆变卖给公司大股东，就需要考察该决议是否符合程序，大股东是否进行了回避，否则对公司的其他股东和债权人就是不公平的。

第四百三十七条　出质人可以请求质权人在债务履行期限届满后及时行使质权；质权人不行使的，出质人可以请求人民法院拍卖、变卖质押财产。

出质人请求质权人及时行使质权，因质权人怠于行使权利造成出质人损害的，由质权人承担赔偿责任。

【条文主旨】

本条是关于及时行使质权请求权和怠于行使质权的责任的规定。

【条文理解】

本条第1款是关于出质人的两项权利。一项是请求质权人在债务履行期限届满后及时行使质权。质权关系持续状态下，质物的孳息收取、仓储成本、主债权利息都在发生变化，在债务履行期限届满后才能进行准确的计算。另一项是如果质权人不行使质权，出质人可以采取的补救措施。这两项权利是逻辑递进关系。出质人不能在债务履行期限届满后直接请求拍卖、变卖质物。质权人怠于行使权利并且造成出质人损害的，通常是因市场价格的变化而发生价值减损，应由质权人承担赔偿责任。

《担保法司法解释》第95条第2款规定：“债务履行期届满，出质人请求质权人及时行使权利，而质权人怠于行使权利致使质物价格下跌的，由此造成的损失，质权人应当承担赔偿责任。”学理上很少讨论质权人怠于行使质权时出质人的权利内容，但从合同的角度观察，质权人怠于行使质权是可能发生的。取回质押财产和要求以折价、拍卖或变卖方式实现质权都可能成为出质人的选择。如果质权人怠于行使质权,质物与其他利害关系人的关系就处于不稳定状态。因此,应在赋予质权人请求行使质权的权利的同时,赋予出质人请求行使质权的权利。

【司法适用】

本条在司法适用中,应注意以质权人是否怠于行使权利为核心判断依据。出质人请求质权人行使质权,质权人怠于行使而导致质押财产价格下跌等结果,给出质人造成损害的,才应对出质人承担损害赔偿责任。实务中,应考虑如下要素:第一,以出质人请求质权人行使质权为时间基点,在此之前即使质权到期甚至造成质物价值损耗也不能认定为质权人怠于行使权利。第二,质权人怠于行使质权的行为须造成了实际损害,有损害发生的可能性而未造成实际损害的情形不能视为损害赔偿的依据。第三,关于举证义务。应由出质人举证遭受了损失,而由质权人举证没有怠于行使质权。

第四百三十八条　质押财产折价或者拍卖、变卖后,其价款超过债权数额的部分归出质人所有,不足部分由债务人清偿。

【条文主旨】

本条是关于质物变价款归属原则的规定。

【条文理解】

本条与《物权法》第221条相比,内容无变化。债务履行期届满债务人履行债务的,或者出质人提前清偿所担保的债权的,质权人应当返还质物。债务履行期届满质权人未受清偿的,可以与出质人协议以质物折价,也可以依法拍卖、变卖质物。质物折价或者拍卖、变卖后,其价款超过债权数额的部分归出质人所有,不足部分由债务人清偿。在出质人是第三人的情形下,质押财产折价或者拍卖、变卖后所得价款的不足部分,应由债务人清偿,出质人不再承担除质押财产价值以外的其他部分。折价、拍卖、变卖质押财产后所得价款超出的部分,由于出质人享有质押财产所有权,自然应返还给出质人。

【司法适用】

审判实践中需要注意:质权人不能按质权设定时约定的价值向债务人追偿,质押财产价值的计算需以质权实现时的价值为准。但如果发现质押财产价值因债务人或出质人欺诈等原因显著低于约定价值,则应由债务人或出质人承担补足差额的责任。

第四百三十九条　出质人与质权人可以协议设立最高额质权。

最高额质权除适用本节有关规定外，参照适用本编第十七章第二节的有关规定。

【条文主旨】

本条是关于最高额质权的规定。

【条文理解】

本条与《物权法》第222条相比，仅将该条第2款中的“参照本法第十六章第二节最高额抵押权的规定”改为“参照适用本编第十七章第二节的有关规定”。最高额质权是对于债权人在一定范围内连续发生的不特定债权预定最高限额，并由债务人或第三人提供质物予以担保的特殊质权。最高额质权具有独特的功能，即针对同一目的、反复实施的同一性质的交易行为，为了避免每次交易都需设定质权，以同一财产或财产集合为质押财产，在此财产价值范围内设定质权，从而提升了当事人意思自治的弹性。最高额质权与最高额抵押权的最本质区别是质押财产移转于质权人占有，而抵押财产依然归抵押人占有。最高额质押是对现有和未来债权集合的担保，因此其中某一具体债权的消灭，不会导致最高额质权的消灭。

【司法适用】

审判实践中需要注意的是，由于最高额质权的特殊性，其在决算前不随被担保债权的转让而转让，仅对特定债务人连续发生的债务进行担保。

第二节　权利质权

第四百四十条　债务人或者第三人有权处分的下列权利可以出质：

（一）汇票、本票、支票；

（二）债券、存款单；

（三）仓单、提单；

（四）可以转让的基金份额、股权；

（五）可以转让的注册商标专用权、专利权、著作权等知识产权中的财产权；

（六）现有的以及将有的应收账款；

（七）法律、行政法规规定可以出质的其他财产权利。

【条文主旨】

本条是关于权利质权范围的规定。

【条文理解】

本条将《物权法》223 条第 1 项中的“汇票、支票、本票”改为“汇票、本票、支票”,将第 6 项中的“应收账款”改为“现有的以及将有的应收账款”。权利质权是指以所有权以外的依法可以出质的财产权为标的物设定的质权。设定权利质权与设定动产质权的目的都是担保债权获得清偿,区别是动产质权强调质押财产须交付给质权人占有,而权利质权的标的物是商品证券化的产物。

不能设立权利质权的权利有以下类别:第一类是性质上不得让与的债权。如赡养请求权、养老金请求权、人身损害赔偿请求权、保险受益权。第二类是按当事人约定不可转让的债权。第三类是法律禁止转让的权利。如公司不得接受本公司的股票作为质押标的。第四类是动产质权、留置权、抵押权。它们相对于主债权来说属于从属权,不能独立于主债权,因此无法单独成为权利质权的标的。第五类是特许经营权,如采矿权、建设用地使用权等。

《物权法》上的物仅指有体物,包括动产和不动产。如果法律没有规定,则民事主体不能任意在权利上设定物权,如权利质权。因此本条规定,债务人或者第三人只能以其有权处分的,且“法律、行政法规规定可以出质的其他财产权利”设定权利质权。有相反观点认为,法律应成为社会经济发展的助推器,而不应无端地设限。对适合经济发展需要的新的权利质权类型,《民法典》应持开放、支持的立场。故此,建议以“法无禁止即可出质”的原则来规范权利质权的客体范围。①

《票据法》第 35 条第 2 款规定:“汇票可以设定质押;质押时应当以背书记载‘质押’字样。被背书人依法实现其质权时,可以行使汇票权利。”《保险法》第 34 条第 2 款规定:“按照以死亡为给付保险金条件的合同所签发的保险单,未经被保险人书面同意,不得转让或者质押。”《全国银行间债券市场债券交易管理办法》第 3 条规定:“债券交易品种包括回购和现券买卖两种。回购是交易双方进行的以债券为权利质押的一种短期资金融通业务,指资金融入方(正回购方)在将债券出质给资金融出方(逆回购方)融入资金的同时,双方约定在将来某一日期由正回购方按约定回购利率计算的资金额向逆回购方返还资金,逆回购方向正回购方返还原出质债券的融资行为。现券买卖是指交易双方以约定的价格转让债券所有权的交易行为。”《公司法》第 142 条中规定:“公司不得接受本公司的股票作为质押权的标的。”《信托公司管理办法》第 33 条规定:“信托公司开展固有业务,不得有

---

① 刘保玉:《民法典物权编(草案)担保物权部分的修改建议》,载《法学杂志》2019 年第 3 期。

下列行为:(一)向关联方融出资金或转移财产;(二)为关联方提供担保;(三)以股东持有的本公司股权作为质押进行融资。信托公司的关联方按照《中华人民共和国公司法》和企业会计准则的有关标准界定。”

【司法适用】

审判实践中,特别需要注意权利质权的出质方式与动产质权不同。首先,商事企业的应收账款一般记载于资产负债表中,属于普通债权,没有特定化的权利凭证。因此,订立书面合同时,应对应收账款的金额、期限、支付方式、债务人的名称和地址、基础合同及其履行程度进行明确。其次,应收账款进行出质应到中国人民银行设立的企业征信系统进行出质登记,防止出质人在质权存续期间将该应收账款重复质押给他人。最后,以票据权利出质与以票据本身出质相比,二者的效力、举证责任有所差别。前者是票据法上的背书质押,后者是民法上的合同质押。譬如以汇票票据权利设定质押,质押时以背书记载“质押”字样,被背书人依法实现其质权时,可以行使汇票权利;质押时不以背书记载“质押”字样,持票的质押权人实现其质权时,需要举证证明其取得票据的合法方式、合法来源,订立质押合同就是一种合法方式。

第四百四十一条　以汇票、本票、支票、债券、存款单、仓单、提单出质的,质权自权利凭证交付质权人时设立;没有权利凭证的,质权自办理出质登记时设立。法律另有规定的,依照其规定。

【条文主旨】

本条是关于有价证券出质的质权的设立的规定。

【条文理解】

本条将《物权法》第224条中“当事人应当订立书面合同”的表述删除,并增加“法律另有规定的,依照其规定”。第一处改动回归了动产的基本属性,即交付即视作权利变动。第二处改动尊重了《票据法》作为票据法律关系基础法的地位。

《票据法》第19条、第37条和第81条分别规定了三种票据的定义。汇票是出票人签发的,委托付款人在见票时或者在指定日期无条件支付确定的金额给收款人或者持票人的票据。汇票分为银行汇票和商业汇票。本票是出票人签发的,承诺自己在见票时无条件支付确定的金额给收款人或者持票人的票据。支票是出票人签发的,委托办理支票存款业务的银行或者其他金融机构在见票时无条件支付确定的金额给收款人或者持票人的票据。票据质押,是指为担保债权的实现，债务人或第三人将自己所持票据进行背书并交付给质权人占有的行为。

本条中的汇票、本票、支票、债券、存款单、仓单和提单都代表着可转让的财产性权利，属于完全有价证券，其质押应参照转让的相关规则，才能保障质押的实现。完全有价证券是指权利完全证券化，权利与证券融为一体、不可分离的证券。权利的存在、行使和移转，都与实体证券不可分离，因此这一类证券的质押需要满足当事人合意和交付的要件。票据的流通性是其根本属性，但《票据法》第 27 条中规定的出票人在汇票上记载“不得转让”字样的汇票不得转让，不可转让的票据不能实现质权。最高人民法院《关于审理票据纠纷案件若干问题的规定》指出，如果出票人在票据上记载“不得转让”字样，其后手以此票据进行贴现、质押的，持票人主张票据权利的，人民法院不予支持。可见，欠缺背书不会导致票据质押无效，但不能对抗善意第三人。票据质权人与其他票据权利人享有的质权一致，除享有作为持票人拥有的付款请求权外，还在付款请求权遭到拒绝后对票据的出票人和其他背书人、承兑人、保证人享有追索权。

债券是由政府、金融机构或企业依照法定程序向社会发行、约定在一定期限内还本付息的有价证券。债券质权的实现须订立书面合同并交付债券，对于无纸化的记账凭证，需要到中央国债登记结算有限责任公司、中央证券登记结算有限责任公司等进行出质登记。存单是由存款人持有、证明其债权用于银行办理储蓄业务的凭证。实践中，定期存单事先约定期限、利率，到期后支取本息，适于出质。活期存单随时可以存取，不适合出质。仓单是仓储保管人签发给寄托人证明其寄存货物的凭证。提单是用以证明海上货物运输合同和货物已经由承运人接收或者装船，并且承运人保证据以交付货物的单证。仓单和提单都代表了一定可转让的财产权利，属于完全有价证券，需达成合意并进行交付才能设定质权。《全国银行间债券市场债券交易管理办法》第 17 条规定：“以债券为质押进行回购交易，应办理登记；回购合同在办理质押登记后生效。”

本条在十三届全国人大第三次会议大会审议期间增加“法律另有规定的，依照其规定”，一是指已经颁布施行的法律，譬如《票据法》，二是为特别民事立法保留必要的空间。国家正在建立统一的动产和权利担保登记系统，需要统一登记的法律效力。

【司法适用】

《担保法司法解释》第 98 条规定：“以汇票、支票、本票出质，出质人与质权人没有背书记载‘质押’字样，以票据出质对抗善意第三人的，人民法院不予支持。”第 99 条规定：“以公司债券出质的，出质人与质权人没有背书记载‘质押’字样，以债券出质对抗公司和第三人的，人民法院不予支持。”第 100 条规定：“以存款单出质的，签发银行核押后又受理挂失并造成存款流失的，应当承担民事责任。”第101条规定：“以票据、债券、存款单、仓单、提单出质的，质权人再转让或者质押的无效。”

审判实践中，须注意公司债权质押的成立要件。公司债券分为记名债券和不记名债券。对于不记名债券，质押双方达成合意并转移债券占有即可成立；对于记名债券，则不仅需要双方订立质押合同，还应该在债券上记载质权人的姓名或名称，并同时将质押信息记载于公司债券存根上。对于存单出质，应通知债务人，一般来说是银行，不通知债务人的存单出质不发生效力。通知是否已达债务人的证明是债务人是否对存单出质进行核押登记，如果没有经过核押登记，则出质人到存单签发行挂失，然后将现金取走，对于质押权人的利益必然有损害。如果银行进行了核押登记，再发生出质人挂失存单的情况，签发行就要承担民事责任。

【司法案例】

甲银行诉乙公司等信用证开证纠纷案①

诉讼结论：开证行对信用证项下单据中的提单以及提单项下的货物享有质权的，开证行行使提单质权的方式与行使提单项下货物动产质权的方式相同，即对提单项下货物折价、变卖、拍卖后所得价款享有优先受偿权。

法院认为：《关于开立信用证的特别约定》约定乙公司违约时，甲银行有权处分信用证项下单据及货物，因此根据合同整体解释以及信用证交易的特点，表明当事人真实意思表示是通过提单的流转设立提单质押。本案符合权利质押设立所须具备的书面质押合同和物权公示两项要件，甲银行作为提单持有人，享有提单权利质权。

第四百四十二条　汇票、本票、支票、债券、存款单、仓单、提单的兑现日期或者提货日期先于主债权到期的，质权人可以兑现或者提货，并与出质人协议将兑现的价款或者提取的货物提前清偿债务或者提存。

【条文主旨】

本条是关于有价证券质权的特别实现方式的规定。

---

① 参见最高人民法院（2015）民提字第126号民事判决书。

【条文理解】

本条与《物权法》第225条相比，内容基本没有变化。《担保法》第77条规定："以载明兑现或者提货日期的汇票、支票、本票、债券、存款单、仓单、提单出质的，汇票、支票、本票、债券、存款单、仓单、提单兑现或者提货日期先于债务履行期的，质权人可以在债务履行期届满前兑现或者提货，并与出质人协议将兑现的价款或者提取的货物用于提前清偿所担保的债权或者向与出质人约定的第三人提存。"《担保法司法解释》第102条规定："以载明兑现或者提货日期的汇票、支票、本票、债券、存款单、仓单、提单出质的，其兑现或者提货日期后于债务履行期的，质权人只能在兑现或者提货日期届满时兑现款项或者提取货物。"据此，从质权设定的目的看，质押权利的存在形式变化对保障债券的实现并无影响，只要其价值不发生显著损耗即可。在兑现日期或提货日期先于主债权到期的情形下，由占有权利凭证或登记的质权人兑现或提货，不影响权利质押的实现，质权人可以继续占有兑现的价款或提取的货物直到债务清偿期届满后行使质权，也可以为了减少继续质押的损耗，与出质人协议提前清偿债务或进行提存。

《全国银行间债券市场债券交易管理办法》第21条规定："回购期间，交易双方不得动用质押的债券。"《担保法司法解释》第102条规定："以载明兑现或者提货日期的汇票、支票、本票、债券、存款单、仓单、提单出质的，其兑现或者提货日期后于债务履行期的，质权人只能在兑现或者提货日期届满时兑现款项或者提取货物。"《中央国家机关个人住房担保委托贷款办法（试行）》第27条规定："以载明兑现日期的债券出质的，若兑现日期先于偿还贷款日期，质权人可以在兑现日至最后还款日期之间兑现，并与出质人协议将兑现的价款用于一次性全额清偿贷款本息，也可以在质权人处新购债券或转存为质权人处人民币储蓄定期存单。"第28条规定："出质人应将质物交给质权人。权利出质后，出质人对用于质押的质物不得以任何理由挂失。质押期间，权利凭证如造成损坏、遗失，由质权人承担相应责任。"

【司法适用】

审判实践中，如果出现有价证券兑现日期或提货日期晚于债务履行期的情况，应作如下理解：由于债务已届履行期，出质人需清偿债权或进行提存，但质物所附权利还未到兑现或提货日期，如果此时要求直接清偿，将加重有价证券的债务人的负担。因此，只能考虑质权人在证券到期日兑现或提取货物，或者通过转让证券以所得价款优先受偿。

第四百四十三条　以基金份额、股权出质的，质权自办理出质登记时设立。

基金份额、股权出质后，不得转让，但是出质人与质权人协商同意的除外。出质人转让基金份额、股权所得的价款，应当向质权人提前清偿债务或者提存。

【条文主旨】

本条是关于以基金份额、股权出质的质权设立及转让限制的规定。

【条文理解】

本条与《物权法》第226条相比，内容有很大的变化，表述更加简洁。本条将《物权法》第226条第1款中的"当事人应当订立书面合同。以基金份额、证券登记结算机构登记的股权出质的，质权自证券登记结算机构办理出质登记时设立；以其他股权出质的，质权自工商行政管理部门办理出质登记时设立"改为"质权自办理出质登记时设立"。基金份额和股权，属于不完全有价证券，在行使或转让证券权利时，不以持有证券为必要条件。本条第1款明确了以基金份额和股权出质应订立书面合同，并且应到证券登记结算机构办理出质登记。《担保法》第78条第3款规定："以有限责任公司的股份出质的，适用公司法股份转让的有关规定。质押合同自股份出质记载于股东名册之日起生效。"《担保法司法解释》第103条规定："以股份有限公司的股份出质的，适用《中华人民共和国公司法》有关股份转让的规定。以上市公司的股份出质的，质押合同自股份出质向证券登记机构办理出质登记之日起生效。以非上市公司的股份出质的，质押合同自股份出质记载于股东名册之日起生效。"《证券登记结算管理办法》第29条第3款规定："证券因质押、锁定、冻结等原因导致其持有人权利受到限制的，证券登记结算机构应当在证券持有人名册上加以标记。"第40条规定："证券的质押、锁定、冻结或扣划，由托管证券的证券公司和证券登记结算机构按照证券登记结算机构的相关规定办理。"

实践中比较常见的股票质押式回购，是指符合条件的资金融入方以所持有的股票或其他证券质押，向符合条件的资金融出方质押以融集资金，并约定在未来返还资金、解除质押的交易形式。股票质押式回购通常出现在上市公司中，因为公开发行的股票流动性较强，当需要实现质权时，可转让性能够得到保障；而且上市公司的所有权和经营权分离程度很高，投资者不需要投入额外的时间和精力参与公司管理。深圳证券交易所等发布的《股票质押式回购交易及登记结算业务办法》第3条中规定:“证券公司根据融入方和融出方的委托向深交所交易系统(以下简称交易系统)进行交易申报。”上述两个文件对上市公司股票质押的交易规则、适当性管理、清算交收和质押登记等内容进行了规定。

对于有限公司和非上市股份公司来说,股权中的财产权收益也可以设置质押,但应受到《公司法》关于有限责任公司股份转让的限制性规定。2004年最高人民法院执行工作办公室《关于上市公司发起人股份质押合同及红利抵债协议效力问题请示案的复函》指出:“《公司法》第147条对发起人股份转让的期间限制,应当理解为是对股权实际转让的时间的限制,而不是对达成股权转让协议的时间的限制。本案质押的股份不得转让期截止到2002年3月3日,而质押权行使期至2005年9月25日才可开始,在质押权人有权行使质押权时,该质押的股份已经没有转让期间的限制,因此不应以该股份在设定质押时依法尚不得转让为由确认质押合同无效。”

【司法适用】

《担保法司法解释》第103条规定:“以股份有限公司的股份出质的,适用《中华人民共和国公司法》有关股份转让的规定。以上市公司的股份出质的,质押合同自股份出质向证券登记机构办理出质登记之日起生效。以非上市公司的股份出质的,质押合同自股份出质记载于股东名册之日起生效。”

股权质押成立的要件为质押登记,口头约定或交付不能认定为股权质押。基金份额被质押后,基金交易账户即被冻结。以转份额方式分红的基金份额进入相应的基金账户即被冻结。以现金方式分红,基金登记机构应将现金划转至基金份额持有人的资金账户一并冻结。这里的现金虽非质押原则所要求的特定物,但作为基金份额受益权的一部分,并不是单独以质物形式进行质押。

【司法案例】

赵某霞与王某芳股权转让纠纷案①

诉讼结论:为平衡双方当事人的利益,应从公平原则考量,依法合理确定各方的权利和义务,对涉案股权权益进行平均分配。

法院认为:王某芳因向赵某霞借款数万元,将其在甲公司的5000元入股金,口头约定以6229元价格抵给赵某霞。王某芳与其单位签订的《委托投资协议书》第3条规定:“股权可以转让、赠与、继承,但不得对外抵押、担保等。乙方处置股权时,必须在甲方登记并办理有关手续。”王某芳将上述协议书及证明书交付给了

① 参见湖北省孝感市中级人民法院(2018)鄂09民终1910号民事判决书。

赵某霞,但未办理更名登记手续。王某芳上诉提出其交付出资凭证的行为是基于债权债务关系中的质押,但其未提交相关书面协议及其他直接证据证明该事实,且根据一审查明的事实,王某芳将股权权益凭证作价6229元交付给赵某霞,先后两次将出资的分红全额转交赵某霞,王某芳始终未将出资的分红作为质押孳息用以清偿借款的事实与赵某霞向王某芳退还6000元的事实亦相印证。王某芳转移涉案股权权益凭证的行为应视为以其在甲公司的6229元出资抵偿其在赵某霞处的6229元借款,即对涉案股权权益的转让行为。因此,涉案股权权益自2005年12月至今所产生的收益均应归赵某霞所有,故涉案17,080.51元股权权益投资收益应当归赵某霞所有。双方当事人均向人民法院陈述涉案股权权益增值30倍。为平衡双方当事人的利益,本院依照《民法总则》第6条的规定,从公平原则考量,合理确定各方的权利和义务,对涉案股权权益进行平均分配,赵某霞与王某芳各占涉案股权权益的50%。

第四百四十四条　以注册商标专用权、专利权、著作权等知识产权中的财产权出质的,质权自办理出质登记时设立。

知识产权中的财产权出质后,出质人不得转让或者许可他人使用,但是出质人与质权人协商同意的除外。出质人转让或者许可他人使用出质的知识产权中的财产权所得的价款,应当向质权人提前清偿债务或者提存。

【条文主旨】

本条是关于以知识产权中的财产权出质的质权设立及转让限制的规定。

【条文理解】

本条与《物权法》第227条相比,去掉了《物权法》第227条第1款中的“当事人应当订立书面合同”和“有关主管部门”。知识产权是一类复杂的民事权利,包括财产权益和精神权益。其中的财产权益可以作为质权合同的标的,设定权利质权。注册商标专用权是指商标注册人享有的独占使用权。专利权包括对发明、实用新型和外观设计的独占使用权。著作权是文学、艺术、科学、工程技术作品的作者依法享有的权利。《著作权法》第10条列举了著作权的人身权和财产权内容,其中复制权、发行权、出租权、展览权、表演权、放映权、广播权、信息网络传播权、摄制权、改编权、翻译权、汇编权是可以转让或许可使用的财产权。《著作权法》第26条规定:“以著作权出质的,由出质人和质权人向国务院著作权行政管理部门办理出质登记。”知识产权出质后,出质人非与质权人协商同意,不得转让或许可他人使用该知识产权。如与质权人达成合意,应将转让或许可他人使用所得的价款向质权人提前清偿或提存。由于未届清偿期,该价款在性质上仍属出质人所有,不得当然用于清偿债权,但质押权利的形式发生改变,不能损及质权人利益,质权人的质权应及于出质人转让或许可他人使用所得的价款。

【司法适用】

《担保法司法解释》第 105 条规定:“以依法可以转让的商标专用权,专利权、著作权中的财产权出质的,出质人未经质权人同意而转让或者许可他人使用已出质权利的,应当认定为无效。因此给质权人或者第三人造成损失的,由出质人承担民事责任。”《民法典》“物权编”继受了《物权法》的相关规定,采取了物权变动与债权变动相区分的原则,债权变动不需要以登记或交付为要件。因此,出质人未经质权人同意而转让或者许可他人使用已出质权利的合同,不宜直接认定为无效。质权是担保物权,其作为物权的一种类型,具有追及效力。

审判实践中,还会遇到商誉权与商号权是否可以进行质押的问题。商誉和商号与商主体的设立、存续、发展相伴相生,属于企业的无形资产。商号还可以授权他人使用,但商誉和商号一旦与其主体分离使用,其价值会发生很大的损耗。因此,商誉权和商号权不能单独质押,应与企业共同作为担保的对象。

第四百四十五条　以应收账款出质的,质权自办理出质登记时设立。

应收账款出质后,不得转让,但是出质人与质权人协商同意的除外。出质人转让应收账款所得的价款,应当向质权人提前清偿债务或者提存。

【条文主旨】

本条是关于应收账款质权的设立及转让限制的规定。

【条文理解】

本条与《物权法》第 228 条相比,去掉了《物权法》第 228 条第 2 款中的“当事人应当订立书面合同”和“信贷征信机构”。应收账款,是指因提供一定的货物、服务而向买受人或接受服务人收取的款项。应收账款包括现有的和未来的金钱债权及其收益,属于普通债权。《民法典》第 546 条第 1 款规定:“债权人转让债权,未通知债务人的,该转让对债务人不发生效力。”应收账款进行质押时,应通知债务人,否则债务人可以对质押权人的债权主张进行抗辩。《应收账款质押登记办法》第 4 条第 1 款规定:“中国人民银行征信中心(以下简称征信中心)是应收账款质押的登记机构。”随着动产和权利担保统一登记制度的建立,未来应收账款的登记机构也会发生变化。

【司法适用】

理论和审判实践中对于应收账款可以作为质押的标的没有异议,但对于应收账款的范围有一定的争论。应收账款是否仅包括已有的应收账款,还是也包括未来的应收账款呢?首先可以明确的是,以应收账款为担保的风险如其他质权一样需要当事人自己评估,司法无法代替当事人进行风险评估。其次,这种风险在实践中可以通过完善登记制度、明确清偿顺序、订立合同来进行控制。最后,应收账款应包括未来的债权。理由是应收账款常处于不确定的状态,将未来的应收账款也纳入质押范围,对质权人的保护更为充分。

还应该注意的是,应收账款在设定质权时是否超过了诉讼时效。如果超过了诉讼时效,则质权人需清晰了解这一点。法律虽未对应收账款诉讼时效作强制性规定,但从设立质权的目的上解释,不超过诉讼时效的应收账款才有质押的价值,而超过诉讼时效的应收账款已经回归为自然权利,无法得到法律全面的保护。

【司法案例】

甲银行诉乙公司、丙公司金融借款合同纠纷案①

诉讼结论:特许经营权的收益权可以质押,并可作为应收账款进行出质登记。特许经营权的收益权依其性质不宜折价、拍卖或变卖,质权人主张优先受偿权的,法院可以判令出质债权的债务人将收益权的应收账款优先支付质权人。

法院认为:污水处理厂的运营和维护,属于经营者的义务,而其收益权,则属于经营者的权利。因对污水处理厂的运营和维护,并不属于可转让的财产权利,故讼争的污水处理项目特许经营权质押,实质上系污水处理项目收益权的质押。《担保法司法解释》第97条规定,"以公路桥梁、公路隧道或者公路渡口等不动产收益权出质的,按照担保法第七十五条第(四)项的规定处理",明确了公路收益权属于依法可质押的其他权利,与其类似的污水处理收益权亦应允许出质。因污水处理项目收益权系基于提供污水处理服务而产生的将来金钱债权,依其性质亦可纳入依法可出质的"应收账款"的范畴。因此,讼争污水处理项目收益权作为特定化的财产权利,可以允许其出质。关于污水处理项目收益权质权的公示问题,在《物权法》自2007年10月1日起施行后,因收益权已纳入该法第223条第6项的"应收账款"范畴,故在中国人民银行征信中心的应收账款质押登记公示系统进行

---

①　参见福建省高级人民法院(2013)闽民终字第870号民事判决书。

出质登记后,质权才能依法成立。由于本案的质押担保协议签订于2005年,在《物权法》施行之前,故不适用《物权法》关于应收账款统一登记制度的规定。因当时并未有统一的登记公示的规定,故参照当时公路收费权质押登记的规定,由其主管部门进行备案登记,有关利害关系人可通过其主管部门了解该收益权是否存在质押之情况,该权利即具备物权公示的效果。本案中,有关利害关系人亦可通过某市建设局查询了解讼争污水处理厂的权利质押的有关情况。因此,本案讼争的权利质押已具备公示之要件,质权已设立。

第四百四十六条　权利质权除适用本节规定外,适用本章第一节的有关规定。

【条文主旨】

本条是关于权利质权法律适用的规定。

【条文理解】

本条与《物权法》第229条相比,只是将《物权法》第229条中的"动产质权的规定"改为"的有关规定"。权利质权与动产质权相并立,二者均以取得标的物的交换价值为目的。从立法体例上看,权利质权一节并未规定质权的一般规定、质权合同的一般条款、流质禁止、质权人收取孳息、质权人处分权限制、责任转质、质权人怠于行使质权的责任、质权清算、最高额质权等内容。因此,当事人在设定和行使质权时,如果权利质权的相关法律没有明确规定,则可参照动产质权的相关规定。

【司法适用】

与动产质权相比,权利质权的实现方式有所不同,审判实践中应予以注意。动产质权中,质权人实现质权只能通过对占有质物进行折价、拍卖、变卖,以所得价款优先受偿。权利质权中,质权人不仅可以通过对质押权利进行处分,从所得价款中优先受偿,还可以代替出质人直接向义务人行使权利。如作为持票人直接请求付款人或承兑人进行付款,并就所得价款优先受偿。关于某些权利质权人如应收账款的质权人能否直接向次债务人主张权利的问题,司法态度并不统一。

第十九章　留　置　权

本章共11条，内容上全部延续了《物权法》第18章关于留置权的内容和制度，仅对2个条款中的个别字词作了表述上的修改。本章"留置权"的具体内容包括：留置权的一般规定、留置财产与债权的关系、留置权的适用范围、可分物作为留置财产的特殊规定、留置权人的权利与义务、留置权的实现、留置权与抵押权、质权的竞合顺位问题以及留置权消灭的特殊情形等。

第四百四十七条　债务人不履行到期债务，债权人可以留置已经合法占有的债务人的动产，并有权就该动产优先受偿。

前款规定的债权人为留置权人，占有的动产为留置财产。

【条文主旨】

本条是关于留置权的一般规定。

【条文理解】

1. 留置权的概念

留置权，是指在债务人不履行到期债务时，债权人享有的依照法律规定留置已经合法占有的债务人的动产，并就该动产进行优先受偿的权利。在留置法律关系中，债权人为留置权人，占有的动产为留置财产。留置权是我国经济生活中一种比较普遍的担保方式。其设定目的在于维护公平原则，保护债权人利益，督促债务人及时履行义务。我国包括《民法通则》《合同法》《物权法》《信托法》《担保法》《海商法》在内的多部法律以及司法解释对于留置权制度进行了规定：

《民法通则》第89条第4款规定："按照合同约定一方占有对方的财产，对方不按照合同给付应付款项超过约定期限的，占有人有权留置该财产，依照法律的规定以留置财产折价或者以变卖该财产的价款优先得到偿还。"《担保法》专设"留置"一章，共7条分别规定了留置与留置权、留置担保的范围、留置的适用范围、留置物的价值、留置物的保管义务、留置权的实现、留置权的消灭。其中第82条规定:“本法所称留置,是指依照本法第八十四条的规定,债权人按照合同约定占有债务人的动产,债务人不按照合同约定的期限履行债务的,债权人有权依照本法规定留置该财产,以该财产折价或者以拍卖、变卖该财产的价款优先受偿。”《合同法》分别规定了承揽合同、运输合同和保管合同、行纪合同中债权人享有的留置权。《物权法》专设“第十八章　留置权”一章,以11条的篇幅分别规定了留置权的一般规定、留置财产与债权的关系、留置权的适用范围、可分物作为留置财产的特殊规定、留置权人的权利与义务、留置权的实现、留置权与抵押权、质权的竞合顺位问题以及留置权消灭的特殊情形等具体内容。《信托法》第57条规定:“信托终止后,受托人依照本法规定行使请求给付报酬、从信托财产中获得补偿的权利时,可以留置信托财产或者对信托财产的权利归属人提出请求。”《海商法》多个条文规定了船舶留置权内容。

2. 留置权成立的要件

留置权的成立需具备如下四个要件:(1)债务人不履行到期债务。留置权的成立须以债权已届至清偿期但债务人不履行到期债务为要件。(2)债权人已经合法占有债务人的动产。债权人要行使留置权,必须已经合法占有债务人的动产。这个要件包含三层含义:其一,债权人必须占有动产。债权人的这种占有可以是直接占有,也可以是间接占有。根据民法学理论,直接占有是直接对物有事实上的管领力。而间接占有只是基于一定的法律关系对于直接占有其物的人有返还请求权,间接占有人并不直接占有物,对于物没有事实上的管领力。间接占有的构成要件包括:占有媒介关系、他主占有的意思、返还请求权。但留置物的交付与质物一样,不能通过占有改定的方法移转占有,因为在占有改定的情况下,债务人仍然现实地占有质物,而留置权人间接占有留置物是无法实现留置效力的。[①] 其二,债权人的占有必须是合法占有。债权人必须基于合法原因而占有债务人动产,如基于承揽、运输、保管等合同的约定而取得动产的占有。如债权人以侵权行为等非法占有债务人的动产,则不能构成留置权的成立要件。其三,留置标的物必须是动产。债权人占有的不动产上不能成立留置权。(3)债权人占有的动产,应当与债权属于同一法律关系,但是企业之间留置的除外。(4)不存在法定或约定的排除事由。

① 参见最高人民法院物权法研究小组编著:《〈中华人民共和国物权法〉条文理解与适用》,人民法院出版社2007年版,第676~677页。

【司法适用】

成立留置权，一般限于债务人本人所有的动产，但是，符合善意取得的除外。

《担保法司法解释》第108条规定："债权人合法占有债务人交付的动产时，不知债务人无处分该动产的权利，债权人可以按照担保法第八十二条的规定行使留置权。"其规定留置权可以善意取得，即认为"债务人的动产"原则上应为债务人本人所有的或有处分权的动产，但如果非为债务人所有而债权人不知情，则可以适用"善意取得"留置权，该观点被学界和实务界广泛认同，大多数学者持有类似观点。例如，常鹏翱教授就主张："留置权以债务人所有的动产为客体，一旦留置财产属于第三人所有，就需用留置权善意取得的规范予以调整，以维护交易安全。"[①]但也有学者如刘保玉教授从交易合理性的角度指出，债权人只要是因正常业务活动而占有与其债权有牵连关系的他人之动产，即可产生留置权，无须也不应限定留置权人必须为不知情的"善意"债权人。因为要求债权人事先审查债务人的动产是否属于具有所有权，是明显不合常理的。[②]

【司法案例】

甲公司诉乙公司、丙公司船舶修理合同纠纷案[③]

诉讼结论：修船人甲公司依船舶修理合同合法占有船舶，其在船舶被强行拖走后依法对该船享有物上返还请求权。在该请求权实现之前，仍应认定甲公司享有占有涉案船舶的权利，其留置权并未消灭。

在本案中，甲公司与丙公司就涉案船舶签订了修船合同，丙公司为修船合同的委托方。甲公司在按约修理涉案船舶过程中，由于船舶的所有人乙公司擅自拖走涉案船舶，致使甲公司无法对涉案船舶进行全面的修理。涉案船舶已修理项目2,369,875元的修理费一直拖欠未付。

法院认为：一审法院认为，船舶留置权是设定于船舶之上的法定担保物权。当修船合同的委托方未履行合同时，修船人基于修船合同为保证修船费用得以实现，可以留置所占有的船舶，而无论该船舶是否为修船合同的委托方所有。甲公司作为修船人，依据其与丁公司订立的修船合同，对涉案船舶进行修理后未取得相应的修理费，应有权留置涉案船舶。涉案船舶的所有人乙公司虽不是本案修船合同的当事人，但不影响该留置权的成立。乙公司是涉案船舶的登记所有权人，

---

① 参见常鹏翱：《留置权善意取得的解释论》，载《法商研究》2014年第6期。

② 参见刘保玉：《留置权成立要件规定中的三个争议问题解析》，载《法学》2009年第5期。

③ 参见浙江省高级人民法院（2015）浙海终字第3号民事判决书。

当其就该船舶的物权应享有的权能遭到侵害时，为维护其合法的物权权益，应当采取合法的途径寻求保护，而本案乙公司却持械强行拖走涉案船舶，其行为侵害了甲公司的留置权，故甲公司对涉案船舶丧失占有，不是出于自身的意思。据此，应认定甲公司对涉案船舶仍享有占有的权利，其船舶留置权并未消灭。

二审法院认为，虽然我国《海商法》规定船舶留置权在丧失占有时归于消灭，但修船人甲公司依船舶修理合同合法占有船舶，其在船舶被强行拖走后依法对该船享有物上返还请求权。在该请求权实现之前，仍应认定甲公司享有占有涉案船舶的权利，故其留置权并未消灭。

第四百四十八条　债权人留置的动产，应当与债权属于同一法律关系，但是企业之间留置的除外。

【条文主旨】

本条是关于留置财产与债权的关系的规定。

【条文理解】

本条与《物权法》相关条文相比，仅对个别字词的表述进行了修改，即将《物权法》第231条中的“但企业之间留置的除外”改为“但是企业之间留置的除外”，其余内容无变化。除了企业之间留置的以外，留置财产必须与债权的发生处于同一法律关系中。此条规定是出于留置权设置的公平原则进行的衡平性规定。留置权的设定既要保护债权人的债权实现，迫使债务人履行债务，但也要注意其范围不能过于扩大，如果允许债权人任意扩大留置权范围、留置与债权的发生没有关系的债务人财产，则有违公平原则，也会损害其他债权人的利益，不利于交易安全。

我国关于留置财产与债权的关系的规定，历经《担保法》《担保法司法解释》《物权法》的不同态度变迁。根据我国《担保法》的立法表达，债权人只有因特定的保管合同、运输合同、加工承揽合同发生的债权关系，以及法律规定可以留置的其他合同而占有债务人的动产时，才能发生留置权。也就是说，只有在债权、债务和债权人所占有的标的物均基于同一合同发生的情况下，才能成立留置权。

《担保法司法解释》采用了“牵连关系”的表述。其第109条规定：“债权人的债权已届清偿期，债权人对动产的占有与其债权的发生有牵连关系，债权人可以留置其所占有的动产。”然而，对于“牵连关系”如何理解与界定，存在多种观点。代表性观点有“一元论”和“二元论”两种。

"一元论"认为,留置权的标的物与债权有无牵连关系,应依"统一的单一的标准"来判断。但关于何为"统一的单一的标准","一元论"内说法不一:一是认为标的物为构成债权发生的法律事实之一时,即具有牵连关系;二是认为标的物构成债权发生的基础,即具有牵连关系;三是认为标的物的存在与债权的发生之间具有相当因果关系,而且社会一般观念认为有留置权存在的必要时,即为有牵连关系;四是债权与标的物由于某种经济关系而发生,如债务人自己不履行债务,却要债权人返还其标的物,在社会一般观念认为不当时,即可认为标的物与债权存在牵连关系。

"二元论"认为,债权与标的物之间存在牵连关系,并不以标的物为债权发生的直接原因为限;如果标的物是债权发生的间接原因,也可以认为二者有牵连关系。关于哪些是债权发生的间接原因,也存在不同看法:一是认为债权与标的物占有之取得,系因同一交易关系或者同一目的而发生的,即有牵连关系;二是认为债权间接因标的物的关系而发生的,两者即有牵连关系;三是标的物为因同一原因而发生的债权之标的物时,即存在牵连关系;四是认为债权因标的物而发生,或者债权与标的物的返还请求权因同一法律关系或者生活关系而发生,即有牵连关系。①

鉴于牵连关系的概念过于模糊,范围不易确定,法律适用中也容易发生分歧,因此我国《物权法》中没有采用牵连关系的概念,而采用了"同一法律关系"的规定方式:"债权人留置的动产,应当与债权属于同一法律关系。"同时为降低交易风险、维护交易安全,从满足商事交易迅捷性和效率性的要求出发,本条同时规定,企业之间留置的财产,可以不与债权属于同一法律关系。

我国《民法典》继续延续了《物权法》的规定。在适用理解中值得注意的是,"同一法律关系"并不限定为"同一个合同法律关系"。同一法律关系的范围较《担保法》及《担保法司法解释》更宽,不仅限于同一"合同"关系,所担保的主债若为同一个侵权之债或不当得利之债、无因管理之债等,如果符合其他成立要件,皆可有适用留置权的可能。

【司法适用】

应如何理解本条中的"同一法律关系"这一较为抽象的关键问题,在司法适用中是个值得关注且较为突出的问题。例如,所谓法律关系的"同一",是指"同一个"法律关系还是"同一类"法律关系?又如,在连续性的运输、保管、承揽等关系中,在前次费用未清结的情况下,债权人是否对后续发生的运输、保管、承揽中所

---

① 参见胡康生主编:《中华人民共和国物权法释义》,法律出版社2007年版,第498~499页。

占有的债务人的动产仍可行使留置权?

多数学者认为这里的“同一法律关系”,仅指“同一个法律关系”,虽属同类但不属于同一个法律关系的,不能发生留置权。债权人必须已经且持续地占有债务人的动产,丧失占有即意味着留置权的消灭。①

另外,本条的后半句对“企业”之间适用“同一法律关系”进行了例外性规定。在我国,事业单位法人在法律、行政法规有规定的情况下也可成为商法人并从事营业活动,由于其不属于企业范畴,只能被排除在外。

【司法案例】

甲公司诉卢某云返还原物纠纷案②

诉讼结论:留置权是平等主体之间实现债权的担保方式。除企业之间留置的以外,债权人留置的动产,应当与债权属于同一法律关系。劳动关系双方主体在履行劳动合同过程中处于管理与被管理的不平等关系。劳动者以用人单位拖欠劳动报酬为由,主张对用人单位供其使用的工具、物品等动产行使留置权,因此类动产不是劳动合同关系的标的物,与劳动债权不属于同一法律关系,故终审法院不予支持该主张。

法院认为:本案二审审查的争议焦点是,劳动者以用人单位拖欠劳动报酬为由,主张对用人单位供其使用的工具、物品等动产行使留置权是否符合法律规定。二审法院认为此类动产不是劳动合同关系的标的物,与劳动债权不属于同一法律关系,故该主张与法律规定相悖。理由如下:

第一,基于劳动关系产生的债权不能行使留置权。根据法律规定及法律体系的架构,留置权的行使要件之一应为存在平等主体间的债权债务关系。留置权是担保物权之一,规定在我国的《民法典》《民法通则》《担保法》《物权法》等民法体系中,其调整对象应是平等主体间的民事担保关系,排除因管理行为产生的债权债务对担保法的运用。留置权在性质上是平等主体间实现债权的一种方式,其平等性表现在债权人可通过留置债务人的动产对抗债务人,督促其履行债务,并可通过对留置物进行变价优先受偿来保护债权。而劳动关系一方为用人单位,另一方为劳动者,与一般的民事关系相比,双方在履行劳动合同过程中处于管理和被管理的不平等关系,劳动者不能基于劳动管理关系而对所占有的用人单位的财产适用留置,否则将导致劳动管理秩序的紊乱。我国的《劳动法》及《劳动合同法》

---

① 参见刘保玉:《留置权成立要件规定中的三个争议问题解析》,载《法学》2009 年第 5 期。

② 参见《最高人民法院公报》2017 年第 1 期。

已经对劳动者的合法权利设置了倾斜性保护条款,劳动者完全可以通过法定的正当途径保护自己的劳动债权,如再使用私力救济方式保护劳动债权,则不仅影响劳动生产和管理秩序,还将造成债权债务保护的不公平性。另外,由于留置权具有优先受偿性,不仅优于一般债权人,还优先于享有抵押权、质押权的其他债权人,而劳资纠纷产生于用人单位与劳动者之间,本质上系经济组织的内部纠纷,从用人单位与劳动者共担经营风险的角度而言,也不应允许劳动者通过行使留置权而优先于外部债权人受偿。

第二,被上诉人卢某云所扣留的苏B×××××轿车,不是双方劳动合同关系的标的物,不符合"同一法律关系"的构成要件。除企业间留置外,留置的动产应与债权属于同一法律关系。这实际上对留置的动产范围作了严格限定。所谓同一法律关系,是指债权人占有动产是基于与其债权发生的同一法律关系发生,动产与债权发生具有紧密联系性。劳动合同的基本法律关系为劳动者承担向用人单位提供劳动和接受用人单位管理的义务,并有权要求用人单位依约支付劳动报酬。本案中,卢某云被上诉人甲公司安排在管理岗位,分管行政事务、财务以及人事工作,因此卢某云所扣留的苏B×××××轿车,仅仅是甲公司为公司高管出行提供的便利,并非双方建立的劳动关系的标的物,甲公司可以随时收回车辆且并不影响原有劳动关系的履行,甲公司是基于所有权而不是基于劳动关系要求卢某云返还车辆,因此卢某云占有苏B×××××轿车与其主张的工资、社保金等劳动债权并非基于同一法律关系。

第三,双方劳动关系已经解除,被上诉人卢某云丧失合法占有苏B×××××轿车的基础。作为上诉人甲公司高管所享受的便利,卢某云合法占有苏B×××××轿车是有时间限制和条件限制的,在双方劳动关系解除后,卢某云合法占有苏B×××××轿车的条件已不存在,理应向甲公司返还苏B×××××轿车。

第四百四十九条　法律规定或者当事人约定不得留置的动产,不得留置。

【条文主旨】

本条是关于留置权适用范围的限制性规定。

【条文理解】

《民法典》"物权编"没有明文列举留置权的适用范围,而只是在本条中对留置权的适用范围作出限制,规定了不得留置的两种情形,通过法律另有规定及当事人另有约定来限制留置权行使的范围。只要不属于这两种情形,在符合留置权成立的全部要件下,均可以成立留置权。

首先,法律规定不得留置的,依照其规定。物权的取得和行使,应当遵守法律,尊重社会公德,不得损害公共利益和他人合法利益。所以在损害公共利益和违反社会公德的情况下,留置当然不能成立。比如,抗震救灾的衣物、粮食的运送方,不能以运费未支付为由而留置衣物、粮食,因为这关系到更大生存权的保障,从而构成对公共利益的损害。又如,从社会公德出发,抬棺入殓的工人不能以报酬未支付为由而留置棺材等。

其次,当事人约定不得留置的,依照约定不成立留置权。对于当事人已经明确约定不得留置的动产,都不能成立留置权。留置权虽属于法定担保物权,但若基于当事人的意思自治,债权人通过约定的形式自愿放弃这一权利,法律亦尊重这样的选择而无干涉的必要。

【司法适用】

房屋租赁过程中经常发生承租人拖欠租金或其他费用的情况,在此情况下出租人能否留置承租人在该承租房屋内的财物,并优先受偿?关于不动产出租人是否可以行使留置权,司法实践中仍存在较大争议,也存在不同的做法。

1. 支持不动产出租人享有留置权

例如,甲公司与乙公司留置权纠纷案[上海市浦东新区人民法院(2013)浦民一(民)初字第42495号]、申请复议人甲公司与乙公司买卖合同纠纷案[江苏省徐州市中级人民法院(2010)徐执复字第2号]等的判决就支持不动产出租人享有留置权。

张某卜与蔡某容等租赁合同纠纷案[北京市第二中级人民法院(2016)京02民终3860号]的二审民事判决书认为:根据《工业厂房租赁合同》第7条第3款,在承租人违约未交纳租金导致合同解除时,出租人有权留置承租人物品,直至承租人缴清租金及违约金,故即使存在蔡某容扣留张某卜物品之情形,亦系依约定合法行使留置权,并无不当。

2. 不支持出租人享有留置权

例如,甲公司等财产损害赔偿纠纷案[北京市第三中级人民法院(2015)三中民终字第13191号]二审民事判决、甲公司与乙公司、杨某宗租赁合同纠纷案[浙江省温州市中级人民法院(2015)浙温民终字第2540号]二审民事判决等。

浙江省温州市中级人民法院(2015)浙温民终字第2540号判决,从不能构成留置权成立的必要要件"债权人合法占有"这一角度来否认出租人享有对租赁房屋内的机器设备的留置权。判决认为:原判认定关于甲公司的留置权及其实现问题,根据我国《担保法》第84条的规定,留置权仅限于基于保管合同、运输合同、加工承揽合同发生的债权债务关系。即使根据我国《物权法》第230条和第231条的规定,也应符合出租人合法占有该厂房内动产的条件,而甲公司基于双方租赁合同占有上述留置财产,并不属合法占有。首先,留置的财产属于生产资料,乙公司还在经营,虽然租赁期限届满,乙公司已不能使用厂房,但用于生产的机器设备放置于原租赁经营的厂房内,还应认为属乙公司控制,甲公司不能以厂房属其所有为由而占有厂房内的及其设备。此与《物权法》规定的"已经合法占有"不符。其次,租赁合同约定"遗留设备、物品视作废弃物由荣晖公司自行处理",系对双方解除合同的情况设定,且该约定也只能理解为对价值不大、毁坏无法使用或本身废弃的遗留设备、物品等视为废弃物处理。对重大机器、设备及价值巨大的物品等按此处理显然于理不合、显失公平,不能按此约定,甲公司不能据此占有上述财产。因此,甲公司不符合享有留置权的条件,其要求对上述留置的印刷设备等财产享有留置权并优先受偿的主张,没有事实与法律依据,法院不予支持。因此,出租人留置承租人的物品,应有租赁合同的约定。在租赁合同未作约定的情况下,对承租人留在租赁房屋内的物品,出租人并不当然享有留置权。

第四百五十条 留置财产为可分物的,留置财产的价值应当相当于债务的金额。

【条文主旨】

本条是关于留置财产为可分物的特殊规定。

【条文理解】

此规定体现了物尽其用、公平原则,是对担保物权不可分性规则的突破。作为一般性原则,留置权的效力及于债权人所留置的全部留置财产,留置权人行使留置权时可以对留置财产的全部而非部分行使。但本条对于留置权的不可分性做了一定程度的缓和,明确规定留置财产为可分物的,留置财产的价值应当相当于债务的金额。

【司法适用】

留置权人需正当行使权利。在司法实践中有判决认为留置的财产价值远远大于欠付加工费的数额,属于被上诉人留置行为不当,存在过错,进而要求留置权人根据过错程度承担赔偿责任。

【司法案例】

甲公司、袁某勇承揽合同纠纷案[1]

诉讼结论：加工方留置的财产过度超出债权金额，构成不当行使留置权。

法院认为：根据《物权法》第233条之规定，“留置财产为可分物的，留置财产的价值应当相当于债务的金额”。本案加工完成的睡裤作为可分物有其成品后的价值，委托方认可留置了4626套睡裤。因成品衣物的价值远大于加工费，故加工方留置财产的价值超过了其享有的债权金额。加工方留置的财产过度超出债权金额，构成不当行使留置权。

第四百五十一条　留置权人负有妥善保管留置财产的义务；因保管不善致使留置财产毁损、灭失的，应当承担赔偿责任。

【条文主旨】

本条是关于留置权人保管义务的规定。

【条文理解】

留置权人占有留置财产，这是留置权人依法享有的权利。但在享有权利的同时，留置权人依据诚实信用原则还需要承担一定的义务，即本条规定的留置权人对留置财产负有妥善保管的义务。留置权人违反此项义务致使留置财产毁损、灭失的，应当对债务人承担赔偿责任。关于“妥善保管”的标准，虽有不同的认识，但一般认为留置权人应当依据通行交易标准，以善良管理人的注意保管留置财产，否则应当负赔偿责任。

【司法案例】

甲汽车修理厂、李某双承揽合同纠纷[2]

诉讼结论：留置权人负有妥善保管留置财产的义务；因保管不善致使留置财产毁损、灭失的，应当承担赔偿责任。

法院认为：在本案中，2017年11月初，李某双所有的冀F×××××轿车到甲汽修厂进行维修，因需要更换配件，李某双即把车停放在甲汽修厂院内。2017

① 参见山东省济宁市中级人民法院(2017)鲁08民终4462号民事判决书。

② 参见河北省保定市中级人民法院(2018)冀06民终4797号民事判决书。

年11月17日甲汽修厂把车修好后，通知李某双来提车，因李某双未带修理费，提车未果。2017年11月19日甲汽修厂通知李某双车辆丢失，并向满城区公安局报警，至今未能破案。二审法院判决因李某双未支付修理费用，甲汽修厂依法对冀F××××车辆享有留置权。留置权人负有妥善保管留置财产的义务；因保管不善致使留置财产毁损、灭失的，应当承担赔偿责任。

第四百五十二条　留置权人有权收取留置财产的孳息。

前款规定的孳息应当先充抵收取孳息的费用。

【条文主旨】

本条是关于留置权人收取孳息权利的规定。

【条文理解】

留置权人在占有留置财产期间，有权收取留置财产所产生的孳息。孳息包括天然孳息和法定孳息。本条规定的原因在于留置权人占有留置财产并负有保管义务，由其收取孳息较为合理；而且留置权人收取的孳息也是用于抵充债权并非据为已有，对于债务人也无损害。收取的孳息应当首先充抵收取孳息的费用，然后再抵充债务及其利息。

第四百五十三条　留置权人与债务人应当约定留置财产后的债务履行期限；没有约定或者约定不明确的，留置权人应当给债务人六十日以上履行债务的期限，但是鲜活易腐等不易保管的动产除外。债务人逾期未履行的，留置权人可以与债务人协议以留置财产折价，也可以就拍卖、变卖留置财产所得的价款优先受偿。

留置财产折价或者变卖的，应当参照市场价格。

【条文主旨】

本条是关于实现留置权的一般规定。

【条文理解】

本条与《物权法》的相关条文相比，仅对个别字词的表述作了修改，即将《物权法》第236条的“但鲜活易腐等不易保管的动产除外”修改为“但是鲜活易腐等不易保管的动产除外”，将“两个月”修改为“六十日”，其余内容无变化。留置权的实现是指留置权人对留置财产进行处分，以实现债权人债权优先受偿的行为。留置权人实现留置权必须具备给予债务人一定宽限期及债务人在宽限期内仍不履行义务这两个条件。

1. 债权人必须给予债务人履行债务的一定宽限期

根据《担保法》第 87 条第 1 款规定,无论是约定还是法定的宽限期都不得短于两个月:债权人与债务人应当在合同中约定,债权人留置财产后,债务人应当在不少于两个月的期限内履行债务。债权人与债务人在合同中未约定的,债权人留置债务人财产后,应当确定两个月以上的期限,通知债务人在该期限内履行债务。《物权法》及《民法典》没有对最短期限进行强制性规定,允许当事人对宽限期进行自由约定,只要双方当事人协商达成一致便可。根据本条规定,留置权人与债务人对于宽限期限没有约定或者约定不明确的,留置权人可自行确定宽限期限,但不得少于 60 日,除非留置财产为鲜活易腐等不易保管的动产,如海鲜、水果、蔬菜。因为这些鲜活动产不易保管或保管费用过于高昂,且容易贬值,如果规定的宽限期过长,则对留置权人和债务人都不利。

2. 债务人在宽限期内仍不履行义务

债务人在宽限期内履行了义务的,留置权归于消灭;债务人在宽限期内仍不履行义务的,留置权人即可以依法实现留置权。依照本条的规定,留置权实现的方法与抵押权、质权的方式一致,即折价、拍卖和变卖三种。留置权人可以与债务人协商采取哪种方法实现留置权。一般情况下,双方当事人可以先协议将留置财产折价以实现其债权;如果无法达成协议,则留置权人可以依法拍卖或者变卖留置财产,并以拍卖或者变卖所得的价款优先清偿债权。但是从保护债务人的公平角度出发,留置财产折价或者变卖的,均应当参照市场价格。

行使担保物权既要满足高效、便利的执行标准,也要平衡各方受影响人的利益,保障处分的合理、公平与效率。担保物权人处分担保物应该符合商业合理性标准。商业合理性标准涉及处理时间、处理方式、处理价格、处理程序等问题。美国《统一商法典》第 9 节第 610. b 条对于处分担保物的"商业合理"标准所要考虑的因素进行了列举说明:处分担保物的每个方面,包括方法、方式、时间、地点或者其他条件,在商业上必须是合理的。如果在商业上是合理的,则担保物权人可以依公开或者非公开的程序处分担保物,并可以通过一个或者多个合同,在任何时间、任何地点和任何条件下,整体或者分批地处分担保物。近年来,包括欧洲复兴开发银行(EBRD)、美洲国家组织(OAS)和联合国国际贸易法委员会(UNCITRAL)等在内的地区性和国际性组织都相继制定了关于动产担保交易的示范法和立法指南,旨在帮助其成员国制定简便高效的担保交易制度。联合国国际贸易委员会成立工作小组起草的《担保交易法之立法指南》(Legislative Guide on Secured Transactions）对于担保物的执行问题提供了建议性的草案。《IRIS 动产担保交易示范法》第 59 条规定："担保物权人在处分担保物时应当始终以商业上合理的方式行事。如果处分已经发生，债务人、任何有权获得通知的其他人、或在处分前将其担保物权通知担保物权人的人，对于因未遵守本章规定所遭受的任何损失，有权向该担保物权人主张赔偿。与担保物权人所选择的时间和地点相比，即使若其选定不同的时间或采取不同的方法出卖可以获得更好的价格，但不能仅此认定出卖在商业上是不合理的。如果担保物权人处分担保物与该类财产的经销商之间的商事惯例相符，则可认为出卖在商业上是合理的。如果处分担保物的某一方式经过任何法律程序批准，该处分将不容置疑被视为在商业上是合理的，但根据本法这种批准并非必要。"

【司法案例】

甲公司与乙印染厂加工合同纠纷[①]

诉讼结论：结合合同履行情况及违约情形，在白胚布市场价值 53.95 万元的基础上酌定乙印染厂应赔偿的白胚布折价款项为 458,575 元，具有合理性。

法院认为：在本案中，乙印染厂与甲公司之间就坯布染色业务的口头约定，系双方真实意思表示，合法有效，双方理应按约履行。甲公司未向乙印染厂及时清偿加工费，乙印染厂可以合法留置甲公司交付的案涉白坯布。双方对留置财产处置价格是否合理发生争议。

一审法院认为：在乙印染厂发函通知甲公司履行债务，甲公司仍不履行的情况下，乙印染厂可以依法处置上述白坯布，但应当参照市场价格进行处置。乙印染厂自认以 3 元每公斤的价格进行处置，远低于经评估确定的布料价值，其处置不当，应当承担法律责任。考虑到布料在变现过程中，难以精确确定实际价值，且在快速变现的情况下，价值也应存在一定的折扣，综合双方当事人对合同履行情况及主观过错，并参照白胚布的市场价值 53.95 万元，酌情确定乙印染厂留置的白坯布在本案中折价 458,575 元，该折价价款应作为损失由乙印染厂赔偿给甲公司。

二审法院认为：依据《物权法》第 236 条的规定，乙印染厂有权变卖留置财产。留置财产折价或者变卖的，应当参照市场价格。乙印染厂称其系以 3 元/公斤的单价处置留置物，该价格显著低于经评估确定的市场价值，故乙印染厂主张的处置价格损害了甲公司利益，应当承担相应赔偿责任。赔偿金额应当参照市场价值

---

① 参见江苏省苏州市中级人民法院（2019）苏 05 民终 762 号民事判决书。

予以确定，但处置价格也与留置权人的处置能力、标的物的处置难度等因素存在关联，甲公司也在一审庭审中认可白胚布快速变现时一般打8折。一审法院考虑到上述情况，结合合同履行情况及违约情形，在白胚布市场价值53.95万元的基础上酌定乙印染厂应赔偿的白胚布折价款项为458,575元，具有合理性，并无不当。

第四百五十四条　债务人可以请求留置权人在债务履行期限届满后行使留置权；留置权人不行使的，债务人可以请求人民法院拍卖、变卖留置财产。

【条文主旨】

本条是关于债务人可以请求留置权人行使留置权的规定。

【条文理解】

立法赋予留置权的债务人这一申请的权利，是考虑担保物由留置权人控制，如果留置权人怠于对担保财产变现，迟迟不行使权利，则不仅会影响债务人的权益，也不符合“物尽其用”的原则，对社会经济生活产生不利影响。

我国《民法典》强调禁止权利滥用是十分确定的。在不同的法域中，诚信原则的内涵是不同的，该原则的表达既可以“诚实信用地行使权利”的肯定方式表述，也可以“权利不得滥用”的反面方式表达。权利的行使是否违反诚信决定着权利保护与权利自由限制的界限，过度扩大或限缩诚信原则的内涵都将使诚信原则无法有效发挥其作用。因此，不能让留置权人滥用权利，无限期地留置财产而不行使留置权。债务履行期限届满，债务人如果自知没有能力履行债务，则可以请求留置权人及时实现留置权；留置权人不实现的，债务人有权请求人民法院拍卖或者变卖该留置财产，以消灭留置权。

【司法案例】

甲公司与乙公司仓储合同纠纷上诉案①

诉讼结论：在案涉煤炭作业合同未约定存储期间的前提下，乙公司可以随时向甲公司提取案涉煤炭，以避免堆场费的产生。

法院认为：在本案中，乙公司长期在甲公司装卸和堆存煤炭。自2011年8月

---

① 参见江苏省南通市中级人民法院(2014)通中商终字第0002号民事判决书。

起，双方先后订立煤炭作业合同7份，约定了煤炭装卸费和堆场费的结算标准等事宜。截至2013年4月30日，乙公司尚欠甲公司装卸费346,813元，堆场费1,774,893元。由于乙公司未能按约定给付上述费用，甲公司有权对乙公司堆放在其堆场、价值2,099,229元的煤炭行使留置权，要求乙公司支付装卸费和堆场费2,121,706元，并请求确认甲公司对上述煤炭享有留置权和优先受偿权。

一审法院认为：在甲公司明确行使留置权时乙公司即告知无能力偿还债务，且主动要求将煤炭变现，故甲公司主张留置权时其处置留置物的条件已经成就。但甲公司作为留置权人，既没有及时与乙公司协商变价煤炭，也没有及时向法院提起诉讼，请求实现留置权，甚至在乙公司于南通市港闸区人民法院（2012）港商初字第0279号案件中申请法院变价煤炭保全价款止损还债、丙银行亦同意的情况下，甲公司拒绝变价煤炭保全价款的方案。因此，乙公司向法院申请变价煤炭保全价款的行为，应当视为乙公司行使了《物权法》第237条赋予债务人的救济性权利。据此，甲公司的上述行为构成权利滥用。

二审法院认为：由于甲公司不同意对案涉煤炭的变现处置而产生的2012年6月13日至2013年4月30日的堆存费1,413,664元属于扩大损失的观点不能成立。一是证据不足，退一步而言，即使甲公司存在不同意案涉煤炭变现的行为，作为存货人乙公司也理应知道未变现的煤炭势必产生堆场费。在案涉煤炭作业合同未约定存储期间的前提下，乙公司可以随时向甲公司提取案涉煤炭，避免堆场费的产生，但乙公司从未主张。

第四百五十五条　留置财产折价或者拍卖、变卖后，其价款超过债权数额的部分归债务人所有，不足部分由债务人清偿。

【条文主旨】

本条是关于留置权实现的规定。

【条文理解】

留置财产被处分后，若处置价款超过了留置权人的债权数额，则超过的部分应当归债务人所有。留置权人在扣除自己应得部分后，应当将剩余部分及时返还给债务人，不得占为己有，否则将构成不当得利。

留置物的处置价款不足以清偿留置权人的全部债权的，并不因实现留置权就完全消灭了债权，留置权人仍可以就留置财产不足清偿的部分要求债务人偿还。但是剩余债权就变成了无担保物权的普通债权，债权人可以继续向债务人追偿。

【司法案例】

甲公司与乙公司加工合同纠纷案[①]

诉讼结论：乙公司请求法院不以判决强制双方协议以留置财产折价，请求对拍卖、变卖留置财产所得的价款进行优先受偿的主张，符合合同约定及法律规定。

法院认为：本案中乙公司按合同履行了委托加工义务，但甲公司未按约定支付加工费，乙公司依约定扣除甲公司押金抵部分加工费，余下未支付加工费经催讨未果，酿成双方纠纷。乙公司请求确认其对甲公司留存在其处的设备享有留置权，选择性请求“可以与被告协议以留置财产折价"，乙公司庭审中已明确表示未能与甲公司协商达成留置财产折价协议。故乙公司请求该院不以判决强制双方协议以留置财产折价，请求对拍卖、变卖留置财产所得的价款进行优先受偿的主张，符合合同约定及法律规定。

第四百五十六条　同一动产上已经设立抵押权或者质权，该动产又被留置的，留置权人优先受偿。

【条文主旨】

本条是关于留置权与抵押权、质权竞合时的顺位原则的规定。

【条文理解】

根据本法的规定，同一动产上同时存在留置权与抵押权或者质权的，留置权的效力优先于抵押权或者质权。在立法例上，许多国家都承认留置权的效力优先于抵押权或者质权的效力。为什么留置权优先？一是因为留置权人占有留置物，若债权到期时，先实现留置权，则无须要求返还担保物；二是因为留置权担保的债权与留置物有直接关系，留置物一般都凝结了留置权人的劳动价值，其他债权往往是因为留置物的价值的保存或者增值而发生一些债权。

正确理解本条，应当注意两点：一是对于时间要素的考量。在同一动产上，无论留置权是产生于抵押权或质权之前还是之后，留置权的效力都优先于抵押权或者质权。二是对于主观善意的考量。留置权对抵押权或者质权的优先效力不受留置权人在留置动产时是善意还是恶意的影响。善恶是伦理学上的一个基本范畴，而日常用语中的善意概念本身也体现着一定的伦理色彩。法律概念中的“恶

① 参见湖南省衡阳市中级人民法院(2018)湘04民终264号民事判决书。

意”作为相对于善意的概念,起源于罗马法,罗马法根据善意与否对行为人进行不同的对待。近现代各国民法沿用了善意、恶意的概念,在善意取得制度中各国都规定了善意要件,使当事人会因主观善恶的不同而承受有利或不利的法律后果。因市场经济下道德的变化、实证主义等法学方法等原因,导致善意所包含的伦理色彩弱化。基于市场交易规则的普遍性、商业往来的频繁,市场规则的习惯的形成导致了商业活动中主观的外化,人们通常根据是否遵守习惯来判断善意与否。以至于人们对主观善意的关注减弱,且被一定的外部表现所取代。一般而言,民法上所谓“善意”,通常指不知情,而非道德上之善良;所谓“恶意”,通常指知情,而非道德上之恶劣。当然,如果留置权人与债务人恶意串通成立留置权,其目的就是排除在动产上的抵押权或者质权,则属于严重违反诚实信用原则的恶意串通行为,该留置权应当无效,自然不能适用留置权优先于抵押权或者质权的规定。

【司法适用】

《海商法》第25条规定:“船舶优先权先于船舶留置权受偿,船舶抵押权后于船舶留置权受偿。前款所称船舶留置权,是指造船人、修船人在合同另一方未履行合同时,可以留置所占有的船舶,以保证造船费用或者修船费用得以偿还的权利……”人民法院的审判实践也承认了留置权优先于抵押权这一原则。

【司法案例】

甲公司诉管某飞、乙公司修理合同纠纷案①

诉讼结论:同一动产上同时存在抵押权和留置权时,留置权较抵押权更为优先。因此,抵押权人不当行使抵押权导致留置权人的债权无法实现,侵犯了留置权人的优先受偿权,抵押权人应当对留置权人承担相应的侵权责任。

法院认为:抵押权人乙公司未经留置权人甲公司同意擅自提走车辆,在主观上明显具有过错,且直接导致了甲公司留置权的灭失。因此,乙公司应当对甲公司的损失承担相应责任。留置权优先于抵押权受偿,乙公司的债权通过变卖车辆已得到清偿,致使甲公司的债权丧失了应有的救济途径,乙公司的行为构成了对甲公司债权优先受偿权的侵犯。因此,乙公司在管某飞不能清偿的范围内对甲公司承担补充赔偿责任。

---

① 参见浙江省嘉兴市中级人民法院(2011)浙嘉商终字第436号民事判决书。

第四百五十七条　留置权人对留置财产丧失占有或者留置权人接受债务人另行提供担保的，留置权消灭。

【条文主旨】

本条是关于留置权消灭的特殊情形的规定。

【条文理解】

留置权的消灭既有与其他物权、担保物权的消灭相同的原因，如留置标的物的灭失、被担保债权的清偿、留置权的行使等，还有两种特殊的原因。根据本条的规定，这些特殊的消灭原因包括：

1. 留置权人对留置财产丧失占有

留置权产生的前提条件是债权人对债务人财产的合法占有。占有的维持成为动产留置权的存续条件。《海商法》第 25 条第 2 款中规定，船舶留置权在造船人、修船人不再占有所造或者所修的船舶时消灭。根据《担保法司法解释》第 87 条和第 114 条规定，留置权人将留置物返还给债务人后，以其留置权对抗第三人的，人民法院不予支持。

2. 留置权人接受债务人另行提供担保

留置权设定目的是通过留置债务人的动产来督促债务人尽快履行债务。若债务人为清偿债务另行提供了债权人接受的担保，则再继续留置债务人财产，不符合诚实信用原则和公平原则，故此时留置权应当消灭。

【司法案例】

甲公司诉乙公司等加工承揽合同纠纷案①

诉讼结论：上诉人关于讼争留置权已经消灭的主张，不能成立。

法院认为：林某国在被上诉人主张行使留置权之前就出具了《保函》，该担保并非债务人为消灭留置权而另行提供，故不适用《物权法》第 240 条关于“留置权人对留置财产丧失占有或者留置权人接受债务人另行提供担保的，留置权消灭”之规定。上诉人关于讼争留置权已经消灭的主张，不能成立，法院不予采纳。

① 参见福建省福州市中级人民法院（2017）闽 01 民终 5303 号民事判决书。

第五分编　占　有

第二十章　占　　有

占有是"物权编"中的一项重要制度。在《物权法》颁布前，我国民事立法上没有占有制度。立法要保护已经形成的社会秩序，任何人不能随意改变占有的现状。占有为动产的公示方法，承认占有的公信力、建立善意取得制度有利于保护动产交易的安全。占有制度具有独特的意义与存在价值。本章延续了《物权法》"占有"一章的全部内容，共5条，主要包括占有的调整原则和方法、占有人的损害赔偿责任、权利人的返还请求权和费用求偿权、损害赔偿请求权以及占有保护请求权等内容，凸显了"物权编"保护占有、表彰本权、取得本权和义务负担的功能。

第四百五十八条　基于合同关系等产生的占有，有关不动产或者动产的使用、收益、违约责任等，按照合同约定；合同没有约定或者约定不明确的，依照有关法律规定。

【条文主旨】

本条是关于有权占有的法律适用的规定。

【条文理解】

占有体现在社会经济生活的各个方面，除所有权人的占有之外，占有还有以下几种情况：基于经营、承包、土地使用、质押、留置等，产生他物权意义上的占有；基于保管合同、租赁合同、加工承揽合同等，产生保管人、承租人、承揽人等债权意义上的占有；基于亲权关系、监护关系、夫妻关系等产生的占有。当事人之间有关不动产或动产的权利义务等依照其约定；合同没有约定或者约定不明确的，依照有关的法律规定。有关不动产或者动产的使用、收益、法律责任等的合同约定优先于法律规定，充分体现了当事人的意思自治原则。

【司法适用】

一般而言，占有即所有，在没有争议、没有相反证据证明的情况下，应当推定占有人为有权占有。动产的所有权移转以交付为准，而交付的外部表现为转移占有。判断动产是否发生了所有权移转，只需要判断占有是否发生了移转。对不动产而言，登记是物权变动的生效要件，但在未进行不动产物权登记的情况下，需要注意保护占有人的合法权益。

【司法案例】

连某贤诉臧某林排除妨害纠纷案①

诉讼结论：签订房屋买卖合同后出卖方应向买受人履行权利与实物的双重交付义务，在买受方已取得房屋产权而未实际占有房屋的情况下，买受方仅基于物权请求权要求有权占有人迁出的，法院应作慎重审查。若占有人对房屋的占有具有合法性、正当性，则买受方应以合同相对方为被告提起债权给付之诉，要求对方履行交付房屋的义务或在房屋客观上无法交付的情况下承担相应的违约责任。

法院认为：本案争议焦点是在所有权与占有权能发生分离的情况下，买受人是否可以其为房屋所有权人为由基于返还原物请求权要求房屋内的实际占有人迁出。生效判决已确认案外人李某以被告臧某林代理人身份与案外人谢某忠就系争房屋所签订的买卖合同无效，该买卖合同对臧某林自始不发生法律效力，其占有、使用该房屋至今具有合法依据。连某贤与案外人谢某忠签订了系争房屋的房地产买卖合同并支付了相应对价，该买卖合同已经生效判决确认为有效合同，故对连某贤与谢某忠均具有法律约束力，双方均应依合同之约定履行相应义务。鉴于此，连某贤对系争房屋的权利应通过该房地产买卖合同的履行（包括房屋的权利交付以及实物交付）来实现。连某贤应向谢某忠主张因无法交付房屋导致合同无法继续履行的违约责任。

第四百五十九条　占有人因使用占有的不动产或者动产，致使该不动产或者动产受到损害的，恶意占有人应当承担赔偿责任。

【条文主旨】

本条是关于恶意占有人损害赔偿责任的规定。

① 参见《最高人民法院公报》2015 年第 10 期。

【条文理解】

占有人对占有物享有使用权,民事主体从事民事活动,应当有利于节约资源、保护生态环境,因此,现代物权立法的价值取向是强调物尽其用。在现实生活中,物的利用可能与物的归属是重合的,如所有权人对自己的不动产或者动产进行的占有、使用、收益。但在许多情况下,物脱离了所有人的控制而被其他人占有,占有人可以根据财产的性能和用途对其加以利用或发挥占有物本身具有的使用价值。为使物尽其用,在无相反证据证明的情况下,只要占有人对占有物的使用是合理的、充分的,就应推定为善意占有人的使用。既然善意占有人不知道或不应当知道其不具有占有的权利,那么其对物的使用应与所有人对物的使用相差无几,故善意占有人不应承担因使用所导致占有物损害的赔偿责任。

【司法适用】

无权占有分为善意占有和恶意占有。善意占有是指占有人不知或不应当知道其不具有占有的权利而进行的占有,即占有人占有该财产时主观上是善意的。反而言之,明知无占有的权利而占有,或对其有无占有权有怀疑、不确信而占有,应为恶意占有。[①] 判定善意占有或恶意占有的时点,应以占有的不动产或者动产受到损害时为标准。[②] 区分善意占有人和恶意占有人的意义,在于两类占有人承担的赔偿责任不同。本条仅规定了恶意占有人应承担赔偿责任,即意味着善意占有人一般不承担赔偿责任。

【司法案例】

甲公司诉梁某强等财产损害赔偿纠纷案[③]

诉讼结论:梁某强自收到起诉状后,继续占有案涉土地及房屋,该行为已阻碍甲公司对于案涉土地及房屋进行开发利用和获取收益,已经对甲公司的利益造成了事实上的损害,应负相应的赔偿责任。

法院认为:在案件执行过程中,法院于2010年3月18日在现场张贴了公告,向甲公司竞买的上述土地上的所有土地占有人及建筑物使用人发出了限期腾退的公告,梁某强在案涉土地上占有使用多年,理应知道法院公告的内容,应当知道其无权占有案涉土地。特别是在2013年5月5日,甲公司向梁某强发出书面通知

---

① 参见王利明:《物权法研究》,中国人民大学出版社2002年版,第646页。

② 最高人民法院物权法研究小组编著:《〈中华人民共和国物权法〉条文理解与适用》,人民法院出版社2007年版,第702页。

③ 参见辽宁省大连市中级人民法院(2015)大民一终字第582号民事判决书。

后，梁某强仍没有退出案涉土地，致使甲公司通过诉讼主张腾退。综合以上事实，应当认定梁某强构成恶意占有。梁某强应当对由此造成的甲公司损失承担赔偿责任。

第四百六十条　不动产或者动产被占有人占有的，权利人可以请求返还原物及其孳息；但是，应当支付善意占有人因维护该不动产或者动产支出的必要费用。

【条文主旨】

本条是关于权利人的返还请求权和占有人的费用求偿权的规定。

【条文理解】

权利人请求返还的依据在于对占有物享有本权，包括但不限于所有权、用益物权、担保物权、债权等，该本权必须含有对物之占有权能。行使请求权的主体是不动产或动产的权利人，而相对人是无权占有人。在权利人提出返还请求时，无权占有人应将原物及其孳息全部返还。在物的权利人请求善意占有人返还占有物时，善意占有人有权请求权利人支付因维护占有物而支出的必要费用。该规定体现了有权占有与无权占有发生冲突时，立法对有权占有的保护态度和对无权占有的否定态度。

【司法适用】

所谓必要费用，指保存或管理占有物通常所需的费用，如修缮费、饲养费、捐税、公寓大厦管理费、汽车定期保养费等。支出的费用是否必要，应以支出时的情事依客观标准认定。[①] 对于善意占有人为占有物支出的合理的有益费用，应予以保护；在权利人的返还原物请求权和善意占有人的费用求偿权同时发生时，应注意保护善意占有人的利益。在双方当事人互负义务且没有先后履行顺序的情况下，善意占有人享有同时履行抗辩权。[②]

【司法案例】

马某山诉甲公司、李某红等买卖合同纠纷案[③]

诉讼结论：李某红支付马某山三年场地使用费 1,950,000 元、某数码城一层

① 参见王泽鉴：《民法物权》，北京大学出版社 2010 年版，第 526 页。

② 参见最高人民法院物权法研究小组编著：《〈中华人民共和国物权法〉条文理解与适用》，人民法院出版社 2007 年版，第 705 页。

③ 参见云南省高级人民法院（2018）云民终 253 号民事判决书。

及二层商铺的租赁、经营及使用费用6,164,383.86元以及某KTV经营场所租金3,000,000元,以上三项费用合计11,114,383.86元。

法院认为:《物权法》第234条规定:“不动产或者动产被占有人占有的,权利人可以请求返还原物及其孳息,但应当支付善意占有人因维护该不动产或者动产支出的必要费用。”《民通意见》第131条规定:“返还的不当利益,应当包括原物和原物所生的孳息。利用不当得利所取得的其他利益,扣除劳务管理费用后,应当予以收缴。”马某山与李某红签订的《房屋、场地使用权转让协议》已于2016年4月3日解除,李某红应当于合同解除之日向马某山折价返还涉案房屋、场地及其地上附着物,同时还应当返还原物所生的孳息。

第四百六十一条　占有的不动产或者动产毁损、灭失,该不动产或者动产的权利人请求赔偿的,占有人应当将因毁损、灭失取得的保险金、赔偿金或者补偿金等返还给权利人;权利人的损害未得到足够弥补的,恶意占有人还应当赔偿损失。

【条文主旨】

本条是关于权利人的损害赔偿请求权的规定。

【条文理解】

权利人请求赔偿的前提是占有物的毁损、灭失,而不问该毁损灭失的后果是不是占有人的原因造成的。导致占有物毁损灭失的原因可以分为以下三种情况:一是占有人的原因;二是占有人之外的其他人的原因;三是占有物的自身原因或自然力原因。在后两种情况下,权利人应依据不同的基础寻求相应的救济渠道,不属于本条所规范的占有人对权利人承担占有物毁损灭失的赔偿责任。结合前面条文,本条中的善意占有人应依照不当得利的返还原则,向权利人返还占有物毁损灭失后的替代物(保险金、赔偿金或补偿金),而不是赔偿权利人的损失。恶意占有人对占有物的毁损灭失,不仅要承担占有物本身价值的赔偿责任,还要赔偿权利人因不动产或者动产毁损灭失所受到的利益损害。

【司法适用】

如果占有物虽被毁损,但并未失去其通常效用,则物的权利人不能放弃物的返还请求权。权利人请求按照灭失赔偿的,应当判决占有人返还原物并承担赔偿占有物毁损的责任。占有物的毁损灭失系因第三人的侵权行为造成时,物的权利人应先向该第三人主张侵权损害赔偿责任,当第三人的赔偿不足以弥补权利人的损害时,再由恶意占有人承担赔偿责任。

【司法案例】

纪某、张某1诉甲公司、乙公司等财产损害赔偿纠纷案[①]

诉讼结论:甲公司应当对强行接管乙公司期间灭失的曲柳板材,向纪某、张某1承担赔偿责任。

法院认为:甲公司应承担将倒塌的预干棚恢复原状的民事责任。乙公司预干棚倒塌之时,正处于甲公司对乙公司的厂区、厂房加锁控制期间。甲公司对乙公司的此种控制行为必然产生对乙公司财产的事实占有。甲公司在诉讼中不能提供证据证明其对乙公司厂区、厂房加锁控制行为的合法性,故其对乙公司财产的占有属于非法占有。在甲公司加锁控制乙公司财产之前,乙公司的财产由纪某占有、使用;同时,纪某依法负有管理和维护厂房和生产设备正常使用和运转的义务。甲公司在加锁控制乙公司财产时应当知道,乙公司的厂房和生产设备以及其他财产无人管理和维护,则可能造成财产损害;其在排除纪某占有和使用时,应负有采取措施避免损害发生的义务。对于乙公司的预干棚被雪压塌的事实,甲公司在诉讼未提出证据证明其履行了防止损害发生的义务,故此,其未履行义务的行为与损害的发生具有因果关系,甲公司在主观上对损害的发生存在过失。

第四百六十二条　占有的不动产或者动产被侵占的,占有人有权请求返还原物;对妨害占有的行为,占有人有权请求排除妨害或者消除危险;因侵占或者妨害造成损害的,占有人有权依法请求损害赔偿。

占有人返还原物的请求权,自侵占发生之日起一年内未行使的,该请求权消灭。

【条文主旨】

本条是关于占有保护请求权的规定。

【条文理解】

与《物权法》第245条相比,本条未保留"停止侵害"的民事责任方式,在"请求损害赔偿"前增加了"依法"。需要指出的是,本条只是基于特定的语境,基于特定的行为模式,删除了"停止侵害"的民事责任方式。《民法典》第179条仍然规定

---

① 参见吉林省长春林区中级法院(2016)吉76民终56号民事判决书。

了"停止侵害"的责任方式,在特定情形仍然可适用该种类型的责任方式。

根据占有受侵害的情形不同,分别发生占有物返还请求权、占有妨害除去请求权(排除妨害)和占有妨害防止请求权(消除危险)、损害赔偿请求权。前三者属于占有保护的物权保护方法,后者则属于占有保护的债权保护方法。本条在"请求损害赔偿"前增加了"依法",这个"法"就是《民法典》"侵权责任编"。本条最为完整和充分地体现了设立占有制度的目的,即占有保护的是事实而不是权利,体现了占有保护不问占有权源的基本原则。占有保护规则保护的是占有的事实,即通过赋予占有人请求权使其尽快恢复对物的占有。"一年"应理解为除斥期间,若理解为消灭时效,则其可能因某种事实的发生而拖延,使占有人的权利长期处于不稳定状态。

【司法适用】

本条第 2 款规定的一年除斥期间仅适用于占有物返还请求权,不适用于本条第 1 款所列的其他请求权。当物权请求权与占有保护请求权发生竞合时,请求权人既可以提起物权请求权之诉,也可以提起占有保护之诉。如果所有权人对占有人提起物权请求权(本权)之诉,而占有人同时对所有权人提起占有保护请求权之诉,则出现法律保护对象的选择问题。占有之诉与本权之诉实际上各自独立,互不妨碍,可合并审理。本权人给占有人造成损害的,应当承担赔偿责任,占有人给本权人造成损害的,也应予以赔偿,最终,应依据占有人与本权人之间的法律关系决定物的归属。①

【司法案例】

刘某生诉杜某清案外人执行异议之诉案②

诉讼结论:在房屋买卖合同合法有效的情况下,买受人在履行合同义务的同时依法享有要求办理过户登记的物权期待权,得以排除出卖人的一般金钱债权人对房屋的强制执行。若仍将已经出卖但未办理过户登记的房屋视为债务人的责任财产,则会不当增加债务人责任财产的范围并损害合法买受人的权利。

法院认为:《物权法》第 245 条第 1 款规定:"占有的不动产或者动产被侵占的,占有人有权请求返还原物;对妨害占有的行为,占有人有权请求排除妨害或者消除危险;因侵占或者妨害造成损害的,占有人有权请求损害赔偿。"由此可见,刘某生作为案涉房屋的买受人,除依法享有要求办理过户登记的物权期待权之外,

---

① 参见温世扬、廖焕国:《物权法通论》,人民法院出版社 2005 年版,第 917 页。

② 参见最高人民法院(2017)最高法民再 355 号民事判决书。

其作为合法占有人还依法享有向任何人主张房屋的所有人能够主张的排他性权利。本案中,陈某明将案涉房屋出售给刘某生并取得房屋价款的行为,虽然在客观上导致了其责任财产中的一部分从实物形态转化为货币形态,但其责任财产的范围并未因此而不当减损,杜某清作为债权人的权利并未因此而受到损害,其仍然有权就房屋价款中陈某明的应有份额主张相应的权利。相反,在案涉《房产买卖协议》合法成立且已经实际履行的情况下,查封案涉房屋并将其作为杜某清债权执行标的的结果,不仅在客观上不当扩张了陈某明的责任财产范围,亦直接损害了刘某生的合法权利。

《物权法》等相关法律与《民法典》“物权编”对照表*

《物权法》等相关法律	《民法典》“物权编”
	第一分编　通　则
	第一章　一般规定
《物权法》第二条第一款　因物的归属和利用而产生的民事关系，*适用本法*。 **《民法总则》第一百一十四条**　民事主体依法享有物权。 物权是权利人依法对特定的物享有直接支配和排他的权利，包括所有权、用益物权和担保物权。 **第一百一十五条**　物包括不动产和动产。法律规定权利作为物权客体的，依照其规定。	**第二百零五条**　*本编调整*因物的归属和利用产生的民事关系。
《物权法》第三条　国家~~在社会主义初级阶段，~~坚持公有制为主体、多种所有制经济共同发展的基本经济制度。 国家巩固和发展公有制经济，鼓励、支持和引导非公有制经济的发展。 国家实行社会主义市场经济，保障一切市场主体的平等法律地位和发展权利。	**第二百零六条**　国家坚持**和完善**公有制为主体、多种所有制经济共同发展，**按劳分配为主体、多种分配方式并存，社会主义市场经济体制等社会主义**基本经济制度。 国家巩固和发展公有制经济，鼓励、支持和引导非公有制经济的发展。 国家实行社会主义市场经济，保障一切市场主体的平等法律地位和发展权利。
《物权法》第四条　国家、集体、私人的物权和其他权利人的物权受法律保护，任何单位和个人不得侵犯。	**第二百零七条**　国家、集体、私人的物权和其他权利人的物权受法律**平等**保护，任何*组织*或者个人不得侵犯。
《物权法》第六条　不动产物权的设立、变更、转让和消灭，应当依照法律规定登记。动产物权的设立和转让，应当依照法律规定交付。	**第二百零八条**　不动产物权的设立、变更、转让和消灭，应当依照法律规定登记。动产物权的设立和转让，应当依照法律规定交付。

* 本书参考杜月秋、孙政编：《民法典条文对照与重点解读》，法律出版社2020年版。——笔者注

续表

《物权法》等相关法律	《民法典》“物权编”
	第二章 物权的设立、变更、转让和消灭
	第一节 不动产登记
《物权法》第九条 不动产物权的设立、变更、转让和消灭,经依法登记,发生效力;未经登记,不发生效力,但法律另有规定的除外。 依法属于国家所有的自然资源,所有权可以不登记。	**第二百零九条** 不动产物权的设立、变更、转让和消灭,经依法登记,发生效力;未经登记,不发生效力,但是法律另有规定的除外。 依法属于国家所有的自然资源,所有权可以不登记。
《物权法》第十条 不动产登记,由不动产所在地的登记机构办理。 国家对不动产实行统一登记制度。统一登记的范围、登记机构和登记办法,由法律、行政法规规定。	**第二百一十条** 不动产登记,由不动产所在地的登记机构办理。 国家对不动产实行统一登记制度。统一登记的范围、登记机构和登记办法,由法律、行政法规规定。
《物权法》第十一条 当事人申请登记,应当根据不同登记事项提供权属证明和不动产界址、面积等必要材料。	**第二百一十一条** 当事人申请登记,应当根据不同登记事项提供权属证明和不动产界址、面积等必要材料。
《物权法》第十二条 登记机构应当履行下列职责: (一)查验申请人提供的权属证明和其他必要材料; (二)就有关登记事项询问申请人; (三)如实、及时登记有关事项; (四)法律、行政法规规定的其他职责。 申请登记的不动产的有关情况需要进一步证明的,登记机构可以要求申请人补充材料,必要时可以实地查看。	**第二百一十二条** 登记机构应当履行下列职责: (一)查验申请人提供的权属证明和其他必要材料; (二)就有关登记事项询问申请人; (三)如实、及时登记有关事项; (四)法律、行政法规规定的其他职责。 申请登记的不动产的有关情况需要进一步证明的,登记机构可以要求申请人补充材料,必要时可以实地查看。
《物权法》第十三条 登记机构不得有下列行为: (一)要求对不动产进行评估; (二)以年检等名义进行重复登记; (三)超出登记职责范围的其他行为。	**第二百一十三条** 登记机构不得有下列行为: (一)要求对不动产进行评估; (二)以年检等名义进行重复登记; (三)超出登记职责范围的其他行为。
《物权法》第十四条 不动产物权的设立、变更、转让和消灭,依照法律规定应当登记的,自记载于不动产登记簿时发生效力。	**第二百一十四条** 不动产物权的设立、变更、转让和消灭,依照法律规定应当登记的,自记载于不动产登记簿时发生效力。

续表

《物权法》等相关法律	《民法典》"物权编"
《物权法》第十五条 当事人之间订立有关设立、变更、转让和消灭不动产物权的合同,除法律另有规定或者合同另有约定外,自合同成立时生效;未办理物权登记的,不影响合同效力。 **《合同法》第四十四条** 依法成立的合同,自成立时生效。 法律、行政法规规定应当办理批准、登记等手续生效的,依照其规定。	**第二百一十五条** 当事人之间订立有关设立、变更、转让和消灭不动产物权的合同,除法律另有规定或者当事人另有约定外,自合同成立时生效;未办理物权登记的,不影响合同效力。
《物权法》第十六条 不动产登记簿是物权归属和内容的根据。不动产登记簿由登记机构管理。	**第二百一十六条** 不动产登记簿是物权归属和内容的根据。 不动产登记簿由登记机构管理。
《物权法》第十七条 不动产权属证书是权利人享有该不动产物权的证明。不动产权属证书记载的事项,应当与不动产登记簿一致;记载不一致的,除有证据证明不动产登记簿确有错误外,以不动产登记簿为准。	**第二百一十七条** 不动产权属证书是权利人享有该不动产物权的证明。不动产权属证书记载的事项,应当与不动产登记簿一致;记载不一致的,除有证据证明不动产登记簿确有错误外,以不动产登记簿为准。
《物权法》第十八条 权利人、利害关系人可以申请查询、复制登记资料,登记机构应当提供。	**第二百一十八条** 权利人、利害关系人可以申请查询、复制不动产登记资料,登记机构应当提供。
	第二百一十九条 利害关系人不得公开、非法使用权利人的不动产登记资料。
《物权法》第十九条 权利人、利害关系人认为不动产登记簿记载的事项错误的,可以申请更正登记。不动产登记簿记载的权利人书面同意更正或者有证据证明登记确有错误的,登记机构应当予以更正。 不动产登记簿记载的权利人不同意更正的,利害关系人可以申请异议登记。登记机构予以异议登记的,申请人在异议登记之日起十五日内不起诉,异议登记失效。异议登记不当,造成权利人损害的,权利人可以向申请人请求损害赔偿。	**第二百二十条** 权利人、利害关系人认为不动产登记簿记载的事项错误的,可以申请更正登记。不动产登记簿记载的权利人书面同意更正或者有证据证明登记确有错误的,登记机构应当予以更正。 不动产登记簿记载的权利人不同意更正的,利害关系人可以申请异议登记。登记机构予以异议登记,申请人自异议登记之日起十五日内不提起诉讼的,异议登记失效。异议登记不当,造成权利人损害的,权利人可以向申请人请求损害赔偿。

续表

《物权法》等相关法律	《民法典》“物权编”
《物权法》第二十条 当事人签订买卖房屋或者其他不动产物权的协议，为保障将来实现物权，按照约定可以向登记机构申请预告登记。预告登记后，未经预告登记的权利人同意，处分该不动产的，不发生物权效力。 预告登记后，债权消灭或者自能够进行不动产登记之日起*三个月*内未申请登记的，预告登记失效。	**第二百二十一条** 当事人签订买卖房屋**的协议**或者**签订**其他不动产物权的协议，为保障将来实现物权，按照约定可以向登记机构申请预告登记。预告登记后，未经预告登记的权利人同意，处分该不动产的，不发生物权效力。 预告登记后，债权消灭或者自能够进行不动产登记之日起*九十日*内未申请登记的，预告登记失效。
《物权法》第二十一条 当事人提供虚假材料申请登记，给他人造成损害的，应当承担赔偿责任。 因登记错误，给他人造成损害的，登记机构应当承担赔偿责任。登记机构赔偿后，可以向造成登记错误的人追偿。	**第二百二十二条** 当事人提供虚假材料申请登记，造成他人损害的，应当承担赔偿责任。 因登记错误，造成他人损害的，登记机构应当承担赔偿责任。登记机构赔偿后，可以向造成登记错误的人追偿。
《物权法》第二十二条 不动产登记费按件收取，不得按照不动产的面积、体积或者价款的比例收取。~~具体收费标准由国务院有关部门会同价格主管部门规定~~。	**第二百二十三条** 不动产登记费按件收取，不得按照不动产的面积、体积或者价款的比例收取。
	第二节　动 产 交 付
《物权法》第二十三条 动产物权的设立和转让，自交付时发生效力，但法律另有规定的除外。 **《合同法》第一百三十三条** 标的物的所有权自标的物交付时起转移，但法律另有规定或者当事人另有约定的除外。	**第二百二十四条** 动产物权的设立和转让，自交付时发生效力，但是法律另有规定的除外。
《物权法》第二十四条 船舶、航空器和机动车等物权的设立、变更、转让和消灭，未经登记，不得对抗善意第三人。	**第二百二十五条** 船舶、航空器和机动车等的物权的设立、变更、转让和消灭，未经登记，不得对抗善意第三人。
《物权法》第二十五条 动产物权设立和转让前，权利人已经依法占有该动产的，物权自法律行为生效时发生效力。 **《合同法》第一百四十条** 标的物在订立合同之前已为买受人占有的，合同生效的时间为交付时间。	**第二百二十六条** 动产物权设立和转让前，权利人已经占有该动产的，物权自民事法律行为生效时发生效力。

续表

《物权法》等相关法律	《民法典》“物权编”
《物权法》第二十六条　动产物权设立和转让前,第三人~~依法~~占有该动产的,负有交付义务的人可以通过转让请求第三人返还原物的权利代替交付。	**第二百二十七条**　动产物权设立和转让前,第三人占有该动产的,负有交付义务的人可以通过转让请求第三人返还原物的权利代替交付。
《物权法》第二十七条　动产物权转让时,双方又约定由出让人继续占有该动产的,物权自该约定生效时发生效力。	**第二百二十八条**　动产物权转让时,当事人又约定由出让人继续占有该动产的,物权自该约定生效时发生效力。
	第三节　其 他 规 定
《物权法》第二十八条　因人民法院、仲裁*委员会*的法律文书或者人民政府的征收决定等,导致物权设立、变更、转让或者消灭的,自法律文书或者~~人民政府的~~征收决定等生效时发生效力。	**第二百二十九条**　因人民法院、仲裁*机构*的法律文书或者人民政府的征收决定等,导致物权设立、变更、转让或者消灭的,自法律文书或者征收决定等生效时发生效力。
《物权法》第二十九条　因继承~~或者受遗赠~~取得物权的,自继承~~或者受遗赠~~开始时发生效力。	**第二百三十条**　因继承取得物权的,自继承开始时发生效力。
《物权法》第三十条　因合法建造、拆除房屋等事实行为设立或者消灭物权的,自事实行为成就时发生效力。	**第二百三十一条**　因合法建造、拆除房屋等事实行为设立或者消灭物权的,自事实行为成就时发生效力。
《物权法》第三十一条　依照本法第二十八条至第三十条规定享有不动产物权的,~~处分该物权时,~~依照法律规定需要办理登记的,未经登记,不发生物权效力。	**第二百三十二条**　处分依照本节规定享有的不动产物权,依照法律规定需要办理登记的,未经登记,不发生物权效力。
	第三章　物权的保护
《物权法》第三十二条　物权受到侵害的,权利人可以通过和解、调解、仲裁、诉讼等途径解决。	**第二百三十三条**　物权受到侵害的,权利人可以通过和解、调解、仲裁、诉讼等途径解决。
《物权法》第三十三条　因物权的归属、内容发生争议的,利害关系人可以请求确认权利。	**第二百三十四条**　因物权的归属、内容发生争议的,利害关系人可以请求确认权利。
《物权法》第三十四条　无权占有不动产或者动产的,权利人可以请求返还原物。	**第二百三十五条**　无权占有不动产或者动产的,权利人可以请求返还原物。

续表

《物权法》等相关法律	《民法典》"物权编"
《物权法》第三十五条　妨害物权或者可能妨害物权的，权利人可以请求排除妨害或者消除危险。	**第二百三十六条**　妨害物权或者可能妨害物权的，权利人可以请求排除妨害或者消除危险。
《物权法》第三十六条　造成不动产或者动产毁损的，权利人可以请求修理、重作、更换或者恢复原状。	**第二百三十七条**　造成不动产或者动产毁损的，权利人可以**依法**请求修理、重作、更换或者恢复原状。
《物权法》第三十七条　侵害物权，造成权利人损害的，权利人可以请求损害赔偿，也可以请求承担其他民事责任。	**第二百三十八条**　侵害物权，造成权利人损害的，权利人可以**依法**请求损害赔偿，也可以**依法**请求承担其他民事责任。
《物权法》第三十八条　本章规定的物权保护方式，可以单独适用，也可以根据权利被侵害的情形合并适用。 ~~侵害物权，除承担民事责任外，违反行政管理规定的，依法承担行政责任；构成犯罪的，依法追究刑事责任~~。 **《民法总则》第一百七十九条第三款**　本条规定的承担民事责任的方式，可以单独适用，也可以合并适用。	**第二百三十九条**　本章规定的物权保护方式，可以单独适用，也可以根据权利被侵害的情形合并适用。
	第二分编　所　有　权
	第四章　一　般　规　定
《物权法》第三十九条　所有权人对自己的不动产或者动产，依法享有占有、使用、收益和处分的权利。	**第二百四十条**　所有权人对自己的不动产或者动产，依法享有占有、使用、收益和处分的权利。
《物权法》第四十条　所有权人有权在自己的不动产或者动产上设立用益物权和担保物权。用益物权人、担保物权人行使权利，不得损害所有权人的权益。	**第二百四十一条**　所有权人有权在自己的不动产或者动产上设立用益物权和担保物权。用益物权人、担保物权人行使权利，不得损害所有权人的权益。
《物权法》第四十一条　法律规定专属于国家所有的不动产和动产，任何*单位和*个人不能取得所有权。	**第二百四十二条**　法律规定专属于国家所有的不动产和动产，任何*组织或者*个人不能取得所有权。
《物权法》第四十二条　为了公共利益的需要，依照法律规定的权限和程序可以征收集体所有的土地和*单位*、个人的房屋及其他不动产。	**第二百四十三条**　为了公共利益的需要，依照法律规定的权限和程序可以征收集体所有的土地和*组织*、个人的房屋以及其他不动产。

续表

《物权法》等相关法律	《民法典》“物权编”
征收集体所有的土地，应当依法足额支付土地补偿费、安置补助费、地上附着物和青苗的补偿费等费用，安排被征地农民的社会保障费用，保障被征地农民的生活，维护被征地农民的合法权益。 征收单位、个人的房屋及其他不动产，应当依法给予*拆迁*补偿，维护被征收人的合法权益；征收个人住宅的，还应当保障被征收人的居住条件。 任何*单位和*个人不得贪污、挪用、私分、截留、拖欠征收补偿费等费用。 **《民法总则》第一百一十七条**　为了公共利益的需要，依照法律规定的权限和程序征收、征用不动产或者动产的，应当给予公平、合理的补偿。	征收集体所有的土地，应当依法**及时**足额支付土地补偿费、安置补助费**以及农村村民住宅、其他**地上附着物和青苗等的补偿费用，**并**安排被征地农民的社会保障费用，保障被征地农民的生活，维护被征地农民的合法权益。 征收*组织*、个人的房屋以及其他不动产，应当依法给予*征收*补偿，维护被征收人的合法权益；征收个人住宅的，还应当保障被征收人的居住条件。 任何*组织或者*个人不得贪污、挪用、私分、截留、拖欠征收补偿费等费用。
《物权法》第四十三条　国家对耕地实行特殊保护，严格限制农用地转为建设用地，控制建设用地总量。不得违反法律规定的权限和程序征收集体所有的土地。	**第二百四十四条**　国家对耕地实行特殊保护，严格限制农用地转为建设用地，控制建设用地总量。不得违反法律规定的权限和程序征收集体所有的土地。
《物权法》第四十四条　因抢险、救灾等紧急需要，依照法律规定的权限和程序可以征用*单位*、个人的不动产或者动产。被征用的不动产或者动产使用后，应当返还被征用人。*单位*、个人的不动产或者动产被征用或者征用后毁损、灭失的，应当给予补偿。 **《民法总则》第一百一十七条**　为了公共利益的需要，依照法律规定的权限和程序征收、征用不动产或者动产的，应当给予公平、合理的补偿。	**第二百四十五条**　因抢险救灾、**疫情防控**等紧急需要，依照法律规定的权限和程序可以征用*组织*、个人的不动产或者动产。被征用的不动产或者动产使用后，应当返还被征用人。*组织*、个人的不动产或者动产被征用或者征用后毁损、灭失的，应当给予补偿。
	第五章　国家所有权和集体所有权、私人所有权
《物权法》第四十五条　法律规定属于国家所有的财产，属于国家所有即全民所有。 国有财产由国务院代表国家行使所有权；法律另有规定的，依照其规定。	**第二百四十六条**　法律规定属于国家所有的财产，属于国家所有即全民所有。 国有财产由国务院代表国家行使所有权。法律另有规定的，依照其规定。

续表

《物权法》等相关法律	《民法典》"物权编"
《物权法》第四十六条 矿藏、水流、海域属于国家所有。	**第二百四十七条** 矿藏、水流、海域属于国家所有。
	第二百四十八条 无居民海岛属于国家所有,国务院代表国家行使无居民海岛所有权。
《物权法》第四十七条 城市的土地,属于国家所有。法律规定属于国家所有的农村和城市郊区的土地,属于国家所有。	**第二百四十九条** 城市的土地,属于国家所有。法律规定属于国家所有的农村和城市郊区的土地,属于国家所有。
《物权法》第四十八条 森林、山岭、草原、荒地、滩涂等自然资源,属于国家所有,但法律规定属于集体所有的除外。	**第二百五十条** 森林、山岭、草原、荒地、滩涂等自然资源,属于国家所有,但是法律规定属于集体所有的除外。
《物权法》第四十九条 法律规定属于国家所有的野生动植物资源,属于国家所有。	**第二百五十一条** 法律规定属于国家所有的野生动植物资源,属于国家所有。
《物权法》第五十条 无线电频谱资源属于国家所有。	**第二百五十二条** 无线电频谱资源属于国家所有。
《物权法》第五十一条 法律规定属于国家所有的文物,属于国家所有。	**第二百五十三条** 法律规定属于国家所有的文物,属于国家所有。
《物权法》第五十二条 国防资产属于国家所有。 铁路、公路、电力设施、电信设施和油气管道等基础设施,依照法律规定为国家所有的,属于国家所有。	**第二百五十四条** 国防资产属于国家所有。 铁路、公路、电力设施、电信设施和油气管道等基础设施,依照法律规定为国家所有的,属于国家所有。
《物权法》第五十三条 国家机关对其直接支配的不动产和动产,享有占有、使用以及依照法律和国务院的有关规定处分的权利。 **《民法总则》第九十七条** 有独立经费的机关和承担行政职能的法定机构从成立之日起,具有机关法人资格,可以从事为履行职能所需要的民事活动。	**第二百五十五条** 国家机关对其直接支配的不动产和动产,享有占有、使用以及依照法律和国务院的有关规定处分的权利。
《物权法》第五十四条 国家举办的事业单位对其直接支配的不动产和动产,享有占有、使用以及依照法律和国务院的有关规定收益、处分的权利。	**第二百五十六条** 国家举办的事业单位对其直接支配的不动产和动产,享有占有、使用以及依照法律和国务院的有关规定收益、处分的权利。

续表

《物权法》等相关法律	《民法典》"物权编"
《民法总则》第八十八条 具备法人条件，为适应经济社会发展需要，提供公益服务设立的事业单位，经依法登记成立，取得事业单位法人资格；依法不需要办理法人登记的，从成立之日起，具有事业单位法人资格。	
《物权法》第五十五条 国家出资的企业，由国务院、地方人民政府依照法律、行政法规规定分别代表国家履行出资人职责，享有出资人权益。 **《企业国有资产法》第五条** 本法所称国家出资企业，是指国家出资的国有独资企业、国有独资公司，以及国有资本控股公司、国有资本参股公司。 **第六条** 国务院和地方人民政府应当按照政企分开、社会公共管理职能与国有资产出资人职能分开、不干预企业依法自主经营的原则，依法履行出资人职责。	**第二百五十七条** 国家出资的企业，由国务院、地方人民政府依照法律、行政法规规定分别代表国家履行出资人职责，享有出资人权益。
《物权法》第五十六条 国家所有的财产受法律保护，禁止任何单位和个人侵占、哄抢、私分、截留、破坏。	**第二百五十八条** 国家所有的财产受法律保护，禁止任何*组织或者*个人侵占、哄抢、私分、截留、破坏。
《物权法》第五十七条 履行国有财产管理、监督职责的机构及其工作人员，应当依法加强对国有财产的管理、监督，促进国有财产保值增值，防止国有财产损失；滥用职权，玩忽职守，造成国有财产损失的，应当依法承担法律责任。 违反国有财产管理规定，在企业改制、合并分立、关联交易等过程中，低价转让、合谋私分、擅自担保或者以其他方式造成国有财产损失的，应当依法承担法律责任。	**第二百五十九条** 履行国有财产管理、监督职责的机构及其工作人员，应当依法加强对国有财产的管理、监督，促进国有财产保值增值，防止国有财产损失；滥用职权，玩忽职守，造成国有财产损失的，应当依法承担法律责任。 违反国有财产管理规定，在企业改制、合并分立、关联交易等过程中，低价转让、合谋私分、擅自担保或者以其他方式造成国有财产损失的，应当依法承担法律责任。
《物权法》第五十八条 集体所有的不动产和动产包括： （一）法律规定属于集体所有的土地和森林、山岭、草原、荒地、滩涂； （二）集体所有的建筑物、生产设施、农田水利设施；	**第二百六十条** 集体所有的不动产和动产包括： （一）法律规定属于集体所有的土地和森林、山岭、草原、荒地、滩涂； （二）集体所有的建筑物、生产设施、农田水利设施；

续表

《物权法》等相关法律	《民法典》“物权编”
（三）集体所有的教育、科学、文化、卫生、体育等设施； （四）集体所有的其他不动产和动产。 **《农村土地管理法》第十一条** 农民集体所有的土地依法属于村农民集体所有的，由村集体经济组织或者村民委员会经营、管理；已经分别属于村内两个以上农村集体经济组织的农民集体所有的，由村内各该农村集体经济组织或者村民小组经营、管理；已经属于乡（镇）农民集体所有的，由乡（镇）农村集体经济组织经营、管理。	（三）集体所有的教育、科学、文化、卫生、体育等设施； （四）集体所有的其他不动产和动产。
《物权法》第五十九条 农民集体所有的不动产和动产，属于本集体成员集体所有。 下列事项应当依照法定程序经本集体成员决定： （一）土地承包方案以及将土地发包给本集体以外的单位或者个人承包； （二）个别土地承包经营权人之间承包地的调整； （三）土地补偿费等费用的使用、分配办法； （四）集体出资的企业的所有权变动等事项； （五）法律规定的其他事项。	**第二百六十一条** 农民集体所有的不动产和动产，属于本集体成员集体所有。 下列事项应当依照法定程序经本集体成员决定： （一）土地承包方案以及将土地发包给本集体以外的组织或者个人承包； （二）个别土地承包经营权人之间承包地的调整； （三）土地补偿费等费用的使用、分配办法； （四）集体出资的企业的所有权变动等事项； （五）法律规定的其他事项。
《物权法》第六十条 对于集体所有的土地和森林、山岭、草原、荒地、滩涂等，依照下列规定行使所有权： （一）属于村农民集体所有的，由村集体经济组织或者村民委员会代表集体行使所有权； （二）分别属于村内两个以上农民集体所有的，由村内各该集体经济组织或者村民小组代表集体行使所有权； （三）属于乡镇农民集体所有的，由乡镇集体经济组织代表集体行使所有权。 **《民法总则》第九十九条** 农村集体经济组织依法取得法人资格。	**第二百六十二条** 对于集体所有的土地和森林、山岭、草原、荒地、滩涂等，依照下列规定行使所有权： （一）属于村农民集体所有的，由村集体经济组织或者村民委员会**依法**代表集体行使所有权； （二）分别属于村内两个以上农民集体所有的，由村内各该集体经济组织或者村民小组**依法**代表集体行使所有权； （三）属于乡镇农民集体所有的，由乡镇集体经济组织代表集体行使所有权。

续表

《物权法》等相关法律	《民法典》“物权编”
法律、行政法规对农村集体经济组织有规定的，依照其规定。 **第一百条** 城镇农村的合作经济组织依法取得法人资格。 法律、行政法规对城镇农村的合作经济组织有规定的，依照其规定。 **第一百零一条** 居民委员会、村民委员会具有基层群众性自治组织法人资格，可以从事为履行职能所需要的民事活动。 未设立村集体经济组织的，村民委员会可以依法代行村集体经济组织的职能。	
《物权法》第六十一条 城镇集体所有的不动产和动产，依照法律、行政法规的规定由本集体享有占有、使用、收益和处分的权利。 **《民法总则》第一百条** 城镇农村的合作经济组织依法取得法人资格。 法律、行政法规对城镇农村的合作经济组织有规定的，依照其规定。	**第二百六十三条** 城镇集体所有的不动产和动产，依照法律、行政法规的规定由本集体享有占有、使用、收益和处分的权利。
《物权法》第六十二条 集体经济组织或者村民委员会、村民小组应当依照法律、行政法规以及章程、村规民约向本集体成员公布集体财产的状况。	**第二百六十四条** **农村**集体经济组织或者村民委员会、村民小组应当依照法律、行政法规以及章程、村规民约向本集体成员公布集体财产的状况。**集体成员有权查阅、复制相关资料。**
《物权法》第六十三条 集体所有的财产受法律保护，禁止任何*单位和*个人侵占、哄抢、私分、破坏。 集体经济组织、村民委员会或者其负责人作出的决定侵害集体成员合法权益的，受侵害的集体成员可以请求人民法院予以撤销。	**第二百六十五条** 集体所有的财产受法律保护，禁止任何*组织或者*个人侵占、哄抢、私分、破坏。 **农村**集体经济组织、村民委员会或者其负责人作出的决定侵害集体成员合法权益的，受侵害的集体成员可以请求人民法院予以撤销。
《物权法》第六十四条 私人对其合法的收入、房屋、生活用品、生产工具、原材料等不动产和动产享有所有权。 **《民法通则》第七十五条第一款** 公民的个人财产，包括公民的合法收入、房屋、储	**第二百六十六条** 私人对其合法的收入、房屋、生活用品、生产工具、原材料等不动产和动产享有所有权。

续表

《物权法》等相关法律	《民法典》"物权编"
蓄、生活用品、文物、图书资料、林木、牲畜和法律允许公民所有的生产资料以及其他合法财产。	
《物权法》第六十六条　私人的合法财产受法律保护，禁止任何*单位和*个人侵占、哄抢、破坏。 **《民法通则》第七十五条第二款**　公民的合法财产受法律保护，禁止任何组织或者个人侵占、哄抢、破坏或者非法查封、扣押、冻结、没收。	**第二百六十七条**　私人的合法财产受法律保护，禁止任何*组织或者*个人侵占、哄抢、破坏。
《物权法》第六十七条　国家、集体和私人依法可以出资设立有限责任公司、股份有限公司或者其他企业。国家、集体和私人所有的不动产或者动产，投到企业的，由出资人按照约定或者出资比例享有资产收益、重大决策以及选择经营管理者等权利并履行义务。 **《公司法》第四条**　公司股东依法享有资产收益、参与重大决策和选择管理者等权利。	**第二百六十八条**　国家、集体和私人依法可以出资设立有限责任公司、股份有限公司或者其他企业。国家、集体和私人所有的不动产或者动产投到企业的，由出资人按照约定或者出资比例享有资产收益、重大决策以及选择经营管理者等权利并履行义务。
《物权法》第六十八条　*企业法人*对其不动产和动产依照法律、行政法规以及章程享有占有、使用、收益和处分的权利。 *企业法人*以外的法人，对其不动产和动产的权利，适用有关法律、行政法规以及章程的规定。 **《民法总则》第七十六条**　以取得利润并分配给股东等出资人为目的成立的法人，为营利法人。 营利法人包括有限责任公司、股份有限公司和其他企业法人等。	**第二百六十九条**　*营利法人*对其不动产和动产依照法律、行政法规以及章程享有占有、使用、收益和处分的权利。 *营利法人*以外的法人，对其不动产和动产的权利，适用有关法律、行政法规以及章程的规定。
《物权法》第六十九条　社会团体依法所有的不动产和动产，受法律保护。 **《民法总则》第九十条**　具备法人条件，基于会员共同意愿，为公益目的或者会员共同利益等非营利目的设立的社会团体，经依	**第二百七十条**　社会团体**法人、捐助法人**依法所有的不动产和动产，受法律保护。

续表

《物权法》等相关法律	《民法典》"物权编"
法登记成立，取得社会团体法人资格；依法不需要办理法人登记的，从成立之日起，具有社会团体法人资格。 **第九十二条** 具备法人条件，为公益目的以捐助财产设立的基金会、社会服务机构等，经依法登记成立，取得捐助法人资格。 依法设立的宗教活动场所，具备法人条件的，可以申请法人登记，取得捐助法人资格。法律、行政法规对宗教活动场所有规定的，依照其规定。	
	第六章 业主的建筑物区分所有权
《物权法》第七十条 业主对建筑物内的住宅、经营性用房等专有部分享有所有权，对专有部分以外的共有部分享有共有和共同管理的权利。	**第二百七十一条** 业主对建筑物内的住宅、经营性用房等专有部分享有所有权，对专有部分以外的共有部分享有共有和共同管理的权利。
《物权法》第七十一条 业主对其建筑物专有部分享有占有、使用、收益和处分的权利。业主行使权利不得危及建筑物的安全，不得损害其他业主的合法权益。	**第二百七十二条** 业主对其建筑物专有部分享有占有、使用、收益和处分的权利。业主行使权利不得危及建筑物的安全，不得损害其他业主的合法权益。
《物权法》第七十二条 业主对建筑物专有部分以外的共有部分，享有权利，承担义务；不得以放弃权利不履行义务。 业主转让建筑物内的住宅、经营性用房，其对共有部分享有的共有和共同管理的权利一并转让。	**第二百七十三条** 业主对建筑物专有部分以外的共有部分，享有权利，承担义务；不得以放弃权利**为由**不履行义务。 业主转让建筑物内的住宅、经营性用房，其对共有部分享有的共有和共同管理的权利一并转让。
《物权法》第七十三条 建筑区划内的道路，属于业主共有，但属于城镇公共道路的除外。建筑区划内的绿地，属于业主共有，但属于城镇公共绿地或者明示属于个人的除外。建筑区划内的其他公共场所、公用设施和物业服务用房，属于业主共有。	**第二百七十四条** 建筑区划内的道路，属于业主共有，但是属于城镇公共道路的除外。建筑区划内的绿地，属于业主共有，但是属于城镇公共绿地或者明示属于个人的除外。建筑区划内的其他公共场所、公用设施和物业服务用房，属于业主共有。
《物权法》第七十四条第二款、第三款 建筑区划内，规划用于停放汽车的车位、车库的归属，由当事人通过出售、附赠或者出租等方式约定。	**第二百七十五条** 建筑区划内，规划用于停放汽车的车位、车库的归属，由当事人通过出售、附赠或者出租等方式约定。 占用业主共有的道路或者其他场地用

续表

《物权法》等相关法律	《民法典》“物权编”
占用业主共有的道路或者其他场地用于停放汽车的车位，属于业主共有。	于停放汽车的车位，属于业主共有。
《物权法》第七十四条第一款 建筑区划内，规划用于停放汽车的车位、车库应当首先满足业主的需要。	**第二百七十六条** 建筑区划内，规划用于停放汽车的车位、车库应当首先满足业主的需要。
《物权法》第七十五条 业主可以设立业主大会，选举业主委员会。 地方人民政府有关部门应当对设立业主大会和选举业主委员会给予指导和协助。	**第二百七十七条** 业主可以设立业主大会，选举业主委员会。**业主大会、业主委员会成立的具体条件和程序，依照法律、法规的规定。** 地方人民政府有关部门、**居民委员会**应当对设立业主大会和选举业主委员会给予指导和协助。
《物权法》第七十六条 下列事项由业主共同决定： （一）制定和修改业主大会议事规则； （二）制定和修改~~建筑物及其附属设施~~的管理规约； （三）选举业主委员会或者更换业主委员会成员； （四）选聘和解聘物业服务企业或者其他管理人； *（五）筹集和使用建筑物及其附属设施的维修资金；* （六）改建、重建建筑物及其附属设施； （七）有关共有和共同管理权利的其他重大事项。 决定前款第五项和第六项规定的事项，*应当经专有部分占建筑物总面积三分之二以上的业主且占总人数三分之二以上的业主同意。*决定前款其他事项，*应当经专有部分占建筑物总面积过半数的业主且占总人数过半数的业主同意。*	**第二百七十八条** 下列事项由业主共同决定： （一）制定和修改业主大会议事规则； （二）制定和修改管理规约； （三）选举业主委员会或者更换业主委员会成员； （四）选聘和解聘物业服务企业或者其他管理人； **（五）使用建筑物及其附属设施的维修资金；** *（六）筹集建筑物及其附属设施的维修资金；* （七）改建、重建建筑物及其附属设施； **（八）改变共有部分的用途或者利用共有部分从事经营活动；** （九）有关共有和共同管理权利的其他重大事项。 **业主共同决定事项，应当由专有部分面积占比三分之二以上的业主且人数占比三分之二以上的业主参与表决。**决定前款第六项至第八项规定的事项，*应当经参与表决专有部分面积四分之三以上的业主且参与表决人数四分之三以上的业主同意。*决定前款其他事项，*应当经参与表决专有部分面积过半数的业主且参与表决人数过半数的业主同意。*

续表

《物权法》等相关法律	《民法典》“物权编”
《物权法》第七十七条　业主不得违反法律、法规以及管理规约,将住宅改变为经营性用房。业主将住宅改变为经营性用房的,除遵守法律、法规以及管理规约外,应当经有利害关系的业主同意。	**第二百七十九条**　业主不得违反法律、法规以及管理规约,将住宅改变为经营性用房。业主将住宅改变为经营性用房的,除遵守法律、法规以及管理规约外,应当经有利害关系的业主**一致**同意。
《物权法》第七十八条　业主大会或者业主委员会的决定,对业主具有约束力。 业主大会或者业主委员会作出的决定侵害业主合法权益的,受侵害的业主可以请求人民法院予以撤销。	**第二百八十条**　业主大会或者业主委员会的决定,对业主具有**法律**约束力。 业主大会或者业主委员会作出的决定侵害业主合法权益的,受侵害的业主可以请求人民法院予以撤销。
《物权法》第七十九条　建筑物及其附属设施的维修资金,属于业主共有。经业主共同决定,可以用于电梯、~~水箱~~等共有部分的维修。维修资金的筹集、使用情况应当公布。	**第二百八十一条**　建筑物及其附属设施的维修资金,属于业主共有。经业主共同决定,可以用于电梯、**屋顶、外墙、无障碍设施**等共有部分的维修、**更新和改造**。**建筑物及其附属设施的**维修资金的筹集、使用情况应当**定期**公布。 **紧急情况下需要维修建筑物及其附属设施的,业主大会或者业主委员会可以依法申请使用建筑物及其附属设施的维修资金。**
	第二百八十二条　建设单位、物业服务企业或者其他管理人等利用业主的共有部分产生的收入,在扣除合理成本之后,属于业主共有。
《物权法》第八十条　建筑物及其附属设施的费用分摊、收益分配等事项,有约定的,按照约定;没有约定或者约定不明确的,按照业主专有部分*占建筑物总面积的比例*确定。	**第二百八十三条**　建筑物及其附属设施的费用分摊、收益分配等事项,有约定的,按照约定;没有约定或者约定不明确的,按照业主专有部分*面积所占比例*确定。
《物权法》第八十一条　业主可以自行管理建筑物及其附属设施,也可以委托物业服务企业或者其他管理人管理。 对建设单位聘请的物业服务企业或者其他管理人,业主有权依法更换。	**第二百八十四条**　业主可以自行管理建筑物及其附属设施,也可以委托物业服务企业或者其他管理人管理。 对建设单位聘请的物业服务企业或者其他管理人,业主有权依法更换。
《物权法》第八十二条　物业服务企业或者其他管理人根据业主的委托管理建筑区	**第二百八十五条**　物业服务企业或者其他管理人根据业主的委托,**依照本法第三编**

续表

《物权法》等相关法律	《民法典》"物权编"
划内的建筑物及其附属设施，并接受业主的监督。	**有关物业服务合同的规定**管理建筑区划内的建筑物及其附属设施，接受业主的监督，**并及时答复业主对物业服务情况提出的询问。** **物业服务企业或者其他管理人应当执行政府依法实施的应急处置措施和其他管理措施，积极配合开展相关工作。**
《物权法》第八十三条　业主应当遵守法律、法规以及管理规约。 业主大会和业主委员会，对任意弃置垃圾、排放污染物或者噪声、违反规定饲养动物、违章搭建、侵占通道、拒付物业费等损害他人合法权益的行为，有权依照法律、法规以及管理规约，要求行为人停止侵害、消除危险、排除妨害、赔偿损失。~~业主对侵害自己合法权益的行为，可以依法向人民法院提起诉讼。~~	**第二百八十六条**　业主应当遵守法律、法规以及管理规约，**相关行为应当符合节约资源、保护生态环境的要求。对于物业服务企业或者其他管理人执行政府依法实施的应急处置措施和其他管理措施，业主应当依法予以配合。** 业主大会或者业主委员会，对任意弃置垃圾、排放污染物或者噪声、违反规定饲养动物、违章搭建、侵占通道、拒付物业费等损害他人合法权益的行为，有权依照法律、法规以及管理规约，*请求*行为人停止侵害、排除妨碍、消除危险、**恢复原状**、赔偿损失。 **业主或者其他行为人拒不履行相关义务的，有关当事人可以向有关行政主管部门报告或者投诉，有关行政主管部门应当依法处理。**
《物权法》第八十三条第二款　……业主对侵害自己合法权益的行为，*可以依法向人民法院提起诉讼。*	**第二百八十七条**　业主对**建设单位、物业服务企业或者其他管理人以及其他业主侵**害自己合法权益的行为，*有权请求其承担民事责任。*
	第七章　相 邻 关 系
《物权法》第八十四条　不动产的相邻权利人应当按照有利生产、方便生活、团结互助、公平合理的原则，正确处理相邻关系。 **《民法通则》第八十三条**　不动产的相邻各方，应当按照有利生产、方便生活、团结互助、公平合理的精神，正确处理截水、排水、通行、通风、采光等方面的相邻关系。给相邻方造成妨碍或者损失的，应当停止侵害，排除妨碍，赔偿损失。	**第二百八十八条**　不动产的相邻权利人应当按照有利生产、方便生活、团结互助、公平合理的原则，正确处理相邻关系。

续表

《物权法》等相关法律	《民法典》"物权编"
《物权法》第八十五条　法律、法规对处理相邻关系有规定的，依照其规定；法律、法规没有规定的，可以按照当地习惯。	**第二百八十九条**　法律、法规对处理相邻关系有规定的，依照其规定；法律、法规没有规定的，可以按照当地习惯。
《物权法》第八十六条　不动产权利人应当为相邻权利人用水、排水提供必要的便利。 对自然流水的利用，应当在不动产的相邻权利人之间合理分配。对自然流水的排放，应当尊重自然流向。	**第二百九十条**　不动产权利人应当为相邻权利人用水、排水提供必要的便利。 对自然流水的利用，应当在不动产的相邻权利人之间合理分配。对自然流水的排放，应当尊重自然流向。
《物权法》第八十七条　不动产权利人对相邻权利人因通行等必须利用其土地的，应当提供必要的便利。	**第二百九十一条**　不动产权利人对相邻权利人因通行等必须利用其土地的，应当提供必要的便利。
《物权法》第八十八条　不动产权利人因建造、修缮建筑物以及铺设电线、电缆、水管、暖气和燃气管线等必须利用相邻土地、建筑物的，该土地、建筑物的权利人应当提供必要的便利。	**第二百九十二条**　不动产权利人因建造、修缮建筑物以及铺设电线、电缆、水管、暖气和燃气管线等必须利用相邻土地、建筑物的，该土地、建筑物的权利人应当提供必要的便利。
《物权法》第八十九条　建造建筑物，不得违反国家有关工程建设标准，妨碍相邻建筑物的通风、采光和日照。	**第二百九十三条**　建造建筑物，不得违反国家有关工程建设标准，**不得**妨碍相邻建筑物的通风、采光和日照。
《物权法》第九十条　不动产权利人不得违反国家规定弃置固体废物，排放大气污染物、水污染物、噪声、光、电磁波辐射等有害物质。	**第二百九十四条**　不动产权利人不得违反国家规定弃置固体废物，排放大气污染物、水污染物、**土壤污染物、**噪声、光**辐射**、电磁辐射等有害物质。
《物权法》第九十一条　不动产权利人挖掘土地、建造建筑物、铺设管线以及安装设备等，不得危及相邻不动产的安全。	**第二百九十五条**　不动产权利人挖掘土地、建造建筑物、铺设管线以及安装设备等，不得危及相邻不动产的安全。
《物权法》第九十二条　不动产权利人因用水、排水、通行、铺设管线等利用相邻不动产的，应当尽量避免对相邻的不动产权利人造成损害~~；造成损害的，应当给予赔偿~~。	**第二百九十六条**　不动产权利人因用水、排水、通行、铺设管线等利用相邻不动产的，应当尽量避免对相邻的不动产权利人造成损害。
	第八章　共　　有
《物权法》第九十三条　不动产或者动产可以由两个以上单位、个人共有。共有包括按份共有和共同共有。	**第二百九十七条**　不动产或者动产可以由两个以上组织、个人共有。共有包括按份共有和共同共有。

续表

《物权法》等相关法律	《民法典》"物权编"
《物权法》第九十四条 按份共有人对共有的不动产或者动产按照其份额享有所有权。	**第二百九十八条** 按份共有人对共有的不动产或者动产按照其份额享有所有权。
《物权法》第九十五条 共同共有人对共有的不动产或者动产共同享有所有权。	**第二百九十九条** 共同共有人对共有的不动产或者动产共同享有所有权。
《物权法》第九十六条 共有人按照约定管理共有的不动产或者动产;没有约定或者约定不明确的,各共有人都有管理的权利和义务。	**第三百条** 共有人按照约定管理共有的不动产或者动产;没有约定或者约定不明确的,各共有人都有管理的权利和义务。
《物权法》第九十七条 处分共有的不动产或者动产以及对共有的不动产或者动产作重大修缮的,应当经占份额三分之二以上的按份共有人或者全体共同共有人同意,但共有人之间另有约定的除外。	**第三百零一条** 处分共有的不动产或者动产以及对共有的不动产或者动产作重大修缮、**变更性质或者用途**的,应当经占份额三分之二以上的按份共有人或者全体共同共有人同意,但是共有人之间另有约定的除外。
《物权法》第九十八条 对共有物的管理费用以及其他负担,有约定的,按照约定;没有约定或者约定不明确的,按份共有人按照其份额负担,共同共有人共同负担。	**第三百零二条** **共有人**对共有物的管理费用以及其他负担,有约定的,按照其约定;没有约定或者约定不明确的,按份共有人按照其份额负担,共同共有人共同负担。
《物权法》第九十九条 共有人约定不得分割共有的不动产或者动产,以维持共有关系的,应当按照约定,但共有人有重大理由需要分割的,可以请求分割;没有约定或者约定不明确的,按份共有人可以随时请求分割,共同共有人在共有的基础丧失或者有重大理由需要分割时可以请求分割。因分割对其他共有人造成损害的,应当给予赔偿。	**第三百零三条** 共有人约定不得分割共有的不动产或者动产,以维持共有关系的,应当按照约定,但是共有人有重大理由需要分割的,可以请求分割;没有约定或者约定不明确的,按份共有人可以随时请求分割,共同共有人在共有的基础丧失或者有重大理由需要分割时可以请求分割。因分割造成其他共有人损害的,应当给予赔偿。
《物权法》第一百条 共有人可以协商确定分割方式。达不成协议,共有的不动产或者动产可以分割并且不会因分割减损价值的,应当对实物予以分割;难以分割或者因分割会减损价值的,应当对折价或者拍卖、变卖取得的价款予以分割。 共有人分割所得的不动产或者动产有瑕疵的,其他共有人应当分担损失。	**第三百零四条** 共有人可以协商确定分割方式。达不成协议,共有的不动产或者动产可以分割且不会因分割减损价值的,应当对实物予以分割;难以分割或者因分割会减损价值的,应当对折价或者拍卖、变卖取得的价款予以分割。 共有人分割所得的不动产或者动产有瑕疵的,其他共有人应当分担损失。

续表

《物权法》等相关法律	《民法典》“物权编”
《物权法》第一百零一条 按份共有人可以转让其享有的共有的不动产或者动产份额。其他共有人在同等条件下享有优先购买的权利。	**第三百零五条** 按份共有人可以转让其享有的共有的不动产或者动产份额。其他共有人在同等条件下享有优先购买的权利。
	第三百零六条 按份共有人转让其享有的共有的不动产或者动产份额的，应当将转让条件及时通知其他共有人。其他共有人应当在合理期限内行使优先购买权。 两个以上其他共有人主张行使优先购买权的，协商确定各自的购买比例；协商不成的，按照转让时各自的共有份额比例行使优先购买权。
《物权法》第一百零二条 因共有的不动产或者动产产生的债权债务，在对外关系上，共有人享有连带债权、承担连带债务，但法律另有规定或者第三人知道共有人不具有连带债权债务关系的除外；在共有人内部关系上，除共有人另有约定外，按份共有人按照份额享有债权、承担债务，共同共有人共同享有债权、承担债务。偿还债务超过自己应当承担份额的按份共有人，有权向其他共有人追偿。	**第三百零七条** 因共有的不动产或者动产产生的债权债务，在对外关系上，共有人享有连带债权、承担连带债务，但是法律另有规定或者第三人知道共有人不具有连带债权债务关系的除外；在共有人内部关系上，除共有人另有约定外，按份共有人按照份额享有债权、承担债务，共同共有人共同享有债权、承担债务。偿还债务超过自己应当承担份额的按份共有人，有权向其他共有人追偿。
《物权法》第一百零三条 共有人对共有的不动产或者动产没有约定为按份共有或者共同共有，或者约定不明确的，除共有人具有家庭关系等外，视为按份共有。	**第三百零八条** 共有人对共有的不动产或者动产没有约定为按份共有或者共同共有，或者约定不明确的，除共有人具有家庭关系等外，视为按份共有。
《物权法》第一百零四条 按份共有人对共有的不动产或者动产享有的份额，没有约定或者约定不明确的，按照出资额确定；不能确定出资额的，视为等额享有。	**第三百零九条** 按份共有人对共有的不动产或者动产享有的份额，没有约定或者约定不明确的，按照出资额确定；不能确定出资额的，视为等额享有。
《物权法》第一百零五条 两个以上单位、个人共同享有用益物权、担保物权的，参照本章规定。	**第三百一十条** 两个以上*组织*、个人共同享有用益物权、担保物权的，参照*适用*本章*的有关*规定。

续表

《物权法》等相关法律	《民法典》"物权编"
	第九章　所有权取得的特别规定
《物权法》第一百零六条　无处分权人将不动产或者动产转让给受让人的，所有权人有权追回；除法律另有规定外，符合下列情形的，受让人取得该不动产或者动产的所有权： （一）受让人受让该不动产或者动产时是善意的； （二）以合理的价格转让； （三）转让的不动产或者动产依照法律规定应当登记的已经登记，不需要登记的已经交付给受让人。 受让人依照前款规定取得不动产或者动产的所有权的，原所有权人有权向无处分权人请求*赔偿损失*。 当事人善意取得其他物权的，参照前两款规定。	**第三百一十一条**　无处分权人将不动产或者动产转让给受让人的，所有权人有权追回；除法律另有规定外，符合下列情形的，受让人取得该不动产或者动产的所有权： （一）受让人受让该不动产或者动产时是善意； （二）以合理的价格转让； （三）转让的不动产或者动产依照法律规定应当登记的已经登记，不需要登记的已经交付给受让人。 受让人依据前款规定取得不动产或者动产的所有权的，原所有权人有权向无处分权人请求*损害赔偿*。 当事人善意取得其他物权的，参照适用前两款规定。
《物权法》第一百零七条　所有权人或者其他权利人有权追回遗失物。该遗失物通过转让被他人占有的，权利人有权向无处分权人请求损害赔偿，或者自知道或者应当知道受让人之日起二年内向受让人请求返还原物，但受让人通过拍卖或者向具有经营资格的经营者购得该遗失物的，权利人请求返还原物时应当支付受让人所付的费用。权利人向受让人支付所付费用后，有权向无处分权人追偿。	**第三百一十二条**　所有权人或者其他权利人有权追回遗失物。该遗失物通过转让被他人占有的，权利人有权向无处分权人请求损害赔偿，或者自知道或者应当知道受让人之日起二年内向受让人请求返还原物；但是，受让人通过拍卖或者向具有经营资格的经营者购得该遗失物的，权利人请求返还原物时应当支付受让人所付的费用。权利人向受让人支付所付费用后，有权向无处分权人追偿。
《物权法》第一百零八条　善意受让人取得动产后，该动产上的原有权利消灭，但善意受让人在受让时知道或者应当知道该权利的除外。	**第三百一十三条**　善意受让人取得动产后，该动产上的原有权利消灭。但是，善意受让人在受让时知道或者应当知道该权利的除外。
《物权法》第一百零九条　拾得遗失物，应当返还权利人。拾得人应当及时通知权利人领取，或者送交公安等有关部门。 **《民法通则》第七十九条第二款**　拾得遗失物、漂流物或者失散的饲养动物，应当归还失主，因此而支出的费用由失主偿还。	**第三百一十四条**　拾得遗失物，应当返还权利人。拾得人应当及时通知权利人领取，或者送交公安等有关部门。

续表

《物权法》等相关法律	《民法典》“物权编”
《物权法》第一百一十条 有关部门收到遗失物，知道权利人的，应当及时通知其领取；不知道的，应当及时发布招领公告。	**第三百一十五条** 有关部门收到遗失物，知道权利人的，应当及时通知其领取；不知道的，应当及时发布招领公告。
《物权法》第一百一十一条 拾得人在遗失物送交有关部门前，有关部门在遗失物被领取前，应当妥善保管遗失物。因故意或者重大过失致使遗失物毁损、灭失的，应当承担民事责任。	**第三百一十六条** 拾得人在遗失物送交有关部门前，有关部门在遗失物被领取前，应当妥善保管遗失物。因故意或者重大过失致使遗失物毁损、灭失的，应当承担民事责任。
《物权法》第一百一十二条 权利人领取遗失物时，应当向拾得人或者有关部门支付保管遗失物等支出的必要费用。 权利人悬赏寻找遗失物的，领取遗失物时应当按照承诺履行义务。 拾得人侵占遗失物的，无权请求保管遗失物等支出的费用，也无权请求权利人按照承诺履行义务。	**第三百一十七条** 权利人领取遗失物时，应当向拾得人或者有关部门支付保管遗失物等支出的必要费用。 权利人悬赏寻找遗失物的，领取遗失物时应当按照承诺履行义务。 拾得人侵占遗失物的，无权请求保管遗失物等支出的费用，也无权请求权利人按照承诺履行义务。
《物权法》第一百一十三条 遗失物自发布招领公告之日起六个月内无人认领的，归国家所有。	**第三百一十八条** 遗失物自发布招领公告之日起一年内无人认领的，归国家所有。
《物权法》第一百一十四条 拾得漂流物、发现埋藏物或者隐藏物的，参照拾得遗失物的有关规定。~~文物保护法~~等法律另有规定的，依照其规定。	**第三百一十九条** 拾得漂流物、发现埋藏物或者隐藏物的，参照适用拾得遗失物的有关规定。法律另有规定的，依照其规定。
《物权法》第一百一十五条 主物转让的，从物随主物转让，但当事人另有约定的除外。	**第三百二十条** 主物转让的，从物随主物转让，但是当事人另有约定的除外。
《物权法》第一百一十六条 天然孳息，由所有权人取得；既有所有权人又有用益物权人的，由用益物权人取得。当事人另有约定的，按照约定。 法定孳息，当事人有约定的，按照约定取得；没有约定或者约定不明确的，按照交易习惯取得。 **《合同法》第一百零三条** 标的物提存后，毁损、灭失的风险由债权人承担。提存期	**第三百二十一条** 天然孳息，由所有权人取得；既有所有权人又有用益物权人的，由用益物权人取得。当事人另有约定的，按照其约定。 法定孳息，当事人有约定的，按照约定取得；没有约定或者约定不明确的，按照交易习惯取得。

续表

《物权法》等相关法律	《民法典》"物权编"
间,标的物的孳息归债权人所有。提存费用由债权人负担。 **第一百六十三条** 标的物在交付之前产生的孳息,归出卖人所有,交付之后产生的孳息,归买受人所有。	
	第三百二十二条 因加工、附合、混合而产生的物的归属,有约定的,按照约定;没有约定或者约定不明确的,依照法律规定;法律没有规定的,按照充分发挥物的效用以及保护无过错当事人的原则确定。因一方当事人的过错或者确定物的归属造成另一方当事人损害的,应当给予赔偿或者补偿。
	第三分编 用益物权
	第十章 一般规定
《物权法》第一百一十七条 用益物权人对他人所有的不动产或者动产,依法享有占有、使用和收益的权利。	**第三百二十三条** 用益物权人对他人所有的不动产或者动产,依法享有占有、使用和收益的权利。
《物权法》第一百一十八条 国家所有或者国家所有由集体使用以及法律规定属于集体所有的自然资源,单位、个人依法可以占有、使用和收益。 **《土地管理法》第十条** 国有土地和农民集体所有的土地,可以依法确定给单位或者个人使用。使用土地的单位和个人,有保护、管理和合理利用土地的义务。	**第三百二十四条** 国家所有或者国家所有由集体使用以及法律规定属于集体所有的自然资源,*组织*、个人依法可以占有、使用和收益。
《物权法》第一百一十九条 国家实行自然资源有偿使用制度,但法律另有规定的除外。	**第三百二十五条** 国家实行自然资源有偿使用制度,但是法律另有规定的除外。
《物权法》第一百二十条 用益物权人行使权利,应当遵守法律有关保护和合理开发利用资源的规定。所有权人不得干涉用益物权人行使权利。	**第三百二十六条** 用益物权人行使权利,应当遵守法律有关保护和合理开发利用资源、**保护生态环境**的规定。所有权人不得干涉用益物权人行使权利。
《物权法》第一百二十一条 因不动产或者动产被征收、征用致使用益物权消灭或者影响用益物权行使的,用益物权人有权*依*	**第三百二十七条** 因不动产或者动产被征收、征用致使用益物权消灭或者影响用益物权行使的,用益物权人有权*依据本法第*

续表

《物权法》等相关法律	《民法典》"物权编"
照本法第四十二条、第四十四条的规定获得相应补偿。 **《农业法》第七十一条** 国家依法征收农民集体所有的土地,应当保护农民和农村集体经济组织的合法权益,依法给予农民和农村集体经济组织征地补偿,任何单位和个人不得截留、挪用征地补偿费用。	二百四十三条、第二百四十五条的规定获得相应补偿。
《物权法》第一百二十二条 依法取得的海域使用权受法律保护。	**第三百二十八条** 依法取得的海域使用权受法律保护。
《物权法》第一百二十三条 依法取得的探矿权、采矿权、取水权和使用水域、滩涂从事养殖、捕捞的权利受法律保护。	**第三百二十九条** 依法取得的探矿权、采矿权、取水权和使用水域、滩涂从事养殖、捕捞的权利受法律保护。
	第十一章 土地承包经营权
《物权法》第一百二十四条 农村集体经济组织实行家庭承包经营为基础、统分结合的双层经营体制。 农民集体所有和国家所有由农民集体使用的耕地、林地、草地以及其他用于农业的土地,依法实行土地承包经营制度。	**第三百三十条** 农村集体经济组织实行家庭承包经营为基础、统分结合的双层经营体制。 农民集体所有和国家所有由农民集体使用的耕地、林地、草地以及其他用于农业的土地,依法实行土地承包经营制度。
《物权法》第一百二十五条 土地承包经营权人依法对其承包经营的耕地、林地、草地等享有占有、使用和收益的权利,有权从事种植业、林业、畜牧业等农业生产。 **《农村土地承包法》第十七条** 承包方享有下列权利: (一)依法享有承包地使用、收益的权利,有权自主组织生产经营和处置产品; (二)依法互换、转让土地承包经营权; (三)依法流转土地经营权; (四)承包地被依法征收、征用、占用的,有权依法获得相应的补偿; (五)法律、行政法规规定的其他权利。	**第三百三十一条** 土地承包经营权人依法对其承包经营的耕地、林地、草地等享有占有、使用和收益的权利,有权从事种植业、林业、畜牧业等农业生产。
《物权法》第一百二十六条 耕地的承包期为三十年。草地的承包期为三十年至五十年。林地的承包期为三十年至七十年;特	**第三百三十二条** 耕地的承包期为三十年。草地的承包期为三十年至五十年。林地的承包期为三十年至七十年。

续表

《物权法》等相关法律	《民法典》“物权编”
~~殊林木的林地承包期，经国务院林业行政主管部门批准可以延长~~。 前款规定的承包期届满，由土地承包经营权人*按照国家有关规定*继续承包。	前款规定的承包期限届满，由土地承包经营权人*依照农村土地承包的法律规定*继续承包。
《物权法》第一百二十七条 土地承包经营权自土地承包经营权合同生效时设立。 *县级以上地方人民政府*应当向土地承包经营权人发放土地承包经营权证、林权证、*草原使用权证*，并登记造册，确认土地承包经营权。 **《农村土地承包法》第二十三条** 承包合同自成立之日起生效。承包方自承包合同生效时取得土地承包经营权。 **第二十四条** 国家对耕地、林地和草地等实行统一登记，登记机构应当向承包方颁发土地承包经营权证或者林权证等证书，并登记造册，确认土地承包经营权。 土地承包经营权证或者林权证等证书应当将具有土地承包经营权的全部家庭成员列入。 登记机构除按规定收取证书工本费外，不得收取其他费用。	**第三百三十三条** 土地承包经营权自土地承包经营权合同生效时设立。 *登记机构*应当向土地承包经营权人发放土地承包经营权证、林权证等证书，并登记造册，确认土地承包经营权。
《物权法》第一百二十八条 土地承包经营权人依照*农村土地承包法的*规定，有权将土地承包经营权~~采取转包、~~互换、转让~~等方式流转。流转的期限不得超过承包期的剩余期限。~~未经依法批准，不得将承包地用于非农建设。 **《农村土地承包法》第三十八条** 土地经营权流转应当遵循以下原则： （一）依法、自愿、有偿，任何组织和个人不得强迫或者阻碍土地经营权流转； （二）不得改变土地所有权的性质和土地的农业用途，不得破坏农业综合生产能力和农业生态环境； （三）流转期限不得超过承包期的剩余	**第三百三十四条** 土地承包经营权人依照*法律*规定，有权将土地承包经营权互换、转让。未经依法批准，不得将承包地用于非农建设。

续表

《物权法》等相关法律	《民法典》“物权编”
期限； （四）受让方须有农业经营能力或者资质； （五）在同等条件下，本集体经济组织成员享有优先权。	
《物权法》第一百二十九条　~~土地承包经营权人~~将土地承包经营权互换、转让，当事*人要求登记的，应当向县级以上地方人民政府申请土地承包经营权变更登记*；未经登记，不得对抗善意第三人。	**第三百三十五条**　土地承包经营权互换、转让的，当事人*可以向登记机构申请登记*；未经登记，不得对抗善意第三人。
《物权法》第一百三十条　承包期内发包人不得调整承包地。 因自然灾害严重毁损承包地等特殊情形，需要适当调整承包的耕地和草地的，应当依照农村土地承包法等*法律规定*办理。 **《农村土地承包法》第二十八条**　承包期内，发包方不得调整承包地。 承包期内，因自然灾害严重毁损承包地等特殊情形对个别农户之间承包的耕地和草地需要适当调整的，必须经本集体经济组织成员的村民会议三分之二以上成员或者三分之二以上村民代表的同意，并报乡（镇）人民政府和县级人民政府农业农村、林业和草原等主管部门批准。承包合同中约定不得调整的，按照其约定。	**第三百三十六条**　承包期内发包人不得调整承包地。 因自然灾害严重毁损承包地等特殊情形，需要适当调整承包的耕地和草地的，应当依照农村土地承包*的法律规定*办理。
《物权法》第一百三十一条　承包期内发包人不得收回承包地。*农村土地承包法等法律另有规定的*，依照其规定。 **《农村土地承包法》第二十七条**　承包期内，发包方不得收回承包地。 国家保护进城农户的土地承包经营权。不得以退出土地承包经营权作为农户进城落户的条件。 承包期内，承包农户进城落户的，引导支持其按照自愿有偿原则依法在本集体经济组织内转让土地承包经营权或者将承包地	**第三百三十七条**　承包期内发包人不得收回承包地。*法律另有规定的*，依照其规定。

续表

《物权法》等相关法律	《民法典》"物权编"
交回发包方,也可以鼓励其流转土地经营权。 承包期内,承包方交回承包地或者发包方依法收回承包地时,承包方对其在承包地上投入而提高土地生产能力的,有权获得相应的补偿。 **第三十一条** 承包期内,妇女结婚,在新居住地未取得承包地的,发包方不得收回其原承包地;妇女离婚或者丧偶,仍在原居住地生活或者不在原居住地生活但在新居住地未取得承包地的,发包方不得收回其原承包地。	
《物权法》第一百三十二条 承包地被征收的,土地承包经营权人有权依照本法第*四十二条第二款*的规定获得相应补偿。 **《土地管理法》第四十八条** 征收土地应当给予公平、合理的补偿,保障被征地农民原有生活水平不降低、长远生计有保障。 征收土地应当依法及时足额支付土地补偿费、安置补助费以及农村村民住宅、其他地上附着物和青苗等的补偿费用,并安排被征地农民的社会保障费用。 征收农用地的土地补偿费、安置补助费标准由省、自治区、直辖市通过制定公布区片综合地价确定。制定区片综合地价应当综合考虑土地原用途、土地资源条件、土地产值、土地区位、土地供求关系、人口以及经济社会发展水平等因素,并至少每三年调整或者重新公布一次。 征收农用地以外的其他土地、地上附着物和青苗等的补偿标准,由省、自治区、直辖市制定。对其中的农村村民住宅,应当按照先补偿后搬迁、居住条件有改善的原则,尊重农村村民意愿,采取重新安排宅基地建房、提供安置房或者货币补偿等方式给予公平、合理的补偿,并对因征收造成的搬迁、临时安置等费用予以补偿,保障农村村民居住的权利和合法的住房财产权益。 县级以上地方人民政府应当将被征地	**第三百三十八条** 承包地被征收的,土地承包经营权人有权依据本法第*二百四十三*条的规定获得相应补偿。

续表

《物权法》等相关法律	《民法典》“物权编”
农民纳入相应的养老等社会保障体系。被征地农民的社会保障费用主要用于符合条件的被征地农民的养老保险等社会保险缴费补贴。被征地农民社会保障费用的筹集、管理和使用办法，由省、自治区、直辖市制定。	
《农村土地承包法》第三十六条 承包方可以自主决定依法采取出租（转包）、入股或者其他方式向他人流转土地经营权，并向发包方备案。	**第三百三十九条** 土地承包经营权人可以自主决定依法采取出租、入股或者其他方式向他人流转土地经营权。
《农村土地承包法》第三十七条 土地经营权人有权在合同约定的期限内占有农村土地，自主开展农业生产经营并取得收益。	**第三百四十条** 土地经营权人有权在合同约定的期限内占有农村土地，自主开展农业生产经营并取得收益。
《农村土地承包法》第四十一条 土地经营权流转期限为五年以上的，当事人可以向登记机构申请土地经营权登记。未经登记，不得对抗善意第三人。	**第三百四十一条** 流转期限为五年以上的土地经营权，**自流转合同生效时设立**。当事人可以向登记机构申请土地经营权登记；未经登记，不得对抗善意第三人。
《物权法》第一百三十三条 通过招标、拍卖、公开协商等方式承包荒地等农村土地，*依照农村土地承包法等法律和国务院的有关规定，其土地承包经营权可以转让、入股、抵押或者以其他方式流转。* **《农村土地承包法》第四十八条** 不宜采取家庭承包方式的荒山、荒沟、荒丘、荒滩等农村土地，通过招标、拍卖、公开协商等方式承包的，适用本章规定。 **第四十九条** 以其他方式承包农村土地的，应当签订承包合同，承包方取得土地经营权。当事人的权利和义务、承包期限等，由双方协商确定。以招标、拍卖方式承包的，承包费通过公开竞标、竞价确定；以公开协商等方式承包的，承包费由双方议定。 **第五十条** 荒山、荒沟、荒丘、荒滩等可以直接通过招标、拍卖、公开协商等方式实行承包经营，也可以将土地经营权折股分给本集体经济组织成员后，再实行承包经营或者	**第三百四十二条** 通过招标、拍卖、公开协商等方式承包农村土地，**经依法登记取得权属证书的**，*可以依法采取出租、入股、抵押或者其他方式流转土地经营权。*

续表

《物权法》等相关法律	《民法典》“物权编”
股份合作经营。 承包荒山、荒沟、荒丘、荒滩的，应当遵守有关法律、行政法规的规定，防止水土流失，保护生态环境。 **第五十一条** 以其他方式承包农村土地，在同等条件下，本集体经济组织成员有权优先承包。 **第五十三条** 通过招标、拍卖、公开协商等方式承包农村土地，经依法登记取得权属证书的，可以依法采取出租、入股、抵押或者其他方式流转土地经营权。	
《物权法》第一百三十四条 国家所有的农用地实行承包经营的，参照本法的有关规定。	**第三百四十三条** 国家所有的农用地实行承包经营的，参照适用本编的有关规定。
	第十二章 建设用地使用权
《物权法》第一百三十五条 建设用地使用权人依法对国家所有的土地享有占有、使用和收益的权利，有权利用该土地建造建筑物、构筑物及其附属设施。	**第三百四十四条** 建设用地使用权人依法对国家所有的土地享有占有、使用和收益的权利，有权利用该土地建造建筑物、构筑物及其附属设施。
《物权法》第一百三十六条 建设用地使用权可以在土地的地表、地上或者地下分别设立。……	**第三百四十五条** 建设用地使用权可以在土地的地表、地上或者地下分别设立。
《物权法》第一百三十六条 ……新设立的建设用地使用权，不得损害已设立的用益物权。	**第三百四十六条** 设立建设用地使用权，**应当符合节约资源、保护生态环境的要求，遵守法律、行政法规关于土地用途的规定**，不得损害已经设立的用益物权。
《物权法》第一百三十七条 设立建设用地使用权，可以采取出让或者划拨等方式。 工业、商业、旅游、娱乐和商品住宅等经营性用地以及同一土地有两个以上意向用地者的，应当采取招标、拍卖等公开竞价的方式出让。 严格限制以划拨方式设立建设用地使用权。~~采取划拨方式的，应当遵守法律、行政法规关于土地用途的规定~~。	**第三百四十七条** 设立建设用地使用权，可以采取出让或者划拨等方式。 工业、商业、旅游、娱乐和商品住宅等经营性用地以及同一土地有两个以上意向用地者的，应当采取招标、拍卖等公开竞价的方式出让。 严格限制以划拨方式设立建设用地使用权。

续表

《物权法》等相关法律	《民法典》“物权编”
《土地管理法》第五十四条 建设单位使用国有土地，应当以出让等有偿使用方式取得；但是，下列建设用地，经县级以上人民政府依法批准，可以以划拨方式取得： （一）国家机关用地和军事用地； （二）城市基础设施用地和公益事业用地； （三）国家重点扶持的能源、交通、水利等基础设施用地； （四）法律、行政法规规定的其他用地。	
《物权法》第一百三十八条 采取招标、拍卖、协议等出让方式设立建设用地使用权的，当事人应当采取书面形式订立建设用地使用权出让合同。 建设用地使用权出让合同一般包括下列条款： （一）当事人的名称和住所； （二）土地界址、面积等； （三）建筑物、构筑物及其附属设施占用的空间； （四）土地用途； （五）使用期限； （六）出让金等费用及其支付方式； （七）解决争议的方法。	**第三百四十八条** *通过*招标、拍卖、协议等出让方式设立建设用地使用权的，当事人应当采用书面形式订立建设用地使用权出让合同。 建设用地使用权出让合同一般包括下列条款： （一）当事人的名称和住所； （二）土地界址、面积等； （三）建筑物、构筑物及其附属设施占用的空间； （四）土地用途、**规划条件**； （五）**建设用地**使用**权**期限； （六）出让金等费用及其支付方式； （七）解决争议的方法。
《物权法》第一百三十九条 设立建设用地使用权的，应当向登记机构申请建设用地使用权登记。建设用地使用权自登记时设立。登记机构应当向建设用地使用权人发放*建设用地使用权证书*。	**第三百四十九条** 设立建设用地使用权的，应当向登记机构申请建设用地使用权登记。建设用地使用权自登记时设立。登记机构应当向建设用地使用权人发放*权属证书*。
《物权法》第一百四十条 建设用地使用权人应当合理利用土地，不得改变土地用途；需要改变土地用途的，应当依法经有关行政主管部门批准。 **《土地管理法》第四条** 国家实行土地用途管制制度。 国家编制土地利用总体规划，规定土地	**第三百五十条** 建设用地使用权人应当合理利用土地，不得改变土地用途；需要改变土地用途的，应当依法经有关行政主管部门批准。

续表

《物权法》等相关法律	《民法典》“物权编”
用途,将土地分为农用地、建设用地和未利用地。严格限制农用地转为建设用地,控制建设用地总量,对耕地实行特殊保护。 前款所称农用地是指直接用于农业生产的土地,包括耕地、林地、草地、农田水利用地、养殖水面等;建设用地是指建造建筑物、构筑物的土地,包括城乡住宅和公共设施用地、工矿用地、交通水利设施用地、旅游用地、军事设施用地等;未利用地是指农用地和建设用地以外的土地。 使用土地的单位和个人必须严格按照土地利用总体规划确定的用途使用土地。 **第五十六条** 建设单位使用国有土地的,应当按照土地使用权出让等有偿使用合同的约定或者土地使用权划拨批准文件的规定使用土地;确需改变该幅土地建设用途的,应当经有关人民政府自然资源主管部门同意,报原批准用地的人民政府批准。其中,在城市规划区内改变土地用途的,在报批前,应当先经有关城市规划行政主管部门同意。	
《物权法》第一百四十一条 建设用地使用权人应当依照法律规定以及合同约定支付出让金等费用。	**第三百五十一条** 建设用地使用权人应当依照法律规定以及合同约定支付出让金等费用。
《物权法》第一百四十二条 建设用地使用权人建造的建筑物、构筑物及其附属设施的所有权属于建设用地使用权人,但有相反证据证明的除外。	**第三百五十二条** 建设用地使用权人建造的建筑物、构筑物及其附属设施的所有权属于建设用地使用权人,但是有相反证据证明的除外。
《物权法》第一百四十三条 建设用地使用权人有权将建设用地使用权转让、互换、出资、赠与或者抵押,但法律另有规定的除外。	**第三百五十三条** 建设用地使用权人有权将建设用地使用权转让、互换、出资、赠与或者抵押,但是法律另有规定的除外。
《物权法》第一百四十四条 建设用地使用权转让、互换、出资、赠与或者抵押的,当事人应当采取书面形式订立相应的合同。使用期限由当事人约定,但不得超过建设用地使用权的剩余期限。	**第三百五十四条** 建设用地使用权转让、互换、出资、赠与或者抵押的,当事人应当采用书面形式订立相应的合同。使用期限由当事人约定,但是不得超过建设用地使用权的剩余期限。

续表

《物权法》等相关法律	《民法典》“物权编”
《城市房地产管理法》第四十三条 以出让方式取得土地使用权的，转让房地产后，其土地使用权的使用年限为原土地使用权出让合同约定的使用年限减去原土地使用者已经使用年限后的剩余年限。	
《物权法》第一百四十五条 建设用地使用权转让、互换、出资或者赠与的，应当向登记机构申请变更登记。	**第三百五十五条** 建设用地使用权转让、互换、出资或者赠与的，应当向登记机构申请变更登记。
《物权法》第一百四十六条 建设用地使用权转让、互换、出资或者赠与的，附着于该土地上的建筑物、构筑物及其附属设施一并处分。	**第三百五十六条** 建设用地使用权转让、互换、出资或者赠与的，附着于该土地上的建筑物、构筑物及其附属设施一并处分。
《物权法》第一百四十七条 建筑物、构筑物及其附属设施转让、互换、出资或者赠与的，该建筑物、构筑物及其附属设施占用范围内的建设用地使用权一并处分。 **《城市房地产管理法》第三十二条** 房地产转让、抵押时，房屋的所有权和该房屋占用范围内的土地使用权同时转让、抵押。	**第三百五十七条** 建筑物、构筑物及其附属设施转让、互换、出资或者赠与的，该建筑物、构筑物及其附属设施占用范围内的建设用地使用权一并处分。
《物权法》第一百四十八条 建设用地使用权期间届满前，因公共利益需要提前收回该土地的，应当依照本法第四十二条的规定对该土地上的房屋及其他不动产给予补偿，并退还相应的出让金。 **《土地管理法》第五十八条** 有下列情形之一的，由有关人民政府自然资源主管部门报经原批准用地的人民政府或者有批准权的人民政府批准，可以收回国有土地使用权： （一）为实施城市规划进行旧城区改建以及其他公共利益需要，确需使用土地的； （二）土地出让等有偿使用合同约定的使用期限届满，土地使用者未申请续期或者申请续期未获批准的； （三）因单位撤销、迁移等原因，停止使用原划拨的国有土地的； （四）公路、铁路、机场、矿场等经核准报	**第三百五十八条** 建设用地使用权期限届满前，因公共利益需要提前收回该土地的，应当依据本法第二百四十三条的规定对该土地上的房屋以及其他不动产给予补偿，并退还相应的出让金。

续表

《物权法》等相关法律	《民法典》"物权编"
废的。 依照前款第(一)项的规定收回国有土地使用权的,对土地使用权人应当给予适当补偿。 **第六十六条** 有下列情形之一的,农村集体经济组织报经原批准用地的人民政府批准,可以收回土地使用权: (一)为乡(镇)村公共设施和公益事业建设,需要使用土地的; (二)不按照批准的用途使用土地的; (三)因撤销、迁移等原因而停止使用土地的。 依照前款第(一)项规定收回农民集体所有的土地的,对土地使用权人应当给予适当补偿。 收回集体经营性建设用地使用权,依照双方签订的书面合同办理,法律、行政法规另有规定的除外。 **《城市房地产管理法》第二十条** 国家对土地使用者依法取得的土地使用权,在出让合同约定的使用年限届满前不收回;在特殊情况下,根据社会公共利益的需要,可以依照法律程序提前收回,并根据土地使用者使用土地的实际年限和开发土地的实际情况给予相应的补偿。	
《物权法》第一百四十九条 住宅建设用地使用权期间届满的,自动续期。 非住宅建设用地使用权期间届满后的续期,依照法律规定办理。该土地上的房屋及其他不动产的归属,有约定的,按照约定;没有约定或者约定不明确的,依照法律、行政法规的规定办理。 **《城市房地产管理法》第二十二条** 土地使用权出让合同约定的使用年限届满,土地使用者需要继续使用土地的,应当至迟于届满前一年申请续期,除根据社会公共利益需要收回该幅土地的,应当予以批准。经批	**第三百五十九条** 住宅建设用地使用权期限届满的,自动续期。**续期费用的缴纳或者减免,依照法律、行政法规的规定办理**。 非住宅建设用地使用权期限届满后的续期,依照法律规定办理。该土地上的房屋以及其他不动产的归属,有约定的,按照约定;没有约定或者约定不明确的,依照法律、行政法规的规定办理。

续表

《物权法》等相关法律	《民法典》“物权编”
准准予续期的，应当重新签订土地使用权出让合同，依照规定支付土地使用权出让金。 土地使用权出让合同约定的使用年限届满，土地使用者未申请续期或者虽申请续期但依照前款规定未获批准的，土地使用权由国家无偿收回。	
《物权法》第一百五十条 建设用地使用权消灭的，出让人应当及时办理注销登记。登记机构应当收回*建设用地使用权证书*。	**第三百六十条** 建设用地使用权消灭的，出让人应当及时办理注销登记。登记机构应当收回*权属证书*。
《物权法》第一百五十一条 集体所有的土地作为建设用地的，应当依照土地管理法等法律规定办理。	**第三百六十一条** 集体所有的土地作为建设用地的，应当依照土地管理*的*法律规定办理。
	第十三章 宅基地使用权
《物权法》第一百五十二条 宅基地使用权人依法对集体所有的土地享有占有和使用的权利，有权依法利用该土地建造住宅及其附属设施。	**第三百六十二条** 宅基地使用权人依法对集体所有的土地享有占有和使用的权利，有权依法利用该土地建造住宅及其附属设施。
《物权法》第一百五十三条 宅基地使用权的取得、行使和转让，适用土地管理法等法律和国家有关规定。 **《土地管理法》第六十二条** 农村村民一户只能拥有一处宅基地，其宅基地的面积不得超过省、自治区、直辖市规定的标准。 人均土地少、不能保障一户拥有一处宅基地的地区，县级人民政府在充分尊重农村村民意愿的基础上，可以采取措施，按照省、自治区、直辖市规定的标准保障农村村民实现户有所居。 农村村民建住宅，应当符合乡（镇）土地利用总体规划、村庄规划，不得占用永久基本农田，并尽量使用原有的宅基地和村内空闲地。编制乡（镇）土地利用总体规划、村庄规划应当统筹并合理安排宅基地用地，改善农村村民居住环境和条件。 农村村民住宅用地，由乡（镇）人民政府审核批准；其中，涉及占用农用地的，依照本	**第三百六十三条** 宅基地使用权的取得、行使和转让，适用土地管理*的*法律和国家有关规定。

续表

《物权法》等相关法律	《民法典》“物权编”
法第四十四条的规定办理审批手续。 农村村民出卖、出租、赠与住宅后，再申请宅基地的，不予批准。 国家允许进城落户的农村村民依法自愿有偿退出宅基地，鼓励农村集体经济组织及其成员盘活利用闲置宅基地和闲置住宅。 国务院农业农村主管部门负责全国农村宅基地改革和管理有关工作。	
《物权法》第一百五十四条 宅基地因自然灾害等原因灭失的，宅基地使用权消灭。对失去宅基地的村民，应当重新分配宅基地。	**第三百六十四条** 宅基地因自然灾害等原因灭失的，宅基地使用权消灭。对失去宅基地的村民，应当依法重新分配宅基地。
《物权法》第一百五十五条 已经登记的宅基地使用权转让或者消灭的，应当及时办理变更登记或者注销登记。	**第三百六十五条** 已经登记的宅基地使用权转让或者消灭的，应当及时办理变更登记或者注销登记。
	第十四章 居 住 权
	第三百六十六条 居住权人有权按照合同约定，对他人的住宅享有占有、使用的用益物权，以满足生活居住的需要。
	第三百六十七条 设立居住权，当事人应当采用书面形式订立居住权合同。 居住权合同一般包括下列条款： （一）当事人的姓名或者名称和住所； （二）住宅的位置； （三）居住的条件和要求； （四）居住权期限； （五）解决争议的方法。
	第三百六十八条 居住权无偿设立，但是当事人另有约定的除外。设立居住权的，应当向登记机构申请居住权登记。居住权自登记时设立。
	第三百六十九条 居住权不得转让、继承。设立居住权的住宅不得出租，但是当事人另有约定的除外。

续表

《物权法》等相关法律	《民法典》"物权编"
	第三百七十条 居住权期限届满或者居住权人死亡的，居住权消灭。居住权消灭的，应当及时办理注销登记。
	第三百七十一条 以遗嘱方式设立居住权的，参照适用本章的有关规定。
	第十五章 地 役 权
《物权法》第一百五十六条 地役权人有权按照合同约定，利用他人的不动产，以提高自己的不动产的效益。 前款所称他人的不动产为供役地，自己的不动产为需役地。	**第三百七十二条** 地役权人有权按照合同约定，利用他人的不动产，以提高自己的不动产的效益。 前款所称他人的不动产为供役地，自己的不动产为需役地。
《物权法》第一百五十七条 设立地役权，当事人应当采取书面形式订立地役权合同。 地役权合同一般包括下列条款： （一）当事人的姓名或者名称和住所； （二）供役地和需役地的位置； （三）利用目的和方法； （四）*利用*期限； （五）费用及其支付方式； （六）解决争议的方法。	**第三百七十三条** 设立地役权，当事人应当采用书面形式订立地役权合同。 地役权合同一般包括下列条款： （一）当事人的姓名或者名称和住所； （二）供役地和需役地的位置； （三）利用目的和方法； （四）*地役权*期限； （五）费用及其支付方式； （六）解决争议的方法。
《物权法》第一百五十八条 地役权自地役权合同生效时设立。当事人要求登记的，可以向登记机构申请地役权登记；未经登记，不得对抗善意第三人。	**第三百七十四条** 地役权自地役权合同生效时设立。当事人要求登记的，可以向登记机构申请地役权登记；未经登记，不得对抗善意第三人。
《物权法》第一百五十九条 供役地权利人应当按照合同约定，允许地役权人利用其土地，不得妨害地役权人行使权利。	**第三百七十五条** 供役地权利人应当按照合同约定，允许地役权人利用其不动产，不得妨害地役权人行使权利。
《物权法》第一百六十条 地役权人应当按照合同约定的利用目的和方法利用供役地，尽量减少对供役地权利人物权的限制。	**第三百七十六条** 地役权人应当按照合同约定的利用目的和方法利用供役地，尽量减少对供役地权利人物权的限制。
《物权法》第一百六十一条 地役权的期限由当事人约定，但不得超过土地承包经营权、建设用地使用权等用益物权的剩余期限。	**第三百七十七条** 地役权期限由当事人约定；但是，不得超过土地承包经营权、建设用地使用权等用益物权的剩余期限。

续表

《物权法》等相关法律	《民法典》“物权编”
《物权法》第一百六十二条 土地所有权人享有地役权或者负担地役权的，设立土地承包经营权、宅基地使用权时，该*土地承包经营权人、宅基地使用权人*继续享有或者负担已设立的地役权。	**第三百七十八条** 土地所有权人享有地役权或者负担地役权的，设立土地承包经营权、宅基地使用权**等用益物权**时，该*用益物权人*继续享有或者负担已经设立的地役权。
《物权法》第一百六十三条 土地上已设立土地承包经营权、建设用地使用权、宅基地使用权等*权利*的，未经用益物权人同意，土地所有权人不得设立地役权。	**第三百七十九条** 土地上已经设立土地承包经营权、建设用地使用权、宅基地使用权等*用益物权*的，未经用益物权人同意，土地所有权人不得设立地役权。
《物权法》第一百六十四条 地役权不得单独转让。土地承包经营权、建设用地使用权等转让的，地役权一并转让，但合同另有约定的除外。	**第三百八十条** 地役权不得单独转让。土地承包经营权、建设用地使用权等转让的，地役权一并转让，但是合同另有约定的除外。
《物权法》第一百六十五条 地役权不得单独抵押。土地承包经营权、建设用地使用权等抵押的，在实现抵押权时，地役权一并转让。	**第三百八十一条** 地役权不得单独抵押。土地经营权、建设用地使用权等抵押的，在实现抵押权时，地役权一并转让。
《物权法》第一百六十六条 需役地以及需役地上的土地承包经营权、建设用地使用权部分转让时，转让部分涉及地役权的，受让人同时享有地役权。	**第三百八十二条** 需役地以及需役地上的土地承包经营权、建设用地使用权**等**部分转让时，转让部分涉及地役权的，受让人同时享有地役权。
《物权法》第一百六十七条 供役地以及供役地上的土地承包经营权、建设用地使用权部分转让时，转让部分涉及地役权的，地役权对受让人具有约束力。	**第三百八十三条** 供役地以及供役地上的土地承包经营权、建设用地使用权**等**部分转让时，转让部分涉及地役权的，地役权对受让人具有法律约束力。
《物权法》第一百六十八条 地役权人有下列情形之一的，供役地权利人有权解除地役权合同，地役权消灭： （一）违反法律规定或者合同约定，滥用地役权； （二）有偿利用供役地，约定的付款期间届满后在合理期限内经两次催告未支付费用。	**第三百八十四条** 地役权人有下列情形之一的，供役地权利人有权解除地役权合同，地役权消灭： （一）违反法律规定或者合同约定，滥用地役权； （二）有偿利用供役地，约定的付款期限届满后在合理期限内经两次催告未支付费用。

续表

《物权法》等相关法律	《民法典》“物权编”
《物权法》第一百六十九条 已经登记的地役权变更、转让或者消灭的,应当及时办理变更登记或者注销登记。	**第三百八十五条** 已经登记的地役权变更、转让或者消灭的,应当及时办理变更登记或者注销登记。
	第四分编 担 保 物 权
	第十六章 一 般 规 定
《物权法》第一百七十条 担保物权人在债务人不履行到期债务或者发生当事人约定的实现担保物权的情形,依法享有就担保财产优先受偿的权利,但法律另有规定的除外。	**第三百八十六条** 担保物权人在债务人不履行到期债务或者发生当事人约定的实现担保物权的情形,依法享有就担保财产优先受偿的权利,但是法律另有规定的除外。
《物权法》第一百七十一条 债权人在借贷、买卖等民事活动中,为保障实现其债权,需要担保的,可以依照本法和其他法律的规定设立担保物权。 第三人为债务人向债权人提供担保的,可以要求债务人提供反担保。反担保适用本法和其他法律的规定。 **《担保法》第二条** 在借贷、买卖、货物运输、加工承揽等经济活动中,债权人需要以担保方式保障其债权实现的,可以依照本法规定设定担保。 本法规定的担保方式为保证、抵押、质押、留置和定金。 **第四条** 第三人为债务人向债权人提供担保时,可以要求债务人提供反担保。 反担保适用本法担保的规定。	**第三百八十七条** 债权人在借贷、买卖等民事活动中,为保障实现其债权,需要担保的,可以依照本法和其他法律的规定设立担保物权。 第三人为债务人向债权人提供担保的,可以要求债务人提供反担保。反担保适用本法和其他法律的规定。
《物权法》第一百七十二条 设立担保物权,应当依照本法和其他法律的规定订立担保合同。担保合同是主债权债务合同的从合同。主债权债务合同无效,担保合同无效,但法律另有规定的除外。 担保合同被确认无效后,债务人、担保人、债权人有过错的,应当根据其过错各自承担相应的民事责任。 **《担保法》第五条** 担保合同是主合同	**第三百八十八条** 设立担保物权,应当依照本法和其他法律的规定订立担保合同。**担保合同包括抵押合同、质押合同和其他具有担保功能的合同**。担保合同是主债权债务合同的从合同。主债权债务合同无效的,担保合同无效,但是法律另有规定的除外。 担保合同被确认无效后,债务人、担保人、债权人有过错的,应当根据其过错各自承担相应的民事责任。

续表

《物权法》等相关法律	《民法典》"物权编"
的从合同,主合同无效,担保合同无效。担保合同另有约定的,按照约定。 担保合同被确认无效后,债务人、担保人、债权人有过错的,应当根据其过错各自承担相应的民事责任。	
《物权法》第一百七十三条 担保物权的担保范围包括主债权及其利息、违约金、损害赔偿金、保管担保财产和实现担保物权的费用。当事人另有约定的,按照约定。 **《担保法》第四十六条** 抵押担保的范围包括主债权及利息、违约金、损害赔偿金和实现抵押权的费用。抵押合同另有约定的,按照约定。 **第六十七条** 质押担保的范围包括主债权及利息、违约金、损害赔偿金、质物保管费用和实现质权的费用。质押合同另有约定的,按照约定。 **第八十一条** 权利质押除适用本节规定外,适用本章第一节的规定。 **第八十三条** 留置担保的范围包括主债权及利息、违约金、损害赔偿金,留置物保管费用和实现留置权的费用。	**第三百八十九条** 担保物权的担保范围包括主债权及其利息、违约金、损害赔偿金、保管担保财产和实现担保物权的费用。当事人另有约定的,按照其约定。
《物权法》第一百七十四条 担保期间,担保财产毁损、灭失或者被征收等,担保物权人可以就获得的保险金、赔偿金或者补偿金等优先受偿。被担保债权的履行*期*未届满的,也可以提存该保险金、赔偿金或者补偿金等。 **《担保法》第五十八条** 抵押权因抵押物灭失而消灭。因灭失所得的赔偿金,应当作为抵押财产。 **第七十三条** 质权因质物灭失而消灭。因灭失所得的赔偿金,应当作为出质财产。	**第三百九十条** 担保期间,担保财产毁损、灭失或者被征收等,担保物权人可以就获得的保险金、赔偿金或者补偿金等优先受偿。被担保债权的履行*期限*未届满的,也可以提存该保险金、赔偿金或者补偿金等。
《物权法》第一百七十五条 第三人提供担保,未经其书面同意,债权人允许债务人转移全部或者部分债务的,担保人不再承担相应的担保责任。	**第三百九十一条** 第三人提供担保,未经其书面同意,债权人允许债务人转移全部或者部分债务的,担保人不再承担相应的担保责任。

续表

《物权法》等相关法律	《民法典》“物权编”
《物权法》第一百七十六条 被担保的债权既有物的担保又有人的担保的，债务人不履行到期债务或者发生当事人约定的实现担保物权的情形，债权人应当按照约定实现债权；没有约定或者约定不明确，债务人自己提供物的担保的，债权人应当先就该物的担保实现债权；第三人提供物的担保的，债权人可以就物的担保实现债权，也可以要求保证人承担保证责任。提供担保的第三人承担担保责任后，有权向债务人追偿。 **《担保法》第二十八条** 同一债权既有保证又有物的担保的，保证人对物的担保以外的债权承担保证责任。 债权人放弃物的担保的，保证人在债权人放弃权利的范围内免除保证责任。 **第五十七条** 为债务人抵押担保的第三人，在抵押权人实现抵押权后，有权向债务人追偿。 **第七十二条** 为债务人质押担保的第三人，在质权人实现质权后，有权向债务人追偿。	**第三百九十二条** 被担保的债权既有物的担保又有人的担保的，债务人不履行到期债务或者发生当事人约定的实现担保物权的情形，债权人应当按照约定实现债权；没有约定或者约定不明确，债务人自己提供物的担保的，债权人应当先就该物的担保实现债权；第三人提供物的担保的，债权人可以就物的担保实现债权，也可以请求保证人承担保证责任。提供担保的第三人承担担保责任后，有权向债务人追偿。
《物权法》第一百七十七条 有下列情形之一的，担保物权消灭： （一）主债权消灭； （二）担保物权实现； （三）债权人放弃担保物权； （四）法律规定担保物权消灭的其他情形。	**第三百九十三条** 有下列情形之一的，担保物权消灭： （一）主债权消灭； （二）担保物权实现； （三）债权人放弃担保物权； （四）法律规定担保物权消灭的其他情形。
	第十七章 抵 押 权
	第一节 一般抵押权
《物权法》第一百七十九条 为担保债务的履行，债务人或者第三人不转移财产的占有，将该财产抵押给债权人的，债务人不履行到期债务或者发生当事人约定的实现抵押权的情形，债权人有权就该财产优先受偿。 前款规定的债务人或者第三人为抵押	**第三百九十四条** 为担保债务的履行，债务人或者第三人不转移财产的占有，将该财产抵押给债权人的，债务人不履行到期债务或者发生当事人约定的实现抵押权的情形，债权人有权就该财产优先受偿。 前款规定的债务人或者第三人为抵押

续表

《物权法》等相关法律	《民法典》"物权编"
人,债权人为抵押权人,提供担保的财产为抵押财产。 **《担保法》第三十三条**　本法所称抵押,是指债务人或者第三人不转移对本法第三十四条所列财产的占有,将该财产作为债权的担保。债务人不履行债务时,债权人有权依照本法规定以该财产折价或者以拍卖、变卖该财产的价款优先受偿。 前款规定的债务人或者第三人为抵押人,债权人为抵押权人,提供担保的财产为抵押物。	人,债权人为抵押权人,提供担保的财产为抵押财产。
《物权法》第一百八十条　债务人或者第三人有权处分的下列财产可以抵押: (一)建筑物和其他土地附着物; (二)建设用地使用权; (三)~~以招标、拍卖、公开协商等方式取得的荒地等土地承包经营权~~; (四)生产设备、原材料、半成品、产品; (五)正在建造的建筑物、船舶、航空器; (六)交通运输工具; (七)法律、行政法规未禁止抵押的其他财产。 抵押人可以将前款所列财产一并抵押。 **《担保法》第三十四条**　下列财产可以抵押: (一)抵押人所有的房屋和其他地上定着物; (二)抵押人所有的机器、交通运输工具和其他财产; (三)抵押人依法有权处分的国有的土地使用权、房屋和其他地上定着物; (四)抵押人依法有权处分的国有的机器、交通运输工具和其他财产; (五)抵押人依法承包并经发包方同意抵押的荒山、荒沟、荒丘、荒滩等荒地的土地使用权;	**第三百九十五条**　债务人或者第三人有权处分的下列财产可以抵押: (一)建筑物和其他土地附着物; (二)建设用地使用权; (三)**海域使用权**; (四)生产设备、原材料、半成品、产品; (五)正在建造的建筑物、船舶、航空器; (六)交通运输工具; (七)法律、行政法规未禁止抵押的其他财产。 抵押人可以将前款所列财产一并抵押。

续表

《物权法》等相关法律	《民法典》"物权编"
（六）依法可以抵押的其他财产。 抵押人可以将前款所列财产一并抵押。	
《物权法》第一百八十一条　~~经当事人书面协议，~~企业、个体工商户、农业生产经营者可以将现有的以及将有的生产设备、原材料、半成品、产品抵押，债务人不履行到期债务或者发生当事人约定的实现抵押权的情形，债权人有权就*实现抵押权时*的动产优先受偿。	**第三百九十六条**　企业、个体工商户、农业生产经营者可以将现有的以及将有的生产设备、原材料、半成品、产品抵押，债务人不履行到期债务或者发生当事人约定的实现抵押权的情形，债权人有权就*抵押财产确定时*的动产优先受偿。
《物权法》第一百八十二条　以建筑物抵押的，该建筑物占用范围内的建设用地使用权一并抵押。以建设用地使用权抵押的，该土地上的建筑物一并抵押。 抵押人未依照前款规定一并抵押的，未抵押的财产视为一并抵押。 **《担保法》第三十六条第一款、第二款**　以依法取得的国有土地上的房屋抵押的，该房屋占用范围内的国有土地使用权同时抵押。 以出让方式取得的国有土地使用权抵押的，应当将抵押时该国有土地上的房屋同时抵押。	**第三百九十七条**　以建筑物抵押的，该建筑物占用范围内的建设用地使用权一并抵押。以建设用地使用权抵押的，该土地上的建筑物一并抵押。 抵押人未依据前款规定一并抵押的，未抵押的财产视为一并抵押。
《物权法》第一百八十三条　乡镇、村企业的建设用地使用权不得单独抵押。以乡镇、村企业的厂房等建筑物抵押的，其占用范围内的建设用地使用权一并抵押。 **《担保法》第三十六条第三款**　乡（镇）、村企业的土地使用权不得单独抵押。以乡（镇）、村企业的厂房等建筑物抵押的，其占用范围内的土地使用权同时抵押。	**第三百九十八条**　乡镇、村企业的建设用地使用权不得单独抵押。以乡镇、村企业的厂房等建筑物抵押的，其占用范围内的建设用地使用权一并抵押。
《物权法》第一百八十四条　下列财产不得抵押： （一）土地所有权； （二）~~耕地、~~宅基地、自留地、自留山等集体所有的土地使用权，但法律规定可以抵押的除外；	**第三百九十九条**　下列财产不得抵押： （一）土地所有权； （二）宅基地、自留地、自留山等集体所有土地的使用权，但是法律规定可以抵押的除外； （三）学校、幼儿园、医疗**机构**等为公益

续表

《物权法》等相关法律	《民法典》"物权编"
(三)学校、幼儿园、医院等以公益为目的的*事业单位*、*社会团体*的教育设施、医疗卫生设施和其他社会公益设施; (四)所有权、使用权不明或者有争议的财产; (五)依法被查封、扣押、监管的财产; (六)法律、行政法规规定不得抵押的其他财产。	目的成立的*非营利法人*的教育设施、医疗卫生设施和其他公益设施; (四)所有权、使用权不明或者有争议的财产; (五)依法被查封、扣押、监管的财产; (六)法律、行政法规规定不得抵押的其他财产。
《物权法》第一百八十五条 设立抵押权,当事人应当采取书面形式订立抵押合同。 抵押合同一般包括下列条款: (一)被担保债权的种类和数额; (二)债务人履行债务的期限; (三)抵押财产的名称、数量、*质量*、*状况*、*所在地*、*所有权归属或者使用权归属*; (四)担保的范围。 **《担保法》第三十八条** 抵押人和抵押权人应当以书面形式订立抵押合同。 **第三十九条** 抵押合同应当包括以下内容: (一)被担保的主债权种类、数额; (二)债务人履行债务的期限; (三)抵押物的名称、数量、质量、状况、所在地、所有权权属或者使用权权属; (四)抵押担保的范围; (五)当事人认为需要约定的其他事项。 抵押合同不完全具备前款规定内容的,可以补正。	**第四百条** 设立抵押权,当事人应当采用书面形式订立抵押合同。 抵押合同一般包括下列条款: (一)被担保债权的种类和数额; (二)债务人履行债务的期限; (三)抵押财产的名称、数量等*情况*; (四)担保的范围。
《物权法》第一百八十六条 抵押权人在债务履行期届满前,*不得与抵押人约定债务人不履行到期债务时抵押财产归债权人所有*。 **《担保法》第四十条** 订立抵押合同时,抵押权人和抵押人在合同中不得约定在债务履行期届满抵押权人未受清偿时,抵押物的所有权转移为债权人所有。	**第四百零一条** 抵押权人在债务履行期限届满前,*与抵押人约定债务人不履行到期债务时抵押财产归债权人所有的,只能依法就抵押财产优先受偿*。

续表

《物权法》等相关法律	《民法典》“物权编”
《物权法》第一百八十七条 以本法第一百八十条第一款第一项至第三项规定的财产或者第五项规定的正在建造的建筑物抵押的，应当办理抵押登记。抵押权自登记时设立。	**第四百零二条** 以本法第三百九十五条第一款第一项至第三项规定的财产或者第五项规定的正在建造的建筑物抵押的，应当办理抵押登记。抵押权自登记时设立。
《物权法》第一百八十八条 以本法第一百八十条第一款第四项、第六项规定的财产或者第五项规定的正在建造的船舶、航空器抵押的，抵押权自抵押合同生效时设立；未经登记，不得对抗善意第三人。	**第四百零三条** 以动产抵押的，抵押权自抵押合同生效时设立；未经登记，不得对抗善意第三人。
《物权法》第一百八十九条 企业、个体工商户、农业生产经营者以本法第一百八十一条规定的动产抵押的，应当向抵押人住所地的工商行政管理部门办理登记。抵押权自抵押合同生效时设立；未经登记，不得对抗善意第三人。 依照本法第一百八十一条规定抵押的，不得对抗正常经营活动中已支付合理价款并取得抵押财产的买受人。	**第四百零四条** 以动产抵押的，不得对抗正常经营活动中已经支付合理价款并取得抵押财产的买受人。
《物权法》第一百九十条 订立抵押合同前抵押财产已出租的，原租赁关系不受该抵押权的影响。抵押权设立后抵押财产出租的，该租赁关系不得对抗已登记的抵押权。 **《担保法》第四十八条** 抵押人将已出租的财产抵押的，应当书面告知承租人，原租赁合同继续有效。	**第四百零五条** 抵押权设立前，抵押财产已经出租**并转移占有**的，原租赁关系不受该抵押权的影响。
《物权法》第一百九十一条 抵押期间，抵押人经抵押权人同意转让抵押财产的，应当将转让所得的价款向抵押权人提前清偿债务或者提存。转让的价款超过债权数额的部分归抵押人所有，不足部分由债务人清偿。 抵押期间，抵押人未经抵押权人同意，不得转让抵押财产，但受让人代为清偿债务消灭抵押权的除外。	**第四百零六条** 抵押期间，**抵押人可以转让抵押财产。当事人另有约定的，按照其约定。抵押财产转让的，抵押权不受影响。** 抵押人转让抵押财产的，**应当及时通知抵押权人**。抵押权人能够证明抵押财产转让可能损害抵押权的，可以请求抵押人将转让所得的价款向抵押权人提前清偿债务或者提存。转让的价款超过债权数额的部分归抵押人所有，不足部分由债务人清偿。

续表

《物权法》等相关法律	《民法典》“物权编”
《物权法》第一百九十二条 抵押权不得与债权分离而单独转让或者作为其他债权的担保。债权转让的,担保该债权的抵押权一并转让,但法律另有规定或者当事人另有约定的除外。 **《担保法》第五十条** 抵押权不得与债权分离而单独转让或者作为其他债权的担保。	**第四百零七条** 抵押权不得与债权分离而单独转让或者作为其他债权的担保。债权转让的,担保该债权的抵押权一并转让,但是法律另有规定或者当事人另有约定的除外。
《物权法》第一百九十三条 抵押人的行为足以使抵押财产价值减少的,抵押权人有权要求抵押人停止其行为。抵押财产价值减少的,抵押权人有权要求恢复抵押财产的价值,或者提供与减少的价值相应的担保。抵押人不恢复抵押财产的价值也不提供担保的,抵押权人有权要求债务人提前清偿债务。 **《担保法》第五十一条** 抵押人的行为足以使抵押物价值减少的,抵押权人有权要求抵押人停止其行为。抵押物价值减少时,抵押权人有权要求抵押人恢复抵押物的价值,或者提供与减少的价值相当的担保。 抵押人对抵押物价值减少无过错的,抵押权人只能在抵押人因损害而得到的赔偿范围内要求提供担保。抵押物价值未减少的部分,仍作为债权的担保。	**第四百零八条** 抵押人的行为足以使抵押财产价值减少的,抵押权人有权请求抵押人停止其行为;抵押财产价值减少的,抵押权人有权请求恢复抵押财产的价值,或者提供与减少的价值相应的担保。抵押人不恢复抵押财产的价值,也不提供担保的,抵押权人有权请求债务人提前清偿债务。
《物权法》第一百九十四条 抵押权人可以放弃抵押权或者抵押权的顺位。抵押权人与抵押人可以协议变更抵押权顺位以及被担保的债权数额等内容,但抵押权的变更,未经其他抵押权人书面同意,不得对其他抵押权人产生不利影响。 债务人以自己的财产设定抵押,抵押权人放弃该抵押权、抵押权顺位或者变更抵押权的,其他担保人在抵押权人丧失优先受偿权益的范围内免除担保责任,但其他担保人承诺仍然提供担保的除外。 **《担保法》第二十八条** 同一债权既有	**第四百零九条** 抵押权人可以放弃抵押权或者抵押权的顺位。抵押权人与抵押人可以协议变更抵押权顺位以及被担保的债权数额等内容。但是,抵押权的变更未经其他抵押权人书面同意的,不得对其他抵押权人产生不利影响。 债务人以自己的财产设定抵押,抵押权人放弃该抵押权、抵押权顺位或者变更抵押权的,其他担保人在抵押权人丧失优先受偿权益的范围内免除担保责任,但是其他担保人承诺仍然提供担保的除外。

续表

《物权法》等相关法律	《民法典》"物权编"
保证又有物的担保的，保证人对物的担保以外的债权承担保证责任。 债权人放弃物的担保的，保证人在债权人放弃权利的范围内免除保证责任。	
《物权法》第一百九十五条 债务人不履行到期债务或者发生当事人约定的实现抵押权的情形，抵押权人可以与抵押人协议以抵押财产折价或者以拍卖、变卖该抵押财产所得的价款优先受偿。协议损害其他债权人利益的，其他债权人可以~~在知道或者应当知道撤销事由之日起一年内~~请求人民法院撤销该协议。 抵押权人与抵押人未就抵押权实现方式达成协议的，抵押权人可以请求人民法院拍卖、变卖抵押财产。 抵押财产折价或者变卖的，应当参照市场价格。 **《担保法》第五十三条** 债务履行期届满抵押权人未受清偿的，可以与抵押人协议以抵押物折价或者以拍卖、变卖该抵押物所得的价款受偿；协议不成的，抵押权人可以向人民法院提起诉讼。 抵押物折价或者拍卖、变卖后，其价款超过债权数额的部分归抵押人所有，不足部分由债务人清偿。	**第四百一十条** 债务人不履行到期债务或者发生当事人约定的实现抵押权的情形，抵押权人可以与抵押人协议以抵押财产折价或者以拍卖、变卖该抵押财产所得的价款优先受偿。协议损害其他债权人利益的，其他债权人可以请求人民法院撤销该协议。 抵押权人与抵押人未就抵押权实现方式达成协议的，抵押权人可以请求人民法院拍卖、变卖抵押财产。 抵押财产折价或者变卖的，应当参照市场价格。
《物权法》第一百九十六条 *依照本法第一百八十一条*规定设定抵押的，抵押财产自下列情形之一发生时确定： （一）债务履行期届满，债权未实现； （二）抵押人被宣告破产或者*被撤销*； （三）当事人约定的实现抵押权的情形； （四）严重影响债权实现的其他情形。	**第四百一十一条** *依据本法第三百九十六条*规定设定抵押的，抵押财产自下列情形之一发生时确定： （一）债务履行期**限**届满，债权未实现； （二）抵押人被宣告破产或者*解散*； （三）当事人约定的实现抵押权的情形； （四）严重影响债权实现的其他情形。
《物权法》第一百九十七条 债务人不履行到期债务或者发生当事人约定的实现抵押权的情形，致使抵押财产被人民法院依法扣押的，自扣押之日起抵押权人有权收取	**第四百一十二条** 债务人不履行到期债务或者发生当事人约定的实现抵押权的情形，致使抵押财产被人民法院依法扣押的，自扣押之日起，抵押权人有权收取该抵押财产

续表

《物权法》等相关法律	《民法典》"物权编"
该抵押财产的天然孳息或者法定孳息，但抵押权人未通知应当清偿法定孳息的义务人的除外。 前款规定的孳息应当先充抵收取孳息的费用。 **《担保法》第四十七条** 债务履行期届满，债务人不履行债务致使抵押物被人民法院依法扣押的，自扣押之日起抵押权人有权收取由抵押物分离的天然孳息以及抵押人就抵押物可以收取的法定孳息。抵押权人未将扣押抵押物的事实通知应当清偿法定孳息的义务人的，抵押权的效力不及于该孳息。 前款孳息应当先充抵收取孳息的费用。	的天然孳息或者法定孳息，但是抵押权人未通知应当清偿法定孳息义务人的除外。 前款规定的孳息应当先充抵收取孳息的费用。
《物权法》第一百九十八条 抵押财产折价或者拍卖、变卖后，其价款超过债权数额的部分归抵押人所有，不足部分由债务人清偿。 **《担保法》第五十三条第二款** 抵押物折价或者拍卖、变卖后，其价款超过债权数额的部分归抵押人所有，不足部分由债务人清偿。	**第四百一十三条** 抵押财产折价或者拍卖、变卖后，其价款超过债权数额的部分归抵押人所有，不足部分由债务人清偿。
《物权法》第一百九十九条 同一财产向两个以上债权人抵押的，拍卖、变卖抵押财产所得的价款依照下列规定清偿： （一）抵押权已登记的，按照登记的先后*顺序清偿*~~；顺序相同的，按照债权比例清偿~~； （二）抵押权已登记的先于未登记的受偿； （三）抵押权未登记的，按照债权比例清偿。 **《担保法》第五十四条** 同一财产向两个以上债权人抵押的，拍卖、变卖抵押物所得的价款按照以下规定清偿： （一）抵押合同以登记生效的，按照抵押物登记的先后顺序清偿；顺序相同的，按照债权比例清偿；	**第四百一十四条** 同一财产向两个以上债权人抵押的，拍卖、变卖抵押财产所得的价款依照下列规定清偿： （一）抵押权已经登记的，按照登记的**时间**先后*确定清偿顺序*； （二）抵押权已经登记的先于未登记的受偿； （三）抵押权未登记的，按照债权比例清偿。 **其他可以登记的担保物权，清偿顺序参照适用前款规定。**

续表

《物权法》等相关法律	《民法典》"物权编"
（二）抵押合同自签订之日起生效的，该抵押物已登记的，按照本条第（一）项规定清偿；未登记的，按照合同生效时间的先后顺序清偿，顺序相同的，按照债权比例清偿。抵押物已登记的先于未登记的受偿。	
	第四百一十五条　同一财产既设立抵押权又设立质权的，拍卖、变卖该财产所得的价款按照登记、交付的时间先后确定清偿顺序。
	第四百一十六条　动产抵押担保的主债权是抵押物的价款，标的物交付后十日内办理抵押登记的，该抵押权人优先于抵押物买受人的其他担保物权人受偿，但是留置权人除外。
《物权法》第二百条　建设用地使用权抵押后，该土地上新增的建筑物不属于抵押财产。该建设用地使用权实现抵押权时，应当将该土地上新增的建筑物与建设用地使用权一并处分，但新增建筑物所得的价款，抵押权人无权优先受偿。 **《担保法》第五十五条**　城市房地产抵押合同签订后，土地上新增的房屋不属于抵押物。需要拍卖该抵押的房地产时，可以依法将该土地上新增的房屋与抵押物一同拍卖，但对拍卖新增房屋所得，抵押权人无权优先受偿。 依照本法规定以承包的荒地的土地使用权抵押的，或者以乡（镇）、村企业的厂房等建筑物占用范围内的土地使用权抵押的，在实现抵押权后，未经法定程序不得改变土地集体所有和土地用途。	**第四百一十七条**　建设用地使用权抵押后，该土地上新增的建筑物不属于抵押财产。该建设用地使用权实现抵押权时，应当将该土地上新增的建筑物与建设用地使用权一并处分。但是，新增建筑物所得的价款，抵押权人无权优先受偿。
《物权法》第二百零一条　*依照本法第一百八十条第一款第三项规定的土地承包经营权抵押的，或者依照本法第一百八十三条规定以乡镇、村企业的厂房等建筑物占用*	**第四百一十八条**　*以集体所有土地的使用权依法*抵押的，实现抵押权后，未经法定程序，不得改变土地所有权的性质和土地用途。

续表

《物权法》等相关法律	《民法典》"物权编"
*范围内的建设用地使用权一并*抵押的，实现抵押权后，未经法定程序，不得改变土地所有权的性质和土地用途。	
《物权法》第二百零二条 抵押权人应当在主债权诉讼时效期间行使抵押权；未行使的，人民法院不予保护。	**第四百一十九条** 抵押权人应当在主债权诉讼时效期间行使抵押权；未行使的，人民法院不予保护。
	第二节　最高额抵押权
《物权法》第二百零三条 为担保债务的履行，债务人或者第三人对一定期间内将要连续发生的债权提供担保财产的，债务人不履行到期债务或者发生当事人约定的实现抵押权的情形，抵押权人有权在最高债权额限度内就该担保财产优先受偿。 最高额抵押权设立前已经存在的债权，经当事人同意，可以转入最高额抵押担保的债权范围。 **《担保法》第五十九条** 本法所称最高额抵押，是指抵押人与抵押权人协议，在最高债权额限度内，以抵押物对一定期间内连续发生的债权作担保。 **第六十条** 借款合同可以附最高额抵押合同。 债权人与债务人就某项商品在一定期间内连续发生交易而签订的合同，可以附最高额抵押合同。	**第四百二十条** 为担保债务的履行，债务人或者第三人对一定期间内将要连续发生的债权提供担保财产的，债务人不履行到期债务或者发生当事人约定的实现抵押权的情形，抵押权人有权在最高债权额限度内就该担保财产优先受偿。 最高额抵押权设立前已经存在的债权，经当事人同意，可以转入最高额抵押担保的债权范围。
《物权法》第二百零四条 最高额抵押担保的债权确定前，部分债权转让的，最高额抵押权不得转让，但当事人另有约定的除外。	**第四百二十一条** 最高额抵押担保的债权确定前，部分债权转让的，最高额抵押权不得转让，但是当事人另有约定的除外。
《物权法》第二百零五条 最高额抵押担保的债权确定前，抵押权人与抵押人可以通过协议变更债权确定的期间、债权范围以及最高债权额，但变更的内容不得对其他抵押权人产生不利影响。	**第四百二十二条** 最高额抵押担保的债权确定前，抵押权人与抵押人可以通过协议变更债权确定的期间、债权范围以及最高债权额。但是，变更的内容不得对其他抵押权人产生不利影响。

续表

《物权法》等相关法律	《民法典》"物权编"
《物权法》第二百零六条 有下列情形之一的,抵押权人的债权确定: (一)约定的债权确定期间届满; (二)没有约定债权确定期间或者约定不明确,抵押权人或者抵押人自最高额抵押权设立之日起满二年后请求确定债权; (三)新的债权不可能发生; (四)抵押财产被查封、扣押; (五)债务人、抵押人被宣告破产或者被*撤销*; (六)法律规定债权确定的其他情形。	**第四百二十三条** 有下列情形之一的,抵押权人的债权确定: (一)约定的债权确定期间届满; (二)没有约定债权确定期间或者约定不明确,抵押权人或者抵押人自最高额抵押权设立之日起满二年后请求确定债权; (三)新的债权不可能发生; (四)**抵押权人知道或者应当知道**抵押财产被查封、扣押; (五)债务人、抵押人被宣告破产或者*解散*; (六)法律规定债权确定的其他情形。
《物权法》第二百零七条 最高额抵押权除适用本节规定外,适用本章第一节*一般抵押权*的规定。	**第四百二十四条** 最高额抵押权除适用本节规定外,适用本章第一节的有关规定。
	第十八章 质 权
	第一节 动 产 质 权
《物权法》第二百零八条 为担保债务的履行,债务人或者第三人将其动产出质给债权人占有的,债务人不履行到期债务或者发生当事人约定的实现质权的情形,债权人有权就该动产优先受偿。 前款规定的债务人或者第三人为出质人,债权人为质权人,交付的动产为质押财产。	**第四百二十五条** 为担保债务的履行,债务人或者第三人将其动产出质给债权人占有的,债务人不履行到期债务或者发生当事人约定的实现质权的情形,债权人有权就该动产优先受偿。 前款规定的债务人或者第三人为出质人,债权人为质权人,交付的动产为质押财产。
《物权法》第二百零九条 法律、行政法规禁止转让的动产不得出质。	**第四百二十六条** 法律、行政法规禁止转让的动产不得出质。
《物权法》第二百一十条 设立质权,当事人应当采取书面形式订立质权合同。 *质权*合同一般包括下列条款: (一)被担保债权的种类和数额; (二)债务人履行债务的期限; (三)质押财产的名称、数量、*质量*、*状况*; (四)担保的范围;	**第四百二十七条** 设立质权,当事人应当采用书面形式订立质押合同。 *质押*合同一般包括下列条款: (一)被担保债权的种类和数额; (二)债务人履行债务的期限; (三)质押财产的名称、数量等*情况*; (四)担保的范围; (五)质押财产交付的时间、**方式**。

续表

《物权法》等相关法律	《民法典》"物权编"
（五）质押财产交付的时间。 **《担保法》第六十四条** 出质人和质权人应当以书面形式订立质押合同。 质押合同自质物移交于质权人占有时生效。 **第六十五条** 质押合同应当包括以下内容： （一）被担保的主债权种类、数额； （二）债务人履行债务的期限； （三）质物的名称、数量、质量、状况； （四）质押担保的范围； （五）质物移交的时间； （六）当事人认为需要约定的其他事项。 质押合同不完全具备前款规定内容的，可以补正。	
《物权法》第二百一十一条 质权人在债务履行期届满前，*不得与出质人约定债务人不履行到期债务时质押财产归债权人所有*。 **《担保法》第六十六条** 出质人和质权人在合同中不得约定在债务履行期届满质权人未受清偿时，质物的所有权转移为质权人所有。	**第四百二十八条** 质权人在债务履行期限届满前，*与出质人约定债务人不履行到期债务时质押财产归债权人所有的，只能依法就质押财产优先受偿*。
《物权法》第二百一十二条 质权自出质人交付质押财产时设立。 **《担保法》第六十四条第二款** 质押合同自质物移交于质权人占有时生效。	**第四百二十九条** 质权自出质人交付质押财产时设立。
《物权法》第二百一十三条 质权人有权收取质押财产的孳息，但合同另有约定的除外。 前款规定的孳息应当先充抵收取孳息的费用。 **《担保法》第六十八条** 质权人有权收取质物所生的孳息。质押合同另有约定的，按照约定。 前款孳息应当先充抵收取孳息的费用。	**第四百三十条** 质权人有权收取质押财产的孳息，但是合同另有约定的除外。 前款规定的孳息应当先充抵收取孳息的费用。

续表

《物权法》等相关法律	《民法典》“物权编”
《物权法》第二百一十四条　质权人在质权存续期间，未经出质人同意，擅自使用、处分质押财产，给出质人造成损害的，应当承担赔偿责任。	**第四百三十一条**　质权人在质权存续期间，未经出质人同意，擅自使用、处分质押财产，造成出质人损害的，应当承担赔偿责任。
《物权法》第二百一十五条　质权人负有妥善保管质押财产的义务；因保管不善致使质押财产毁损、灭失的，应当承担赔偿责任。 质权人的行为可能使质押财产毁损、灭失的，出质人可以要求质权人将质押财产提存，或者要求提前清偿债务并返还质押财产。 **《担保法》第六十九条**　质权人负有妥善保管质物的义务。因保管不善致使质物灭失或者毁损的，质权人应当承担民事责任。 质权人不能妥善保管质物可能致使其灭失或者毁损的，出质人可以要求质权人将质物提存，或者要求提前清偿债权而返还质物。	**第四百三十二条**　质权人负有妥善保管质押财产的义务；因保管不善致使质押财产毁损、灭失的，应当承担赔偿责任。 质权人的行为可能使质押财产毁损、灭失的，出质人可以请求质权人将质押财产提存，或者请求提前清偿债务并返还质押财产。
《物权法》第二百一十六条　因不能归责于质权人的事由可能使质押财产毁损或者价值明显减少，足以危害质权人权利的，质权人有权要求出质人提供相应的担保；出质人不提供的，质权人可以拍卖、变卖质押财产，并与出质人~~通过~~协议将拍卖、变卖所得的价款提前清偿债务或者提存。 **《担保法》第七十条**　质物有损坏或者价值明显减少的可能，足以危害质权人权利的，质权人可以要求出质人提供相应的担保。出质人不提供的，质权人可以拍卖或者变卖质物，并与出质人协议将拍卖或者变卖所得的价款用于提前清偿所担保的债权或者向与出质人约定的第三人提存。	**第四百三十三条**　因不可归责于质权人的事由可能使质押财产毁损或者价值明显减少，足以危害质权人权利的，质权人有权请求出质人提供相应的担保；出质人不提供的，质权人可以拍卖、变卖质押财产，并与出质人协议将拍卖、变卖所得的价款提前清偿债务或者提存。
《物权法》第二百一十七条　质权人在质权存续期间，未经出质人同意转质，造成质押财产毁损、灭失的，应当~~向出质人~~承担赔偿责任。	**第四百三十四条**　质权人在质权存续期间，未经出质人同意转质，造成质押财产毁损、灭失的，应当承担赔偿责任。

续表

《物权法》等相关法律	《民法典》"物权编"
《物权法》第二百一十八条 质权人可以放弃质权。债务人以自己的财产出质,质权人放弃该质权的,其他担保人在质权人丧失优先受偿权益的范围内免除担保责任,但其他担保人承诺仍然提供担保的除外。	**第四百三十五条** 质权人可以放弃质权。债务人以自己的财产出质,质权人放弃该质权的,其他担保人在质权人丧失优先受偿权益的范围内免除担保责任,但是其他担保人承诺仍然提供担保的除外。
《物权法》第二百一十九条 债务人履行债务或者出质人提前清偿所担保的债权的,质权人应当返还质押财产。 债务人不履行到期债务或者发生当事人约定的实现质权的情形,质权人可以与出质人协议以质押财产折价,也可以就拍卖、变卖质押财产所得的价款优先受偿。 质押财产折价或者变卖的,应当参照市场价格。 **《担保法》第七十一条** 债务履行期届满债务人履行债务的,或者出质人提前清偿所担保的债权的,质权人应当返还质物。 债务履行期届满质权人未受清偿的,可以与出质人协议以质物折价,也可以依法拍卖、变卖质物。 质物折价或者拍卖、变卖后,其价款超过债权数额的部分归出质人所有,不足部分由债务人清偿。	**第四百三十六条** 债务人履行债务或者出质人提前清偿所担保的债权的,质权人应当返还质押财产。 债务人不履行到期债务或者发生当事人约定的实现质权的情形,质权人可以与出质人协议以质押财产折价,也可以就拍卖、变卖质押财产所得的价款优先受偿。 质押财产折价或者变卖的,应当参照市场价格。
《物权法》第二百二十条 出质人可以请求质权人在债务履行期届满后及时行使质权;质权人不行使的,出质人可以请求人民法院拍卖、变卖质押财产。 出质人请求质权人及时行使质权,因质权人怠于行使权利造成损害的,由质权人承担赔偿责任。	**第四百三十七条** 出质人可以请求质权人在债务履行期限届满后及时行使质权;质权人不行使的,出质人可以请求人民法院拍卖、变卖质押财产。 出质人请求质权人及时行使质权,因质权人怠于行使权利造成**出质人**损害的,由质权人承担赔偿责任。
《物权法》第二百二十一条 质押财产折价或者拍卖、变卖后,其价款超过债权数额的部分归出质人所有,不足部分由债务人清偿。 **《担保法》第七十一条第三款** 质物折价或者拍卖、变卖后,其价款超过债权数额的部分归出质人所有,不足部分由债务人清偿。	**第四百三十八条** 质押财产折价或者拍卖、变卖后,其价款超过债权数额的部分归出质人所有,不足部分由债务人清偿。

续表

《物权法》等相关法律	《民法典》"物权编"
《物权法》第二百二十二条 出质人与质权人可以协议设立最高额质权。 最高额质权除适用本节有关规定外，参照*本法第十六章第二节最高额抵押权*的规定。	**第四百三十九条** 出质人与质权人可以协议设立最高额质权。 最高额质权除适用本节有关规定外，参照**适用**本编第十七章第二节的有关规定。
	第二节 权利质权
《物权法》第二百二十三条 债务人或者第三人有权处分的下列权利可以出质： （一）汇票、支票、本票； （二）债券、存款单； （三）仓单、提单； （四）可以转让的基金份额、股权； （五）可以转让的注册商标专用权、专利权、著作权等知识产权中的财产权； （六）应收账款； （七）法律、行政法规规定可以出质的其他财产权利。 **《担保法》第七十五条** 下列权利可以质押： （一）汇票、支票、本票、债券、存款单、仓单、提单； （二）依法可以转让的股份、股票； （三）依法可以转让的商标专用权，专利权、著作权中的财产权； （四）依法可以质押的其他权利。	**第四百四十条** 债务人或者第三人有权处分的下列权利可以出质： （一）汇票、本票、支票； （二）债券、存款单； （三）仓单、提单； （四）可以转让的基金份额、股权； （五）可以转让的注册商标专用权、专利权、著作权等知识产权中的财产权； （六）**现有的以及将有的**应收账款； （七）法律、行政法规规定可以出质的其他财产权利。
《物权法》第二百二十四条 以汇票、支票、本票、债券、存款单、仓单、提单出质的，当~~事人应当订立书面合同~~。质权自权利凭证交付质权人时设立；没有权利凭证的，质权自有~~关部门~~办理出质登记时设立。 **《担保法》第七十六条** 以汇票、支票、本票、债券、存款单、仓单、提单出质的，应当在合同约定的期限内将权利凭证交付质权人。质押合同自权利凭证交付之日起生效。	**第四百四十一条** 以汇票、本票、支票、债券、存款单、仓单、提单出质的，质权自权利凭证交付质权人时设立；没有权利凭证的，质权自办理出质登记时设立。**法律另有规定的，依照其规定。**

续表

《物权法》等相关法律	《民法典》“物权编”
《物权法》第二百二十五条　汇票、支票、本票、债券、存款单、仓单、提单的兑现日期或者提货日期先于主债权到期的，质权人可以兑现或者提货，并与出质人协议将兑现的价款或者提取的货物提前清偿债务或者提存。 **《担保法》第七十七条**　以载明兑现或者提货日期的汇票、支票、本票、债券、存款单、仓单、提单出质的，汇票、支票、本票、债券、存款单、仓单、提单兑现或者提货日期先于债务履行期的，质权人可以在债务履行期届满前兑现或者提货，并与出质人协议将兑现的价款或者提取的货物用于提前清偿所担保的债权或者向与出质人约定的第三人提存。	**第四百四十二条**　汇票、本票、支票、债券、存款单、仓单、提单的兑现日期或者提货日期先于主债权到期的，质权人可以兑现或者提货，并与出质人协议将兑现的价款或者提取的货物提前清偿债务或者提存。
《物权法》第二百二十六条　以基金份额、股权出质的，~~当事人应当订立书面合同~~。*以基金份额、证券登记结算机构登记的股权出质的，质权自证券登记结算机构办理出质登记时设立；以其他股权出质的，质权自工商行政管理部门办理出质登记时设立*。 基金份额、股权出质后，不得转让，但经出质人与质权人协商同意的除外。出质人转让基金份额、股权所得的价款，应当向质权人提前清偿债务或者提存。 **《担保法》第七十八条**　以依法可以转让的股票出质的，出质人与质权人应当订立书面合同，并向证券登记机构办理出质登记。质押合同自登记之日起生效。 股票出质后，不得转让，但经出质人与质权人协商同意的可以转让。出质人转让股票所得的价款应当向质权人提前清偿所担保的债权或者向与质权人约定的第三人提存。 以有限责任公司的股份出质的，适用公司法股份转让的有关规定。质押合同自股份出质记载于股东名册之日起生效。	**第四百四十三条**　以基金份额、股权出质的，*质权自办理出质登记时设立*。 基金份额、股权出质后，不得转让，但是出质人与质权人协商同意的除外。出质人转让基金份额、股权所得的价款，应当向质权人提前清偿债务或者提存。

续表

《物权法》等相关法律	《民法典》“物权编”
《物权法》第二百二十七条 以注册商标专用权、专利权、著作权等知识产权中的财产权出质的，~~当事人应当订立书面合同~~。质权自~~有关主管部门~~办理出质登记时设立。 知识产权中的财产权出质后，出质人不得转让或者许可他人使用，但经出质人与质权人协商同意的除外。出质人转让或者许可他人使用出质的知识产权中的财产权所得的价款，应当向质权人提前清偿债务或者提存。 **《担保法》第七十九条** 以依法可以转让的商标专用权，专利权、著作权中的财产权出质的，出质人与质权人应当订立书面合同，并向其管理部门办理出质登记。质押合同自登记之日起生效。 **第八十条** 本法第七十九条规定的权利出质后，出质人不得转让或者许可他人使用，但经出质人与质权人协商同意的可以转让或者许可他人使用。出质人所得的转让费、许可费应当向质权人提前清偿所担保的债权或者向与质权人约定的第三人提存。	**第四百四十四条** 以注册商标专用权、专利权、著作权等知识产权中的财产权出质的，质权自办理出质登记时设立。 知识产权中的财产权出质后，出质人不得转让或者许可他人使用，但是出质人与质权人协商同意的除外。出质人转让或者许可他人使用出质的知识产权中的财产权所得的价款，应当向质权人提前清偿债务或者提存。
《物权法》第二百二十八条 以应收账款出质的，~~当事人应当订立书面合同~~。质权自~~信贷征信机构~~办理出质登记时设立。 应收账款出质后，不得转让，但经出质人与质权人协商同意的除外。出质人转让应收账款所得的价款，应当向质权人提前清偿债务或者提存。	**第四百四十五条** 以应收账款出质的，质权自办理出质登记时设立。 应收账款出质后，不得转让，但是出质人与质权人协商同意的除外。出质人转让应收账款所得的价款，应当向质权人提前清偿债务或者提存。
《担保法》第八十一条 权利*质押*除适用本节规定外，适用本章第一节的规定。	**第四百四十六条** 权利*质权*除适用本节规定外，适用本章第一节的有关规定。
	第十九章 留 置 权
《物权法》第二百三十条 债务人不履行到期债务，债权人可以留置已经合法占有的债务人的动产，并有权就该动产优先受偿。 前款规定的债权人为留置权人，占有的动产为留置财产。 **《担保法》第八十二条** 本法所称留置，	**第四百四十七条** 债务人不履行到期债务，债权人可以留置已经合法占有的债务人的动产，并有权就该动产优先受偿。 前款规定的债权人为留置权人，占有的动产为留置财产。

续表

《物权法》等相关法律	《民法典》“物权编”
是指依照本法第八十四条的规定，债权人按照合同约定占有债务人的动产，债务人不按照合同约定的期限履行债务的，债权人有权依照本法规定留置该财产，以该财产折价或者以拍卖、变卖该财产的价款优先受偿。 **第八十四条** 因保管合同、运输合同、加工承揽合同发生的债权，债务人不履行债务的，债权人有留置权。 法律规定可以留置的其他合同，适用前款规定。 当事人可以在合同中约定不得留置的物。	
《物权法》第二百三十一条 债权人留置的动产，应当与债权属于同一法律关系，但企业之间留置的除外。	**第四百四十八条** 债权人留置的动产，应当与债权属于同一法律关系，但是企业之间留置的除外。
《物权法》第二百三十二条 法律规定或者当事人约定不得留置的动产，不得留置。	**第四百四十九条** 法律规定或者当事人约定不得留置的动产，不得留置。
《物权法》第二百三十三条 留置财产为可分物的，留置财产的价值应当相当于债务的金额。 **《担保法》第八十五条** 留置的财产为可分物的，留置物的价值应当相当于债务的金额。	**第四百五十条** 留置财产为可分物的，留置财产的价值应当相当于债务的金额。
《物权法》第二百三十四条 留置权人负有妥善保管留置财产的义务；因保管不善致使留置财产毁损、灭失的，应当承担赔偿责任。 **《担保法》第八十六条** 留置权人负有妥善保管留置物的义务。因保管不善致使留置物灭失或者毁损的，留置权人应当承担民事责任。	**第四百五十一条** 留置权人负有妥善保管留置财产的义务；因保管不善致使留置财产毁损、灭失的，应当承担赔偿责任。
《物权法》第二百三十五条 留置权人有权收取留置财产的孳息。 前款规定的孳息应当先充抵收取孳息的费用。	**第四百五十二条** 留置权人有权收取留置财产的孳息。 前款规定的孳息应当先充抵收取孳息的费用。

续表

《物权法》等相关法律	《民法典》“物权编”
《物权法》第二百三十六条 留置权人与债务人应当约定留置财产后的债务履行*期间*；没有约定或者约定不明确的，留置权人应当给债务人*两个月*以上履行债务的*期间*，但鲜活易腐等不易保管的动产除外。债务人逾期未履行的，留置权人可以与债务人协议以留置财产折价，也可以就拍卖、变卖留置财产所得的价款优先受偿。 留置财产折价或者变卖的，应当参照市场价格。 **《担保法》第八十七条第一款、第二款** 债权人与债务人应当在合同中约定，债权人留置财产后，债务人应当在不少于两个月的期限内履行债务。债权人与债务人在合同中未约定的，债权人留置债务人财产后，应当确定两个月以上的期限，通知债务人在该期限内履行债务。 债务人逾期仍不履行的，债权人可以与债务人协议以留置物折价，也可以依法拍卖、变卖留置物。	**第四百五十三条** 留置权人与债务人应当约定留置财产后的债务履行*期限*；没有约定或者约定不明确的，留置权人应当给债务人*六十日*以上履行债务的*期限*，但是鲜活易腐等不易保管的动产除外。债务人逾期未履行的，留置权人可以与债务人协议以留置财产折价，也可以就拍卖、变卖留置财产所得的价款优先受偿。 留置财产折价或者变卖的，应当参照市场价格。
《物权法》第二百三十七条 债务人可以请求留置权人在债务履行期届满后行使留置权；留置权人不行使的，债务人可以请求人民法院拍卖、变卖留置财产。	**第四百五十四条** 债务人可以请求留置权人在债务履行期限届满后行使留置权；留置权人不行使的，债务人可以请求人民法院拍卖、变卖留置财产。
《物权法》第二百三十八条 留置财产折价或者拍卖、变卖后，其价款超过债权数额的部分归债务人所有，不足部分由债务人清偿。 **《担保法》第八十七条第三款** 留置物折价或者拍卖、变卖后，其价款超过债权数额的部分归债务人所有，不足部分由债务人清偿。	**第四百五十五条** 留置财产折价或者拍卖、变卖后，其价款超过债权数额的部分归债务人所有，不足部分由债务人清偿。
《物权法》第二百三十九条 同一动产上已设立抵押权或者质权，该动产又被留置的，留置权人优先受偿。	**第四百五十六条** 同一动产上已经设立抵押权或者质权，该动产又被留置的，留置权人优先受偿。

续表

《物权法》等相关法律	《民法典》"物权编"
《物权法》第二百四十条 留置权人对留置财产丧失占有或者留置权人接受债务人另行提供担保的，留置权消灭。 **《担保法》第八十八条** 留置权因下列原因消灭： （一）债权消灭的； （二）债务人另行提供担保并被债权人接受的。	**第四百五十七条** 留置权人对留置财产丧失占有或者留置权人接受债务人另行提供担保的，留置权消灭。
	第五分编 占　　有
	第二十章 占　　有
《物权法》第二百四十一条 基于合同关系等产生的占有，有关不动产或者动产的使用、收益、违约责任等，按照合同约定；合同没有约定或者约定不明确的，依照有关法律规定。	**第四百五十八条** 基于合同关系等产生的占有，有关不动产或者动产的使用、收益、违约责任等，按照合同约定；合同没有约定或者约定不明确的，依照有关法律规定。
《物权法》第二百四十二条 占有人因使用占有的不动产或者动产，致使该不动产或者动产受到损害的，恶意占有人应当承担赔偿责任。	**第四百五十九条** 占有人因使用占有的不动产或者动产，致使该不动产或者动产受到损害的，恶意占有人应当承担赔偿责任。
《物权法》第二百四十三条 不动产或者动产被占有人占有的，权利人可以请求返还原物及其孳息，但应当支付善意占有人因维护该不动产或者动产支出的必要费用。	**第四百六十条** 不动产或者动产被占有人占有的，权利人可以请求返还原物及其孳息；但是，应当支付善意占有人因维护该不动产或者动产支出的必要费用。
《物权法》第二百四十四条 占有的不动产或者动产毁损、灭失，该不动产或者动产的权利人请求赔偿的，占有人应当将因毁损、灭失取得的保险金、赔偿金或者补偿金等返还给权利人；权利人的损害未得到足够弥补的，恶意占有人还应当赔偿损失。	**第四百六十一条** 占有的不动产或者动产毁损、灭失，该不动产或者动产的权利人请求赔偿的，占有人应当将因毁损、灭失取得的保险金、赔偿金或者补偿金等返还给权利人；权利人的损害未得到足够弥补的，恶意占有人还应当赔偿损失。

续表

《物权法》等相关法律	《民法典》“物权编”
《物权法》第二百四十五条 占有的不动产或者动产被侵占的，占有人有权请求返还原物；对妨害占有的行为，占有人有权请求排除妨害或者消除危险；因侵占或者妨害造成损害的，占有人有权请求损害赔偿。 占有人返还原物的请求权，自侵占发生之日起一年内未行使的，该请求权消灭。	**第四百六十二条** 占有的不动产或者动产被侵占的，占有人有权请求返还原物；对妨害占有的行为，占有人有权请求排除妨害或者消除危险；因侵占或者妨害造成损害的，占有人有权**依法**请求损害赔偿。 占有人返还原物的请求权，自侵占发生之日起一年内未行使的，该请求权消灭。

出 版 后 记

物权是最重要的财产权，是民事主体从事各种经济或社会活动的前提。“物权编”是《民法典》分编的第一编，具有举足轻重的意义。“物权编”是规范财产关系的基本法，系统规定了物权归属和物权变动的基本规则。“物权编”既保护公有财产，又保护私有财产，落实了中央两个毫不动摇的产权保护政策；“物权编”构筑了社会主义土地公有制的利益共享机制，积极回应了农村土地“三权分置”改革的利益诉求。“物权编”修改完善了财产担保制度，有利于优化营商环境，促进金融市场的进一步发展。“物权编”聚焦民生发展问题，积极回应了广大业主的普遍关切。每个人都对财产保护有期盼，但期盼的内容和层次存在很大的差异。经过科学研究和民主讨论形成的《民法典》，体现了各方最低限度的共识。科学解释《民法典》“物权编”相关条款，精准指出立法主旨和精神，正确理解条文的内涵和外延，明确指出司法适用的争点、难点和解决思路，具有重大的实践价值。

为此，我们约请中国审判理论研究会常务理事、民事审判专业委员会副主任，最高人民法院前资深高级法官、研究室一级巡视员，民法典编纂研究中心负责人，中国应用法学所前副所长曹守晔担任主编，对《民法典》的七编分别出版了《民法典总则编条文理解与司法适用》《民法典物权编条文理解与司法适用》《民法典合同编条文理解与司法适用》《民法典人格权编条文理解与司法适用》《民法典婚姻家庭编条文理解与司法适用》《民法典继承编条文理解与司法适用》《民法典侵权责任编条文理解与司法适用》。本书《民法典物权编条文理解与司法适用》，是由中国审判理论研究会民事审判专业委员会学术委员申惠文担任执行主编，由大连医科大学教授、大连海事大学法学博士后荣振华和河南师范大学教授、湘潭大学法学博士李林启担任执行副主编。

本书各章的具体分工如下：

绪论　曹守晔（最高人民法院前资深高级法官，中国应用法学研究所前副所长，博士、博士后导师）

第一章 曹守晔(最高人民法院前资深高级法官,中国应用法学研究所前副所长,博士、博士后导师)、申惠文(郑州大学副教授、硕士生导师,中国应用法学研究所博士后)

第二章第一节 申惠文(郑州大学副教授、硕士生导师,中国应用法学研究所博士后)

第二章第二节、第三节 王康(郑州大学讲师,郑州大学管理学博士后)

第三章 周杲(景德镇市中级人民法院高级法官,中国应用法学研究所博士后)

第四章、第五章、第六章 李林启(河南师范大学教授,湘潭大学法学博士)

第七章 杨波(河南省高级人民法院法官)、赵莎莎(河南检察职业学院教师)

第八章 杜爱霞(中原工学院副教授,郑州大学法学博士)

第九章 王黎明(河南科技大学副教授)

第十章、第十一章、第十二章、第十三章 荣振华(大连医科大学教授,大连海事大学法学博士后)

第十四章、第十五章 冯建生(河北工业大学副教授,对外经贸大学法学博士)

第十六章 徐海勇(河南财经政法大学讲师,清华大学法学博士)

第十七章 李璐(郑州大学讲师,郑州大学法学博士)

第十八章 魏岚(河南财经政法大学副教授,中国政法大学法学博士)

第十九章 龙云丽(中国投融资担保股份有限公司法律事务中心副主任,中国应用法学研究所博士后)

第二十章 何建(上海市第一中级人民法院高级法官,中国应用法学研究所博士后)

《物权法》等相关法律与《民法典》"物权编"对照表 张建银(中信金融租赁公司高级经理)、曹夏梦(北京君合律师事务所律师)

曹守晔教授负责全书统稿审定。

法安天下,德润人心。《民法典》是中国民事法律体系化的结晶,是国家在民商事领域治理能力提升的一个里程碑。相信本套融合法条、法理、案例的"民法典条文理解与司法适用"丛书,将会成为群众维护权益的有力助手,助推公平公正司法裁判,为新时代全面依法治国作出贡献。

法律出版社

2020 年 6 月

图书在版编目(CIP)数据

民法典物权编条文理解与司法适用 / 中国审判理论研究会民事审判理论专业委员会编著. -- 北京 : 法律出版社, 2020
ISBN 978-7-5197-4504-2

Ⅰ. ①民… Ⅱ. ①中… Ⅲ. ①物权法－法律解释－中国②物权法－法律适用－中国 Ⅳ. ①D923.25

中国版本图书馆CIP数据核字(2020)第076424号

民法典物权编条文理解与司法适用
MINFADIAN WUQUANBIAN TIAOWEN LIJIE YU SIFA SHIYONG

中国审判理论研究会
民事审判理论专业委员会 编著

责任编辑 李 群 张婉凝
装帧设计 李 瞻

出版 法律出版社
总发行 中国法律图书有限公司
经销 新华书店
印刷 天津嘉恒印务有限公司
责任校对 张红蕊
责任印制 张建伟

编辑统筹 法规出版分社
开本 710毫米×1000毫米 1/16
印张 39.25
字数 715千
版本 2020年7月第1版
印次 2020年7月第1次印刷

法律出版社/北京市丰台区莲花池西里7号(100073)
网址/www.lawpress.com.cn
投稿邮箱/info@lawpress.com.cn
举报维权邮箱/jbwq@lawpress.com.cn
销售热线/400-660-8393
咨询电话/010-63939796

中国法律图书有限公司/北京市丰台区莲花池西里7号(100073)
全国各地中法图分、子公司销售电话:
统一销售客服/400-660-8393/6393
第一法律书店/010-83938432/8433 西安分公司/029-85330678 重庆分公司/023-67453036
上海分公司/021-62071639/1636 深圳分公司/0755-83072995

书号:ISBN 978-7-5197-4504-2 定价:98.00元
(如有缺页或倒装,中国法律图书有限公司负责退换)